W0414361

Juden in Berlin
Biografien

Juden in Berlin

Herausgeber der Reihe
Andreas Nachama / Julius H. Schoeps / Hermann Simon

Band 2

in Zusammenarbeit mit dem
Moses Mendelssohn Zentrum, Potsdam
und dem
Bildarchiv Preußischer Kulturbesitz, Berlin

JUDEN IN BERLIN

BIOGRAFIEN

Herausgeben von
Elke-Vera Kotowski

Redaktion
Elke-Vera Kotowski / Helen Thein / Moritz Reininghaus

Unter Mitarbeit von
Catherina Günther / Mario Huth / Christina Mestrom

HENSCHEL

Sie können uns 24 Stunden am Tag erreichen unter:

http://www.henschel-verlag.de
http://www.seemann-henschel.de

Bibliografische Information der Deutschen Bibliothek
Die Deutsche Bibliothek verzeichnet diese Publikation in der Deutschen Nationalbibliografie; detaillierte bibliografische Daten sind im Internet über http://dnb.ddb.de abrufbar.

ISBN 3-89487-461-9

© 2005 by Henschel Verlag, Berlin.
Der Henschel Verlag ist ein Unternehmen der Seemann Henschel GmbH & Co. KG.

Die Verwertung der Texte und Bilder, auch auszugsweise, ist ohne Zustimmung des Verlags urheberrechtswidrig und strafbar. Dies gilt auch für Vervielfältigungen, Übersetzungen, Mikroverfilmungen und für die Verarbeitung mit elektronischen Systemen.
Die Schreibweise entspricht den Regeln der neuen Rechtschreibung.

Umschlaggestaltung: Günter Hennersdorf / Ingo Scheffler
Titelbild: Die Familie des ‚Eisenbahnkönigs' Strousberg. Gemälde von Ludwig Knaus, Stiftung Stadtmuseum Berlin. © Bildarchiv Preußischer Kulturbesitz
Das Bild der Familie Samuel auf der Rückseite wurde mit freundlicher Genehmigung von Götz Aly seinem Buch „Im Tunnel“, erschienen im Fischer Verlag, entnommen.
Satz und Gestaltung: Moritz Reininghaus
Druck und Bindung: Westermann Druck Zwickau
Printed in Germany

Gedruckt auf alterungsbeständigem Papier mit chlorfrei gebleichtem Zellstoff.

Inhalt

Verzeichnis der Autorinnen und Autoren

adl	Anna-Dorothea Ludewig
ae	Andrea Ertelt
af	Anna Flume
ah	Angelica Hilsebein
ak	Andreas Kennecke
alm	Anja Lenja Mueller
ar	Rebecka Andrick
as	Andrea Sorgenfrei
bir	Boris J. Ronis
br	Barbara Richter
bz	Benedikt Zwölfer
ce	Christian Engelland
cg	Catherina Günther
cm	Christina Mestrom
dn	Danny Nehls
dr	Danilo Roick
dv	Daniela Väthjunker
evk	Elke-Vera Kotowski
fwk	Friedrich Wilhlem Kielhorn
ge	Gennady Estraikh
gm	Gudrun Maierhof
hg	Heiko Gräser
hll	Hannah Lotte Lund
hs	Hermann Simon
ht	Helen Thein
id	Irene Diekmann
jg	Johanna Goldbeck
jl	Jenny Lohse
jos	Joachim Schlör
js	Julius H. Schoeps
jvs	Johannes V. Schwarz
jw	Janina Wurbs
jwe	Judith Weißbach
kk	Katrin Kiewitt
kka	Kathleen Kahn
ko	Katja Kobryn
kp	Konstantin Pal
kq	Katrin Quirin
mag	Marco Gajardo
mh	Manja Herrmann
mhu	Mario Huth
mk	Michal Kümper
mr	Moritz Reininghaus
mra	Meike Rademacher
mv	Manfred Voigts
nms	Nicola Schlichting
nr	Nathanael Riemer
nv	Nadja Voigt
og	Olaf Glöckner
pj	Peer Jürgens
sah	Stefanie A. Hunger
sb	Sabine Boehlich
sn	Susann Nelle
sp	Sebastian Panwitz
th	Tim Hess
ul	Undine Lohmann
us	Ulrike Schneider
uw	Ulrike Wendt
uwa	Ursula Wallmeier
vr	Vivian J. Rheinheimer
wes	Christoph Wesemann
ws	Werner Schochow

Vorwort

Das vorliegende biografische Lexikon schließt an die Darstellung *Juden in Berlin* an, die im Jahre 2001 von Andreas Nachama, Julius H. Schoeps und Hermann Simon herausgegeben wurde. War darin der Schwerpunkt auf die Schilderung und Analyse der verschiedenen Phasen jüdischen Lebens und Wirkens in Berlin gesetzt, so soll dieser Band einzelne Lebenswege und -schicksale nachzeichnen. Zusammengenommen markieren diese Biografien wiederum den Weg der Berliner Juden von den ersten Niederlassungen über die Emanzipation, die Akkulturation, die Ausgrenzung, das Exil, die Shoa bis zum (doppelten) Neuanfang in (West- und Ost-) Berlin. Im Hinblick auf die genannte zeitliche Dimension die das Lexikon umschließt, ist der älteste Eintrag der über den Münzmeister Lippold (gestorben 1573), der jüngste über den Journalisten Max Kahane, der im August 2004 im Alter von 94 Jahren verstarb.

Das Lexikon beinhaltet annähernd 2 000 Biografien. Die Auswahl der Biografien erfolgte nach drei Kriterien: Es wurden keine Biografien zu lebenden Personen verfasst. Des Weiteren war ein hinreichender Bezug zur Stadt Berlin ein entscheidendes Kriterium. Das dritte Kriterium ist nur scheinbar selbstverständlich: Die Biografie muß in einem ‚jüdischen' Kontext stehen. Wie aber ist ‚jüdisch' zu definieren? Umschließt der Begriff eine Religionsgemeinschaft, eine Volkszugehörigkeit, ein Konfessionsbekenntnis, eine Identitätszuschreibung oder eine Fremdbestimmung? Das innerreligiöse Kriterium der Halacha nennt als Voraussetzung eine jüdische Mutter. Für das subjektive Selbstverständnis muss dies keine identitätsstiftende Rolle spielen. Die Nationalsozialisten zwangen vielen Menschen *jüdisch* als Fremddefinition auf, in der Absicht sie auszugrenzen und durch die so genannte ‚Endlösung' zu ermorden. Angesichts dessen entschieden sich die Autoren und Autorinnen Biografien dann aufzunehmen, wenn die ‚jüdische' Zuschreibung – ob aus religiösem Kontext oder nichtjüdischer Stigmatisierung – in dem jeweiligen Schicksal oder in der Rezeption des Werkes eines Menschen eine Rolle gespielt hat. Deshalb fehlt weder Felix Mendelssohn-Bartholdy, der als Kind getauft wurde, doch aus der weit verzweigten traditionsreichen Familie der Mendelssohns stammt, noch Ernst von Simson, der Enkel eines getauften Juden, der von den Nationalsozialisten wegen seines Großvaters aus dem Amt vertrieben wurde. Auch für die Selbstdefinition als Juden kann es verschiedene Gründe geben: Es können religiöse Motive sein, das Gefühl der Zugehörigkeit zu einer als jüdische empfundenen (säkularen) kulturellen Tradition oder eine gemeinsame geschichtliche Erfahrung. Eine unumstößliche Definition wer als Jude zu gelten hat, vermag das vorliegende Lexikon daher nicht zu geben. Ebenso wenig wird ein Anspruch auf Vollständigkeit erhoben.

Was die Prominenz der Personen anbelangt, so gilt zweifellos die Biografie von Moses Mendelssohn als eine der bedeutendsten in diesem Lexikon. Es fehlt aber ebenso wenig der Eintrag eines Mädchen namens Marion Samuel, das 1931 geboren lediglich 11 Jahre alt geworden ist und dann ermordet wurde. Es ist Götz Aly zu verdanken, dass dieses kleine Mädchen (auf dem Foto des Rücktitels dieses Bandes im Vordergrund sitzend) einen Platz in der kollektiven Erinnerung gefunden hat, da er ihr eine eigenständige Monografie widmete (Im Tunnel. Das kurze Leben der Marion Samuel 1931–43, Frankfurt/M. 2004).

Anhand dieser beiden Beispiele wird die Intention unseres Vorhabens deutlich. Es galt uns nicht allein als Prinzip, alle bedeutenden – mit einem jüdischen Hintergrund versehenen – Persönlichkeiten aneinanderzureihen, die auch in vielen anderen enzyklopädischen Werken Erwähnung finden, sondern vielmehr auch jene in diesem Lexikon zu würdigen, die untrennbar mit der Berliner Stadtgeschichte verbunden, aber unbekannt geblieben oder in Vergessenheit geraten sind, obwohl Zeugnisse ihres Schaffens noch immer im Berliner Stadtbild – seien es Bauwerke von Architekten oder Unternehmen wie *Wertheim* oder *Leiser* – gegenwärtig sind. Viele von ihnen wurden vertrieben oder ermordet.

Die Nationalsozialistische Gewaltherrschaft markiert eine Zäsur in der jüdischen Geschichte Berlins, die während der Weimarer Republik scheinbar am Ende eines gelungenen Akkulturationsprozesses stand. Mit dem vorliegenden Lexikon wurde der Versuch unternommen, die kollektive Erinnerung durch eine Auswahl von Einzelschicksalen lebendig zu halten. Das Spektrum der Biografien ist daher bewußt sehr breit angelegt und umfasst auch (vormals) Christen, die aus Protest gegen die Nazi-Rassenpolitik zum Judentum konvertiert sind, nachzulesen etwa in der Biografie von Edith Wolff. Ebenso wurden Ehepartner aufgenommen, wie Paula Winkler, die Frau von Martin Buber, die erst bei der Heirat oder im Nachhinein aus Solidarität die jüdische Konfession angenommen haben. Schließlich wurden auch Biografien von Remigranten erfasst, die als Kommunisten bewußt in die SBZ bzw. spätere DDR zurückkehrten und ihr politisches Bekenntnis vor das konfessionelle stellten. All diese Beispiele finden im vorliegenden Band ihren Niederschlag. Es handelt sich um Einzelschicksale, die aber in ihrer Vielfalt einen Teil jenes Spektrums bildet, das Berlin als eine Metropole im Herzen Europas in seiner historischen, geografischen und kulturellen Einzigartigkeit ausgemacht hat: eine Residenzstadt zwischen Tradition und Moderne, eine Transitstadt zwischen Orient und Okzident, zwischen Alter und Neuer Welt, zwischen Heimat und Exil.

Das Lexikon entstand im Rahmen zweier aufeinander folgender, von Julius H. Schoeps und Elke-Vera Kotowski geleiteter Hauptseminare an der Universität Potsdam. Angehende Wissenschaftler (Doktorandinnen und Doktoranden sowie Studierende u.a. der Jüdischen Studien, der Geschichte, der Literatur- und Politikwissenschaft, der Soziologie und der Kunstgeschichte) haben daran mitgewirkt, recherchiert und Biografien verfasst. Die große Zahl an Mitarbeitern ermöglichte eine zügige Fertigstellung des Lexikons, führte jedoch auch dazu, dass Charakter und Stil der Artikel durchaus heterogen sind. Die Verantwortung für die einzelnen Texte liegt bei den Verfassern.

Es gibt bereits eine Vielzahl an biografischen Nachschlagewerken zu Juden – nicht nur allgemeine, sondern auch regional begrenzte und stadtspezifische. Ernst G. Lowenthal hat 1981 ein Lexikon zu Juden in Preußen (Ernst G. Lowenthal: Juden in Preußen. Ein repräsentativer Querschnitt. 1981) herausgegeben, das für das vorliegende Werk eine unersetzliche Hilfe war. Zum Thema *Juden in Berlin* gibt es bisher allerdings noch kein derartiges

Lexikon, daher bietet das vorliegende all jenen, die an Berlin und seiner Geschichte, im Besonderen seiner jüdischen Geschichte, interessiert sind, einen ersten Überblick. Dabei soll dieses Nachschlagewerk jedoch nicht allein einem fachlich spezialisierten Leserkreis dienen, sondern ein breites, an der Thematik interessiertes Publikum ansprechen. Ein am Ende des Bandes angefügtes Literaturverzeichnis bietet Hinweise und Vorschläge zur thematischen Vertiefung.

An dieser Stelle sei all jenen gedankt, die das Projekt angeschoben, unterstützt und wohlwollend begleitet haben. Besonderen Dank schulden wir Elke Schwichtenberg (Bildarchiv Preußischer Kulturbesitz), Daniela Gauding und Sabine Hank (Centrum Judaicum), Karin Bürger, Ursula Wallmeier und Janina Wurbs (Bibliothek des Moses Mendelssohn Zentrums), Aubrey Pomerance (LBI/Jüdisches Museum Berlin), Martin Schönfeld (Aktives Museum), Gaby Müller-Oelrichs (Haus der Wannsee-Konferenz) sowie Götz Aly, Tobias Barniske, Christian Bienert, Günter Duwe, Christian Engelland, Andrea Ertelt, Dietrich Jacob, Franziska Kast, Friedrich Wilhelm Kielhorn, Simone Ladwig-Winters, Helmut Peitsch und Gerd Steins. Nicht zuletzt sei Michael Schaffert für die technische Hilfe bei der Gestaltung des Bandes gedankt.

Über Ergänzungsvorschläge, Korrekturhinweise und Anmerkungen wären wir dankbar, deshalb haben wir eigens eine spezielle Email-Adresse [jiblexikon@rz.uni-potsdam.de] eingerichtet, über die mit der Redaktion Kontakt aufgenommen werden kann.

Die Redaktion

Anmerkungen der Herausgeberin

Ergänzend nur soviel: Zu Beginn der Seminarreihe „Juden in Berlin – Erarbeitung eines Biografischen Lexikons" wussten weder die Seminarleiter noch die Studierenden, wohin die Reise gehen wird. Nunmehr, nach gut anderthalb Jahren liegt dieses Lexikon vor. Und wie bei vielen Projekten war auch dieses von Höhen und Tiefen begleitet. Dass die Publikation aber in dieser Form und in diesem Umfang umgesetzt werden konnte, ist das Verdienst einer kleinen Gruppe von ambitionierten Mitstreitern, denen ich ganz herzlich danken möchte. Diese sind neben Catherina Günther, Mario Huth und Christina Mestrom, Moritz Reininghaus und Helen Thein. Mein Dank gilt ganz besonders den beiden Letztgenannten, die über Monate hinweg recherchiert, lektoriert und wichtige biografische Lücken geschlossen haben. Ohne sie wäre diese umfangreiche Lexikon nicht das geworden was es ist: ein interessantes und aufschlussreiches Kompendium zum Nachschlagen und Schmökern.

evk

Hinweise zur Benutzung

Das Lexikon ist alphabethisch geordnet, dies gilt auch für die Buchstabenfolge ae, oe, ue (Umlaute wurden aufgelöst). Es erscheinen generell die Nachnamen der Einzelbiografien, gefolgt von Vornamen (die Rufnamen sind fett hervorgehoben). Unterschiedliche Schreibweisen der Namen werden in Klammern vermerkt, ebenso Pseudonyme. Im Judentum war es lange üblich, dass Söhne nach ihren Vätern benannt wurden. Im Hebräischen zeugt der Namenszusatz *ben* (z.B. ben Elieser; Ben Gurion) von dieser Tradition: Moses Mendelssohn wurde ursprünglich *Moses, der Sohn von Mendel* gerufen. Im Zuge der Akkulturation gaben sich die Juden in Zentraleuropa entsprechend der christlichen Majorität einen offiziellen Nachnamen, der häufig auf den Wohnort zurückzuführen ist (z.B. Hildesheimer, Königsberg, Deutsch, Holländer), bzw. auf das ‚Land der Väter' verweist (z.B. Jerusalem, Israel). Es gibt aber auch Beispiele für Namensgebungen, die als eine Hommage an für das Judentum bedeutende Persönlichkeiten zu verstehen ist (z.B. Moses, Jacob, David). Mit anderen Namensgebungen, wie *Lessing*, zollen Juden ‚nichtjüdischen' Persönlichkeiten ihren Respekt, in diesem Fall dem Schriftsteller und europäischen Aufklärer Gotthold Ephraim Lessing (1729–81), der mit seinem *Nathan der Weise* für die Toleranz und die Anerkennung der jüdischen Religion eintrat. Es kommt auch vor, dass einige Personen unter verschiedenen Namen erscheinen, dies tritt häufig bei jüdischen Gelehrten auf, die sowohl unter ihrem hebräischen als auch ihrem ‚amtlichen' Namen verzeichnet sind, entsprechende Verweise (z.B. Levy, Salomo Moses ▸ Delmar, Ferdinand Moritz) weisen zur Biografie. In der Regel gilt, dass die biografischen Angaben unter dem Namen erscheinen, unter dem die Person der Öffentlichkeit bekannt ist, so sind Künstler teilweise unter ihrem Pseudonym aufgeführt. Bei Frauen werden die biografischen Daten unter dem Namen erwähnt, unter dem sie die größte historische Bedeutung erlangten, so erscheint die Tochter Moses Mendelssohns, Brendel, geschiedene Veit, unter dem Namen ihrer zweiten Ehe, Dorothea Schlegel, es gibt jedoch bei *Mendelssohn* und *Veit* einen Verweis auf *Schlegel.* Neben den Verweisen auf die unterschiedlichen Namen der Personen, insbesondere bei Pseudonymen, wird auch auf andere im Lexikon aufgenommene Personen verwiesen, die innerhalb einer Biografie Erwähnung finden. Die Verweise sind durch einen Pfeil zwischen abgekürztem Vor- und ausgeschriebenen Nachnamen gekennzeichnet (M. ▸ Mendelssohn). Bei Verweisen auf Familienmitglieder wird der Vorname ausgeschrieben und der Nachname mit dem Anfangsbuchstaben abgekürzt, so wird in der Biografie von Emil Rathenau auf seinen Sohn Walther ▸ R. verwiesen.

Berliner Stadtgeschichte

Die Stadt Berlin in ihren heutigen Ausmaßen besteht erst seit 1920. Damals erfolgte der Zusammenschluss von acht Stadtgemeinden *(Berlin, Charlottenburg, Köpenick, Lichtenberg, Neukölln, Schöneberg, Spandau und Wilmersdorf)*, 59 Landgemeinden und

27 Gutsbezirken zu ‚Großberlin'. Seither war, bis vor einigen Jahren, Berlin in 23 (heute sind es durch eine nochmalige Gebietsreform lediglich 12) Bezirke aufgeteilt: *Charlottenburg, Friedrichshain, Hellersdorf, Hohenschönhausen, Köpenick, Kreuzberg, Lichtenberg, Marzahn, Mitte, Neukölln, Pankow, Prenzlauer Berg, Reinickendorf, Schöneberg, Spandau, Steglitz, Tempelhof, Tiergarten, Treptow, Wedding, Weißensee, Wilmersdorf, Zehlendorf.* Bei den einzelnen Biografien wird bei der Nennung der Bezirke deshalb auf den Zusatz Berlin verzichtet. Lediglich untergeordnete Stadtteile werden mit einem Berlin-Zusatz *(Berlin-Buch, -Dahlem, -Halensee, -Lichterfelde usw.)* versehen.

Im Anhang befindet sich ebenso ein Verzeichnis von Berliner Straßen, die nach Persönlichkeiten benannt wurden, deren Biografien im vorliegenden Lexikon aufgeführt sind.

EIGENNAMEN

Es sei zudem darauf hingewiesen, dass aufgrund wechselnder politischer Staatsformen (Monarchie, Demokratie, Diktatur) Institutionen (Theater, Opernhäuser, Verwaltungseinrichtungen oder Hochschulen) im Verlaufe der Geschichte mit unterschiedlichen Namen firmierten. Während etwa die Berliner Universität bis 1918 *Friedrich-Wilhelms-Universität* (FWU) hieß, wurde sie in der Weimarer Republik lediglich *Universität Berlin* genannt und nach dem II. Weltkrieg erhielt sie den bis heute gleich lautenden Namen *Humboldt-Universität zu Berlin* (HU Berlin). Es wurden im Verlaufe außerdem mehrere Akademien und Hochschulen zusammengelegt, so die Bauakademie (gegründet 1799) und die Gewerbeakademie (gegr. 1821), die sich 1879 zur Königlichen Technischen Hochschule vereinigten. Gemeinsam mit der Bergakademie (gegr. 1770) bildeten diese drei Hochschulen dann die wichtigsten Vorläufereinrichtungen der heutigen Technischen Universität Berlin (TU Berlin). Innerhalb der Biografien ist demzufolge immer die jeweils zeitgenössische Bezeichnung der Einrichtung genannt. Weitere Eigennamen, die abgekürzt wurden, finden sich aufgelöst im Abkürzungsverzeichnis.

LITERATURANGABEN

Im Anschluss an die biografischen Daten wird auf literarische Werke der entsprechenden Person, insbesondere Autobiografien und Fachliteratur mit verwiesen. Sekundärliteratur zu der Biografie wird unter aufgeführt. Es handelt sich bei beiden Literaturhinweisen lediglich um eine Auswahl von maximal drei Titeln, die zur ersten Orientierung Anstoß geben mögen. Deren Auswahl und Gewichtung erhebt keinen Anspruch auf wissenschaftliche Priorität.

In Anhang befindet sich darüber hinaus ein Literaturverzeichnis, das als Ergänzung der ausführlichen Bibliografie des ersten Bandes *Juden in Berlin* (Berlin 2001), herausgegeben von Andreas Nachama, Julius H. Schoeps und Hermann Simon, zu verstehen ist.

Bildnachweis

Die verwendeten Bilder stammen aus dem Bildarchiv Preußischer Kulturbesitz, Berlin. Ausgenommen davon sind die Aufnahme von Hans-Joachim Schoeps auf Seite 243 (Archiv Julius H. Schoeps) sowie das Bild der Familie Samuel auf dem Rücktitel (Familienbesitz).

A

Aaron, Israel (Israel Aron), Hoffaktor. Unbekannt – 1673. A. ist in zweiter Ehe mit E. ▶ Liebmann verheiratet. Er wird als erster Jude in Brandenburg und Ostpreußen zugelassen und erhält 1657 die Aufenthalts- und Handelserlaubnis für Ostpreußen, schließlich auch für Berlin. 1665 wird A. zum Hofjuden und Hofbeamten des Großen Kurfürsten ernannt und dient diesem als Armee- und Münzlieferant sowie als Waren- und Juwelenhändler. Er unterhält Handelsbeziehungen u.a. nach Pommern, Mecklenburg, Amsterdam und Hamburg.
Stern, S.: Der Hofjude im Zeitalter des Absolutismus, 2001. as

Aberbanell, Jeanette ▶ Schwerin, Jeanette.

Abraham, Charlotte ▶ Holzer, Charlotte Erika.

Abel, Karl, Gynäkologe. 10.8.1863 Berlin – 8.6.1939 Wiesbaden. Studium in Berlin, Heidelberg und Göttingen. 1886 Assistenzarzt in Berlin. 1914–34 Direktor der Geburtshilflich-gynäkologischen Abteilung im Krankenhaus der JGB, außerdem Dozent für Fortbildung von Ärzten in Preußen. Veröffentlicht u.a. zehn *Gynäkologisch-geburtshilfliche Taschenhefte für den praktischen Arzt* (1930/31).
Die mikroskopische Technik und Diagnose in der gynäkologischen Praxis, 1895. bz

Abraham, Jakob, Medailleur, Stein- und Stempelschneider. 1722 Strelitz – 17.6.1800 Berlin. A. arbeitet in den Münzämtern Stettin, Königsberg und Berlin. Er prägt die ursprüngliche Form des preußischen Adlers sowie Gedenkmünzen auf die Siege im Siebenjährigen Krieg.
Hoffmann, T.: J. A. und Abraham Abramson. 55 Jahre Berliner Medaillenkunst 1755–1810, 1927. js

Abraham, Karl, Psychoanalytiker, Arzt. 3.5.1877 Bremen – 25.10.1925 Berlin. A. ist einer der frühen Schüler Sigmund Freuds, mit dem ihn eine lebenslange Freundschaft verbindet. Er ist maßgeblich an der theoretischen und institutionellen Verbreitung der Psychoanalyse in Deutschland beteiligt. Nach dem Studium in Würzburg, Berlin und Freiburg, promoviert A. 1901 und ist 1904–07 Assistenzarzt bei Eugen Bleuler in Bern. Seit 1907 als Facharzt für Psychotherapie in Berlin, gründet A. 1908 analog zur *Wiener Gruppe* die *Berliner Psychoanalytische Gesellschaft*. Nach dem I. WK eröffnet A. in Berlin die *Psychoanalytische Poliklinik und Lehranstalt*, an der zahlreiche Analytiker ausgebildet werden. Im theoretischen Werk A.s sind insbesondere die Erweiterung der Libidotheorie Freuds, wie seine Beiträge zur Charakterentwicklung, zur psychotischen Psychopathologie und deren psychoanalytische Therapie hervorzuheben. Auch seine Untersuchungen zum Mythos, zur Traumsymbolik und die Anwendung psychoanalytischer Methoden auf die angrenzenden Gebiete, wie Ethnologie und Biografie, sind von großem Einfluss.
Psychoanalytische Studien, GS, 2 Bde, 1969–71; Briefe 1907–26. Sigmund Freud und K. A., 1965.
Abraham, H.: K. A. Sein Leben für die Psychoanalyse, 1976. mk

Abraham, Max, Lehrer, Prediger. 27.4.1904 Samter/Posen – unbekannt. Seine Ausbildung zum Lehrer und Prediger erhält A. an der Lehrerausbildungsanstalt in Würzburg. Er wird Prediger der Jüdischen Gemeinde zu Rathenow. Schon während der Weimarer Republik betätigt er sich aktiv im Kampf gegen die Nationalsozialisten. Am 26.6.1933 wird er in Rathenow verhaftet und am 27.6.1933 in das KZ Oranienburg verbracht. Nach seiner Entlassung ist er in der JGB beschäftigt. Ende 1933 flieht er in die Tschechoslowakei und schreibt dort einen Bericht über seine KZ-Haft, der zu einer der wichtigen Quellen über das Lager wird. Über seinen weiteren Lebensweg ist nichts weiter bekannt. Er stirbt wahrscheinlich in London.
Juda verrecke. Ein Rabbiner im Konzentrations-Lager, 1934; Konzentrationslager Oranienburg. Augenzeugenberichte aus dem Jahre 1933, 2003. id

Abrahamson, Otto ▶ Brahm, Otto.

Abramson, Abraham, Medailleur, Stempelschneider. 1754(52) Potsdam – 23.7.1811 Berlin. Sohn von Jakob ▶ A. Ab 1771 in preußischen Diensten, ist A. 1787–91 auf Studienreisen u.a. in Italien. Er gilt als bedeutendster deutscher Medailleur des Klassizismus: So fertigt er Medaillen von Königin Luise, der 100-Jahr-Feier des Königreichs Preußen (1801), wie auch von Darstellungen weiterer wichtiger historischer Ereignisse, wie Vertragsabschlüssen

und der Geburt und Tod zahlreicher Monarchen. Er porträtiert u.a. Gelehrte und Schriftsteller wie Gotthold Ephraim Lessing und Immanuel Kant, Johann Gottfried Herder und Ludwig Wieland. König Friedrich Wilhelm II. ernennt ihn zum Kgl. Medailleur und zum Außerordentlichen Mitglied der PAdK (1792), vermutlich als deren erstes jüdisches Mitglied.
▤ Hoffmann, T.: Jacob Abraham und A. A. 55 Jahre Berliner Medaillenkunst: 1755–1810, 1927. js

Abramson, Michael Jacob, Kupferstecher. 1750 – 1825. Nach 1787 stellt A. an der Berliner Kunstakademie aus. Kurz darauf emigriert er nach Skandinavien. Eines seiner Hauptwerke ist das Porträt des Berliner Oberrabbiners H. ► Lewin auf Kupferstichplatte (1798). af

Abusch, Alexander (Pseud. Ernst Reinhar[d]t, Ernst Bayer), Schriftsteller, Kulturpolitiker. 14.2.1902 Krakau – 27.1.1982 Berlin. A. wächst in Nürnberg in armen Verhältnissen auf und absolviert eine kaufmännische Lehre. 1918 wird er Mitglied der *Freien Sozialistischen Jugend* und der KPD und ab 1921 Redakteur der *Bayerischen Arbeiter-Zeitung*. 1923 ist er des Hochverrats angeklagt, flieht nach Thüringen, wo er illegal arbeitet. Ab 1926 im *Kommunistischen Pressedienst* in Berlin tätig, schreibt er für verschiedene kommunistische Zeitungen. Seit Juni 1933 lebt er im Pariser Exil, wo er die Gesamtredaktion des *Braunbuchs über Reichstagsbrand und Hitler-Terror* (1933) betreut. Ab Sep. 1939 in französischen Lagern interniert, kann er 1940 flüchten. Seit Ende 1941 lebt er in Mexiko und wird Mitbegründer der *Bewegung Freies Deutschland*. Im Juli 1946 kehrt A. in die SBZ zurück. Später übernimmt er kulturpolitische Leitungsfunktionen in der DDR: 1956–61 Stellv. Minister für Kultur, 1961–71 Stellv. Vorsitzender des Ministerrats.
▯ Schriften, 4 Bde, 1966–71.
▤ Neubert, W.: A. A. Bildnis eines Revolutionärs, 1972. ht

Adler, Leo, Architekt. 8.10.1891 Kertsch/Russland – 6.8.1962 Ein Harod/Israel. A. studiert an der TH in Charlottenburg, später in München und Dresden. Er ist Architekt, Architekturschriftsteller und -kritiker wie auch Autor und Hg. der Zeitschrift *Architectura*. 1933 verlässt A. Deutschland und geht nach Palästina.
▯ Beiträge zu einer Entwicklungsgeschichte der Baukunst, 1920; Neuzeitliche Miethäuser und Siedlungen, 1931. nv

Adler, Mathilde ► Wurm, Mathilde.

Adler, Salo, Pädagoge. 26.9.1857 Ratibor/Schlesien – 26.2.1919 Frankfurt/Main. Studium in Breslau und Göttingen. 1879 Lehrer an der Samsonschule in Wolfenbüttel, Promotion 1880 in Göttingen. Ab 1885 Oberlehrer am Gymnasium in Schneidemühl/Posen-Westpreußen, ab 1890 Direktor der Jüdischen Mädchenschule in Berlin, 1900–19 Direktor des Philantropin in Frankfurt/M. js

Adolf, Christoph ► Possart, Felix.

Ahrends, Bruno, Architekt. 9.4.1878 Berlin – 1948 Kapstadt/Südafrika. A. studiert in Charlottenburg und München. 1911 errichtet er in der Berliner Miquelstraße für sich und seine Familie eine Villa, die heute Wohnsitz des Bundestagspräsidenten ist. In der Weimarer Republik gilt A. als Vertreter des *Neuen Bauens*. Neben Landhäusern und Villen arbeitet er an der Großsiedlung *Weiße Stadt* in Reinickendorf mit. 1936 flüchtet A. nach Italien und emigriert 1939 mit seiner Familie nach Großbritannien. nv

Albeck, Chanoch, Talmudist, Rabbiner. 3.8.1890 Lowitz/Preußen – 9.1.1972 Jerusalem. Nach dem Studium in Wien und Berlin wird A. 1907 zum Rabbiner ernannt und promoviert 1921 über *Die Aramaismen in der Mischnasprache*. Ab 1926 arbeitet er als Dozent an der HWdJ in Berlin, emigriert 1936 nach Palästina und ist bis 1956 Prof. für Talmud und Midrasch an der Hebrew Univ. Jerusalem. In seinen Arbeiten beschäftigt er sich mit rabbinischer Literatur und den Rollen von Qumran.
▯ Untersuchungen über die Redaktion der Mischna, 1936; Einführung in die Mischna, 1971. nr

Albert-Lasard, Lou, Malerin. 10.11.1885 Metz – 21.7.1969 Paris. A. stammt aus einer Bankiersfamilie. Sie heiratet 1910, 1911 wird die Tochter Ingo geboren, mit der sie bis zu ihrem Tod zusammen lebt, 1918 lässt sie sich scheiden. 1914 begegnet sie erstmals Rainer Maria Rilke, den sie 1916 porträtiert. Durch dieses Gemälde wird sie berühmt. In *Wege zu Rilke* (1952) beschreibt sie ihre Liebesbeziehung zu dem Lyriker, der ihr zahlreiche Gedichte widmet. 1919 kommt A.-L. erstmals nach Berlin, wo sie gemeinsam mit A. ► Segal eine Ateliergemeinschaft gründet. In den 1920er Jahren porträtiert A.-L. berühmte Zeitgenossen wie Albert ► Einstein und M. ► Chagall. Das großstädtische Nachtleben inspiriert sie zu expressionistischen Bilder. Die anerkannte Künstlerin stellt u.a. bei A. ► Flechtheim

aus. Nach dem Tod ihres Vaters zieht sie 1928 nach Paris. 1940 wird sie mit ihrer Tochter für sieben Monate im Lager Gurs interniert. In einem Zyklus von Skizzen dokumentiert sie den Lageralltag.
L. A.-L., 1983. ht

Alexander, Kurt, Rechtsanwalt. 13.8.1892 Krefeld – 18.2.1962 New York. 1914 Vorstandsmitglied des KC Heidelberg, 1919–21 Assessor, gleichzeitig Syndikus des CV Berlin und Hg. der CV-Zeitschrift *Im deutschen Reich.* 1928–33 RA in Krefeld, bis 1938 Vorsitzender der dortigen Synagogengemeinde. 1937–38 Vizevorsitzender des CV und Mitglied des Präsidialrats der RVdJ. 1938 Haft im KZ Dachau. Nach der Entlassung 1939 Emigration nach Großbritannien, dort Mitarbeiter des *Jewish Central Information Office,* der späteren *Wiener Library.* Anschließend Generalsekretär der *Association of Jewish Refugees*, ab 1945 auch des *Council of Jews from Germany.* 1949 Übersiedlung in die USA.
Der Begriff der Unwirksamkeit im BGB, 1903; Die Auslegung der formbedürftigen Rechtsgeschäfte, 1914.
Zum Gedenken an K. A., 1967. js

Alexander, Walter, Gemeindefunktionär. 20.3.1878 Berlin – 20.4.1949 New York. 1910–18 Staatsbeamter in Berlin; 1918–33 Vorstandsmitglied, später Direktor der *Städtischen Gaswerke Berlin.* 1931 Vorstandsmitglied der JGB, 1933 Mitglied des Verwaltungsrats des JKB und bis 1938 Vorstandsmitglied des *Zentralausschusses für Hilfe und Aufbau*, 1935–38 Schuldezernent der JGB, 1939 Auswanderung über Großbritannien in die USA. js

Aloni, Jenny, Schriftstellerin, Zionistin. 7.9.1917 Paderborn – 30.9.1993 Ganei Jehuda/Israel. Schon in ihrer Jugend beginnt A. zu dichten und sich in der zionistischen Bewegung zu engagieren. 1935 kommt sie nach Berlin, um Hebräisch zu lernen. Sie übernimmt die Leitung einer zionistischen Mädchengruppe und wandert 1939 nach Palästina aus. 1942–46 dient A. in der britischen Armee und ist danach als Sozialarbeiterin tätig. Sie schreibt Romane, Erzählungen, Gedichte und Hörspiele.
GW, 10 Bde, 1990–97. ht

Alpár, Gitta (d.i. Regina Kalisch), Sängerin. 5.3.1903 Budapest – 17.2.1991 Los Angeles. A. beginnt ihre Karriere 1923 als Opern- und Operettensängerin in Budapest. Ab 1927 lebt sie in Berlin. Als gefeierte Operettendiva singt sie u.a. in der Berliner Staatsoper und im Metropol-Theater. Dazwischen wirkt A. an zwei Filmproduktionen mit, in *Gitta entdeckt ihr Herz* und *Die – oder keine* (beide 1932). 1939 gelangt sie über Argentinien in die USA, wo sie nach dem Krieg in Operettenrollen erfolgreich ist. jl

Alsberg, Henriette ▶ Alsen, Ola.

Alsberg, Max, Strafverteidiger, Autor. 16.10.1877 Bonn – 12.9.1933 Samaden/Schweiz. Ab 1906 ist A. RA in Berlin und Verteidiger bei spektakulären Prozessen, u.a. für die *Weltbühne.* Er wird Mitglied der *Internationalen Kriminalistischen Vereinigung* und des *Berliner Anwaltsvereins,* Arbeitsausschuss des Kuratoriums für anwaltliche Fort- und Fachbildung. Seit Gründung gehört er der *Strafrechtlichen Vereinigung der Berliner Rechtsanwälte* an. A. wirkt als Hg. der *Kriminalistischen Monatshefte* und der *Zeitschrift für die Gesamte Strafrechtswissenschaft.* Außerdem ist er Dozent an der Handelshochschule und der Verwaltungsakademie in Berlin wie 1931–33 Strafrechtsprof. an der Berliner Univ. A. ist auch Autor von Theaterstücken, u.a. der *Voruntersuchung* (1930, von R. ▶ Siodmak 1931 verfilmt). 1933 steht er auf einer Denunziationsliste des Vorstands der Rechtsanwaltskammer Berlin, die dieser beim Preußischen Justizminister einreicht: Ihm wird die Verteidigung im ‚Landesverratsprozess' gegen Carl von Ossietzky vorgeworfen. 1933 emigriert er in die Schweiz, kurz darauf wählt er den Freitod.
AS, 1992; Philosophie der Verteidigung, 1930; Justizirrtum und Wiederaufnahme, 1913.
Riess, C.: Der Mann der schwarzen Robe, 1965. js

Alsen, Ola (d.i. Henriette Alsberg), verh. Blair, verh. Schulze, Autorin. 8.3.1880 Bonn – 4.3.1956 München. Schwester von Max ▶ Alsberg. Durch ihre zahlreichen Ratgeberbücher zu Mode-, Schönheits- und Gesellschaftsfragen und als Redakteurin der Zeitschrift *Elegante Welt* ist A. eine bekannte Modejournalistin in Berlin. In sozialkritischen Romanen setzt sie sich u.a. mit der Rolle von Frauen im I. WK (*Das Paradies der Damen. Ein Berliner Roman*, 1917) und mit dem Strafvollzug (*Die Tochter Lots*, 1930) auseinander. 1933 lässt sie sich taufen, muss aber trotzdem emigrieren. Sie lebt zunächst in Großbritannien, dann in den USA, nach 1945 abwechselnd in Zürich und München.
Hier wohnt das Glück, 1910; Das Geheimnis der Schönheit, 1920; Er und sie, 1928. ht

Alt, Robert, Pädagoge. 4.9.1905 Breslau – 13.12.1978 Berlin/Ost. 1929–33 Volksschullehrer an der Karl-Marx-Schule in Neukölln. 1933 Ent-

lassung aus dem Schuldienst, bis zur Deportation 1941 an jüd. Volksschulen und am Jüd. Kindergärtnerinnenseminar in Berlin. 1941–45 KZ Auschwitz. 1946 Berufung als Prof. u.a. an die Berliner Univ. 1950 Mitverfasser der Fibel *Lesen und Lernen,* ferner der Lesebücher für die 2. und 3. Klassen. 1952–78 Präsident der *Gesellschaft für kulturelle Verbindungen mit dem Ausland.* Vorwiegendes Thema seiner wissenschaftlichen Arbeiten: Verhältnis von Gesellschaft und Erziehung.
▯ Sozialistische Schule und Wissenschaft, 1965; R. A. zum 65. Geburtstag. Eine Bibliographie seiner Arbeiten, 1970. uw

Altmann, Alexander, Historiker, Religionsphilosoph. 16.4.1906 Kaschau/Ungarn – 6.6.1987 Boston. In Berlin 1931 Ordination zum Rabbiner und Promotion, 1932–38 Rabbiner und Dozent für jüd. Religionsphilosophie am Rabbiner-Seminar. 1938–58 Rabbiner in Manchester, 1953 Gründung des *Institute for Jewish Studies* (heute Univ. College, Univ. of London). 1959 Ernennung zum *Philip W. Lown Prof. of Jewish Philosophy and History of Ideas* an der Brandeis Univ., Waltham/Boston. Nach der Emeritierung 1976 *Honorary Research Associate* an der Harvard Univ.; Ehrendoktorate der Univ. München (1972), Köln (1979), Trier und Jerusalem (1980). Arbeiten zu Max Scheler, Saadja Gaon, Isaac Israeli und v.a. M. ▶ Mendelssohn.
▯ Moses Mendelssohns Frühschriften zur Metaphysik, 1969; Moses Mendelssohn. A Biographical Study, 1973. js

Altmann, Georg, Regisseur, Dramaturg, Theaterdirektor. 15.1.1884 Berlin – 9.6.1962 Los Angeles. 1907–09 Hoftheater Mannheim, 1910–13 u.a. Deutsches Theater Hannover; 1913–26 Nachfolger von M. ▶ Reinhardt am Kleinen Theater Berlin, 1927–33 Schauspielhaus Hannover. 1933 Entlassung, Flucht nach Frankreich. 1937 Emigration in die USA.
▯ Vor fremden und eigenen Kulissen. Geschautes und Erlebtes, 1964. js

Amiel, Joseph ▶ Fischer, Grete.

Amstein, Martin ▶ Riess, Curt.

Andreae, Fritz (Franz Friedrich), Bankier. 21.2.1873 Frankfurt/Main – 30.1.1950 Zürich. Schulbesuch in Berlin, kaufmännische Ausbildung in Südafrika, Großbritannien und USA. Heirat mit Edith Rathenau, der Schwester von Walther ▶ R. Rückkehr nach Berlin, dort Mitarbeiter im Reichsfinanzministerium. Anschließend Eintritt in das Bankhaus Hardy & Co, wo A. zunächst Teilhaber und später Seniorchef ist. AR-Vorsitzender u.a. der AEG und der Dresdener Bank sowie Ausschussmitglied der Dt. Reichsbank. A. ist Förderer kultureller Einrichtungen u.a. M. ▶ Reinhardts DT. Freundschaften verbinden ihn u.a. mit Gerhart Hauptmann, Hugo von Hofmannsthal und M. ▶ Liebermann. 1935 wird er zur Ämterniederlegung und 1939 zur Emigration gezwungen. evk

Georg Altmann

Anker, Alfons, Architekt. 1.12.1872 Berlin – 14.12.1958 Stockholm. A. studiert an der TH in Charlottenburg und arbeitet dort nach seinem Abschluss als Assistent. Er beteiligt sich 1922 am Wettbewerb für das Gebäude der *Chicago Tribune.* 1924 entwirft er das Großgaragenhaus der *Wender AG* in Charlottenburg. Bis 1933 ist A. Partner im Architekturbüro der Brüder Hans und Wassili Luckardt. Es entstehen u.a. das *Landhaus Kluge* (1929), das *Haus Buchthal* in Charlottenburg sowie das *Telschow-Haus* in Tiergarten (1928/29). A. emigriert 1937 nach Schweden. 1946 gibt er den Anstoß zur Neugründung des Instituts für Krankenhausbau an der TU Berlin, 1958 wird er Ehrensenator der TU.
▯ Naturbauweise, 1919.
▯ Brüder Luckhardt und A. A. Berliner Architekten der Moderne, 1990. nv

Apfel, Alfred, Rechtsanwalt, Notar. 12.3.1882 Düren/Rheinland – 19.(20.)6.1940 Marseille. Bis 1933 Verteidiger in politischen Strafprozessen. 1909–22 Präsident des *Verbands der jüd. Jugendvereine Deutschlands.* Ursprünglich Hauptvor-

standsmitglied des CV, später der ZVfD und 1926 Vorsitzender der *Berliner Zionistischen Vereinigung.* 1933 Flucht nach Frankreich.
Behind the Scenes of German Justice, Reminiscences of a German Barrister 1882–1933, 1935. js

Apolant, Hugo, Mediziner. 28.4.1866 Berlin – 6.3.1915 Frankfurt/Main. Nach dem Studium wird A. Mitarbeiter P. ▶ Ehrlichs am Institut für Experimentelle Therapie in Frankfurt/M. Dort arbeitet er v.a. auf dem Gebiet der Tumorforschung. Seine Ehefrau ist die Frauenrechtlerin Jenny ▶ A.
Die experimentelle Erforschung der Geschwulste, 1906. bz

Apolant, Jenny, geb. Rathenau, Sozialarbeiterin, Kommunalpolitikerin. 5.4.1874 Berlin – 5.6.1925 Frankfurt/Main. A. wächst zusammen mit ihrem Bruder W. ▶ Rathenau in Berlin auf und lebt seit 1905 mit ihrem Mann Hugo ▶ A. in Frankfurt/M., wo sie 1907 die *Zentralstelle/Auskunftsstelle für Gemeindeämter der Frau* aufbaut und leitet. Ab 1910 ist sie im Vorstand des ADF. Als demokratische Stadtverordnete gründet sie kommunale Einrichtungen, wie z.B. die soziale Krankenfürsorge.
Stellung und Mitarbeit der Frau in der Gemeinde, 1910.
J. A. zum Gedächtnis, 1926. ul

Apolant, Samuel, Rabbiner. 14.2.1823 Deutsch-Krone/Westpreußen – 4.3.1898 Berlin. Talmudstudium, danach Privatstudien in Berlin, Externabitur am Köllnischen Gymnasium. Studium in Berlin und 1850 Promotion in Halle. 1851 Rabbiner in Potsdam, 1858 in Berlin Prediger der Meyerbeer-Synagoge und Lehrer an der Gemeindetöchterschule. Mitglied im *Verein zur Unterstützung jüdischer Lehrer in Preußen.* Zu seinem Gedenken wird die *Samuel und Eugen Apolant-Stiftung* (1903) gegründet. js

Apostata ▶ Harden, Maximilian.

Apt, Max (Pseud. Maximilan Parmod), Jurist. 16.6.1869 Gross-Strehlitz/Schlesien – 16.12.1957 Berlin/West. 1903–20 Hauptgeschäftsführer der Ältesten der Kaufmannschaft und Erster Syndikus der Industrie- und Handelkammer. 1906 Mitgründer, später Kurator und Prof. an der Handelshochschule, Begründer der *Deutschen Wirtschafts-Zeitung* (Deutscher Industrie- und Handelstag). 1893 Mitgründer des CV, ab 1909 Vorstandsmitglied des Deutsch-Israelitischen Gemeindebundes. Mitglied der DDP und des *Bnai Brith.* 1938–53 in der Emigration in Großbritannien. 1954 Rückkehr nach Dtl.
Antisemitismus und Strafrechtspflege, 1894; 25 Jahre im Dienst der Berliner Kaufmannschaft, 1927; Konstruktive Auswanderungspolitik, 1936. js

Archenhold, Friedrich Simon, Astronom. 2.10.1861 Lichtenau/Westfalen – 10.(14.)10.1939 Berlin. A. studiert in Straßburg und Berlin. Er wird Observator der Urania in Berlin, 1890–95 Astronom am Kgl. Recheninstitut zu Berlin und Leiter der Grunewald-Sternwarte. Anlässlich der Berliner Gewerbeausstellung 1896 wird unter seiner Leitung das weltweit größte Fernrohr mit 21 m Brennweite gebaut, den Grundstein der Volkssternwarte in Treptow. Seit 1900 gibt A. die Zeitschrift *Das Weltall* heraus, mit der er maßgeblich zur Popularisierung der Astronomie beiträgt. A. ist Dozent an der Humboldt-Akademie und Direktor der Sternwarte. 1931–36 übernimmt sein Sohn Günter deren Leitung. 1946 wird die Sternwarte nach A. benannt
Herrmann, D. B.: F. S. A. und seine Treptower Sternwarte, 1986; Wattenberg, D.: F. S. A. Sein Leben und Werk, 1950. cg

Arguto, Rosebery d' (d.i. Martin Rosenberg), Gesangspädagoge, Dirigent. 24.12.1890 Schrersk/Rußland – 1942/43 KZ Auschwitz. A. kommt über Österreich nach Berlin und leitet dort den Neuköllner Arbeiterchor. Er ist Spezialist für Kinderchöre. 1939 wird A. verhaftet und mit einem Transport von 900 Juden ins KZ Sachsenhausen gebracht. Gründet mit ca. 25 Häftlingen einen illegalen jüd. Lagerchor. Schreibt 1942 eine Parodie auf das jidd. Volkslied *Tsen brider,* die später durch Aleksander Kulisiewicz überliefert und als *Jüd. Todesgesang* bekannt wird. A. wird 1942 mit dem gesamten Chor nach Auschwitz deportiert und ermordet. jw

Arndt, Rudi, Schriftsetzer. 26.4.1909 Berlin – 3.5.1940 KZ Buchenwald. Sein Vater ist Direktor der Jüd. Mittelschule für Mädchen. A. kommt mit 11 Jahren zu den *Kameraden.* 1927 beginnt er eine Lehre als Schriftsetzer in Hannover, die er in Berlin fortsetzt. Er ist Mitglied der *Roten Jungfront* und ab 1928 kommunistischer Funktionär. 1931 wird er im Zusammenhang mit dem ‚Fürstenwalder Reiterprozess' verhaftet und zu 1 1/2 Jahren Festungshaft verurteilt. Er lebt ab Okt. 1932 illegal im Ruhrgebiet und ist ab Juni 1933 im ZK der KJVD. A. wird im Okt. 1933 in Berlin erneut verhaftet und ist 1935–37 in Brandenburg inhaftiert. Er wird in das KZ Dachau, dann in das KZ Buchenwald überstellt, wo er Blockältester im ‚Jüd. Block' ist. js

Arnefeldt, Fritz ► Hirsch, Jenny.

Arnheim, Simon Joel, Kunstschlosser. April 1802 Margonin/Posen – 13.7.1875 Berlin. Zunächst Ausbildung zum Schlosser in Berlin, dann Kunstschlosser in Wien und Paris; erster Hersteller eiserner Geldschränke. 1834 Heirat mit Hannchen Weyl (1807–1864), der Tochter des Handelsmanns Kallmann Samuel Weyl. Ernennung zum Hofkunstschlossermeister, Ehrenmitglied der *Gesellschaft jüd. Handwerker,* RV-Mitglied der JGB. js

Arnhold, Eduard, Industrieller, Mäzen. 10.6.1849 Dessau – 10.8.1925 Neuhaus/Schliersee. A. ist seit 1875 Teilhaber und ab 1882 Alleininhaber der Kohlenhandlung C. ► Wollheim. Er ist Mitglied in zahlreichen Gremien und Aufsichtsräten. A., der den Titel Geheimer Kommerzienrat führt und als erster nicht getaufter Jude zum Mitglied des Preußischen Herrenhauses ernannt wird, gilt um 1900 als einer der reichsten Männer Berlins. Er ist mit Künstlern wie Adolf von Menzel, Arnold Böcklin und M. ► Liebermann befreundet und gilt als Förderer zeitgenössischer Kunst. 1910 stiftet A. die Villa Massimo in Rom, die bis heute dt. Künstlern als Studienort dient.

Arnhold, J.: E. A. Ein Gedenkbuch, 1928; Dorrmann, M.: E. A. Eine biographische Studie zu Unternehmer- und Mäzenatentum im Deutschen Kaiserreich, 2002. js

Eduard Arnhold

Arnhold, Hans, Bankier. 30.5.1888 Dresden – 8.9.1966 Lausanne/Schweiz. Eintritt in die väterliche Bank, 1908 Studium in den USA, ab 1911 Repräsentant und seit 1918 Filialleiter im Bankhaus *Gebr. Arnhold Dresden,* 1921 Umwandlung in *Gebr. Arnhold Dresden-Berlin.* Mitwirkung u.a. am Aufbau des Aschinger-Konzerns. AR-Vorsitzender und AR-Mitglied zahlreicher Unternehmen, v.a. der Keramik- und der Brau-Industrie. 1933 Rückzug aus dem Bankgeschäft. Emigration nach Frankreich, später in die USA. Ab 1937 Ausbau der ehemaligen Vertretungen in New York, Seniorpartner *Arnhold & Bleichroeder,* Fusion des Familienunternehmens *Arnhold Ceramics* mit *Indiana Steel* zur *Indiana General Corporation.* Sein Wohnhaus in Wannsee beherbergt heute die *American Academie.* js

Arno, Siegfried (d.i. Siegfried Aron, Pseud. Sig Arno), Schauspieler, Sänger. 27.12.1895 Hamburg – 17.8.1975 Woodland Hills/USA. Nach der Talmud-Thora-Realschule absolviert er eine Ausbildung zum Modezeichner an der Hamburger Kunstgewerbeschule. Ab 1918 ist er Schauspieler an Bühnen in Hamburg, Prag und Berlin (seit 1921), nimmt aber auch Filmrollen an. Gemeinsam mit K. ► Gerron tritt er als Komikerduo *Beef und Steak* auf. 1930 komponiert R. ► Gilbert für A. den Schlager *Was kann der Sigismund dafür, dass er so schön ist.* Bis zu seiner Emigration 1933 spielt er in mehr als 150 dt. Filmproduktionen mit. Seit 1939 lebt A. in den USA, wo er in Filmen wie Charlie Chaplins *Der große Diktator* (1940) auftritt. 1966 erhält er in Dtl das Filmband in Gold. kq/cm

Arnstein, Philipp ► Aronstein, Philipp.

Aron, Fritz (später Frederick Simon A.), Arzt. 26.9.1888 Birkenfeld – 21.1.1962 New York. Studium in Bonn, Heidelberg und Kiel, 1914–16 Arzt am Militärhospital Berlin, 1916–18 Frontsoldat. Seit 1919 eigene Praxis im Arbeiterbezirk Wedding und Vorsitzender der *Kassenärztlichen Vereinigung Wedding.* Präsident einer Berliner *Bnai-Brith*-Loge und RV-Mitglied der JGB. 1933 Gründer und seitdem Leiter der ärztlichen Beratungsstelle bei der RVdJ. Mehrfache Festnahme und zeitweise in Haft, 1938 Emigration über Paris nach New York. Eröffnung einer eigenen Praxis.

Zum Gedenken. F. S. A., 1962. js

Aron, Hermann, Physiker, Mathematiker, Erfinder. 1.10.1845 Kempen/Posen – 29.8.1913 Homburg. Studium in Heidelberg und Berlin. Ab 1873 Lehrer für Physik an der *Vereinigten Artillerie und Ingenieur-Schule*. 1880 Prof. an der Berliner Univ. 1884 Patentanmeldung des ersten Gleichstromzählers nach dem Prinzip von William E. Ayrton und John Perry. Gründung der *H. Aron Elektricitätszähler-Fabrik GmbH*. A. ist auf dem Jüd. Friedhof Weißensee beigesetzt. js

Siegfried Arno

Aron, Israel ▶ Aaron, Israel.

Aron, Siegfried ▶ Arno, Siegfried.

Aronius, Julius, Historiker. 5.2.1861 Rastenburg/Ostpreußen – 29.6.1893 Berlin. A. studiert Geschichte und Philologie in Berlin und Königsberg. Danach ist er als Erzieher am *Auerbachschen Waisenhaus* in Berlin tätig und tritt in die *Historische Kommission für die Geschichte der Juden in Deutschland* ein. Für diese beginnt er mit der Edition eines Regestenwerks zur Geschichte der Juden im Dt. Reich. Bis zu seinem Tod kann A. an fünf der insgesamt sechs Lieferungen mitwirken. Sie bilden die erste, nach modernen wissenschaftlichen Grundsätzen bearbeitete Sammlung des Quellenmaterials zur Geschichte der Juden im mittelalterlichen Dtl Die Quellensammlung gilt trotz mancher Irrtümer bis heute als wissenschaftliches Standardwerk.

Diplomatische Studien über die älteren angelsächsischen Urkunden, 1883; Regesten zur Geschichte der Juden im fränkischen und deutschen Reiche bis zum Jahre 1273, 1887–1902 [1970].

Bresslau, H.: In der Vorbemerkung zu den Regesten, 1902. mr

Arons, Levin, Bankier. 15.11.1773 Strausberg – 7.4.1840 Berlin. A. begründet mit seinem Bruder Lazarus das Bankhaus *Gebrüder Arons* und ist Finanzier der ersten Eisenbahnlinie zwischen Berlin und Potsdam, die am 29.10.1838 eröffnet wird. Seine Nachkommen, u.a. der Enkel Martin Leo ▶ A. leben bis 1935 in Dtl. Durch die Nationalsozialisten in ihrer Existenz bedroht, emigrieren die Urenkel zunächst in die Schweiz, dann über Frankreich nach Portugal. Die Ururenkelin Ruth A. lebt heute in Lissabon.

Schnabel, P.: Lissabon – Hafen der Hoffnung, Dokumentarfilm, 1994. id

Arons, Leo Martin, Physiker. 15.2.1860 Berlin – 10.10.1919 Berlin. A. studiert Physik u.a in Straßburg. Ab 1890 ist er PD am Physikalischen Institut der Berliner Univ. und erfindet 1892 die Quecksilberdampflampe. A. engagiert sich für die Arbeiterbewegung, so ist er ab 1891 SPD-Mitglied, und publiziert zur preußischen Politik. Dank seiner finanziellen Unterstützung kann 1900 das Gewerkschaftshaus am Engelufer (heute Engeldamm) eingeweiht werden. Im selben Jahr entzieht ihm der preußische Staat nach einem langjährigen Verfahren aufgrund seiner politischen Überzeugung die Lehrbefugnis. Grundlage dafür ist ein eigens geschaffenes Gesetz (*Lex Arons*), demzufolge auch PD der staatlichen Disziplinargewalt unterworfen sind. In den folgenden Jahren ist er für die AEG tätig und weiterhin politisch aktiv, so u.a. 1904–14 als Stadtverordneter. Anfang 1919 wird er rehabilitiert. A. wird auf dem Gelände des Gewerkschaftshauses beigesetzt. Sein Grab wird am 2.5.1933 von Nationalsozialisten zerstört. Seit dem 6.9.2002 erinnert eine Gedenktafel am Gebäude an A. bz/cm

Aronsohn, Adolph ▶ L'Arronge, Adolph.

Aronsohn, Louis, Bankier, Politiker. 18.10.1850 Wissek/Bezirk Bromberg – 11.5.1928 Berlin. Selbständiger Bankier und Geheimer Kommerzienrat. Vizepräsident, später Präsident der Handelskammer für den Bezirk Bromberg. Vorstand der jüd. Gemeinde. Mitglied des Provinziallandtags und des Provinzialausschusses. 1903–18 Mitglied des Preußischen Abgeordnetenhauses in Berlin (Freisinnige Volkspartei, später Fortschrittliche Volkspartei). 1919 Mitglied der Preußischen Landesversammlung (DDP). js

Aronson, Hans, Bakteriologe. 28.11.1865 Königsberg – 8.3.1919 Dresden. Nach Studium und Promotion am Tierphysiologischen Institut der Landwirtschaftlichen Hochschule arbeitet A. zunächst als Assistenzarzt am *Kaiser und Kaiserin Friedrich-Krankenhaus* Berlin. 1894 Leiter der Bakteriologischen Abteilung der Schering-Werke. Dort führt er die Arbeit von Emil von Behring (1854–1917) weiter, entwickelt ein Diphtherie-Heilserum und 1902 das Antistreptokokkenserum. A. stiftet einen nach ihm benannten Preis, der noch heute vom Berliner Senat an Forscher der experimentellen Therapie und Mikrobiologie verliehen wird. A. ist auf dem Jüd. Friedhof Weißensee beigesetzt. js

Aronstein, Philipp (Philipp Arnstein), Anglist, Lehrer. 4.12.1862 Halver/Westfalen – 24.(28.)9.1942 Ghetto Theresienstadt. Da ihm nach dem Philologiestudium eine akademische Laufbahn verwehrt ist, wird A. zunächst Oberlehrer in Myslowitz/Oberschlesien, ab 1907 Studienrat in Berlin. Aufgrund seiner Publikationen zu literatur-, sprachwissenschaftlichen und methodischen Fragen der Anglistik und des Englischunterrichts gilt er als einer der bedeutensten Didaktiker und Literatursoziologen innerhalb der Anglistik. A. ist Mitglied zahlreicher wissenschaftlicher Vereinigungen, u.a. in der *Berliner Gesellschaft für das Studium der Neueren Sprachen* und im *Allgemeinen Deutschen Neuphilologen Verband.* Nach seiner Pensionierung 1928 unterrichtet er bis 1935 am Realgymnasium der *Adass Jisroel* Gemeinde. 1933 erhält A. Publikationsverbot und wird aus den fachwissenschaftlichen Verbänden ausgeschlossen. 1942 wird er gemeinsam mit seiner Frau deportiert.
▯ Methodik des neusprachlichen Unterrichts, 2 Bde, 1921–22; Stilistik der englischen Sprache, 1924; The Jews in England and America in the 17th and 18th centuries, 1938.
▤ P. A. Ein großer Berliner Neuphilologe und ein dt.-jüd. Schicksal, 2003; Lehberger, R.: P. A. Dokumente und Bilder aus dem Leben eines dt.-jüd. Neuphilologen, 1988. evk/ko

Asch, Adolph, Jurist. 27.2.1881 Posen – 1973 London. Ab 1908 RA in Berlin, wird A. 1914 am Kammergericht zugelassen und veröffentlicht zahlreiche juristische Schriften. Als Teilnehmer am I. WK ist er später führendes Mitglied im RjF. 1939 emigriert er nach Großbritannien, wo er als Hilfsarbeiter zum Lebensunterhalt der Familie beiträgt.
▯ Geschichte des K.C. (Kartellverband jüdischer Studenten) im Lichte der dt. kulturellen und polit. Entwicklung, 1964. js

Ascher, Saul, Schriftsteller, Philosoph. 6.2.1767 Berlin – 8.12.1822 Berlin. A. entstammt einer seit Jahrzehnten durch Patronat geschützten Berliner Familie und genießt eine umfangreiche Schulausbildung. Er beherrscht die alten Sprachen sowie Französisch und Englisch und ist auch musikalisch-künstlerisch begabt. Nach dem Philosophiestudium arbeitet A. als Buchhändler. Mit 22 Jahren heiratet er Rahel Spanier. In seinen Schriften wendet er sich gegen Judenfeindschaft und Deutschtümelei: 1794 veröffentlicht A. eine Polemik gegen die antijüd. Ausführungen Fichtes. In seinem Werk *Leviathan oder Über Religion in Rücksicht des Judentums* (1792) versucht er, die Aufklärung mit der jüd. Tradition zu verbinden. Seine Reformvorschläge kulminieren in einer die Glaubenssymbolik bewahrenden, neuen Denk- und Handlungsfreiheit. Diese formuliert er in 14 an Moshe ben Maimon orientierten Lehrsätzen und nennt sie *Wissenschaft von der Konstituierung der Religion.*
▯ Bemerkungen über die bürgerliche Verbesserung der Juden, veranlasst bei der Frage: Soll der Jude Soldat werden, 1788; Eisenmenger der Zweite, 1788; Germanomanie, 1815. js

Ascherson, Paul Friedrich August, Botaniker. 4.6.1834 Berlin – 6.8.1913 Berlin. Studium der Medizin und Naturwissenschaften. 1855 Promotion. 1859 Mitbegründer des *Botanischen Vereins für die Provinz Brandenburg und die angrenzenden Länder.* 1860 Assistent am Botanischen Garten in Berlin. 1863 Habilitation. 1873 Professur. Spezialgebiet Pflanzengeografie. Forschungen zur Pflanzenwelt Berlins und des Umlands, Expeditionen nach Nordafrika.
▯ Flora der Provinz Brandenburg, 1864 [1999]; Synopsis der mitteleuropäischen Flora, 1896ff. fwk

Aschheim, Selmar, Gynäkologe. 1.10.1878 Berlin – 15.2.1965 Paris. Studium in Berlin und Freiburg. 1908–33 Laborleiter der Frauenklinik an der Charité. 1930 mit B. ▶ Zondek Entwicklung der *Schwangerschaftsdiagnose aus dem Harne* (Aschheim-Zondek-Reaktion). 1931 Honorarprof. an der Berliner Univ. 1935 Entzug der Lehrerlaubnis, 1937 Emigration nach Paris, bis zur Okkupation weitere wissenschaftliche Tätigkeit, danach im Untergrund. 1955 Mitglied der Berliner Akademie der Wissenschaften, 1960 Ehrendoktor der HU Berlin. bz

Aschrott, Sigmund, Bankier, Textilunternehmer. 14.6.1826 Hochheim/Main – 5.5.1915 Berlin. A. ist Sohn von Regine und Herz Seligmann A. Als Inhaber des Bankhauses *H. S. Aschrott* ist er eine stadtbekannte Persönlichkeit und an umfangreichen Industriefinanzierungen beteiligt, so an der Gründung der Charlottenburger Wasserwerke. 1900 wird A. zum Kommerzienrat, 1907 zum Geheimen Kommerzienrat ernannt, u.a. weil er Kaiserin Auguste Viktoria wiederholt große Summen für Wohltätigkeitszwecke zur Verfügung stellt. Auf dem Friedhof Weißensee lässt A. für seine Frau Anna ein Mausoleum vom Erbauer des Leipziger Völkerschlachtdenkmals, Bruno Schmitz, errichten. Das Monument, das im II. WK schwer beschädigt wird, gilt als bedeutendes Werke der jüd. Sepulkralkultur. js

Asher, Adolf (Abraham), Buch- und Antiquitätshändler, Publizist. 23.8.1800 Cammin/Pommern – 1.9.1853 Venedig. Schulbesuch in Berlin. Kaufmann in London und St. Petersburg. Nach dem Erwerb einer Bibliothek kehrt A. nach Berlin zurück und eröffnet eine Verlags- und Sortimentbuchhandlung. Sein besonderes Interesse gilt der neuhebräischen Literatur. A. stirbt auf einer Reise.
Bibliographical essay on the Scriptores rerum Germanicarum, 1843. evk

Assing, Rosa Ludmilla, verh. Grimelli (Pseud. Achim Lothar, Talora), Publizistin, Schriftstellerin. 22.2.1821 Hamburg – 25.3.1880 Florenz. A. lebt seit 1842 in Berlin und beginnt ihre schriftstellerische Tätigkeit mit Biografien u.a. zu Sophie von La Roche (1859) und Elisa von Ahlefeldt (1857) sowie Fürst Hermann von Pückler-Muskau (1873/74, NA 2004). Die Edition der Tagebücher von Karl August Varnhagen von Ense führt 1862 und 1864 zu ihrer Verurteilung wegen Majestätsbeleidigung in Abwesenheit. Seit 1861 lebt sie in Italien und ist 1869–76 Korrespondentin u.a. der *Frankfurter Zeitung*. ce

Atlasz, Robert, Zahnarzt, Sportfunktionär. 1.9.1898 Berlin – 1990 unbekannt. 1922–37 Zahnarzt in Berlin. Vizepräsident des *Bar Kochba* Berlin, Leiter des dt. *Makkabi Kreises* und aktiv im *Makkabi* Weltverband. 1937 Emigration nach Palästina. Niederlassung als Zahnarzt in Tel Aviv. 1937–52 Vorsitzender der *Maccabi* Leichtathletik Abteilung und Mitorganisator der *World Maccabiah Games* (1950, 1953, 1957, 1961). Ab 1957 Mitglied des *Israel Olympic Committee*.
Bar Kochba, Makkabi-Dtl 1898–1938, 1977. kk

Aub, Joseph, Rabbiner. 4.12.1800(04) Baiersdorf/b. Erlangen – 22.5.1880 Berlin. Nach Studium und Promotion ist A. ab 1830 Rabbiner in Bayreuth. Hier führt er 1831 eine neue Synagogenordnung ein und regt die Rabbinersynoden von 1836 an. 1846 begründet er die Zeitschrift *Sinai* und gehört zu den Mitarbeitern von A. ▶ Geigers *Wissenschaftlicher Zeitschrift für jüdische Theologie*. Als Anhänger der gemäßigten Reformbewegung ist er einer der ersten Rabbiner, die in dt. Sprache predigen. Seit 1850 ist er in Mainz und ab 1865 als Rabbinatsverweser in Berlin tätig.
Betrachtungen und Widerlegungen, 2 Bde, 1839; Gebetbuch der neuerbauten großen Synagoge in Berlin, 1866. jvs/js

Auerbach, Baruch, Lehrer, Fürsorger. 14.8.1793 Inowraclaw/Posen – 22.1.1864 Berlin. A. folgt seinem Bruder Isaak Lewin ▶ A. nach Berlin und löst diesen 1817 als Direktor der *Nauenschen Erziehungsanstalt* ab. Gleichzeitig unterrichtet A. an der Talmud-Thora-Schule und ab 1826 an der neu gegründeten Knabenschule der JGB. Später übernimmt er als Nachfolger von L. ▶ Zunz deren Leitung. 1832 eröffnet A. die *Baruch Auerbachschen Waisenerziehungsanstalten für Mädchen und Jungen*, die durch Spenden finanziert werden. Er ist auf dem Jüd. Friedhof Schönhauser Allee beigesetzt. ul

Auerbach, Berthold (Moses Baruch A.), Schriftsteller. 28.2.1812 Nordstetten – 8.2.1882 Cannes. A. besucht 1825–27 eine Talmudschule. 1832 beginnt er ein Jurastudium in Tübingen und siedelt 1833 nach München über. Seit 1834 ist er in Heidelberg für jüd. Theologie immatrikuliert tatsächlich hört er jedoch Vorlesungen in Philosophie, Geschichte und Literaturwissenschaft. 1837 ist A. wegen burschenschaftlicher Aktivitäten zwei Monate in Festungshaft, während der er seinen ersten Roman *Spinoza* schreibt. Infolge der Verurteilung ist es ihm nicht mehr möglich, Rabbiner zu werden. Er versucht, sich als jüd. Autor einen Namen zu machen, u.a. mit dem Essay *Das Judenthum und die neueste Literatur* (1836) und dem Roman *Dichter und Kaufmann* (1840), der den Lebensweg von M. E. ▶ Kuh nachzeichnet. Mit seinen *Schwarzwälder Dorfgeschichten* (1843–54) wird er zu einem viel gelesenen Autoren. Ab 1860 lebt er mit kurzen Un-

terbrechungen in Berlin.
🕮 Die Genesis des Nathan, 1881.
🗎 Schuder, R.: Deutsches Stiefmutterland. Wege zu B. A., 2003; Gulielmetti, A. R.: B. A. and the German nation, 1999; B. A. 1812–82, 1986. ht

Berthold Auerbach

Auerbach, Charlotte, Genetikerin. 14.5.1899 Krefeld – 17.3.1994 Großbritannien. A. lebt seit 1904 mit ihrer Familie in Berlin. Sie studiert Zoologie und Botanik, Chemie und Physik in Berlin und Würzburg. 1924–28 ist sie Studienrätin in Berlin. Ihre 1928 begonnene Dissertation kann sie aus finanziellen Gründen zunächst nicht beenden. 1933 aus dem Schuldienst entlassen, verliert sie ihre finanzielle Absicherung und emigriert. 1935 promoviert sie in Edinburgh und forscht dort ab 1938 zur Genetik. Ihr gelingt der Nachweis der mutagenen Wirkung von Chemikalien. Auf diesem Forschungsgebiet gilt sie als Pionierin. 1959–69 leitet sie, nun Prof., die Abteilung für Mutationsforschung des Medizinischen Forschungsrats. Sie erhält zahlreiche wissenschaftliche Ehrungen u.a. wird sie Mitglied der *Royal Society* in London.
🕮 Gefährdete Generationen. Erbgesundheit im Atomzeitalter, 1957; Genetik. Vererbung - Selektion - Eugenik, 1967. ht

Auerbach, Elias, Physiker, Bibelkundler, Historiker. 1882 Berlin – 1971 Haifa. A. unterstützt 1898 die Gründung des *Bar Kochba* Berlin und wandert 1909 nach Palästina aus, wo er sich in Haifa niederlässt. Hier publiziert er verschiedene religionstheoretische und historische Texte. Ab 1950 lehrt er an europäischen Univ. Bibelkunde und israelische Geschichte.
🕮 Die jüdische Rassenfrage, 1912; Wüste und gelobtes Land, 1938; Pionier der Verwirklichung, 1969.
🗎 Biram, A.: Sefer Auerbach, 1955. hg

Auerbach, Ella Georgine, geb. Levi, Juristin, Sozialarbeiterin. 15.1.1900 Frankfurt/Main – unbekannt. A. beschließt ihr Jurastudium 1928 in Berlin und wird als eine der ersten Rechtsanwältinnen am Kammergericht zugelassen. 1933 aus der Anwaltskammer ausgeschlossen, arbeitet sie bis zur Schließung 1935 in der Anwaltspraxis ihres Mannes. Im Jan. 1939 emigriert die Familie in die USA. In New York wird sie zur Sozialarbeiterin ausgebildet. Sie engagiert sich u.a. in der Selbsthilfeorganisation *Selfhelp of Emigrees from Central Europe* und in der Frauengruppe des LBI. ce

Auerbach, Ellen, geb. Rosenberg (Pseud. pit), Fotografin. 20.5.1906 Karlsruhe – 30.7.2004 New York. A. studiert 1924–27 in Karlsruhe Bildhauerei und beginnt 1929 eine fotografische Ausbildung bei Walter Peterhans in Berlin. Gemeinsam mit G. ▶ Stern eröffnet sie das Fotostudio *ringl + pit* in Steglitz. Unter ihren wichtigsten Arbeiten befinden sich Werbefotografien für führende Kosmetikhersteller. 1933 emigriert A. über Palästina und Großbritannien in die USA. 1936 heiratet sie Walter A. Seit 1944 in New York, arbeitet sie u.a. für das *Time Magazine.* Der Fotografie bleibt sie, trotz ihres neuen Berufes als Therapeutin für schwererziehbare und lernbehinderte Kinder, zeitlebens verbunden.
🕮 Mexican Churches, 1983; Mexican Celebrations, 1990; Berlin - Tel Aviv - London - New York, 1998.
🗎 Das dritte Auge, Dokumentarfilm, 1998. ce

Auerbach, Ida ▶ Dehmel, Ida.

Auerbach, Isaak Lewin, Prediger, Pädagoge. 21.3.1785 Lissa/Posen (21.3.1791 Inowraclaw/Posen) – 5.7.1853 Dessau. A. studiert und promoviert in Berlin. Ab 1815 amtiert er als Prediger in der von I. ▶ Jacobson und J. H. ▶ Beer gegründeten Reform-Gemeinde. Später arbeitet er als Lehrer an der Israelitischen Mädchenschule in Berlin. 1828–51 ist er Prediger am Deutsch-Israelitischen Tempel in Leipzig. A. zählt zu den Pionieren der Reformbewegung in Deutschland und ist Mitbegründer des VWJ. In seiner Schrift *Sind die Israeliten verpflichtet ihre Gebete durchaus in der hebräischen Sprache zu verrichten? Aus den Quellen des Talmuds und der spä-*

teren Gesetzlehrer erörtert (1818) argumentiert er für das Deutsche als Kultussprache sowie für verstärkten Hebräischunterricht. In verschiedenen Beiträgen weist A. mit Nachdruck auf die Notwendigkeit einer Reform des Judentums hin; er ruft zu religiöser Toleranz auf und wendet sich 1840 öffentlich gegen die Beschuldigungen in der ‚Damaskusaffäre'. nr

Auerbach, Israel, Zionist. 1878 Wissek/Posen – 1956 Jerusalem. A. ist 1898 Gründungsmitglied des *Bar Kochba* Berlin und gründet zusammen mit H. ▶ Loewe, A. ▶ Klee und seinem Bruder Elias ▶ A. eine zionistische Gruppe an der Berliner Univ. Kurz darauf verlässt er Berlin, um nach Aufenthalten u.a. in Bern und Konstantinopel 1920 zurückzukehren. A. ist bis 1933 in der Verwaltung der HWdJ tätig. Er emigriert über Frankreich nach Palästina und leitet ab 1936 das Jerusalemer Büro von *Keren Ha-Jessod.*
🕮 Mose, 1925. hg

Auerbach, Moses, Rabbiner, Pädagoge. 3.2.1881 Halberstadt – April 1976 Petach Tikwa/Israel. A. studiert in Berlin und promoviert 1905 in Straßburg mit dem *Wörterbuch zur Mechilta des R. Ismael.* 1907–09 lehrt er am Jüd. Lehrer-Seminar in Köln; 1909–17 in Palästina ist er für mehrere Schulen der *Freien Vereinigung für die Interessen des orthodoxen Judentums* verantwortlich. 1917–18 leitet A. das Jüd. Mädchengymnasiums in Warschau, 1918–22 unterrichtet er an der *Talmud-Thora Lehranstalt* in Köln. 1922 kommt A. nach Berlin, wo er bis zu seiner Emigration (1933/34) nach Palästina am Rabbiner-Seminar Dozent für Talmud und Geschichte ist. Außerdem leitet er die *Jüd. Literaturgesellschaft* und gibt deren Jahrbuch heraus. Seit 1935 arbeitet er an verschiedenen orthodoxen Bildungseinrichtungen.
🕮 Zur politischen Geschichte der Juden Palästinas im 3. und 4. nachchristlichen Jahrhundert, 1900; Die jüd. Geschichte und ihr Sinn, 1922; Festschrift zum 50jährigen Bestehen des Rabbinerseminars Berlin, 1924. dr/nr

Aufhäuser, Siegfried, Angestellter, Gewerkschafter. 1.5.1884 Augsburg – 6.12.1969 Berlin/West. Bereits früh als Gewerkschafter tätig, vereinigt A. 1915 die gewerkschaftlichen Angestelltenverbände zur *Arbeitsgemeinschaft freier Angestelltenverbände.* 1921–33 ist er Reichstagsabgeordneter für die SPD. 1933 emigriert er nach New York. Nach seiner Rückkehr 1951 nach Berlin/West ist A. aktiv am Aufbau der Gewerkschaften beteiligt, so 1952–59 als Landesvorsitzender der *Deutschen Angestellten-Gewerkschaft.* pj

Aufricht, Ernst Josef, Schauspieler, Theaterdirektor. 31.8.1898 Beuthen – 26.7.1971 Cannes. Freiwilliger im I. WK, 1920–27 Schauspielengagements in Dresden und Berlin. 1928 Eröffnung des Theaters am Schiffbauerdamm mit der Uraufführung der *Dreigroschenoper* (Bertold Brecht/K. ▶Weill). 1932 Künstlerischer Leiter des Admiralspalasts. 1933 Emigration nach Frankreich und 1941 in die USA. 1953 Rückkehr nach Berlin/West.
🕮 „Erzähle, damit du dein Recht erweist". Aufzeichnungen eines Berliner Theaterdirektors, 1953 [1969]. js

Ernst Josef Aufricht

Aufrichtig, Polly ▶ Tieck, Polly.

Austerlitz, Rose, geb. Simon (Pseud. A. Rose) Schriftstellerin, Übersetzerin. 9.10.1876 Magdeburg – 28.5.1939 Berlin. A., die Tochter des Schriftstellers Ferdinand Simon, verbringt ihre Kindheit in Wien, Genf und Berlin. 1899 heiratet sie den Schriftsteller Robert A. und lebt mit ihm im Grunewald. Sie arbeitet als Redakteurin der Frauenzeitschrift *Maja.* Im gleichnamigen Verlag erscheint 1902 ihr erster Roman *Suggestion*, der in der Berliner Geschäftswelt spielt. Die Berliner Bohème und das legendäre Künstlercafé am Tauentzien porträtiert A. 1906 in ihrem Buch *Café Größenwahn.* Sie ist Übersetzerin französischer Werke, u.a. der Bücher von Frédéric Loliée.
🕮 Cabaret Sphinx, 1905; Drei moderne Damen, 1908. ht

Aviad, Yeshayahu (d.i. Oscar Wolfsberg), Arzt, Diplomat. 26.9.1893 Hamburg – 1.8.1957 Bern/ Schweiz. A. studiert in Heidelberg, Würzburg und Berlin und dient im I. WK als Militärarzt. 1919–33 arbeitet er in Hamburg und Berlin als Kinderarzt. 1920 heiratet A. Sara Gewürzmann, sie haben drei Kinder. Ab 1926 ist er Präsident der Landeszentrale des *Misrachi* und Hg. ihrer Wochenzeitung *Jüdische Presse.* Des Weiteren ist er Vorstandsmitglied der ZVfD und der JGB sowie Mitglied im Zentralausschuss der zionistischen Arbeiterorganisation *Hapoel Hazioni* und im Verwaltungsrat der Jewish Agency. Er fungiert beim Auswärtigen Amt als Berater für jüd. Angelegenheiten. 1933 wandert A. nach Palästina aus und arbeitet zunächst als Kinderarzt bei *Kuppat Holim.* 1944/45 nimmt er an der *Emergency Conference* des WJC teil. 1948 wird A. Israels Gesandter in Skandinavien und ab 1956 Botschafter in der Schweiz. Er ist Mitbegründer sowie Mitglied im AR und im Forschungs- und Publikationsausschuss des LBI. Neben weiteren Funktionsmandaten begründet und leitet er das Jugenddorf *Kefar haNoar haDati* bei Haifa.
🕮 Zur Zeit der Geistesgeschichte des Judentums, 1938; The Foundations of National Education, 1942; Die Drei-Gemeinde. Altona - Hamburg - Wandsbek, 1960. dn

Awerbuch, Marianne, Historikerin. 20.6.1917 Berlin – 6.6.2004 Berlin. A. absolviert 1934–36 eine Ausbildung zur Kindergärtnerin und Jugendleiterin. Sie arbeitet bis zu ihrer Emigration nach Palästina 1939 als Dezernentin für die ‚Berufsumschichtung' jüd. Jugendlicher. 1948 gründet sie eine Schule für Lernbehinderte in Ramat Gan. Ab 1965 unterrichtet A. Bibelkunde und Geschichte an einem Gymnasium in Tel Aviv, parallel dazu studiert sie Bibelwissenschaften und Geschichte. 1966 kehrt A. nach Berlin zurück und immatrikuliert sich an der FU. Nach Promotion und Habilitation wird sie 1974 Prof. für Mittelalterliche Geschichte. 1978–82 ist A. Direktorin des Instituts für Judaistik an der FU Berlin.
🕮 Zur Motivation der burgundischen Politik im 14. und 15. Jahrhundert, 1970; Christlich-jüdische Begegnungen im Zeitalter der Hochscholastik, 1980; Zwischen Hoffnung und Vernunft. Geschichtsdeutung der Juden in Spanien vor der Vertreibung am Beispiel Abravanels und Ibn Vergas, 1985. js

Axen, Hermann, Politiker, Journalist. 6.3.1916 Leipzig – 15.2.1992 Berlin. Ab 1932 Mitglied im kommunistischen Jugendverband. 1933–35 Widerstandstätigkeit; 1935–38 Zuchthaus in Zwickau, anschließend Flucht nach Frankreich; 1940–42 Internierung in Le Vernet; Auslieferung an die Gestapo, bis 1944 Zwangsarbeit in der Kohlegrube Jawischowitz (KZ Auschwitz); dort Mitglied der KPD-Lagergruppe. 1945 KZ Buchenwald. 1946 SED-Mitglied und Mitbegründer der FDJ, 1949–53 Leiter der Abteilung Agitation beim Parteivorstand bzw. ZK der SED, ab 1950 Mitglied des ZK. 1953–56 Zweiter Sekretär der SED-Bezirksleitung Groß-Berlin. 1954–89 Abgeordneter der Volkskammer und 1956–66 Chefredakteur des *Neuen Deutschlands.* Seit Dez. 1970 Mitglied des Politbüros. Im Nov. 1989 Niederlegung aller Ämter und Flucht nach Moskau. Im Jan. 1990 kurzeitige Inhaftierung wegen Amtsmissbrauchs und Korruption, im Februar Haftentlassung aus gesundheitlichen Gründen
🕮 Starker Sozialismus – sicherer Frieden, 1981; Ich war Diener der Partei, 1996. mr

B

Bab, Julius, Schriftsteller, Dramaturg. 11.12.1880 Berlin – 12.2.1955 Roslyn Heights/USA. Nach einem Philosophie- und Literaturstudium arbeitet B. für die *Welt am Montag* (1904–06/1919–23) und die *Berliner Volkszeitung* (1923–33). Neben A. ▶ Kerr und H. Ihering zählt er zu den wichtigsten Theaterkritikern seiner Zeit. B. ist außerdem Redakteur *Der Schaubühne*, der späteren *Weltbühne*, sowie 1923–33 Hg. der *Dramaturgischen Blätter* der Volksbühne. 1911–33 ist B. Leitungsmitglied und dramaturgischer Berater im Künstlerischen Ausschuss der Berliner Volksbühnen-Organisation. Er gehört zu den Gründungsmitgliedern des JKB und leitet bis 1938 dessen Theaterressort. B. emigriert 1939 über Paris nach New York, wo er seine Arbeit als Theater- und Literaturkritiker fortsetzt.
Chronik des deutschen Dramas, 1921–26; Das Theater der Gegenwart, 1928.
Albanis, E.: German-Jewish cultural identity from 1900 to the aftermath of the First World War, 2002; Rogge-Gau, S.: Die doppelte Wurzel des Daseins, 1999. jl

Bach, Gerson, Lehrer, Kaufmann. 8.10.1865 Czarnikau/Posen – 7.12.1942 Ghetto Theresienstadt. Seit 1900 in Berlin, ist B. 1912–33 Kaufmännischer Direktor und Syndikus des *Verbands Deutscher Waren- und Kaufhäuser*, zeitweise ist er im Aufsichts- und Verwaltungsrat der *Zentralstelle der Interessenten für die Leipziger Mustermesse*. B. ist 40 Jahre Mitglied einer *Bnai Brith* Loge, zeitweise deren Präsident und bis 1938 deren Schatzmeister. Darüber hinaus ist er Mitglied des CV und der *Vereinigung für das liberale Judentum*. js

Badt, Hermann, Jurist, Politiker, Staatsbeamter. 13.7.1887 Breslau – September 1946 Jerusalem. Studium der Rechtswissenschaften in München und Breslau. Schwerverwundeter im I. WK, seit 1919 im höheren preußischen Verwaltungsdienst, 1920 Regierungsrat, 1927–32 im Innenministerium Leiter der Rechts- und Verfassungsabteilung, ab 1926 Bevollmächtigter Preußens beim Reichsrat, 1922–26 preußischer Landtagsabgeordneter (SPD), seit 1929 Mitglied des Preußischen Landesverbands jüd. Gemeinden. 1933 Emigration nach Palästina.
Ilsar, A.: Im Streit für die Weimarer Republik. Stationen im Leben des H. B., 1992. js

Badt-Strauss, Bertha (Pseud. Bath-Hillel), Schriftstellerin, Literaturhistorikerin, Zionistin. 7.12.1885 Breslau – 20.2.1970 Chapel Hill/USA. B.-S., die Schwester von Hermann ▶ S., studiert Anglistik und Germanistik in London, Berlin und Breslau, wo sie 1908 mit der Arbeit *Annette von Droste-Hülshoffs Beziehungen zur englischen Literatur* promoviert. Seit der Heirat mit B. ▶ Strauss 1913 lebt sie in Berlin. B.-S. ist Hg. philologisch aufwendiger Editionen, insbesondere jüd. Schriftsteller wie R. ▶ Varnhagen und H. ▶ Heine. Sie veröffentlicht zahlreiche Aufsätze. 1937 erscheint *Jüdinnen*, ihr ‚Abschiedsbuch' von Dtl, in dem sie die Geschichte der jüd. Frauen von der Bibel bis in die Gegenwart beschreibt. Trotz ihrer zionistischen Einstellung emigriert sie 1939 in die USA, wo sie ihre publizistische Tätigkeit u.a. für den *Aufbau* fortsetzt. kq/cg

Leo Baeck

Baeck, Leo, Rabbiner. 23.5.1873 Lissa/Posen – 2.11.1956 London. B., der einer mährischen Rabbinerfamilie entstammt, besucht das Rabbiner-Seminar in Breslau und ab 1894 die HWdJ in Berlin. Seit 1897 amtiert er als Rabbiner in Oppeln, 1907–12 in Düsseldorf und seit 1912 in Berlin. B.s liberale Deu-

tung des Judentums betont den ethischen Monotheismus der Propheten. In seinem Hauptwerk *Das Wesen des Judentums* (1905), geschrieben als Antwort auf Adolf Harnacks *Das Wesen des Christentums,* richtet sich B. ähnlich wie H. ▶ Cohen gegen die Darstellung des Judentums als überholte Gesetzesreligion. Nach dem I. WK, in dem B. als Feldrabbiner dient, wird er zum führenden rabbinischen Repräsentanten des dt. Judentums: Präsidialmitglied des KH und der JA, 1922 Vorsitzender des *Allgemeinen Rabbinerverbands,* seit 1924 Präsident des dt. *Bnai Brith,* 1925 Vorsitzender der *Zentralwohlfahrtsstelle der dt. Juden,* seit 1933 Mitglied und später Vorsitzender der RVdJ. Im II. WK hat B. u.a. über H. J. ▶ Schoeps Kontakte zur Widerstandsgruppe von C. F. Goerdeler. 1943 wird er nach Theresienstadt deportiert, wo er als Mitglied des Ältestenrats weiter tätig ist. Nach seiner Befreiung lässt sich B. in London nieder. 1948 wird er Prof. für Religionsgeschichte am Hebrew Union College in Cincinnati/USA. 1955 wird vom *Council of Jews from Germany* das *Leo Baeck Institute* (LBI) gegründet. Aufgabe ist die Erforschung der Geschichte der Juden in den deutschsprachigen Gebiete.
🕮 Werke, 6 Bde, 1998–2003.
🗎 L. B., 2001; Friedländer, A. H.: L. B. Leben und Lehre, 1990. js

Baer, Abraham Adolf, Arzt. 26.12.1834 Filehne/Polen – 24.2.1908 Berlin. Studium in Berlin, Wien und Prag. 1866–72 Arzt in der Strafanstalt Naugard, ab 1872 Leitender Arzt im Strafgefängnis Plötzensee. Seit 1879 Kreisarzt und Geheimer Sanitätsrat in Berlin. Veröffentlichungen zum Alkoholismus (*Der Alkoholismus, seine Verbreitung und Wirkung auf den individuellen und sozialen Organismus,* 1878), zum Gefängniswesen und zur Hygiene. bz

Baer, Fritz (Yitzhak Bär), Historiker. 20.12.1888 Halberstadt – 1980 Jerusalem. Studium der Philosophie, Klassischen Philologie und Geschichte in Berlin, Straßburg und Freiburg. 1919–30 am Berliner Forschungsinstitut für die Wissenschaft des Judentums, 1925/26 Forschungsaufenthalte in Spanien. Ab 1930 Prof. für mittelalterlich-jüdische Geschichte an der Hebrew Univ. Jerusalem. Mitbegründer und Hg. der Rezensionszeitschrift *Zion* sowie Mit-Initiator der *Israelischen Akademie der Wissenschaften.*
🕮 Die Juden im christlichen Spanien, 1929–36; Das Protokollbuch der Landjudenschaft des Herzogtums Kleve, 1936.
🗎 Y. F. Baer Jubilee Volume, 1960. nms/js

Baer, Gertrud, Frauenrechtlerin. 25.11.1890 Hamburg – 15.12.1981 Genf. B. gehört dem radikalen Zweig der Frauenbewegung an. Nach dem Studium wird sie engste Mitarbeiterin der Frauenrechtlerinnen Anita Augspurg und Lida G. Heymann in Hamburg. Seit 1921 arbeitet sie als Sekretärin für den dt. Zweig der IFFF, deren Zentralbüro 1925 nach Berlin verlegt wird. 1929 wechselt sie in die internationale Zentrale der IFFF nach Genf. 1939 emigriert B. in die USA. Nach dem Krieg kehrt sie in die Schweiz zurück und ist für die IFFF aktiv. ul

Bär, Issachar Falkensohn ▶ Behr, Isachar Falkensohn.

Bär, Yitzhak ▶ Baer, Fritz.

Baerwald, Alexander, Architekt. 3.3.1877 Berlin – 27.10.1930 Jerusalem. B. studiert 1897–1901 an der TH Charlottenburg. Gemeinsam mit J. ▶ Simon, E. ▶ Landau und P. ▶ Nathan gründet er 1901 den *Hilfsverein der dt. Juden.* 1906 wird ihm die Schinkel-Medaille für den Entwurf eines Architektur-Museums verliehen. 1909 beauftragt ihn der *Hilfsverein,* eine jüd. Anstalt für Technische Erziehung in Haifa, das heutige Technion, zu bauen. Bis 1925(27) im preuß. Staatsdienst, betreut er u.a. 1903–14 den Bau der Staatsbibliothek Unter den Linden. Er ist langjähriges Mitglied des *Architekten- und Ingenieurvereins zu Berlin.* 1925 wandert er als Kgl. Ministerialbaurat nach Palästina aus und gründet als Prof. die Architekturfakultät des Technions. Weitere Bauten entstehen u.a. in Tiberias. js/nv

Baginsky, Adolf, Kinderarzt. 22.5.1843 Ratibor/Schlesien – 13.5.1918 Berlin. Studium in Wien und Berlin. Schüler Rudolf Virchows und L. ▶ Traubes. 1866 Promotion. 1868 praktischer Arzt. 1871 Leiter eines Lazaretts. Ab 1872 eigene Poliklinik für Kinderkrankheiten. 1882 Habilitation. 1890 mit Virchow Gründung des Kaiser- und Kaiserin-Friedrich-Kinder-Krankenhauses. 1891 a.o. Prof., Mitbegründer des Archivs für Kinderheilkunde. Fachwissenschaftliche Publikationen und allgemein verständliche Publikationen zu Kinderkrankheiten, deren Erkennung und Verhütung.
🕮 Handbuch der Schulhygiene, 1876; Belehrung über die wichtigsten ansteckenden Kinderkrankheiten, 1916. fwk

Balázs, Béla (d.i. Herbert Bauer), Filmtheoretiker, Filmregisseur, Schriftsteller. 4.8.1884 Szeged/Ungarn – 17.5.1949 Prag. Nach Studium und Promo-

tion ist B. schriftstellerisch tätig. 1919 siedelt er nach Wien über und schreibt dort erste Drehbücher und über 200 Filmkritiken für die Zeitung *Der Tag.* Mitte der 1920er Jahre geht B. nach Berlin und schreibt neben Libretti für Béla Bartók auch das Drehbuch zur Verfilmung der *Dreigroschenoper* (1931) von Georg Wilhelm Pabst. Sein erstes filmtheoretisches Werk, *Der sichtbare Mensch,* entsteht 1924. B. geht 1931 nach Moskau und unterrichtet an der dortigen Filmhochschule. 1945 kehrt er nach Budapest zurück. B.s Werke gehören zu den Klassikern der Filmtheorie.
Der Geist des Films, 1930; Filmkunst, 1945; Die Jugend eines Träumers. Autobiogr. Roman, 1947.
Diederichs, H. H.: B. B. und sein Beitrag zur formästhetischen Filmtheorie, 1997. kq

Ball, Kurt ▶ Ball-Kaduri, Kurt-Jacob.

Ball, Laura ▶ Frei, Leonore.

Ball, Rudi, Eishockeyspieler. 27.3.1910 Berlin – 1975 Johannesburg. Bis zu seiner Übersiedlung 1933 nach St. Moritz spielt B. u.a. beim Berliner Schlittschuhclub und gewinnt mit diesem Verein fünf dt. Meisterschaften (1928–32). Bei den Olympischen Spielen 1932 in Lake Placid gewinnt er mit der dt. Mannschaft Bronze, er selbst erzielt drei der sieben Tore. 1936 kehrt er für die Olympischen Spiele zurück und spielt erneut für die dt. Nationalmannschaft. Insgesamt bestreitet er 49 Länderspiele/10 Tore und nimmt an je drei WM und EM teil. hg

Ball-Kaduri, Kurt-Jacob (Kurt Ball), Jurist, Historiker. 20.1.1891 Berlin – 29.5.1976 Tel Aviv. Als Regierungsrat zunächst im Reichfinanzministerium, ist B. ab 1926 als Dozent und RA, mit dem Schwerpunkt Steuerrecht, tätig. Die Kanzlei, die er gemeinsam mit seinen Brüdern Ernst und Fritz führt, befindet sich im Berliner Westen am Victoria-Luise-Platz. Nach dem Berufsverbot im Juni 1933 betätigt er sich als Steuerberater für Auswanderer. 1934–37 ist er Vorstandsmitglied der zionistischen Ortsgruppe Berlin sowie 1936–38 Steuerreferent der RVdJ. Im Nov. 1938 verhaftet und in das KZ Sachsenhausen verbracht, emigriert B. nach der Entlassung nach Palästina. Dort erweitert er seinen Namen und beginnt bereits 1943 Zeugenberichte zur Geschichte des dt. Judentums und zur Shoa zu sammeln, die heute im Archiv der Gedenkstätte Yad Vashem, Jerusalem, einzusehen sind.
Das Leben der Juden in Deutschland im Jahre 1933, 1965; Vor der Katastrophe, 1967. cm

Balthoff, Alfred (Pseud. Alfred Berliner), Schauspieler. 8.12.1905 Preiskretscham/Oberschlesien – 8.3.1989 Wien. B. geht 1931 nach Berlin und ist als Schauspieler beim JKB tätig. Hier spielt er u.a. in Nathan Bistritzkys *Schabbathai Zwi* (1936). Nach seiner Verhaftung durch die Gestapo gelingt B. die Flucht. Er überlebt die Jahre ab 1941 im Untergrund. Bereits 1945 arbeitet er wieder in Berliner Theatern und übernimmt Filmrollen, u.a. die des jüd. Künstlers Kurt Bernstein im DEFA-Film *Ehe im Schatten* (1947). jl

Bamberg, Hermann, Kaufmann, Handelsrichter, Stadtverordneter. 26.7.1846 Wittenberge – 4.10.1928 Berlin. Nach Abschluss einer Lehre im väterlichen Manufakturwaren-Geschäft in Wittenberge arbeitet er 1870 bei der *Mannheimerschen Damenmäntelfabrik* in Berlin. 1900 wird er in die Stadtverordnetenversammlung gewählt und widmet sich der Entwicklung des städtischen Gesundheitswesens, arbeitet bei der Stadtbank, der Messegesellschaft und bei verschiedenen Finanz- und Steuerbehörden. Außerdem wird er Vorsitzender der *Vereinigung deutscher Bekleidungsindustrie-Verbände* und Mitglied der Berliner Handelskammer. Nach dem I. WK Berufung in den Reichswirtschaftsrat. 26 Jahre wirkt er als Handelsrichter, zusätzlich ist er Vorsitzender des Berliner Vereins des *Roten Kreuzes.* In Würdigung seiner Verdienste für Berlin verleiht ihm die Kommunalbehörde am 25.6.1926 das Ehrenbürgerrecht der Stadt. hg

Bamberger, Fritz, Pädagoge, Historiker. 7.1.1902 Frankfurt/Main – 1984 New York. 1926–33 Mitarbeiter des Forschungsinstituts für die Wissenschaft des Judentums. Ab 1929 Mithg. von *Moses Mendelssohns Gesammelten Schriften*, 1933 Dozent an der HWdJ in Berlin, Direktor der Jüd. Lehrerbildungsanstalt und Pädagogischer Leiter der Schulabteilung der Jüd. Gemeinde. 1939 Auswanderung in die USA, dort Mitbegründer des LBI in New York.
Moses Mendelssohn, 1929; Das System des Maimonides, 1935; Leo Baeck, 1958. js

Bamberger, Ludwig, Schriftsteller, Nationalökonom, Politiker. 22.7.1823 Mainz – 14.3.1899 Berlin. Nach seinem Studium ist B. zunächst als Jurist in Mainz tätig. 1848 beteiligt er sich an den revolutionären Kämpfen, ist kurzzeitig Chefredakteur der *Mainzer Zeitung* und einer der Initiatoren der Pfälzer Erhebung. Nach deren Scheitern wird er in Abwesenheit 1851 zum Tode verurteilt und flieht in die Schweiz. Ab 1852 hält er sich in Paris auf, wo er bis

1866 Bankdirektor ist. Nach seiner Rückkehr nach Dtl wird er 1868 in das Zollparlament gewählt, in dem er sich als Währungsexperte profiliert. Als Liberaler (Mitglied der Nationalliberalen, später Freisinnigen Partei) unterstützt er Bismarcks Politik der Reichseinigung. 1871–93 ist er Mitglied des Reichtags. B. ist 1870 führend an der Gründung der *Deutschen Bank* und 1875 der *Deutschen Reichsbank* beteiligt, er gilt 1876 als Architekt der Vereinheitlichung der Währungen im Dt. Reich. Nach der Abkehr Bismarcks von den Vorstellungen der Liberalen wird er dessen erbitterter Gegner. Gemeinsam mit E. ▶ Lasker hat B. seit 1901 ein Ehrengrab auf dem Jüd. Friedhof an der Schönhauser Allee.
Deutschtum und Judentum, 1880; GS, 5 Bde, 1894–98; Erinnerungen, 1899.
Koehler, B.: L. B. Revolutionär und Bankier, 1999. id/pj

Bamberger, Ludwig ▶ Berger, Ludwig.

Band, Arnold ▶ Rubiner, Frida.

Baneth, Eduard, Talmudforscher, Rabbiner. 9.8.1855 Liptowsky Mikulás/Slowakei – 7.8.1930 Berlin. Studium am Rabbiner-Seminar in Berlin, 1882–95 Rabbiner in Krotoschin/Posen, 1895 Dozent (ab 1919 mit Professorentitel) für Talmud an der HWdJ in Berlin.
Ursprung der Saddokäer und Boethosäer, 1882; Der Sederabend, 1904. js

Barnay, Ludwig (d.i. Ludwig Weiss, Pseud. Lacroix), Schauspieler, Theaterdirektor. 11.2.1842 Pest – 31.1.1924 Hannover. B. beginnt seine Karriere als Schauspieler u.a. mit Engagements in Budapest, Frankfurt/M. und Wien, wo er Helden- und Charakterrollen spielt. 1871 gründet B. die *Genossenschaft Deutscher Bühnenangehöriger* und 1883 mit A. l' ▶ Arronge das DT in Berlin. Später leitet er das Berliner Theater (1887–94). 1906–08 ist B. Intendant des Kgl. Schauspielhauses in Berlin. 1963 wird in der Wilmersdorfer Künstlerkolonie ein Platz nach ihm benannt.
Erinnerungen, 1903 [1953]. jl

Barnowsky, Victor, Schauspieler, Regisseur. 10.9.1875 Berlin – 9.8.1952 New York. Sein Debüt als Charakterdarsteller feiert B. 1893 am Berliner Residenztheater. Im Anschluss sammelt er Erfahrungen in München, Hamburg und Breslau. Als Leiter des Kleinen Theaters Unter den Linden (1905–13) und des Lessing-Theaters (1913–24) löst er M. ▶ Reinhardt und O. v. ▶ Brahm ab und beeindruckt mit herausragenden Inszenierungen, u.a. Strindbergs *Nach Damaskus* (1914). Später ist er Direktor des Theaters in der Königgrätzer Straße (1924–33). 1931/32 leitet er u.a. das Deutsche Künstler-Theater Berlin. Im Komödienhaus in Berlin inszeniert B. klassische Komödien, aber auch Stücke von Wedekind und Ibsen. Im Frühjahr 1933 emigriert er über London in die USA. Dort findet B. Beschäftigung als Drehbuchautor und Dramaturg. Ab 1942 spielt B. in New Yorker Emigrantenensembles.
Richter, R.: Das Deutsche Künstler-Theater unter V. B. (1915–24), 1970. jl

Ludwig Barnay

Barth, Aron, Jurist, Bankier. 26.3.1890 Berlin – 1957 Tel Aviv. Ab 1916 RA und Syndikus der DANAT-Bank. Seit 1921 Rechtsbeistand beim WZO-Gericht. Delegierter des Zionistischen Kongresses und des Kongressgerichts. 1929 *Misrachi*-Vorsitzender. 1933 Emigration nach Palästina, RA in Haifa. 1938–51 Direktor und Hauptgeschäftsführer der *Anglo-Palestine Bank/Bank Leumi le-Israel.* Im Vorstand der *Keren Hayessod* und der Hebrew Univ.
Orthodoxie und Zionismus, 1920; Letters to an English Friend, 1948; Ewige Probleme und ihre Behandlung im modernen Judentum, 1953. cm

Barth, Jakob, Orientalist. 3.3.1851 Flehingen/Baden – 24.10.1914 Berlin. Studium der semitischen Philologie in Berlin, Leipzig und Straßburg. 1873 Promotion in Leipzig, 1876 Habilitation in Berlin. Seit 1874 Dozent für Bibelexegese und Religionsphilosophie am orthodoxen Rabbiner-Seminar in Berlin. 1880 Berufung zum Prof. für semitische Philologie an die Berliner Univ. Verfasser sprachwissenschaftlicher Untersuchungen, u.a. *Die Nominalbildung in den semitischen Sprachen* (1889) sowie verschiedener Studien zur Bibelexegese und zum Koran. nr

Bartholdy, Jakob Ludwig Salomon, (d.i. Levin Salomon) Diplomat, Mäzen. 13.5.1779 Berlin – 27.7.1825 Rom. Nach dem Studium in Halle unternimmt B. Reisen nach Griechenland und Italien, Frankreich und die Niederlande. 1805 konvertiert er zum Protestantismus und fügt den Nachnamen Bartholdy, den die Familie seiner Schwester später ebenfalls führt, hinzu. Er ist Onkel von F. ▶ Mendelssohn-Bartholdy. Als Oberleutnant wird B. 1809 im Kampf gegen Napoleon bei der Schlacht am Ebersberg schwer verletzt. Ab 1813 ist er beim Freiherrn Hardenberg tätig und wird 1815 zum Preußischen Generalkonsul für Italien und 1818 zum Geschäftsträger am toskanischen Hof ernannt. Als Kunstliebhaber beauftragt er in Rom die ‚Nazarener' Johann Friedrich Overbeck, Wilhelm Schadow, Philipp Veit und Peter Cornelius mit der Ausmalung eines Zimmers in seiner Residenz, dem Palast Zuccari. Diese acht Fresken, die die Josephgeschichte darstellen, sind heute in der Alten Nationalgalerie in Berlin ausgestellt, ebenso wie Skulpturen, die in der ‚Casa Bartholdy' standen, dem jetzigen Standort der Bibliotheka Hertziana in Rom.
Der Krieg der Tyroler Landleute im Jahre 1809, 1814; Züge aus dem Leben des Cardinals Hercules Consalvi, 1824. cm

Baruch, Eva ▶ Schwarcz, Eva.

Baruch, Juda Löw ▶ Börne, Ludwig.

Baruch, Siegfried, Lehrer. 3.5.1901 Margonin/Posen – 1976 Wiesbaden. 1915–21 Studium am Jüd. Lehrerseminar Münster, 1921–23 Lehrer an der Samsonschule Wolfenbüttel, 1923–25 Lehrer und Erzieher Jüd. in Paderborn, 1923–38 Lehrer und Erzieher in Heimen und Schulen, zuletzt in Berlin am Jüd. Waisenhaus (Moltkestr., heute Wilhelm-Wolff-Strasse). 19.5.1942 Deportation nach Theresienstadt, von dort am 29.9.1944 nach Auschwitz. 1945 Rückkehr nach Berlin, dort wieder als Lehrer tätig. 1950 dort Leiter eines jüd. Kinderheims. js

Bauer, Felice, Stenotypistin. 18.11.1887 Neustadt/Oberschlesien – 15.10.1960 Rye/USA. Seit 1899 in Berlin. Ab 1908 Berufstätigkeit, bald in gehobener Stellung. Ab 1916 Betreuung von jüd. Kindern aus Osteuropa im *Jüd. Volksheim*. 1912 Begegnung mit F. ▶ Kafka, zweimalige Verlobung; 1918 Vernichtung all ihrer Briefe durch ihn. 1919 Heirat mit Moritz Marasse. 1931 Übersiedelung in die Schweiz. 1936 Emigration. 1953 Verkauf von Kafkas Briefen aus Geldnot an den *Schocken Verlag*.
Kafka, F.: Briefe an Felice, 1967. ht

Bauer, Herbert ▶ Balázs, Béla.

Bauer, Lina ▶ Morgenstern, Lina.

Baum, Herbert, Widerstandskämpfer. 10.2.1912 Moschin/Posen – 11.6.1942 Berlin. Ab 1926 in der Kinderorganisation der SPD, 1928–31 in der DJJG. 1931 Eintritt in die KJVD, 1934–35 Organisationsleiter. Kopf einer Gruppe junger Kommunisten und ehemaliger Mitglieder der jüd. Jugendbewegung. 1938/39 Gründung einer Widerstandsgruppe. 1940 Zwangsarbeit in den Siemens-Werken, ab 1941 organisierter Widerstand: Flugblätter und am 18.5.1942 Brandanschlag auf die Ausstellung *Das Sowjetparadies*. Verhaftung am 22.5.1942, stirbt nach Folterungen, nach Aussage der Gestapo durch Selbstmord.
Scheer, R.: Im Schatten der Sterne. Eine jüd. Widerstandsgruppe, 2004. bz

Herbert Baum

Baum, Marianne, geb. Cohn, Widerstandskämpferin. 9.2.1912 Saarburg/Elsass-Lothringen – 18.8.1942 Berlin. Kindheit in Elsass-Lothringen, Mitglied der DJJG in Berlin. 1931 Eintritt in den KJVD, 1936 Heirat mit Herbert ▸ B. 1940 Zwangsarbeit in den Siemens-Werken. Beteiligung am Widerstand der Baum-Gruppe. Verhaftung am 22.5.1942, Todesurteil am 16.7.1942, Hinrichtung in Plötzensee. bz

Baum, Robert ▸ Jungk, Robert.

Baum, Vicki, Schriftstellerin, Musikerin. 24.1.1888 Wien – 29.8.1960 Hollywood. Studium der Musik und Pädagogik in Wien. Engagement als Harfenistin u.a. in Darmstadt und Hannover, 1916 Heirat mit Richard Lert. 1926–31 Tätigkeit beim *Ullstein Verlag* in Berlin als Redakteurin der Zeitschrift *Die Dame*, daneben Autorin von z.T. verfilmten Gesellschaftsromanen wie *Menschen im Hotel* (1929). 1931 Übersiedlung nach Hollywood, dort Arbeit als Drehbuchautorin. 1938 amerikanische Staatsbürgerin, schreibt fortan auf Englisch.
Ferne, 1926; Es war alles ganz anders, 1962. bz

Vicky Baum

Baumann, Curt ▸ Rodenberg, Hans Rudoph.

Baumann, Ken C. (d.i. Kurt Baumann), Opernregisseur. 11.3.1907 Berlin – 1983 Ithaca/USA. 1926–31 studiert B. an der Hochschule für Musik in Berlin. Danach sammelt er erste Erfahrungen als Regieassistent und Dramaturg. Zusammen mit K. ▸ Singer initiiert er 1933 den *Jüd. Kulturbund*. Dort arbeitet B. 1933–39 als Regisseur und ist Vorstandsmitglied, Leiter der Opernabteilung und des künstlerischen Büros. B. inszeniert u.a. Franks *Sturm im Wasserglas* (1934), Smetanas *Die verkaufte Braut* (1935) und Verdis *La Traviata* (1939). Am 23.8.1939 emigriert er in die USA. 1976 ist er zeitweise an der Dt. Oper Berlin tätig. jl

Baumgardt, David, Philosoph. 20.4.1890 Erfurt – 21.7.1963 Long Beach/USA. Studium in Freiburg, Wien, München, Heidelberg und Berlin. 1924–32 PD/a.o. Prof. in Berlin, Emigration über Großbritannien, wo er Lehrbeauftragter an der Univ. of Birmingham ist, später in die USA. 1941–54 Fachberater an der *Library of Congress*, Washington/DC, danach Gastprof. an der *Columbia Univ.* in New York.
Das Möglichkeitsproblem, 1920; Spinoza und Mendelssohn, 1932; Maimonides, 1955. js

Bayer, Ernst ▸ Abusch, Alexander.

Becher, Lilly Irene, geb. Korpus, Publizistin, Übersetzerin. 27.1.1901 Nürnberg – 20.9.1978 Berlin/Ost. Ab 1919 KPD-Mitglied. 1921–26 Mitarbeit bei der *Roten Fahne*, Chefredakteurin 1923–26 der *Arbeiterin*, 1926–33 der *Arbeiter Illustrierten Zeitung*. 1933 Emigration nach Frankreich. Ab 1935 in Moskau, Mitarbeit bei der *International Literatur* und *Radio Moskau*. Ehefrau von Johannes R. Becher. Mit Willi Münzenberg Hg. einer frühen Dokumentation über die Judenverfolgung in Dtl: *Der gelbe Fleck* (1936). 1945 Rückkehr nach Berlin, 1945–51 Chefredakteurin der *Neuen Berliner Illustrierten*, danach freie Journalistin. Gründungs- und Präsidiumsmitglied des Demokratischen Frauenbunds und Vizevorsitzende der *Gesellschaft für Dt.-Sowjetische Freundschaft*. kp/ht

Becker, Jurek, Schriftsteller. 30.9.1937 Łodz – 14.3.1997 Berlin. B. wächst zunächst im Ghetto Łodz, dann in den Konzentrationslagern Ravensbrück und Sachsenhausen auf. Die Mutter stirbt kurz nach der Befreiung, der Vater überlebt Auschwitz. 1945 zieht er nach Berlin (SBZ). Von einem

Tag auf den anderen spricht der Vater nur noch Deutsch mit ihm. B. studiert Philosophie, ab 1960 lebt er als freier Schriftsteller. Sein erster Roman *Jakob der Lügner* (1969), der 1974 von Frank Beyer im Auftrag der DEFA verfilmt wird, erzählt von einem polnischen Ghetto während der Shoa. Mit den Nachwirkungen der Shoa auf Überlebende in Ostdtl setzt er sich in den Romanen *Der Boxer* (1976) und *Bronsteins Kinder* (1986) auseinander. 1976 verlässt B. nach der ‚Biermann-Affäre' mit einem Dauervisum die DDR. Er arbeitet verstärkt für Film und Fernsehen, u.a. als Drehbuchautor für die Serie *Liebling Kreuzberg* (1986–88).
Irreführung der Behörden, 1973; Amanda Herzlos, 1992.
Obrusnik, J.: J. B., 2004; Gilman, S. L.: J. B., 2002; Jung, Th.: „Schriftsteller oder Widerstandskämpfer sein..." J. B., 1998. ht

Beckmann, Max, Maler, Graphiker. 12.2.1884 Leipzig – 27.12.1950 New York. Nach dem Studium 1900–03 an der Großherzoglichen Kunstschule Weimar siedelt er 1905 nach Berlin über und schließt sich der *Berliner Secession* an, 1910 wird er Vorstandsmitglied der *Secession*. 1913 widmet ihm P. ▶ Cassirer eine erste große Retrospektive. Nach dem Austritt aus der *Berliner Secession* tritt B. der *Freien Secession* bei. 1914 ist er freiwilliger Sanitäter im I. WK. 1925–33 lehrt er als Prof. in Frankfurt/M. 1932/33 beginnt seine neue Schaffensperiode mit der Entstehung des ersten von später neun *Triptychen*. Nach seinen impressionistischen Anfängen gelangt B. zu einem zeichnerisch scharfen und nüchternen Realismus. 1937 emigriert er über Paris nach Amsterdam, 1947 in die USA. Dort ist er Prof. an der Univ. in St. Louis. 1948 wird eine umfassende Retrospektive seiner Werke im City Art Museum der Stadt gezeigt. Ab 1949 unterrichtet er an der Brooklyn Museum Art School in New York.
Spieler, R.: M. B. der Weg zum Mythos, 2002; ders.: M. B. Bildwelt und Weltbild in den Triptychen, 1998. nv

Beer, Aaron, Kantor. 1738 Bamberg – 3.1.1821 Berlin. Von 1765 bis zu seinem Tod ist B. erster Kantor der Synagoge Heidereutergasse in Berlin. Sein Manuskript synagogaler Kompositionen (1 210 einstimmige Gesänge) gilt als verschollen. js

Beer, Alexander, Architekt. 10.9.1873 Hammerstein/Westpreußen – 8.5.1944 Ghetto Theresienstadt. Nach dem Studium in Berlin und Darmstadt ist B. als Regierungsbaumeister im hessischen Staatsdienst mit Restaurierungsarbeiten an öffentlichen Gebäuden und Denkmälern betraut. Er nimmt als Leiter des Bauamts der JGB großen Anteil an der Errichtung von Synagogen und sozialen Einrichtungen. 1912/13 entsteht das jüd. Waisenhaus Pankow; 1916 wird die Synagoge Cottbusser Ufer 48–50 (heute Fraenkelufer) mit 2 000 Sitzplätzen eingeweiht. Die Mädchenschule der JGB zieht 1930 in den Neubau in der Auguststraße 11–13. Im gleichen Jahr wird die Synagoge Prinzregentenstraße 69–70 eingeweiht, sie bietet 2 300 Gläubigen Platz. 1927 erfolgt die Fertigstellung des von ihm geplanten Kriegerehrenfelds auf dem Jüd. Friedhof Weißensee. Ab 1932 leitet B. den Umbau des Geschäftshauses Oranienburger Straße 31, in dessen Räumen im Jan. 1933 das Jüd. Museum eröffnet wird. 1943 wird er deportiert. nv

Beer, Amalie (Amalia). Philantropin, Salonnière. 10.2.1776 Berlin – 27.6.1854 Berlin. B., die Tochter des Bankiers L. M. ▶ Wulff, heiratet im Alter von 16 Jahren den Zuckerfabrikanten Jakob Herz ▶ B. Ihre Söhne sind der Komponist G. ▶ Meyerbeer, der Astronom Wilhelm ▶ B. und der Dichter Michael ▶ B. In ihrem Haus entsteht schon vor 1806 ein Salon, der sich aber erst nach der Napoleonischen Zeit zur vollen Blüte entwickelt. Dort empfängt sie Gäste aus allen Kreisen, v.a. Musiker und Sänger, aber auch Schauspieler, Dichter, ausländische Militärs und Diplomaten. Zu den Besuchern zählen N. Paganini, E. ▶ Gans, A. v. Humboldt und R. ▶ Varnhagen. Neben musikalischen Veranstaltungen finden Vortragsabende und Abendessen statt. B. empfängt bis ins hohe Alter hinein Gäste und wird nach ihrem Tod in zahlreichen Nachrufen geehrt. Für ihre Verdienste um die Pflege Verwundeter 1813–15 erhält sie 1816 den Luisenorden, die erste Auszeichnung solcher Art für eine Jüdin. Da sie kein Kreuz tragen will, wird ihr erlaubt, das Ehrenzeichen in Form eines Medaillons zu tragen.
Juden Bürger Berliner. Das Gedächtnis der Familie Beer – Meyerbeer – Richter, 2004. nms/js

Beer, Jakob Herz, Unternehmer, Bankier. 12.6.1769 Frankfurt/Oder – 27.10.1825 Berlin. B. zieht nach Berlin, heiratet Amalie, eine Tochter L. M. ▶ Wulffs und wird in dessen generelle Handelserlaubnis einbezogen. 1794 erstellt er Verträge zur Bereitstellung preußischer Truppen in Polen. 1799 erwirbt B. eine Zuckersiederei und gründet mehrerere Zuckerraffinerien, auch außerhalb Dtls. 1803 wird er Berliner Börsenvorsteher, 1823–25 Ältester der Berliner Kaufmannschaft und Mitglied des Ältestenrats der

Berliner Judenschaft. Er ist Mitbegründer des Berliner Luisenstifts und des Königsstädtischen Theaters am Alexanderplatz, das 1824 eröffnet wird. B. betätigt sich außerdem als Kunstmäzen. Gemeinsam mit I. ▶ Jacobson richtet er den ersten reformierten jüd. Gottesdienst mit deutscher Predigt im so genannten ‚Beerschen Tempel', in seinem Haus am Brandenburger Tor, aus. 1823 wird der ‚Tempel' behördlich verboten. Prediger ab 1815 ist I. L. ▶ Auerbach. B. ist Förderer des jungen L. ▶ Zunz. cg/as

Beer, Jakob Meyer ▶ Meyerbeer, Giacomo.

Beer, Max [Moshe Beer], Journalist, Historiker. 10.8.1864 Tarnobrzeg/Galizien – 30.4.1943(49) London. B. gelangt 1889 über Wien nach Berlin. Als Mithg. der Magdeburger sozialdemokratischen *Volksstimme* wird er wegen eines Artikels monatelang inhaftiert und aus Preußen ausgewiesen. Ab 1894 lebt B. als Korrespondent der *Münchner Post*, der New Yorker *Arbeiter-Zeitung* und des SPD-Organs *Vorwärts* in London. Er betreibt Studien zur Geschichte der dt. und englischen Arbeiterbewegung (*Geschichte des Sozialismus in England*, 1913). Ab 1915 lebt B. wieder in Berlin. 1923 verlässt er die SPD. 1927/28 ist B. als Chefbibliothekar in Moskau, danach am Frankfurter Institut für Sozialforschung tätig. 1933 emigriert er nach London, wo er seine wissenschaftlichen Studien fortsetzt und das autobiogr. Buch *Fifty Years of International Socialism* (1935) schreibt.
📖 Allgemeine Geschichte des Sozialismus und der sozialen Kämpfe, 1919–23; Life and Teachings of Karl Marx, 1924. nms/ht

Beer, Max, Journalist. 3.6.1886 Wien – 27.10.1965 New York. 1910–14 Korrespondent für dt. Zeitungen in New York. 1914 publizistische Tätigkeit in Bern. Ab 1920 Berichterstatter in Genf für das Berliner *Wolff'sche Telegraphenbüro*. 1926–31 Beamter der Informationsabteilung des Völkerbunds, 1931–33 Korrespondent beim Völkerbund für die *Deutsche Allgemeine Zeitung*. 1933 Entlassung, 1939 Übersiedlung nach Paris, 1940 Flucht über Spanien und Portugal in die USA. Mitarbeit beim *Aufbau*. Ab 1950 UNO-Korrespondent der *Neuen Zürcher Zeitung*.
📖 Die Reise nach Genf, 1934; Die auswärtige Politik des Dritten Reiches, 1934. js

Beer, Michael, Schriftsteller. 19.8.1800 Berlin – 22.3.1833 München. Sohn des Bankiers Jakob Herz ▶ B. und dessen Frau Amalie ▶ B., Bruder des Komponisten G. ▶ Meyerbeer und des Astronomen Wilhelm ▶ B. Bereits in seiner Jugend fällt B. durch dichterische Begabung auf. Bekannte Schauspieler verhelfen seiner Tragödie *Klytemnästra* durch eine Inszenierung am Kgl. Theater 1819 zu einem Achtungserfolg. Er studiert Philosophie und Geschichte in Berlin und lebt abwechselnd in Paris und München. Seine größten Erfolge sind *Der Paria* (1823) und die Tragödie *Struensee* (1828), zu der Meyerbeer die Musik schreibt. B. genießt die Förderung des Königs Ludwig von Bayern. Mit dessen Minister Eduard von Schenk, seinem späteren Biografen und Hg., ist er befreundet. Weiter schreibt er *Die Bräute von Aragonien* (1822), in Anlehnung an Goethes *Braut von Korinth*, sowie eine Reihe von Erzählungen und die Ballade *Der fromme Rabbi*.
📖 SW, 1835. js

Michael Beer

Beer, Wilhelm, Unternehmer, Astronom. 4.1.1797 Berlin – 27.3.1850 Berlin. B. nimmt 1814/15 an den Befreiungskriegen teil, zuletzt ist er Dragonerleutnant. Als ältester Sohn von Jakob Herz ▶ B. übernimmt B. nach dessen Tod 1825 die Leitung der väterlichen Bank und Fabriken. Zudem ist er u.a. Direktor der *Potsdam-Leipziger-Eisenbahn-Gesellschaft* und im Verwaltungsrat der *Berlin-Anhaltinischen-Eisenbahn-Gesellschaft*. 1828 erwirbt B. das Berliner Bürgerrecht. 1836 wird er zum Ältesten der Berliner Kaufmannschaft und 1837 durch König Friedrich Wilhelm IV. zum Geheimen Kommerzienrat ernannt. Als Mitglied der JGB ist er ab 1838 in der Armenkommission tätig. 1846 wird B. in das

preußische Abgeordnetenhaus gewählt. 1849 ist er kurzzeitig im Stadtrat. Seit Mitte der 1840er Jahre ist B. publizistisch aktiv. Er schreibt v.a. politische Flugschriften wie *Die Dreikönigsverfassung in ihrer Gefahr für Preussen* (1849). Neben den vielfältigen kaufmännischen, gesellschaftlichen und politischen Aktivitäten macht sich B. als Astronom einen Namen, so führt er 1828–37 zahlreiche Marsbeobachtungen mit dem Astronomen Johann H. von Maedler durch. 1829 wird seine Privatsternwarte im Tiergarten fertig gestellt. Ein Standardwerk sind die als *Mappa selenographia* (1834–36) von B. gesammelten und herausgegebenen Aufnahmen der Mondoberfläche.
Genius der Astronomie und Ökonomie, 1997. mr

Behr, Isachar Falkensohn [auch Issachar Falkensohn Bär, d.i. Gawriel Grigorjewitsch Behr], Arzt, Dichter. 1746 Salaty/Litauen – 1817 Kamenez-Podolsk/Russland. B. kommt 1769 nach Berlin, wird hier u.a. durch den Kreis um M. ▶ Mendelssohn gefördert und arbeitet als Hauslehrer. Nach dem Studium verschiedener Fächer in Berlin und Leipzig widmet er sich der Medizin und promoviert 1772 in Halle. In Berlin entstehen 1772 die *Gedichte eines polnischen Juden* (NA 2002), die zu den frühesten deutschsprachigen literarischen Werken eines jüd. Autoren gehören und von Goethe mit einer Rezension bedacht werden. Um in Russland als Arzt praktizieren zu dürfen, lässt er sich 1782 griechisch-orthodox taufen. nr

Behrendt, Walter Curt, Architekt, Autor. 16.12.1884 Metz – 26.4.1945 Norwich. Nach einem Studium an der TH Charlottenburg, in München und Dresden ist B. 1912–33 in preußischen Regierungsdiensten tätig und hat u.a. die Aufsicht über alle öffentlichen Bauprojekte. 1921 wird er zum Ministerialrat ernannt. Schon ab 1912 im Deutschen Werkbund, ist er ab 1926 auch in der Architekturvereinigung *Der Ring* aktiv. In den 1920er Jahren verfasst B. richtungsweisende architekturtheoretische Werke. Bis 1926 arbeitet B. im Wohlfahrtsministerium, bis 1933 im Finanzministerium. 1934 emigriert er in die USA und erhält 1941 die amerikanische Staatsbürgerschaft. B. lehrt 1937–41 an der Univ. of Buffalo und 1941–45 am Dartmouth College. Darüber hinaus ist B. Technischer Direktor der Buffalo City Planning Association.
Der Kampf um den neuen Stil im Kunstgewerbe und in der Architektur, 1920; Städtebau und Wohnungswesen in den Vereinigten Staaten, 1927; Der Sieg des Neuen Baustils, 1927. nv

Bein, Sally, Heilpädagoge. 6.11.1881 Hohensalza/Posen – wahrsch. 1942 KZ Auschwitz. B. studiert 1902–06 an der Jüd. Lehrer-Bildungsanstalt in Berlin und ist bis 1908 Lehrer an der *Israelitischen Lehrerbildungsanstalt* Weißensee. 1908 gründet B. die *Israelitischen Erziehungsanstalt für geistig zurückgebliebene Kinder* in Beelitz/Mark, auf dem Gelände des heutigen Sally-Bein-Gymnasiums. Er übernimmt die Leitung des Heims und ist mehrere Jahre Vorstandsmitglied der Beelitzer Synagogengemeinde. Ab 1937 setzt er sich vehement für den Erhalt der Anstalt ein. 1942 wird B. zusammen mit den letzten Bewohnern des Heims deportiert.
Verloren und Un-Vergessen. Jüdische Heilpädagogik in Dtl, 1996. ae

Bella ▶ Fromm, Bella.

Benario, Ernestine ▶ Eschelbacher, Ernestine.

Benario, Olga, Widerstandskämpferin. 12.2.1908 München – April 1942 Bernburg. B. arbeitet seit 1925 als Stenotypistin in der sowjetischen Handelsvertretung in Berlin. Als Mitglied des KJVD, der Jugendorganisation der KPD, übernimmt sie den Bereich Agitation und Propaganda. 1926 wird sie wegen Vorbereitung zum Hochverrat verhaftet, kommt aber dank der Hilfe ihres Vaters, eines RA, frei. Zwei Jahre später ist sie an der Befreiung eines verhafteten KPD-Mitglieds beteiligt. Sie fliehen nach Moskau. Dort wird B. Mitarbeiterin der *Kommunistischen Internationalen*, in deren Auftrag sie sich zusammen mit ihrem späteren Ehemann Carlos Luiz Prestes 1935 am gescheiterten Regierungsumsturz in Brasilien beteiligt. 1936 wird sie an die Gestapo ausgeliefert. In Haft bringt B. eine Tochter zur Welt, von der sie 1938 getrennt wird. Sie kommt in das Frauen-KZ Lichtenburg, danach ins KZ Ravensbrück. B. wird in der ‚Heil- und Pflegeanstalt' Bernburg ermordet.
Morais, F.: Olga. „Ich habe für das Richtige, das Gute, das Beste auf der Welt gekämpft", 1989; Werner, R.: O. B. Die Geschichte eines tapferen Lebens, 1962. ul

Benda, Carl, Mediziner. 30.12.1857 Berlin – 24.5.1932 Turin. 1896–1908 Leiter des Pathologischen Instituts am Urban-Krankenhaus, danach bis 1925 in gleicher Funktion am Krankenhaus Moabit. Parallel Lehrtätigkeit an der Berliner Univ. 1896 Entdeckung der Mitochondrien, stäbchenförmiger Organellen in den Zellen. Erster Nachweis des Zusammenhangs der Akromegalie (Größenwachstum von Händen, Füßen, Zunge, Unterkiefer und anderen Körperteilen nach Abschluss des normalen Wachstums) mit dem Vorhandensein gutartiger Tumore in der Hirnanhangdrüse. evk

Benda, Julius, Architekt. 21.4.1838 Rauden/Schlesien – 6.6.1897 Darmstadt. B. studiert in Berlin und München und gründet 1869 zusammen mit G. ▶ Ebe die Architekturfirma *Ebe & Benda* in Berlin. Beide werden durch die Bauten für die Großindustriellen Albert Borsig (Voßstraße 1), den Eisenbahnmagnaten R. ▶ Pringsheim (Wilhelmstraße 67) und den Verleger R. ▶ Mosse (Leipziger Platz 15) zu den bekanntesten Palaisbaumeistern ihrer Zeit. 1879 realisiert *Ebe & Benda* den Umbau der Halberstädter Synagoge. Im selben Jahr gründet B. den *Verein Berliner Architekten*. Darüber hinaus unterrichtet er ab 1891 an der Baugewerbeschule in Darmstadt. nv

Benda, Moses David [auch M. D. Alexander], Kaufmann. 20.6.1772 Berlin – 9.3.1843 Berlin. B. betreibt mit seinem Bruder Liepmann Alexander B. die Fabrik *Gebrüder Benda*. Neben seiner Mitgliedschaft in der Korporation der Kaufmannschaft ist er in zahlreichen jüd. Organisationen ehrenamtlich tätig, u.a. in der *Chewra Kadischa*. Er ist Mitbegründer des neuen Jüd. Altersheims in der Oranienburger Straße 8, das bis dahin im Jüd. Krankenhaus untergebracht war; seine Frau Glückel ist eine der Ehrendamen, die die Pensionäre betreut. evk

Bendavid, Lazarus, Philosoph, Pädagoge. 18.12.1762 Berlin – 28.3.1832 Berlin. B., der aufklärerische Standpunkte vertritt, gehört zum Kreis um M. ▶ Mendelssohn und setzt sich für die Philosophie Kants ein. Für seine Schrift *Über den Ursprung unserer Erkenntnis* erhält B. einen Preis der Akadademie der Wissenschaften. In seiner Schrift *Etwas zur Charakteristick der Juden* (1793) setzt er sich für die Abschaffung der „sinnlosen und auf die jetzigen Zeiten gar nicht mehr passenden Zeremonialgesetze" ein. Im Gegensatz zu Kant lehnt B. aber die Bekehrung von Juden zum Christentum ab. Als Erzieher will er die Ideen der Aufklärung unter den Juden verbreiten und die kulturelle Assimilation fördern. U.a. setzt er sich für eine jüd. Feuerwehr in Berlin ein, deren Verwirklichung aber scheitert. 1803–25 ist B. Leiter der von D. ▶ Friedländer und Isaac D. ▶ Itzig gegründeten Freischule, wo zunächst auch christliche Schüler zugelassen sind, bis dies 1819 die Regierung untersagt. 1806 erscheint seine Autobiografie in S. M. ▶ Lowes Sammelband *Bildnisse jetztlebender Berliner Gelehrten mit ihren Selbstbiographien*.
📖 Aufsätze verschiedenen Inhalts, 1800. js

Bendemann, Eduard Julius Friedrich, Maler. 3.12.1811 Berlin – 27.12.1889 Düsseldorf. B., der Sohn eines Bankiers, nimmt Unterricht bei Johann G. Schadow und begleitet diesen und dessen Tochter Lida, die er später heiratet, 1830 nach Italien. 1839–55 lehrt B. als Prof. an der Akademie in Dresden und ist dort mit Wandgemälden im Thron- und Ballsaal des kgl. Schlosses beauftragt. 1859–67 ist er Direktor der Düsseldorfer Kunstakademie. In seinen Gemälden finden sich zahlreiche jüd. Motive, so in *Boas und Ruth*, *Die trauernden Juden im Exil* (1832), *Jeremias auf den Trümmern von Jerusalem* (1834/35), *Wegführung der Juden in die Babylonische Gefangenschaft* (1872). B. steht im Ruf, ein „Idyllenmaler des alten Testaments" zu sein. js

Bendix, Benedikt Heinrich, Kupferstecher. 1768 Berlin – 1828 Berlin. B. ist der Sohn des ‚Schutzjuden' Hirsch Nathan Bendix und Schüler von Daniel Berger. Seine erste selbstständige Arbeit ist das Portrait von M. ▶ Herz (1795). Besonders erwähnenswert sind zwei Blätter mit je drei Medaillons von Napoleon I., Friedrich Wilhelm III. und Alexander I. von Russland und deren Frauen. 1804 porträtiert er den Vorsteher der JGB Israel Jacob. Den Kantor Aaron ▶ Beer verewigt B. auf einem Schabkunstblatt. Ab 1825 ist er Zeichenlehrer an der neu eröffneten Gemeindeschule. js

Bendix, Bernhard, Kinderarzt. 27.5.1863 Groß-Mühlingen/Sachsen-Anhalt – 1943 Kairo. Studium in Berlin, Leipzig und Freiburg/Br. 1888 Anstellung an der Kinderpoliklinik in Berlin. Ab 1891 an der Charité, zunächst Chirurg, dann Kinderarzt. 1901 Habilitation, 1902 PD, ab 1907 Prof. für Pädiatrie an der Berliner Univ. 1904 Gründung einer Waldschule in Charlottenburg. 1918 Geheimer Sanitätsrat. 1933 Emigration nach Ägypten.
📖 Lehrbuch der Kinderheilkunde, 1899. bz

Benedikt, Ottilie ▶ Franzos, Ottilie.

Benfey, Eduard, Richter. 12.7.1874 Göttingen – 23.5.1953 USA. Studium in Göttingen, Würzburg und Berlin, 1896 Promotion. Ab 1906 Richter in Düsseldorf, zuletzt Oberlandesgerichtsrat. 1922 Wechsel als Senatspräsident an das Reichswirtschaftsgericht nach Berlin, im Sep. 1935 Zwangspensionierung. 1939 Emigration über Großbritan-

nien in die USA. 1940–43 Leiter eines Gästehauses in Groton/Massachusetts.
Die Geschäftsführer bei der Gesellschaft mit beschränkter Haftung, 1896. cm

Benjamin, Georg, Arzt, Politiker. 10.9.1895 Berlin – 26.8.1942 KZ Mauthausen. Bruder von Walter ▶ B. 1914 Mathematikstudium. Teilnahme als Soldat am I. WK. Ab 1918 Medizinstudium, 1925 Schularzt, Leitung des Proletarischen Gesundheitsdienstes, Kommunalpolitiker der KPD. 1926 Heirat mit Hilde Lange, der späteren DDR-Justizministerin. 1933 Berufsverbot, erste Inhaftierung, Mitarbeit in der illegalen Leitung der KPD und im Kinderheim von E. ▶ Fürst. 1936 erneute Verhaftung, Verurteilung zu sechs Jahren Zuchthaus, 1942 Deportation.
Benjamin, H.: G. B., 1977 [1987]. kp

Benjamin, Walter (Pseud. Ben(e)dix Schönflies, Detlef Holz), Schriftsteller, Philosoph. 15.7.1892 Berlin – 26.9.1940 Port-Bou/Spanien. B. wächst im Bürgertum des Berliner Westens auf. Eine Milieuschilderung gibt er in *Berliner Kindheit um Neunzehnhundert* (1987). Ab 1912 studiert B. Philosophie in Berlin und München. 1917 übersiedelt er nach Bern, wo er 1919 über den *Begriff der Kunstkritik in der dt. Romantik* promoviert. Freundschaften verbinden ihn mit G. ▶ Scholem, Theodor W. Adorno, Max Horkheiner. 1920 kehrt B. nach Berlin zurück und schreibt u.a. für die *Frankfurter Zeitung* und die *Literarische Welt*. Die Univ. Frankfurt/M. lehnt 1924 seine Habilitationsschrift über den *Ursprung des dt. Trauerspiels* (1928) ab. 1933 geht er ins Pariser Exil, wo er B. Brecht kennen lernt. 1940 erhält er durch Horkheimer ein Visum für die USA. Da er aber an der Grenze zu Spanien keine gültigen Papiere vorweisen kann, wird ihm die Durchreise verweigert. Daraufhin nimmt sich B. das Leben. Teile seines Nachlasses befinden sich seit 2004 im W.-B.-Archiv der Berliner AdK.
GS, 7 Bde (14 Tlbde), 1972–99; Gesammelte Briefe, 6 Bde, 2000.
Kramer, S.: W. B. zur Einführung, 2003; Dober, H. M.: Die Moderne wahrnehmen: über Religion im Werk W. B., 2002; Pethes, N.: Mnemographie. Poetiken der Erinnerung und Dekonstruktion nach W. B., 1999. alm

Bennett, Salomon, Kupferstecher, Schriftsteller, Theologe. 1761 Plozk/Weißrussland – 1838 Bristol. Ab 1795 Kupferstecher und ab 1796 Mitglied der AdK in Berlin. 1800 Auswanderung nach Großbritannien aufgrund der Einschränkungen für Juden. Verfasser von Kommentaren zur Bibel sowie mehrerer Bücher zur jüd. Geschichte und zu christlich-jüd. Beziehungen.
The Consistency of Israel, 1810; The Temple of Ezekiel, 1824; Critical Remarks on the Authorized Version, 1834. kp

Walter Benjamin

Bensemann, Walther, Sportfunktionär, Publizist. 13.1.1873 Berlin – 12.11.1934 Montreux/Schweiz. Als Schüler lernt B. 1883 die ‚neue' Sportart Fußball in England kennen und begründet 1889 den *International Footballclub Karlsruhe* (IFC) sowie weitere Vereine, u.a. in Frankfurt/M., Gießen und Baden-Baden. Ab 1892 Philologiestudium in Lausanne, Freiburg und Marburg. Im Nov. 1899 organisiert und finanziert er ein Fußballturnier in Berlin, bei dem erstmals eine englische Mannschaft auf dem Kontinent antritt. Im Jan. 1900 nimmt B. am Gründungsakt einer Fußball-Dachorganisation in Leipzig teil und schlägt den Namen *Deutscher Fußball Bund* (DFB) vor. Im Hauptberuf ist B. Lehrer, 1920 gründet er das Magazin *Kicker*, dessen Besitzer, Hg. und Chefredaktuer er zunächst ist. Er tritt für die Idee eines internationalen Fußballs ein, sein Credo: „Der Sport ist eine Religion, ist vielleicht das einzige wahre Verbindungsmittel der Völker und Klassen." Kurz nach dem Besuch des Länderspiels Dtl-Frankreich in Berlin emigriert er in die Schweiz.

🗎 Beyer, Bernd-M.: Der Mann, der den Fußball nach Deutschland brachte. Das Leben des W. B. Ein biographischer Roman, 2003. cm

Beradt, Martin, Rechtsanwalt, Schriftsteller. 26.8.1881 Magdeburg – 26.11.1949 New York. B. studiert Jura u.a. in Berlin, promoviert 1906 und arbeitet dann als RA in Berlin, u.a. für W. ▶ Rathenau und Heinrich Mann. Ab 1909 veröffentlicht er literarische Werke, u.a. über seine Erlebnisse im I. WK und ist neben S. ▶ Gronemann Syndikus des SDS. 1933 wird er aus der Anwaltskammer entlassen. Seine Kanzlei muss er räumlich verlegen und das Notariat wird ihm entzogen. Dennoch ist B. bis zum allgemeinen Berufsverbot 1938 tätig, darf aber nicht mehr publizieren. 1938 heiratet er die Journalistin Charlotte Aron, mit der er 1939 nach Großbritannien und 1940 in die USA emigriert.
🕮 Die Straße der kleinen Ewigkeit, 2000. alm

Berdyczewski, Micha Josef ▶ Bin Gorion, Micha Josef.

Berend, Alice, Schriftstellerin. 30.6.1875 Berlin – 2.4.1938 Florenz. B. lebt zunächst als Journalistin in Italien und Berlin. Sie ist v.a. Autorin humoristischer Bestsellerromane, wie *Die Bräutigame der Babette Bomberling* (1914), die sich mit dem Leben des Berliner Kleinbürgertums befassen. 1935 wandert B. über die Schweiz nach Italien aus. 1936 tritt sie zum Protestantismus über. Sie ist Mitglied des P.E.N.-Clubs.
🕮 Ein Hundeleben, 1935; Spießbürger, 1938; Die gute alte Zeit. Bürger und Spießbürger im 19. Jahrhundert, 1962. js

Berend, Bernhard Samuel, Bankier. 14.11.1801 Potsdam – 31.12.1864 Berlin. Sohn von Samuel Bacher ▶ B., dem Oberlandesältesten der Juden in der Kurmark. Übernahme des von Vater und Onkel begründeten *Bankhauses Gebr. Berend & Co.* und der zugehörigen Zuckersiederei. Ältester der Korporation der Kaufmannschaft und 1820–30 der JGB. Anfang der 1840er Jahre Stadtverordneter. 1856–61 Vorsitzender der *Gesellschaft der Freunde*. sp

Berend, Charlotte ▶ Berend-Corinth, Charlotte.

Berend, Eduard, Literaturhistoriker. 5.12.1883 Hannover – 23.9.1973 Ludwigsburg. Kriegsfreiwilliger und Hauptmann im I. WK. 1927–33 im Auftrag der PAdW Leiter der historisch-kritischen GA der Werke Jean Pauls. 1939 Emigration in die Schweiz, seit 1948 im Auftrag der Dt. AdW Fortsetzung der Jean-Paul-Edition. 1957 Rückkehr nach Dtl. Über Jean Paul verfasst B. mehrere Monografien. js

Berend, Samuel Bacher, Kaufmann. 20.12.1772 Tirschtiegel/Brandenburg – 11.1.1828 Berlin. B., der seit 1792 in Potsdam lebt, ist verheiratet mit Rebecca, der Tochter von Hertz Wulff, des Landesältesten der Kurmärkischen Judenschaft, deren Oberlandesältester er selbst wird. 1807 übernimmt B. die Verpflegung der Truppen in den Potsdamer Kasernen und wird 1814 in die Kaufmannschaft der Tuch- und Seidenhändler aufgenommen. B. ist Ältester der JGB. js

Berend-Corinth, Charlotte, Malerin. 25.5.1880 Berlin – 10.1.1967 New York. B.-C. wird an der Staatlichen Kunstschule Berlin ausgebildet. 1903 heiratet sie den Maler Lovis C. Seit 1906 ist B.-C. Mitglied, später Vorstandsmitglied der *Berliner Secession*. Ihr Œuvre umfasst realistische Gemälde mit sonnigen Landschaften und diversen Lithographien, so die Pallenberg-, Fritzi-Massary-, Anita Berber- und Dresdener Theater-Mappen. Nach dem Tode ihres Mannes 1925 arbeitet sie ausschließlich für dessen künstlerischen Nachlass, verfasst eine Autobiografie und konzipiert 1926 in Berlin die erste Ausstellung seiner Werke. Seit 1927 ist B.-C. Leiterin einer eigenen Malschule und unternimmt Studienreisen nach Italien, in die Türkei (1927), nach Ägypten (1928) und Dänemark (1929/30). 1938 emigriert sie über Italien in die USA.
🕮 Als ich ein Kind war, 1950; Mein Leben mit Lovis Corinth, 1958; Die Gemälde von Lovis Corinth. Werkkatalog, 1958. js

Berent, Margarete, Juristin. 9.7.1887 Berlin – 23.6.1965 New York. B. studiert in Berlin und Erlangen, wo sie 1913 über den gesetzlichen Güterstand von Eheleuten promoviert. Sie wird die erste Rechtsanwältin in Preußen mit dem Spezialgebieten Arbeits- und Scheidungsrecht. 1925 ist B. Mitbegründerin des Dt. Akademikerinnenbundes. Seit 1919 Mitglied, später Präsidentin des *Deutschen Juristinnen-Vereins*. Im Jan. 1932 wird B. stellvertretende Schriftführerin des *Preußischen Landesverbandes Jüd. Gemeinden*, leitet dort ab Sommer 1933 das Dezernat zur Betreuung jüd. Kleinstgemeinden. 1939 Emigration über Chile in die USA, dort Abendstudium an der New Yorker Law School der New York City Univ. Von 1956 bis zu ihrem Tod arbeitet B. in der New Yorker Stadtverwaltung.
🕮 Die Zugewinnstgemeinschaft der Ehegatten, 1914. js

Berg, Hans ▶ Rodenberg, Hans Rudoph.

Berg, Leo (Pseud. Ludwig Gorel, Dr. Pascal), Literaturkritiker. 29.4.1862 Zempelburg/Westpreußen – 12.7.1908 Berlin. Studium der Philosophie und Geschichte in Berlin. Gilt als Multiplikator der naturalistischen Bewegung in der dt. Literatur. Begründet den literarischen Verein *Durch*, aus dem später die *Freie Bühne* hervorgeht. Leitet 1890–92 die *Freie Lit. Gesellschaft*. In seinen Arbeiten macht B. Zola und Ibsen in Dtl bekannt, wendet sich später mit Begeisterung der Philosophie Nietzsches zu.
📖 Henrik Ibsen und das Germanentum in der modernen Literatur, 1887; Der Übermensch in der modernen Literatur, 1897. nr

Bergelson, David, Schriftsteller. 12.8.1884 Ochrimowo/Ukraine – 12.8.1952 Moskau. Früh wird B. zum Waisenkind und wächst deshalb in Kiew in der Familie seines Bruders auf. Begeistert sich für hebräische und russische Literatur und beginnt selbst auf Jiddisch zu schreiben. Erste Veröff. 1909 *Arum vokzal* (dt. *Am Bahnhof*). Mit *Nokh alemen* (1913, dt. *Das Ende vom Lied*) führt er den Impressionismus in die jiddische Literatur ein und erlebt seinen Durchbruch. Mitgründer der *Kultur-lige*. Lebt ab 1921 in Berlin, wo er Stammgast des *Romanischen Cafés* ist. Er verkehrt mit A. ▶ Döblin, A. ▶ Granach, A. ▶ Kerr und Erwin Piscator, ist Mitgründer des *Scholem-Alejchem-Clubs* und Mithg. der Kunst- und Literaturzeitschrift *Milgroym* (dt. *Granatapfel*). Publiziert in New York neben u.a. S. ▶ Asch in der jiddischen Tageszeitung *Forverts*, später in der kommunistischen *Frayhayt*; spielt ab 1926 die zentrale Rolle im prosowjetischen *In Shpan*. Viele Lesereisen durch Europa, USA und die UdSSR, wo er ab 1933 lebt. Schreibt zahlreiche Beiträge für jiddische Zeitungen, Romane, Erzählungen, Theaterstücke; spielt Violine. Etablierung als sowjetisch-jiddischer Schriftsteller mit *Bam Dnepr (Am Dnjepr*, 1933–40). Sein letzter Roman *Tsvey veltn* ist Birobidzhan gewidmet. Wird im Zuge des JAFK-Prozesses hingerichtet.
📖 Am Bahnhof, 1922 [1989]; Das Ende vom Lied, [1923] = Leben ohne Frühling, 2000; Ale Verk, 1961–64. ge

Berger, Ludwig (d.i. Ludwig Gottfried Heinrich Bamberger), Schriftsteller, Regisseur. 6.1 1892 Mainz – 18.5.1969 Schlangenbad/Taunus. Studiert Kunst- und Musikgeschichte in München und Heidelberg. Nach der Promotion 1914 Freiwilliger im I. WK. Ab 1916 ist er Bühnen-, ab auch 1920 Stummfilmregisseur. 1919–20 Direktor des M. ▶ Reinhardt Theater Berlin, danach am Preußischen Staatstheater. In den folgenden Jahren auch Tätigkeit für die Ufa und 1928–31 für Paramount in Hollywood, in dieser Zeit entstehen unter seiner Regie mehrere erfolgreiche Filmproduktionen. Ab 1933 Exil in den Niederlanden, Frankreich und Großbritannien, wo 1940 *Der Dieb von Bagdad* entsteht. Nach 1947 Rückkehr nach Dtl, wo er als Fernsehspielregisseur arbeitet. Er wird Mitglied der AdK Berlin und inszeniert u.a. 1958 für den SFB einen Shakespeare-Zyklus. B. verfasst auch verschiedene Biografien, wie *Vom Menschen Johannes Brahms* (1959).
📖 Ein Glas Wasser 1923; Erinnerungen. Wir sind vom gleichen Stoff, aus dem die Träume sind, 1953; Ein Sommernachtstraum, 1958. mr/kp

Berger, Peter ▶ Bihalji-Merin, Oto.

Bergmann, Julius Jordan (Yehuda), Rabbiner. 31.8.1874 Brzezany/Slowakei – 22.11.1954 Jerusalem. B. ist als liberaler Rabbiner 1901–08 in Karlsruhe und Frankfurt/O. und ab 1908 als Gemeinderabbiner in Berlin tätig. 1919 ist er Mitbegründer der *Freien Jüd. Volkshochschule Berlin*, später deren Dozent und Präsident, und Vizepräsident des *Vereins für jüd. Geschichte und Literatur*, Berlin. Als aktiver Zionist emigriert er 1933 nach Palästina.
📖 Die Legenden der Juden, 1919; Das Judentum in Gedanke und Gestaltung, 1933. eg/dr

Bergner, Elisabeth (d.i. Elisabeth Ettel), Schauspielerin. 22.8.1897 Drohobycz/Galizien – 12.5.1986 London. Nach privater Schauspielschule und Konservatorium in Wien, 1915 Theaterdebüt in Innsbruck. 1921 kommt sie über Zürich, Wien und München nach Berlin. Filmeinstand mit *Der Evangelimann* (1923). Theaterdurchbruch in Berlin unter M. ▶ Reinhardt in Shakespeares *Wie es euch gefällt* (1923). Ab 1924 ausschließlich Arbeit mit ihrem späteren Mann P. ▶ Czinner. 1933 Emigration nach England. Nach anfänglichen Problemen mit der englischen Sprache erneut Filmerfolge u.a. mit *Katharina die Große* (1934). 1935 Oscarnominierung. 1938 britische Staatsbürgerin. Zunehmend Bühnenarbeit in New York. 1951 Rückkehr nach London. Dort Theater-, Film- und Fernsehverpflichtungen. 1954 Rückkehr nach Dtl. Zunächst Theaterarbeit und ab 1961 wieder Dreharbeiten, u.a. in Wolfgang Staudtes *Die glücklichen Jahre der Thorvalds* (1962). 1969 führt sie erstmals selbst Regie. B. erhält zahlreiche Ehrungen u.a. 1963 den Bundesfilmpreis, 1979 den Ernst-Lubitsch-Preis, 1985 das Filmband

in Gold.
Bewundert viel und viel gescholten. E. B.s unordentliche Erinnerungen, Autobiogr., 1978. kq

Elisabeth Bergner

Berlin, Juda ▶ Liebmann, Jost.

Berlin, Saul, Rabbiner. 1740 Glogau – 16.11.1794 London. Sohn des Berliner Oberrabbiners H. ▶ Lewin bereits im Alter von 20 Jahren ordiniert, ab 1768 Rabbiner in Frankfurt/O., schließt sich 1780 den Berliner jüd. Aufklärern an. 1784 längerer Aufenthalt in Italien. Durch seine Polemiken gegen führende rabbinische Autoritäten der Zeit provoziert B. eine Reihe von Skandalen. Am „27. Adar II 1789" wird seitens des Bet-Din der Dreigemeinde Altona-Hamburg-Wandsbeck der Bann gegen ihn verkündet. js

Berliner, Abraham, Rabbiner. 1.5.1833 Obersitzko/Posen – 21.4.1915 Berlin. 1849 Examen am Hauptschullehrerseminar in Posen, rabbinische Studien bei Salomon Michael Struck, dessen Tochter er heiratet, 1858–65 Lehrer und Prediger in Arnswalde/Brandenburg. 1865–73 Leiter der Gesellschaft für Talmudstudium *Chebrat Schass* in Berlin. 1867 auf Empfehlung von Franz Delitzsch Promotion in Leipzig. 1869 Mitbegründer der *Adass Jisroel*, 1873 Dozent am orthodoxen Rabbiner-Seminar in Berlin, 1885 Mit M. Jastrow Neugründer des Vereins *M'kize Nirdamim* für die wissenschaftliche Edition hebräischer Handschriften. 1903 Ernennung zum Prof.
Geschichte der Juden in Rom von der ältesten Zeit bis zur Gegenwart, 3 Bde, 1893; Aus dem Leben der dt. Juden im Mittelalter, 1900. js

Berliner, Alfred ▶ Balthoff, Alfred.

Berliner, Arnold, Physiker. 26.12.1862 Gut Mittelneuland/Neiße – 22.3.1942 Berlin. Nach dem Physikstudium in Breslau Forschungsätigkeit bei der AEG, davon 25 Jahre lang in der Direktion des Glühlampenwerks. 1912 scheidet er aus diesem Amt aus. 1913 Gründer, bis 1935 Hg. der Zeitschrift *Die Naturwissenschaften* und Berater des Springer-Verlags sowie Mithg. des *Handwörterbuchs der Physik* (1924). Nach seiner Zwangsentlassung 1935 lebt B. in Berlin, wo er sich angesichts der drohenden Deportation das Leben nimmt.
Lehrbuch der Physik in elementaren Darstellungen, 1903 [1934]. bz

Berliner, Bernhard, Psychoanalytiker. 23.3.1885 Hannover – 26.11.1976 San Francisco. 1907 Promotion in Psychologie an der Univ. Leipzig. 1909 Dr. med. an der Univ. Freiburg/Br. 1908/09 Arbeit in der Psychiatrie München, 1910–14 an verschiedenen Kliniken Berlins, 1912–36 private Praxis für Psychiatrie und Neurologie in Berlin. Studium am Berliner Psychoanalytischen Institut. 1936 Emigration in die USA, 1936–76 führt er eine private Praxis für Psychoanalyse und Psychiatrie in San Francisco. mk

Berliner, Cora, Sozialwissenschaftlerin. 23.1.1890 Hannover – 26.6.1942 Minsk. B. zeigt bereits in Jugendjahren soziales Engagement, so ist sie freiwilliges Mitglied der Jüdischen Bahnhofshilfe. Im neu gegründeten VJJD ist sie als Organisatorin und Geschäftsführerin tätig. Ihr Verdienst ist die Integration der Mädchen in den Verband, denen eine jüdische Identität vermittelt werden soll. Nach dem Studium der Mathematik und Volkswirtschaft in Berlin und Heidelberg, wo sie 1916 promoviert, arbeitet sie zunächst bei der Stadtverwaltung Schöneberg. ab 1919 ist sie als Referentin im Reichswirtschaftsministerium tätig. Es folgt 1923 die Ernennung zur Regierungsrätin im Statistischen Reichsamt. 1930–33 ist B. Prof. für VWL an der TH in Charlottenburg. 1933 übernimmt sie den stellvertretenden Vorsitz des JFB und arbeitet bei der RVdJ, wo sie Emigrationsmöglichkeiten für jüd.

Frauen und Kinder organisiert. Sie bleibt bis zu ihrer Deportation am 23.6.1942 in Berlin, um anderen zu helfen. ul

Bernauer, Rudolf, Theaterleiter, Autor, Regisseur. (20.)21.1.1880(81) Wien – 27.11.1953 London. Studiert in Berlin Philosophie und Kunstgeschichte, ist ab 1900 als Schauspieler am DT engagiert und führt ab 1906 auch Regie. Erwirbt und leitet mit Carl Meinhardt, mit dem er 1901 auch das Kabarett *Die bösen Buben* gründet, mehrere Berliner Theater. B. inszeniert u.a. die dt. Erstaufführung von Strindbergs *Traumspiel* und schreibt Libretti für Operetten von Oscar Straus, Leo Fall und Walter Kollo. Einige Lieder wie *Die Männer sind alle Verbrecher, Untern Linden, untern Linden, Es war in Schöneberg im Wonnemonat Mai* werden sehr populär. Als Folge der Theaterkrise arbeitet er ab 1924 als Drehbuchautor, Filmregisseur und Kinobesitzer. Wegen der dt. Estaufführung von *Im Westen nichts Neues* wird er 1930 von den Nationalsozialisten angegriffen. Nach Berufsverbot und Entzug der dt. Staatsbürgerschaft 1933 Fluchtversuch nach Prag, Verhaftung in Dresden, 1935 Auswanderung nach England, wo er Drehbücher und Revuen für Exilbühnen schreibt. 1944/45 verfasst er dt. Texte zu amerikanischen Popsongs, die vom *Soldatensender Calais* ausgestrahlt werden.
📖 Das Theater meines Lebens: Erinnerungen, 1955. jl/js

Bernfeld, Siegfried, Schriftsteller, Pädagoge, Psychoanalytiker. 7.5.1892 Lemberg/Galizien – 2.4.1953 San Francisco. Schüler von Sigmund Freud. Gründet 1915–19 den Zentralverband der jüd. Jugendgruppen Österreichs sowie das Kinderheim in Baumgarten. Hg. der Jugendkulturzeitschriften *Der Anfang* und *Jerubbaal*. Ab 1925 in Berlin, 1934 Emigration über Frankreich in die USA.
📖 Die neue Jugend und die Frauen, 1914; Das jüdische Volk und seine Jugend, 1919; Die heutige Psychologie der Pubertät, 1927. kp

Bernfeld, Simon, Rabbiner, Autor. 6.1.1860 Stanislau/Galizien – 3.2.1940 Berlin. Seit 1879 Mitarbeit an hebräischen Zeitschriften. 1881 wird B. Mitred. des *Hamaggid* in Lyck, besucht die HWdJ, promoviert 1885 und wird 1886 als Oberrabbiner an die sephardischen Gemeinde Belgrad berufen, wo er auch Direktor der Schule ist. Ab 1894 lebt B. als freier Schriftsteller in Berlin. Dort verfasst er zahlreiche wissenschaftliche Monographien und Aufsätze über Politik und Zeitfragen.
📖 Juden und Judentum im 19. Jahrhundert, 1898; Die Heilige Schrift für Schule und Haus, 1903; Die Lehren des Judentums, 1920–24. js

Bernhard, Emil ▶ Cohn, Emil Moses.

Bernhard, Georg, Journalist, Publizist, Wirtschaftspolitiker. 20.10.1875 Berlin – 2.2.1944 New York. Banklehre, Studium der Rechts- und Staatswissenschaft, Handelsredakteur für die Zeitungen des Ullstein Verlages. Verlagsleiter der *Berliner Morgenpost* und der *B.Z. am Mittag*. Er schreibt für M. ▶ Hardens *Zukunft* und wird 1904 Hg. des *Plutus*, einer *kritischen Wochenschrift für Volkswirtschaft und Finanzwesen*. Das langjährige SPD-Mitglied B. wird nach Konflikt mit August Bebel 1906 aus der Partei ausgeschlossen. Seit 1914 Chefredakteur der *Vossischen Zeitung* und Begründer der Berliner Pressekonferenz. 1922 Sachverständiger der Reparationskonferenz in Genua. 1924 Eintritt in die von T. ▶ Wolff gegründete DDP und 1928 deren Reichstagsabgeordneter. Honorarprof. für Bank-, Börsen- und Geldwesen an der Berliner Handelshochschule. Flüchtet 1933 nach Paris. Leiter der ZVE-Delegation bei Völkerbund-Tagung 1936. Vorsitzender des *Verbandes dt. Journalisten im Ausland* und führendes Mitglied des *Bundes Neues Deutschland*. Schreibt für verschiedene Exilzeitungen. 1940 Internierung in der Nähe von Bordeaux, 1941 gelingt Ausreise in die USA. evk

Bernhardt, Martin, Mediziner. 10.4.1844 Potsdam – 17.3.1915 Berlin. Studium in Berlin, Schüler von Virchow und L. ▶ Traube. 1866 Promotion, 1867 Approbation, anschließend Assistent an mehreren Kliniken, darunter auch an der Nervenklinik der Charité, wo er Spezialist für Neuropathologie ist. 1882 Ernennung zum Extraordinarius Seit 1885 Chefredakteur des *Centralblattes für alle medicinischen Wissenschaften*. js

Bernheim, Margarete ▶ Wedding, Alex.

Bernstein, Aron David (Pseud. Rebenstein). Journalist, Schriftsteller, Religionsreformer. 6.4.1812 Danzig – 12.2.1884 Berlin. Besucht die Rabbiner-Schule in Fordon/Posen. Ab 1832 in Berlin, wo er u.a. für Gubitz' *Gesellschafter* und Alexis' *Freimüthigem* zu schreiben beginnt. Seine erste Buchpublikation ist eine Übersetzung des *Hoheliedes* (1834). B. nimmt an der 1848er-Revolution teil und gründet im März 1849 die bald unterdrückte, demokratische *Urwähler-Zeitung*, die spätere *Volkszeitung*, deren

Leitartikel er bis zu seinem Tod täglich schreibt. Seine politischen Aufsätze veröffentlicht er in *Revolutions- und Reaktionsgeschichte Preußens und Deutschlands von den Märztagen bis in die neueste Zeit* (1882). Seine *Naturwissenschaftlichen Volksbücher*, die in 18 (1852–57) später in 21 Bdn (1858), erscheinen, erleben viele Aufl. und werden in mehrere Sprachen (u.a. Hebräisch, Engl.) übersetzt. Die beiden Novellen *Vögele der Maggid* (1857/58) und *Mendel Gibbor* (1859) schildern jüd. Kleinstadtleben. B. gehört zu den Mitbegründern der jüd. Reformgemeinde zu Berlin.
Schoeps, J. H.: Bürgerliche Aufklärung und liberales Freiheitsdenken. A. B. in seiner Zeit, 1992. js

Bernstein, Arthur, Arzt, Journalist. 1862 – um 1930. Sohn von Aron David ▶ B. Schiffsarzt, später Landarzt in Mittenwalde/Mark Brandenburg. Seit 1898 Mitarbeiter und Leitartikler der *Berliner Morgenpost*, verfasst den berühmten Leitartikel *Die letzte Warnung* (31.7.1914) gegen den Krieg, der in den Satz gegeben, aber der Militärzensur zum Opfer fällt. 1919 Berater des Grafen Brockdorff-Rantzau bei den Friedensverhandlungen in Versailles. js

Bernstein, Carl (Karl), Jurist. 13.1.1842 Odessa – 30.9.1894 Berlin. Studium und Promotion 1864 in Berlin. Anschließend Rückkehr nach Russland, das er 1871 erneut verlässt, da er dort als Jude keine Anstellung bekommt. B. kommt erneut nach Berlin, 1872 Hochzeit mit Felice Rosenthal (Felicie ▶ B.). Wird 1878 PD und 1887 a.o. Prof. für römisches Recht an der Univ. Berlin. Ab 1881 ist er Mitglied des Berliner Rettungskomitees, das russisch-jüd. Flüchtlingen hilft, die vor den Pogromen fliehen und in die USA emigrieren wollen. nms

Bernstein, Eduard, Bankangestellter, Journalist. 6.1.1850 Berlin – 18.12.1932 Berlin. B. tritt 1872 in die SDAP ein und bereitet 1875 mit August Bebel und Wilhelm Liebknecht die Vereinigung der SDAP und des ADAV zur SAP vor. 1879–1901 lebt er aufgrund der ‚Sozialistengesetze' im Ausland, u.a. in Zürich und London. Er ist Mitarbeiter der Zeitungen *Socialdemokrat* und *Vorwärts*. B. knüpft Kontakt zu Friedrich Engels und veröffentlicht erste politische Theorien. Mit seinen Schriften zu Marxismus und Sozialdemokratie begründet er den so genannten ‚Revisionismus'. Nach seiner Rückkehr ist er 1902–18 sowie 1920–28 zunächst für Breslau, dann für Berlin Reichstagsabgeordneter für die SPD. B. ist kurzzeitig Mitglied der USPD, wird aber 1919 ausgeschlossen. Er wirkt prägend am *Görlitzer Programm* der SPD mit (1921). 1930 erscheint seine Autobiografie *Entwicklungsgang eines Sozialisten*.
Die Voraussetzungen des Sozialismus und die Aufgaben der Sozialdemokratie, 1899; Aus den Jahren meines Exils, 1918; Von 1850-72 Kindheit und Jugendjahre, 1926.
Gay, F.: Das Dilemma des demokratischen Sozialismus, 1954; Hirsch, H.: Der „Fabier" E.B., 1977; Heimann, H./Meyer, Th.; B. und der Demokratische Sozialismus, 1978. pj

Bernstein, Felicie, geb. Rosenthal, Salonière. Um 1852 (wahrsch. St. Petersburg) – 11.6.1908 Berlin. Tochter eines Kommerzienrates, 1872 Hochzeit mit Carl ▶ B. Das Haus der B.s bildet einen wichtigen Treffpunkt Berliner Künstler und Kunstgelehrter, v.a. die Vertreter zeitgenössischer Kunst wie M. ▶ Liebermann und S. Lepsius sind Gäste, aber auch R. Strauß und A. Furtwängler. Seit 1891 ist das Paar oft im Ausland. Nach dem Tod ihres Mannes kehrt sie 1894 nach Berlin zurück und führt dort bis zu ihrem Tod erneut einen Salon. nms

Bernstein, Rachel ▶ Wischnitzer, Rachel.

Bialik, Chaim Nachman (Hayyim Nahman), Dichter. 9.1.1873 Rady/Wolynien – 4.7.1934 Wien. Studiert an der Jeschiwa im litauischen Woloszyn. Schließt sich der geheimen zionistischen Studentenorganisation *Nezach Israel* an. Von Achad HaAm beeinflusst verfasst er erste Gedichte. 1891 kommt B. nach Odessa, dem Zentrum der modernen jüd. Kultur in der Ukraine. 1897 wird er Prof. für Hebräisch in Sosnowice. Die Pogrome von Kischniew (1903) verarbeitet B. in der Dichtung *In der Stadt des Schlachtens* (1904). 1921 gehört B. zur einer Gruppe von Schriftstellern, die auf Intervention Maxim Gorkis aus der Sowjetunion ausreisen dürfen. B. kommt nach Berlin und siedelt von dort 1924 nach Tel-Aviv über. In seinen Werken beschwört er die nationale Renaissance des jüdischen Volkes. Zu seinem Œuvre zählen ferner Volkslieder und Übersetzungen (Schiller, Cervantes). B. stirbt 1934 in Wien und ist in Tel-Aviv neben Achad HaAm begraben.
Gedichte, 1921; Essays, 1925.
Miron, D.: H. N. B. and the prophetic mode in modern Hebrew poetry, 2000; Simon, E.: C. N. B., 1935. alm

Biberfeld, Philipp, Rabbiner. 25.6.1783 Lissa – 1841 Berlin. Um 1813 Lehrer in Greifenhagen/Pommern, um 1829 Vorsteher und Stiftsrabbiner am Veitel-Heine ▶ Ephraimschen Bet-Midrasch in Berlin. Als einer der vier Jeschiwaleiter (neben J. J. ▶ Oettinger, E. Rosenstein und S. Hirschfeld) erteilt er 16 Wochenstunden Talmudunterricht. 1834 stellt er den Talmudunterricht ein und wird Kaffee- und Zuckerhändler. js

Bie, Oskar, Kunstschriftsteller, Musikkritiker. 9.2.1864 Breslau – 21.4.1938 Berlin. B. ist ab 1890 PD für Kunstgeschichte an der TH in Charlottenburg, später Titularprof. Seit 1902 Hg. der *Neuen Rundschau* und Musikkritiker am *Berliner Börsenkurier.* Ab 1921 Lehrer an der Hochschule für Musik.
📖 Das Klavier und seine Meister, 1898; Franz Schubert, 1924; Das deutsche Lied, 1926. js

Bieber, Hugo, Literaturwissenschaftler. 13.9.1883 Berlin – 30.9.1950 New York. 1925–33 Leitender Direktor des Volksverbandes der Bücherfreunde, 1933 Auswanderung nach Frankreich. 1941 Emigration über Spanien in die USA. Er ist Hg. von *Heines Briefe* (1924), *Heines Hebräische Melodien* (1923), *Heines Confessio Judaica* (1925), *Heines Gespräche* (1926). B. bearbeitet R. M. Meyers *Deutsche Literatur des 19. und 20. Jahrhunderts* und ist Mitarbeiter des *Goethe-Handbuchs*, des *Reallexikons der dt. Literaturgeschichte* und des *Handbuches für Sexualwissenschaften.*
📖 Schlegels poetische Theorie, 1912; Weg der deutschen Dichtung, 1924. js

Biermann, Aenne (Anna), Fotografin. 3.3.1898 Goch/Niederrhein – 14.1.1933 Gera. Ausbildung zur Pianistin. 1921 beginnt sie mit der Handkamera Fotos von ihren Kindern und der Natur zu machen. 1928 erscheint erstmals eine Zeitungsreportage über sie und ihre Arbeit. Besonders bekannt wird B. durch Porträt- und Naturaufnahmen. Fotoserien: *Portrait der Tänzerin Engel, Die Anthurie* und *Die Klavierserie.*
📄 Roh, F.: A. B. 60 Fotos, 1930. kq

Bihalji-Merin, Oto (Pseud. u.a. Otto Biha, Peter bzw. Pierre Merin, Peter Thoene, Peter Zell), Kunst-, Literaturkritiker. 3.1.1904 Zemum bei Belgrad – 22.12.1993 Belgrad. Kunsthochschule in Belgrad. B.-M. kommt 1924 nach Berlin. Das KPD-Mitglied wendung sich der abstrakten Malerei zu und ist ab 1925 auch literarisch tätig. Mit Hilfe H. ▶ Waldens 1929 veranstaltet er die Ausstellung *Die blutige Diktatur in Jugoslawien.* Eintritt in den BPRS. Ab 1930 ist er Redakteur der *Linkskurve,* später der *Illustrierten Neuen Welt.* 1933 Emigration nach Paris. 1934 Gründer und Leiter des *Instituts zum Studium des Faschismus.* 1935 wird er ausgewiesen und geht in das Exil in der Schweiz. Er nimmt am Bürgerkrieg in Spanien teil. Als Reaktion auf die Ausstellung ‚Entartete Kunst' (München, 1937), initiiert er 1938 in London die Aussstellung *20th Century German Art.* Nach 1945 arbeitet B. als Kunsthistoriker in Belgrad. ht

Bilbo, Jack, Kunsthändler, Schriftsteller. 19.4.1907 Berlin – 19.12.1967 Berlin. Dt.-jüd. Vater, englisch-jüd. Mutter. B. verlässt mit 14 Jahren das Elternhaus und segelt zwei Jahre als Schiffsjunge um die Welt, später wird er Tramp, Bühnenbildner, Tellerwäscher, Reporter, Barbesitzer. 1930 gehört er zu den Mitbegründern des *Kampfbundes gegen den Faschismus* in Berlin. 1933 wird er von der Gestapo verhaftet, ihm gelingt jedoch die Flucht ins Ausland, wo er u.a. im Spanischen Bürgerkrieg kämpft. 1936–49 lebt er in Großbritannien, 1941 gründet er die *Modern Art Gallery,* 1949 betätigt er sich in Paris als Gastwirt und 1965 in Berlin/W. als Kneipier. Bilder von B. befinden sich u.a. in den Sammlungen von Helena Rubinstein und Peggy Guggenheim. Zeit seines Lebens gilt B. als großer Fabulierer und Geschichtenerzähler. js

Billeslijper, Rebekka ▶ Jaldati, Lin.

Billing, Arno ▶ Spoliansky, Mischa.

Bin Gorion, Micha Josef (d.i. Berdyczewski), Schriftsteller. 7.8.1865 Miedzyborz/Ukraine – 18.11.1921 Berlin. Der Sohn eines orthodoxen Rabbiners wird im Geiste des Chassidismus erzogen. Nach dem Talmudstudium in der Jeschiwa Wolozyn, studiert B. an den Univ. in Berlin und Breslau. Er betätigt sich als Sammler jüd. Märchen, Legenden und Mythen. 1911–21 lebt B. zurückgezogen in Berlin; er schreibt überwiegend auf Jiddisch und Hebräisch. In den letzten Lebensjahren ist B. mit wissenschaftlichen Studien beschäftigt.
📖 Die Sagen der Juden, 5 Bde, 1912 [1962]; Der Born Judas, 6 Bde, 1916–23 [1959]. js

Bing, Abraham Herz, Arzt. 7.10.1769 Berlin – 14.1.1835 Berlin. N. studiert in Frankfurt/O. und Göttingen. 1792 ist er Gründungsmitglied der *Gesellschaft der Freunde,* deren Vorstand er viele Jahre lang angehört. 1801 heiratet er einer Nichte D. ▶ Friedländers. B. gehört zu den populärsten praktizierenden Ärzte der JGB im späten 18. und frühen 19. Jh. sp

Heinz Werner Birnbaum

Birnbaum, Heinz Werner, Widerstandskämpfer. 22.9.1920 Berlin – 4.3.1943 Berlin. 1934–37 arbeitet B. in einer Armaturenfirma in Berlin, wo er im Untergrund eine Betriebszelle des KJVD aufbaut. 1938–40 ist er Mitbewohner von H. ▶ Baum und Mitglied in dessen Widerstandsgruppe. 1941 Zwangsarbeit in einer Mechanikerwerkstatt in Berlin-Schönholz. Wahrscheinlich ist B. am Brandanschlag auf die Ausstellung *Das Sowjetparadies* beteiligt. Am 1.6.1942 wird er verhaftet, am 10.12.42 zum Tode verurteilt und in Plötzensee hingerichtet. bz

Birnbaum, Karl, Neurologe, Psychiater. 20.8.1878 Schweidnitz/Schlesien – 31.3.1950 Philadelphia. 1902 Promotion mit *Versuch eines Schemas für Intelligenzhandlungen.* Ab 1904 als Psychiater in Berlin tätig, zunächst bis 1908 in der Heilanstalt Herzberge, danach im Klinikum Buch. 1919–30 ist er Chefarzt in Herzberge, 1930–33 dann Direktor in Buch. Außerdem ist B. 1922–33 a.o. Prof. für Psychiatrie, ab 1929 Prof. für Kriminalpsychologie und Kriminalpsychopathologie an der Juristischen Fakultät der Berliner Univ. 1939 emigriert er in die USA, wo er seit 1940 im Gesundheitsamt in Philadelphia tätig ist.
Grundzüge der Kulturpsychopathologie, 1925; Handwörterbuch der medizinischen Psychologie, 1930; Soziologie der Neurosen, 1933.
Liedtke, H.: K. B., 1982. ko

Birnholz, James, Ingenieur, Industrieller. 2.8.1870 Berlin – 12.12.1956 Putnam Valley/USA. Besucht das Realgymnasium in Berlin. Ab 1887 Ausbildung zum technischen Kaufmann bei der AEG Berlin, 1908 Aufstieg zum Direktor. Frontsoldat im I. WK; Auszeichnung mit dem Preußischen Roter Adler Orden. Bis zu seinem Ausscheiden 1933 ist B. Vorstandsmitglied der AEG. Nach der nationalsozialistischen Machtübernahme, Emigration in die USA, dort Vizepräsident der *General Electric Company.* bir

Blair, Henriette ▶ Alsen, Ola.

Blaschko, Alfred, Arzt. 3.3.1858 Freienwalde/Oder – 26.3.1922 Berlin. Studium in Berlin, 1881 Promotion, 1883 Niederlassung als praktischer Arzt. Später Spezialisierung auf Dermatologie und Sozialhygiene. Zusammenarbeit mit Heinrich Köbner und Georg Richard Lewin. 1902 Mitbegründer der *Liga zur Bekämpfung der Geschlechtskrankheiten* in Berlin.
Behandlung der Geschlechtskrankheiten in Krankenkassen und Krankenhäusern, 1890; Verbreitung der Syphilis in Berlin, 1892; Hygiene der Prostitution und venerischen Krankheiten, 1900. js

Blaß, Ernst, Schriftsteller. 17.10.1890 Berlin – 23.1.1939 Berlin. 1913–15 Aufenthalt in Heidelberg, wo er die Zeitschrift *Die Argonauten* ins Leben ruft, in der Texte u.a. von Gustav Radbruch, L. ▶ Nelson, Max Scheler, Paul Ernst und Max Brod erscheinen. 1915 Rückkehr nach Berlin. Zunächst Tätigkeit als Archivar bei der Dresdener Bank, dann Tanz- und Filmkritiker bei Berliner Zeitungen, schließlich Lektor im Verlag seines Freundes, des Kunsthändlers P. ▶ Cassirer. B. tritt mit expressionistischer Lyrik hervor und ist befreundet mit G. Heym, J. van ▶ Hoddis, K. ▶ Hiller, der B. ‚eine Art deutscher Verlaine' nennt. B., der W. ▶ Mehring, Erich Kästner und M. ▶ Kalèko beeinflusst, stirbt 1939 im Jüd. Krankenhaus.
Die Straßen komme ich entlang geweht. Sämtliche Gedichte, 1912 [1980].
Reinthal, A.: „Wo Himmel und Kurfürstendamm sich berühren". Studien und Quellen zu E. B., 2000. js

Blau, Bruno, Jurist, Demograph. 10.9.1881 Marienwerder/Westpreußen – 21.8.1954 Freiburg/Br. Seit 1908 niedergelassener RA in Berlin. Übernimmt 1909 die Leitung des von A. Ruppin gegründeten *Büros für jüdische Statistik und Demographie.* 1909–20 ist er Hg. der *Zeitschrift für Demographie und Sta-*

tistik der Juden. 1936 wird seine Zulassung als RA aus dem Register gelöscht. Er emigriert nach Prag. 1942 wird er dort verhaftet und der Gestapo nach Berlin überstellt. In der Haft erkrankt B. schwer, er wird auf eine ‚freie' Krankenstation verlegt, wo er die NS-Zeit überlebt. 1945 wandert er in die USA aus und wird Bibliothekar am YIVO-Institut. B. veröffentlicht eine Reihe von Schriften, u.a. zum Ausnahmerecht der Juden in Dtl und Europa. Er stirbt während eines Aufenthalts in Dtl.
Die Kriminalität der deutschen Juden, 1906; Die Austritte aus dem Judentum in Berlin, 1907; The Jewish Population of Germany 1933–45, o.J. evk

Blech, Leo, Dirigent, Komponist. 21.4.1871 Aachen – 25.8.1958 Berlin/West. B. studiert kurze Zeit an der Berliner Hochschule für Musik sowie bei Woldemar Bagriel und Ernst Rudorff. 1893–96 ist er Kompositionsschüler von E. Humperdinck und zeitgleich bis 1899 Dirigent am Aachener Musiktheater. Anschließend ist B. am DT in Prag tätig. 1906 wird er mit Hilfe von Richard Strauss Chorleiter an der Berliner Hofoper, dort ist er 1913–23 GMD. 1923 wechselt er an das Dt. Opernhaus, 1924 an die Volksoper Berlin. Nach kurzer Tätigkeit an der Wiener Volksoper ist er 1926–37 Dirigent an der Staatsoper Berlin. 1937/38 emigriert B. in die UdSSR und ist dort bis 1941 Operndirigent in Riga. Nach dem dt. Überfall wird er im Rigaer Ghetto interniert, kann aber nach Schweden fliehen. In Stockholm wirkt er 1941–49 Dirigent der Kgl. Oper, danach kehrt er nach Berlin/W. zurück, wo er bis 1953 als Dirigent an der Städtischen Oper tätig ist. B. komponiert u.a. Opern, wie *Alpenkönig und Menschenfeind* (1903).
Poch, W.: L. B., 1985. jl

Bleichrode, Isidor, Rabbiner. 22.7.1867 Stettin – 1954 Jerusalem. Studium am Rabbiner-Seminar in Berlin, bis 1915 orthodoxer Rabbiner in der Synagoge in der Dresdener Straße und Leiter von Realschulen; 1915–32 Rabbiner am Kottbusser Ufer, 1932 Hg. eines Gebetbuches; Übersetzung der Bibel ins Deutsche. Auswanderung nach Palästina. js

Bleichröder, Gerson Jacob, Kaufmann. 1741 Bleichrode/Harz – 10.7.1808 Berlin. Totengräber in Bleichrode, dann Schnallenhersteller in Wriezen/Oder, danach Hofparfümier in Berlin. th

Bleichröder, Gerson von, Bankier. 22.12.1822 Berlin – 19.2.1893 Berlin. Sohn von Samuel ▶ B. Er tritt 1839 in die Bank seines Vaters ein und wird nach dessen Tod Direktor. B. macht die Bank zu einem der führenden dt. Finanzhäuser. Hofbankier Wilhelms I., ab 1859 persönlicher Berater Otto v. Bismarcks, berät diesen bei der Kriegsfinanzierung und den Friedensverhandlungen mit Frankreich. Spielt 1871 wichtige eine Rolle bei der Festsetzung der französischen Kriegsentschädigung. 1867 Ernennung zum Geheimen Kommerzienrat. Hilft Bismarck in den 1870er Jahren, das größte dt. Nachrichtenbüro (WTB) dem Einfluss des Dt. Reiches zu unterstellen. Wird 1872 als erster preußischer Jude in den Adelsstand erhoben. Zeitweilig Vorstandsmitglied der JGB. Vertritt die geschäftlichen Interessen der Rothschilds in Berlin. B. setzt sich während des Berliner Kongresses (1878) für den Schutz und die Emanzipation der rumänischen Juden ein. Seine Beziehungen zu Bismarck werden Anfang der 1870er zum Anlass einer antisemitischen Hetze.
Stern, F.: Gold und Eisen, 1978. as

Bleichröder, Gertrud, Tagebuchautorin. 9.4.1865 Berlin – 4.2.1917 Berlin. B. führt im ‚Dreikaiserjahr' 1888 zwischen Feb. und Juli ein Tagebuch, das Aufschluss über das Leben der Familie gibt. Sie ist die Tochter von Julius ▶ B., der ebenso wie sein Bruder Gerson von ▶ B. Inhaber eines Bankhauses ist. 1889 heiratet sie Paul Arons, den Bruder von Leon ▶ Arons. Aus der Ehe gehen drei Söhne hervor: Heinz 1892, Georg Ruben 1895, Albert 1898.
„Zeitzeugnisse". Aus Widersprüchen zusammengesetzt. Das Tagebuch der G. B. aus dem Jahr 1888, 2002. id

Bleichröder, Julius, Bankier. 27.4.1828 Berlin – 17.2.1907 Berlin. Mit 16 Jahren absolviert der Sohn von Samuel ▶ B. eine Banklehre im Stammhaus der Rothschilds in Frankfurt/M. und arbeitet danach im väterliche Bankhaus in Berlin. Im Gegensatz zu seinem Bruder Gerson ▶ B. ist er dem Judentum verhaftet und politisch liberal eingestellt. Befreundet mit E. ▶ Lasker, unterstützt er dessen Nationalliberale Partei finanziell. evk

Bleichröder, Samuel, Bankier. 17.7.1779 Wriezen/Oder – 29.12.1855 Berlin. B. eröffnet 1803 in Berlin einen Geldwechsel- und Lotterieladen und gründet dort das *Bankhaus S. Bleichröder*, das sich auf ausländische Anleihgeschäfte spezialisiert. Dadurch wird es in kurzer Zeit zu einem führenden Bankhaus. In den 1820er Jahren knüpft B. Beziehungen zur Familie Rothschild und ist seit 1837 deren Repräsentant in Berlin. Sein Unternehmen wird dadurch Mitglied des Rothschild- und Preußenkonsortiums. as

Bloch, Eduard, Schriftsteller, Theaterbuchhändler. 20.8.1831 Berlin – 30.9.1895 Berlin. B. widmet sich dem Buchhandel und gründet 1857 in Berlin eine Theaterbuchhandlung, die er bis 1887 leitet. B. bearbeitet Stücke aus dem Französischen und Italienischen für die dt. Bühne, daneben entstehen eigene dramatische Werke, u.a. *Wie zwei Tropfen Wasser* (1858), *Er hat den Spleen* (1860) und *Promenadenbekanntschaften* (1864). th

Bloch, Iwan (Pseud. v. Welsenburg, Eugen Dühren), Sexualwissenschaftler. 8.4.1872 Delmenhorst – 21.11.1922 Berlin. B. studiert in Bonn, Heidelberg und Berlin, wo er sich in Charlottenburg als Hautarzt niederlässt. B. befasst sich in seinen Schriften mit Medizingeschichte, aber auch mit Geschlechtskrankheiten und verschiedenen Aspekten des Sexuallebens. Dabei stößt er auch auf Person und Werk Marquis de Sades, dessen *120 Tage von Sodom* er entdeckt und 1904 auch veröffentlicht. Zusammen mit M. ► Hirschfeld gibt er die *Zeitschrift für Sexualwissenschaft* heraus. B. gilt als Vater der Sexualwissenschaft.
▯ Marquis de Sade und seine Zeit, 1900; Geschichte der byzantinischen und indischen Medizin, 1902; Ursprung der Syphilis, 1. Bd 1902, 2. Bd 1911; Das Sexualleben unserer Zeit, 1909. th

Iwan Bloch

Bloch, Joseph, Publizist. 14.9.1871 Wilkowitschki/Litauen – 14.12.1936 Prag. Gibt 1897–1933 die *Sozialistischen Monatshefte* heraus. Setzt sich nach der Machtübernahme der Bolschewisten in Russland für eine dt.-französische Union ein. B. unterstützt als Zionist eine jüd. Masseneinwanderung nach Palästina. Zeitweise ist er im Vorstand der *Freien Volksbühne* Berlin. 1933 flieht er nach Prag, wo er vereinsamt stirbt. th

Bloch, Markus Elieser, Mediziner, Zoologe. 1723 Ansbach/Bayern – 6.8.1799 Karlsbad. Studiert Medizin in Frankfurt/O. und wird Arzt in Berlin. Freund, Mitstreiter und Arzt M. ► Mendelssohns. Er gehört zur ersten Generation der jüd. Aufklärer. 1780 publiziert er eine Beschreibung über den Müggelsee, die in der Reihe der *Berlinischen Gesellschaft naturforschender Freunde* erscheint, deren Mitglied er ist. B. wird berühmt durch ichthyologische Forschungen (*Allgemeine Naturgeschichte der Fische*, 12 Teile, 1781/82). Seine Fisch- und naturkundlichen Sammlungen sind noch heute im Naturkundemuseum zu besichtigen. alm/evk

Blum ► Lukács, Georg.

Blum, Richard, Arzt. 28.8.1886 Schrimm/Posen – unbekannt. B. ist 1898 Gründungsmitglied des *Bar Kochba* Berlin und ist 1902 dessen erstes Mitglied, das die Turnlehrerprüfung besteht. In den folgenden Jahren bereitet er weitere Mitglieder des Vereins auf die Turnlehrerprüfung vor. 1900 ist er Mitbegründer der *Jüdischen Turnzeitung*, ab 1905 Verbandsturnwart der „Jüdischen Turnerschaft". B. betreut die Sportler medizinisch und übernimmt die alljährliche medizinische Sporttauglichkeitsprüfung. Am 29.5.1939 emigriert er nach Kuba.
▯ Die Bedeutung der Röntgenstrahlen für die Erkenntnis der anatomischen, physiologischen und pathologischen Verhältnisse des menschlichen Körpers, 1907. hg

Blume, Helmut, Pianist, Rundfunkredakteur. 14.2.1914 Berlin – 16.10.1998 Montreal. Der Sohn eines Arztes nimmt Klavierunterricht am *Klindworth-Scharwenka-Konservatorium* in Berlin. 1932 beginnt B. ein Studium der Musikwissenschaft und Philosophie an der Univ. Berlin, 1934 wechselt er zur *Staatlichen Akademischen Hochschule für Musik,* 1938 Abschluss als Pianist. 1939 Emigration nach Großbritannien. 1940 für einige Monate Internierung als ‚feindlicher Ausländer', danach Musiklehrer in Canterbury. Erneute Verhaftung und

Internierung. 1941 von der britischen Regierung nach Kanada gebracht und in Toronto interniert; auf Grund der Intervention des kanadischen Flüchtlingskomitees wird er freigelassen. 1942 Fortsetzung des Klavierstudiums am Konservatorium für Musik in Toronto. Ab 1943 Übersetzer und Autor, später Leiter der dt. Sprachabteilung des Kanadischen Rundfunks. Ab 1946 wieder als Pianist tätig, Klavierlehrer an der McGill Univ. in Montreal, dort 1955 Ernennung zum Gastprof., 1964 zum Dekan der Abteilung Gesang und Tasteninstrumente, 1956 zum Prof. für Klavier. 1979 Emeritierung. B. wird 1976 in die Royal Society of Arts in Großbritannien berufen, 1993 zum Ehrenmitglied der *Canadian Univ. Music Society* ernannt.
▯ Thirty-four Biographies of Canadian Composers, 1964. ht

Blumenfeld, Kurt, Politiker, Journalist. 29.5.1884 Markgrabowa/Ostpreußen – 21.5.1963 Tel Aviv. Jurastudium in Berlin, Freiburg und Königsberg, 1911–14 Generalsekretär des Zionistischen Weltkongresses (WZO), 1913/14 Chefred. des zionistischen Zentralorgans *Die Welt*. Seit 1920 Mitglied des Aktionskomitees der WZO, 1924–33 Vorsitzender der ZVfD Berlin. 1933 Auswanderung nach Palästina, Direktor des *Keren Hayessod* und Vorsitzender der *Hitachdut Olej Germania*.
▯ Erlebte Judenfrage. Ein Vierteljahrhundert deutscher Zionismus, 1962; Im Kampf um den Zionismus. Briefe aus fünf Jahrzehnten, 1976. js

Blumenthal, Erna ▶ Stein-Blumenthal, Erna.

Blumenthal, Ferdinand, Arzt, Krebsforscher. 5.6.1870 Berlin – 6.7.1941 bei Narwa/Estland. Nach Approbation in Berlin Volontärarzt, dann Oberarzt und Leiter des chemischen Labors an der Charité, ab 1905 ist er a.o. Prof. für Innere Medizin. Seit 1902–23 Chefarzt der Inneren Abteilung am Israelitischen Krankenhaus, 1914–16 hat er diese Funktion auch am Städtischen Krankenhaus in Lichtenberg inne, 1915–17 sowie ab 1923 ist B. Direktor des *Instituts für Krebsforschung*. Langjähriger Generalsekretär des Dt. Zentralkomitees zur Erforschung und Bekämpfung der Krebskrankheit. *Die chemischen Vorgänge bei der Krebskrankheit* (1910) gilt als sein Hauptwerk. Er gilt nicht nur als einer der bedeutensten Krebsforscher in Dtl, sondern initiiert auch konkrete Programme zur Krebsbekämpfung, so richtet er 1905 eine Fürsorgestelle für Krebskranke an der Charité ein. Als Ende der 1920er Jahre die städtischen Zuwendungen gekürzt werden, bezahlt er die dort arbeitenden Fürsorgerinnen privat. 1933 wird B. aus allen Ämtern entlassen und emigriert in die Tschechoslowakei, dann nach Österreich. 1938 ist er als Prof. für Innere Krankheiten an der Univ. Belgrad tätig. 1939/40 geht er nach Reval (Estland) und wird Prof. an der Univ. Leningrad. Nach dem dt. Überfall auf die UdSSR wird B. im Juni 1941 von den Sowjets verhaftet und stirbt beim Transport in ein Lager. mr/at

Blumenthal, Louis, Rabbiner. 2.2.1866 Samotschin/Posen – 30.6.1943 Ghetto Theresienstadt. Nach dem Studium am HWdJ als Rabbiner in Frankfurt/O. und Danzig tätig. 1900 Berufung an die Neue Synagoge, wo er bis 1935 Gemeinderabbiner ist. Predigt gleichzeitig in der Synagoge Lindenstraße 48/50 (Kreuzberg) und lehrt an der zweiten Religionsschule der JGB. B. ist Vorstandsmitglied des Vereins ehemaliger Hörer der HWdJ und des Vereins *Freunde der Taubstummen-Jedide Ilmin*, der die jüd. Taubstummenanstalt in Weißensee unterhält. Deportation am 17.3.1943. cg/dr

Blumenthal, Oskar, Lustspielautor, Kritiker, Intendant. 13.3.1852 Berlin – 24.4.1917 Berlin. Entstammt einer orthodoxen Breslauer Rabbinerfamilie. Studiert Philologie und Literaturgeschichte. Promoviert 1875 in Rostock über Ch. D. Grabbe, dessen erste kritische GS B. 1874 herausgibt. Gründer der Zeitschrift *Deutsche Dichterhalle*, die später als *Neue Monatshefte für Dichtkunst und Kritik* bis 1877 erscheint. 1875–87 Feuilletonleiter beim *Berliner Tageblatt*. Wegen der Schärfe seiner Kritiken wird er „blutiger Oscar" genannt. Schreibt ab 1876 Lustspiele und erlangt schnell große Popularität, u.a. mit Stücken wie *Der Probepfeil, Die große Glocke* und *Ein Tropfen Gift*, die am DT aufgeführt werden. Dadurch ist es ihm finanziell möglich, das Lessing-Theater zu bauen, das 1888 eingeweiht wird. B. leitet das Theater bis 1898. Mit G. ▶ Kadelburg schreibt B. sein erfolgreichstes Stück: *Im weißen Rößl* (1898).
▯ Für alle Wagen- und Menschen-Classen, [1875].
▤ Wilcke, J.: Das Lessingtheater u. O. B., 1958. ht

Blumenthal-Weiss, Ilse, Lyrikerin. 14.10.1899 Berlin – 10.8.1987 Greenwich/USA. Als Orthopädin ausgebildet, eröffnet B.-W. ein orthopädisches Institut in Berlin. Sie heiratet 1920 den Zahnarzt Herbert B. Ihr erster Lyrikband *Gesicht und Maske* erscheint 1929. Sie schreibt auch Hörspiele und ist Mitverfasserin des *Jahrbuchs für jüd. Geschichte und Literatur* (1936). 1937 Emigration in die Niederlande. 1943 wird sie in das Ghetto Theresienstadt deportiert. Bis zur Auswanderung 1947 lebt sie nach der Befreiung wieder in den Niederlanden. Danach arbeitet B.-W. 19 Jahre lang im LBI in New York. Darüber hinaus veröffentlicht sie zahlreiche Aufsätze und Gedichte.

Vater, Mutter und Kind (Hörspielserie), 1931; Ohnesarg, 1984. ht

Boas, Ismar, Arzt, Gastroenterologe. 28.3.1858 Exin/Posen – 15.3.1938 Wien. Studium in Berlin, Halle und Leipzig, 1881 Promotion. Ab 1882 praktischer Arzt in Berlin, zugleich Weiterbildung in Physiologie und Pathologie der Verdauung bei C. A. Ewald. 1886 Eröffnung der ersten Praxis für Gastroenterologie (mit Ambulatorium und Labor). Viele Kurse im Fach für dt. und ausländische Ärzte. Mit Ewald entwickelt er das Diagnostische ‚Probefrühstück'. Außerdem untersucht er die Milchsäurebakterien im Magen und macht die Entdeckung okkulter Blutungen als Hinweis auf Magenkrebs. B. ist Gründer und Herausgeber des *Archivs für Verdauungskrankheiten* (1895). 1936 Emigration nach Wien. Nach dem Einmarsch der dt. Truppen, beendet B. am Tag der Heldenplatzrede Hitlers sein Leben.

Diagnostik und Therapie der Magenkrankheiten, 1890 [1925].

Eichmann, A.: I. B., 1970. fwk

Bock, Annie ▶ Neumann-Hofer, Annie.

Bock, Gustav Moritz, Musikverleger. 1.3.1813 Berlin – 27.4.1863 Berlin. Gemeinsam mit Edmund Bote ist B. 1838 Begründer des Musikverlags *Ed. Bote & G. Bock*. Seit 1847 führt er das Geschäft allein. Der Verlag hat sowohl günstige Klassikerausgaben wie auch zeitgenössische Musik im Programm. Neben seiner kaufmännischen Tätigkeit ist B. Redakteur der *Neuen Berliner Musikzeitung*. Er lässt sich taufen und hat ein Ehrengrab auf dem evangelischen Alter St. Matthäus-Kirchhof in Schöneberg. th

Bock, Hugo, Musikverleger. 25.7.1848 Berlin – 12.3.1932 Berlin. Sohn von Gustav ▶ B. Nach einer kaufmännischen Ausbildung im Verlag des Vaters, übernimmt er 1871 Leitung des Unternehmens. B. ist Mitglied der Kgl. preußischen musikalischen Sachverständigenkammer; 1899 wird er zum Geheimen Kommerzienrat ernannt. B. ist Mitbegründer der *Gesellschaft für musikalische Aufführungs- und mechanische Vervielfältigungsrechte* (GEMA). js

Bock, Moses Hirsch, Pädagoge, Schulvorsteher. 8.8.1781 Witkowo/Südpreußen – 24.4.1816 Leipzig. Seit 1800 in Berlin, wo er eine Lehr- und Bildungsanstalt gründet, an der zunächst jüd. dann auch christlische Schüler zugelassen werden. B. erhält 1898 die Erlaubnis zur Errichtung einer jüd. Töchterschule, 1810 beginnt er mit der Einrichtung eines jüd. Religionsunterrichtes für Knaben und Mädchen. B. verfasst Lehrbücher in dt., französischer und hebräischer Sprache. Zusammen mit D. ▶ Fränkel gibt B. *Die fünf Bücher Moses und Josua, mit Moses Mendelssohns Übersetzung in deutschen Lettern* (1815) heraus. js

Boeheim, Alexander ▶ Ende, Lex.

Böhme, Hildegard, Sozialarbeiterin. 6.11.1884 Berlin – 1943 KZ Auschwitz. Berufsausbildung zur Lehrerin und Sozialarbeiterin, danach als Referentin für Jugendwohlfahrt bei der Dt. Zentrale für Jugendfürsorge tätig. Nach dem I. WK Studium der Volkswirtschaft. Nach der Promotion ist sie Referentin beim Deutschen Roten Kreuz; 1933 Entlassung. Fortan im Jüd. Frauenbund und als Provinzialfürsorgerin im Brandenburgischen für die RVdJ tätig. Deportation im Mai 1943. ht

Boenheim, Felix, Arzt. 17.1.1890 Berlin – 31.1.1960 Leipzig. Tätigkeit als Militärarzt im I. WK. Danach Engagement für die USPD in der Novemberrevolution und der Münchener Räterepublik. 1921 Internist in Berlin und politisch als Pazifist aktiv, u.a. als Präsident der *Internationalen Gesellschaft der Ärzte gegen Krieg und Faschismus*. 1933 Verhaftung. Nach Entlassung Flucht in die USA, 1949 Rückkehr nach Dtl, bis 1955 Leiter der Univ.-Poliklinik in Leipzig.

Ruprecht, T.: F. B., 1990. bz

Börne, Ludwig (Juda Löw Baruch), Publizist, Schriftsteller. 6.5.1786 Frankfurt/Main – 12.2.1837 Paris. Kindheit im Frankfurter Ghetto. Als Student hält sich B. in Berlin im Haus von M. ▶ und H. ▶ Herz auf. Studium der Medizin, später Geistes- und Staatswissenschaften in Gießen, Halle und Heidelberg. 1811 Polizeiaktuar im Großherzogtum Frankfurt, 1817 Übertritt zum Protestantismus und Namensänderung. 1818–21 Hg. der *Wage. Blätter für Bürgerleben, Wissenschaft und Kultur*. Mitarbeit an zahlreichen Zeitungen und Zeitschriften. Nach Ausbruch der Julirevolution 1830 Übersiedlung nach Paris. Durch seine *Briefe aus Paris* (6 Tle, 1832–34) wird B. populär und entwickelt sich zum radikalen Vorkämpfer für geistige und soziale

Freiheit. Der Widerspruch „zugleich ein Deutscher und ein Jude zu sein" ist Motiv für B.s literarisches und politisches Engagement. Er bekämpft Goethe als Repräsentanten einer „untergehenden Kunstperiode" und streitet mit H. ▶ Heine über die Frage, ob Literatur politischer Moral verpflichtet sei. Den Anstifter des Bundestagsbeschlusses gegen das Junge Dtl, Wolfgang Menzel, greift B. mit der Streitschrift *Menzel, der Franzosenfresser* (1837) an. B. verbirgt seine radikal-oppositionelle Kritik hinter Ironie, Humor und poetischen Fiktionen. Seine Schriften haben den Journalismus in Dtl außerordentlich befruchtet.
Hist.-krit. Ausgabe (1911–13, unvollst., 6 Bde); Sämtliche Schriften, 5 Bde, 1964–68; Berliner Briefe, 2000.
Jasper, W.: „Keinem Vaterland geboren", 1989 [2003]; Bock, H.: L. B. Vom Ghettojuden zum Nationalschriftsteller, 1962. js

Bois, Curt, Schauspieler. 5.4.1901 Berlin – 25.12.1991 Berlin. B. spielt schon mit sieben Jahren in der Operette *Der fidele Bauer* und wird einer der ersten Kinderstars. 1914–21 ‚Salonhumorist' an verschiedenen Bühnen in Dtl, Ungarn, Österreich und der Schweiz. Parallel arbeitet er für Theater und Film. Sein erster Film *Der Schlemihl* (1931) wird ein großer Erfolg. 1933 flüchtet er und tritt ab 1934 am Broadway in New York auf. 1937–50 in Hollywood-Filmen zu sehen, u.a. in *Casablanca* (1942). 1950 Rückkehr nach Berlin/O., wo er am DT und Berliner Ensemble wirkt. Ab 1953 in Berlin/W., wo er zunächst keine Rollenangebote erhält. Seit 1958 ist B. dann in zahlreichen Fernsehproduktionen zu sehen; ab 1959 spielt er regelmäßig am Schiller- und Schlosspark-Theater in Berlin. 1972 wird B. mit dem Filmband in Gold ausgezeichnet. Für seine letzte Filmrolle in Wim Wenders *Der Himmel über Berlin* erhält er 1988 den Europäischen Filmpreis.
So schlecht war mir noch nie. Aus meinem Tagebuch, 1967; Zu wahr, um schön zu sein, 1980.
Ducke, G.: „Der Humor kommt aus der Trauer". C. B., 2001. kq

Bondi, Georg, Verleger. 16.6.1865 Dresden – 9.12.1935 Berlin. B. veröffentlicht ab 1898 Publikationen des George-Kreises, insbesondere die Gedichte von Stefan George unter buchkünstlerischer Mitwirkung von Melchior Lechter. B. ist auch Hg. der *Blätter für die Kunst*, in deren I. Jahrgang Karl Wolfskehls prinzipielle Ausführungen über die Buchgestaltung erscheinen.
Erinnerungen an Stefan George, 1934. js

Curt Bois

Borchardt, Georg ▶ Hermann, Georg.

Borchardt, Isaak I., Rabbiner. Vor 1809 unbekannt – 9.6.1885 Berlin. Der Sohn des Rabbiners Salman Baruch B. aus Zirke/Posen und Schüler von Akiba Eger wird mit 17 ordiniert. Danach ist er in Berlin Schüler von Rabbiner M. S. ▶ Weyl und betreibt zum besseren Verständnis des Talmud auch naturwissenschaftliche, medizinische und philosophische Studien. Es wird berichtet, dass B. wohlhabend sei und außerhalb Berlins einen landwirtschaftlichen Betrieb bewirtschafte. Um 1869 arbeitet er an einer jüd. Interpretation des Freimaurertums. js

Borchardt, Isidor, Pädagoge. 1865 unbekannt – 1923 Berlin. B. ist Konrektor der Israelitischen Knabenmittelschule der JGB und seit 1917 Hauptvorstandsmitglied des CV. js

Borchardt, Karl (Carl) Wilhelm, Mathematiker 22.2.1817 Berlin – 27.6.1880 Rüdersdorf b. Berlin. Studiert 1839–43 in Berlin und Königsberg u.a. bei Carl Gustav Jacobi. 1846/47 Studienaufenthalt in Paris, wo er u.a. Kontakt zu Joseph A. Lionville hat. 1851 habilitiert er sich in Berlin und wendet sich u.a. der Elektrizitätslehre zu. 1855 wird B. o. Mitglied der PAdW und Hg. des *Journals für die reine und die angewandte Mathematik*, in dem er selbst zahlreiche Artikel veröffentlicht. 1861 gibt er die Lehrtätigkeit aus gesundheitlichen Gründen auf.
GW, 1888. th

Borchardt, Ludwig, Ägyptologe. 5.10.1863 Berlin – 12.8.1938 Paris. Bruder des unter dem Namen G. ▶ Hermann bekannten Schriftstellers. Studiert 1883–87 Architektur und Ägyptologie in Berlin, wo er dann Assistent am Ägyptischen Museums wird. Seit 1895 leitet er Ausgrabungen in Ägypten: 1898–01 Abusir; 1911–14 Amarna, wo er die Büste der Nofretete findet. 1906 Ernennung zum Prof., 1907 Direktor des Dt. Archäologischen Instituts in Kairo. B. legt den Grundstein für die Bestandskataloge des Ägyptischen Museums in Kairo. Durch seine Forschungen der ägyptischen Baugeschichte und der ägyptischen Astronomie treibt er die Rekonstruktion der Chronologie der ägytischen Geschichte voran. B. ist in Kairo beerdigt.
▯ Das Grabdenkmal des Königs S'ahu-re, 2 Bde, 1910–13; Quellen und Forschungen zur Zeitbestimmung der ägyptischen Geschichte, 3 Bde, 1917–38; Ägypten. Landschaft - Volksleben - Baukunst, 1929. js

Borchardt, Moritz, Chirurg. 6.1.1868 Berlin – 6.1.1948 Buenos Aires. B. promoviert 1892 und habilitiert sich 1901 an der Berliner Univ., wo er 1905 zum a.o. Prof. ernannt wird. Ab 1906 ist er Direktor der Chirurgischen Klinik am Virchow-Krankenhaus. Zusammen mit H. ▶ Oppenheim und Max Rothmann begründet er die ersten neurochirurgischen Lazarette und mit Hermann Schlesinger eine Beratungsstelle für schwerbehinderte Soldaten. 1919–33 ist er Direktor der Chirurgischen Abteilung des Krankenhauses Moabit. Zudem ist er ab 1920 Direktor der 3. Chirurgischen Universitätsklinik und ist unbesoldetes Mitglied des Stadtrats. Er ist Erfinder der nach ihm benannten ‚Borchardtschen Fräse', einem Instrument zum Öffnen der Schädeldecke. 1933 wird er entlassen. Er arbeitet, bis zu deren Schließung 1936, in der Privatklinik von E. ▶ Unger, danach führt bis 1938 eine Privatpraxis. 1939 emigriert er nach Argentinien. ht/mr

Borinski, Fritz, Pädagoge. 17.6.1903 Berlin – 4.7.1988 Bremen. Studium der Rechtswissenschaften, Soziologie und Geschichte in Leipzig, Jena und Halle. 1927 Promotion. Gründung des jugendbewegten *Leuchtenburg-Kreises*, 1924–29 VHS Leipzig, 1931–33 Assistent bei Theodor Litt am Seminar für Freie Volksbildung an der Univ. Leipzig. 1934 Emigration nach Großbritannien, später nach Australien, dort Internierung, 1947 Rückkehr nach Dtl; bis 1954 Leiter der Heimvolkshochschule in Göhrde, 1956–70 Prof. für Erziehungswissenschaft an der FU Berlin.
▯ Der Weg zum Mitbürger, 1954; Jugendbewegung. Die Geschichte der dt. Jugend 1896–1933, 1967; Universitäre Erwachsenenbildung in Berlin, 1971. js

Born, Max, Physiker. 11.12.1882 Breslau – 5.1.1970 Göttingen. B. studiert u.a. in Breslau, Göttingen und Cambridge zunächst Jura, dann Philosophie und Mathematik. 1914 Berufung zum Prof. nach Frankfurt/M. 1915 erscheint *Die Dynamik der Kristallgitter.* 1915–19 a.o. Prof. für theoretische Physik am Physikalischen Institut der Univ. Berlin. Ab 1921 Prof. in Göttingen, wo er zentrale Arbeiten zur Quantenmechanik veröffentlicht. Emigriert 1933 nach Edinburgh; dort bis 1953 Lehrtätigkeit. 1954 Nobelpreis für Physik und Rückkehr nach Dtl, wo er sich gegen das atomare Wettrüsten engagiert.
▯ Ausgewählte Abhandlungen, 1963; Mein Leben, 1975.
▤ Vogel, H.: Philosophie und Physik bei M. B., 1968. bz

Brahm, Otto (d.i. Otto Abrahamsohn, Pseud. O. Anders), Theaterkritiker, Regisseur. 5.2.1856 Hamburg – 28.11.1912 Berlin. B. studiert Germanistik in Berlin und etabliert sich 1881–85 als wichtigster Theaterkritiker der *Vossischen Zeitung* neben Theodor Fontane. 1889 ist er Mitbegründer des Vereins *Freie Bühne Berlin*, der Plattform für die Dichter des Naturalismus und Dramatiker des aggressiven Realismus. Hier setzt sich B. für Neuerungen im Berliner Theaterleben und insbesondere für Stücke von Gerhart Hauptmann und Henrik Ibsen ein, deren Uraufführungen er leitet. Zu B.s eindrucksvollsten Inszenierungen zählen *Vor Sonnenaufgang* (1889), *Die Weber* (1894) und *Gespenster* (1894/95). 1894–1904 mietet B. das DT und ist danach bis zu seinem Tod Direktor des Lessing-Theaters.
▯ Das deutsche Ritterdrama des 19. Jh.s, 1880; Kritische Schriften, 2 Bde, 1913–15; Briefwechsel mit A. Schnitzler, 1953.
▤ Claus, H.: The theatre director O. B., 1981; Lijeberg, M.: O. B., 1980; Seidlin, O.: Der Theaterkritiker O. B., 1978. jl

Brandes, Georg (d.i. Morris Cohen), Schriftsteller, Literarhistoriker. 4.2.1842 Kopenhagen – 19.2.1927 Kopenhagen. Gegner der Hegelschen Philosophie. B.s Lehre von der unmittelbaren Verknüpfung von Gesellschaft, Leben und Literatur ist die entscheidende Anregung für eine Blütezeit der skandinavischen Literatur. 1877–83 Aufenthalt in Berlin. B. wandelt sich später vom demokratischen Aktivisten

zum Geistesaristokraten, der es versteht, die leitenden Ideen der Geistesgeschichte in Publikationen prägnant darzustellen.
GS, 20 Bde, 1902–07; Erinnerungen, 1907; Briefwechsel mit A. Schnitzler, 1956.
Moller Kristensen, S.: G. B., 1980; Nathansen, H.: Jude oder Europäer, 1931. js

Brandes, Peter ▶ Riess, Curt.

Brandt, Margarete Miriam, Psychoanalytikerin. 21.11.1892 Bronischewitz/Posen – unbekannt. 1911/12 Land- und Hauswirtschaftsschule Arvedshof/Sachsen, 1912–17 Medizinstudium in Berlin, Freiburg/Br. und Heidelberg. 1917 Staatsexamen, 1918 Promotion. 1919–26 in verschiedenen Krankenhäusern in Berlin tätig, danach niedergelassene Ärztin und bis 1933 Stadtschulärztin in Lichtenberg. Studium bei M. ▶ Eitingon am Berliner Psychoanalytischen Institut. 1933 Emigration nach Palästina, 1934–64 Mitarbeiterin am Psychoanalytischen Institut Jerusalem, seit 1943 Nachfolgerin Eitingons als Vorsitzende des Instituts. Noch 1983 lebt sie nachweislich in Israel. mk

Brasch, Horst, Partei-, Staatsfunktionär. 23.12.1922 Berlin – 18.8.1989 Berlin/Ost. Als Adoptivsohn des Schriftstellers und Biologen Curt Egon Thesing in Bichl/Oberbayern aufgewachsen, Besuch der Klosterschule Ettal. 1939 Emigration nach Großbritannien. 1939/40 Internierung in Kanada, anschließend Metallarbeiter in Großbritannien, dort maßgeblich am Aufbau der FDJ beteiligt, 1944 KPD-Mitglied. 1946 Rückkehr in die SBZ, SED-Mitglied, zahlreiche Funktionen, darunter 1950–52 Minister für Volksbildung, Wissenschaft und Kunst im Land Brandenburg. Ab 1963 Mitglied des ZK der SED. 1965–68 Staatssekretär und stellvertretender Kulturminister der DDR. Nach dem Protest seines Sohnes Thomas ▶ B. gegen den Einmarsch in der CSSR, Verlust der meisten Ämter. 1969/70 Studium an der KPdSU-Hochschule in Moskau. 1970–75 zweiter Sekretär der SED-Bezirksleitung Karl-Marx-Stadt; 1975-89 Vizepräsident und Generalsekretär der *Liga für Völkerfreundschaft*.
Rings um Big Ben, 1960; Lebensdauer: Erinnerung an Curt Thesing, 1987. mr

Brasch, Thomas, Schriftsteller, Regisseur. 19.2.1945 Westow/Großbritannien – 3.11.2001 Berlin. Sohn von Horst ▶ B. 1946 kehrt die Familie nach Berlin/O. zurück. Aufgrund regimekritischer Äußerungen wird B. 1965 vom Journalistikstudium in Leipzig exmatrikuliert und 1968 wegen seines Protestes gegen die Okkupation der CSSR von der HFF in Potsdam-Babelsberg verwiesen und zu zwei Jahren Gefängnis verurteilt. Nach der Haftentlassung nimmt sich H. ▶ Weigel seiner an und beschäftigt ihn im Brecht-Archiv. 1976 verlässt B. die DDR und lebt als freier Schriftsteller in Berlin/W. Mit seinen Erzählungen, Übersetzungen und Theaterstücken erreicht er große Bekanntheit. 1988 dreht er mit *Der Passagier – Welcome to Germany* seinen letzten Film, bei dem er nicht nur die Regie führt, sondern auch zusammen mit J. ▶ Becker das Drehbuch schreibt; die Hauptrolle übernimmt die Hollywood-Legende Tony Curtis.
Vor den Vätern sterben die Söhne, 1977; Engel aus Eisen, 1981; Drei Wünsche sagte der Golem, 1990. mr

Julie Braun-Vogelstein

Braun-Vogelstein, Julie, Schriftstellerin, Kunsthistorikerin. 26.1.1883 Stettin – 6.2.1971 New York. B.-V. studiert Archäologie, Kunstgeschichte, Geschichte und Philosophie und lässt sich nach ihrer Promotion und Heirat 1919 in Berlin als freie Schriftstellerin nieder. Sie ist die zweite Frau des Sozialisten Heinrich Braun. Ihr Haus ist Treffpunkt für Intellektuelle und Oppositionelle. Nach dem Tod ihres Mannes 1927, widmet sie sich seinem Nachlass und der Veröffentlichung der Schriften von dessen erster Frau Lily Braun. 1935 emigriert

sie zunächst nach Frankreich; 1936 in die USA. In New York engagiert sie sich für das LBI und steht in Kontakt mit der Exil-SPD, der *German Labor Delegation*. 1966 erscheinen ihre Memoiren *Was niemals stirbt. Gestalten und Erinnerungen*.
Die ionische Säule, 1921; Lily Braun, 1922; Heinrich Braun und sein Schicksal, 1932. ul

Brenck-Kalischer, Bess (d.i. Betty Levy), verh. Kalischer, Schriftstellerin. 21.11.1878 Rostock – 2.6.1933 Berlin. B. besucht ein Lehrerinnenseminar, studiert Philosophie und lässt sich als Rezitatorin ausbilden. 1905 erscheinen erste Gedichte von ihr in der Zeitung *Charon*. Nach ihrer Heirat mit dem Schriftsteller Dr. Sigmund Kalischer lebt sie ab 1906 in Berlin. Nach dem Tod ihres Mannes (1911) finanziert sie ihren Lebensunterhalt durch Vortragsabende. 1917 erscheint ihr Lyrikband *Dichtung*. Ab 1918 in Dresden, gehört sie zu der Expressionistischen Arbeitsgemeinschaft Dresden. Ab 1920 lebt sie wieder in Berlin. Ihre Aufenthalte in psychiatrischen Kliniken, thematisiert sie in dem Roman *Die Mühle* (1922). Später arbeitet sie als Theaterkritikerin für die Zeitschrift *Die schaffende Frau*. ht

Breslau, Felix ▶ Bressart, Felix.

Breslauer, Alfred Franz Friedrich, Architekt. 23.6.1866 Berlin – 19.3.1954 Zürich. Studium an der TH Charlottenburg. Bevor B. 1897 in das Architektenbüro von A. ▶ Messel eintritt, arbeitet er als Regierungsbaumeister in Berlin, er entwirft u.a. das Berliner Kaufhaus Wertheim. Gemeinsam mit P. Salinger macht sich B. selbständig, es entstehen die Villa in der Rheinbabenallee 29/30 in Berlin-Schmargendorf und F. ▶ Andreaes *Palazzo Paicos* in Grunewald. 1919 wird er zum Prof. und 1924 zum Mitglied der AdK ernannt. Nach der Machtübernahme der NS emigriert B. in die Schweiz. nv

Breslauer, Bernhard, Jurist. 16.11.1851 Posen – 11.2.1928 Berlin. Seit 1880 in Berlin als RA und Notar, später als Justizrat. B. engagiert sich in dem von P. ▶ Nathan gegründeten *Komitee für die russischen Juden* und initiiert 1904 den *Verband der dt. Juden* und 1908 die *Vereinigung für das liberale Judentum in Dtl*, deren Vorsitzender er bis 1917 ist. B. ist im Vorstand der JGB aktiv und gehört der RV an. Er ist der Vater von Walter ▶ B.
Die Organisation der privaten Wohltätigkeit in Berlin, 1891; Abwanderung der Juden aus der Provinz Posen, 1909; Die Zurücksetzung der Juden an den Univ. Dtls, 1911. cm

Breslauer, Marianne, verh. Feilchenfeldt, Fotografin. 20.11.1909 Berlin – 7.2.2001 Zürich. 1927–29 Ausbildung zur Fotografin im Lette-Haus Berlin. Bevor B. ab 1930 als Fotoreporterin für das Ullstein-Atelier arbeitet, geht sie für ein Jahr nach Paris. Dort ist sie Schülerin von Man Ray. B emigriert 1936 in die Niederlande, gibt ihre Karriere als Fotografin auf und heiratet den Kunsthändler Walter Feilchenfeldt. Beide gehen 1939 nach Zürich, wo sie 1948 eine Galerie eröffnen, die B. nach dem Tod ihres Mannes weiterführt. Für ihre fotografische Arbeit erhält B. 1999 in Berlin den Hanna-Höch-Preis.
Photographien 1927–37, 1989. ul

Breslauer, Martin, Antiquar. 16.12.1871 Berlin – 16.10.1940 London. 1898–1936 Mitinhaber der Firma *Breslauer & Unger*, beeinflusst die moderne dt. Buchgestaltung durch seine Kataloge und Aufträge an Buchkünstler wie E. M. ▶ Lilien. Im sorgfältigen Druck der Berliner *Officina Serpentis* lässt er 1920 den *Bericht über mein Antiquariat* und 1921 das *Verzeichnis der Tabulaturdrucke der Bibliothek Wolffheim* erscheinen. 1937 Auswanderung nach Großbritannien. Seine berühmte Bibliothek von ca. 25 000 Bdn befindet sich heute in der *Bibliotheca Bodmeriana* in Genf.
Das Schöne Buch im Wandel, 1912; Erinnerungen eines Antiquars, 1927. js

Breslauer, Walter, Jurist, Politiker. 3.7.1890 Berlin – 11.5.1981 London. Sohn von Bernhard ▶ B., Mitbegründer des *Jüd. Liberalen Jugendvereins Berlin*. Studium in Berlin, Freiburg und Göttingen, seit 1919 ist er als RA und ab 1928 auch als Notar in Berlin tätig. Seit 1925 Mitglied des *Preußischen Landesverbands Jüd. Gemeinden*, 1930/31 dessen Vorsitzender. 1931–36 Verwaltungsdirektor der JGB. Weiterhin gehört er der *Jüd. Liberalen Partei* an, deren Vorsitzender er bis 1932 ist. 1936 Emigration über die Schweiz nach Großbritannien, dort nach erneutem Studium ab 1937 als RA in London ansässig. Mitbegründer des *New Liberal Jewish Congress* und Vorstandsmitglied mehrerer Verbände, u.a. des *Council of Jews from Germany*.
The Private International Law of Succession in England, America and Germany, 1937. cm

Breslaur, Emil, Musikwissenschaftler, Pädagoge, Prediger. 29.5.1836 Cottbus – 26.7.1899 Berlin. Zunächst Prediger und Religionslehrer, kommt 1863 nach Berlin, studiert am Sternschen Konservatorium und unterrichtet von 1868–79 Klavier und Musiktheorie an der Neuen Akad. für Tonkunst.

Er gründet ein Konservatorium zur Ausbildung von Klavierlehrern und den Verein der Musiklehrer und -lehrerinnen (1879). B. erhält für sein Werk *Die technischen Grundlagen des Klavierspiels* (1874) den Professorentitel und arbeitet seit 1883 als Chordirektor an der Reformsynagoge Berlin. Seit 1878 Hg. der Zeitschrift *Der Klavierlehrer.* nr

Bressart, Felix (d.i. Felix Breslau), Schauspieler, Mediziner. 12.3.1892 Eydtkuhnen/Ostpreußen – 17.3.1949 Los Angeles. B. studiert Medizin und spielt seit 1915 Theater. 1927 holt ihn V. ▶ Barnowsky nach Berlin. Ab 1928 regelmäßig Filmrollen, meist Milieupossen und Satiren, wie in *Die Drei von der Tankstelle* (1930). 1933 Emigration über die Schweiz und Österreich nach Frankreich, ab 1938 USA. Zahlreiche Filme und Komödien in Hollywood sowie Anti-Nazi-Filme: *Ninotchka* (1939), *Sein oder Nichtsein* (1942) unter der Regie von E. ▶ Lubitsch und F. Zinnemanns *Das siebte Kreuz* (1944). Nebenbei praktiziert B. als Arzt und betreut v.a. Kollegen. kq

Bresslau, Harry, Historiker. 22.3.1848 Dannenberg/Elbe – 27.10.1926 Heidelberg. Der Sohn eines Bankiers ist nach dem Studium zunächst Lehrer am Philantropin in Frankfurt/M. Er habilitiert sich 1872 und wird 1877 a.o. Prof. in Berlin. 1890–1918 o. Prof. in Straßburg, dann in Heidelberg. Als Spezialist für mittelalterliche Geschichte (Mithg. der *Monumenta Germaniae Historica*) initiiert er 1885 die *Historische Commission für Geschichte der Juden in Dtl.* Im ‚Berliner Antisemitismusstreit' vertritt er in der Auseinandersetzung mit Heinrich von Treitschke (*Sendschreiben an Herrn Professor Doktor Heinrich von Treitschke*, 1880) die These vom „Amalgamisierungsprozess" der Juden mit der dt. Kultur. 1889–1904 Hg. des *Neuen Archivs der Gesellschaft für ältere dt. Geschichtskunde.* Mitbegründer des *Archivs für Urkundenforschung.* Seine Tochter Helene heiratet A. Schweitzer. js/nms

Breuer, Lex ▶ Ende, Lex.

Breuer, Marcel Lajos, Architekt, Möbeldesigner. 22.5.1902 Pecs/Ungarn – 1.7.1981 New York. Ab 1920–24 Studium am Bauhaus in Weimar und Lehre in der Tischlerei. 1925–28 Leiter der Möbelwerkstatt. Ab 1925 Entwurf der ersten serienmäßig produzierten Stahlrohrsessel. 1926 Entwurf des Baus und der Innenausstattung des Bauhauses Dessau und 1927 der Inneneinrichtung der Wohnung Erwin Piscators in Berlin. 1928–33 eigenes Architekturbüro in Berlin, dann Rückkehr nach Ungarn. Ab 1935 Möbeldesigner in London, 1937–46 Prof. in Harvard/USA. DanachAchitekt in New York, wo er u.a. das *Whitney Museum of American Art* baut.
▯ Driller, J.: M. B., 1998. nv

Brill, Joel ▶ Löwe, Joel.

Britschgi-Schimmer, Ina, Herausgeberin, Autorin. 23.9.1881 (vermutlich) Wien – 14.7.1949 Jerusalem. Nach ihrer Ausbildung an der Handelsschule in Wien, studiert sie seit 1907 in Berlin und Zürich und ist ab 1912 Mitarbeiterin des *Jüd. Verlags* Berlin. 1916 Promotion mit einer Arbeit zur Lage italienischer Arbeiter im dt. Kaiserreich. Gemeinsam mit M. ▶ Buber Edition der Briefe G. ▶ Landauers. Sozialwissenschaftliche Studien stehen im Mittelpunkt ihrer Arbeit. 1933 Emigration nach Palästina.
▯ Die Umschichtung der jüd. Einwanderer aus Dtl. zu städtischen Berufen in Palästina, 1936. ce

Brodnitz, Julius, Jurist. 19.8.1866 Posen – 16.3.1936 Berlin. Vater von F. S. Brodnitz. RA, Notar und Justizrat in Berlin mit Kanzlei in der Prinzregentenstraße. Ab 1904 Mitglied des CV-Hauptvorstands, dem er 1920–36 auch vorsitzt. In seiner Amtszeit wird die CV-Zeitung gegründet, der *Philo-Verlag* etabliert (L. ▶ Holländer) und die Zusammenarbeit mit anderen jüd. Organisationen intensiviert. B. ist aktives Mitglied der Reformgemeinde. 1933 gründet er die RVdJ mit. em

Brodnitz, Käthe, verh. Fröhlich, Schriftstellerin. 10.3.1884 Berlin – 16.3.1971 St. Petersburg/USA. Promoviert 1912 über Tieck und veröffentlicht gleichzeitig ihre erste Novelle *Ich bin dir treu!*. Enge Freundschaft zu frühexpressionistischen Dichtern. 1913–15 lehrt sie in den USA. Wieder in Dtl schreibt sie kunsthistorische und gesellschaftskritische Aufsätze. Nach der Heirat mit dem Schriftsteller Theodor Fröhlich lebt sie ab den 1920er Jahren wieder in Berlin. B. verfasst mehrere Dramen, wovon nur *Mysterien* (1931) veröffentlicht wird. Emigration 1938. ht

Bruckner, Ferdinand (d.i. Theodor Tagger), Dramatiker. 26.8.1891 Wien – 5.12.1958 Berlin/West. B. arbeitet seit 1920 als Dramaturg und leitet 1923–28 das von ihm gegründete Berliner Renaissance-Theater. Unter Pseudonym schreibt er zeitkritische Dramen. 1933 emigriert B. über Österreich und Frankreich 1936 in die USA. Im Exil entsteht sein Stück *Die Rassen* (UA 1933 in Zürich),

eine Anklage gegen den rassenideologischen Terror des NS. 1951 kehrt er nach Berlin/W. zurück und ist am Schillertheater und am Schlossparktheater wieder als Dramaturg tätig.
Der zerstörte Tasso, 1918; Mussia, 1935.
Lehfeldt, C.: Der Dramatiker F. B., 1975. jl

Brücken, Werner ▶ Bukofzer, Werner.

Brunner, Constantin (d.i. Leopold Wertheimer), Philosoph. 28.8.1862 Altona – 27.8.1937 Den Haag. Aufgewachsen in der jüd. Tradition, orientiert sich B. philosophisch am Monismus Baruch Spinozas und Goethes. Er verehrt Jesus Christus als geistigen Höhepunkt des Judentums (*Unser Christus oder das Wesen des Genies*, 1921). Gründer und zusammen mit L. ▶ Berg Hg. der Zeitschrift *Der Zuschauer*. Seine elitäre Geistphilosophie verbindet er in seinem Hauptwerk *Die Lehre von den Geistigen und vom Volk* (1908) zu einem schwärmerischen Geniekult mit bitterer Kulturkritik. B. bekämpft den Zionismus, analysiert in mehreren Büchern den Antisemitismus (z.B. *Der Judenhaß und die Juden*, 1919) und übt so Einfluss auf Gruppen der jüd. Jugendbewegung sowie auf Persönlichkeiten wie W. ▶ Rathenau und G. ▶ Landauer aus. 1933 Emigration in die Niederlande.
Rotter, E.: Die Wiege des Internationalen C. B.-Kreises, 1973; Rotter, E.: Aus Spinozas Heimat und C. B. letzte Zufluchtsstätte, 1972. js

Bruno ▶ Frei, Bruno.

Buber, Martin, Philosoph, Pädagoge. 8.8.1878 Wien – 13.6.1965 Jerusalem. B., Enkel des Midrasch-Forschers Salomon Buber (1827–1906), wächst in Lemberg auf. Studium der Kunstgeschichte und Philosophie in Wien, Berlin, Leipzig und Zürich, u.a. bei G. ▶ Simmel. Seit 1898 in der zionistischen Bewegung aktiv, vertritt er dort gegenüber Theodor Herzl und im Gefolge von Achad HaAm kulturzionistische Positionen. 1899 heiratet er P. ▶ Winkler. 1902 Mitbegründer des *Jüd. Verlags*. 1906–22 Verlagslektor bei *Rütten & Loening* in Frankfurt/M. 1916 Begründer der Monatsschrift *Der Jude*, deren Hg. er bis 1924 ist. 1930–33 Prof. für Vergleichende Religionswissenschaft in Frankfurt/M., 1938–51 Prof. für Sozialphilosophie an der Hebrew Univ. Jerusalem. B., der Zeit seines Lebens für eine friedliche Koexistenz von Arabern und Juden in einem binationalen Staat eintritt, wird 1953 mit dem Friedenspreis des Dt. Buchhandels und 1963 mit dem niederländischen Erasmuspreis ausgezeichnet. Sein Hauptziel ist die Erneuerung des Judentums aus dem Geist der Bibel und des Chassidismus, dessen Texte er sammelt und publiziert. Kern seiner Lehre ist das dialogische Prinzip, dargelegt in seinem Hauptwerk *Ich und Du* (1923), in dem das unmittelbare Verhältnis des Menschen zum jeweiligen Gegenüber sowohl im menschlichen Miteinander als auch in der Beziehung des einzelnen zu Gott erörtert wird. Diese Einstellung beeinflusst die moderne Pädagogik, Philosophie und Psychiatrie, ebenso eine Reihe protestantischer und katholischer Theologen. Seine ‚Verdeutschung' der hebräischen Bibel, die er bis zu dessen Tod zusammen mit Franz Rosenzweig vornimmt, gilt als ein einzigartiges Werk dt. Sprachformung und jüd. Bibelexegese.
Die Schrift, 20 Bde, 1926–38; Briefwechsel, 3 Bde, 1972–75; M. B. A bibliogr. of his writings, 1897–1979, 1980.
Kohn, H.: M. B., 1979. js

Martin Buber

Buchbinder, Simon, Maler. 6.1.1853 Radzyn/Siedlce – um 1929 unbekannt. B. studiert 1873–78 an der Wiener Akademie und 1879–83 in Jan Matejkos Meisterschule in Krakau. 1882 entsteht *Sigismund III.* Ab 1883 lebt B. in München. 1884 nimmt er an der akademischen Kunstausstellung in Berlin teil;

1897 zieht er nach Berlin. Zu seinen Hauptwerken zählen *Der Hofnarr* (1886) und *Der Grübler, ein lernender junger Jude im Tallis* (1889). Sein Œuvre lehnt sich an das der Holländer Gabriel Metsu und Gerard Terborch an. af

Bucky, Gustav Peter, Röntgenologe. 3.9.1880 Leipzig – 19.2.1963 New York. B. studiert zunächst Physik, dann Medizin und promoviert 1907. Ab 1908 ist er unter der Leitung von M. ▶ Levy-Dorn Mitarbeiter des Röntgen-Zentralinstituts am Rudolf-Virchow-Krankenhauses in Berlin. 1910 macht sich B. als Röntgenarzt selbständig. 1913 wird er Leiter der Radiologischen Abteilung am Städtischen Kinderkrankenhauses in Reinickendorf. Im I. WK untersteht ihm die Radiologische Abteilung des Feldlazaretts auf dem Tempelhofer Feld, die Radiotherapeutische Abteilung an der 3. Univ.-Klinik sowie ab 1917 die Röntgenabteilung an der Unterrichtsanstalt für Staatsarzneikunde in Berlin. 1923 wandert er in die USA aus, kehrt aber, als ihm die Leitung des Röntgeninstituts am Virchow-Krankenhaus angeboten wird, 1930 zurück. Zusätzlich wird B. Chefarzt der Radiologischen Abteilung des Franziskus Hospitals. 1933 wird er gezwungen, seine Ämter niederzulegen und kehrt in die USA zurück, wo er in New York ein privates Röntgenlaboratorium eröffnet, zum Leiter mehrerer radiologischer Krankenhausabteilungen berufen wird und als Prof. an verschiedenen universitären Einrichtungen lehrt. Aus B.s umfangreicher Forschungsarbeit gehen 94 Patente hervor, u.a. die so genannte Bucky-Blende, ein Streustrahlenraster, das unerwünschte Sekundärstrahlung bei Röntgenaufnahmen herausfiltert. Eine über 40-jährige Freundschaft verbindet ihn mit Albert ▶ Einstein, dessen Hausarzt B. ist. B. veröffentlicht über 130 Aufsätze und Monografien.

Die Röntgenstrahlen und ihre Anwendung, 1918; Anleitung zur Diathermiebehandlung, 1921; Grenzstrahltherapie, 1928.

Bormacher, K.: G. B. Biobliogr. eines Röntgenologen und Erfinders, 1967. ht

Budko, Joseph, Maler, Graphiker, Illustrator. 27.8.1888 Plonsk – 17.7.1940 Palästina. B. studiert an der Wilnaer Kunstschule. Eine Weiterbildung in Moskau wird ihm als Jude verwehrt. B. geht nach Berlin, lernt in der Fachklasse für Metallzeichnen an der Unterrichtsanstalt des Kunstgewerbemuseums und wird von H. ▶ Struck in der Technik des Radierens unterwiesen. Seit 1914 ist B. freiberuflich tätig, zunächst als Radierer, ab 1919 fast ausschließlich als Holzschneider. 1933 emigriert er nach Palästina. nv

Budzislawski, Herbert, Metallarbeiter, Widerstandskämpfer. 30.12.1920 Berlin – 7.9.1943 Berlin. Nach der Schule Ausbildung als Dreher in Kreuzberg (Firma Liesauß), danach in der Kunstschlosserei Moritz Sack beschäftigt, später bei der *Degufrab*. Aktivität im BDJJ; 1940 wird er Mitglied der Widerstandsgruppe um H. ▶ Baum, den er über H. ▶ Joachim kennenlernt. Verhaftung am 13.11.1942, am 29.6.1943 zum Tode verurteilt, hingerichtet in Plötzensee. bz

Budzislawski, Hermann (Pseud. Hermann Eschwege, Donald Bell), Journalist, Zeitungswissenschaftler. 11.2.1901 Berlin – 28.4.1978 Leipzig. Studium der Rechts- und Staatswissenschaften in Tübingen. Seit 1924 ist B. Mitarbeiter von S. ▶ Jacobsohns Weltbühne. 1933 emigriert er über mehrere europäische Länder in die USA (1940), wo er journalistisch tätig ist und den CDG mitbegründet. 1948 kehrt B. nach Dtl zurück und wird Prof. für internationales Pressewesen und Institutsdirektor an der Univ. Leipzig. Im gleichen Jahr tritt er in die SED ein. 1949/50 sowie 1958–66 ist B. Abgeordneter der Volkskammer und Mitglied mehrerer staatlicher Kommissionen. 1967–71 gibt er die Weltbühne heraus.

Sozialistische Journalistik, 1966. evk

Bukofzer, Ernst, Jurist. 15.11.1891 Wannsee – 25.9.1988 Berlin. B. ist der Bruder von Werner ▶ B. Nach Studium und Teilnahme am I. WK ist B. ab 1921 als Richter in Berlin tätig und wechselt ein Jahr später als Referent ins Reichsausgleichsamt. 1928–35 arbeitet B. als Amtsgerichtsrat in Schöneberg. Er engagiert sich im Hilfsverein wie auch bei der RVdJ. 1941 wird er zur Zwangsarbeit verpflichtet. Nach Kriegsende ist er bis 1956 als Amtsgerichtsdirektor in Schöneberg tätig.

Kommentar zur Entschädigung der Opfer des Nationalsozialismus vom 10. Jan. 1951, 1951. cm

Bukofzer, Werner Shimon (Pseud. Werner Brücken), Schriftsteller. 22.4.1903 Berlin – 15.10 1985 Zichron-Jacob/Israel. Der Bruder von Ernst ▶ E. ist nach einer kaufmännischen Ausbildung als Rezitator am DT und 1924/25 beim Rundfunk tätig. Ab 1933 ist B. im JKB und am Theater der jüd. Schulen aktiv. Er veröffentlicht Gedichte, Kurzgeschichten, Essays und Übersetzungen in den *Preußischen Jahrbüchern* und im *Hamburger Israelitischen Wochenblatt*. Noch 1934 erscheint *Dank an Oskar Loerke* in Dtl. 1939 emigriert B. nach Palästina, wo er zunächst wegen illegaler Einwanderung sechs Monate interniert

wird. Seit Juli 1940 lebt er in Tel Aviv und verdingt sich als Tellerwäscher und Barmann. 1948–70 ist B. Regierungsbeamter im Sicherheitsministerium und später Vizepräsident der *Vereinigung Deutschspachiger Autoren in Israel.*
Der Wanderer Namenlos, 1949; Splitter. Prosa der Begegnungen, 1968. mr

Burdach, Hans ▸ Steinitz, Clara.

Burg, Jacob Moses, Kaufmann. 26.7.1784 Berlin – 11.9.1840 Berlin. B ist ‚Konzessionierter Schutzjude' und betätigt sich im Lotteriegeschäft. Er ist langjähriger Vorsteher der JGB und Bruder des Artelleriemajors Meno ▸ B. th

Burg, Josef, Rabbiner, Politiker. 31.1.1909 Dresden – 15.10.1999 Jerusalem. B. studiert Philosophie in Berlin und Leipzig und lehrt nach seiner Promotion in Leipzig. Während seines Studiums in Berlin besucht er ein Rabbinerseminar, 1938 erhält er die Ordination. Bereits früh ist er in der Mizrachi-Bewegung aktiv. Nach seiner Flucht nach Palästina 1939 unternimmt er als Mitglied der Mizrachi-Exekutive zahlreiche Missionen zur Rettung von Juden. Er ist in Israel Mitbegründer der Nationalreligiösen Partei und 1948–88 Mitglied der Knesset. 1951–86 ist er nahezu ununterbrochen Regierungsmitglied in verschiedenen Funktionen. Wirkt so als Minister für Religiöse Angelegenheiten, Gesundheits-, Sozial-, Post- und Innenminister maßgeblich am Aufbau des Staates Israels mit. B. ist Vorsitzender des Internationalen Komitees von Yad Vashem, Weltpräsident der Mizrachi-Bewegung und Gründungsmitglied der Bar-Ilan-Univ. pj

Burg, Meno, Offizier. 9.10.1789 Berlin – 26.3.1853 Berlin. Vetter des ersten preußisch-jüd. Regierungsbeamten, des Bauinspektors S. ▸ Sachs. Wird 1813 bei der Garde abgewiesen, tritt aber, begünstigt von Prinz August von Preußen, der Artillerie bei. B. lehrt an der Artillerie-Ingenieurschule in Berlin und verfasst verschiedene artillerietechnische Werke. Stadtbekannt wird er als ‚Judenmajor'. Seit 1840 ist B. Mitglied des Vorstandes der JGB.
Rieger, R.: Der „Judenmajor", 1990. js

Bürger, Hugo ▸ Lubliner, Hugo.

Busch, Felix, Landrat, Unterstaatsseketär. 18.8.1871 Konstantinopel – 16.8.1938 Berlin/Tutzing. Nachkomme von D. ▸ Friedländer, verheiratet mit Marie von Mendelssohn-Bartholdy. Nach dem Studium in Heidelberg, München und Berlin ist er 1911–17 Landrat des Kreises Niederbarnim, 1917–20 dann Unterstaatssekretär im preußischen Finanzministerium. B., der nach seinem Ausscheiden aus dem Staatsdienst das Gut Büssow im Bezirk Frankfurt/O. bewirtschaftet, nimmt sich das Leben.
Aus dem Leben eines königlich-preußischen Landrats, 1991. js

Buschke, Abraham, Dermatologe. 27.9.1868 Nakel/Posen – 25.2.1943 Ghetto Theresienstadt. Nach dem Studium in Breslau, Berlin und Greifswald; Promotion 1891. Anschließend ist B. Assistent bei Rudolf Virchow und Robert Koch; Weiterbildung in mehreren Krankenhäusern, davon neun Jahre in Hautkliniken. 1904 Chefarzt im Krankenhaus am Urban in Berlin, 1906–33 in der weltweit größten Hautklinik im Rudolf-Virchow-Krankenhaus. 1908 Titularprof., 1920 a.o. Prof. 1933 Entlassung, danach ehrenamtliche Tätigkeit im Jüd. Krankenhaus. 1942 Deportation nach Theresienstadt. B. publiziert zahlreiche Bücher über Haut- und Geschlechtskrankheiten. Außerdem sind mehrere Krankheitsbilder nach ihm benannt.
Die Blastomykose, 1902; Geschlechtskrankheiten bei Kindern, 1926; Allergie als Ursache der Ekzeme, 1932. ko

C

Caliban ▶ Haas, Willy.

Carlebach, Joseph, Rabbiner, Pädagoge. 30.1.1883 Lübeck – 26.3.1942 bei Riga. Ab 1901 Studium der Naturwissenschaften, Mathematik, Philosophie und Kunstgeschichte in Berlin. Ab 1905 Oberlehrer in Jerusalem. 1908 Rückkehr nach Berlin, wo er bis 1919 am Margareten-Luzeum Naturwissenschaft, Mathematik, Erdkunde und Kunstgeschichte unterrichtet. 1909 Promotion. 1914 Rabbinatsdiplom. Während des I. WK organisiert er den Aufbau des jüd. Erziehungswesens in Litauen. C. tritt 1919 die Rabbinerstelle seines Vaters in Lübeck an. 1921 wechselt er zur Talmud-Tora-Realschule nach Hamburg. 1925 Oberrabbinat der Provinz Schleswig-Holstein, 1936 Oberrabbinat des Israelitischen Synagogen-Verbands Hamburg. 1938/39 schickt C. die fünf ältesten Kinder ins Ausland. Gemeinsam mit seiner Frau und den vier jüngeren Kindern wird er am 6.12.1941 nach Riga deportiert und ermordet.
▯ AS, 2002.
▯ Jüd. Gemeinde Hamburg. Oberrabbiner Dr. J. C., 1983. hg

Casper, Johann Ludwig (Pseud. Till Ballistarius), Pathologe. 11.3.1796 Berlin – 24.2.1864 Berlin. Ausbildung zum Apotheker, danach Medizinstudium in Berlin und Göttingen. Nach dem Abschluss des Studiums und Studienreisen durch England und Frankreich kehrt er 1822 nach Berlin zurück und ist ab 1825 a.o. Prof. der Medizin und Mitglied des Medizinalkollegiums für die Provinz Brandenburg. 1839 erfolgt die Ernennung zum Ordinarius an der Univ. Seit 1841 ist C. Gerichtsmediziner der Stadt Berlin, ab 1850 Direktor der Praktischen Unterrichtsanstalt für Staatsarzneikunde an der Univ. Berlin. Besondere Verdienste erwirbt sich C. um die Reform der Gerichtsmedizin sowie die Verbreitung medizinischer Kenntnisse durch Fachzeitschriften, an deren Herausgabe er beteiligt ist, so begründet er 1852 die *Vierteljahrschrift für gerichtliche und öffentliche Medizin.*
▯ Praktisches Handbuch der gerichtlichen Medizin, 1856–58. js

Casper, Leopold, Urologe. 31.5.1859 Berlin – 16.3.1959 New York. Studium in Berlin (u.a bei P. ▶ Ehrlich), England und Frankreich; 1892 Habilitation an der Berliner Univ. Leitet ab 1900 die Urologische Abteilung des Franziskus-Krankenhauses. Ab 1922 a.o. Prof. an der Berliner Univ. C. gilt als Begründer der medizinischen Urologie und erwirbt sich Verdienste auf dem Gebiet der Nierendiagnostik. Er emigriert 1941 in die USA.
▯ Lehrbuch der Urologie mit Einschluß der männlichen Sexualerkrankungen, 1903; Lehrbuch der urologischen Diagnostik, 1930. th

Leopold Caspar

Cassel, David, Historiker, Pädagoge. 7.8.1818 Groß-Glogau – 23.1.1893 Berlin. Bruder von Selig ▶ C. Studium der Orientalistik, Philosophie und Philologie an der Berliner Univ., daneben talmudische und rabbinisch-literaturgeschichtliche Studien bei J. J. ▶ Oettinger und L. ▶ Zunz. 1842 Promotion, 1843 Ordination zum Rabbiner, danach als Privatgelehrter tätig. 1846–79 übernimmt C. die Leitung des Dina-Nauenschen Stifts in Berlin, lehrt 1850–73 an mehreren jüd. Schulen und ab 1858 am Jüd. Lehrerseminar. 1872–92 Dozent für Bibelexegese, jüd. Geschichte und Literatur an der HWdJ. Durch seine zahlreichen historischen und textkritischen Arbeiten zu Bibel und jüd. Literatur zählt C.

zu den Neubegründern der WdJ nach 1850.
📖 Plan der Real-Encyclopädie des Judenthums, 1844; Hebr.-dt. Wörterbuch, 1871; Geschichte der jüd. Literatur, 1872/74. jvs

Cassel, Jakob, Kinderarzt. 22.5.1859 Schwerin a. d. Warthe – 15.7.1927 Berlin. Schüler A. ▶ Baginskys in Berlin, wo er später eine pädiatrischen Poliklinik sowie eine Säuglings- und Kinderfürsorgestelle leitet. Zahlreiche wissenschaftliche Veröffentlichungen, vor allem über die Syphilis. th

Cassel, Oscar, Politiker. 4.6.1849 Schwetz a. d. Weichsel – 8.8.1923 Berlin. RA und Notar in Berlin, dort seit 1888 Stadtverordneter, 1903–14 Mitglied des Preußischen Landtags (Freisinnige, später Fortschrittliche Volkspartei), 1914 wird er zum Ehrenbürger Berlins ernannt; 1919 Mitglied der Verfassungsgebenden Preußischen Landesversammlung (DDP), Mitglied des *Hilfsvereins deutscher Juden*, Vorsitzender des *Verbands deutscher Juden*. C. setzt sich u.a. für die Einstellung und Beförderung von Juden im preußischen Staatsdienst ein. js

Cassel, Selig (Paulus Stephanus Cassel), Historiker, Publizist, ev. Theologe. 27.2.1821 Groß-Glogau – 23.12.1892 Berlin. Bruder von David ▶ C. Nach einer Rabbinerausbildung studiert C. Philosophie und Geschichte in Berlin, dann ist er Privatgelehrter, ab 1850 Redakteur der *Erfurter Zeitung*. 1855 tritt er zum Protestantismus über und wird 1856 Leiter der Kgl. Bibliothek Erfurt, 1859 Prof., danach in Berlin 1867–91 als Prediger. Zahlreiche Arbeiten zu kultur- und religionshistorischen Themen. Gegner des Antisemitismus. jvs

Cassirer, Bruno, Verleger, Kunsthändler. 12.12.1872 Breslau – 29.10.1941 Oxford. 1890 Abitur in Berlin, 1898 Eröffnung einer Galerie und Verlagsbuchhandlung mit seinem Vetter Paul ▶ C., gemeinsam mit ihm Sekretär der *Berliner Secession*. Nach der Auflösung des gemeinsamen Unternehmens 1901, führt C. den Verlag weiter, die Zeitschriften *Das Theater* und *Kunst und Künstler* erscheinen. 1933 Emigration nach Oxford und Neugründung des Verlags *Bruno Cassirer (Publishers) Ltd. London*.
📄 Nutt, H.: B. C., 1989. nms

Cassirer, Ernst, Philosoph. 28.7.1874 Breslau – 13.4.1945 New York. Studiert u.a. in Marburg bei dem Neukantianer H. ▶ Cohen. 1906 Habilitation an der FWU mit der Studie *Das Erkenntnisproblem in der Philosophie und Wissenschaft der neueren Zeit.* Bis 1919 PD in Berlin. Mit dem Werk *Substanzbegriff und Funktionsbegriff* (1910) etabliert er sich als Erkenntnistheoretiker. Berufung an die neu gegründete Univ. Hamburg. 1923–29 entsteht sein Hauptwerk *Philosophie der symbolischen Formen*, 1929/30 ist C. der erste jüd. Rektor einer dt. Univ. 1933 Flucht nach Großbritannien, 1934 Gastprof. in Oxford, 1935–41 Lehrstuhl für Philosophie in Göteborg/Schweden. Übersiedlung in die USA und Gastprof. an der Yale Univ. Ab 1944 Prof. an der Columbia Univ. Posthum erscheinen seine sozialphilosophischen Reflexionen über den Nationalsozialismus: *The Myth of State* (1946).
📖 GW, Hamburger Ausgabe, angelegt auf 26 Bde, 1998ff.; Nachgelassene Manuskripte, angelegt auf 21 Bde, 1995ff.
📄 Cassirer, T.: Mein Leben mit E. C., 2003; Rudolph, E.: E. C. im Kontext, 2003; Paetzold. H.: E. C. zur Einführung, 2002. ra

Ernst Cassirer

Cassirer, Max, Industrieller. 18.10.1857 Schwientochlowitz/Oberschlesien – 1943 London. Studiert Medizin in Breslau und Berlin. 1882 gründet er eine Holz-Exportfirma in Danzig, 1887 lässt er sich in Berlin nieder und gründet hier ein weiteres

Unternehmen, das er 1899 um einen Sitz in Wloclawec a. d. Weichsel erweitert. C. ist u.a. 1893–96 Stadtverordneter in Berlin und 1896–1913 Magistratsmitglied. 1920 wird C. zum Ehrenbürger, 1928 zum Ehrensenator der TH Charlottenburg ernannt. Das gesamte Aktienkapital seiner Firma *Dr. Cassirer & Co.* wird 1933 durch eine Holding-Gesellschaft von Siemens übernommen. C. emigriert 1936 nach Großbritannien. ht/mr

Cassirer, Paul, Kunsthändler, Verleger. 21.2.1871 Görlitz – 7.1.1926 Berlin. Studium der Kunstgeschichte in München. 1898 Umzug nach Berlin und Gründung einer Galerie und Verlagsbuchhandlung mit seinem Vetter Bruno ▶ C., mit dem er auch gemeinsam als Sekretär der *Berliner Secession* fungiert. Nach der Auflösung des gemeinsamen Unternehmens 1901 führt C. die Galerie. Er wendet sich gegen die offizielle ‚Hofkunst' und gilt als Gönner neuer Kunstbewegungen. C. stellt erstmals Manet, Monet, Van Gogh und Cezanne in Dtl aus, fördert und verteidigt die Werke dt. Impressionisten, u.a. die von L. Corinth, M. ▶ Liebermann und L. ▶ Ury. 1908 Gründung des Literaturverlags *P. Cassirer*, in dem Kunstliteratur, Belletristik und expressionistische Literatur erscheint. Der Verlag beheimatet Autoren wie Ernst Bloch, Carl Sternheim, Ernst Toller und Heinrich Mann. C. ist Hg. des Kunstkritikjournals *Pan* und Gründer der *Pan-Gesellschaft*. 1910 Heirat mit T. ▶ Durieux; 1914 Kriegsfreiwilliger, wird 1916 für dienstuntauglich erklärt und kehrt nach Berlin zurück. Nach pazifistischen Äußerungen kurzzeitig in Haft; der Verlagsbetrieb wird eingestellt und viele Autoren geben die Rechte an ihren Büchern an andere Verlage. C. geht nach Bern und arbeitet dort v.a. mit pazifistischen Autoren. 1918 kehrt er Berlin zurück, verlegt überwiegend sozialistische Autoren und tritt in die USPD ein. In einer persönlichen Krise nimmt er sich das Leben. Nach der Machtübernahme der Nationalsozialisten wird der Verlag aufgelöst.

P. C. Verlag Berlin 1898–1933. Eine kommentierte Bibliogr., 2002. nms/hg

Cerf, Raphael Friedrich (d.i. Rudolf Cerfberr), Theaterintendant. 27.2.1782 Unterreißheim/Main – 6.11.1845 Berlin. C. tritt früh zum Christentum über. Er arbeitet zunächst als Kaufmann in Dessau und tritt 1815 kurzzeitig in als Oberkriegskommissar in russische Dienste; nach den Napoleonischen Kriegen lässt er sich in Berlin nieder, wo er von Friedrich Wilhelm III. „für sich und seine Leibeserben" die Genehmigung zur Errichtung eines neuen Theaters neben den Kgl. Bühnen erhält. 1824 eröffnet er das *Königstädtische Theater* am Alexanderplatz, das den Charakter eines Volkstheaters hat und v.a. französische Komödien, Berliner Lokalpossen und erste Vaudevilles, später auch italienische Opern auf die Bühne bringt. Ab 1829 bis zu seinem Tod leitet C. dieses Privattheater. Er trägt maßgeblich zur Abschaffung der Theatergewerbeordnung (1869) und somit zur Entwicklung einer bürgerlichen Theaterkultur bei. hr/th

Chagall, Marc, Maler. 7.7.1887 Witebsk/Weißrussland – 28.3.1985 Saint Paul-de Vence/Frankreich. Schüler des Malers Jehuda Pen. Bis 1910 erfolgt die Ausbildung in St. Petersburg, im Anschluss geht er nach Paris. 1913 nimmt er am *Ersten Herbstsalon* in Berlin teil. Ein Jahr später folgt seine erste Einzelausstellung in H. ▶ Waldens Galerie *Sturm*. Nach der Rückkehr nach Witebsk folgen Ausstellungen in Moskau und Petrograd. 1922 verlässt er Russland und reist nach Berlin, wo er eine Weile für P. ▶ Cassirer arbeitet. 1923 siedelt C. ganz nach Paris über. 1926 hat er seine erste Einzelausstellung in New York. In den kommenden Jahren folgen große Retrospektiven in ganz Europa. In den 1940er Jahren lebt C. überwiegend in den USA und kehrt 1948 nach Frankreich zurück. In den folgenden zwei Jahrzehnten ist er in ganz Europa auf Ausstellungen vertreten. Darüber hinaus hält C. Vorträge, stattet Opern aus und fertigt Wand- und Fensterbilder.

Mein Leben, 1959.

Wynne, C.: M. C., 2004; Aaron, N.: M. C., 2003; Baal-Teshuva, J.: M. C., 2003. nv

Chain, Ernst Boris, Biochemiker, Physiologe. 19.6.1906 Berlin – 12.8.1979 Mulranny/Irland. Sein Vater ist der Chemiker und Fabrikant Michael C. Studium der Chemie und Physiologie in Berlin, 1930 Promotion. Arbeit im Institut für Pathologie der Charité. 1933 Emigration nach Großbritannien; seine Mutter und seine Schwester werden im Holocaust ermordet. Forschungen in Cambridge und Oxford, 1948–64 in Rom, danach in London über Fermente, Kohlenhydratstoffwechsel, Pflanzentoxine, Biochemie des Myocards. Bedeutend sind seine Beiträge zur Extraktion, Reinigung, Struktur und Synthese des Penicillin. Hierfür wird er zusammen mit A. Fleming und H. W. Florey 1945 mit dem Nobelpreis für Medizin ausgezeichnet.

Penicillin as a Chemotherapeutic Agent, 1940.

Clark, R. W.: The Life of E. C. Penicillin and Beyond, 1980. fwk

Chajes, Benno, Arzt, Hygieniker, Politiker. 14.11.1880 Danzig – 3.10.1938 Ascona/Schweiz. Ab 1903 in Berlin, 1919–33 PD und später Honorarprof. für Sozial- und Gewerbehygiene an der TH Berlin, 1932/33 a.o. Prof. an der Medizinischen Fakultät der Univ. Berlin, 1915–20 Stadtverordneter von Schöneberg und 1928–33 Mitglied der SPD-Fraktion im Preußischen Landtag. Hg. der *Zeitschrift für Schulgesundheitspflege und soziale Hygiene* und Mithg. des *Zentralblatts für Gewerbehygiene*, 1934 Emigration nach Palästina. C. stirbt während einer Reise.
▯ Kompendium der sozialen Hygiene, 1921. th/js

Charell, Erik (d.i. Erich Karl Löwenberg), Choreograph, Regisseur. 8.4.1894 Breslau – 18.7.1974 Zug/Schweiz. Nebendarsteller am DT, später Berater von M. ▶ Reinhardt, der ihm 1924 die Leitung des Großen Schauspielhauses (später Friedrichstadtpalast) überträgt. Dort inszeniert er große Revuen (u.a. *Hofball bei Zille*) und Operetten wie das *Weiße Rößl* (1930). Als Filmregisseur brilliert er mit *Der Kongreß tanzt* (1931). Er fördert Marlene Dietrich und die Comedian Harmonists. C. emigriert 1933 in die USA und arbeitet in der Filmbranche. evk

Eric Charell

Chodziesner, Gertrud Käthe ▶ Kolmar, Gertrud.

Chodziesner, Ludwig, Jurist. 28.8.1861 Obersitzko/Posen – 13.2.1943 Ghetto Theresienstadt. Seit 1891 RA in Berlin. Als Strafverteidiger erlangt er einen guten Ruf. Bekannt wird er u.a. durch den Skandalprozess um den Grafen Philip zu Eulenburg, den Adlon-Prozess oder den Scheidungsprozess des Grafen von der Schulenburg. 1936 wird ihm nach 45-jähriger Tätigkeit die Zulassung entzogen. Im Sep. 1942 wird er vom Sammellager Große Hamburger Straße aus mit dem 60. Alterstransport nach Theresienstadt deportiert. Zwei Wochen nach seinem Tode wird seine Tochter, die bekannte Lyrikerin G. ▶ Kolmar, in Auschwitz ermordet. evk

Citron, Julius Bernhard, Internist. 1876(78/81) Berlin – vor 1935 Berlin. C. ist ab 1919 Prof. in Berlin und untersucht v.a. die Beziehungen der Syphilis zur Inneren Medizin. Er verbessert die serologischen Methoden und fördert die Immundiagnostik. C. forscht auf dem Gebiet der Inneren Medizin und deren Zusammenhang mit der Zahnheilkunde und erkennt die Bedeutung der ‚Herdinfektion', die von schadhaften Zähnen ausgeht. Zahlreiche wissenschaftliche Publikationen. bir

Cleve, Elijah ▶ Gomperz, Elias.

Coblenz, Ida ▶ Dehmel, Ida.

Cohen, Hermann, Philosoph. 4.7.1842 Coswig/Anhalt – 4.4.1918 Berlin. Sohn eines Kantors, will ursprünglich Rabbiner werden, bricht jedoch sein Studium am Breslauer JTS ab und wendet sich dem Studium der Philosophie in Breslau und Berlin zu. 1865 Promotion in Halle. Nach der Veröffentlichung seiner epochemachenden Kant-Exegese *Kants Theorie der Erfahrung* (1871) wird C. in Marburg als erster Jude in Dtl auf einen Lehrstuhl für Philosophie berufen. In seiner Marburger Zeit 1877–1912 entwickelt er im Anschluss an I. Kant und S. ▶ Maimon den Entwurf eines eigenen Systems, in dem er zeigt, wie das reale Sein aus dem Denken erzeugt und das ideale Sein aus dem reinen Willen verwirklicht wird. Zusammen mit Paul Natorp begründet er die neukantianische ‚Marburger Schule'. Im ‚Berliner Antisemitismusstreit' meldet sich C. mit einem *Bekenntnis zur Judenfrage* (1880) zu Wort, in dem er sich für das „Deutschsein" der in Dtl lebenden Juden ausspricht. Während des I. WK feiert C. die Harmonie von *Deutschtum und Judentum* (1916) und wendet sich gleichzeitig gegen

die Ziele des Zionismus, den er als Gefahr für die erreichte staatsbürgerliche Stellung der Juden ansieht. In seinen *Jüdischen Schriften* (3 Bde, 1867–1918) stellt C. das Judentum v.a. als von den Propheten verkündeten ethischen Monotheismus dar, dessen transzendentale Prinzipien des „reinen Wollens" er den sozialen Organisationsformen zu Grunde legt. Nach seiner Emeritierung lehrt C. an der Berliner HWdJ und entwickelt in seinem posthum erschienenen Werk *Religion der Vernunft aus den Quellen des Judentums* (1919, NA 1978) eine streng rationale Religionsphilosophie, die sich auf das biblische Judentum stützt.
Werke, angelegt auf 17 Bde, 1977ff.
Günther, H.: Philosophie des Fortschritts, 1972; Ollig, H. L.: Der Neukantianismus, 1979; Holzhey, H.: C. und Natorp, 2 Bde, 1986. js

Cohen, Jeanette ▶ Wolff, Jeanette.

Cohen, Morris ▶ Brandes, Georg.

Cohen, Philippine, geb. Pessel Zülz, Salonnière. Um 1776 Berlin – nach 1804 Berlin. Tochter eines Unternehmers, heiratet Ephraim C. 1800 Konversion zum Christentum. C.s Haus ist eine Mischung aus Salon und Geschäftshaushalt, in dem Diplomaten, Geschäftsleute, Künstler und Literaten verkehren und fast täglich Gesellschaften, Klavierspiel und Lesezirkel stattfinden. Wegen des Bankrotts der Firma ihres Mannes, der 1804 aus Berlin flieht, führt sie den Salon nicht weiter und lebt fortan in ärmlichen Verhältnissen in Berlin. rms

Cohen, Schalom ben Jakob ▶ Schalom ben Jakob, ha-Kohen.

Cohn, Albert, Antiquar, Schriftsteller, Bibliograf. 2.2.1827 Berlin – 24.8.1905 Berlin. Buchhandelslehre bei A. ▶ Asher; wird später Mitbesitzer von dessen Buchhandlung, die bald über eines der größten Sortimente Berlins verfügt, z.B. einer bedeutenden Sammlung von Werken der Deutschen Klassik, wie etwa Goethehandschriften. Auf C. soll die Anregung zur Gründung einer Goethe-Gesellschaft zurückgehen; außerdem arbeitet er an einer Shakespeare-Bibliografie, die unvollendet bleibt. Er stiftet sein Vermögen der Stadt Berlin zur Errichtung und Erhaltung von Volksbibliotheken. th

Cohn, Benno, Jurist, Politiker. 30.9.1894 Lobsens – 24.11.1975 Tel Aviv. Nach dem Studium in Breslau ist C. seit 1922 in Berlin und lässt sich hier später auch als RA nieder. Als bekennender Zionist und Präsident des *Blau Weiß* reist er 1925 nach Palästina. Seit 1933 ist C. führendes Mitglied der ZVfD und von 1937 bis zu seiner Emigration im Frühjahr 1939 deren letzter Vorsitzender. 1941 begründet er in Palästina die *Alijah Chadascha* mit. 1951–59 Präsident des Israelischen Beamtendisziplinargerichts. 1961–65 Knessetabgeordneter. Er sagt Ende April 1961 als Zeuge im Eichmann-Prozess aus.
State of Israel, Ministry of Justice. The Trial of Adolf Eichmann, 1992. cm

Cohn, Charlotte ▶ Cohn, Lotte.

Cohn, Emil Moses (Pseud. Emil Bernhard), Rabbiner, Schriftsteller. 18.2.1881 Berlin – 28.2.1949 Los Angeles. Bereits sein Vater engagiert sich in der zionistischen Bewegung. C. besucht nach seiner Promotion (1902) die HWdJ. 1904 Rabbinerexamen. Mitglied studentischer zionistischer Vereinigungen, wie *Bund jüd. Corporationen*, ist 1904/05 Schriftleiter der Zeitschrift dieser Vereinigung. 1906 Prediger und Religionslehrer der JGB. Muss wegen zionistischer Gesinnung zurücktreten. 1908–25 Rabbiner in Kiel, Essen und Bonn, 1925–36 der konservativen Gemeinde Grunewald. 1928–36 Gründer und Hg. des *Jüd. Jugendkalenders* und von Werken jüd. Folklore. Schreibt selbst Lyrik und zahlreiche Theaterstücke, die u.a. von M. ▶ Reinhardt inszeniert werden. 1933–36 mehrfach in Haft, bis ihm die Flucht in die Niederlande gelingt. Ab 1939 in den USA. Dort Rabbiner für orthodoxe Gemeinden, Dozent für hebräische Literatur und Bibliothekar. ht

Cohn, Fritz ▶ Corsing, Fritz.

Cohn, Fritz, Astronom. 12.5.1866 Königsberg – 14.12.1921 Berlin. 1893 als PD an der Sternwarte in Königsberg tätig; Studien über die Eigenbewegung der Sterne. 1905 Prof. an der Kgl. Universitätssternwarte zu Königsberg. 1905 erscheint die *Reduktion der astronomischen Beobachtungen*. 1909–22 ist C. Direktor des Kgl. Astronomischen Rechen-Instituts zu Berlin und veröffentlicht u.a. den *Identifizierungsnachweis der kleinen Planeten* (1914).
Ableitung der Declinationen und Eigenbewegungen der Sterne für den internationalen Breitendienst, 1900. ra

Cohn, Heinrich, Rabbiner. 22.1.1889 Basel – 1966 London. C., orthodoxer Rabbiner, ist 1915–17 als Rabbinatsverweser in Ansbach tätig; 1917/18 dient

C. als Feldrabbiner. Nach dem Krieg wird er Rabbiner des Berliner Synagogenvereins in Moabit und des Hansa-Bezirks. Zudem arbeitet C. ab 1933 als Lehrer an der *Adass Jisroel* Schule. 1939 emigriert er über die Schweiz nach Großbritannien, wo er sich in Doking/Surrey niederlässt. cg/dr

Cohn, Julius, Beamter. 28.3.1871 Berlin – 20.10.1941 Tel Aviv. Ab 1893 Angestellter der *Ortskrankenkasse der Handlungsgehilfen,* ab 1914 stellv. Direktor der AOK Berlin, ab 1925 Direktor und Vorsitzender des *Verbands der Krankenkassen Berlins.* Dez. 1932 Rücktritt aus gesundheitlichen Gründen. Ab 1918 SPD-Mitglied. 1933 Emigration über die Schweiz nach Palästina. ht

Cohn, Kurt, Richter. 19.7.1899 Glogau/Oder – 21.2.1987 unbekannt. Jurastudium in Berlin und Leipzig. Ab 1918 DDP-Mitglied. Mitgründer des *Demokratischen Studentenbunds.* Später Mitglied im *Republikanischen Richterbund.* 1933 Entlassung aus dem Justizdienst. 1928–38 Hauptvorstand des CV. 1934–38 geschäftsführender Vorsitzender des Landesverbands Mitteldtl. Nov. 1938 – Feb. 1939 KZ Buchenwald. Aug. 1939 Emigration nach Großbritannien. 1940 Internierung und Deportation nach Australien. Später Rückkehr und Angestellter in Großbritannien. Ab 1947 in Chemnitz, dort Richter am Landgericht. 1948/49 Ministerialrat und Strafrechtsdezernent im Sächsischen Justizministerium und Mitarbeiter der dt. Wirtschaftskommission. Ab 1949 LDPD-Mitglied, ab 1964 im Zentralvorstand. 1949–71 Oberrichter, ab 1962 Präsidiumsmitglied des Obersten Gerichts der DDR, ab 1972 ehrenamtlicher Rechtsberater der JGB/Ost. Zeitweise Mitglied der Bezirksleitung Berlin, Vorsitzender der Kreisleitung und Stadtbezirksverordneter von Treptow. Mitglied des *Kulturbunds der demokratischen Erneuerung Dtl* und des *Komitees der antifaschistischen Widerstandskämpfer der DDR.* ht

Cohn, Lothar, Widerstandskämpfer. 22.10.1908 Berlin – 21.1.1944 KZ Sachsenhausen. Schließt sich der bündischen Jugend *Schwarzer Haufen* an. Mitglied des KJVD, dort Funktionär in der Unterbezirksleitung Prenzlauer Berg. Ab Jan. 1933 kämpft C. gegen das NS-Regime und knüpft Kontakt zur Widerstandsgruppe um H. ▶ Baum. Anfang 1944 Verhaftung und Ermordung durch die SS. evk

Cohn, Marianne ▶ Baum, Marianne.

Cohn, Manfred Georg ▶ Georg(e), Manfred.

Cohn, Oskar, Jurist, Politiker. 15.10.1869 Guttentag/Oberschlesien – 2.11.1934 Genf. Nach dem Studium der Rechtswissenschaften und anfänglicher Tätigkeit als RA wird C. Stadtverordneter in Berlin (1909–22). 1912–18 ist er SPD-Abgeordneter im Reichstag. Mitglied in der verfassungsgebenden Preußischen Landesversammlung und 1920–24 Mitglied im Preußischen Landtag. Er wird Beigeordneter im Reichsjustizamt und engagiert sich im Untersuchungsausschuss über die Ursachen und Folgen des I. WK. Bereits in den 1920er Jahren ist er in zahlreichen jüd. Organisationen aktiv; er gilt als einziger zionistischer Abgeordneter in Dtl. Ab 1925 bringt sich C. in die jüd. Gemeindepolitik ein und wird Mitglied der jüd. RV. Er wird Abgesandter für die weltweite sozialistisch-zionistische Partei *Poale Zion.* 1933 emigriert er Richtung Palästina, erreicht sein Ziel aber nicht mehr.
▤ Heid, L.: O. C., 2002. pj

Cohn, William, Kunsthistoriker. 22.6.1880 Berlin – 20.2.1961 Oxford. 1912–35 Mithg. der Zeitschrift *Ostasiatische Kunst.* 1929–33 Kustos an der Ostasiatischen Abteilung der Berliner Museen und am Völkerkundemuseum. Dozent an der Lessing-Akademie. 1934–38 Sekretär der *Gesellschaft für fernöstliche Kunst* in Berlin. 1938 Emigration nach Großbritannien, wo er an der Univ. Oxford lehrt und 1949–56 Direktor des dortigen Museums für Asiatische Kunst sowie seit 1948 Mithg. der Zeitschrift *Oriental Art* ist.
▯ Indische Plastik, 1922; Buddha in der Kunst des Ostens, 1925; Chinesische Malerei, 1951. ko

Cohn-Wiener, Ernst, Kunsthistoriker. 25.12.1882 Bromberg – April 1941 New York. Dozent an der Jüd. VHS und der Humboldt-Akademie; seit 1927 Vorsitzender der Dozentenschaft. 1924 Studienreise nach Russland und Asien, aus der sein Buch *Die ostasiatische Kunst* hervorgeht. Schreibt auch Reiseführer, u.a. *Potsdam mit den Kgl. Schlössern* (1913). Als sein Hauptwerk gilt *Die jüdische Kunst* (1929, NA 1995). 1934 Emigration über Indien in die USA. th

Collin, Erich Abraham, Sänger. 26.8.1899 Berlin – 29.4.1961 Los Angeles. Sohn eines Kinderarztes, beginnt 1918 ein Medizinstudium. Wendet sich aber der Musik zu und besucht die Berliner Hochschule für Musik (1924–27). Durch Erwin Bootz kommt er 1929 als zweiter Tenor zu den *Comedian Harmonists,* die in der Berliner Musikszene der 1920er und 1930er Jahre sensationelle Erfolge feiern. Da Roman Cycowski, H. ▶ Frommermann und C. als die drei

jüd. Musiker des Ensembles nach 1933 nicht in die Reichskulturkammer aufgenommen werden, erhält die Gruppe 1934 Auftrittsverbot, was zur Trennung führt. C. geht nach Los Angeles und schlägt sich mit unterschiedlichen Jobs u.a. als Weinverkäufer und Arbeiter in einer Plexiglasfabrik durch. 1947 versucht C. ein neues Vokalensemble zu gründen, dem aber der Erfolg versagt bleibt.
Fechner, E.: Die Comedian Harmonists, 1996; Czada, P.: Comedian Harmonists, 1993. jl

Corsing, Fritz (bis 1926 Cohn), Ministerialbeamter. 3.1.(3.8.)1888 Berlin – Dez. 1961 New York. Jurastudium in Berlin und München. Ab 1920 Regierungsrat und Hilfsreferendar in der Preußischen Staatsregierung, 1922 Ministerialrat, ab 1932 Beamtenbeisitzer des Dienststrafhofs und Ersatzmitglied im Vorstand der Zusatzversorgungs-Anstalt. Feb. 1933 Versetzung in das Preußische Justizministerium, Emigration in die USA. 1949–53 Direktor der Beratungsstelle für Wertpapierbereinigung New York. Mitglied im Deutschen PEN-Club London.
Soll die Todesstafe bleiben?, 1929; Jean Baptiste Bernadotte, Biogr., 1947. ht

Croner, Else, geb. Wollstein, Schriftstellerin. 4.5.1878 Beuthen/Oberschlesien – 20.12.1940 unbekannt. Wächst in Breslau auf und studiert dort Philosophie, Literaturgeschichte und Germanistik. Heiratet 1901 und zieht nach Berlin, arbeitet als Dozentin an der FWU. Ihr 1905 zunächst als Artikelserie veröffentlichtes Buch *Die Psyche der weiblichen Jugend* (1926) wird ihr einflussreichstes. In der sechsten Auflage fügt sie 1935 einen Abschnitt über das ‚rassische Problem' ein. Zentral in ihren Schriften ist die ‚Frauenfrage', wobei sie traditionelle Rollenzuschreibungen als Konfliktlösung bevorzugt. 1906 veröffentlicht sie *Fontanes Frauengestalten*; mit jüd. Themen beschäftigt sie, die sich taufen ließ, in *Die moderne Jüdin* (1913). 1933–37 lebt sie in Flammersfeld/Westerwald, dann kehrt sie nach Berlin zurück. Über ihre Todesumstände ist nichts bekannt.
Das Tagebuch eines Fräulein Doktor, 1908; Erwachen, 1918; Edward Spranger. Persönlichkeit und Werk, 1933. th/ht

Crüsemann, Hedwig ▶ Heyl, Hedwig.

Cuneus ▶ Roth, Joseph.

Czellitzer, Arthur, Augenarzt, Familienforscher. 5.4.1871 Breslau – unbekannt. Medizinstudium in Breslau, München und Freiburg. Ab 1900 Augenarzt in Berlin sowie ab 1924 Gründer und Präsident der *Gesellschaft für jüd. Familienforschung* in Berlin. 1938 emigriert C. in die Niederlande, wo er eine Auskunftsstelle für Flüchtlinge einrichtet. 1943 wird er in Breda interniert, dann nach Polen deportiert. Über das weitere Schicksal ist nichts bekannt.
Mein Stammbaum. Eine genealogische Anleitung für dt. Juden, 1934. ht

Czenstochower, Aron ▶ Singalowsky, Aron (auch Czenstochover, Czestochower).

Czinner, Paul, Filmregisseur, Dramaturg, Journalist. 30.5.1890 Budapest – 22.6.1972 London. Studiert Philosophie und Literaturwissenschaft und ist zunächst am Theater tätig. Ab 1924 arbeitet er als Filmregisseur in Berlin, wo er meist mit seiner späteren Frau E. ▶ Bergner dreht, so 1928 *Fräulein Else*, darunter auch eigene Produktionen mit seiner Poetic-Film GmbH. Ab 1932 ist er in Großbritannien, zunächst nur zum Filmdreh, ab 1933 dann im Exil. 1938 wird er britischer Staatsbürger. Ab 1939 ist er in Hollywood am Theater. 1949 geht er nach Österreich, 1950 nach London und dreht dort Dokumentarfilme. 1967 erhält C. das Filmband in Gold. kc

D

Darmstaedter, Ludwig, Chemiker. 9.8.1846 Mannheim – 18.10.1927 Berlin. D. ist zunächst im Laboratorium von Carl Hermann Wichelhaus in Berlin tätig, seit 1872 in der Industrie, insbesondere in der Lanolinfabrikation. Seit 1900 arbeitet er bei den Vereinigten Chemischen Werken. D. ist Mitarbeiter der Zeitschrift *Kunstwanderer* und ein bedeutender Mäzen, der 1907 zur Neueröffnung der Staatsbibliothek seine Sammlung von Originalschriftstücken berühmter Naturforscher (der so genannten ‚Dokumentensammlung Darmstaedter') stiftet. js

Davidsohn, Georg, Journalist, Politiker. 20.8.1872 Gnesen/Posen – 15.7.1942 Berlin. Nach Kindheit in Stettin ab 1878 in Berlin, wo D. studiert. 1900–21 Mitglied der SPD. Als Übersetzer und Privatlehrer tätig. Mitarbeiter von Zeitungen und Zeitschriften, ab 1903 bei *Der abstinenthen Arbeit*; Anhänger der Antialkoholbewegung. 1905–10 Redakteur des *Vorwärts*. Seit 1912 Mitglied des Reichstags. Förderer der Volksbildung. Freunde retten ihn vor der Deportation.
▯ Alkoholismus und die soziale Frage, 1907; Das Braukapital und seine Knappen, 1910. th

Davidsohn, George, Publizist, Musikkritiker. 19.12.1835 Danzig – 6.2.1897 Berlin. Ursprünglich Kaufmann bei einer Speditionsfirma. Ab 1856 lebt D. in Berlin, wo er zunächst Wirtschaftsredakteur bei diversen Zeitungen ist. 1860 tritt er der Redaktion der *Berliner Börsenzeitung* bei. 1868 Gründung des *Berliner Börsen-Couriers*, den D. bis zu seinem Tod als Chefredakteur leitet. Als begeisterter Anhänger Wagners, für den er sich auch als Musikkritiker einsetzt, gründet D. den ersten Berliner Wagner-Verein. th

Davidsohn, Hans ▶ Hoddis, Jakob van.

Davidsohn, Magnus, Kantor. 2.11.1877 Beuthen/Oberschlesien – 21.8.1958 Düsseldorf. 1911/12 Kantor in Gleiwitz; 1912–38 Oberkantor in der Synagoge Fasanenstraße in Berlin. Präsident des *Allgemeinen Deutschen Kantorenverbands* und Redakteur der Zeitschrift *Der jüd. Kantor*. 1939 Emigration nach Großbritannien. 1956 Rückkehr in die Bundesrepublik. th

Davidsohn, Wolf, Arzt, Schriftsteller. 1772 Berlin – 19.8.1800 Berlin. Verfasst neben medizinischen Schriften, wie *Über den Einfluss der Kleidertracht der Damen auf die Gesundheit des Körpers* (1798) oder *Über den Schlaf*, eine medizinisch-psychologische Abhandlung, auch dramatische Werke wie *Leichtsinn und Reue oder: Erst wäg's, dann wag's, Lustspiel in drei Akten* (1797). th

Davidson, Paul, Filmproduzent, Kinobetreiber. 30.3.1871 Lötzen/Ostpreußen – 18.7.1927 Ebenhausen. D. gründet 1904 die *Allgemeine Kinematographen Gesellschaft* sowie die Projektionsgesellschaft *Union-Theater für lebende Tonbilder GmbH*. Er eröffnet 1906 in Mannheim mit dem *Kino Union-Theater* das erste Filmtheater, dem 1907 ein selbständiges Filmtheater am Berliner Alexanderplatz folgt. D. expandiert in den nächsten Jahren mit dieser Kinokette zum Konzern (56 Kinos). 1909 Gründung der PAGU und Umzug nach Berlin. 1912 hebt D. das Filmatelier in Tempelhof aus der Taufe, später ist er an der Entstehung der Babelsberger Filmstudios beteiligt. Damit gilt D. als einer der Begründer der dt. Filmindustrie. Er kümmert sich nicht nur um die kaufmännischen Aspekte seiner Firmen, sondern fördert auch Schauspieler und Filmkünstler wie Pola Negri und E. ▶ Lubitsch und produziert Filme wie Paul Wegeners *Golem* (1920). Seine Produktionsfirma geht 1918 in die *Universum Film AG* (Ufa) über. kq

Dehmel, Ida, geb. Coblenz, verh. Auerbach, Schriftstellerin. 14.1.1870 Bingen – 29.9.1942 Hamburg-Blankenese. Aus einem großbürgerlichen, assimilierten Elternhaus stammend, wird D. von ihrem Vater in die Ehe mit dem Berliner Kaufmann Leopold Auerbach gedrängt. Das luxuriöse Haus am Tiergarten wird zum Künstlertreffpunkt, wo sich v.a. Vertreter des George-Kreises treffen. Hier lernt sie Richard D. kennen, den sie 1901 in London heiratet. Später ziehen sie nach Hamburg-Blankenese. Das Ehepaar hat Kontakt zu Stefan George und A. ▶ Mombert und unterhält Briefwechsel u.a. mit M. ▶ Liebermann, Henry van de Velde und Harry Graf Kessler. In engem Kontakt zu ihrer Schwester Alice Bensheimer engagiert sich D. in der Frauenbewegung. Um 1910 ist sie als Kunsthandwerkerin tätig. Im I. WK meldet sich ihr Mann als Freiwilli-

ger, auch ihr Sohn Heinz Lux wird eingezogen. D. verstärkt in den Kriegsjahren ihr soziales Engagement; so ist sie Schriftführerin des *Deutschen Reichsverbands für Frauenstimmrecht* und aktives Mitglied der Nationalliberalen Partei. Nach dem Tod ihres Mannes 1920 kümmert sich D. hauptsächlich um dessen Nachlass. 1926 gründet sie die *Gemeinschaft Deutscher und Österreichischer Künstlerinnenvereine aller Kunstgattungen* (GEDOK), die seit 1968 einen nach ihr benannten Literaturpreis vergibt. Nach 1933 zunehmend isoliert, nimmt sie sich im Dehmel-Haus das Leben, um der drohenden Deportation zu entgehen. Ihr autobiogr. Roman *Daija* wird nie gedruckt; sie – obwohl ihre Begabung oft betont wird – hinterlässt kein eigenständiges literarisches Werk.
Stefan George – Ida Coblenz. Briefwechsel, 1983.
Wegner, M.: Aber die Liebe. Der Lebenstraum der I. D., 2000; Höpker-Herberg, E.: I. D. Ausstellung, 1970. mr

Dehmel, Paula, geb. Oppenheimer, Kinderbuchautorin. 31.10.1862 Berlin – 9.7.1918 Berlin. Tochter des Predigers der Jüd. Reformgemeinde Berlins, J. ▶ Oppenheimer, Schwester von C. und F. ▶ Oppenheimer. 1889–99 Ehe mit dem Lyriker Richard D., mit dem sie 1909 den Gedichtband *Fitzebutze* und *Das liebe Nest. Gesammelte Kindergeschichten* (erschienen 1919) herausgibt. D. schreibt ihre Bücher aus der Perspektive des Kindes, ein am Beginn des 20. Jahrhunderts neuer Ansatz. 1915–17 Hg. des *Meidinger Kinderkalenders.*
Rumpumpel, 1903; Das grüne Haus, 1907. js/ht

Delmar, Ferdinand Moritz von (d.i. Salomon Moses Levy), Bankier. 21.3.1781 Charlottenburg – 27.11.1858 Paris. D. lässt sich 1806 taufen. Er gründet in Berlin das Bankhaus *Delmar & Co.* und ist seit 1809 Mitglied des ersten nach der Städteverordnung von 1808 gewählten Stadtrats. D. wird 1810 geadelt. Seit 1815 lebt er in Paris. th

Demuth, Fritz, Wirtschaftsvertreter. 11.1.1876 Berlin – Mai 1965 London. 1902–18 und 1922–33 volkswirtschaftlicher Syndikus der IHK Berlin, Mitglied des vorläufigen Reichswirtschaftsrates, Geschäftsführender Vorsitzender des Kuratoriums der Handelshochschule Berlin und Vorstandsmitglied der *Notgemeinschaft der dt. Wissenschaft.* 1933 Emigration nach Zürich, ab 1936 in Großbritannien. Leiter der *Notgemeinschaft dt. Wissenschaftler im Ausland (Emergency Society of German Scholars in Exile).* th

Dernburg, Friedrich, Publizist, Feuilletonist. 3.10.1833 Mainz – 3.12.1911 Berlin. Nach Jurastudium politischer Publizist. D. wird in die Zweite Hessische Kammer als Abgeordneter gewählt; 1871–81 als Nationalliberaler Mitglied des Reichstags, 1875–90 Chefredakteur der Berliner *Nationalzeitung* und dann Feuilletonredakteur beim *Berliner Tageblatt.* D. veröffentlicht 1884 über *Des deutschen Kronprinzen Reise nach Spanien und Rom,* an der er teilnahm, einen Bericht. Darüber hinaus ist er Verfasser von Romanen, Schauspielen und Novellen.
Eine Sommerfahrt, 1885; Berliner Geschichten, 1886; Ein Berliner auf Helgoland, 1894. th

Dernburg, Heinrich, Rechtswissenschaftler. 3.3.1829 Mainz – 23.11.1907 Berlin. Bruder von Friedrich ▶ D. Nach Studium PD an der Juristischen Fakultät der Univ. Heidelberg; dann a.o. Prof. in Zürich; 1862 Ruf an die Univ. Halle und seit 1866 deren Vertreter im preußischen Herrenhaus. Ab 1873 Prof. in Berlin. 1851 Mitbegründer der *Kritischen Zeitschrift für die gesamte Rechtswissenschaft.*
Das Vormundschaftsrecht der preußischen Monarchie, 1875; Das bürgerliche Recht des Deutschen Reiches und Preußens, 1898–1900.
Ebelsbach, G.: H. D. Ein Spätpandektist im Kaiserreich, 1991. th

Heinrich Dernburg

Dernburg, Hermann, Architekt. 16.10.1868 Darmstadt – 15.9.1935 Zürich. D. studiert an den TH in Karlsruhe und Berlin und ist Mitarbeiter im Architekturbüro von A. ▶ Messel. nv

Dessau, Hermann, Althistoriker, Philologe. 6.4.1856 Frankfurt/Main – 12.4.1931 Berlin. Schüler und Mitarbeiter Theodor Mommsens; 1900–21 wissenschaftlicher Beamter der PAdW. Ab 1917 Honorarprof. für Alte Geschichte an der Berliner Univ. Autor zahlreicher Abhandlungen auf den Gebieten der Alten Geschichte und Literatur; Hauptwerk: *Corpus Inscriptionum Latinarum* (3 Bde, 1892–1916). th

Dessau, Paul, Komponist, Dirigent. 19.12.1894 Hamburg – 28.6.1979 Königs Wusterhausen bei Berlin. Der Enkel eines Kantors studiert 1910–12 Violine, später auch Klavier und Komposition in Berlin. 1925 engagiert ihn B. ▶ Walter an die Städtische Oper in Berlin. Bereits in den 1920er Jahren komponiert D. Kammermusiken, Bühnen- und Orchesterwerke und Filmmusiken. 1933 zur Emigration gezwungen, geht er über Frankreich 1939 in die USA. 1942 beginnt D. die prägende Zusammenarbeit mit Bertolt Brecht, zu dessen Theaterstücken er Kompositionen schreibt, darunter zum *Kaukasischen Kreidekreis* (1953/54). Sein erfolgreichstes Bühnenwerk ist *Die Verurteilten von Lukullus* (1949). 1948 kehrt D. nach Berlin/O. zurück und setzt seine Arbeit mit Brecht fort.
„Let's hope for the best". Briefe und Notizbücher aus den Jahren 1948–78, 2000.
Angermann, K.: P. D., 1994. jl

Dessau, Wolf ben Joseph ▶ Wolf, Joseph.

Deutsch, Adrienne ▶ Thomas, Adrienne.

Deutsch, Ernst (Pseud. Ernest Dorian), Schauspieler. 16.9.1890 Prag – 22.3.1969 Berlin/West. Jugendfreund Franz Werfels. 1914–33 Arbeit an verschiedenen Theatern u.a. in Wien und Berlin. Filmarbeit: *Der Golem, wie er in die Welt kam* (1920). 1933 Emigration u.a. über Prag, Zürich und Brüssel nach New York, später nach Hollywood. 1947 Rückkehr nach Wien. 1948 Auszeichnung in Venedig für die Rolle in Georg Wilhelm Pabsts *Der Prozess*. Weitere Filmarbeiten *(Der dritte Mann*, 1949) und Theaterauftritte, u.a. am Wiener Burgtheater. Ab 1951 wieder am Berliner Schiller-Theater.
Zivier, G.: E. D. und das deutsche Theater, 1864. kq

Ernst Deutsch

Deutsch, Felix, Industrieller. 16.5.1858 Breslau – 19.5.1928 Berlin. Zunächst in der Zuckerindustrie tätig, dann maßgebliche Beteiligung am Aufbau der AEG; seit 1915 deren Vorstandsvorsitzender. Mitbegründer des *Reichsverbands der dt. Industrie* und des *Zentralverbands der dt. elektronischen Industrie*. 1921 Verleihung des Titels eines Dr. ing. h.c. durch die TH in Karlsruhe. th

Deutsch, Regina, Schriftstellerin, Frauenrechtlerin. 1.3.1860 Berlin – unbekannt. Redigiert die Zeitschrift *Ernstes Wollen*, die später in *Deutsche Kultur* umbenannt wird. Nach dem I. WK Mitglied der Deutschen Demokratischen Partei (DDP); 1922–25 Stadtverordnete in Berlin, danach Bezirksverordnete in Wilmersdorf. D. ist eine Vorreiterin der Frauenbewegung, deren Fortschritte sie als Journalistin protokolliert.
Die politische Tat der Frau, 1920; Parlamentarische Frauenarbeit, 1923–28. th

Dienemann, Max, Rabbiner, Schriftsteller. 27.9.1875 Krotoschin/Posen – 10.4.1939 Tel Aviv. Studium am JTS Breslau, 1901 Ordination zum Rabbiner. 1901–03 Lehrer an der jüd. Religionsschule in Breslau, bis 1919 Rabbiner in Ratibor/Oberschlesien, danach bis 1938 Bezirksrabbiner in Offenbach/M. 1929 in der Kommission zur Erwei-

terung der *Jewish Agency*, 1931–33 Mitbegründer und -hg. der Zeitschrift *Morgen*. Vertritt Dtl im Vorstand der *World Union for Progressive Judaism* und ist Geschäftsführer des *Liberalen Rabbiner-Verbands*. Mitglied des CV, ferner Mitarbeiter des in Berlin erscheinenden *Jüd. Lexikons* (1927–30) sowie des *Philo-Lexikons* (1935). 1935 ist D. Vorsitzender des Beit Din, der R. ▶ Jonas als weltweit erste Rabbinerin ordiniert, wofür er stark angefeindet wird. Er gilt als entschiedener Vertreter des liberalen Judentums und verhindert in seiner Gemeinde eine Spaltung zwischen Orthodoxen und Liberalen. 1933 zeitweise in Gestapo-Haft, 1938 Internierung im KZ Buchenwald, danach Emigration nach Großbritannien, im folgenden Jahr nach Palästina. Zahlreiche Veröffentlichungen zu theologischen und religionsphilosophischen Themen, Hauptwerk: *Judentum und Christentum* (1914).
Liberales Judentum, 1935 [2000].
Dienmann, M.: M. D. Ein Lebensbild, 1964. mk

Distel, Egon ▶ Goldstein, Moritz.

Döblin, Alfred, Schriftsteller, Arzt. 10.8.1878 Stettin – 28.6.1957 Emmendingen/Breisgau. 1888 kommt D. mit seiner Mutter und Geschwistern nach Berlin, wo er schon als Gymnasiast zu schreiben beginnt. Nach Abschluss des Medizinstudiums arbeitet D. während der Assistenzzeit in Psychiatrie und Innerer Medizin an H. ▶ Waldens *Der Sturm* mit. 1916 erhält er den Fontane-Preis für seinen im Vorjahr erschienenen Roman *Die drei Sprünge des Wang-lun*. In der Weimarer Zeit erhält D. wachsende Anerkennung als Schriftsteller. 1928 wird er in die PAdK aufgenommen. Seinen Weltruhm begründet 1929 der Roman *Berlin Alexanderplatz*. Nach dem Reichstagsbrand flieht D. aus Dtl, wo man im Frühjahr 1933 seine Bücher verbrennt. Nach Zwischenaufenthalten in der Schweiz und in Frankreich flüchtet D. schließlich 1940 in die USA. 1945 kehrt er als Kulturoffizier der französischen Militärregierung, zuständig für Zensurfragen, nach Dtl zurück. 1946–51 gibt er die Literaturzeitschrift *Das goldene Tor* heraus. Weil er restaurative Tendenzen in der Bundesrepublik für übermächtig hält, lässt sich D. 1953 in Frankreich nieder. Es gelingt ihm nach 1945 nicht mehr, an seine literarischen Erfolge der Weimarer Zeit anzuknüpfen. Erst 1956 kann D. den schon 1946 fertig gestellten Roman *Hamlet: oder Die lange Nacht nimmt ein Ende* veröffentlichen. Kurz vor seinem Tod erfährt er, dass ihm der Literaturpreis der *Bayerischen Akademie der schönen Künste* verliehen wird. D.s literarisches Werk, das neben Romanen auch Dramen, Hörspiele, Drehbücher und vielfältige journalistische Arbeiten umfasst, wird erst in den letzten Jahren in seiner ganzen Breite wahrgenommen und ediert. Obwohl D. 1912 aus der JGB austritt, bleibt er zeitlebens am Schicksal der Juden interessiert. Seinen Übertritt zum Katholizismus 1941 hält D. bis nach dem Krieg geheim. Nach dem Pogrom gegen ‚Ostjuden' im Scheunenviertel 1923 bereist D. im Jahr darauf Polen und entdeckt dort für sich die jüd. Nation (*Reise in Polen*, 1925). 1929 trägt D. auf der Tagung *Dichtung und Rundfunk* einen öffentlichen Streit wegen einer antisemitischen Äußerung Arnold Bronnens aus. Sein aktives Engagement in der *Freiland-Bewegung* dauert von Anfang der 1930er Jahre bis 1937.
AW in Einzelbänden, 1960ff.
Huguet, L.: A. D. et le judaisme, 1976; Sander, G.: A. D., 2001. sb

Alfred Döblin

Dohm, Marianne Adelaide Hedwig, geb. Schlesinger, Frauenrechtlerin, Schriftstellerin. 20.9.1831 Berlin – 4.6.1919 Berlin. D. ist getauft und väterlicherseits jüd. Abstammung. 1852 heiratet die Lehrerin, die ihre Schulbildung als unzureichend empfindet, Ernst D., den Hg. des *Kladderadatsch*. Ihre feministischen Streitschriften *Was die Pastoren von den Frauen denken* (1872), *Der Frauen Natur und Recht* (1876) und der *Jesuitismus im Hausstande*

(1876) brechen mit bürgerlichen Konventionen und verursachen einen Eklat. D. fordert für die Frauen Stimmrecht, Bildung, qualifizierte Berufstätigkeit und bewusste Familienplanung, weil ihrer Überzeugung nach „die Menschenrechte [...] kein Geschlecht" haben. Damit gehört sie zu den radikalen Frauenrechtlerinnen. Zudem verfasst D. Novellen, Romane und *Die spanische National-Literatur in ihrer geschichtlichen Entwicklung* (1867).
▯ Die wissenschaftliche Emanzipation der Frau, 1874; Schicksale einer Seele, 1899 [1988].
▤ Brandt, H.: Die Menschenrechte haben kein Geschlecht, 1989. ul

Donath, Adolph, Journalist, Kunstkritiker. 9.12.1876 Kremsier/Mähren – 27.12.1937 Prag. D. ist 1900–04 Mitarbeiter der *Freien Neuen Presse* in Wien, lebt seit 1905 in Berlin und arbeitet bis 1915 als Kunstkritiker bei der *BZ am Mittag*; ab 1922 beim *Berliner Tageblatt*, dessen Kunstressort er ab 1928 leitet. 1919–33 gibt D. die von ihm gegründete Zeitschrift *Der Kunstwanderer*, eine Halbmonatsschrift über den Kunstmarkt und das Sammlerwesen, heraus und ist 1921–25 Hg. des *Jahrbuchs für Kunstsammler*. 1933 emigriert er in die Tschechoslowakei. D.s Schriften beschäftigen sich mit den Werken jüd. Künstler, seine Dichtungen mit zionistischen Themen. Als Hauptwerk gilt *Wie die Kunstfälscher arbeiten* (1937).
▯ Psychologie des Kunstsammelns, 1911.
▤ Bensimon, D.: A. D. ein jüd. Kunstwanderer in Wien, Berlin und Prag, 2001. nr/th

Dorian, Ernest ▶ Deutsch, Ernst.

Dreyfus, Willy, Bankier. 14.3.1885 Frankfurt/Main – 12.1.1977 Montreux/Schweiz. Banklehre bei *J. Dreyfus & Co.* in Berlin und London. 1909 Leiter des Familien-Bankhauses. Ab Sep. 1914 Tätigkeit in der Bankabteilung des dt. General-Gouvernements in Brüssel. Ab 1924 wegen guter Verbindungen zu britischen und amerikanischen Banken Vermittlung von Auslandskrediten für das Deutsche Reich und die dt. Industrie. Dadurch enge Beziehungen zu dt. Industriekonzernen, Kredit- und Versicherungsgesellschaften. Mitglied des Steuerausschusses Zentralverein des dt. Bank- und Bankiergewerbes. Förderer des *Israelitischen Waisenhauses Frankfurt*, 1927–38 Vizepräsident des Hilfsvereins, Vorstandsmitglied der JGB und des *Keren Hayessod*, 1929 Mitglied des Initiativkomitees *Jewish Agency for Palestine*. 1938 Emigration in die Schweiz.
▯ Wirtschaftswende. Betrachtungen zur finanziellen Gesundung des Kontinents, 1945.
▤ Heilbrunn, R. M.: Das Bankhaus J. Dreyfus & Co., Frankfurt/M. – Berlin 1886–1939, 1962. bir

Drucker, Samuel (Salo), Mediziner. 17.9.1885 Lissa/Posen – 19.8.1940 KZ Sachsenhausen. Ab 1904 studiert D. in Berlin und ist 1910–14 Assistenzarzt für Pädiatrie. Im I. WK ist D. Militärarzt an der Ostfront, 1919–22 Gemeinde- und Schularzt in Reinickendorf, danach Stadtarzt im Wedding und dort Leiter des Gesundheitsamtes. D. prägt maßgeblich die sozialhygienische Arbeit des Gesundheitswesens: Er richtet u.a. eine Alkoholikerfürsorgestelle, eine Beratungsstelle für Haut- und Geschlechtskrankheiten sowie Dtls erste Beratungsstelle für soziale Kosmetik ein und gründet eine Arbeiter-Abstinenz-Bewegung. Nach Entzug seiner Approbation behandelt D. jüd. Kinder in seiner Wohnung in der Fasanenstraße. Am *Haus der Gesundheit* in der Reinickendorfer Straße 60b erinnert seit 1990 eine Gedenktafel an D. evk

Dubno, Salomo (Ben Joel), Grammatiker, Dichter. 1738 Dubno/Ukraine – 1813 Amsterdam. D. studiert in Amsterdam, geht danach nach Berlin und unterrichtet den Sohn M. ▶ Mendelssohns, Joseph ▶ M. Er regt Moses Mendelssohn zur Übersetzung der Bibel samt hebräischem Kommentar (*Biur*) an und verfasst selbst Kommentare. 1781 verlässt er Berlin und geht nach Wilna, später nach Amsterdam. D. schreibt hebräische Gedichte (u.a. *Birkat Joseph*) und über die Geographie Palästinas. alm

Dubnow, Simon, Historiker, Publizist. 10.9.1860 Mstislawl/Weißrussland – 8.12.1941 Riga. D. erhält als Kind durch seinen Großvater eine traditionelle jüd. Erziehung, wendet sich jedoch der Haskala zu. Später autodidaktische Ausbildung. 1880–1906 lebt er in St. Petersburg, Mstislawl, Odessa und Wilna, wo er für verschiedene russisch-jüd. Zeitungen arbeitet. Seit 1908 Privatgelehrter in St. Petersburg und ab 1919 Dozent für Geschichte an der jüd. Hochschule. 1922 verlässt D. Russland und geht nach Berlin. 1933 Rückkehr nach Riga, wo er 1941 nach der Besetzung durch die Nazis von einem Gestapo-Offizier ermordet wird. D. widmet sich der Erforschung der jüd. Geschichte, ihren Quellen und wichtigen Persönlichkeiten. Er publiziert Dokumente und Studien über das jüd. Leben in Osteuropa und übersetzt Heinrich Graetz's *Volkstümliche Geschichte der Juden* ins Russische. 1898 beginnt D. mit seinen Werken über die jüd. Geschichte: *Überblick über die jüdische Geschichte* (3 Bde, 1901–05 russ.), *Geschichte der Juden in Russland und Polen* (3 Bde, 1914 russ.). In Berlin schreibt und veröffentlicht D. sein Hauptwerk *Die Weltgeschichte des jüdischen Volkes* (10 Bde, 1925–29), das zuerst in dt. Sprache erscheint und später ins Hebräische (1923–38), Jiddische (1948–58) und Russische (1934–38) übersetzt wird. Der 11. Bd seines Hauptwerkes erscheint 1940 auf Hebräisch, dieser umschließt die Zeit bis zum II. WK. In der *Geschichte des Chassidismus* (1930–32 hebr.) fasst D. seine Forschungen zu diesem Thema abschließend zusammen. Für ihn ist die Beschäftigung mit der Geschichte ein Schlüssel für die Zukunft des jüd. Volkes, die er gelöst vom religiösen Charakter der talmudischen und mittelalterlichen Epoche sehen will, mit der jiddischen Sprache als Ausdruck einer neuen jüd. Kultur. Er steht damit im Gegensatz zum Zionismus und den verschiedenen Assimilationsbestrebungen. Nach Ansicht von D., steht den Bestrebungen zur Gründung eines jüd. Staates das Verbleiben der Juden in den Ländern Europas als eine autonome Minderheit mit säkularer Kultur gegenüber. Seine autobiogr. Erinnerungen *Buch des Lebens* (3 Bde, dt. 2004/05) verfasst er u.a. in Berlin.

▤ Festschrift zu S. D. 70. Geburtstag, 1930. nms

Dühren, Eugen ▶ Bloch, Iwan.

Dupont, Ewald André (Andreas), Filmregisseur, Drehbuchautor, Produzent. 25.12.1891 Zeitz – 12.12.1958 Los Angeles. Der Sohn eines Journalisten arbeitet seit 1911 bei verschiedenen Zeitungen in Berlin. 1916 verfasst D. sein erstes Drehbuch *Mein ist die Rache.* Bereits 1917 werden einige seiner Vorlagen von Regisseuren wie J. ▶ May umgesetzt. 1918/19 entstehen unter seiner Regie ein Dutzend Detektivfilme in Berlin. Große Erfolge feiern Filme wie *Die Geier-Wally* (1921), *Das alte Gesetz* (1922) und *Varieté* (1925), insgesamt entstehen über 40 Drehbücher. Nach *Salto Mortale* (1931), seinem letzten Film in Dtl, versucht D., sich in den USA zu etablieren, so bspw. durch den Sportfilm *Der Läufer von Marathon*, anlässlich der Olympischen Spiele 1932 in Los Angeles. Es gelingt ihm dennoch nicht, an alte Erfolge anzuknüpfen.

▯ Wie ein Film geschrieben wird und wie man ihn verwertet, 1919.

▤ E. A. D. Autor und Regisseur, 1992. kq

Tilla Durieux

Durieux, Tilla (d.i. Ottilie Godeffroy) Schauspielerin. 18.8.1880 Wien – 21.2.1971 Berlin/West. D. studiert 1899–1901 Schauspiel in Wien. 1903–11 gehört sie am DT zu den ersten Schauspielerinnen M. ▶ Reinhardts. Mit ihrer mondänen Erscheinung verkörpert sie exotische Figuren, darunter die Titania in Shakespeares *Sommernachtstraum* (1905). 1910 heiratet sie P. ▶ Cassirer. Nach einem Engagement am Lessing-Theater 1913/14 geht sie ans Kgl. Schauspielhaus und beeindruckt das Publikum u.a. in der Gestalt Kriemhilds in Hebbels *Nibelungen* und in Wildes *Salome.* Später wechselt sie häufig die Theater und gastiert viel im Ausland. Im April 1933 flieht D. nach Prag und lebt seit 1941 in Zagreb. Dort ist sie bis Kriegsende Mitglied einer Widerstandsgruppe. 1955 kehrt sie endgültig nach Berlin/W. zurück. D. ist auch als Film- und Fernsehschauspielerin tätig und arbeitet für verschiedene Radiosender. Sie erhält zahlreiche Auszeichnungen in Ost- und Westdeutschland, so 1967 den Professorentitel.

▯ Eine Tür fällt ins Schloss, 1928; Eine Tür steht offen, 1954; Meine ersten neunzig Jahre, 1971.

▤ Möhrmann, R.: T. D. und Paul Cassirer, 1997; Preuß, J. W.: Portrait der Schauspielerin, 1982. l

E

Ebe, Gustav, Architekt. 1.11.1834 Halberstadt – 15.5.1916 Berlin. Studium bis 1864 an der Bauakademie in Berlin. 1869 Gründung des Architekturbüros *Ebe & Benda* mit J. ▶ Benda in Berlin, wo E. zahlreiche Palaisbauten verwirklicht, u.a. das *Palais Pringsheim* (1872–74) sowie das *Palais Thiele-Winkler* (1873–76). 1890 entsteht das Apollo-Theater. 1893–95 Bau des von E. ▶ und R. ▶ Mosse gestifteten interkonfessionellen Waisenhauses in der R. Mosse Straße 11.
Dekorationsformen des 19. Jahrhunderts, 1900; Versuche in der modernen Ornamentik, 1901; Neuzeitliche Ausbildung organischer Bauformen, 1903.
Licht, H.: Die Architektur Berlins, 1877. nv

Edel, Edmund Albert, Zeichner, Illustrator, Schriftsteller. 10.9.1863 Stolp/Pommern – 4.5.1934 Berlin. E. wächst in Berlin auf und studiert 1886–92 Malerei in München und Paris. Zurück in Berlin veröffentlicht er Illustrationen in humoristischen und satirischen Zeitschriften, wie der *Berliner Morgenpost, Ulk* und *Lustige Blätter.* 1897 begründet E. die Wochenzeitschrift *Das Narrenschiff* mit und wird deren Leiter. Er gestaltet auch Plakate für das Kabarett *Überbrettl*, schreibt Drehbücher, Romane, verfasst satirische Schriften und ist als Regisseur tätig.
Berlin W. Ein paar Kapitel an der Oberfläche, 1906 [2001]; Liebe? Einige Kleinigkeiten über die alte Geschichte, 1909; Der Filmgott, 1920.
Sauer, M.: Mit Schirm, Charme und Melone. Der Plakatkünstler E. E., 1994. nv

Edel, Peter (d.i. Peter Hirschweh), Schriftsteller, Grafiker. 12.7.1921 Berlin – 7.5.1983 Berlin/Ost. E. muss das Gymnasium aufgrund der NS-Rassengesetze 1938 verlassen, danach absolviert er eine Ausbildung zum Maler und Grafiker an der Privatschule Hausdorf sowie illegal bei Käthe Kollwitz. 1940–43 Zwangsarbeit bei Siemens und Halske, 1943 ‚Schutzhaft', Gefängnis, dann KZ-Haft in Auschwitz, Sachsenhausen, Mauthausen und Ebensee, 1947 Rückkehr nach Berlin/O., Mitarbeiter der *Weltbühne* und Arbeit als Kunst-, Theater- und Filmkritiker. 1956 Mitglied der SED, seit 1977 als ‚IM Thomas' geführt. Sein Roman *Die Bilder des Zeugen Schattmann* (1969) ist eine literarische Aufarbeitung des Holocaust, ausgehend vom Globke-Prozess 1963 vor dem Obersten Gericht der DDR.
Schwestern der Nacht, 1947; Wenn es ans Leben geht. Meine Geschichte, 2 Bde, 1979. jos

Edelheim-Muehsam, Margaret T. ▶ Muehsam, Margaret T.

Ehrenfeld, Ilse ▶ Tieck, Polly.

Ehrlich, Max, Schauspieler, Regisseur. 7.12.1892 Berlin – 1.10.1944 KZ Auschwitz. E. gehört zu den bekanntesten Kabarettisten der 1930er Jahre. Nach Erfolgen auf der Bühne, u.a. unter M. ▶ Reinhardt, ist er ab 1926 auch in über 40 Filmen zu sehen, bei denen er teilweise Regie führt. Durch den Tonfilm steigt seine Popularität; Zusammenarbeit u.a. mit K. ▶ Gerron. Nach der Machtübernahme der Nationalsozialisten vorwiegend Auftritte in Österreich, dann in den Niederlanden und der Schweiz. 1935 Rückkehr nach Dtl, wo er unter Einschränkungen weiter arbeiten kann. 1938 verlässt er Berlin endgültig und emigriert in die Niederlande, wo er sich W. ▶ Rosens *Theater der Prominenten* anschließt. 1943 wird er in das KZ Westerbork verschleppt, wo er zusammen mit Rosen, Gerron, Erich Ziegler und C. ▶ Spira für die Unterhaltung im Lager sorgen muss. Am 4.9.1944 wird E. mit dem letzten Deportationszug aus Westerbork nach Auschwitz gebracht und dort ermordet.
Von Adalbert bis Zilzer, 1928. mr

Ehrlich, Paul, Mediziner. 14.3.1854 Strehlen/Schlesien – 20.8.1915 Bad Homburg. Nach der Schulzeit in Breslau studiert der Sohn eines Likörfabrikanten bei dem Chemiker Adolph von Baeyer in Straßburg und stellt erste Untersuchungen zur Färbung physiologischer Präparate an. In Breslau setzt er seine Arbeiten bei dem Physiologen Rudolf Heidenheim und dem Pathologen Julius Cohnheim fort. Ab 1878 ist E. Oberarzt an der Charité. Freundschaft mit den Bakteriologen Emil von Behring und Robert Koch. Infolge der Entdeckung der *Diazoreaktion* (1883) und der Erfolge bei der Vitalfärbung erhält E. 1884 eine Professur an der Charité. 1887 Habilitation in Innerer Medizin. Nach einer Tuberkelinfektion bei Laborarbeiten hält er sich in Ägypten auf; danach Einrichtung eines Privatlaboratoriums in Berlin. Ab 1890 Mitarbeiter am neuen Institut für Infektionskrankheiten und Leiter der Beobachtungsstation im Krankenhaus Moabit. 1896 übernimmt er die Direktion des neu eingerichteten Staatlichen Instituts für Serumforschung und Serumprüfung in Steglitz. Dieses wird nach Frankfurt/M. verlegt und etabliert sich dort seit 1899 als Institut für experimentelle Therapie. 1905 erscheint die Studie über den Vorgang der Immunisierung, genannt *Ehrlich-Seitenkettentheorie*. E. entdeckt 1907 das erste wichtige Chemotheapeutikum *Salvarsan* (*606*), das bei Syphilispatienten angewendet wird. Mit dem russischen Biologen Ilja I. Metschnikow erhält er für seine Arbeiten zur Immunität 1908 den Nobelpreis für Medizin. E. zählt zu den Begründern der modernen Chemotherapie und der Experimentellen Medizin. Seine Entdeckungen in der Biochemie und Physiologie werden bis heute nach ihm benannt.

Das Sauerstoffbedürfnis des Organismus. Eine farbenanalytische Studie, 1885.

Baender, E.: P. E. Forscher für das Leben, 1980; Sattler, P.: P. E. Begründer der Chemotherapie, 1962. ra

Einstein, Albert, Physiker. 14.3.1879 Ulm – 18.4.1955 Princeton/USA. 1894 verlässt E. das Gymnasium in München ohne einen Abschluss und folgt seiner Familie nach Mailand. 1896 Studium an der TH in Zürich; 1900 Diplom als Fachlehrer für Mathematik und Physik. 1902–09 Technischer Vorprüfer am Patentamt in Bern. 1905 Promotion. In den *Annalen der Physik* erscheinen fünf bahnbrechende Arbeiten; E. begründet die Lichtquantentheorie, eine Erweiterung der Quantentheorie von Max Planck, in dem Aufsatz *Über einen die Erzeugung und Verwandlung des Lichtes betreffenden heuristischen Gesichtspunkt*. Im selben Jahr erscheint der Artikel *Zur Elektrodynamik bewegter Körper*, seine bedeutendste wissenschaftliche Arbeit, die die Prinzipien der speziellen Relativitätstheorie darlegt. Eine weitere Untersuchung enthält die berühmte Formel von der Äquivalenz von Körper und Masse $E=mc^2$. 1907 Habilitation an der Berner Univ.; 1909 a.o. Prof. für theoretische Physik in Zürich; 1911 Ordinarius in Prag, 1912 wieder in Zürich. Am 1.4.1914 erhält E. den Ruf an die PAdW, zudem nimmt er eine Professur an der FWU in Berlin wahr; Direktor des Kaiser-Wilhelm-Instituts für Physik. 1915 formuliert er die *Allgemeine Relativitätstheorie*. Mit Hilfe eines Turmteleskops, in dem von E. ▶ Mendelsohn entworfenen Einsteinturm in Potsdam, soll die Relativitätstheorie empirisch überprüft werden. 1921 erhält E. den Nobelpreis für seine Forschungen in der theoretischen Physik und die Einführung des Begriffs der Lichtquanten. Am Tag der Machtübernahme der Nationalsozialisten befindet sich E. auf einer Vortragsreise in den USA. E. legt seine Ämter in Dtl nieder und siedelt in die USA über, wo er in Princeton am Institute for Advanced Studies eine Anstellung erhält. 1945 gründet er das *Emergency Committee of Atomic Scientists* und setzt sich für eine friedliche Nutzung der Atomenergie ein.

Ist die Trägheit eines Körpers von seinem Energiegehalt abhängig?, 1905; Die Grundlage der allgemeinen Relativitätstheorie, 1916; Mein Weltbild, 1934 [2001].

„Raffiniert ist der Herrgott..." A. E. Eine wissenschaftliche Biogr., 1986; Kirsten, C./Treder, H. J.: A. E. in Berlin, 1979; Hernecke, F.: A. E., 1974. ra

Albert Einstein

Einstein, Alfred, Musikwissenschaftler. 13.12.1880 München – 13.2.1952 El Cerrito/USA. Der Vetter von Albert ▶ E. studiert Musikwissenschaft in München. 1903 Promotion mit *Zur deutschen Literatur für Viola da Gamba im 16. und 17. Jahrhundert*. Hugo Riemann verfügt testamentarisch, dass E. sein *Musiklexikon* weiterführt. Ab 1918 redigiert er die *Zeitschrift für Musikwissenschaft*. Bis 1927 ist E. Musikkritiker der *Münchner Post*, danach geht er nach Berlin und schreibt für das *Berliner Tageblatt*. 1933 emigriert E. nach London, 1935 nach Florenz und 1939 nach New York, wo er

Prof. am Smith College in Northampton/USA wird. E. prägt maßgeblich die Musikwissenschaft seiner Zeit. Er schreibt eine *Geschichte der Musik* (1917/18), forscht zum *Italian Madrigal* (3 Bde, 1949) und verfasst Musikerbiografien u.a. über *Mozart* (1945, dt. 1968). E. gibt eine Neubearbeitung des *Köchelverzeichnisses* heraus (1937), das als allgemein gültig anerkannt wird.

▯ Die Romantik in der Musik, 1950; Schubert, 1952; Gluck, 1954. mr

Einstein, Carl, Schriftsteller, Kunstwissenschaftler. 26.4.1885 Neuwied – 5.7.1940 bei Lestelle-Bétharram/Frankreich. E., Sohn eines Religionslehrers, bricht eine Banklehre ab und beginnt ein Studium der Philosophie, Kunstgeschichte, Geschichte und Altphilologie in Berlin, das er nicht abschließt. E. arbeitet für expressionistische Zeitschriften wie *Die Aktion*, *Die Weißen Blätter*, *Der Demokrat* und *Die Gegenwart*. 1914–18 Soldat, 1918 im Brüsseler Soldatenrat. Nach seiner Rückkehr Mitglied im Spartakusbund in Berlin. Sein Drama *Die schlimme Botschaft* (1921) bringt ihm einen Prozess wegen Gotteslästerung ein. Der zunehmende Antisemitismus lässt ihn 1928 nach Paris gehen. Mit *Die Kunst des 20. Jahrhunderts* (1926; NA 1988) etabliert sich E. international als Kunsttheoretiker; in *Die Fabrikation der Fiktionen* (postum, 1973) formuliert er eine radikale Absage an die Kunstautonomie. 1937 kämpft E. in Spanien auf republikanischer Seite. 1940 wird er in Frankreich interniert, danach versucht er vor den dt. Truppen zu fliehen. Da das faschistische Spanien keinen Ausweg bietet, bringt sich E. in dieser aussichtslosen Lage um.

▯ Werke, 1992–96.

▤ C. E.–Kolloquium, 1994. ht

Einstein, Hertha ▶ Nathorff, Hertha.

Eisenstaedt, Alfred, Fotograf. 6.12.1898 Dirschau/Westpreußen – 23./24.8.1995 USA. 1906 siedelt die Familie nach Berlin über, wo E. zunächst als Vertreter für Kurzwaren arbeitet, bevor er 1927 seine erste Fotografie *Tennisspielerin in Böhmen* verkauft. E. gehört Ende der 1920er Jahre zu den Pionieren des Fotojournalismus. Seinen ersten großen Fotoauftrag erhält er 1929 anlässlich der Nobelpreisverleihung an Th. Mann. Den italienischen Äthiopienfeldzug 1935 dokumentiert er mit über 3 500 Fotos. Im selben Jahr emigriert E. in die USA und wird 1936 erster fest angestellter Fotograf der Zeitschrift *Life*, für die er u.a. 86 Titelbilder macht. Seiner ersten Einzelausstellung 1954 im *International Museum of Photography* in New York folgen weitere. Anlässlich einer Reise nach Dtl 1979 entsteht die Ausstellung *Eisenstaedt Germany*, für die er 1981 den Art Directors Club 60th Annual Merit Award erhält. Sein Lebenswerk umfasst mehr als 2 500 Fotoreportagen, -dokumentationen und -essays, daneben zahlreiche Fotobände und Ausstellungen.

▯ E. über E. Photographien 1913–80, 1985. kq

Eisler, Gerhart, Journalist, Parteifunktionär. 20.2.1897 Leipzig – 21.3.1968 Eriwan/Armenien. Der Sohn eines Philosophieprof. wächst mit seinen Geschwistern Hanns ▶ E. und Elfriede E. (Pseud. R. ▶ Fischer) in Wien auf. Als Offizier tritt E. nach dem I. WK in die KPÖ ein. 1921 übersiedelt er nach Berlin und ist dort als Parteifunktionär tätig, bevor er 1929 für die Kommunistische Internationale u.a. in China, USA, Spanien und Frankreich agiert. 1939–41 ist er in französischen Lagern interniert. 1941 emigriert er mit seiner Frau Hilde ▶ E. nach Mexiko. 1949 Rückkehr nach Berlin, wo er bis 1956 als freier Journalist arbeitet, bevor er 1956 die stellv. und ab 1962 die Leitung des Staatlichen Rundfunkkomitees der DDR übernimmt. E. stirbt auf einer Reise nach Armenien.

▯ Offene Worte, 1966; Auf der Hauptstraße der Weltgeschichte, 1981. evk

Eisler, Hanns, Komponist. 6.7.1898 Leipzig – 6.9.1962 Berlin/Ost. E. wächst in Wien auf, studiert dort bei A. ▶ Schönberg und A. v. Webern. 1925 siedelt er nach Berlin über und arbeitet als Lehrer am Klindworth-Schwarenka Konservatorium. E. tritt 1926 in die KPD ein und verfasst ab 1927 Artikel für die *Rote Fahne*. In Zusammenarbeit mit Bertolt Brecht, Erich Weinert und Ernst Busch komponiert er Lieder, Balladen und Chöre, aber auch Bühnen- und Filmmusik, u.a. W. ▶ Mehrings *Der Kaufmann von Berlin* (1928). 1933 emigriert E. und gelangt 1938 in die USA. 1942 zieht er nach Hollywood und schreibt Filmkompositionen, darunter für *Hangmen also die!* (1943), und mit Theodor W. Adorno das Buch *Komposition für den Film* (1949, NA 1998). 1947 muss er sich vor dem *Commitee on Un-American Activities* verantworten. Eine von Künstlern organisierte Protestaktion verhindert vorerst eine Zwangsausweisung. 1949 kehrt er dann ‚freiwillig' in die DDR zurück und lehrt an der *Berliner Hochschule für Musik*, die seit 1964 seinen Namen trägt.

▯ Reden und Aufsätze, 1960; GA, 1998ff.

▤ Schebera, J.: H. E., 1998; Klemm, E.: H. E., 1988; Bunge, H.: Fragen sie mehr über Brecht. Gespräche mit H. E., 1970. jl

Eisler, Hilde, geb. Rothstein, Journalistin. 28.1.1912 Tarnopol/Galizien – 8.10.2000 Berlin. Nach einer Buchhändlerlehre in Frankfurt/M. kommt E. 1930 nach Berlin und arbeitet bis 1934 im Marx-Engels-Verlag. Als KPD-Mitglied wird sie 1934 vom ZK nach Basel geschickt, wo sie Kuriertätigkeiten übernimmt. 1935 wird sie in Berlin verhaftet und des Hochverrats angeklagt: Nach Polen abgeschoben, kann sie 1937 von dort aus nach Frankreich und 1941 mit ihrem Mann Gerhard ▶ E. nach Mexiko emigrieren. Nach ihrer Rückkehr arbeitet E. journalistisch, ist Mitbegründerin der *Wochenpost* und 1955–76 Chefredakteurin des *Magazins* in Berlin. evk

Eisner, Hermann, Rechtsanwalt. 16.10.1897 Gleiwitz/Schlesien – 29.10.1977 Berlin. Verheiratet mit C. ▶ Spira. Ab 1922 bei der *Engelhardt Brauerei AG* Berlin tätig, ab 1930 stellv. Direktor. Nach 1933 zeitweise Vorsitzender des Schlichtungsausschusses des JKB. 1938 Emigration über die Niederlande in die USA. 1947 Rückkehr nach Berlin/W.; u.a. Vorstandsvorsitzender der *Engelhardt Brauerei AG* Berlin und Vorsitzender des Rechtsausschuss des *Dt. Brauerei-Bunds*. ht

Eisner, Jacob Curt, Industriekaufmann. 28.4.1890 Zabrze/Schlesien – unbekannt. 1909–11 Besuch der Handelshochschule Berlin. Vorstandsmitglied der *Rawack und Grunfeld AG* Berlin (bis 1933). 1936 Emigration in die Niederlande. Dort bis 1939 Direktor der *Rawack & Grunfeld Erzhandelsgesellschaft*. Danach im Untergrund; Verbindungen zur niederländischen Widerstandsbewegung. 1947–56 Direktor der Vereinigten Erzhandelsgesellschaft in Den Haag. Daneben wissenschaftliche Betätigung auf zoologischem Gebiet. ht

Eisner, Kurt, Journalist, Politiker. 14.5.1867 Berlin – 21.2.1919 München. Nach einem Philosophie- und Germanistikstudium arbeitet E. zunächst als Journalist in Marburg. Wegen Majestätsbeleidigung in der Berliner Zeitschrift *Kritik* wird er zu neun Monaten Haft verurteilt. 1898 tritt er in die SPD ein, wird Redakteur der Parteizeitung *Vorwärts* und schreibt eine Biografie Wilhelm Liebknechts. E. wird 1910 Redakteur der Zeitung *Münchner Post* und ist bis 1916 Hg. des Wochenblatts *Arbeiter-Feuilleton*. Er wird Vorsitzender der USPD in Bayern, engagiert sich stark gegen den Krieg und organisiert im Jan. 1918 den Munitionsarbeiter-Streik. Dafür wird er wiederum zu neun Monaten Haft verurteilt. Am 7.11.1918 proklamiert E. den ‚Freistaat Bayern' und bildet den provisorischen Nationalrat, in dem er Ministerpräsident wird. Nach dem Rücktritt der provisorischen Regierung wird E. auf dem Weg zur konstituierenden Sitzung des Landtags von dem Reserveleutnant Anton Graf Arco-Valley erschossen.
Grau, B.: K. E., 2001. pj

Kurt Eisner

Eisner, Lotte Henriette (Pseud. Louise Escoffier), Journalistin, Filmkritikerin. 5.3.1896 Berlin – 25.11.1983 Garches bei Paris. E. studiert u.a. in Berlin und München Kunstgeschichte, Alte Geschichte und Archäologie. Nach ihrer Promotion 1924 ist sie zunächst für *Die literarische Welt*, das *Berliner Tageblatt* und später für den *Film-Kurier* tätig. Sie gilt als eine der führenden Filmkritikerinnen. In der Weimarer Republik ist sie mit F. ▶ Lang, M. ▶ Reinhardt und Sergej Eisenstein befreundet und kämpft gegen die Zensur. Nach der Machtübernahme der Nationalsozialisten flieht E. 1933 nach Paris. Im Exil begegnet sie Henri Langlois und Georges Franju, den Begründern der *Cinémathèque Francaise*, deren wissenschaftliche Mitarbeiterin sie nach 1945 wird. Nach ihrer Deportation in das Internierungslager Gurs 1940, dem E. entkommen kann, lebt sie bis zum Kriegsende unter falschem Namen von Gelegenheitstätigkeiten. Zu ihren Hauptwerken gehören *Die dämonische Leinwand*, eine Analyse des

Weimarer Kinos (dt. 1955) und die Biografien der Regisseure *Friedrich Wilhelm Murnau* (1967) und *Fritz Lang* (1979). Bis 1975 ist sie als Chefkonservatorin im *Cinématèque Francaise* tätig.
Ich hatte einst ein schönes Vaterland. Memoiren, 1984. ce

Eitingon, Max, Psychoanalytiker. 26.6.1881 Mohilev/Weißrussland – 3.7.1943 Jerusalem. Medizinstudium in Leipzig, Halle, Heidelberg und Marburg, 1909 Promotion in Zürich. 1906–08 Assistent in Burghölzli/Schweiz bei Eugen Bleuler und C. G. Jung. E. studiert als erster Ausländer Psychoanalyse in Wien und wird ein enger Freund Sigmund Freuds. 1909 Wechsel nach Berlin, wo er Assistent von H. ▶ Oppenheim wird. 1910–33 führt er eine private Praxis für Neurologie und Psychoanalyse in Berlin. Arbeit an der Berliner Psychoanalytischen Poliklinik, 1921–33 Co-Direktor des *Internationalen Psychoanalytischen Verlags*. 1922 wird E. zum Schriftführer der Berliner Psychoanalytischen Vereinigung gewählt. Seine Verdienste als Lehrer und Verwalter sowie sein Einfluss auf die Methode der psychoanalytischen Ausbildung sind bedeutend. 1933 Emigration nach Palästina, 1934–43 Co-Direktor der Psychoanalytischen Gesellschaft Palästinas und Direktor des Psychoanalytischen Instituts in Jerusalem.
Briefwechsel: S. Freud, 2004; Neiser, E. M. J.: M. E., 1978; M. E. in memoriam, 1950. mk

Elbogen, Ismar, Historiker, Rabbiner. 1.9.1874 Schildberg/Posen – 1.8.1943 New York. Studium an der Univ. Breslau und am JTS. 1898 Dissertation über Spinoza, 1899 Rabbinerdiplom. 1899–1902 Dozent für jüd. Geschichte am Collegio Rabbinico in Florenz. Ab 1902 Rektor der Berliner HWdJ; dort seit 1919 Prof. für jüd. Literatur und Geschichte. Zugleich Dozent an Rabbiner-Seminaren in Berlin und Padua; Vorstandsmitglied der AWdJ, des Vereins für jüd. Geschichte und Literatur, des Judaistischen Instituts in Jerusalem, des *Bnai Brith* und des PLV. 1907 erscheinen die *Studien zur Geschichte des jüdischen Gottesdienstes* in Zusammenarbeit mit L. ▶ Geiger, Hermann Vogelstein u.a. Es folgen weitere Publikationen, u.a. *Geschichte der Juden in Deutschland* (1935), die bis heute zur Standartliteratur zählen. 1928–34 arbeitet E. an der *Encyclopaedia Judaica*. 1938 Emigration in die USA und Ernennung zum ‚Doctor of Hebrew' durch das Institut of Religion in New York. E. hat bis zu seinem Tod eine Forschungsprofessur inne.
Geschichte der Juden seit dem Untergang des jüd. Staates, 1919; Die Religion in Geschichte und Gegenwart, 1920–24; Der jüdische Gottesdienst in seiner geschichtlichen Entwicklung, 1924. ra

Elias, Julius, Schriftsteller, Literatur-, Kunsthistoriker. 12.6.1861 Hoya/Weser – 2.7.1927 Berlin. E. lässt sich nach seinem Studium 1890 in Berlin nieder. Er verfasst mehrere Werke über den französischen Impressionismus sowie über M. ▶ Liebermann. Gemeinsam mit G. ▶ Brandes übersetzt er sämtliche Werke Henrik Ibsens ins Deutsche (10 Bde, 1898–1904), arbeitet als Dozent für Kunstgeschichte an der TH Charlottenburg und ist Gründer sowie Hg. 1892–1925 der *Jahresberichte für neuere deutsche Literaturgeschichte*. E. gilt als Entdecker von Käthe Kollwitz.
Die Zeichenkunst der großen französischen Impressionisten, 1911. js

Julius Elias

Eloesser, Arthur, Publizist, Dramaturg. 20.3.1870 Berlin – 14.2.1938 Berlin. E. studiert in Berlin, Genf und Paris Germanistik und Romanistik. Da eine universitäre Karriere aufgrund seiner jüd. Herkunft scheitert, arbeitet er als Theaterrezensent der *Vossischen Zeitung* (1899–1913/1928–33). 1914–20 ist er Dramaturg und Regisseur am Lessing-Theater und ab 1924 Mitarbeiter bei S. ▶ Jacobsohns *Weltbühne*. Zudem ist E. 1922–37 Präsidialmitglied und Referent beim JKB und nachdem er die *Vossische*

Zeitung 1933 verlassen muss Mitarbeiter der *Jüdischen Rundschau*.
📖 Die dt. Literatur vom Barock bis zur Gegenwart, 1930/31; Die Straße meiner Jugend. Berliner Skizzen, 1987; Vom Ghetto nach Europa, 1936 [1990].
📄 Schaaf, D.: Der Theaterkritiker A. E., 1962. ul

Elsas, Fritz, Jurist, Kommunalpolitiker. 11.7.1890 Bad Cannstatt – 4.1.1945 KZ Sachsenhausen. E. ist 1914 stellv. Syndikus der Israelitischen Kultusgemeinde in Stuttgart und 1915–18 Direktor des Lebensmittelamts Stuttgart; 1919–26 Stadtrat; 1924 Mitglied des Württembergischen Landtags (DDP); 1926–31 Vizepräsident und Vorstandsmitglied des Dt. Städtetags. 1931–33 ist E. Zweiter Bürgermeister von Berlin, danach ist er als Berater für Auswanderer tätig. 1937 zeitweise in Haft. E. steht in Kontakt mit Carl Goerdeler, dem er nach dem missglückten Attentat am 20.7.1944 Zuflucht bietet. Nachdem er denunziert wird, erschießt ihn die Gestapo. bir

Ende, Lex (d.i. Adolf Ende; Pseud. Lex Breuer, Alexander Boeheim), Journalist, Parteifunktionär. 6.4.1899 Bad Kissingen – 15.1.1951 Hilbersdorf/Sachsen. 1918 Eintritt in die USPD, 1919 in die KPD. Redakteur verschiedener linker Zeitungen, u.a. der *Roten Fahne* in Berlin. 1928–30 Reichstagsabgeordneter. 1933 Emigration nach Paris, dort Gründung des *Instituts zum Studium des Faschismus*. 1939 Internierung in französischen Lagern, E. flüchtet und lebt bis 1945 in Marseille im Untergrund. 1945 Rückkehr nach Dtl. 1945–49 Chefredakteur des *Neuen Deutschlands* und der satirischen Zeitschrift *Frischer Wind*. Wegen der Affäre um Noel H. Field wird E. 1950 aus der Partei ausgeschlossen. Er arbeitet fortan als Buchhalter in einem Hüttenwerk (VEB Buntmetall) bei Freiberg. evk

Engel, Fritz, Theaterkritiker. 16.2.1867 Breslau – 3.2.1935 Berlin. Studium der Literaturwissenschaft in München und Berlin. E. arbeitet ab 1890 als Redakteur beim *Ulk*, später beim *Berliner Tageblatt* und bis 1933 beim *Zeitgeist*. Der Cousin des Dramatikers Georg ▶ E. ist Hauptvorstandsmitglied des CV, Vorstandsmitglied der *Berliner Goethegesellschaft* sowie Mitglied der Filmprüfstelle Berlin. 1911 gründet er die Kleist-Stiftung mit, deren Vorsitz er übernimmt. Für *Schneiders Bühnenführer* verfasst E. 1921/22 Abhandlungen über Bernhard Shaw, Rolf Lauckner, Oscar Wilde und Fritz von Unruh.
📖 Und draußen ist Krieg, 1915; Wir sind jung!, 1916. mhu

Engel, Georg Julius Leopold (Pseud. Johannes Jörgensen), Dramatiker, Journalist. 29.10.1866 Greifswald – 19.10.1931 Berlin. Zunächst besucht E. das Gymnasium in Greifswald, zieht nach dem Tod des Vaters 1878 zu den Großeltern nach Breslau. Einer kaufmännischen Lehre folgt ab 1888 ein Studium an der Univ. Berlin in Germanistik, Philosophie und Geschichte, u.a. bei Heinrich von Treitschke und Erich Schmidt. Seit 1890 schreibt er als Kunstkritiker für das *Berliner Tageblatt* und arbeitet ab 1891 als freier Schriftsteller. Neben Romanen mit hohen Auflagen, wie *Hann Klüth, der Philosoph* (1905), schreibt E. auch erfolgreiche dramatische Bühnendichtung wie *Die keusche Susanne* (1899). E. engagiert sich im Verein *Berliner Presse* und in der *Literarischen Gesellschaft* und ist Gründer und erster Vorsitzender des *Verbands Deutscher Erzähler* und Präsident des 1927 gegründeten *Reichsverbands des Deutschen Schrifttums*.
📖 Hadassa, 1895; Über den Wassern, 1902; Claus Störtebecker, 1920. mhu

Ephraim, Benjamin Veitel, Geschäftsmann. 10.1.1742 Berlin – 16.12.1811 Berlin. Sohn von Veitel Heine ▶ E. Reorganisiert die familieneigene Textilfabrik in Potsdam und gründet eine Mädchenschule. Unterhält einen Salon und verfügt über Beziehungen zur politischen Elite. 1787 in geheimer Mission in Brüssel, um den anti-österreichischen Rebellen die preußische Unterstützung zu garantieren. 1790 auf einer weiteren Mission in Frankreich. Seine pro-französische Haltung führt 1806 zur Verhaftung, die von den Franzosen aufgehoben wird. E. stirbt verarmt. as

Ephraim, Ephraim Veitel, Hofjuwelier. 8.10.1729 Berlin – 14.10.1803 Berlin. Ältester Sohn des Veitel Heine ▶ E. Übernimmt nach dessen Tod 1775 zusammen mit den Brüdern Zacharias Veitel, Joseph Veitel und Benjamin Veitel ▶ E. die Direktion der ehem. Kgl. Gold- und Silbermanufaktur in Berlin. Als Hofjuwelier und -bankier in Diensten König Friedrichs II. und seines Nachfolgers Friedrich Wilhelm II. E. unterhält Briefkontakt mit M. ▶ Mendelssohn und gilt als früher Vertreter der jüd. Emanzipation. mhu

Ephraim, Heine (Chaijm ben Ephraim), Hofjude, Hofjuwelier. Vor 1665 Altona – 21.11.1748 Berlin. Vater von Veitel Heine ▶ E. Wird von König Friedrich Wilhelm I. zum Hofjuwelier ernannt. Er hat in der JGB mehrere Ämter inne und ist 1726–32 deren Vorsitzender. as

Ephraim, Veitel Heine, Hofjuwelier, Münzpächter. 1703 Berlin – 16.5.1775 Berlin. Der Sohn von Heine ► E. 1745 wird von Friedrich II. zum Hofjuwelier ernannt. E. ist 1749–75 Vorsitzender der preußischen Juden. Er wird 1761 christlichen Kaufleuten gleichgestellt und ist seit 1760 Pächter der Berliner Münze. E. prägt während des Siebenjährigen Krieges (1756–63) wertgemindertes Geld, im Volksmund ‚Ephraimiten' genannt und ist außerdem in der Textilherstellung tätig. 1766 Bau des so genannten Ephraim-Palais. Gründer der *Veitel Heine Ephraimschen Lehranstalt* in Berlin.
Stieglitz, O.: Die Ephraims, 2001. as

Epstein, Paula, verh. Lübbe, Schriftstellerin, Übersetzerin. 10.5.1888 Mohilev/Weißrussland – unbekannt. E. heiratet in Berlin den Schriftsteller Axel Lübbe. Gemeinsam übertragen sie diverse Werke Dostojewskis ins Deutsche. In *Briefe an die tote Mutter* (1928) verarbeitet sie ihre eigene Lebensgeschichte, die geprägt ist vom frühen Tod der Mutter, wirtschaftlicher Not und Krankheit. 1933 zieht E. zunächst nach Freiburg, später emigriert sie nach Italien. Über den weiteren Lebenslauf ist wenig bekannt. Vermutlich wird E. in Italien in ein KZ interniert. 1939 hält sie sich in den USA auf. ht

Eschelbacher, Ernestine, geb. Benario, Fürsorgerin. 8.7.1858 Wertheim/Main – 5.7.1931 Berlin. 1879 heiratet E. den Rabbiner Joseph E. (1848–1916) und ist seelsorgerisch in dessen Gemeinde tätig, zunächst in Bruchsal/Baden und ab 1900 in Berlin. Sie gründet eine Frühehekasse und ist in Frauen- und Wohltätigkeitsvereinen engagiert. Als Vorsitzende des Schwesternverbands der *Bnai-Brith-Loge* geht E. auf Vortragsreisen. 1917 wird sie in den Vorstand des JFB gewählt, wo sie sich v.a. religiösen Fragen widmet. ul

Eschen, Fritz, Fotograf, Bildjournalist, Fotochronist. 19.1.1900 Berlin – 19.9.1964 Melk/Donau. Nach einer kaufmännischen Lehre arbeitet E. ab 1928 als freier Pressefotograf. Die NS-Zeit überlebt er trotz Verhaftung und Zwangsarbeit auf Grund seiner ‚privilegierten Mischehe'. Nach 1933 arbeitet er trotz Berufsverbots für amerikanische Agenturen. Nach dem Krieg ist E. als Bildjournalist für fast alle Berliner Zeitungen und Zeitschriften tätig. Seine Fotos zeigen den persönlichen Blick auf den Berliner Alltag und die Umbrüche bis in die 1960er Jahre.
Camera in meiner Hand, 1959.
Frecor, J.: F. E. Kamera-Geschichten 1930–50, 2001. kq

Eskeles, Otto, Bankier. 27.8.1887 Offenbach/Main – 31.7.1960 Haifa. Seit 1904 ist E. Lehrling im Bankhaus Loewenherz und studiert nebenher ab 1907 in Berlin. 1922–37 ist E. Teilhaber des Berliner *Bankhauses Gebrüder Heymann* sowie zudem Funktionär der *Jüd. Kinderhilfe*, der *Zentralwohlfahrtsstelle der deutschen Juden*, der *Zionistischen Organisation* und der *Interessengemeinschaft Berliner Privatbankiers*. 1937 Emigration nach Palästina. Dort gründet er die *General Trust Corporation* verbunden mit der *Palestine Investment Agency* und ist aktiv für die I.O.M.E. tätig. Ab 1940 arbeitet E. als Wirtschaftsberater und 1940–60 als Berater für Rückerstattungsfragen. mhu

Ettel, Elisabeth ► Bergner, Elisabeth.

Euchel, Isaac Abraham, Schriftsteller, Verleger. 17.10.1756 Kopenhagen – 18.6.1804 Berlin. Vertreter der zweiten Generation von Maskilim. Gründer und Hg. der ersten modernen hebräischen Zeitschrift, *HaMe'assef* (dt. *Der Sammler*). Deren Ankündigungsschreiben *Nachal Habesor* ist zugleich das erste Programm der Haskala (hebr. Aufklärung). E. studiert bei Kant und gibt eine erste hebräische Paraphrase von dessen *Kritik der reinen Vernunft* heraus. E. propagiert die Erneuerung der hebräischen Sprache. 1784 Versuch der Gründung eines jüd. Lehrerseminars in Kiel. E. übersetzt das *Gebetbuch* ins Deutsche. Seine hebräische Biografie M. ► Mendelssohns (1788) popularisiert dessen Ideen. 1787 siedelt E. nach Berlin über, wo er Direktor der Buchdruckerei der Jüd. Freischule ist. 1791 gründet er u.a. mit J. ► Mendelssohn die *Gesellschaft der Freunde*. Erfolgreiches Theaterstück *Reb Henoch oder wos tut me dermit* (1797).
Sephat Emet (hebr.), 1782; Die Sprüche Salomos, übersetzt und kommentiert, 1789; Vom Nutzen der Aufklärung, 2001.
Pelli, M.: The Age of Haskalah, 1979. ak

Eulenburg, Albert, Neuropsychiater. 10.8.1840 Berlin – 3.7.1917 Berlin. Sohn des Orthopäden Michael Moritz E. (1811–87) und Bruder des Musikverlegers Ernst E. (1847–1926). Medizinstudium in Berlin, Bonn und Zürich. 1861 Promotion. Assistent in Berlin und Greifswald. 1866 und 1870/71 Kriegsteilnahme. 1873–82 Prof. für Pharmazie in Greifswald; geht dann nach Berlin, eröffnet eine private Poliklinik und wird a.o. Prof. Ab 1870 erscheint seine *Real-Encyclopädie der gesammten Heilkunde* (4. Aufl., 1908ff.), die über Jahrzehnte das aktuelle Wissen der Medizin wiedergibt. Weiterhin forscht

E. über neuropsychiatrische Krankheiten (Myopathien) und über Sexualpathologie. Er ist Mithg. der *Deutschen medizinischen Wochenschrift.*
Sadismus und Masochismus, 1902; Moralität und Sexualität, 1916.
Bock, J. U.: A. E. Wegbereiter der Sexualwissenschaft, 2001. fwk

Franz Eulenburg

Eulenburg, Franz, Nationalökonom, Sozialphilosoph. 29.6.1867 Berlin – 28.12.1943 Berlin. E. ist vor seiner akademische Laufbahn als Kaufmann tätig. 1905 Prof. in Leipzig, 1917 in Aachen, 1919 in Kiel, 1921–33 in Berlin. Er wird gezwungen, seine Vorlesungen 1933 einzustellen. In zahlreichen Veröffentlichungen beschäftigt er sich mit Fragen der Nationalökonomie, der Sozialphilosophie und der Soziologie. E. stirbt in Gestapo-Haft. 1955 erscheint die Gedenkschrift *Die Einheit der Sozialwissenschaften.*
Internationaler Geldmarkt, 1908; Volkswirtschaftspolitik, 1938. as

Eybenberg, Marianne von, geb. Meyer, Salonnière. Um 1770 Berlin – 1812 Wien. Schwester von S. v. ▶ Grotthuß. 1788 Konversion. Heirat mit dem österreichischen Botschafter H. v. Reuß. In E.s Salon verkehren u.a. Lessing und Goethe, der Briefwechsel mit Letzterem wird z.T. gedruckt. Nach dem Tod ihres Mannes 1799 kann sie ihren Salon nicht weiterführen. Danach geht E. nach Wien, doch die Familie ihres Mannes versagt ihr die Anerkennung sowie die finanzielle Unterstützung. E. muss den Namen ihres Mannes ablegen, darf sich stattdessen von Eybenberg nennen. nms

Eyck, Erich, Jurist, Publizist, Historiker. 7.12.1878 Berlin – 23.6.1964 London. E. studiert Rechts- und Staatswissenschaften sowie Geschichte in Berlin und Freiburg/Br. Seit 1906 ist E. als Gerichtsassessor am Berliner Landgericht und als RA tätig. Er ist für die Beilage *Recht und Leben* in der *Vossischen Zeitung* verantwortlich und Mitarbeiter des *Berliner Tageblatts.* 1915–20 ist E. Stadtverordneter in Berlin. 1937 flieht er über Italien nach London. Das Hauptwerk des liberalen Historikers ist die kritische, vom Standpunkt strenger Rechtlichkeit und freiheitlicher Verfassung urteilende Biogr. *Bismarck und das Deutsche Reich* (3 Bde, 1941–44, NA 1990).
Geschichte der Weimarer Republik, 2 Bde, 1954–56. ra

F

Faber, Hermann ▶ Goldschmidt, Hermann.

Fabian, Hans-Erich, Jurist. 22.9.1902 Bromberg – 25.12.1974 New York. Seit 1919 in verschiedenen Funktionen für die Interessen des Judentums tätig, 1933 Entlassung aus dem Richteramt. Generalsekretär der HWdJ, Leiter der Finanz- und Vermögensabteilung der RVdJ. F. wird 1943 nach Theresienstadt deportiert, 1944 von der Gestapo nach Berlin zurückgeholt, um die Vermögensabwicklung der Gemeinde zu organisieren. 1946–49 Vorsitzender der Jüd. Gemeinde von Groß-Berlin, Hg. der Zeitung *Der Weg*. Er wandert im April 1949 in die USA aus. Mithg. von *Gegenwart im Rückblick* (1959). id

Faktor, Emil (Pseud. Jussuff), Schriftsteller, Journalist. 31.8.1876 Prag – 10.4.1942 Lodz. F. studiert in Prag Jura und promoviert 1904. Daneben betätigt er sich schriftstellerisch. Ab 1898 ist er Redakteur und Feuilletonist beim *Montagsblatt* aus Böhmen, seit 1899 bei der Zeitschrift *Bohemia*. Nach dem Studium übersiedelt F. nach Berlin und arbeitet durch Vermittlung A. ▶ Kerrs seit 1908 für den *Tag*, dessen Feuilleton er nach 1912 leitet. 1917 wird F. Chefredakteur des *Berliner Börsen-Couriers*. 1931 wird er „auf eigenen Wunsch" entlassen, arbeitet jedoch weiterhin als freier Mitarbeiter für die Zeitung. 1932 gehört er zu den Mitunterzeichnern des Aufrufs an Ministerpräsident Otto Braun gegen die drohende Schließung des Staatstheaters. 1933 flieht F. mit seiner Familie in die Tschechoslowakei, wo er u.a. für das *Prager Tagblatt* und den *Prager Mittag* arbeitet. Nach dem Einmarsch der Deutschen verweigern ihm die USA aufgrund der Quotenregelung die Einreise, obwohl er die nötigen Papiere besitzt. Am 21.10.1941 wird F. in das Ghetto Lodz deportiert, wo er zu Tode kommt. F. zählt neben A. Kerr und Herbert Ihering zu den wichtigsten Berliner Theaterkritikern seiner Zeit.

📖 Die Temperierten. Auseinandersetzung in drei Akten, 1914.

📄 Täubert, K.: E. F. Ein Mann und (s)eine Zeitung, 1994. mr

Fabian, Max, Maler, Grafiker. 3.3.1873 Berlin – 27.3.1926 Berlin. Studium an der AdK. Schüler von Arthur Kampf. Seit 1898 Kunstausstellungen in München, Dresden, Düsseldorf und Berlin. F.s Motive sind Berliner Stadtansichten und Menschen bei der Arbeit (Hafenplatz, Bauarbeiter beim Verladen von Steinen). Neben den Genrebildern beschäftigt sich F. auch mit dekorativer Graphik (v.a. Buchschmuck und Plakate). evk

Falkenberg, Bertha Anna, geb. Ginsberg, Frauenrechtlerin, Fürsorgerin. 8.4.1876 Berlin – 20.5.1946 Engelberg/Schweiz. F. engagiert sich besonders auf sozialem Gebiet, worin sie die Erfüllung religiöser Pflichten sieht. 1924 wird sie zur Vorsitzenden der Ortsgruppe Berlin des JFB gewählt. Unter ihrer Leitung wird die Ortsgruppe in einen Stadtverband umgewandelt. Als eine der ersten Frauen gehört F., Mitglied der Liberalen Partei, seit 1927 der RV der JGB an. Zudem ist sie im Vorstand der VflJ und setzt sich in dieser Funktion für die Verbreitung religiös-liberaler Ideen ein. 1938 wird der Stadtverband Berlin des JFB aufgelöst. 1942 wird F. in das Ghetto Theresienstadt deportiert. Dank einer einmaligen Hilfsaktion kommt sie im Feb. 1945 in ein Flüchtlingsheim in der Schweiz. ul

Falkenberg, Hermann, Lehrer. 16.11.1869 Schlochau/Westpreußen – 18.3.1936 Berlin. Studium an der Lehrerbildungsanstalt der JGB. 1893–1912 an der jüd. Mädchenmittelschule, 1912–36 an der Lehrerbildungsanstalt und gleichzeitig als Lehrer an der Knabenmittelschule in der Großen Hamburger Straße tätig. Gründer und Vorsteher der liberalen Privatsynagoge *Hermann-Falkenberg-Synagoge*, die 1923 aus fünf Kleingemeinden im Norden Berlins entstanden ist. ko

Falkenfeld, Polly ▶ Tieck, Polly.

Falkensohn, Issachar Bär ▶ Behr, Falkensohn, Isachar.

Fassland, Frank ▶ Pinner, Felix.

Fechner, Hanns (Johannes F.), Maler. 7.6.1860 Berlin – 30.11.1931 Mittel-Schreiberhau/Niederschlesien. 1877–86 Studium an der AdK in Berlin und später in München als Meisterschüler von Franz von Drefegger. Nach seiner Rückkehr nach Berlin 1887 erhält er den Rompreis der AdK. 1892 wird F. als Prof. und Konservator an das Herzoglich Anhaltinische Kupferstichkabinett berufen. In der Folgezeit etabliert sich F. als Porträtmaler z.B. Theodor Fontanes, Gerhart Hauptmanns und Wilhelm Raabes. Seit 1911 durch ein Augenleiden an der Berufsausübung gehindert, zieht er sich 1914 nach Schreiberhau zurück und schreibt Kinder- und Jugendbücher sowie autobiogr. Texte.

Die Angelbrüder, 1925; Menschen, die ich malte, 1927.

Fechner, H.: H. F.s Lebensabend, 1932. ce

Feder, Ernst, Jurist, Publizist. 18.3.1881 Berlin – 29.4.1964 Berlin/West. Ab 1907 RA und Notar in Berlin, verfasst politische Artikel für *Das Freie Wort* und die *Nation*. 1918 Mitbegründer der DDP, deren Vorsitzender in Berlin-Mitte. 1919–31 Ressortleiter für Innenpolitik beim *Berliner Tageblatt*, 1926 Völkerbundberichterstatter. Präsident der Reichsarbeitsgemeinschaft der dt. Presse. Der entschiedene Verfechter der Weimarer Republik verfasst Monografien, u.a. über H. ▶ Preuß. 1933 Flucht nach Frankreich, 1941 nach Brasilien. 1957 Rückkehr nach Berlin/W.

Paul Nathan. Politik und Humanität, 1929; Bismarcks großes Spiel, 1932; Heute sprach ich mit ... Tagebücher eines Berliner Publizisten. 1926–32, 1972. js

Ernst Feder

Federn, Etta (Marietta), verh. Kirmsse, verh. Kohlhaas, Schriftstellerin, Übersetzerin. 28.4.1883 Wien – 9.5.1951 Paris. F. studiert Germanistik und Philosophie in Wien und Berlin. Gegen den Willen ihrer Eltern entscheidet sie sich, in Berlin als freie Schriftstellerin zu leben. Sie schreibt Gedichte sowie essayistische und biografische Bücher. Ihren Lebensunterhalt verdient sie als Übersetzerin, so übersetzt sie die Märchen von Hans Christian Andersen ins Deutsche. Anfang der 1930er Jahre arbeitet sie als Literaturkritikerin für das *Berliner Tageblatt*. F. ist Mitglied im Deutschen Schriftstellerbund und engagiert sich in der anarchosyndikalistischen Bewegung Berlins. Im Herbst 1932 verlässt sie Dtl, da sie aufgrund ihrer W. ▶ Rathenau-Biografie (1927) von der rechtsgerichteten Presse massiv angegriffen wird. Zunächst lebt sie mit ihren beiden Söhnen in Spanien, wo sie u.a. in der anarchosyndikalistischen Frauenorganisation *Mujeres Libres* aktiv ist. In deren Verlag veröffentlicht sie 1938 ihr Buch *Mujeres de las revoluciónes* (dt. *Revolutionär auf ihre Art. Zwölf Skizzen unkonventioneller Frauen*, 1997). 1938 flieht sie vor der Franco-Diktatur nach Paris.

Christiane von Goethe, 1916; Ein Sonnenjahr, 1925; Alltag, 1930. ht

Feigenheimer, Hilde ▶ Marx, Hilde.

Feiner, Ruth, Sängerin, Schriftstellerin. 30.7.1909 Stettin – 30.7.1954 Visp/Schweiz. Tochter des Berliner Regisseurs Hermann Feiner. Anfang der 1930er Jahre wird F. durch selbst verfasste Chansons bekannt, die im Rundfunk übertragen werden. Sie arbeitet als Verlagsassistentin für die Berliner Zeitschrift *Revue des Monats* und als Textautorin für die Ufa. 1933 emigriert F. nach Großbritannien. Da sie keine Arbeitserlaubnis erhält, beginnt sie zu schreiben. Ihr erster Roman *Katze über den Weg* (1935) ist sofort ein Erfolg und wird verfilmt. F. avanciert zu einer Bestsellerautorin. Nach 1945 in der Schweiz lebend, arbeitet sie als Lektorin für den *Otto-Walter-Verlag*.

Drei Tassen Kaffee, 1940; Der weite Weg, 1945; Vergebung für den Mörder, 1955. nt

Feininger, Lyonel, Maler. 17.7.1871 New York – 13.1.1956 New York. F. besucht die Mal- und Zeichenklasse der Hamburger Kunstgewerbeschule. 1888–92 studiert er in Berlin. Nach einjährigem Paris-Aufenthalt arbeitet er in Berlin u.a. als Illustrator. 1909 wird F. Mitglied der *Berliner Secession*. Er beteiligt sich 1910 erstmals an deren Ausstellungen. Ab 1912 entstehen, beeinflusst durch die

Brücke-Maler Karl Schmidt-Rottluff und Erich Heckel, Architekturkompositionen mit stark kubistischer Prägung. 1913 nimmt er am *Ersten Deutschen Herbstsalon* in H. ▶ Waldens Galerie *Sturm* teil. Dort findet 1917 auch seine erste Einzelausstellung statt. 1919–26 unterrichtet er Grafik und Malerei am Bauhaus in Weimar. 1924 gründet er mit Wassily Kandinsky, Paul Klee und Alexej G. Jawlensky *Die Blauen Vier*. 1931 findet eine erste umfangreiche Retrospektive im Berliner Kronprinzen-Palais statt. 1937 emigriert F. nach New York. Dort ist sein Werk richtungsweisend für die Entstehung des Abstrakten Expressionismus.

▤ L. F. Mernschenbilder, 2003; Luckhardt, U.: L. F., 1998; Hess, H.: L. F., 1959 [1991]. nv

Feuchtwanger, Lion, Schriftsteller. 7.7.1884 München – 21.12.1958 Pacific Palisades/USA. F. stammt aus einem orthodoxen Elternhaus und studiert Germanische Philologie, Geschichte, Philosophie und Anthropologie in München sowie 1905–08 Literaturgeschichte bei Erich Schmidt an der Berliner Univ. Seine Dissertation schreibt er über den *Rabbi von Bacherach* von H. ▶ Heine. Nach anfänglicher Tätigkeit als Kritiker und Bühnenautor veröffentlicht F. 1925 seinen ersten historischen Roman *Jud Süß*. Im selben Jahr erfolgt die Übersiedlung nach Berlin. Während der Berliner Jahre unternimmt F. ausgedehnte Reisen u.a. nach Frankreich, Spanien (1926), Dänemark und Schweden (1929). Von einer Vortragsreise nach Großbritannien und in die USA kehrt F. 1933 nicht nach Dtl zurück. Im Aug. 1933 wird ihm die dt. Staatsbürgerschaft aberkannt. Joseph Goebbels erklärt ihn in einer Rundfunkrede zum ‚Volksfeind Nummer eins'. Bis 1940 lebt F. im französischen Exil in Sanary-sur-Mer. Nach zweimaliger Internierung in Les Milles 1939/40 flieht er über die Pyrenäen nach Spanien und Portugal und schließlich in die USA. Die Erfahrung des Exils verarbeitet F. in der Wartesaal-Trilogie, die 1930–39 entsteht. Der Versuch, 1948 die US-Staatsbürgerschaft zu erhalten, scheitert aufgrund der Verdächtigungen, als Kommunist und ‚feindlicher Ausländer' tätig zu sein sowie seiner Verbindung zur Sowjetunion, wohin er 1936 reiste. F. stirbt als Staatenloser. Die meisten seiner historischen Werke werden in mehrere Sprachen übersetzt, einige verfilmt. F. gilt als Erneuerer des historischen Romans im 20. Jahrhundert.

▯ Der jüd. Krieg, 1932; Josephus-Trilogie, 1932–45; Jefta und seine Tochter, 1957.

▤ Dietschreit, F.: L. F., 1988; Jeske, W.: L. F. oder Der arge Weg der Erkenntnis, 1984. us

Feuermann, Emanuel, Cellist. 22.11.1902 Kolomea/Galizien – 25.5.1942 New York. 1909 lässt sich die Familie in Wien nieder, Cello-Studium bei seinem Vater, Julius Klengel und Anton Walter. Debütiert mit 11 Jahren als Solist mit den Wiener Symphonikern unter Felix Weingartner. 1917–19 Studium bei Klengel in Leipzig, 1919–23 Lehrer am Kölner Musikkonservatorium, Solo-Cellist im Gürzenich-Orchester Köln, Mitglied des Bram-Eldering-Quartetts, Köln. 1929–33 Prof. und Leiter der Cello-Abteilung der Berliner Hochschule für Musik, ausgedehnte Konzerttätigkeit als Solist mit führenden europäischen Orchestern und in Kammermusikensembles. 1934 Emigration in die USA, 1935 Debüt mit den New Yorker Philharmonikern. Tritt als Kammermusiker mit A. ▶ Schnabel, Bronislaw Hubermann, Jascha Heifetz und Arthur Rubinstein auf. 1941/42 Leiter des Departements für Kammermusik am Curtis Institut, Philadelphia. F. macht das amerikanische Publikum mit der Musik von A. ▶ Schönberg und Paul Hindemith vertraut.

▤ Morreau, A.: E. F., 2002; Itzkoff, S. W.: E. F., virtuoso, a biogr., 1979. mk

Finkelstein, Heinrich, Kinderarzt. 31.7.1865 Leipzig – 28.1.1942 Santiago de Chile. Geologie- und Medizinstudium. Seit 1900 Dozent für Kinderheilkunde an der Berliner Univ. 1918–33 Direktor des *Kaiser- und Kaiserin Friedrich Kinderkrankenhauses*. 1939 Emigration nach Chile. F.s Forschungsschwerpunkt ist die Säuglingspflege.

▯ Der Laubenstein bei Hohen-Aschau. Ein Beitrag zur Kenntnis der Brachiopodenfacies des unteren alpinen Doggers, 1888; Hautkrankheiten und Syphilis im Säuglings- und Kindesalter, 1924; Lehrbuch der Säuglingskrankheiten, 1938. ko

Fischer, Grete (Pseud. Joseph Amiel, Margaret Fisher) Autorin, Übersetzerin. 6.2.1893 Prag – 28.3.1977 London. 1911–14 Musik- und Literaturstudium in Prag. Im I. WK Sozialarbeiterin. Ab 1917 in Berlin. Verlagslektorin bei P. ▶ Cassirer. Mithg. der Klassikerausgabe des Propyläen-Verlags. F. arbeitet als Musiklehrerin und Konzertkritikerin u.a. beim *Berliner Börsen-Courier*. Ihr erster Roman *Nicht traurig sein* (1933) erscheint nur noch im Vorabdruck. 1934 Emigration nach Großbritannien, wo sie u.a. für die BBC arbeitet. Mitbegründerin des *Club 1943*. Nach 1945 Heilpädagogin, Kinderbuchautorin und Übersetzerin von Salman Schneur und Scholem Alejem. 1966 erscheint ihre Autobiogr. *Dienstboten. Brecht und andere Zeitgenossen in Prag, Berlin, London.* ht

Ruth Fischer

Fischer, Ruth (d.i. Elfriede Golke), geb. Eisler, Politikerin. 11.12.1895 Leipzig – 13.3.1961 Paris. F., die Schwester von Gerhart und H. ▸ Eisler, verbringt ihre Jugend in Wien. Dort und später in Berlin studiert sie 1914–18 Philosophie, Nationalökonomie und Politik. 1917 heiratet sie den Parteipolitiker und Publizisten Paul Friedländer. 1918 gehört sie noch zu den Gründungsmitgliedern der KPÖ, bevor sie 1919 nach Berlin geht und dort der KPD beitritt. Sie wird 1924 in die Parteiführung und in den Reichstag gewählt. Nach kritischen Bemerkungen gegenüber ihrer eigenen Partei wird sie 1925 aus der KPD ausgeschlossen. Nach der Machtübernahme der Nationalsozialisten flieht F. mit ihrem Lebensgefährten Arkadij Maslow im März 1933 nach Paris; 1940 über Spanien und Kuba in die USA. Dort ist sie publizistisch tätig und übernimmt ab 1945 Forschungsaufgaben an der Harvard Univ. 1954 kehrt F. nach Europa zurück und wird u.a. Mitarbeiterin der *Frankfurter Hefte*.
Hering, S./Schilde, K.: Kampfname R. F. Wandlungen einer deutschen Kommunistin, 1995. ce

Fischer, Samuel, Verleger. 24.12.1859 Liptó Szent Miklós/Slowakei – 15.10.1934 Berlin. Buchhändlerlehre in Wien. F. kommt 1881 nach Berlin, ist zunächst Teilhaber der *Steinitz-Buchhandlung*. 1886 gründet er den *S. Fischer Verlag für moderne Literatur*. 1889 Mitbegründer und Vorstandsmitglied des Vereins *Freie Bühne*. Zusammen mit O. ▸ Brahm gibt er 1890 die Theaterzeitschrift *Freie Bühne* heraus, die 1904 als *Neue Rundschau* fortgesetzt wird. Der Verlag wird der führende Literaturverlag in Berlin, der die wichtigsten dt. und ausländischen Autoren des Naturalismus, u.a. Henrik Ibsen, George Bernard Shaw, Gerhart Hauptmann, Thomas Mann und Arthur Schnitzler verlegt. Im *Fischer Verlag* erscheinen alle Schriften W. ▸ Rathenaus. Außerdem verlegt er Autoren wie A. ▸ Döblin, F. ▸ Kafka A. ▸ Kerr, Boris Pasternak und Stefan Zweig. as

Fisher, Margaret ▸ Fischer, Grete.

Fitelberg, Jerzy, Komponist. 20.5.1903 Warschau – 25.4.1951 New York. Erste musikalische Ausbildung bei seinem Vater Grzegorz F. Studiert 1922–26 an der Berliner Musikhochschule bei Walter Gmeindl und F. ▸ Schreker Komposition. Ab 1933 in Paris, seit 1940 in New York. Erhält 1945 den Preis der *American Academy of Arts and Letters*. Schreibt je zwei Violin- und Klavierkonzerte, drei Sonaten, eine Kinderoper u.v.a. Kammermusik. Repräsentiert den so genannten polnischen Neoklassizismus, beeinflusst von Paul Hindemith und Igor Strawinsky. jw

Flatau, Joseph Jacob, Kaufmann. 15.10.1812 unbekannt – 28.2.1887 Berlin. Bei einem Aufenthalt in Belgien lernt F. den Hopfenanbau kennen und beschließt, künftig auch in Preußen Hopfen anzubauen. Er etabliert die Hopfenzucht in Neutomyl/Posen und sorgt damit für 20 000 neue Arbeitsplätze und wachsenden Wohlstand im bislang ärmsten Kreis der Provinz Posen. F. experimentiert fortan mit den empfindlichen Pflanzen, um diese gegen Krankheiten, Insektenbefall und Klimaschwankungen resistent zu machen. Als ‚Preußens Hopfenkönig' gewinnt er im In- und Ausland hohes Ansehen.
Über den Hopfenanbau, 1861. evk

Flatow, Alfred, Turner, Sportfunktionär. 8.10.1869 Danzig – 28.12.1942 Ghetto Theresienstadt. F. kommt 1887 nach Berlin und schließt sich der *Berliner Turnerschaft Korporation 1863* an. Bei den Olympischen Spielen 1896 in Athen erringt er den 1. Platz im Einzelturnen am Barren und den 2. Platz am Reck sowie mit der dt. Mannschaft den 1. Platz. Auch in den folgenden Jahren ist er, wie sein Cousin Gustav Felix ▸ F., erfolgreicher Turner in Berlin. So ist er u.a. 1898 Gewinner des Zwölfkampfs beim Dt. Turnfest in Hamburg. Neben seiner Sportlerkarriere ist er jahrzehntelang als Sportfunktionär

und Journalist tätig und unterhält einen kleinen Fahrradladen in Berlin. Nach dem erzwungenen Austritt aus der *Berliner Turnerschaft* 1933 lebt er zurückgezogen. 1936 ist er Ehrengast der Olympischen Sommerspiele in Berlin. 1942 wird F. deportiert.
Handbuch für Wetturner, 1902; Kunstturnen. Geschichtliches, Hygienisches, Begriffliches, 1911.kq

Flatow, Georg, Jurist, Ministerialbeamter. 2.11.1889 Berlin – Oktober 1944 KZ Auschwitz. Ab 1908 Studium in Berlin und München, 1915 Promotion in Heidelberg. Seit 1920 als Regierungsrat im Reichsarbeitsministerium, 1923–33 im Preußischen Ministerium für Handel und Gewerbe. 1927 Ministerialrat. Mitarbeit als Experte für Arbeitsrecht bei der RVdJ, der ZfJD und der *Jugendalijah*. Außerdem organisiert F. die Gründung des Jugendwerkdorfs Wieringen/Niederlande mit. 1938 Inhaftierung im KZ Sachsenhausen, 1939 Emigration nach Amsterdam. 1943 Deportation von Westerbork über Bergen-Belsen nach Auschwitz.
Die sozial-politischen Errungenschaften der Revolution, 1919; Entscheidungen des Reichsarbeitsgerichts und der Landesgerichte, 1928. mhu

Flatow, Gustav Felix, Turner. 7.1.1875 Berent/Westpreußen – 29.1.1945 Ghetto Theresienstadt. Seit 1892 in Berlin, Mitglied des Berliner Turnverein 1850, zählt zu den erfolgreichsten Berliner Turnern. Gegen den Widerstand der Sportführung nimmt er mit seinem Cousin Alfred ► F. und neun anderen Berliner Sportlern an den I. Olympischen Spielen 1896 in Athen teil und erringt mit der Turnmannschaft zwei 1. Plätze. Gründet 1899 eine Textilfirma. 1904 tritt F. aus dem Berliner Turnerverein aus. 1933 Emigration in die Niederlande, besucht während der Olympischen Spiele 1936 noch einmal Berlin. Nach der dt. Besetzung der Niederlande kann sich F. zunächst verstecken, wird aber Ende 1943 verhaftet und deportiert. 1987 vergibt der Dt. Turner Bund erstmalig die Flatow-Medaille. 1997 wird eine Straße in Charlottenburg nach ihnen benannt. ht

Flechtheim, Alfred, Kunsthändler. 1.4.1878 Münster – 9.3.1939 London. 1910–12 Mitorganisator von Ausstellungen moderner dt. und französischer Maler in Köln und Düsseldorf. 1913 Gründung einer Galerie in Düsseldorf. 1919–23 Eröffnung von Kunsthandlungen, u.a. in Köln, Frankfurt und Berlin. 1921 Begründer der Kunstzeitschrift *Der Querschnitt*, 1933 Emigration nach Großbritannien. js

Flechtheim, Ossip Kurt, Politikwissenschaftler. 5.3.1909 Nikolajew/Russland – 4.3.1998 Kleinmachnow b. Berlin. Die Familie zieht 1910 nach Münster. 1927 tritt F. aus der Synagogengemeinde aus und in die KPD ein, deren Mitglied er bis 1932 ist. 1927–32 studiert er Staats- und Rechtswissenschaften in Freiburg, Paris und Köln, wo er 1934 zum Dr. jur. promoviert. Ab 1931 ist er Referendar beim Oberlandesgericht Düsseldorf. 1933 wird er sowohl wegen seiner jüd. Abstammung als auch wegen seiner Mitgliedschaft in der Widerstandsgruppe *Neu Beginnen* entlassen. Nach kurzer Haft (1935) emigriert er in die Schweiz und studiert in Genf. 1939 übersiedelt F. in die USA, wo er Kontakt zur *Frankfurter Schule* aufnimmt und als Dozent und Prof. an verschiedenen Univ. lehrt. 1946/47 ist er Abteilungsleiter im *Amt des Hauptanklägers für Kriegsverbrechen in Nürnberg und Berlin* und setzt sein Studium in Berlin fort. 1947 promoviert F. in Heidelberg zum Dr. phil. Ab 1951 ist er Gastprof. in Berlin, 1952–59 Prof. an der *Dt. Hochschule für Politik* in Berlin/W. 1957 habilitiert sich F. an der FU Berlin, wird 1959 a.o. Prof., 1961–74 o. Prof. für Politikwissenschaft und 1960/61 Direktor des Otto-Suhr-Instituts der FU Berlin. Sein politisches Denken ist von R. ► Luxemburg geprägt, deren politische Schriften er 1966 herausgibt. Seit 1952 ist F. Mitglied der SPD, aus der er auf Grund der Entwicklungen nach dem ‚Godesberger Programm' 1962 wieder austritt. Danach gehört er dem *Sozialistischen Bund* an und ist 1967 Mitbegründer des *Republikanischen Clubs* in Berlin. 1980 kehrt er als Mitglied der Grünen/Alternative Liste in die Parteipolitik zurück. F. hat den Aufbau der Politikwissenschaft in der Bundesrepublik nach dem Krieg maßgeblich mitgestaltet und gilt als Begründer der Futurologie. Zahlreiche Veröffentlichungen zeugen von seinen Forschungsschwerpunkten: u.a. *Politik als Wissenschaft* (1953), *Weltkommunismus im Wandel* (1965), *Futurologie. Der Kampf um die Zukunft* (1970), *Parteien der Bundesrepublik Deutschland* (1973). F. ist als überzeugter Pazifist auch Mitglied der Vereinigung *Internationale der Kriegsdienstgegner.*
Bolschewismus 1917–67. Von der Weltrevolution zum Sowjetimperium, 1967; Zeitgeschichte und Zukunftspolitik, 1974; Ist die Zukunft noch zu retten, 1987.
Kriegsdienst verweigern – Pazifismus heute. Eine Hommage an O. K. F., 2000; Ebert, Th.: Vom Verlöschen und Überleben. Zum Tode von O. K. F., 1998; Systemwandel und Demokratisierung. Festschrift für O. K. F., 1975. ht

Flesch, Carl, Geiger, Musiklehrer. 9.10.1873 Wieselberg/Ungarn – 15.11.1944 Luzern. Ausbildung am Wiener und Pariser Konservatorium. 1895 Debüt als Sologeiger. 1908–26 unterrichtet F. am Konservatorium in Berlin sowie 1921/22 und 1928 an der Hochschule für Musik. 1933 tritt F. unter Wilhelm Furtwängler letztmalig in Dtl auf. 1934 Emigration über Großbritannien und die Niederlande in die Schweiz.
Erinnerungen eines Geigers, 1960; Das Skalensystem. Tonleiterübungen durch alle Dur- und Moll-Tonarten für das tägliche Studium, 1994; Die hohe Schule des Fingersatzes, 1995.
Flesch, C. F.: „...und spielst Du auch Geige?". Der Sohn eines berühmten Musikers erzählt und blickt hinter die Kulissen, 1990. ko

Flieg, Helmut ▶ Heym, Stefan.

Wilhelm Fließ

Fließ, Wilhelm, Mediziner, Biologe. 24.10.1858 Arnswalde/Neumark – 13.10.1928 Berlin. F. stammt aus einer alten spanisch-jüd. Familie, die im 18. Jh. über die Niederlande nach Preußen eingewandert war. Er studiert an der Berliner Univ. Medizin (Promotion 1883) und lässt sich bei Hugo Kronecker zum Physiologen ausbilden. Später lässt er sich als praktischer Arzt (Hals-, Nasen-, Ohrenspezialist) in Berlin nieder und unternimmt Studienreisen nach Paris, London und Wien. F. wird v.a. durch seine Forschungen über den Zusammenhang zwischen der Nase und den weiblichen Geschlechtsorganen sowie seine Periodenlehre bekannt. Er versucht, die Biologie auf die Mathematik zu gründen. F. ist Mentor und Freund Sigmund Freuds, auf dessen Theorien er Einfluss ausübt. Der Fließ-Freud-Briefwechsel (*Aus den Anfängen der Psychoanalyse. Briefe an W. F. 1887–1902*, 1962) ist ein zentrales Dokument der Selbstanalyse Freuds und macht F.s Rolle als ‚Geburtshelfer' der Psychoanalyse deutlich.
Porge, E.: Schöne Paranoia, W. F. die Plagiatsaffäre und S. Freud, 2003; Adler, M. H.: Von der nasalen Reflexneurose zur Periodenlehre, 1984. mk

Foerder, Herbert Yeshayahu, Bankier, Politiker. 25.3.1901 Berlin – 10.6.1970 Tel Aviv. Studium der Rechtswissenschaft und Volkswirtschaft in Freiberg, Heidelberg und Königsberg. 1923 Promotion zum Dr. jur. 1924–26 Geschäftsführer der ZVfD Berlin, daneben Funktionär in der zionistischen Jugendbewegung und im KJV. 1933 Emigration nach Palästina. 1934 Gründung der *Rassco Rural and Settlement Co.*, deren Direktor er bis 1957 ist. 1949–57 Mitglied der Knesseth und scharfer Gegner der offiziellen Wirtschaftspolitik. 1957–70 Direktor der Staatsbank *Leumi le Israel.* mhu

Forbát, Fred (d.i. Alfred Füchsel) Architekt. 31.3.1897 Pécs/Ungarn – 22.5.1972 Vällingby/Schweden. F. studiert in Budapest und München. Er arbeitet 1920–22 im Büro von Walter Gropius und übernimmt Lehraufträge am Bauhaus in Weimar. 1923 macht er sich dort selbständig. 1925 kehrt F. nach Berlin zurück und arbeitet bis 1928 als Chefarchitekt bei Adolf Sommerfeld. Zusammen mit Hubert Hoffmann baut er 1929–32 die Großsiedlung *Siemensstadt.* Zudem unterrichtet er an der Modernen Kunstschule Berlin. Emigration nach Ungarn. Übersiedelt 1938 nach Schweden, wo er als Stadtplaner und Architekt tätig ist. 1971 erhält F. den Preis für Architektur der AdK Berlin/W. nv

Fraenkel, Albert, Arzt. 10.3.1848 Frankfurt/Oder – 6.7.1916 Berlin. 1870 Approbation als Arzt und Geburtshelfer; Assistenz an der Berliner Charité. F.s Onkel Ludwig ▶ Traube prägt seine spätere Forschung über Lungen- und Herzkrankheiten. 1877 Habilitation, danach PD an der Universitätsklinik. 1884 Entdeckung des Erregers der Lungenentzündung, des *Fraenkel'schen Bazillus.* F. übernimmt 1890 in Kreuzberg die Leitung des Urban-Krankenhauses. Nach seinem Tod wird er durch eine dort aufgestellte Büste geehrt. Die Nationalsozialisten

verfügen 1933 deren Entfernung.
Scholz-Janotte, I.: A. F. Arzt und Wissenschaftler in Berlin, 1992. ra

Fränkel, David (ben Naftali Hirsch), Theologe. 1707 Berlin – 4.4.1762 Berlin. Juwelenhändler in Berlin und Hamburg, um 1737 als Landesrabbiner nach Dessau berufen. 1743 erscheint der erste Teil seines Kommentars zum Talmud *Korban ha-edah*. F. verfasst desweiteren Gedichte. 1743 bis zu seinem Tod ist er wieder in Berlin als Oberlandesrabbiner tätig. M. ▶ Mendelssohn ist sein Schüler, der ihm von Dessau nach Berlin folgt und seine Predigt anlässlich der Siege Preußens im Siebenjährigen Krieg ins Dt. übersetzt. mk

Fraenkel, David ben Moses, Pädagoge, Publizist. 20.7.1779 Berlin – 18.5.1865 Dessau. Großneffe von David ben N. H. ▶ Fränkel. 1787 Berufung des Vaters als Rabbiner nach Dessau; dort umfassende Bildung und autodidaktische Studien der Philologie und Pädagogik. 1800 Leiter der Dessauer Jüd. Freischule, 1802–49 *Herzoglich Anhalt-Dessauischer Direktor der Jüd. Schulen zu Dessau (Franz-Schule)*. 1806–48 Hg. der Zeitschrift *Sulamith* als Mittelpunkt der frühen Reformbewegung, 1808–13 Konsistorialrat in Kassel. jvs

Fraenkel, Eduard David Mortier, Philologe. 17.3.1888 Berlin – 5.2.1970 Oxford. Ab 1917 PD, 1920–23 Prof. an der Berliner Univ. 1923 Prof. in Kiel, seit 1928 in Göttingen Direktor des Philologischen Seminars. Nach der Zwangsemeritierung 1933 emigriert F. und hat 1935–53 einen Lehrstuhl für Klassische Philologie in Oxford inne. Freitod. ra

Fraenkel, Ernst, Jurist, Politologe. 26.12.1898 Köln – 28.3.1975 Berlin/West. Nach dem Studium der Rechts- und Geschichtswissenschaften arbeitet F. ab 1926 als Jurist in Berlin. Er übernimmt die Rechtsberatung des SPD-Parteivorstands, deren Mitglied er seit 1921 ist. In den 1930er Jahren ist F. Mitglied des *Internationalen Sozialistischen Kampfbunds*. 1938 emigriert er in die USA. 1944–51 wirkt F. als juristischer und militärischer Berater der USA in Korea. Auf Bitten Otto Suhrs, des Präsidenten des Berliner Abgeordnetenhauses, kehrt er 1951 nach Berlin zurück und lehrt 1953–67 Politologie an der FU Berlin. F. ist ein Verfechter des politischen Pluralismus. 1964 gründet er an der FU Berlin das John-F.-Kennedy-Institut für Nordamerikastudien.
Universität und Demokratie, 1967; GW, 4 Bde, 1999. pj

Fränkel, Fritz, Mediziner. 7.9.1892 Berlin – 21.6.1944 Mexiko. Nach dem Studium in Berlin wird F. 1915 zum Militärdienst einberufen. 1916 Approbation und Arzt an der Ostfront. 1918 Delegierter auf dem Gründungsparteitag der KPD. 1919 Promotion. 1920 Mitbegründer der Ärztegemeinschaft im Proletarischen Gesundheitsdienst. 1926 Leiter der kommunalen Fürsorgestelle für Nerven- und Gemütskranke sowie Rauschgiftsüchtige in Kreuzberg. 1932 Teilnahme am Antikriegskongress in Amsterdam; Mitbegründer der Internationalen Gesellschaft der Ärzte gegen den Krieg. 1933 Verhaftung, danach Emigration nach Frankreich. 1936 als Arzt im Spanischen Bürgerkrieg. Wegen Unterstützung der trotzkistischen *Partida Obrero de Unificación Marxista* wird F. 1937 aus der KPD ausgeschlossen. F. kehrt nach Paris zurück und flieht 1940 nach Mexiko. ul

Franck, James, Physiker. 26.8.1882 Hamburg – 21.5.1964 Göttingen. Ab 1902 Studium der Chemie und Physik in Heidelberg und Berlin. 1906 Anstellung am Kaiser-Wilhelm-Institut für physikalische Chemie in Dahlem. Seit 1911 zusammen mit G. ▶ Hertz Experimente mit subatomaren Elektronen. Die Ergebnisse bestätigen die Quantenhypothese und die Bohr-Sommerfeldsche Atomtheorie, wofür beide Wissenschaftler 1925 den Nobelpreis für Physik erhalten. 1920–33 ist F. Prof. für Experimentalphysik an der Univ. Göttingen, legt aber nach der Machtübernahme der Nationalsozialisten alle Ämter nieder. Nach einer Gastprof. in Kopenhagen 1935 emigriert F. in die USA. 1938–47 Prof. für physikalische Chemie an der Univ. Chicago, wo er an der Erforschung der Fotosynthese arbeitet und die Atombombe mitentwickelt, vor deren Einsatz er am 11.6.1945 im so genannten *Franck-Report* warnt.
Anregungen von Quantensprüngen durch Stöße, 1926; Photosynthesis in plants, 1949; Die Elektronenstoßversuche, 1967.
Kamp, N.: J. F. und Max Born in Göttingen, 1983; Kuhn, H.: J. F., 1965. mhu

Frank, Ulrich (d.i. Ulla Wolff), geb. Hirschfeld, verh. Frankfurter, Schriftstellerin. 2.4.1850 Gleiwitz – 1.6.1924 Berlin. F. ist die Tochter des Religionsphilosophen H. S. Hirschfeld, der seine Tochter selbst unterrichtet. 1876 hat sie in Berlin erste Erfolge als Dramatikerin mit *Der Herr Kollege*. 1880 zieht sie nach Berlin, heiratet in zweiter Ehe den Berliner Unternehmer Louis Wolff und wendet sich der Publizistik zu. 1897 gibt sie den Band *Die*

Berlinerin heraus. In ihren viel beachteten Romanen porträtiert sie die Berliner Gesellschaft ihrer Zeit *(Der Kampf ums Glück*, 2 Bde, 1888) und thematisiert modernes Frauenleben *(Die Lene*, 1903). Ebenso erfolgreich sind ihre Ghettogeschichten *Simon Eichelkatz* und *Beim Patriarchen* (beide 1903). Sie ist zudem Kulturjournalistin des *Berliner Tageblatts* und des *Hamburgischen Korrespondenten*, dessen Berliner Vertretung sie mehr als 15 Jahre leitet.
▯ Das Wunderkind, 1884; Der Stern, 1905; Juden. Geschichten aus alter Zeit, 1925. ht

Frankenstein, Betty, Verwaltungsangestellte, Funktionärin. 7.3.1882 Crone/Posen – 1960. Tochter eines preußischen Beamten. Seit 1904 Sekretärin, danach bis 1938 Büroleiterin der ZVfD in Berlin. Seit 1910 Verwalterin der *Jüdischen Rundschau* und des Nationalfonds. Lebhafter Gedankenaustausch mit den aktiven Mitarbeitern der zionistischen Bewegung Dtls. Enger Kontakt zu Ernst Toller. 1938 Flucht nach Palästina. Stirbt auf einem Flug von München nach Tel Aviv. kq

Frankenthal, Käte, Ärztin, Politikerin. 30.1.1889 Kiel – 21.4.1976 New York. Die Tochter des Vorstehers der Jüd. Gemeinde Kiel promoviert 1914 als eine der ersten Frauen im Dt. Reich. Seit ihrer Übersiedlung nach Berlin 1918 ist sie in der Frauenstimmrechtsbewegung aktiv. 1919–30 Stadtverordnete der SPD in Neukölln, wo sie auch als Stadtärztin tätig ist. 1930–32 Abgeordnete im Preußischen Landtag. 1923 Austritt aus der jüd. Gemeinde. Sie kämpft aktiv gegen die §§ 175 und 218, engagiert sich in der Gesundheitspolitik und in der Sexualerziehung. 1933 Mitarbeiterin beim jüd. Flüchtlingskomitee in Prag, dann Emigration in die USA. Dort absolviert sie ein Psychologiestudium und ist ab 1947 Familientherapeutin und Psychoanalytikerin beim Jewish Family Service.
▯ Der dreifache Fluch. Jüdin, Intellektuelle, Sozialistin. Lebenserinnerungen, 1981. ul

Franz, Karl ▶ Frei, Bruno.

Franzos, Karl Emil, Schriftsteller, Journalist, Herausgeber. 25.10.1848 Czortków/Galizien – 28.1.1904 Berlin. Nach dem Besuch des dt. Gymnasiums in Czernowitz geht F. zum Jurastudium nach Wien und Graz. Schon während seines Studiums arbeitet er als Journalist und ist ab 1872 als Korrespondent für den *Ungarischen Lloyd* und die *Neue Freie Presse* (Wien) tätig. Bekannt wird F. durch seine ab 1876 erscheinenden Kulturbilder *Aus Halb-Asien* und als Hg. der *Ersten kritischen Gesamtausgabe der Werke Georg Büchners* (1879). 1887 geht F. nach Berlin, wo er die Literaturzeitschrift *Deutsche Dichtung* herausgibt und als freier Schriftsteller tätig ist. Seine zahlreichen Novellen und Romane beschäftigen sich hauptsächlich mit dem osteuropäischen Judentum und dem Leben im galizischen Ghetto.
▯ Aus Halb-Asien, 2 Bde, 1876; Die Juden von Barnow, 1877; Der Pojaz, 1905.
▤ Steiner, C.: K. E. F., 1990; Hubach, S.: Galizische Träume, 1986. adl

Karl Emil Franzos

Franzos, Ottilie, geb. Benedikt (Pseud. F. Ottmer), Schriftstellerin. 24.9.1856 Wien – 5.3.1932 Wien. Am 28.1.1877 heiratet F. den Schriftsteller K. E. ▶ Franzos und geht mit ihm 1887 nach Berlin, wo sie als freie Schriftstellerin und Mitarbeiterin der Zeitschrift *Deutsche Dichtung* tätig ist.
▯ Das Adoptivkind und andere Novellen, 1896; Schweigen, 1902.
▤ Spörk, I.: Liebe und Verfall, 2000. adl

Freeden, Herbert H. (d.i. Herbert H. Friedenthal), Journalist, Schriftsteller. 22.1.1909 Posen – 13.11.2003 Oxford. 1927–35 Jurastudium in Göttingen, Berlin, München und Leipzig; zugleich Journalist in Berlin. 1933 Leiter der Kulturabteilung der ZVfD. Juni 1939 Emigration nach Großbri-

tannien, 1942 Leiter der PR-Abteilung des KKL London. Sep. 1950 Auswanderung nach Jerusalem, Leiter der Publikationsabteilung des KKL. Hg. und Korrespondent zahlreicher Periodika im In- und Ausland.
🕮 Jüdisches Theater in Nazideutschland, 1964; Die jüdische Presse im Dritten Reich, 1987. jvs

Frei, Bruno (d.i. Benedikt Freistadt, Pseud. Bruno, F. Bruno, Karl Franz), Journalist. 11.6.1897 Preßburg – 21.5.1988 Klosterneuburg bei Wien. 1922–25 Korrespondent beim *Abend* in Berlin. Ab 1923 Mitarbeiter der *Weltbühne*. Gründet 1929 die Tageszeitung *Berlin am Morgen*. 1933 Emigration nach Prag. Seit 1934 KPD-Mitglied. 1936 Übersiedlung nach Paris, Sekretär des SDS. 1939–41 im französischen KZ Vernet interniert, über das er den Tatsachenbericht *Die Männer von Vernet* (1950) schreibt. Lebt 1941–47 in Mexiko, dort zahlreiche publizistische und politische Aktivitäten. Rückkehr nach Wien. 1947–56 Chefredakteur beim *Abend*, Hg. des *Österreichischen Tagebuchs* (1947–65). Mitarbeit im Weltfriedensrat. Nach 1947 schreibt er auch zahlreiche Reisereportagen und die Biogr. *Ossietzky. Ritter ohne Furcht und Tadel* (1966) sowie die Autobiogr. *Der Papiersäbel* (1972).
🕮 Im Lande der fluchenden Rabbis und der hungernden Bauern, 1927; Sozialismus und Antisemitismus, 1978. ht

Frei, Leonore (d.i. Laura Reiche), geb. Ball, Schriftstellerin. 28.5.1862 Pankow – unbekannt. Tochter des Bankiers J. Ball, wächst in Berlin auf. Heiratet 1882 den Unternehmer Ludwig Reiche. 1899 erscheint ihr erster Gedichtband *Lebensflut*. Mit dem Roman *Der neue Gott* (2 Bde, 1902) gelingt ihr der Durchbruch. Kleinere Erzählungen und Novellen veröffentlicht sie in Zeitschriften. Sie ist Mitglied des Dt. Schriftstellerinnenbunds und des Dt. Schriftstellerverbands. Bis 1921 lässt sich ihr Wohnsitz in Berlin nachweisen, danach verliert sich ihre Spur.
🕮 Wegwende, 1903; Totgeweihte Seelen, 1909; Das leuchtende Reich, 1911. ht

Freier, Moritz, Philologe, Rabbiner. 20.4.1889 Schildberg/Posen – 27.8.1969 Zürich. 1910–19 Student des JTS und der Univ. in Breslau, Rabbinerexamen, 1917 Promotion, 1919 heiratet er Recha Schweitzer (R. ▸ Freier) und hat mit ihr drei Söhne und eine Tochter. 1918–22 ist F. Rabbiner in Eschwege, 1922–25 in Sofia/Bulgarien. 1926–39 amtiert er als Rabbiner in der Synagoge Rykestraße in Berlin, Im Jan. 1939 flieht F. nach Großbritannien, 1949 kehrt er nach Berlin zurück und wird Gemeinderabbiner der JGB. Danach übersiedelt er in die Schweiz. 1967–69 lebt er in Israel. F. stirbt in Zürich, wird aber in Jerusalem beerdigt. gm

Freier, Recha, geb. Schweitzer, Lehrerin, Schriftstellerin, Zionistin. 29.10.1892 Norden – 2.4.1984 Jerusalem. Studium der Neuen Philologie in Breslau und München, Lehrerinnen-Examen. Heiratet 1919 den Rabbiner Moritz ▸ F. 1922–25 Lehrerin in Sofia, 1926 Übersiedlung der Familie nach Berlin. Im Jan. 1933 gründet F. den Verein *Jüdische Jugendhilfe* mit dem Ziel, jüd. Jugendliche für die Pionierarbeit auszubilden und ihnen eine Zukunft in Palästina zu sichern. Begründerin der Jugendalijah, die bis heute existiert. In den Jahren 1932–41 konnten 4 500 jüd. Mädchen und Jungen aus Dtl im Rahmen der Jugendalijah nach Palästina auswandern. Im Sommer 1940 flieht F. mit ihrer Tochter nach Zagreb. Von dort organisiert sie die Rettung von 120 Kindern aus dem nationalsozialistischen Dtl. Im März 1941 erreicht sie Palästina und errichtet dort ein landwirtschaftliches Ausbildungszentrum für sozial vernachlässigte Kinder. 1958 gründet sie in Jerusalem einen Fond zur Unterstützung israelischer Komponisten. 1966 ruft F. das *Testimonium* ins Leben, eine Organisation, die Kompositionen von Künstlern anregt, in denen der Kampf und die Leiden des jüd. Volkes musikalisch zum Ausdruck gebracht werden. Sie selbst verfasst die Libretti für die Oper *Amnon und Tamar* von Josef Tal und für einige Oratorien. 1975 erhält sie die Ehrendoktorwürde der Hebrew Univ., 1981 den Israel-Preis.
🕮 Jashresh, 1953; Auf der Treppe, 1976, Fensterläden, 1979. gm

Freimann, Jakob, Rabbiner, Autor. 8.10.1866 Krakow – 23.12.1937 Spindlermühle/Tschechoslowakei. F. besucht die Jeschiwa von Arie Schwartz in Bereczas und setzt seine Studien in Ostrowo/Posen fort. An der Berliner Univ. studiert F. Orientalistik und promoviert an der Univ. Tübingen. 1891–93 ist er Rabbiner in Konitz, 1893–1914 in Holleschau. 1914–28 wirkt er als Rabbiner und Schuldirektor in Posen, 1929–33 als Rabbiner und ‚Rosch Beth Din' in Berlin, 1929–37 lehrt F. am Berliner Rabbiner-Seminar. Von F. erscheinen zahlreiche Publikationen zu mittelalterlichen halachischen Themen. Er stirbt während einer Reise.
🕮 Geschichte der Juden in Holleschau, 1929. js

Freistadt, Benedikt ▸ Frei, Bruno.

Freud, Ernst Ludwig, Architekt. 6.4.1892 Wien – 7.4.1970 London. Jüngster Sohn Sigmund Freuds. Wird Privatschüler bei Adolf Loos in Wien und studiert später in München. 1920 lässt F. sich in Berlin nieder. Zusammenarbeit mit Richard J. Neutra, bis er sich selbständig macht. Seine Tätigkeit umfasst sowohl Innenarchitekturen und Möbelstücke für Einfamilienhäuser, als auch den Bau privater Wohnhäuser. So entstehen die Häuser *Maretzki* und *Levy-Hofer*, 1929 die Villa *Frank* und das Haus *Buchthal*. Seit 1933 im Londoner Exil. nv

Freund, Georg Hans, Journalist. 13.4.1881 Berlin – 13.2.1971 Frankfurt/Main. Seit 1907 arbeitet F. beim *Berliner Lokal-Anzeiger*. Nach seinem Kriegsdienst 1918 Berufung in die Presseabteilung des Auswärtigen Amtes. 1920–33 stellv. Chefredakteur der *Deutschen Allgemeinen Zeitung*. Bis 1933 Mitglied des Obersten Ehrengerichts der dt. Presse. Emigriert 1939 nach Uruguay und ist dort fast 20 Jahre Redakteur des *Bolétin Informativo*, des deutschsprachigen Organs der *Nueva Congregacion Isrealita*. 1961 Rückkehr nach Dtl. br

Freund, Gisèle (Pseud. Girix), Fotografin, Chronistin. 19.11.1908 Berlin – 31.3.2000 Paris. Nach ihrem Abitur 1927 verkehrt F. in den Künstlerkreisen um das Romanische Café und betätigt sich als Amateurfotografin. Ab 1931 studiert sie Soziologie und Kunstgeschichte in Freiburg und Frankfurt/M., u.a. mit Norbert Elias und Theodor W. Adorno am Institut für Sozialforschung. 1933 emigriert F. nach Frankreich, wo sie ihr Studium an der Sorbonne beendet (1936) und als Fotojournalistin tätig ist. Ab 1936 ist sie Mitarbeiterin des Magazins *Life*. F. verwendet 1938 als eine der Ersten ihrer Branche Farbfilme und etabliert sich als Porträtfotografin (u.a. von W. ▶ Benjamin, André Gide, Paul Valéry). 1940 flieht sie aus Frankreich, lebt ab 1942 in Argentinien und Mexiko. Porträtiert u.a. James Joyce, Frida Kahlo und Evita Perón. 1953 Rückkehr nach Paris, wo sie bis ins hohe Alter arbeitet. kq

Freund, Ismar, Rechtshistoriker, Rabbiner, Verbandsfunktionär. 11.5.1876 Breslau – 21.2.1956 Jerusalem. Jurastudium an der Univ. Breslau (1899 Promotion), zugleich 1895–1902 Rabbinerausbildung am JTS Breslau. Umzug nach Berlin. Als Vertreter des CV fungiert F. 1902–38 als Vorstandsmitglied und Syndikus der JGB und ist 1905–38 Dozent für Staatskirchenrecht und Rechtsgeschichte an der HWdJ. Vergeblich setzt er sich für eine Gesamtorganisation der jüd. Gemeinden in Dtl ein. 1922 wird F. Mitbegründer des PLV und 1927 Mitglied der Jewish Agency, daneben Hg. des *Verwaltungsblatts* des PLV und des *Gemeindeblatts* der JGB. 1939 emigriert F. nach Palästina, wo er als Rechtsberater der *Jewish Agency*, nach 1948 des israelischen Justizministeriums, tätig ist. Zahlreiche Publikationen zur Rechtsgeschichte der Juden in Preußen.
▯ Die Emanzipation der Juden in Preußen, 1912; Der Judenhaß, 1922; Diaspora und Israel, 1950. vs

Freund, Karl, Kameramann, Filmregisseur. 16.1.1890 Königsdorf/Böhmen – 3.5.1969 Santa Monica/USA. Ab 1901 in Berlin, arbeitet F. als Filmvorführer. Bereits 1908 dreht er für die Wochenschau. Der erste Spielfilm in dem er die Kamera führt, entsteht 1911 in Belgrad. 1913 kehrt er nach Berlin zurück und widmet sich der Fotografie sowie dem Spielfilm. Er wird der gefragteste Kameramann seiner Zeit; u.a. dreht er mit Paul Wegener: *Der Golem, wie er in die Welt kam* (1920), F. ▶ Lang: *Metropolis* (1926), P. ▶ Czinner und R. ▶ Oswald. Weltruhm erlangt er in Zusammenarbeit mit dem Produzenten E. ▶ Pommer und dem Regisseur F. W. Murnau, u.a. mit *Der letzte Mann* (1924). Mit C. ▶ Mayer entwickelt er die ‚entfesselte Kamera', deren Dynamik die Filmästhetik revolutioniert. Gemeinsam mit Mayer ist er auch maßgeblich als Ideengeber und Kameramann an Walther Ruttmanns *Berlin. Die Sinfonie der Großstadt* (1926/27) beteiligt. F. ist seit den 1920er Jahre auch in Hollywood tätig. 1937 erhält er für *The Good Earth* einen Oscar als Kameramann. In den folgenden Jahren arbeitet er in zahlreichen Produktionen mit, u.a. ist er als Kameramann für die A. ▶ Seghers Romanverfilmung *The Sevens Cross* von Fred Zinnemann (1944) und für John Hustons *Key Largo* (1948) tätig. F. führt in acht Filmen Regie und fotografiert insgesamt 110 Filme, wobei er bis zuletzt durch technische Innovationen die Kameratechnik revolutioniert. 1954 erhält er den Technik-Oscar. kq

Freund, Ludwig, Politologe. 22.5.1898 München – 1.9.1970 Hannover. Studium u.a. in Göttingen, München und Leipzig. 1924–30 Syndikus bei CV-Landesvereinen. Als Geschäftsführer des RjF sowie Chefredakteur vom *Schild* 1930 Umzug nach Berlin. 1934 Emigration in die USA; Politologie-Dozent an mehreren dortigen Univ. 1959 Rückkehr nach Dtl und weitere Tätigkeit im wissenschaftlichen Bereich. 1967 Konrad-Adenauer-Preis.
▯ Am Ende der Philosophie, 1930; Freiheit und Unfreiheit im Atomzeitalter, 1963. cm

Freundlich, Erwin Finlay, Astrophysiker. 29.5.1881(85) Biebrich – 24.7.1964 Wiesbaden. Bruder von Herbert ▶ F. Mathematik- und Astronomiestudium in Göttingen. 1910 Promotion, anschließend Assistent an der Universitätssternwarte Berlin. Seit 1911 enge Zusammenarbeit mit Albert ▶ Einstein. Bis 1933 Leitung des Einstein-Instituts in Potsdam. Nach seiner Emigration 1933 Prof. für Astronomie in Istanbul. Ab 1937 Lehrtätigkeit in Prag und seit 1939 in Schottland. 1959 Rückkehr nach Dtl.
🕮 Die Grundlagen von Einsteins Gravitationstheorie, 1916. sn

Freundlich, Herbert Max Finlay, Chemiker. 28.1.1880 Berlin – 30.3.1941 Minneapolis. Bruder von Erwin Finlay ▶ F. Seit 1916 am Kaiser-Wilhelm-Institut für Physikalische Chemie in Berlin tätig. 1919 stellv. Direktor des Instituts. Wird 1923 Prof. an der Berliner Univ. und ab 1925 an der TH in Charlottenburg. 1933 erzwungener Rücktritt und Emigration nach London, 1938 in die USA. Dort an der Univ. of Minnesota in Minneapolis als Prof. für Kolloidchemie tätig.
🕮 Kapillarchemie. Eine Darstellung der Chemie der Kolloide und verwandter Gebiete, 1909. sn

Frick, Albert ▶ Isolani, Eugen.

Fried, Margarete, geb. Levy, Lehrerin. 20.5.1885 Berlin – 30.1.1958 Kibbuz Meshek Yaguar/Israel. F. arbeitet nach ihrer Ausbildung zunächst in Breslau. 1904–08 lehrt sie an einer Mädchenmittelschule und 1908–15 am Fröbelseminar. 1923–38 ist sie im jüd. Schuldienst tätig und Vorsitzende der Groß-Berliner Frauengruppen des CV. 1939 Emigration nach Palästina. br

Fried, Oskar, Dirigent, Komponist. 10.8.1871 Berlin – 1.7.1941 Moskau. F. erhält eine Ausbildung zum Musiker in der Stadtpfeiferei von Nowawes bei Potsdam und spielt danach als Hornist in mehreren dt. und russischen Orchestern. Drei Jahre leitet er das Palmenorchester in Frankfurt/M., wo er im Opernorchester engagiert ist und bei Engelbert Humperdinck studiert. Mit dem Orchesterstücke *Das Trunkene Lied* (1904) wird er als Komponist bekannt. Ab 1904 wirkt F. vorrangig in Berlin. Er übernimmt die Leitung mehrerer Chor- und Orchestervereinigungen u.a. ist er bis 1910 Leiter des *Stern'schen Gesangvereins* und seit 1907 Dirigent der *Gesellschaft der Musikfreunde in Berlin*. F ist weithin anerkannter Interpret zeitgenössischer Musik, u.a von Gustav Mahler und A. ▶ Schönberg. 1913 gelingt ihm der Durchbruch als international angesehener Dirigent. 1925/26 leitet er das *Berliner Symphonie Orchester*. 1934 emigriert F. in die UdSSR, wo er GMD an der Oper in Tiflis/Georgien wird. jl

Friedberg, Robert, Politiker, Jurist. 28.6.1851 Berlin – 20.6.1920 Berlin. F. promoviert 1877 zum Dr. phil. 1884 lässt er sich protestantisch taufen. 1885 wird er Prof. für Staatswissenschaft an der Univ. Leipzig, 1894 in Halle. 1885–1918 ist F. Abgeordneter in der Preußischen Kammer, 1893–98 Mitglied des Reichstags für die Nationalliberale Partei. 1917 wird er deren Parteivorsitzender und Mitarbeiter im Preußischen Innenministerium. 1918 gehört er zu den Mitbegründern der DDP. Ab 1919 ist F. Mitglied der Nationalversammlung und der Preußischen Landesversammlung. br

Friedeberg, Raphael, Arzt. 14.3.1863 Tilsit – 16.8.1940 Ascona. Sohn eines Rabbiners, der 1887 als Medizinstudent wegen ‚Begünstigung sozialdemokratischer Bestrebungen' von der Univ. Königsberg verwiesen wird. Nach dem Fall der Sozialistengesetze schreibt F. sich an der FWU ein. 1895–1908 praktiziert F. als Arzt in der Brückenstrasse 10a (Nähe Jannowitzbrücke). 1896 Vorsitzender der aktiven Arbeiter-Samariter-Kolonne, Ratgeber der Ortskrankenkassen. 1900–04 Stadtverordneter. Befreundet mit August Bebel und Karl Kautsky, deren Hausarzt er ist. Propagiert am 5.8.1904 öffentlich den Generalstreik als taktisches Kampfmittel. 1911 zieht F. in den Tessin, wo er am Monte Verita in Ascona Freunde und Genossen findet. js

Friedemann, Adolf, Jurist. 1871 Berlin – 1932 Amsterdam. 1893 gründet F. die *Jüd. Humanitätsgesellschaft*. Als Zionist und Anhänger Theodor Herzls begleitet er diesen nach Ägypten. F. ist 1902–20 Mitglied des Actions-Comitees und im AR des Jewish Colonial Trust. Er ist an der Gründung des Comitees für den Osten und dessen Leitung beteiligt.
🕮 Zionistisches ABC-Buch, 1908; Das Leben Theodor Herzls, 1914. cm

Friedemann, Ulrich, Bakteriologe. 7.5.1877 Berlin – 16.11.1949 New York. 1903/04 Assistent von P. ▶ Ehrlich. 1908 Habilitation und PD, ab 1911 Direktor der Bakteriologischen Abteilung des Krankenhauses Moabit, 1920–33 a.o. Prof. für Infektionskrankheiten an der Berliner Univ. 1933 Emigration nach Großbritannien; 1936 in die USA.

📖 Über die Veränderungen der kleinen Arterien bei Nierenerkrankungen, 1900; Erfahrungen aus der Berliner Pockenepidemie des Jahres 1917, 1920. ko

Friedenthal, Hans, Physiologe, Anthropologe, Biochemiker. 9.7.1870 Breslau – 1942(43) Berlin. Vater von Richard ▸ F. Seit 1901 Dozent für Physiologie und Anthropologie in Berlin. Gleichzeitig praktischer Arzt in Nikolassee. 1919–23 am Institut von M. ▸ Hirschfeld. 1924 Gründung des Instituts für Menschheitskunde. Angesichts der drohenden Deportation nimmt sich F. das Leben.
📖 Die Hülfsmittel des Geburtshelfers nebst Beschreibung eines neuen Perforatoriums mit Extraktionsvorrichtung, 1894; Allgemeine und spezielle Physiologie des Menschenwachstums, 1914; Menschheitskunde, 1927. ko

Friedenthal, Herbert H. ▸ Herbert H. Freeden.

Friedenthal, Richard, Schriftsteller, Herausgeber. 9.6.1896 München – 19.10.1979 Kiel. Studium der Literatur, Kunstgeschichte und Philosophie in München, Berlin und Jena. 1924–28 Dozent an der Volkshochschule. 1929–34 Lektor des Th. Knaur Verlags Berlin. Hg. von *Knaurs Konversationslexikon* (1931). 1933 Schreibverbot, 1938 Emigration nach Großbritannien. 1940/41 Internierung auf der Isle of Man, die er in *Die Welt in der Nussschale* (1956) literarisch verarbeitet. Ab 1942 Sekretär des dt. Exil-P.E.N.-Clubs. Ab 1943 Mitarbeiter der BBC sowie ab 1945 der Londoner Redaktion der *Neuen Rundschau*. 1950–56 Lektor bei Droemer-Knaur in München, dann wieder London. Als Autor wird F. von Stefan Zweig gefördert, dessen Nachlass er später verwaltet. Zunächst veröffentlicht er Gedichte (*Tanz und Tod*, 1918; *Demeter*, 1924) und Novellen (*Marie Rebschneider*, 1927), bevor er sich dem Roman zuwendet. Viel beachtet wird seine umfangreiche Biogr. *Goethe. Sein Leben und seine Zeit* (1963).
📄 Wagener, H.: R. F. Biogr. des großen Biographen, 2002. ht

Friedenthal, Karl **Rudolf**, Jurist, Politiker. 15.9.1827 Breslau – 7.3.1890 Gießmannsdorf/Schlesien. Nach dem Studium der Rechtswissenschaften tritt F. in den Staatsdienst ein. Er ist 1857–64 Landrat des Grottkauer Kreises, 1867 gehört er zu den Mitbegründern der Freikonservativen Partei, 1867–71 ist er Abgeordneter des Norddt. Reichstags, 1870–79 Mitglied des Preußischen Abgeordnetenhauses sowie 1870–81 des Reichstags; 1874–79 ist F. preußischer Landwirtschaftsminister. evk

Friedländer, Albert H., Rabbiner. 10.5.1927 Berlin – 7.7.2004 London. Schulbesuch in Berlin, später in Havanna und Vicksburg/USA. 1952 Ordination zum Rabbiner am Hebrew Union College (Cincinnati), 1966 Promotion an der Columbia Univ., New York, 1977 am Hebrew Union College. F. amtiert in verschiedenen amerikanischen Gemeinden. Ab 1961 in Großbritannien. 1999 ehrenamtlicher Landesrabbiner der Israelitischen Kultusgemeinden von Niedersachsen (Landesverband liberaler Gemeinden). Seit 1967 Dozent am *Leo Baeck College* in London, später dessen Dekan. Gastprof. an zahlreichen Univ., u.a. an der Kirchlichen Hochschule Wuppertal und den Univ. Basel, Berlin (FU und HU), Frankfurt/M., Heidelberg und Linz. F. engagiert sich nicht nur im christlich-jüdischen Dialog, sondern auch in anderen interreligösen Dialogen
📖 Leo Baeck, 1973 [1990]. js

Friedländer, David Joachim, Reformer, Kaufmann, Seidenfabrikant. 6.12.1750 Königsberg – 25.12.1834 Berlin. Seit 1771 in Berlin, hat F. Verbindungen zum Geschäftshaus D. ▸ Itzigs, dessen Tochter Blümchen er 1772 heiratet. Er ist mit M. ▸ Mendelssohn befreundet und Vorkämpfer der jüd. Reformbewegung. Nach Mendelssohns Tod (1786) wird er zur treibenden Kraft eines reformorientierten Judentums. F. ist 1778 Mitgründer der *Jüdischen Freischule* in Berlin und gemeinsam mit Itzig für mehr als 20 Jahre ihr Direktor. Ziel der Schule ist es, die Aufklärungsideale in der Erziehung umzusetzen. Als Lehrmaterial verfasst er das *Lesebuch für jüd. Kinder* (1779) in dt. und hebräischer Sprache. F. ist Hg. zahlreicher Übersetzungen hebräischer Gebete und Abschnitte der Bibel, Mitarbeiter an Berliner Aufklärungszeitschriften, ab 1783 am *Ha Me'assef* von I. ▸ Euchel. In seinem *Sendschreiben einiger Hausväter jüdischer Religion an den Probst Teller* (1799) schlägt er einen modifizierten Übertritt der Juden zum Christentum vor, um der jungen jüd. Generation den Eintritt in die bürgerliche Gesellschaft zu ermöglichen. Der Tod Friedrichs II. (1786) ermöglicht eine umfassende Reformierung der preußischen Judengesetzgebung, an deren Spitze F. steht und der er sich insbesondere in den Jahren bis 1812 widmet. 1806–12 ist er Ältester der JGB und spielt eine bedeutende Rolle in der Berliner Gesellschaft. F. wird 1809 von der Berliner Stadtverordnetenversammlung als erster Jude zum Stadtrat gewählt. Er ist darüber hinaus in der Textilherstellung tätig und gründet 1776 eine Seidenfabrik, die seinen guten Ruf als Kaufmann begründet und ihm 1810 den Posten als *Assessor am kgl. Manufakturkollegium* sichert. F. ist Berater einer Untersuchungskommission und verfasst 1791 ein Memorandum, in dem er sich für die Interessen der Unternehmer stark macht und sich gegen staatliche Interventionen ausspricht. as

Friedländer, Gottlieb, Archivar, Bibliothekar. 1805 Berlin – 27.6.1878 Berlin. Studium der Philologie in Bonn und Berlin. Seit 1828 Angestellter der Kgl. Bibliothek in Berlin und seit 1842 Bibliothekar an der Allgemeinen Kriegsschule, der späteren Kriegsakademie im Nebenamt. 1852 wird F. an das Geheime Staatsarchiv Berlin berufen, dessen Leiter er 1860–74 ist. 1854 erscheint sein Werk über die *Geschichte der Kriegsakademie 1765–1813*. F. konvertiert zum Christentum.
Beiträge zur Buchdruckergeschichte Berlins, 1834. nms

Friedländer, Israel, Semitist. 1876 Kovel/Polen – 1920 Ukraine. Nach traditionellem und säkularem Unterricht in Warschau beginnt F. 1895 am Rabbiner-Seminar und parallel an der Berliner Univ. mit dem Studium. In seiner Zeit in Berlin bereitet er die Übersetzungen der Werke von S. ▶ Dubnow und Achad Ha Am ins Englische bzw. Dt. vor. 1900 beendet er seine Laufbahn als Rabbiner und konzentriert sich auf die Semitistik. Im selben Jahr verlässt er Berlin in Richtung Straßburg, um seine Studien fortzusetzen. Dort nimmt er 1901 eine Stelle an der Univ. an, die er 1904 aufgibt, um in New York als Prof. am JTS zu lehren. Er ist in verschiedenen jüd. und zionistischen Vereinen aktiv. Bei einer Reise durch Osteuropa kommt er bei einem Überfall in der Ukraine ums Leben.
History of the Jews of Russia and Poland, 1915; Am Scheidewege. Ges. Aufsätze, 1925.
Shargel, B.: I. F. and the transformation of European Jewish thought in America, 1983; Cohen, B.: I. F., 1936. hg

Friedländer, Joshua Falk, Philologe. 1871 Stade bei Hannover – 1942 Ghetto Theresienstadt. Ende der 1890er Jahre Oberlehrer an der Talmud-Thora-Schule in Hamburg, 1906–33 Studienrat im öffentlichen Schuldienst in Berlin. F. ist aktiv im jüd. Gemeindeleben u.a. als Laienprediger. Präsident der Bnai-Brith-Loge Berlin, 1933 Entlassung, 1942 Deportation nach Theresienstadt. js

Friedländer, Eduard **Julius** Theodor, Numismatiker. 26.8.1813 Berlin – 14.4.1884 Berlin. Ab 1854 ist F. Direktor des Münzkabinetts der Berliner Museen, dessen Mitbegründer er ist. F. sichert dem Münzkabinett zahlreiche wertvolle Münzsammlungen, darunter die seines Vaters. Zudem ist er Mitglied der PAdW. Veröffentlichungen u.a. in den *Berliner Blättern für Münz-, Siegel- und Wappenkunde* und der *Numismatischen Zeitung*. Konversion zum Christentum.
Die italienischen Schaumünzen des 15. Jahrhunderts (1430–1530), 1882. nms

Friedländer, Max Jacob, Kunsthistoriker. 5.6.1867 Berlin – 11.10.1958 Amsterdam. F. studiert Kunstgeschichte in München, Florenz und Leipzig, 1891 Promotion. Seit 1896 in der Berliner Gemäldegalerie tätig, 1904 deren zweiter ab, 1929 erster Direktor. 1908–32 Direktor des Kupferstichkabinetts. Für beide Einrichtungen tätigt er bedeutende Ankäufe und baut damit die Dürersammlung des Kupferstichkabinetts aus. F. gilt als Kenner der altniederländischen Malerei, neben Wilhelm von Bode bestimmt er entscheidend den Ankauf und Ausbau der Berliner Sammlungen. 1933 Zwangspensionierung. 1939 Emigration in die Niederlande.
Meisterwerke der niederländischen Malerei des 15. und 16. Jahrhunderts, 1902/03; Grünewalds Isenheimer Altar, 1916; Altniederländische Malerei, 14 Bde, 1924–37. br

Friedländer, Rebecca, geb. Solomon (später: Regina Frohberg), Salonnière, Schriftstellerin. 4.10.1783 Berlin – 30.8.1850 Wien. Tochter eines Hof-Juwelenhändlers, heiratet 1800 den Seidenhändler Moses Friedländer. Vier Jahre später erfolgt die Scheidung. Nach der Konversion nimmt sie den Namen Saaling an, später schreibt und reist sie unter dem Pseudonym Regina Frohberg. F. veröffentlicht 16 Romane, und 2 Bde mit Erzählungen. In *Schmerz der Liebe* (1820) porträtiert sie R. ▶ Varnhagen. Ab 1813 lebt F. in Wien. nms

Friedländer, Rosa, Ärztin. 17.11.1885 Breslau – unbekannt. Studium in Heidelberg und Breslau, 1911 Staatsexamen, 1913 Promotion. Zunächst Volontärassistentin in Breslau, ab 1914 in Berlin. Ab ca. 1919 als niedergelassene Ärztin. 1933 Entzug der Kassenzulassung. Nachweislich bis 1938 in Berlin tätig. Über ihr weiteres Schicksal ist nichts bekannt.
Über die Beziehungen der sogenannten Arteriosklerotischen Schrumpfniere zum Morbus Brightii, 1913. ht

Friedlaender, Salomo (Pseud. Mynona), Schriftsteller, Philosoph. 4.5.1871 Gollantsch/Posen – 9.9.1946 Paris. F. studiert Medizin, Philosophie,

Geschichte und Germanistik. 1906 Übersiedlung nach Berlin. Er ist ein Verfechter der Kantischen Vernunft. Sein philosophisches Hauptwerk *Die schöpferische Indifferenz* erscheint 1918. *Das magische Ich. Elemente des kritischen Polarismus* wird hingegen erst 2001 posthum veröffentlicht. Berühmt wird F. aber v.a. durch seine zahlreichen Grotesken, die in Zeitschriften, wie *Der Sturm* und *Die Aktion,* und in Sammelbänden wie *Rosa. Die Schöne Schutzmannsfrau* (1913) erscheinen. Über Berlin schreibt er zwei Romane: *Graue Magie. Ein Berliner Nachschlüsselroman* (1922) und *Geheimnisse von Berlin* (1931). 1933 emigriert F. 2003 erscheint seine im Pariser Exil geschriebene autobiogr. Skizze *Ich (1871–1936).*
Prosa, 2 Bde, 1980; Briefe aus dem Exil (1933–46), 1982.
Kuxdorf, M.: Der Schriftsteller S. F.-M., 1990. ht

Friedländer, Walter, Hochschullehrer, Politiker. 20.9.1891 Berlin – 1984 Oakland/USA. F. ist früh in der Jugendbewegung aktiv, studiert Rechtswissenschaften und wird 1921 für die USPD als Stadtrat für den Prenzlauer Berg gewählt. Er engagiert sich besonders in der Jugendfürsorge und in der AWO (zusammen mit H. ▶ Wachenheim). 1933 emigriert er nach Frankreich, 1936 in die USA. Ab 1943 ist F. Prof. in Berkeley.
Einführung in die Sozialfürsorge, 1955. pj

Friedländer-Fuld, Friedrich Viktor von, Industrieller. 30.8.1858 Gleiwitz – 16.7.1917 Lanke/Mark. 1898 getauft, 1906 geadelt, Industrieller (Koks, Kohle, Chemie), seit 1880 tätig in väterlicher Kohlengroßhandlung *Emanuel Friedländer & Co.* (1890 nach Berlin verlegt). 1884 errichtet F. auf dem Gelände der *Königin-Luise-Grube* (Oberschlesien) eine Koksanstalt (Skalley), aus der sich später die *Oberschlesischen Kokswerke und Chemischen Fabriken AG* (‚Oberkoks') entwickeln. Das Unternehmen ist zu jener Zeit eine der modernsten Fabriken zur Koks-, Ammoniak- und Benzolgewinnung. 1903 Zusammenschluss des eigenen Kohlengrubenbesitzes zur *Rybniker Steinkohlengewerkschaft.* Nach 1906 Mitglied des Preußischen Herrenhauses. Sein Wohnhaus befindet sich am Pariser Platz 5a. js/hg

Froehlich-Brodnitz, Käthe ▶ Brodnitz, Käthe.

Frohberg, Regina ▶ Friedländer, Rebecca.

Fromm, Bella, verh. Welles (Pseud. Frau Bella), Journalistin. 21.12.1900 (verm. früher) Nürnberg – 9.2.1972 New York. F. arbeitet als Redakteurin der *BZ am Mittag.* Dabei führt sie die Gesellschaftskolumne nach amerikanischem Vorbild in den dt. Journalismus ein. Ihre unter Pseudonym geschriebenen Artikel erscheinen auch in zahlreichen ausländischen Zeitungen. Aufgrund ihrer Bekanntheit verfügt sie in der Berliner Gesellschaft über einflussreiche Beziehungen, die sie nach 1933 nutzt, um vielen Menschen zur Flucht zu verhelfen. Nach ihrer Entlassung aus dem *Ullstein*-Verlag bleibt F. zunächst in Dtl, bis sie 1938 emigriert. Ihr geheimes Tagebuch, in dem sie die Entstehung des NS dokumentiert, hat F. bereits vorher außer Landes schmuggeln lassen. Es erscheint 1942 unter dem Titel *Blood and Banquets. A Berlin Social Diary* und avanciert zum Bestseller (dt. *Als Hitler mir die Hand küßte,* 1993). 1957 erhält sie das Bundesverdienstkreuz. Ihr 1961 veröffentlichter Roman *Die Engel weinen* thematisiert die Exilerfahrung. ht

Frommermann, Max Harry, Sänger. 12.10.1906 Berlin – 29.10.1975 Bremen. Aufgewachsen als Sohn eines Kantors, wird F. in Musiktheorie, Harmonielehre und Kontrapunktik unterrichtet; bei Paul Schütz erlernt er das Klavierspielen. 1925/26 studiert F. an der Staatlichen Schauspielschule in Berlin, u.a. bei L. ▶ Jeßner. F. initiiert und begründet 1927 die *Comedian Harmonists.* Nach dem Auftrittsverbot 1933 zerfällt das Sextett. F. emigriert nach New York und tritt 1943 in die US-Army ein. Nach seiner Entlassung ist er 1945–56 als Dolmetscher bei den Nürnberger Prozessen und 1946–48 als Nachrichtenoffizier in Berlin tätig. F. lebt einige Jahre in den USA und kehrt 1962 nach Dtl zurück. Seine Initiativen zur Gründung eines neuen Ensembles schlagen fehl.
Fechner, E.: Die Comedian Harmonists, 1996; Czada, P.: Comedian Harmonists, 1993. jl

Fuchs, Eugen, Jurist. 6.2.1856 Koschentin/Oberschlesien – 22.12.1923 Berlin. Seit 1896 RA und Notar in Berlin, spezialisiert sich F. auf Sachenrecht. Ab 1905 im Vorstand des Anwaltsvereins ist er parallel Mitglied der preußischen Justizprüfungskommission, der er bis 1922 angehört, ferner Redakteur der *Juristischen Wochenschrift.* Als Mitbegründer des CV ist F. ein Gegner des nationalen Judentums.
Um Deutschtum und Judentum, 1919. cm

Fuchs, Franz Eugen L., Jurist. 11.2.1899 Berlin – 1942 unbekannt. Sohn von E. ▶ Fuchs. F. ist Soldat im I. WK. Danach ist er als Jurist und RA tätig. F. ist Mitglied des Vorstands der Berliner Anwaltskammer sowie des Hauptvorstands des CV. 1933–38

amtiert er als dessen Vizepräsident. Ab 1939 ist er einer der führenden Mitarbeiter der RVdJ. 1942 wird er deportiert. Sein Sterbeort und -datum sind unbekannt. br

Fuchs, Immanuael Lazarus, Mathematiker. 5.5.1832(33) Moschin/Posen – 26.(16.)4.1902 Berlin. Ab 1854 Studium in Berlin. 1860 evangelisch getauft. 1865 Habilitation, 1866 a.o. Prof. in Berlin. 1869 tritt er eine Professur in Greifswald, 1874 in Heidelberg an. Ab 1884 Prof. in Berlin und Ordentliches Mitglied der PAdW. 1889 wird er Rektor der FWU. Seine Forschungsgebiete sind Funktionentheorie, Differentialgeometrie und Variationsrechnung. F. ist Begründer der modernen Theorie der homogenen linearen Differenzialgleichungen n-ter Ordnung in Komplexen mit analytischen Koeffizientenfunktionen *(Fuchssche Differenzialgleichungen)*. 1891 übernimmt er die Redaktion des *Journals für die reine und angewandte Mathematik*.
▯ GW, 3 Bde, 1904–09. br/js

Fuchs, Richard, Jurist. 13.6.1886 Berlin – 4.2.1970 London. F. studiert u.a. in Freiburg, Grenoble und Rom. 1914–17 ist er Richter in Berlin, 1919 wechselt er ins Wirtschaftsministerium, drei Jahre später ins Reichsfinanzministerium, wo er sich auf Reparationsfragen spezialisiert. Als stellv. Abteilungsleiter wird er 1933 entlassen und berät zunächst RVdJ und HWdJ, bevor er 1939 nach Großbritannien emigriert, wo er Lehrtätigkeiten übernimmt. 1945–57 ist er Berater der britischen Kontrollkommission für Dtl, danach bis 1960 Mitarbeiter der britischen Botschaft in Bonn.
▯ Die Grundsätze des Versailler Vertrages über die Liquidation und Beschlagnahme deutschen Privatvermögens im Auslande, 1927. cm

Füchsel, Alfred ▶ Forbát, Fred.

Fürst, Edith, Säuglingsschwester. 17.1.1904 Königsberg – 1997 Berlin. F. kommt Mitte der 1920er Jahre nach Berlin und arbeitet zunächst in Privathaushalten, dann im Mütter- und Säuglingsheim bei M. ▶ Schwarz und im Jüd. Säuglingsheim in Niederschönhausen, bevor sie 1933 zusammen mit Rosa Adler, ihrer Schwester, ein eigenes jüd. Kinderheim leitet. Von 1939 bis zu ihrer bevorstehenden Deportation 1942 leitet sie den Kindergarten der JGB. Sie überlebt zunächst versteckt in Berlin, wird am 24.11.1944 entdeckt und in das KZ Ravensbrück verschleppt. Nach dem Krieg leitet F. ein Kinderheim in Falkensee. uw

Fürst, Max, Schriftsteller. 2.6.1905 Königsberg – 21.6.1978 Stuttgart. Mitglied des dt.-jüd. Wanderbunds *Kameraden*, innerhalb dessen er zusammen mit seinem Freund H. ▶ Litten 1923 den *Schwarzen Haufen* gründet. 1924 Gesellenprüfung. 1925–27 auf Wanderschaft, Arbeit als Tischler u.a. in Hannover, Stettin und Berlin. Ab 1927 Wohngemeinschaft mit H. Litten, F.s Frau Margot ist Littens Sekretärin. F. ist Gründer der Jugendberatungsstelle *Jugend hilft Jugend*. 1933/34 ist er in den KZ Columbiahaus und KZ Oranienburg interniert. 1935 Emigration nach Palästina. 1950 Rückkehr nach Dtl; Arbeit in der Odenwaldschule, Bernsteinschule und im Jugendsozialwerk Esslingen, eigene Tischlereiwerkstatt in Stuttgart. 1973 veröffentlicht F. den autobiogr. Text *Gefilte Fisch. Eine Jugend in Königsberg*, der 2004 in einer erweiterten Neuauflage erscheint.
▯ Talisman Scheherezade. Die schwierigen zwanziger Jahre, Autobiogr., 1976. uw/js

Fürst, Paula, Pädagogin. 6.8.1894 Glogau – nach Juni 1942. Nach dem Tod des Vaters siedelt die Familie 1906 nach Berlin über. F. legt 1914 ihre Lehrerinnenprüfung ab, studiert dann bis 1923 an der FWU Geschichte und Französisch und absolviert Ausbildungskurse zur Montessori-Pädagogik. 1926 wird ihr die Leitung der ersten öffentlichen Montessori-Klasse Berlins übertragen. F. engagiert sich stark für diese neue Pädagogikrichtung u.a. im *Verein Montessori Pädagogik Dtl.* 1933 wird die Montessori-Pädagogik in Dtl verboten, F. wird entlassen. Im selben Jahr übernimmt sie die Leitung der zionistisch ausgerichteten privaten Theodor-Herzl-Schule. 1938 muss die Schule, wie alle jüd. Privatschulen, geschlossen werden. Die RVdJ, die von da an das jüd. Schulwesen organisieren soll, überträgt F. die Schulabteilung. Damit ist F. für alle jüd. Schulen in Dtl bis zu deren endgültiger Schließung 1942 verantwortlich. Im Aug. 1939 begleitet F. Kinder, die nach Großbritannien einreisen dürfen. Gegen den Rat ihrer Freunde kehrt sie nach Dtl zurück. Am 19.6.1942 umstellt die Gestapo das Gebäude der RVdJ und wählt 50 Mitarbeiter, darunter F., zur Deportation aus. Vermutlich wird F. am 24.6.1942 mit dem 16. ‚Osttransport' deportiert. Über das weitere Schicksal der 202 Insassen dieses Zuges ist nichts bekannt. ht

Fürstenberg, Anelia, geb. Natanson, Salonnière, Geschäftsfrau. 1856 Warschau – 1915 Berlin. Tochter des Arztes Ludwig Natanson, heiratet den Bankier Carl ▶ F. Seit 1890 regelmäßige Gesellschaften, Dichterlesungen und Vorträge. In ihrem

Salon verkehren viele Persönlichkeiten, u.a. Robert Koch, Richard Strauß, Gerhart Hauptmann und M. ▶ Reinhardt. F. erfüllt neben ihrer Rolle als Salonnière auch die einer erfolgreichen Geschäftsfrau. Bei vielen Gelegenheiten vertritt sie ihren Mann in der BHG. nms

Fürstenberg, Carl, Bankier. 28.8.1850 Danzig – 9.2.1933 Berlin. F absolviert eine Ausbildung im Bankwesen in Danzig und Berlin, u.a. beim Bankhaus S. ▶ Bleichröder. Dort arbeitet er ab 1871, bevor er 1883 in die *Berliner Handelsgesellschaft* (BHG) eintritt. Bis 1930 ist F. ihr Inhaber und begründet ihre Stellung als Großbank. Durch den Verzicht auf Zweigniederlassungen im In- und Ausland macht er sie zur stärksten Emissionsbank in Dtl. Durch seine Führung entwickelt die BHG enge Kontakte zum Münzhandwerk und zur Schwer- und Elektronikindustrie. 1930–33 ist er Vorsitzender des Verwaltungsrates. F. ist außerdem im AR zahlreicher Unternehmen und hat eine führende Stellung in der dt. Finanzwelt und Industrie inne. Einen Adelstitel lehnt er, der für seinen Humor bekannt ist, ab. 1931 schreibt er eine Autobiogr. *Lebensgeschichte eines dt. Bankiers*. F. ist u.a. eng mit M. ▶ Harden und W. ▶ Rathenau befreundet. as

Fürstenberg, Hans (Jean), Bankier. 20.1.1890 Berlin – 3.4.1982 Chateau de Beaumesnil/Frankreich. Studium in Berlin und München, anschließend Bankiersausbildung. 1915–18 Mitarbeiter der Bankabteilung des dt. Generalgouvernements in Brüssel. 1919–35 führt er als Nachfolger seines Vaters Carl ▶ F. zusammen mit O. ▶ Jeidels die Geschäfte der BHG weiter. 1936 Emigration nach Frankreich, seit 1939 zweiter Wohnsitz in der Schweiz, lebt nach dem Krieg in Paris und Genf. 1952–82 Vorsitzender im Verwaltungsrat der BHG.

Ein Land ohne Betriebsmittel, 1925; Carl Fürstenberg, 1930; Erinnerungen, 1965. uw

Fulda, Ludwig (d.i. Ludwig Anton Salomon), Schriftsteller. 15.7.1862 Frankfurt/Main – 29.3.1939 Berlin. Nach dem Studium in Berlin, Leipzig und Heidelberg veröffentlicht F. seit 1887 zahlreiche Dramen und Beiträge für die *Berliner Monatshefte*. Zusammen mit O. ▶ Brahm und F. ▶ Mauthner gründet er 1889 in Berlin die *Freie Bühne* und leitet bis zu dessen Auflösung den gleichnamigen Verein. 1910–33 gehört er zu den meistgespielten Autoren auf deutschsprachigen Bühnen. F. schreibt soziale, neuromantische Märchendramen und Gesellschaftskomödien, von denen viele verfilmt werden. Außerdem übersetzt er literarische Werke aus sieben Sprachen ins Deutsche. 1925 gehört er zu den Mitbegründern des dt. P.E.N.-Clubs, bis 1928 ist er dessen Präsident. 1933 wird F. aus der Sektion Dichtung der AdK, die er einst mitbegründete, ausgeschlossen. Die geplante Ausreise scheitert an fehlenden Papieren. Desillusioniert nimmt sich F. das Leben.

Die Seeräuber, 1912 (verfilmt 1948); Jugendfreunde, 1919; Briefwechsel 1882–1939, 1988.

Dauer, H.: L. F. Erfolgsschriftsteller, 1998. ht

G

Gabriel, Siegmund, Chemiker. 7.11.1851 Berlin – 22.3.1924 Berlin. Seine wissenschaftliche Laufbahn beginnt G. als Unterrichtsassistent bei August Wilhelm Hofmann am Chemischen Institut der Berliner Univ., wo er 1874 Mitarbeiter wird. Seit 1886 ist G. a.o. Prof. für Organische Chemie. Er leitet das anorganisch-chemische Praktikum und arbeitet auf dem Gebiet der Organischen Chemie. G. ist langjähriges Mitglied der *Deutschen Chemischen Gesellschaft*. ra

Gagnier, Paul ▸ Mehlich, Ernesto.

Galento, Toni ▸ Spoliansky, Mischa.

Galinski, Heinz, Gemeindevorsitzender, Funktionär. 28.11.1912 Marienburg/Preußen – 19.7.1992 Berlin. 1933 schließt G. seine kaufmännische Lehre ab und arbeitet danach als Textilverkäufer in Rathenow/Havel. In dieser Zeit erlebt er erste Übergriffe durch Nationalsozialisten. 1940 wird G. zusammen mit seiner Frau und seiner Mutter zu Zwangsarbeit verpflichtet. 1943 erfolgt die Verhaftung der gesamten Familie, der Vater stirbt kurz darauf in einer Polizeistation. G., seine Frau und seine Mutter werden in das KZ Auschwitz deportiert. Er sieht seine Familie nie wieder. G. leistet Zwangsarbeit für die *IG Farben* in Buna (Auschwitz III). 1945 ist er Zwangsarbeiter in einem Außenlager des KZ Buchenwald. Im April 1945 wird G. von britischen Soldaten aus Bergen Belsen befreit. Auf seinem Weg nach Berlin wird er von sowjetischen Truppen erneut verschleppt und kommt erst im Aug. 1945 in Berlin an. G. setzt sich konsequent für den Wiederaufbau der JGB ein. 1949–92 ist er deren Vorsitzender. 1987 verleiht ihm die Stadt Berlin die Ehrenbürgerschaft. 1954–63 und 1988–92 ist G. Vorsitzender des Zentralrats der Juden in Dtl. In dieser Position nimmt er, wie schon als Vorsitzender der JGB, immer wieder zu tagespolitischen Themen Stellung und setzt sich dafür ein, dass das Unrecht, das den Juden unter der nationalsozialistischen Herrschaft angetan wurde, nicht in Vergessenheit gerät.
🗎 Schütz, K.: H. G., 2004; Nachama, A./Schoeps, J. H.: Aufbau nach dem Untergang. Deutsch-jüdische Geschichte nach 1945. In memoriam H. G., 1992. js

Galliner, Julius, Rabbiner. 3.2.1872 Zinten/Ostpreußen – 7.7.1949 New York. Bruder von M. ▸ Galliner. G. wirkt nach seinen Studien an der HWdJ in Berlin ab 1900 als liberaler Rabbiner in Charlottenburg. Seit 1912 ist G. Volksschulrektor und Rabbiner der Synagoge Fasanenstraße. Er ist u.a. Mitglied der städtischen Schuldeputation, Geschäftsführer des Hilfsvereins für jüd. Studenten sowie ab 1933 Leiter des Schuldezernats im PLV. 1939 emigriert G. nach Großbritannien, 1947 siedelt er in die USA über. cg/dr

Galliner, Moritz, Rechtsanwalt, Notar. 23.4.1884 Zinten/Ostpreußen – 28.12.1942 Berlin. G. ist als RA tätig und Testamentsvollstrecker von L. ▸ Ury sowie Vorsitzender der RV in der Reformgemeinde. Nach der Machtübernahme der Nazis darf G. zunächst als RA weiterarbeiten - bis zum allgemeinen Berufsverbot 1938. Die Kinder Peter und Anneliese schickt er aus Dtl weg, um sie in Sicherheit zu bringen. Einen Tag bevor sich G. und seine Frau Hedwig im Sammellager einfinden sollen, nehmen sie sich das Leben.
🗎 Freiheit und Bindung. Zur Geschichte der Jüdischen Reformgemeinde zu Berlin von den Anfängen bis zu ihrem Ende 1939, 2004. js

Gangi, Golo ▸ Loewenson, Erwin.

Gans, Abraham, Bankier, Kaufmann. 26.3.1766 Celle – 6.9.1813 Prag. Vater des Rechtsphilosophen E. ▸ Gans. 1795 Umzug nach Berlin, Tätigkeit als Bankier; seit 1805 Mitglied in der *Vereinigten Börsenkorporation*. 9.4.1809 Erwerb des städtischen Bürgerrechts. Berater des Staatskanzlers K. A. Fürst von Hardenberg. uw

Gans, Eduard, Jurist, Rechtsphilosoph. 23.3.1798 Berlin – 5.5.1839 Berlin. Sohn von A. ▸ Gans. Als Student in Berlin, Göttingen und Heidelberg ist G. stark von Hegel beeinflusst. 1819 gründet er mit L. ▸ Zunz und M. ▸ Moser den *Verein für Cultur und Wissenschaft der Juden,* der sich für eine Reform des Judentums und gegen die Taufe ausspricht. Der Verein gibt die *Zeitschrift für die Wissenschaft des Judentums* heraus, in der G. vor allem Aufsätze zu rechtshistorischen Themen publiziert. Ein Jahr nach Auflösung des Vereins, 1825, entscheidet sich G. aus beruflichen Gründen für die Taufe und wird ein Jahr später als Prof. berufen. 1830–32 veröffentlicht er *Beiträge zur Revision der Preußischen Gesetzgebung*. Er gilt als Vertreter der ‚rechten' Hegelschule und gibt 1837 aus Hegels Nachlass dessen *Vorlesungen über die Philosophie der Geschichte* heraus.

Das Erbrecht in weltgeschichtlicher Entwicklung, 4 Bde, 1824–35 [1963].

E. G. Politischer Prof. zwischen Restauration und Vormärz, 2002; Braun, J.: Judentum, Jurisprudenz und Philosophie, 1997; Waszek, N.: E. G. Hegelianer, Jude, Europäer, 1991. cm

Eduard Gans

Garbáty-Rosenthal, Eugen Leib, Unternehmer. 10.3.1880 Berlin – vermutlich 1970 USA. Mitarbeit in der väterlichen Zigarettenfabrik (Josef ▶ G.), ab 1911 Mitinhaber. Im Regierungsauftrag Reise nach Griechenland und in die Türkei, um den Tabakanbau vor Ort zu studieren. 1915 Gründung der *Cigaretten-Tabak-Einkaufs-Gesellschaft* (Zitag), vier Jahre später mit dem Bruder Moritz ▶ G. Gründung der *Pa-Pe-Ge*, einer Pappe- und Papierverarbeitungsgesellschaft. Parallel Expansion der Zigarettenfirma *Garbáty*. 1924 Reise mit dem Bruder nach Palästina, dort Gründung einer Versuchsanstalt, um Tabakpflanzungen in jüd. Siedlungen anzuregen. 1929 Verkauf der eigenen Anteile an den Tabakproduzenten *Reemtsma*. Beginn des Sammelns von Alten Meistern, die sich heute – nach seiner Emigration 1939 in die USA – zumeist in amerikanischen Museen befinden. cm

Garbáty, Josef, Zigarettenhersteller. 27.6.1852 Lida/Weißrußland – 29.6.1939 Berlin. G. ergreift den Beruf des Vaters und beginnt mit seiner Frau Rosa Rahel ab 1879 in Berlin Zigaretten herzustellen. Zehn Jahre später sind bereits 60 Arbeiter bei ihm beschäftigt. 1896 erfolgt der Eintrag ins Firmenregister als *Cigaretten Fabrik J. Garbáty*. Die Produktion steigt, ebenso die Zahl der Arbeiter – um 1900 sind es etwa 200 – so dass ab 1905 Fabrikneubauten in Pankow entstehen. In der Berliner Straße werden u.a. die beiden bekanntesten und erfolgreichsten Marken, die *Königin von Saba* und die *Kurmark*, hergestellt. 1912 gibt es ca. 1 000 Beschäftigte und deutschlandweit Vertriebsniederlassungen. G. engagiert sich für seine Arbeiter. So gibt es im Betrieb u.a. einen Kindergarten, eine Wäscherei, eine Kantine und ab 1918 eine Arbeitslosenversicherung, die reichsweit erst 1927 eingeführt wird. G. engagiert sich aber auch für die JGB; viele seiner Arbeiter sind ‚Ostjuden'. Der HWdJ stiftet er einen Lehrstuhl und dem nahen Jüd. Waisenhaus den bis heute erhaltenen Synagogenraum. Von seinen Söhnen Eugen ▶ G. und Moritz ▶ G. unterstützt, führt G. bis 1929 die Firma. Im Herbst 2 000 wird ein Platz in Pankow nach ihm benannt.

Bezirksamt Pankow. Pankow und die Königin von Saba, 1997. cm

Garbáty-Rosenthal, Moritz, Unternehmer. 1892 Berlin – 1965 USA. Nach dem Studium der Nationalökonomie wird G. 1916 Mitinhaber des Familienbetriebes. 1919 gründet er mit dem Bruder Eugen ▶ G. eine Pappe- und Papierverarbeitungsgesellschaft und reist 1924 mit diesem nach Palästina. Als 1929 Vater (Josef ▶ G.) und Bruder aus dem Betrieb ausscheiden, wird G. Firmenleiter. Er installiert moderne Montagebänder, ein Luftreinigungssystem und begründet den Firmensportclub. Als Liberaler engagiert er sich in der JGB und ist Vorstandsmitglied mehrerer Vereine, u.a. im Kuratorium des Jüd. Waisenhauses. Von Gerda Frankfurter, der Mutter seines Sohnes, geschieden, ehelicht er die der Arnim-Familie angehörende Ella Born, die aus Protest gegen die NS-Rassengesetze von 1935 zum Judentum übertritt. Die Zigarettenfabrik wird 1938 ‚arisiert', die Familie emigriert nach Amsterdam, ein Jahr später in die USA. cm

Garbel, Heinrich ▶ Osborn, Max.

Gassner, Joe ▶ Hirsch, Karl Jacob.

Geiger, Abraham, Rabbiner. 24.5.1810 Frankfurt/Main – 23.10.1874 Berlin. G. studiert in Bonn und Heidelberg. Nach seiner Ordination zum Rabbiner ist er zunächst in Wiesbaden, dann 28 Jahre in Bres-

lau tätig. 1863 kehrt er nach Frankfurt/M. zurück, wo er sieben Jahre als Rabbiner amtiert. Danach folgt er einem Ruf nach Berlin und begründet die HWdJ mit. G. gilt als der geistige Vater der jüd. Reformbewegung und liefert die theoretischen Grundlagen zu einem neuen Verständnis des Judentums. Er unterscheidet zwischen den religiös universalen Werten und den konkreten Geboten und Ritualgesetzen. Diese seien geschichtlich bedingt und sollten deshalb den neuen Gegebenheiten angepasst werden. Damit setzt er sich in Widerspruch zur orthodoxen Richtung, welche die religionsgesetzlichen Regeln und Vorschriften als heilig und unantastbar verstehen. G. ist ein bedeutender Gelehrter, dessen Forschungen sich auf alle Gebiete der jüd. Wissenschaft erstrecken: Er veröffentlicht zahlreiche Werke zur jüd. Religion, deren Geschichte sowie deren Philosophie und ist Hg. verschiedener Zeitschriften, so der *Wissenschaftlichen Zeitschrift für jüdische Theologie* (1835–38, 1842–47) und der *Jüdischen Zeitschrift für Wissenschaft und Leben* (1862–75).
📖 Israelitisches Gebetsbuch für den öffentlichen Gottesdienst im ganzen Jahr, 1854; Das Judentum und seine Geschichte, 1865–71.
📄 Heschel, S.: Der jüd. Jesus und das Christentum, 2001; Geiger, L.: A. G. Leben und Lebenswerk, 1910 [2001]. cg/dr

Geiger, Ludwig, Literatur-, Kulturhistoriker. 5.6.1848 Breslau – 9.2.1919 Berlin. Sohn von A. ▶ Geiger. 1865–69 studiert G. Philosophie, Theologie, Philologie und Geschichte in Heidelberg, Göttingen, Bonn und Paris. Ab 1870 ist er Lehrer in Berlin. 1873 habilitiert er sich mit *Urteile griechischer und römischer Schriftsteller über Juden und Judentum* und wird danach PD für dt. Literatur und Geschichte an der Univ. Berlin (1880 a.o. Prof.) und Dozent an der HWdJ. Neben zahlreichen Arbeiten zur Zeit der Renaissance, des dt. Humanismus, der Reformation und der Weimarer Klassik macht sich G. vor allem als Goethe-Biograf und Hg. des *Goethe-Jahrbuchs* (1880–1913) einen Namen. 1871 erscheint seine *Geschichte der Juden in Berlin*; daneben 1875–78 *Abraham Geiger's nachgelassene Schriften* und 1910 *Abraham Geiger. Leben und Lebenswerk.* 1887–92 begründet G. die ZfGJ und übernimmt 1909–19 die Redaktion der AZJ.
📖 Die deutsche Literatur und die Juden, 1910. jvs

Geiringer, Hilda, verh. Pollaczek, verh. von Mises, Mathematikerin. 28.9.1893 Wien – 22.3.1973 Santa Barbara/ Kalifornien. 1913–17 studiert G. Mathematik in Wien. 1918/19 ist sie als wiss. Assistentin für das *Jahrbuch über die Fortschritte der Mathematik* tätig. Danach unterrichtet sie in Wien. 1921 erhält sie am Institut für angewandte Mathematik der Berliner Univ. eine Assistentenstelle. 1922 heiratet sie den Mathematiker Felix Pollaczek, veröffentlicht *Die Gedankenwelt der Mathematik* und bringt ihre Tochter Magda zur Welt. 1925 lässt sie sich scheiden und beendet ihre Habilitationsschrift *Ueber starre Gliederungen von Fachwerken.* G. verfasst Arbeiten zur angewandten Mathematik, Geometrie, der Theorie von Differentialgleichungen und ab Mitte der 1920er Jahre erste Untersuchungen zur Wahrscheinlichkeitstheorie. 1927 erhält sie die Lehrbefugnis. 1933 verliert sie ihre Stelle und emigriert zunächst nach Brüssel. 1934 folgt sie ihrem späteren Mann R. v. ▶ Mises nach Istanbul, wo sie an der Univ. eine Anstellung bekommt und unterrichtet. 1939 emigrieren beide in die USA. 1944–59 ist G. Mathematikprof. am Wheaton College in Norton/Mass.
📖 Die Gedankenwelt der Mathematik, 1922. ht

Gellhorn, Alfred, Architekt. 23.3.1885 Ohlau/ Niederschlesien – 10.10.1972 London. G. studiert in Breslau, München, Berlin und Stuttgart. 1918–33 ist er als freier Architekt in Berlin und Halle tätig. Zu seinen ersten Bauten gehört das *Scala Casino* (1920) in Berlin. 1927 folgen die Villa für Franz Ebstein, die *Trümpy Tanzschule* sowie mehrere Wohnhäuser in Zehlendorf und eine Ein-Zimmer-Wohnanlage in Lichtenrade. 1933 emigriert er nach Spanien, 1935 nach Südamerika. 1954 kehrt G. nach Berlin zurück, lebt in den 1960er Jahren in Barcelona und ab 1966 in Wiesbaden. nv

Georg(e), Manfred (d.i. Manfred Georg Cohn), Journalist, Schriftsteller. 22.10.1893 Berlin – 30.12.1965 New York. G. studiert Jura in Berlin und Genf, parallel ist er journalistisch tätig. Später arbeitet er für Verlage und Zeitungen und verfasst feuilletonistische, politische und juristische Beiträge. 1917–20 ist er Mithg. der Kunstzeitschrift *Marsyas.* 1928–33 ist G. Chefredakteur im *Ullstein*-Verlag. Er veröffentlicht Erzählungen, Novellen und Romane, ist für Bühne und Rundfunk tätig und übersetzt Romane. Darüber hinaus schreibt er mehrere Biografien, u.a. über Theodor Herzl, dessen Briefe er auch herausgibt. 1933 flieht er in die Tschechoslowakei und ist dort Redakteur der *Prager Montagszeitung* und Hg. der Exilzeitschrift *Jüdische Revue.* 1938 wandert er in die USA aus und wird Chefredakteur der Emigrantenzeitung *Aufbau.*
📖 Verlorene Nacht, 1920; Aufruhr im Warenhaus, 1928; Männer, Frauen, Waffen, 1934. uw

Georgy, Ernst (d.i. Margarete Michaelson), Schriftstellerin. 24.5.1873 Berlin – 12.12.1924 Berlin. G. entstammt einem großbürgerlichen Elternhaus und lässt sich 1898 taufen. Sie veröffentlicht zunächst kleinere Novellen und Übersetzungen in Zeitschriften, bevor 1896 ihr Roman *Aus Leidenschaft* erscheint. In den Folgejahren avanciert sie aufgrund ihrer humoristischen Erzählweise zur beliebten Unterhaltungsautorin. Handlungsort vieler ihrer Bücher ist Berlin. Besonders erfolgreich ist ihre Romanserie *Die Berliner Range* (12 Bde, 1900–02), deren Protagonistin eine ‚höhere Tochter' ist. Bis zu ihrem Tod lebt sie mit ihrer ebenfalls ledigen Schwester Anna in Steglitz.
Groß-Berlin, 1904; Schuldig?, 1921; Der Konfektionsbaron, 1923. ht

Gerhard, Adele, geb. de Jonge, Schriftstellerin. 8.6.1868 Köln – 10.5.1956 Köln. G. heiratet 1889 den Berliner RA Stephan Gerhard. Sie engagiert sich zunächst praktisch und später auch theoretisch als Autorin im sozialen Bereich. 1902 konvertiert sie zum Protestantismus. Ihr literarisches Werk ist stilistisch breit gefächert, es reicht vom Entwicklungsroman über einen impressionistisch-symbolistischen bis zum expressionistischen Erzählstil. Das sich rasant verändernde Berlin der Jahrhundertwende schildert sie in *Die Familie Vanderhouten* (1909). 1938 Emigration in die USA. Auf der Grundlage ihrer Tagebücher 1937–41 entsteht ihre Autobiogr. *Das Bild meines Lebens* (1948). 1955 kehrt G. nach Dtl zurück.
Vom Sinken und Werden, 1912; Lorelyn, 1920; Via Sacra, 1928.
Gerhard, M.: Das Werk A. G. als Ausdruck einer Wendezeit, 1963. ht

Gernsheim, Friedrich, Komponist, Dirigent, Musikpädagoge. 17.7.1839 Worms – 11.9.1916 Berlin. G. tritt knapp 11-jährig erstmals als Pianist auf und studiert am *Leipziger Konservatorium* sowie in Paris. 1890–97 lehrt er am *Stern'schen Konservatorium* in Berlin und leitet 1890–1904 den *Stern'schen Gesangverein*. 1897 wird er Senatsmitglied der PAdK und leitet ab 1901 eine Meisterklasse für Komposition. Seine Kompositionen umfassen Sinfonien, Kammermusik und Chorwerke. uw

Gerron, Kurt (d.i. Kurt Gerson), Schauspieler, Filmregisseur, Sänger. 11.5.1897 Berlin – 1944 KZ Auschwitz. G. studiert Medizin und ist Frontarzt im I. WK. Ab 1920 erhält er Engagements an verschiedenen Theatern in Berlin, u.a. als *Mackie Messer* in der *Dreigroschenoper*. Mit S. ▶ Arno tritt er als Komikerduo in vielen Filmen auf, so in *Vorderhaus und Hinterhaus* (1925). Als Hauptdarsteller ist G. u.a. in E. A. ▶ Duponts *Varieté* (1925), R. ▶ Oswalds *Halbseide* (1925), M. ▶ Macks *Ein Tag der Rosen im August* (1927) und J. v. ▶ Sternbergs *Der blaue Engel* (1930) zu sehen. 1926 gibt er sein Regiedebüt mit *Der Liebe Lust und Leid*. 1933 emigriert G. in die Niederlande und setzt dort seine Arbeit an Theater und Kabarett fort. 1943 wird er in das KZ Westerbork, 1944 in das Ghetto Theresienstadt verbracht. Dort muss er die Regie für den NS-Propagandafilm *Theresienstadt*, der auch unter *Der Führer schenkt den Juden eine Stadt* bekannt wird, übernehmen. Wie fast alle Mitwirkenden wird auch G. nach Auschwitz deportiert und dort ermordet. kq

Kurt Gerron

Gerson, Baila, geb. Helmenreich, Biologin. 4.3.1902 Krukienice – 1944 KZ Auschwitz. G. kommt als Flüchtlingskind nach Berlin, wo sie als angeblich Lernbehinderte von C. ▶ Grunwald gefördert wird. Ihre Ausbildung absolviert sie an der Gartenbauschule Ahlem bei Hannover. In der Sächsischen Schweiz legt sie ein bis heute erhaltenes ‚Alpinum' seltener Bäume an und unternimmt landwirtschaftliche Experimente in Groß-Gaglow bei Cottbus. 1933 muss sie ihre Arbeit dort beenden und kehrt mit ihrem Mann und zwei Töchtern nach

Berlin zurück, wo sie als Ausbilderin und Wirtschaftsleiterin auf *Hachschara*-Gütern im Berliner Umland wirkt. 1943 wird sie mit ihrer Familie nach Theresienstadt deportiert, 1944 im KZ Auschwitz ermordet. ht

Gerson, Dora, Schauspielerin, Sängerin. 23.3.1899 Berlin – 14.2.1943 KZ Auschwitz. Als Absolventin der M. ▶ Reinhardt-Schule erhält G. Engagements an der Volksbühne und in Werner Fincks *Kabarett-Katakombe.* 1920 spielt sie in zwei Karl-May-Verfilmungen unter Regie von Josef Stein mit. 1922 heiratet sie Veit Harlan, der später den antisemitischen Film *Jud Süß* dreht. Die Ehe wird bereits 1924 wieder geschieden; die Darstellung, Harlan habe sich erst nach 1933 von ihr scheiden lassen, ist falsch. Trotz Berufsverbot nimmt sie mit Unterstützung des JKB 1935 u.a. das Lied *Vorbei* auf, danach emigriert sie in die Niederlande, durch Heirat wird sie deren Staatsbürgerin. 1942 scheitert ein Fluchtversuch kurz vor der Schweizer Grenze; G. wird verhaftet und in das KZ Auschwitz deportiert.
◉ *Vorbei...* – Dokumentation jüd. Musiklebens in Berlin 1933–1938, 2001. cm/mr

Gerson, Kurt ▶ Gerron, Kurt.

Gerson, Hermann (Menachem), Lehrer. 20.3.1908 Frankfurt/Oder – 14.4.1989 Hasorea/Israel. 1926–34 Studium an der Univ. Berlin und der HWdJ, 1932–34 Direktor der Schule der Jüd. Jugend Berlin. Mitbegründer der JA Berlin. Mitglied und Leiter des dt.-jüd. Wanderbundes *Kameraden*, innerhalb dessen er den so genannten *Kreis*, mit bewusster Rückbesinnung zum Judentum, gründet. 1932, nach Auflösung der *Kameraden*, ist G. Gründer und Leiter der *Werkleute*, eines zionistischen Jugendbunds. G. steht in engem Kontakt mit M. ▶ Buber. 1933 kurzzeitig in Haft. 1934 emigriert G. nach Palästina, wo er im von ihm mitbegründeten Kibbuz Hasorea, Erziehungstätigkeiten übernimmt.
▯ Werkleute. Ein Weg jüdischer Jugend, 1935. uw

Gerson, Hermann (Hirsch Gerson Levin), Kaufmann. 28.2.1813 Königsberg/Neumark – 6.12.1861 Berlin. Kommt 1835 nach Berlin, erwirbt den Bürgerbrief und eröffnet 1836 in der Passage der Kgl. Bauakademie ein Textilfachgeschäft, aus dem sich das bis 1935 bestehende *Modehaus Hermann Gerson* am Werderschen Markt entwickelt. Mit einfallsreicher Werbung gewinnt er die vornehme Gesellschaft im In- und Ausland als Kundschaft. G. ist seit 1848 Hoflieferant des preußischen Königshauses. uw/js

Ger Trud ▶ Isolani, Gertrud.

Gert, Valeska (d.i. Gertrud Valesca Samosch), Tänzerin, Kabarettistin, Schauspielerin. 11.1.1892 Berlin – 15.3.1978 Kampen/Sylt. G. beginnt ihre Schauspielkarriere während des I. WK an den Münchner Kammerspielen. 1920 kehrt sie nach Berlin zurück, tritt im Kabarett *Schall und Rauch* auf, schreibt aber auch für *Die Weltbühne* und die *Berliner Tageszeitung,* besticht durch Tanzkarikaturen in Phantasiekostümen und übernimmt Filmrollen. So in G. W. Pabsts Filmen *Die freudlose Gasse* (1925) als *Mrs. Greifer* und in der *Dreigroschenoper* (1931) als *Frau Peachum.* 1932 gründet sie in der Budapester Straße das Kabarett *Kohlkopp.* Ab 1933 tritt sie in Paris, Budapest und London auf, 1938 emigriert sie in die USA. In New York eröffnet G. das Lokal *Beggar Bar,* arbeitet aber auch als Tellerwäscherin und Aktmodell. 1947 kehrt sie nach Dtl zurück, tritt bei Guy Walter in Baden-Baden auf, eröffnet in Berlin die *Hexenküche* und knüpft so an frühere Erfolge an. 1965 übernimmt sie die Rolle der *Pijma* in F. Fellinis *Julia und die Geister.* 1970 erhält sie das Filmband in Gold, 1976 übernimmt sie als letzte Filmrolle die *Praskovia* in *Der Fangschuß* von Volker Schlöndorff. Dieser dreht über G. 1977 auch die Dokumentation *Nur zum Spaß, nur zum Spiel...* G. wird in einem Ehrengrab des Städtischen Friedhofs Ruhleben beigesetzt.
▯ Ich bin eine Hexe. Kaleidoskop meines Lebens, 1968. cm

Gidal, Nachum Tim (Ignaz Nachum Gidalewitsch), Fotograf, Historiker. 18.5.1909 München – 4.10.1996 Jerusalem. G, der Sohn einer aus Russland stammenden orthodoxen Familie, studiert Geschichte, Kunstgeschichte und Nationalökonomie in München, Berlin und Basel. 1935 promoviert er über das *Verhältnis von Bildberichterstattung und Presse.* Bereits während des Studiums ist er als Fotograf u.a. für die *Münchner Illustrierten Presse,* die *Jüdische Rundschau* und die *Frankfurter Illustrierte* tätig. 1936 emigriert G. nach Palästina, wo er bei verschiedenen Zeitungen, auch während des II. WK, arbeitet. Ab 1947 ist er Prof. an Univ. in den USA, Dtl und Israel und wird Ehrenmitglied des *Israel Museums* in Jerusalem. Zu seinen zahlreichen Veröffentlichungen gehört u.a. *Die Juden in Deutschland von der Römerzeit bis zur Weimarer Republik* (1988). 1983 erhält er den Erich ▶ Salomon-Preis der *Deutschen Gesellschaft für Photographie.* 1989 übergibt G. sein Bildarchiv an das Salomon Ludwig Steinheim-Institut in Duisburg. kq

Giehse, Therese (d.i. Therese Gift), Schauspielerin. 6.3.1898 München – 3.3.1975 München. Nach Schauspielunterricht und mehreren Engagements an verschiedenen Bühnen in Dtl entwickelt sie sich zu einer herausragenden Charakterschauspielerin. Im Jan. 1933 gründet sie zusammen mit Erika ▶ Mann und Magnus Henning das Kabarett *Die Pfeffermühle*, im März d. J. emigriert sie in die Schweiz, wo sie 1938–45 am Züricher Schauspielhaus arbeitet. Sie verkörpert 1941 als Erste die *Mutter Courage* und wird in den folgenden Jahren eine der wichtigsten Brecht-Schaupielerinnen, schließlich arbeitet sie 1949–52 am *Berliner Ensemble*. Sie brilliert auch in Stücken von F. Dürrenmatt, M. Gorki, G. Hauptmann und H. v. Kleist. Daneben wirkt sie in zahlreichen Film- und Hörspielproduktionen mit. Ab 1954 wohnt sie wieder in München. Zu ihren letzten großen Rollen gehört 1970 die der *Mutter* in Gorkis gleichnamigen Theaterstück an der *Schaubühne* in Berlin.

„Ich hab nichts zu sagen". Gespräche mit Monika Sperr, 1978.

Mittenzwei, W.: Das Züricher Schauspielhaus 1933–45 oder die letzte Chance, 1979; Drews, W.: Die Schaupielerin T. G., 1965. id

Gierke, Anna Ernestine Therese von, Sozialpädagogin, Frauenrechtlerin. 14.3.1874 Breslau – 3.4.1949 Berlin. Die Tochter des Rechtsgelehrten Otto von Gierke und der jüd. Verlegertochter Lili Loening wächst mit ihrer Schwester H. ▶ Gierke in wohlhabenden Verhältnissen auf und entwickelt früh ein soziales Bewußtsein. Seit 1887 lebt die Familie in Berlin. 1891 beginnt G. in einem Jugendheim von H. ▶ Heyl zu arbeiten. Ab 1898 leitet sie das Charlottenburger *Jugendheim*. In dem seit 1908 in der Goethestraße ansässigen Haus werden u.a. Kindergärtnerinnen und Schulpflegerinnen ausgebildet. 1919 ist G. Mitglied der Verfassungsgebenden Nationalversammlung. Als die Deutschnationale Partei sie nicht erneut zur Kandidatur aufstellt, treten sie und ihr Vater aus der Partei aus. G.s Versuch, eine Frauenpartei zu gründen, scheitert. Sie engagiert sich in der Frauenbewegung, u.a. im *Verbündeten Frauenverein Groß-Berlin* und im Gesamtvorstand des BDV. 1924 begründet sie den *Fünften Wohlfahrtsverband* (heute *Paritätischer Wohlfahrtsverband*) mit. 1925–38 gibt sie die Fachzeitschrift *Soziale Arbeit* heraus. G. muss im Okt. 1933 aus dem *Jugendheim* ausscheiden. Fortan ist sie im Privaten karitativ tätig. Zu ihrem Freundeskreis gehören u.a. Theodor Heuss, A. ▶ Salomon und Martin Niemöller. Ende 1942 erhält G. eine Vorladung der Gestapo, die ihre Diskussionsabende verbietet. Seit 1950 sind in Charlottenburg eine Straße und ein Platz nach ihr benannt; im März 1993 wird eine Gedenktafel ihr und ihrem Vater zu Ehren am ehemaligen Wohnhaus, heute Carmenstraße 12, angebracht. cm

Gierke, Hildegard von, Pädagogin. 1880 Breslau – 14.4.1966 Osterode/Harz. G. wächst in Breslau, Heidelberg und seit 1887 in Berlin auf. Dem Vorbild ihrer Schwester Anna von ▶ G. folgend, ergreift sie einen sozialen Beruf und wird 1900–02 am Pestalozzi-Fröbel-Haus (PFH) als Kindergärtnerin ausgebildet. 1905–16 arbeitet sie dort als Lehrerin, ab 1922 ist sie zweite Schulleiterin. Zusätzlich leitet G. ab 1911 die dem Haus angegliederten Elementarklassen. Sie ist maßgeblich an der Neuordnung der Kindergärtnerinnenausbildung beteiligt, auf deren Grundlage ab 1912 die staatliche Berufsprüfung erfolgt. 1934 muss G. aus dem PFH ausscheiden. Sie zieht mit ihrer Lebensgefährtin nach Osterode, wo sie das Buch *Die Natur im Jahreslauf, beobachtet mit Kindern* (1947, 3. Aufl.) verfasst, das zu einem Standartwerk der naturverbundenen Erziehung wird. 1946–50 ist G. Leiterin der *Staatlichen Berufsvollschule für Kindergärtnerinnen* bei Osterode. Sie wirkt an neuen Ausbildungsverordnungen mit. ul

Gift, Therese ▶ Giehse, Therese.

Gilbert, Jean (d.i. Max Winterfeld), Komponist. 11.2.1879 Hamburg – 20.12.1942 Buenos Aires. Vater von Robert ▶ G. Musikstudium in Weimar und Berlin. 1879–1910 Kapellmeister in Bremerhaven, Hamburg und Berlin. Erster großer Erfolg 1910 mit *Die keusche Susanne*, danach freischaffender Komponist in Berlin, ab 1930 Komponist für den Tonfilm. 1933 Emigration nach Argentinien. G. gilt als typischer Vertreter der Berliner Operette. Popularität durch Schlager, wie *Püppchen, du bist mein Augenstern*.

Polnische Wirtschaft, 1910. sah

Gilbert, Robert (d.i. Robert David Winterfeld), Komponist, Librettist. 29.9.1899 Berlin – 20.3.1978 Muralto bei Locarno. G. studiert Philosophie und Kunstgeschichte in Freiburg und Berlin. Er beginnt, wie sein Vater Jean ▶ G., als Operettenkomponist. Zudem verfasst er die Libretti zu mehr als 60 Operetten (u.a. *Im weißen Rössl* und *Feuerwerk*) und schreibt die Gesangstexte für mehr als 100 Filme (u.a. *Die Drei von der Tankstelle* und *Der Kongreß tanzt*); bekannt werden die Schlager *Das ist die Liebe der Matrosen*; *Liebling, mein Herz lässt dich grüßen*;

Das gibt's nur einmal, das kommt nicht wieder. Auch politische Chansons wie das *Stempellied* werden populär. G. arbeitet u.a. mit Robert Stolz, Ralph Benatzky, B. Brecht und H. ▶ Eisler zusammen; seit 1930 ist er Texter bei der UFA. 1933 emigriert G. über Österreich und Frankreich in die USA (1940). Dort ist er als Komponist für Emigranten-Kabaretts tätig. 1949 kehrt er nach Dtl zurück. 1954 zieht er in die Schweiz und widmet sich H. der Übersetzung amerikanischer Musicals wie *My Fair Lady* und *Hello Dolly.* uw

Ginsberg, Bertha Anna ▶ Falkenberg, Bertha Anna.

Glaser, Curt, Kunsthistoriker, Arzt. 29.5.1879 Leipzig – 23.11.1943 New York. G. studiert Medizin in Freiburg und München, und promoviert 1902. Anschließend studiert er Kunstgeschichte in Berlin und promoviert über *Hans Holbein den Älteren* (1907). 1909–24 arbeitet G. als Kustos am Berliner Kupferstichkabinett. Er tritt 1914 zum Protestantismus über. 1914–18 dient er als Militärarzt. Seit 1924 ist er Direktor der Staatlichen Kunstgewerbebibliothek Berlin. 1933 emigriert G. über Acona und Florenz in die USA (1940).
📖 Die Kunst Ostasiens, 1913; Zwei Jahrhunderte deutsche Malerei, 1916. nr

Gmeyner, Anna, verh. Wiesner, verh. Morduch (Pseud. A. Reiner), Schriftstellerin. 16.3.1902 Wien – 3.1.1991 York/Großbritannien. G. heiratet den Biologen Paul Berthold Wiesner und folgt ihm zu einem Studienaufenthalt nach Edinburgh. Die schottischen Bergarbeiterstreiks liefern den Stoff für das Stück *Herr ohne Helden* (1926), das 1930 eine viel beachtete Aufführung im Wallner-Theater in Berlin erlebt. Nach ihrer Scheidung lebt sie in Berlin. Mit Erfolg wird *Automatenbüfett* (1932) zunächst in Hamburg, dann in Berlin, aufgeführt. Neben ihren Dramen schreibt sie Erzählungen und Lieder. Sie reist durch die Sowjetunion und Frankreich, wo sie nach der Machtübernahme der Nazis bleibt. G. heiratet den englischen Religionsphilosophen Jascha Morduch, mit dem sie 1935 nach London zieht. Sie arbeitet als Drehbuchautorin, 1938 erscheint unter Pseudonym ihr Roman *Manja* (NA 1984) und 1941 *Café du Dome*, ein Roman über das Leben in der Emigration. Nach dem Tod ihres Mannes 1950 schreibt sie historische Biografien, Erzählungen mit religiöser Thematik und Lyrikbände. ht

Godeffroy, Ottilie ▶ Durieux, Tilla.

Goetz, Fritz, Journalist. 2.4.1876 Breslau – 8.3.1957 Tel Aviv. G. ist 1904–33 beim ▶ *Ullstein* Verlag Berlin als Chefredakteur des Lokalteils der *Vossischen Zeitung*, sowie als Redakteur der *Berliner Morgenpost* tätig. Ferner ist er Dozent am *Institut für Zeitungswissenschaften* und Vorsitzender der *Kommunalpolitischen Pressekonferenz.* 1933 Inhaftierung im KZ Dachau. 1938 Emigration über Frankreich nach Palästina, wo G. als Journalist und Dozent arbeitet. sah

Goldberg, Heinz, Drehbuchautor, Regisseur, Filmproduzent. 30.5.1891 Königsberg – 2.7.1969 Berlin/West. G. studiert Literatur, Philosophie und Musik, nimmt Schauspielunterricht und ist 1919 Mitbegründer des *Neuen Volkstheaters* in Berlin, das er bis 1920 leitet. In der Folgezeit ist er Direktor verschiedener Berliner Theater, gründet gemeinsam mit F. ▶ Bruckner das *Renaissance Theater* und 1924 die *Neue Schauspielschule* in Berlin. Ab 1930 schreibt G. als Co-Autor Drehbücher, u.a. für *Dreyfus* (1930) und *Ein Lied geht um die Welt* (1933). Nach der Machtübernahme der NS emigriert G. über Prag, die Niederlande, die UdSSR (1936), Österreich (1937), Schweiz und Frankreich (1938) nach Großbritannien (1939) wo er Theaterproduktionen leitet und schriftstellerisch tätig ist. Ab 1956 lebt er in München, 1963 zieht er nach Berlin/W. ht

Goldberg, Oskar, Philosoph. 5.11.1885 Berlin – 13.8.1952 Nizza. G. versucht mit modernen wissenschaftlichen Methoden die Wahrheit des mythischen Judentums zu beweisen. Er steht vor dem I. WK dem expressionistischen *Neuen Club* nahe, hat 1921 über seinen Schüler Erich Unger Kontakt mit W. ▶ Benjamin, veröffentlicht 1925 sein Hauptwerk *Die Wirklichkeit der Hebräer* und arbeitet 1937/38 an Th. Manns Zeitschrift *Mass und Wert* mit, der ihn später als ‚typisch jüd. Faschisten' bezeichnet.
📄 Voigts, M.: O. G., 1992. mv

Goldberger, Ludwig Max, Industrieller. 17.5.1848 Tarnowitz/Oberschlesien – 22.10.1913 Berlin. G. wird 1892 Vorsitzender des *Vereins Berliner Kaufleute und Industrieller,* 1906 Präsident der *Ständigen Ausstellungskommission für die dt. Industrie,* ferner Mitglied des Wirtschaftsausschusses der dt. Reichsregierung. Er engagiert sich im Vorstand der JGB, im Kuratorium der HWdJ und begründet 1896 die *Berliner Gewerbe Ausstellung.* 1901/02 unternimmt er eine Studienreise nach Amerika und verfasst danach *Das Land der unbegrenzten Möglichkeiten* (1903). nr

Goldmann, Franz, Arzt. 2.1.1895 Elberfeld – 4.3.1970 Clinton/USA. Nach dem Medizinstudium arbeitet G. 1920/21 als Internist am Universitätskrankenhaus in Berlin. 1922 wechselt er zum Städtischen Gesundheitsamt Berlin. G. wird 1927 Magistratsmedizinalrat und 1929 Magistratsobermedizinalrat. 1929–33 ist er Oberregierungsrat und Dezernent für Gesundheitsfürsorge des Innenministeriums. 1932/33 arbeitet er als PD an der Univ. Bonn. 1933 emigriert G. zunächst in die Schweiz, 1937 in die USA. sah

Goldmann, Lotti ▶ Huber, Lotti.

Goldmann, Max ▶ Reinhardt, Max.

Nahum Goldmann

Goldmann, Nahum, Politiker. 10.7.1895 Wischnewo/Litauen – 29.8.1982 Bad Reichenhall. In Frankfurt/M. aufgewachsen, studiert G. Jura in Heidelberg. Im I. WK leitet er eine Abteilung für jüd. Angelegenheiten im dt. Außenministerium und versucht, die dt. Regierung zur Intervention in Istanbul zu bewegen, um jüd. Siedlungen in Palästina zu sichern. 1923 beginnt er mit J. ▶ Klatzkin die Herausgabe der *Encyclopedia Judaica*, von der 10 Bde in dt. und zwei in hebr. Sprache vor 1933 erscheinen. 1933–40 lebt G. in Genf, organisiert den Jüd. Weltkongress und fungiert 1935–39 als dessen Vertreter beim Völkerbund. Nach Ausbruch des II. WK geht G. als Vertreter der *Jewish Agency* in die USA, beteiligt sich 1942 an der Ausarbeitung des Biltmore-Programms und arbeitet für die Gründung eines jüd. Staates in Palästina. 1951 ist er Mitbegründer der Claims Conference, 1953–77 Präsident des Jüd. Welt-Kongresses und 1956–68 Präsident der Zionistischen Weltorganisation. Beim Zustandekommen des ‚Luxemburger Wiedergutmachungsabkommens' spielt G. eine zentrale Rolle, er unterhält gute Beziehungen zu Konrad Adenauer. Bis 1964 lebt G. in New York, wo er den Anstoß zur Gründung der *Conference of Presidents of Major American Jewish Organisations* als Dachorganisation der amerikanisch-jüd. Organisationen gibt. 1954–59 übernimmt er deren Vorsitz. Nach 1964 lebt G. hauptsächlich in Jerusalem.
📖 Mein Leben als dt. Jude, 1979; Mein Leben. USA – Europa – Israel, 1982. js

Goldschmidt, Adolph, Kunsthistoriker. 15.1.1864 Hamburg – 5.1.1944 Basel. Studium der Kunstgeschichte. 1903 Prof. an der Univ. in Berlin. 1904–12 Prof. für Kunstgeschichte an der Univ. Halle. 1912 Rückkehr nach Berlin. 1914–38 Mitglied der PAdW. 1939 Emigration nach Basel.
📖 Lebenserinnerungen 1863–1944, 1989.
📄 Brush, K.: The Shaping of Art History. Wilhelm Vöge, A. G., and the Study of Medieval Art, 1996. mag

Goldschmidt, Berthold, Komponist, Dirigent. 18.2.1903 Hamburg – 17.10.1996 London. G. studiert zunächst in Hamburg, wechselt 1922–24 an die *Staatliche Akademische Hochschule für Musik* nach Berlin. Seine Lehrer sind der Dirigent Julius Prüwer und F. ▶ Schreker (Komposition). 1925 wird G. Korrepetitor an der Staatsoper. Für sein 1926 in Berlin uraufgeführtes Orchesterwerk *Passacaglia* erhält er 1927 den Mendelssohn-Preis. Nach einer Assistenzzeit in Dessau wird G. 1927 nach Darmstadt berufen. 1931 wechselt er an die *Städtische Oper* Berlin. Nach der Entlassung 1933 arbeitet er am Aufbau des *Palästina Orchesters* im JKB mit. 1934 wird ohne die Nennung seines Namens G.s Bühnenmusik zu *Wilhelm Tell* in Berlin aufgeführt. 1935 emigriert G. nach Großbritannien, 1943–47 ist er Musikalischer Leiter der deutschsprachigen Abteilung der BBC. Zu seinen bekanntesten Werken gehören die Opern *Der gewaltige Hahnrei* (1932) und *Beatrice Cenci* (1949) sowie die Ballettmusik *Chronica* (1939). Als Dirigent wird G. v.a. durch Aufführungen der Werke Mahlers bekannt.
📄 B. G. Komponist und Dirigent, 1994 [2003]. ht

Goldschmidt, Ernst, Jurist. 20.1.1885 Koblenz – 21.12.1949 London. Nachdem dem RA und Notar 1936 die Zulassung entzogen wird, unterstützt G. seine Frau Leonore ▶ G. in ihrer neu gegründeten Schule, die jüd. Schüler und Lehrer, die aus staatlichen Schulen relegiert bzw. entlassen wurden, aufnimmt. Ziel der beiden ist es, die Schüler gezielt auf ein Leben in Großbritannien vorzubereiten. 1938 kann sich G. einer Verhaftung entziehen und flieht nach Dänemark. Er kommt 1939 erneut nach Berlin, um mit seiner Frau wenig später nach Großbritannien zu emigrieren. Vor Schließung der Schule können zahlreiche Kindertransporte organisiert und Schüler in Sicherheit gebracht werden. evk

Goldschmidt, Hermann (Pseud. Hermann Faber), Rechtsanwalt, Schriftsteller. 18.7.1860 Frankfurt/Main – nach 1934 Berlin. G. studiert Jura in Heidelberg, Leipzig und Marburg. Er ist zunächst Gerichtsassessor in Frankfurt/M., dann freier Schriftsteller; ab 1909 wohnhaft in Berlin. G. ist Mitglied im Verband für Bühnenschriftsteller und Mitarbeiter der Zeitschriften *Die Zukunft, Jugend* und *Preußische Jahrbücher.*
▯ Fortuna, 1889; Der freie Wille, 1892. sah

Jakob Goldschmidt

Goldschmidt, Jakob (Jacob), Bankier. 31.12.1882 Eldagasen/Hannover – 23.9.1955 New York. 1910 Mitbegründer des Bankhauses *Schwarz, Goldschmidt & Co.* in Berlin, ab 1918 Direktor der Nationalbank in Berlin, 1922–31 persönlich haftender Gesellschafter der Darmstädter und der Nationalbank. G. legt den Grundstein für den Wiederaufbau der dt. Handelsflotte und fördert jüd. Institutionen, wie das *Auerbachsche Waisenhaus* Berlin und die *Encyclopaedia Judaica.* Mitglied des CV-Hauptvorstands. 1933 emigriert er und lebt ab 1936 in den USA. sah

Goldschmidt, James Paul, Jurist. 17.12.1874 Berlin – 28.6.1940 Montevideo. G. studiert Jura in Berlin und Heidelberg. 1895 tritt er in den preußischen Justizdienst ein. Seit 1908 ist er a.o. Prof., 1919 Prof. für Strafrecht an der Berliner Univ. 1919/20 entwirft G. im Reichsjustizamt eine Strafprozessordnung und 1924 die *Neue Zivilprozessordnung.* 1933–36 ist er Gastprof. an den Univ. Madrid, Valencia und Saragossa. Nach Ausbruch des Spanischen Bürgerkriegs geht er in die USA. 1938 siedelt er nach Südamerika über.
▯ Verwaltungsstrafrecht, 1908; Reform des Strafverfahrens, 1919. sah

Goldschmidt, Lazarus (Elieser ben Gabriel, Arzelaj bar Bargelaj), Orientalist. 17.12.1871 Plungiany/Litauen – 18.4.1950 London. Nach dem Besuch der Jeschiva Slobodka/Kowno und des Studiums der Orientalistik in Berlin und Straßburg lebt G. als Privatgelehrter in Berlin und ist Hg. sowie Übersetzer äthiopischer und hebräischer Schriften, so des *Sefer Jezirah* (1894, NA 1969). 1916 erscheint seine Übersetzung des Korans. 1933 emigriert er nach London und erhält die Ehrendoktorwürde des *Hebrew Union College* in Cincinatti. G.s Hauptleistung, die dt. Übersetzung des Babylonischen Talmuds (1897–1935), wird von verschiedenen Seiten kritisiert. G. selbst übt Kritik an den Arbeiten von H. ▶ Struck, D. ▶ Hoffmann und Jakob Frommer. nr

Goldschmidt, Leonore, geb. Tacke, Pädagogin. 16.11.1897 Gosda/Lausitz – 7.3.1983 London. Die spätere Frau von Ernst ▶ G. studiert 1916–21 Germanistik, Geschichte und Anglistik in Jena, Berlin und Heidelberg. 1929/30 ist sie Lehrerin in Großbritannien. Seit 1934 unterrichtet sie an der *Privaten Jüdischen Waldschule Grunewald* von T. ▶ Lessler und gründet 1935 die *Jüdische Privatschule Dr. Leonore Goldschmidt.* 1937 zählt die Schule 520 Schüler und 40 Lehrer; mit ihren vier Schulgebäuden am Roseneck ist sie das größte private jüd. Schulunternehmen in dieser Zeit. 1939 emigriert G. mit ca. 80 Schülern und einigen Lehrern nach Großbritannien und ist dort bis 1968 als Lehrerin tätig. ko

Goldschmidt, Levin (Lewin), Jurist. 30.5.1829 Danzig – 16.7.1897 Wilhelmshöhe/Kassel. G. studiert Jurasund habilitiert sich 1855. 1858 gründet er die *Zeitschrift für das gesamte Handelsrecht.* 1860–66 ist er Prof. für Handelsrecht in Heidelberg. 1870 erfolgt die Berufung an das Bundesgericht, später an das Reichshandelsgericht Leipzig. 1875–77 ist er nationalliberales Mitglied des Reichstags. 1875 wird er Honorarprof. an der FWU. G. gehört zu den Mitbegründern des *Institut de droit international.* Er ist im Dt.-Israelischen Gemeindebund tätig und ist Vorsitzender des Hilfsvereins für jüd. Studierende in Berlin. G. ist einer der maßgeblichen Gestalter des Handelsrechts in Dtl.

Handbuch des Handelsrechts, 1864–68; Vermischte Schriften, 2 Bde, 1901.

L. G. Ein Lebensbild in Briefen, 1898. sah

Goldschmidt, Richard Benedikt, Zoologe, Genetiker. 12.4.1878 Frankfurt/Main – 24.4.1958 Berkeley/USA. G. lehrt 1903–13 in München. Ab 1914 ist er Mitarbeiter, später Direktor des Kaiser-Wilhelm-Instituts für Biologie in Dahlem. Er leitet aus Untersuchungen von Schmetterlingen eine allgemeine Theorie der Geschlechtsbestimmung ab. 1936 emigriert G. in die USA, wo er bis 1946 Prof. an der Univ. of California in Berkley ist. 1942 erhält er die amerikanische Staatsbürgerschaft.

The Material Basis of Evolution, 1940.

R. G. Controversial Geneticist and Creative Biologist, 1980. mag

Goldschmidt-Rothschild, Albert Max Freiherr von, Bankier. 3.6.1879 Frankfurt/Main – 1940 Lausanne. G.-R. ist Diplomat an der dt. Botschaft in London, später bei der preußischen Gesandtschaft in München. 1911 wird sein Vermögen auf 37 Millionen Mark geschätzt. Ab 1922 ist er Teilhaber des Bankhauses *Goldschmidt-Rothschild & Co.* in Berlin, 1932 verkauft er seine Anteile an die *Reichskredit AG,* 1939 Emigration in die Schweiz, dort wählt er den Freitod. js

Goldschmidt-Rothschild, Rudolf Max von, Maler, Sportler. 1881 Frankfurt/Main. – 1962 Basel. Bruder von Albert Max Freiherr von ▶ G.-R., Mitinhaber des Berliner Bankhauses *Goldschmidt-Rothschild & Co.* Bis 1936 betätigt er sich als Künstler, Schütze und Jäger, u.a. im Tontaubenschützenverein, 1936 Preisträger bei Weltmeisterschaften in Rom. Seit 1911 im Ausschuss der Israelitischen Gemeinde Frankfurt, später auch im Vorstand. 1938 Emigration in die Schweiz. js

Goldstein, Eugen, Physiker. 5.9.1850 Gleiwitz/Oberschlesien – 25.12.1930 Berlin. Pionier auf dem Gebiet der Elektrizitätsforschung, insbesondere der Beziehung zwischen Elektrizität und kosmischen Phänomenen. 1878–90 an der Berliner Sternwarte tätig, später Leiter des Astrophysikalischen Observatoriums Potsdam. Entdecker der Kanalstrahlen (1886) und der elektrischen Ablenkbarkeit der Kathodenstrahlen (1876), was bedeutend für die Entwicklung von Bildröhren wird. mag

Goldstein, Kurt, Neurologe. 6.11.1878 Kattowitz/Oberschlesien – 19.9.1965 New York. G. gründet 1917 das *Institut zur Erforschung der Folgeerscheinungen von Hirnverletzungen* in Frankfurt/M. Ab 1930 Leiter der Neurologischen Abteilung des Krankenhauses in Moabit und Prof. für Neurologie und Psychiatrie an der Univ. Berlin. Mithg. der *Deutschen Zeitschrift für Nervenheilkunde* und *Psychologische Forschung.* Emigriert 1933 über Amsterdam nach New York (1939), gründet dort eine psychoanalytische Praxis und lehrt an Krankenhäusern und Hochschulen.

Aufbau des Organismus, 1934.

Schulz, A.: Das Leben und Werk von K. G., 2000. mag

Goldstein, Moritz (Pseud. Egon Distel, Michael Osten, Inquit), Journalist. 27.3.1880 Berlin – 3.9.1977 New York. G. wird durch seinen Aufsatz *Deutsch-jüdischer Parnaß* (1912) bekannt, in dem er schreibt, dass die Juden den geistigen Besitz der Deutschen verwalteten, obwohl diese ihnen die Berechtigung und Fähigkeit dafür absprächen; es folgt die ‚Kunstwart'-Debatte, die bei vielen, z.B. W. ▶ Benjamin, eine erste Beschäftigung mit jüd. Themen bewirkt. G. ist weder überzeugter Zionist noch Deutsch-Nationaler, er will Schriftsteller werden, verfasst Dramen und Prosa, allerdings mit wenig Erfolg. Bekannt wird er als Journalist, insbesondere als Gerichtsreporter der *Vossischen Zeitung.* 1933 ins Exil gezwungen, geht er erst nach Italien, dann nach Großbritannien und lebt zuletzt unter schwierigen Umständen in den USA. Seine Erinnerungen zeigen das typische Leben eines im Kaiserreich aufgewachsenen jüd. Bildungsbürgers. Immer wieder befasst er sich mit Fragen des Judentums, schreibt aber auch zwei Romane, die unveröffentlicht bleiben.

Führers must fall. A Study of the Phenomenon of Power from Caesar to Hitler, 1942; Berliner Jahre. Erinnerungen 1880–1933, 1977; „George Grosz freigesprochen“ Gerichtsreportagen aus der Weimarer Republik, 1977 [2004].

🗎 Ubbens, I.: ‚Aus meiner Sprache verbannt ...', M. G., ein deutsch-jüdischer Journalist und Schriftsteller im Exil, 2002; Deutsch-jüdischer Parnaß. Rekonstruktion einer Debatte, 2002. mv

Gompert, Gomperz, Gomperts ▶ Gumpert.

Goodman, Alfred (d.i. Alfred Guttmann), Komponist. 1.3.1920 Berlin – 14./15.8.1999 Berlin. Sohn des Musikwissenschaftlers O. ▶ Guttmann. 1937/38 Studium am *Konservatorium der Reichshauptstadt Berlin,* dem früheren *Stern'schen Konservatorium für Musik* (Julius ▶ S.). 1938/39 Geiger und Schlagzeuger im Orchester des JKB. 1939 Emigration über Großbritannien in die USA. 1947–52 Fortsetzung des Studiums an der Colombia Univ. 1961 Rückkehr nach Dtl, 1968/69 Daad-Stipendiat in Berlin, 1970–72 TU Berlin, 1972 Promotion bei Carl Dahlhaus. 1971–85 Mitarbeiter des Bayerischen Rundfunks, seit 1976 Lehrtätigkeit an der Musikhochschule in München. 1991 Bundesverdienstkreuz. ht

Gorel, Ludwig ▶ Berg, Leo.

Goslar, Hans, Publizist, Politiker. 4.11.1889 Hannover – 25.2.1945 KZ Bergen-Belsen. G. wächst in Berlin auf (Umzug 1894) und engagiert sich in der zionistischen Jugendbewegung, u.a. ist er Mitglied im Berliner ‚Herzl-Klub'. Nach dem Studium findet er 1919 Anstellung im Preußischen Innenministerium und wird als ‚Pressechef' zu einem prominenten Fürsprecher der Weimarer Demokratie. 1927 zum Ministerialrat befördert, wird G. im Zuge des ‚Preußenschlags' 1932 suspendiert. 1928–33 ist er Mitglied der RV der JGB. 1933 emigriert er nach Amsterdam und meldet sich als Wirtschafts- und Finanzberater an. Mit dem Berliner RA Franz Ledermann gründet er eine Beratungsstelle zur Rettung von Juden aus Dtl. Die Familie hat paraguayische Pässe, so dass sie sich trotz dt. Besatzung sicher fühlt – im Okt. 1942 wird das dritte Kind geboren. Während einer Großrazzia 1943 wird die Familie zunächst in das Lager Westerbork, im Feb. 1944 in das KZ Bergen-Belsen deportiert.
🕮 Die Krisis der jüd. Jugend Deutschlands, 1911; Politik und Parlament, 1929; Weimar - trotz alledem!, 1932. cm/pj

Gottschalk, Benno, Rabbiner. Oktober 1883 Berlin – Juli 1966 Los Angeles. G. studiert am HWdJ in Berlin. Als liberaler Rabbiner und Vertreter der Assimilation wirkt er in Konitz/Westpreußen, Posen, Hirschberg/Schlesien, Berlin, Frankfurt/M. und Köln und kehrt 1933 nach Berlin zurück. Dort übernimmt er das Rabbineramt in der Reformgemeinde. G. emigriert 1939 über Großbritannien in die USA, wo er in Arkansas, New York und Los Angeles weiter als Rabbiner tätig ist. cg/dr

Gottschalk, Walter, Orientalist. 29.1.1891 Aachen – 1.10.1974 Frankfurt/Main. Studium der Geschichte, Philosophie, Orientalistik und Kunstgeschichte in Würzburg und Berlin. Ab 1919 Referent für Sprache und Geschichte des Vorderen Orients und 1923–35 Bibliotheksrat der Preußischen Staatsbibliothek zu Berlin, wesentlicher Anteil am Aufbau der Orientabteilung; Mithg. der Ibn Saad-Werkausgabe. 1939 Emigration nach Belgien. Ab 1941 Bibliothekssachverständiger in der Türkei und dort am Aufbau des Bibliothekssystems beteiligt. 1949–54 Prof. an der Univ. Istanbul. Nach der Pensionierung, Rückkehr nach Dtl, dort redaktionelle Mitwirkung am Handbuch *Judentum. Schicksal, Wesen und Gegenwart* (1965). ra

Adolf Gottstein

Gottstein, Adolf, Mediziner. 2.11.1857 Breslau – 3.3.1941 Berlin. 1875–81 Studium in Breslau und Leipzig, zweijährige Assistenz in Breslau, ab 1884 praktischer Arzt in Berlin. 1885 Heirat mit Emilie Maffert. Seit 1911 Stadtrat für Hygiene in Charlottenburg. 1919–24 Ministerialdirektor in Berlin und Leiter des preußischen Gesundheitswesens.

G. setzt sich für den staatlichen Gesundheitsschutz ein, so bringt er das Hebammen- sowie Tuberkulosegesetz auf den Weg. Seine wissenschaftlichen Arbeitsschwerpunkte sind die Epidemiologie und die Bakteriologie.
Die Lehre von den Epidemien, 1929. ce

Gradnauer, Georg, Politiker. 16.11.1886 Magdeburg – 18.11.1946 Berlin. Ab 1890 Redakteur bei verschiedenen sozialdemokratischen Zeitungen in Riesa und Dresden. 1897 Wechsel nach Berlin zum SPD-Zentralorgan *Vorwärts*. 1898–1906 und 1912 MdR, 1919/20 sächsischer Ministerpräsident, Mai bis Okt. 1921 Reichsinnenminister, 1933 Verhaftung, 1944 Deportation nach Theresienstadt. 1945 Befreiung und Übersiedlung nach Berlin. mag

Graetz, René, Bildhauer, Grafiker. 2.8.1908 Berlin – 17.9.1974 Graal-Müritz. G. wächst in Genf auf und lernt hier den Beruf des Tiefdruckers. 1923 übersiedelt G. nach Südafrika und besucht die Bildhauerklasse der Kunstakad. Kapstadt. Über Paris und Zürich kommt G. 1939 nach London. Aufgrund seiner dt. Herkunft wird er 1940 auf der Isle of Man inhaftiert und später nach Kanada deportiert. Nach seiner Rückkehr nach Großbritannien heiratet er 1944 die Grafikerin Elisabeth Shaw. 1946 geht er nach Berlin/O. 1956 Studienreise nach Italien. In den Folgejahren entstehen verschiedene Kleinplastiken, wie *Zeichnende* und *Stürzender*. Die Plastiken stehen in der Tradition von Henry Moore. G. schafft u.a. das Ehrenmahl in der Gedenkstätte Sachsenhausen, die Reliefstelen in Buchenwald und ein Wandbild im Palast der Republik mit dem Titel *Krieg und Frieden*. G. erhält 1959 den Nationalpreis der DDR und 1973 den Käthe-Kollwitz-Preis der AdK der DDR. Erst posthum finden größere Ausstellungen des Bildhauers statt.
R. G. Skulpturen. Körper als Figur und Zeichen, 2002. ce

Granach, Alexander (d.i. Jessaja Szajko Gronach), Schauspieler. 18.4.1890 Werbiwici/Galizien – 13.3.1945 New York. Nach einer Bäckerlehre geht er als Handwerksgeselle auf Wanderschaft und schließt erste Kontakte mit Künstlern von Wanderbühnen. 1906 gelangt er über Krakau und Wien nach Berlin und schließt sich dem Jiddischen Theater an. 1909 folgt eine Ausbildung bei M. ▶ Reinhardt und ein Engagement am DT. 1914–18 leistet G. Kriegsdienst in der österreichischen Armee. Anschließend arbeitet er an verschiedenen Bühnen, bevor er 1920 sein Filmdebüt im *Kaufmann von Venedig* gibt. Ab 1921 ist er wieder in Berlin. Er gilt als bedeutender Schauspieler des expressionistischen Theaters und tritt u.a. in Inszenierungen von L. ▶ Jessner und Erwin Piscator auf. 1933 emigriert G. in die Schweiz und tourt mit F. ▶ Wolfs *Professor Mamlock*. 1935–37 lebt er in der Sowjetunion und ist u.a. Direktor des Jüd. Nationaltheaters der Ukraine. G. wird verhaftet, erhält aber auf Drängen L. ▶ Feuchtwangers die Ausreiseerlaubnis in die Schweiz. 1938 emigriert er in die USA und setzt in Hollywood seine Filmkarriere fort, u.a. in E. ▶ Lubitschs *Ninotchka* (1939) und F. ▶ Langs *Hangmen Also Die!* (1942), *The Seventh Cross* (1944). 1945 erscheint seine Autobiogr. *There Goes An Actor*. kq

Greenbaum, Jules (d.i. Julius Grünbaum), Filmproduzent. 15.1.1867 Berlin – 1.11.1924 Berlin. Nach einer Lehre in einem Textilgeschäft wandert G. 1887 mit seiner Frau Emma Karstein nach Amerika aus. Die Rückkehr erfolgt 1896. Er vertreibt ausländische Filme und gründet 1899 die Filmproduktionsfirma *Deutsche Bioscope*; es entstehen u.a. Filme über den Kaiser oder die Deutsche Flotte. Die Söhne Georg und Max werden Kameraleute. Neben der Filmproduktion und der Fabrikation von technischen Geräten betreibt G. auch erfolgreiche Lichtspielhäuser (*Vitascope*) in Berlin. Er zählt zu den bedeutendsten Pionieren der dt. Filmindustrie. Ab 1911 arbeitet er eng mit M. ▶ Mack zusammen und ab 1919 mit J. ▶ May. Nach 1922 erfolgt der wirtschaftliche Niedergang der Firma. evk

Gronach, Jessaja Szajko ▶ Granach, Alexander.

Gronemann, Sammy (Samuel), Schriftsteller, Zionist. 21.3.1875 Straßburg/Westpreußen – 6.3.1952 Tel Aviv. G. wächst in Danzig und Hannover als Sohn eines Rabbiners auf. Er widmet sich zunächst einem Talmudstudium an der Klaus-Synagoge in Halberstadt. 1894 kommt G. nach Berlin, wo er das von E. ▶ Hildesheimer gegründete Rabbiner-Seminar in der Gipsstraße besucht und ein Studium der Rechtswissenschaften beginnt. Er kommt mit zionistischen Ideen in Berührung und nimmt fortan an allen Zionistischen Kongressen teil. G. wird einer der führenden Köpfe des Zionismus in Dtl und ist Vorsitzender von zahlreichen Vereinen und Organisationen. 1906 eröffnet er in Berlin eine Anwaltspraxis und wird Syndikus des SDS. 1912 ehelicht er Sonia Sophie Gottesmann. Das Ehepaar lebt im Hansaviertel im Tiergarten. Während des I. WK betätigt sich G. beim Stab des Oberkommandos als Jiddisch-Dolmetscher in Kowno und Bialystok.

Große Popularität gewinnt G. in den 1920er Jahren als Autor des Erfolgsromans *Tohuwabohu* (1920) sowie als Verfasser von heiteren Theaterstücken (u.a. *Hamans Flucht, Der Weise und der Narr).* Als Mithg. und Redakteur arbeitet er für bedeutende Tageszeitungen und Zeitschriften der Weimarer Republik wie *Schlemiel, Jüdisches Wochenblatt, Allgemeine Zeitung des Judentums, Vossische Zeitung, Aufbau* und *Die Welt.* Nach dem Reichstagsbrand 1933 emigriert er mit seiner Frau nach Paris, wo er mit geflohenen Künstlern und Schriftstellern zusammentrifft und Funktionärstätigkeiten in Exilvereinigungen übernimmt. 1936 siedelt das Ehepaar nach Palästina über. Hier arbeitet G. als Bühnenautor und schreibt seine *Erinnerungen,* die eine Rückschau auf das dt. Judentum um die Jahrhundertwende sind.
Schalet. Beiträge zur Philosophie des „Wenn schon!", 1998; Erinnerungen, 2002. alm

Grossmann, Kurt Richard, Publizist. 21.5.1897 Berlin – 2.3.1972 St. Petersburg/USA. Seit 1926 Generalsekretär der *Deutschen Liga für Menschenrechte.* 1933 Flucht in die Tschechoslowakei. Nach Zwischenstation in Paris 1939 Emigration in die USA. Ab 1943 vom Jüd. Weltkongress mit der europäischen Flüchtlingsfrage betraut. Nach dem II. WK sieht G. seine Hauptaufgabe in der dt.-jüd. Aussöhnung. Ab 1948 unternimmt er regelmäßig Vortragsreisen nach Dtl. Neben rund 5 000 Artikeln in Zeitungen und Zeitschriften verfasst G. mehrere Bücher, wie *Deutschland am Hakenkreuz* (1933); *Ossietzky. Ein deutscher Patriot* (1963); *Die Ehrenschuld. Kurzgeschichte der Wiedergutmachung* (1967) und *Emigration. Geschichte der Hitler-Flüchtlinge* (1969).
Mertens, L.: Unermüdlicher Kämpfer für Frieden und Menschenrechte. Leben und Wirken von K. R. G., 1997. js

Grotthuß, Sophie von, geb. Sara Meyer, Salonnière, Schriftstellerin. 1763 Berlin – 11.12.1828 Oranienburg. G. stammt aus einer Bankiers- und Kaufmannsfamilie, ist die Schwester von M. ▶ Eybenberg und wird 1778 mit dem Kaufmann L. ▶ Wulff verheiratet. Die Ehe wird 1788 geschieden. G. konvertiert zum Protestantismus und heiratet 1797 den Baron Ferdinand Dietrich von G. Sie ist literarisch interessiert und pflegt Kontakte zu Lessing, Herder und Goethe. Ihr Salon wird durch weit verzweigte gesellschaftliche Verbindungen zu einem Treffpunkt der Berliner ‚jeunesse dorée'. Neben Diplomaten, Schriftstellern und Schauspielern zählt auch Prinz Louis Ferdinand von Preußen zu den Gästen. G.s Salon spielt v.a. für die Goethe-Rezeption der gehobenen Gesellschaftsschichten Berlins eine wichtige Rolle. Nach dem Verlust des Vermögens erfolgt nach 1806 der Niedergang des Salons. G. folgt ihrem Mann nach Oranienburg, wo dieser eine Stelle als Postmeister annimmt. Ihr literarisches Werk ist bislang weitestgehend unveröffentlicht. nms

Grün, Lili (Elisabeth), Schriftstellerin. 3.2.1904 Wien – unbekannt. G. wächst in Wien auf, lebt ab Ende der Weimarer Zeit in Berlin und arbeitet als Büroangestellte. Ihre Gedichte erscheinen im *Berliner Tageblatt* und im *Tempo.* In ihrem ersten Roman *Herz über Bord* (1933), der in Dtl nicht mehr erscheinen kann, schildert sie die Erfahrungen einer jungen Wiener Schauspielerin in Berlin. Ein weiterer Roman *(Anni hat Recht)* wird vom Wiener *Zsolnay* Verlag nicht mehr gedruckt. Ende Okt. 1933 geht G. nach Prag, später nach Paris. 1935 kehrt sie lungenkrank nach Wien zurück. Im selben Jahr erscheint in Zürich *Loni in der Kleinstadt.* Ende Mai 1942 wird G. in das Ghetto von Minsk deportiert, ihr weiteres Schicksal ist unbekannt. ht

Fritz Grünbaum

Grünbaum, Fritz, Kabarettist, Schauspieler, Schriftsteller. 7.4.1880 Brünn – 14.1.1941 KZ Dachau. Nach einem Jurastudium beginnt G. 1903 Opern-

libretti zu schreiben. Ab 1906 ist er literarischer Mitarbeiter des Wiener Kabaretts *Die Hölle.* R. ▶ Nelson engagiert ihn 1907 für sein Kabarett *Chat noir* in Berlin. 1910 kehrt er zunächst nach Wien zurück, arbeitet in verschiedenen Kabaretts, nimmt als Freiwilliger am I. WK teil und lebt ab 1920 wieder in Berlin. Er ist Autor der ersten Revue des Nelson-Ensembles. Bis 1933 pendelt er zwischen Berlin und Wien, da er in beiden Städten als Schauspieler, u.a. am Theater am Schiffbauerdamm, sowie als Intendant tätig ist. Zudem arbeitet er als Filmschauspieler unter K. ▶ Gerron. Im Herbst 1932 hält er sich letztmalig in Berlin auf. Nach der Machtübernahme der Nationalsozialisten flieht er nach Prag und tritt in Wien auf. Dort wird er im Mai 1938 verhaftet und in das KZ Dachau verschleppt. G. muss auf verschiedenen Lagerbühnen, so in Buchenwald, auftreten, bevor er in Dachau zu Tode gequält wird.
Veigl, H.: Entwürfe für ein Grünbaum-Monument, 2001. ht/mr

Grünbaum, Herbert, Schauspieler, Regisseur, Theaterleiter. 27.8.1903 Berlin – 23.09.1981 Berlin/West. Nach der Stimmausbildung hat G. Engagements an verschiedenen (u.a. DT) dt.sprachigen Bühnen sowie beim Film. Er kehrt 1934 nach Berlin zurück, um die Emigration seiner Eltern vorzubereiten und arbeitet als Regisseur und Schauspieler beim JKB. 1939 emigriert er über die Niederlande nach Palästina, wo er die Leitung einer Kibbuz-Theatergruppe übernimmt. G. kehrt 1954 an die Ostberliner *Volksbühne* zurück und wechselt 1960 an das *Schiller-* und *Schlosspark*-Theater in Berlin/W. Parallel arbeitet er für Funk und Fernsehen. evk

Grünbaum, Julius ▶ Greenbaum, Jules.

Grünfeld, Fritz Vincent, Textilunternehmer. 15.1.1898 Landeshut/Niederschlesien – unbekannt. Die Familie siedelt um 1900 nach Berlin um. Ab Juli 1922 ist G. Mitinhaber der elterlichen *Leinen- und Gebildweberei F. V. Grünfeld Landeshut/Berlin.* 1924 heiratet er die Tochter von M. ▶ Osborn. Auf seine Anregung hin wird das Grundstück Kurfürstendamm/Ecke Joachimsthaler Straße gekauft und ein Kauf- und Wohnhaus erbaut, das später nur die ‚Grünfeldecke' genannt wird. Noch in der Nazi-Zeit wird das Unternehmen von ihm geleitet. 1937 erhält die Firma auf der Pariser Weltausstellung die Goldmedaille für hervorragende Leistungen innerhalb der dt. Industrieproduktion. 1938 produziert der Betrieb nicht nur die Bettwäsche für das Tel Aviver Krankenhaus, sondern auch für das Wehrkreiskommando III. Im *Stürmer* wird G. 1938 als der ‚Kaiser der Leipziger Strasse' bezeichnet. Im selben Jahr verkauft er die Firma und emigriert. Ab 1940 beginnt er damit, die Firma *Grünfeld* neu aufzubauen.
Heimgesucht – Heimgefunden, 1979; Das Versandgeschäft in der deutschen Textilbranche, 1920.
Das Leinenhaus Grünfeld, 1967. js/ag

Grünfeld, Heinrich, Textilunternehmer. 10.4.1865 Landeshut/Niederschlesien – 25.7.1936 Berlin. Mitinhaber der Familienfirma *Leinen- und Gebildweberei F. V. Grünfeld Landeshut/Berlin.* Aktiv in der Organisation des Einzelhandels. Mitarbeiter des Reichswirtschaftsberaters und des Präsidiums der IHK Berlin. 1923 Mitbegründer der dt. Rentenbank; bis 1933 Vorsitzender der *Hauptgemeinschaft des dt. Einzelhandels.* 1933 zur Niederlegung seiner Ämter gezwungen. we

Grunwald, Clara, Pädagogin. 11.6.1877 Rheydt b. Mönchengladbach – April 1943 KZ Auschwitz. Die bekennende Atheistin, Pazifistin und Sozialistin stammt aus einer Kaufmannsfamilie, die 1883 nach Berlin übersiedelt. 1896 absolviert G. eine Ausbildung zur Lehrerin und ist fortan in Berliner Arbeitervierteln als Pädagogin tätig. G. setzt sich in Dtl für die Gründung von Montessori-Einrichtungen ein und ist 1919 Mitbegründerin der *Deutschen Montessori-Gesellschaft.* Ab 1923 bildet sie Montessoripädagogen aus. 1933 wird sie entlassen, die Montessorieinrichtungen werden geschlossen. Die Ausbildungskurse setzt sie in ihrer Privatwohnung im Tiergarten fort. Ab 1941 lebt sie in dem Umschulungsdorf Neuendorf bei Fürstenwalde, das den Nationalsozialisten als Zwangsarbeitslager für Juden diente. Am 19.4.1943 wird sie nach Auschwitz deportiert.
Die Montessori-Methode im Freiluftkindergarten, 1929; „Und doch gefällt mir das Leben" Die Briefe der C. G. 1941–43, 1985; Das Kind ist der Mittelpunkt, 1995.
Berger, M.: C. G. Wegbereiterin der Montessori-Pädagogik, 2000. ul/ko

Grunwald, Isidor, Fürsorger. 2.2.1853 Powitz/Posen – 17.2.1925 Berlin. Als Frühwaise besucht G. die Lehrerbildungsanstalt in Berlin. Er arbeitet zunächst als Volksschullehrer in Oberschlesien und Ostpreußen, später als Prediger und Religionslehrer in Schlesien. 1888 übernimmt G. die Leitung des Erziehungshauses in Pankow, das drei Jahre später zum Zweiten Waisenhaus der JGB wird. ul

Grunwald-Eisfelder, Hanna, Sozialarbeiterin. 21.3.1900 Berlin – Unbekannt. Nach dem Studium der Sozialwissenschaften (1925) engagiert sich G. besonders in der Jugendwohlfahrt. Sie arbeitet u.a. im jüd. Kinderheim *Ahava* in Berlin und leitet 1928–31 den *Immenhof* in der Lüneburger Heide, ein Berufserziehungsheim für Mädchen. 1933 emigriert sie nach Frankreich und gründet dort die *Assistance Médicale aux Enfants Refugiés.* In Limoges errichtet sie ein Heim für Flüchtlingskinder, die *Pouponnière.* 1942 muss sie erneut fliehen und erreicht 1944 die USA. In New York ist sie in sozialen Einrichtungen tätig. G. wird Vorsitzende von *Amnesty International USA.* Sie stirbt vermutlich in New York.
▤ Otto, R.: Wie haste det jemacht? Lebenslauf von H. G.-E., 1992. ul

Günsburg, Karl Siegfried (K. S. Günzburg), Pädagoge, Prediger, Kaufmann. 9.12.1788 Lissa/Posen – 23.1.1860 Breslau. Studium der Philosophie und Philologie an der Univ. Berlin. Ab 1816 Prediger und Religionslehrer am Tempel von I. ▶ Jacobson in Berlin. 1813/14 Herausgabe (mit I. E. ▶ Kley) der Zeitschrift *Erbauungen* und 1817/18 des Gebetbuchs *Die deutsche Synagoge.* Ab 1819 Wollhändler in Breslau, wo G. im Gemeindevorstand seine Reformbemühungen fortsetzt.
▯ Parabeln, 3 Bde, 1818–26; Der Geist des Orients, 1830. jvs

Guggenheim, Hedwig ▶ Hintze, Hedwig.

Gumpert, Elias (Elijah Cleve), Hofjude, Bankier. Unbekannt Emmerich – 28.6.1689 Emmerich. Vater von Ruben Elias ▶ G. Er verlegt seinen Wohnsitz nach Cleve, wo er Repräsentant der Juden wird und für diese die Aufhebung des Leibzolls erwirkt. G. besitzt Geschäftsverbindungen in ganz Europa und gründet ein Bankhaus in Emmerich, später ein Bank- und Handelshaus in Berlin. Er ist intimer Berater, Geldgeber und Heeresausstatter des Großen Kurfürsten. Außerdem betätigt er sich als Bankier der holländischen Regierung und als Lieferant der niederländischen Armee. as

Gumpert, Herz Moses, Kaufmann, Münzpächter. Dezember 1716 Berlin – 1760 vermutlich Berlin. G. ist im Gold- und Silberhandel tätig sowie Lieferant der preußischen Münze. Er ist Münzfaktor von Friedrich II., seit 1754 hat er die Erlaubnis, den Friedrichsdor für den ausländischen Handel zu prägen. Ihm gelingt die Erneuerung und Ausweitung der Münzaufträge, besonders der Münzprägung in Sachsen. G. verbindet sich mit den Berliner Bankhäusern von Moses Isaak und D. ▶ Itzig. Seine Frau setzt nach seinem Tod die Münzpräge fort. as

Gumpert, Martin, Dermatologe, Schriftsteller. 13.11.1897 Berlin – 18.4.1955 New York. Sohn des Arztes Ely G. 1917 Gedichtband *Verkettung* (NA 1981). Im I. WK Sanitätssoldat. 1918–23 Studium in Berlin und Heidelberg. 1923 Heirat mit Dr. med. Charlotte Blaschko und Beginn der Assistenzzeit im Virchow-Krankenhaus. 1927–33 Leiter des *Städtischen Ambulatoriums für Haut- und Geschlechtskrankheiten* im Wedding. Zahlreiche wissenschaftliche Publikationen wie *Geschlechtskrankheiten bei Kindern* (1926). 1928 Eröffnung der ersten städtischen *Beratungsstelle für Entstellungsbekämpfung.* 1933 Tod der Ehefrau; Ausschluss aus allen Ämtern. Fortan schriftstellerisch tätig, v.a. medizinhistorische Arbeiten u.a. *Samuel Hahnemann. Die abenteuerlichen Schicksale eines ärztlichen Rebellen und seine Lehre, die Homöopathie* (1934, NA 1989). 1934 Ausschluss aus dem Schriftstellerverband. 1936 Emigration in die USA, dort Etablierung als Geriater, 1952–55 Leiter des *Jewish Memorial Hospitals* und Hg. von *Lifetime Living.* Daneben weiterhin schriftstellerisch tätig: *Hölle im Paradies. Autobiogr.* (1939, NA 1989), *Heil Hunger. Health under Hitler* eine Untersuchung der gesundheitsschädigenden Auswirkungen des Nationalsozialismus (1940) sowie Ratgeberliteratur wie *You are younger than you think* (1944, dt. 1953).
▯ Heimkehr des Herzens. Gedichte, 1921; Der Streit um den Ursprung der Syphilis, 1923; Bericht aus der Fremde. Gedichte, 1937.
▤ Geiger, K.: Der diagnostische Blick, 2003; Rosenberg, D.: M. G. Arzt und Schriftsteller, 2000; Ittner, J.: Augenzeuge im Dienst der Wahrheit. Leben und literarisches Werk M. G.s, 1998. ht/ko

Gumpert, Moses Lewin, Hofjude. Vor 1700 in Cleve – 1762 Cleve. Sohn von Loeb (Elias) Cleve. G ist im Handels- und Bankwesen tätig und Oberältester der Berliner Juden mit Wohnsitz in Berlin. Seit 1713 ist er Oberhoffaktor und Münzlieferant von Friedrich Wilhelm I. und seit 1740 auch Friedrichs II. Im Auftrag des Königs unternimmt er Geschäftsreisen u.a. nach Sachsen, Holland, Bayern. Zusammen mit seinem Vetter Elijah, dem Sohn von Jacob Cleve, errichtet er in Berlin ein Bank- und Handelshaus. 1761 Übersiedlung nach Cleve. as

Gumpert, Ruben Elias, Hofjude. Um 1654 Emmerich – 20.6.1705 Berlin. G. leitet das Bankhaus Gomperz in Wesel und dient den Kurfürsten von

Brandenburg und Sachsen. Er ist Lieferant der Regimenter und Finanzbeschaffer des Regenten. Er pflegt Verbindungen zu allen großen Handelszentren und den bedeutensten Bankhäusern Europas. 1699 verlegt er seinen Wohnsitz nach Berlin. Im Mai 1700 wird er zum Obersteuereinnehmer für Cleve und Mark ernannt. Nach Verleumdungen 1702 wird er auf Befehl Friedrichs III. verhaftet. Durch die Bürgschaft eines Freundes kommt er 1703 wieder frei. as

Gumperts ▶ Gumpert.

Gumpertz, Aron Salomon (d.i. Aron ben Salman Emmerich), Arzt, Philosoph. 10.12.1723 Berlin – 10.4.1769(70) Hamburg. Schüler des Gelehrten I. Samosz, bei dem G. neben Talmud und Maimonides auch Naturwissenschaften und Mathematik studiert. Er ist der Sekretär Marquis d'Argens und des Mathematikers Maupertius. Er erwirbt als erster dt. Jude 1751 den medizinischen Doktortitel. G. ist Mitglied der *Kaffeehausgesellschaft* und des *Montagsclubs*, wo er mit Gotthold Ephraim Lessing und Friedrich Nicolai zusammentrifft. Vermutlich verfasst Lessing das Drama *Die Juden* (1749) auf G.s Anregung hin. G. unterrichtet den jungen M. ▶ Mendelssohn und führt ihn in die literarischen Kreise Berlins ein. 1745–52 errechnet G. die Konstellationen für den in Berlin publizierten jüd. Kalender. Auch nachdem Friedrich II. 1750 das *Revidierte General-Privileguim und Reglement* erlässt, ist G. gemeinsam mit Mendelssohn aufklärerisch tätig.
Kaufmann, D.: Die Familie G., 1907. sn/alm

Gutkind, Erwin Anton, Architekt. 20.5.1886 Berlin – 7.8.1968 Philadelphia/USA. Während des I. WK ist G. bei der Stadtverwaltung Pankow angestellt. Später arbeitet er als freier Architekt und Stadtplaner in Berlin. Die kubischen Wohnanlagen, die von ihm entworfen und in den 1920er Jahren in Pankow, Reinickendorf, Lichtenberg und Tegel gebaut werden, entsprechen ganz den Formen des Neuen Bauens. Neben seiner Bautätigkeit veröffentlicht er zahlreiche Aufsätze im *Berliner Tageblatt* und der Zeitschrift *Baugilde.* 1933 emigriert G. über Frankreich nach Großbritannien, 1937 dann in die USA. Dort ist er in den 1950er und 1960er Jahren Dozent für Stadtplanung an der Univ. of Pennsylvania.
Raum und Materie. Ein baugeschichtlicher Darstellungsversuch der Raumentwicklung, 1915; Neues Bauen, 1919; International History of City Development, 1965. nv

Gutmann, Eugen, Bankier. 24.6.1840 Dresden – 21.8.1925 München. G. ergreift den väterlichen Beruf und veranlasst 1872 die Besitzer des Bankhauses *Kaskel,* dieses in eine Aktiengesellschaft umzuwandeln, woraus die *Dresdner Bank* entsteht. G. wird als deren Direktor bestellt. 1881 lässt er eine Filiale in der Berliner Behrenstraße eröffnen. Unter G.s Leitung wird diese de facto zum Hauptsitz der Bank, die sich unter seiner Leitung zu einem reichsweiten Institut entwickelt. Erst 1920 scheidet G. aus dem Geschäft aus. Das 1997 am Pariser Platz eröffnete Bankgebäude ist ebenso wie eine 2002 gegründete Gesellschaft zur Aufarbeitung der Geschichte von Banken nach ihm benannt.
Schwanitz, W. G.: Gold, Bankiers und Diplomaten, 2002. cm/vr

Gutmann, Herbert M., Bankier. 15.10.1879 Dresden – 22.12.1942 Paignton/Großbritannien. Sohn von Eugen ▶ G. 1900–05 stellv. Direktor der *Dresdner Bank*-Filiale in London. 1906 Mitbegründer der *Dt. Orientbank,* der wichtigsten dt. Auslandsbank; häufige Aufenthalte im Nahen und Mittleren Osten. 1910–31 Vorstandsmitglied *Dresdner Bank,* zuständig für Auslandsgeschäfte. 1914 Mitbegründer der *Dt. Gesellschaft.* Kunstsammler und Sachverständiger für islamische Kunst des Kaiser-Friedrich-Museums. Gründer des Golfclubs Berlin-Wannsee und 1928–32 Präsident des dt. Golfverbands. Ab 1914 bewohnt G. mit seiner Familie die *Villa Gutmann,* auch ‚Herbertshof' genannt, in Potsdam. Er führt einen Salon für Diplomatie, Wirtschaft und Kultur.
H. M. G. Bauherr, Bankier, Kunstsammler, 2005. vr

Gutmann, Joseph, Pädagoge. 1865 Münster – 1941 Paris. 1888–92 Studium der neueren Sprachen in Berlin. 1892–95 Erzieher am *Reichenheimschen Waisenhaus* in Berlin. 1900–11 Leiter der Mädchenmittelschule der JGB. 1911–31 Rektor der Jüd. Knabenschule Berlin. Parallel dazu 1911–25 Leiter des Lehrerseminars der JGB. 1939 Emigration nach Frankreich.
Geschichte der Jüdischen Lehrer-Bildungsanstalt in Berlin, o. J.; Bibelkunde, 1939; Von Westfalen nach Berlin. Lebensweg und Werk eines jüd. Pädagogen, 1978. ko

Guttmann, Alfred ▶ Goodman, Alfred.

Guttmann, Bernhard, Schriftsteller, Historiker, Publizist. 24.7.1869 Breslau – 21.1.1959 Buchenbach/Schwarzwald. 1895–30 ist G. Redaktionsmitglied

der *Frankfurter Zeitung*. In dieser Funktion ist er u.a. als Korrespondent in Hamburg, Konstantinopel, 1907–14 in London und bis 1930 Leiter des Berliner Büros. Außerdem schreibt er Romane, wie *Reich sein ist alles* (1929) und *Die neue Majestät* (1930). 1935 erhält er Berufsverbot und überlebt die NS-Zeit im Schwarzwald. 1945 ist er Mitbegründer der Zeitschrift *Gegenwart*, deren Hg. er bis 1958 ist. 1952 erhält G. die Goethe-Plakette der Stadt Frankfurt/M. Grundthema seiner journalistischen und schriftstellerischen Arbeit ist der Liberalismus.
England im Zeitalter der bürgerlichen Reform, 1923; Schattenrisse einer Generation 1888–1919, 1950; Ein Jahrhundert Frankfurter Zeitung, 1956. jwe

Bernhard Guttmann

Guttmann, Julius, Religionsphilosoph. 15.4.1880 Hildesheim – 19.5.1950 Jerusalem. Sohn des Breslauer Rabbiners Jakob G. (1845–1919), der sich in zahlreichen Monografien mit dem Einfluss der jüd. Religionsphilosophie auf die christliche Scholastik beschäftigt. G. studiert am JTS Breslau, ist 1906 Prediger in Berlin und 1910–19 Dozent am JTS Breslau sowie PD an der dortigen Univ. 1919–34 ist er als Dozent an der HWdJ Berlin und 1922 als Direktor der AWdJ tätig. 1934 emigriert G. nach Palästina, wo er an der Hebrew Univ. in Jerusalem lehrt. Seine Folgerung, dass die moderne der alten Religionsphilosophie überlegen sei, führt 1935 zu einer Kontroverse mit L. ▶ Strauss über die Darstellung des positiven Gesetzes im jüd. Denken des Mittelalters und der Neuzeit.
Kants Gottesbegriff in seiner positiven Entwicklung, 1906; Die Philosophie des Judentum, 1933. js

Guttmann, Oskar, Komponist, Musikwissenschaftler. 16.6.1885 Brieg/Schlesien – 7./8.9.1943 New York. 1904–07 Jurastudium in Freiburg und Berlin, 1906–09 Musikwissenschaftsstudium an der Univ. Berlin und am *Stern'schen Konservatorium*. 1910 Promotion. Danach Musikkritiker und -lehrer in Breslau. 1929–33 Dirigent der Neuen Synagoge in der Oranienburger Straße. 1939 Emigration über Großbritannien in die USA. Dirigent an der Spanish-Portuguese Synagogue in New York, kompositorische Tätigkeit. Vater von A. ▶ Goodman. ht

Gysi, Klaus, Politiker. 3.3.1912 Berlin – 6.3.1999 Berlin. G. ist ab 1931 KPD-Mitglied. Er studiert Volkswirtschaft in Frankfurt/M., Paris, Innsbruck und Berlin. Auf einer Studienreise in Paris wird G. vom Kriegsausbruch überrascht und bis zum Sommer 1940 interniert. In der Nachkriegszeit ist er zunächst Bürgermeister in Zehlendorf, zieht dann nach Berlin/O. um, wo er Chefredakteur der Monatsschrift *Aufbau* und Mitglied im Präsidialrat des Kulturbunds wird. 1952–57 leitet er die Abteilung Deutsche Literaturgeschichte im Verlag *Volk und Wissen*. 1958 wird G. Stadtverordneter in Berlin. 1966–73 ist er Kulturminister, danach Botschafter der DDR in Italien und Malta. Als Staatssekretär für Kirchenfragen (1979–88) engagiert sich der bekennende Atheist verstärkt für die Rückgabe von Immobilien an die JGB.
Leseproben und Literatur des Vormärz 1830–48, 1953; Geschichte der deutschen Literatur von den Anfängen bis zur Gegenwart, 1960.
K. G. Staatssekretär für Kirchenfragen 1979–88, 2002. mhu

H

Haas, Willy (Pseud. Caliban), Schriftsteller, Kritiker, Drehbuchautor. 7.6.1891 Prag – 4.9.1973 Hamburg. H. bricht sein Jurastudium in Prag ab und geht 1921 nach Dtl. In Berlin ist er zunächst Mitarbeiter des *Filmkuriers,* 1925–33 Hg. der *Literarischen Welt* und Drehbuchautor u.a. für Frederic Zelnik, Lupu Pick und G. W. Pabst. 1933 kehrt er nach Prag zurück. 1939 emigriert er nach Indien. 1947/48 lebt H. in London, dann wieder in Dtl. Ab 1953 ist er Theaterkritiker für die *Welt.*

Die literarische Welt. Lebenserinnerungen, 1957.

Valentini, L.: W. H. der Zeuge einer Epoche, 1986. ht

Willy Haas

Ha(a)se, Annemarie (d.i. A. Hirsch), Schauspielerin. 14.6.1900 vermutlich Berlin – 22.2.1971 Berlin/West. Nach ihrem Schauspielstudium an der *M.* ▸ *Reinhardt Schule* in Berlin etabliert sich H. in Berlin als Kabarettkünstlerin. Ihre Spezialität ist der Bänkelgesang. H. wird nicht nur an Berliner Theaterbühnen, wie dem *Kleinen Theater* (1925), dem *Theater am Kurfürstendamm* (1927/28) und der *Komödie Berlin* (1930/31) engagiert, sondern gastiert an verschiedenen dt. Theatern, u.a. in Hamburg, wo sie 1933 Spielverbot erhält. In den folgenden Jahren wirkt H. im JKB mit. 1936 emigriert sie nach Großbritannien, versucht in London ein dt.sprachiges Theater mitzubegründen, ist Mitglied im FDK und kommentiert als *Frau Warnicke* in der BBC aktuell-politische Ereignisse in dt. Sprache. 1947 kehrt H. nach Berlin zurück, wird am DT, später am *Berliner Ensemble* engagiert. 1961 geht H. nach Berlin/W., wo sie besonders an der *Schaubühne* große Erfolge feiert. ht

Haase, Hugo, Jurist, Politiker. 29.9.1863 Allenstein/Ostpreußen – 7.11.1919 Berlin. Nach dem Studium der Rechtswissenschaften tritt H. 1887 der SPD bei, ein Jahr später lässt er sich als Jurist in Königsberg nieder. 1894 wird H. erstes sozialdemokratisches Mitglied im Königsberger Stadtparlament; 1897–1907 Mitglied im Reichstag für die SPD. H. erlangt Ansehen als Strafverteidiger von Otto Braun und Karl Liebknecht. 1911 wird er neben August Bebel Parteivorsitzender der SPD, 1912–19 erneut Mitglied des Reichstags und 1913 zusammen mit Phillipp Scheidemann Fraktionsvorsitzender. Aus pazifistischer Überzeugung engagiert sich H. gegen den I. WK, stimmt aber aufgrund der Parteidisziplin für die Kriegskredite. 1916 gibt er den Parteivorsitz ab, ein Jahr später ist er Mitbegründer der USPD. Am 8.10.1919 wird H. Opfer des Attentats eines geistig verwirrten Mannes. Einen Monat später erliegt er seinen Verletzungen.

Reichstagsreden gegen die deutsche Kriegspolitik, 1919.

Engelmann, D.: H. H. Lebensweg und politisches Vermächtnis eines streitbaren Sozialisten, 1999; Calkins, K. R.: H. H. Demokrat und Revolutionär, 1976; Haase, E.: H. H. sein Leben und Wirken, 1929. pj

Haber, Fritz, Chemiker. 9.12.1868 Breslau – 29.1.1934 Basel. Der Sohn einer Kaufmannsfamilie studiert Chemie in Berlin, Heidelberg und Zürich. Promotion 1891 in Berlin. 1893 Konversion zum Protestantismus. Nach Assistenz und Habilitation (1896) Ernennung zum a.o. Prof. für Technische Chemie an der TU Karlsruhe (1898). 1908 gelingt H. die Ammoniaksynthese aus Wasser- und Luftstickstoff, wofür er 1918 den Nobelpreis für Chemie erhält. Dieses Verfahren bildet den Grundstein für die Stickstoffindustrie (Haber-Bosch-

Verfahren) und damit für die Düngemittel- und Sprengstoffgewinnung. 1911 wird H. Leiter des Kaiser-Wilhelm-Instituts für physikalische Chemie in Berlin. Im I. WK stellt er seine Kenntnisse dem Kriegsministerium zur Verfügung und entwickelt Gaskampfstoffe, deren Einsatz an der Front er selbst anregt. 1915 Selbstmord seiner Ehefrau, der Chemikerin Clara, geb. ▶ Immerwahr. Seit 1920 versucht H. aus Meerwasser Gold zu extrahieren, um die Reparationszahlungen zu begleichen, die Forschungen werden 1926 erfolglos abgebrochen. 1926 ist er Mitbegründer des Japan-Instituts. 1933 muss H. alle Ämter niederlegen.
Grundriß der praktischen Elektrochemie, 1898; Themodynamik technischer Gasreaktionen, 1905.
Haber, C.: Mein Leben mit F. H., 1970; Guenther, P.: F. H., 1969. evk

Fritz Haber

Haberland, Georg, Bauunternehmer. 14.8.1861 Wittstock/Brandenburg – 17.11.1933 Berlin. H. ist beteiligt am Bau der Bismarck- und der Hardenbergstraße, des Bayrischen Viertels und Neu-Tempelhofs in Berlin. Er ist Mitglied der Stadtverordnetenversammlung. Nach dem I. WK ist H. am Wiederaufbau ostpreußischer Städte beteiligt.
Großberliner Sorgen, Verkehrsreform und Zweckverband, 1917; Die Berliner Wohnungsversorgung, 1928; Aus meinem Leben, 1931. jwe

Haffner, Erika ▶ Hirsch, Erika.

Hahn, Kurt, Pädagoge. 5.6.1886 Berlin – 14.12.1974 Salem/Baden. Während des I. WK im Auswärtigen Amt tätig; ab 1918 persönlicher Berater von Prinz Max von Baden. Von 1920 bis zu seiner Emigration nach Großbritannien ist er als Lehrer und später auch als Direktor am Landerziehungsheim Schloss Salem tätig. In Schottland gründet und leitet er ab 1934 die *Gordonstoun School.* 1945 lässt sich H. taufen.
Erziehung und Verantwortung, 1959. ul

ha-Kohen, Schalom ben Jakob ▶ Kohen, Schalom ben Jakob.

Halberstädter, Ludwig, Arzt. 9.12.1876 Beuthen/Oberschlesien – 22.4.1949 New York. 1901–04 Assistenzarzt in Königsberg und Breslau. 1904–07 Forschung, Entdeckung von Antikörpern. 1919–33 Direktor der Radiotherapeutischen Abteilung des Instituts für Krebsforschung in Dahlem, 1933 Entlassung, Entzug der Venia legendi und Emigration nach Palästina. An der Hebrew Univ. Jerusalem am Aufbau des größten Strahlentherapie-Instituts des Nahen Ostens beteiligt. Nach H. sind Einschlusskörperchen beim Trachom benannt. Er stirbt auf einer Forschungsreise.
Hautkrankheiten und Syphilis im Säuglings- und Kindesalter. Ein Atlas, 1922. jwe

Harmilcar ▶ Roth, Joseph.

Hamburger, Ernst, Historiker, Politiker. 30.12.1890 Berlin – 2.4.1980 New York. Nach Studium und Promotion (1918) ist H. zunächst im Preußischen Innenministerium tätig. 1925–33 als SPD-Abgeordneter im Preußischen Landtag. 1933 Emigration nach Frankreich, 1940 in die USA. In New York Dozent an der Hochschule für Sozialforschung. 1948–55 Geschäftsführer bei den Vereinten Nationen in der Abteilung Menschenrechte, ab 1956 im Vorstand des LBI. pj

Hamburger, Käte, Literaturwissenschaftlerin. 21.9.1896 Hamburg – 8.4.1992 Stuttgart. Philosophiestudium, 1922 Promotion in München. Seit 1928 Assistentin des Berliner Philosophen Paul Hoffmann. 1933 Emigration nach Schweden. Arbeitet als Journalistin und Deutschlehrerin. Ihr Hauptwerk *Die Logik der Dichtung* (1957) setzt sich mit der Funktion der Grammatik in fiktionalen Texten auseinander. 1956 Rückkehr nach Dtl. 1959

Habilitation, a.o. Prof. für Germanistik. Veröffentlichungen zu Schiller, Novalis, Jean Paul, Rilke, Tolstoi und Th. Mann, mit dem sie 1932–55 auch in Briefkontakt steht.
K. H. zur Aktualität einer Klassikerin, 2003. ht

Hantke, Arthur, Jurist, Zionist. 1874 Berlin – 1955 Jerusalem. 1893 Gründungsmitglied der national orientierten *Jüd. Humanitätsgesellschaft*. Ab 1900 RA in Berlin, ab 1901 Delegierter auf zionistischen Kongressen, 1905 Leiter des Berliner Zentralbüros der ZVfD und Mitglied des großen AC, 1911–20 des engeren AC, 1920–26 Leiter der Mitteleuropa-Abteilung des *Keren Hayessod* (Palästina Aufbauwerk), seit 1926 dessen geschäftsführender Direktor mit Sitz in Jerusalem. Der *Moshav Even Menahem* an der israelisch-libanesischen Grenze ist nach H. benannt. js

Harden, Maximilian (d.i. Felix Ernst Witkowski; Pseud. Kent, Apostata, Theophil Zolling u.a.), Publizist. 20.10.1861 Berlin – 30.19.1927 Montana-Vermala/Schweiz. Nach aufgezwungener Kaufmannslehre schließt sich H. einer Wandertruppe an und nimmt Schauspielunterricht. Seit 1884 als Theaterkritiker in Berlin tätig und 1889 Mitbegründer des Theatervereins *Freie Bühne* sowie Berater M. ▶ Reinhardts. Gründet 1892 die politische Wochenschrift *Die Zukunft*, die zu einem der einflußreichsten Organe des Kaiserreichs wird. Der Monarchist und Bismarck-Verehrer entwickelt sich zum scharfen Kritiker Kaiser Wilhelm II. Er bezichtigt den Kaiser-Berater Philipp v. Eulenburg der Homosexualität und erschüttert damit das Ansehen des Hofes. 1908 fordert er die Abdankung des Kaisers. Der anfängliche Kriegsbefürworter wird zum Pazifisten und Kritiker der Weimarer Republik. Kurz nach der Ermordung seines Freundes W. ▶ Rathenau wird auf H. ein Attentat verübt, das er schwer verletzt überlebt (1922). Er stellt daraufhin seine Zeitschrift ein und übersiedelt 1923 in die Schweiz.
Young, H. F.: M. H., 1971. evk

Harden, Sylvia von (d.i. Sylvia Lehr), geb. von Halle, Journalistin, Lyrikerin. 28.3.1894 Hamburg – 4.6.1964 bei London. H. geht bis 1912 in Berlin zur Schule, dann kehrt sie in das bürgerliche Elternhaus nach Hamburg zurück. 1916–21 lebt sie in Zürich und arbeitet dort für den Rascher-Verlag. 1920 erscheint ihr Lyrikband *Verworrene Städte*. Ab 1923 schreibt sie Feuilletons, Kurzprosa sowie Film- und Theaterkritiken, die u.a. im *Berliner Tageblatt*, der *Berliner Volkszeitung* und in der *Prager Presse* erscheinen. Sie gilt als Teil der Berliner Bohème; 1926 porträtiert sie der Maler Otto Dix, mit Monokel und Zigarette an einem Cafehaustisch sitzend. Das Bild zählt heute zu den bekanntesten der Neuen Sachlichkeit und lässt H. zum Sinnbild eines neuen Frauentypus werden. 1927 veröffentlicht sie einen weiteren Lyrikband *(Die italienische Gondel)*. 1936 emigriert H. über die Schweiz und Italien nach Großbritannien, wo sie u.a. für den *Aufbau* schreibt. Teile ihrer unvollendeten Autobiogr. erscheinen in den 1950er und 60er Jahren in der *Frankfurter Rundschau*.
Robbespierre, 1924; Das Leuchtturmmädchen von Longstone, 1958. ht

Maximilian Harden

Hardenberg, Henriette (d.i. Margarete Rosenberg), Lyrikerin, Übersetzerin. 5.2.1894 Berlin – 26.10.1993 London. 1913 Veröffentlichung erster Gedichte. 1918 Lyrikband *Neigungen*. Kontakt zum Expressionistenkreis *Die Aktion*. 1916–30 Ehe mit A. ▶ Wolfenstein. Zunächst in München wohnhaft, ab 1924 wieder in Berlin. Dort in der Film- und Modebranche tätig und Privatsekretärin des Kunsthistorikers Richard Otten. 1937 Flucht nach Großbritannien. 1938 Heirat mit Kurt Frankenschwerth. Übersetzerin von Charles Dickens und Sally Benson.
Dichtungen. GW, 1988. ht

Hase, Annemarie ▶ Haase, Annemarie.

Hauschner, Auguste, geb. Montag, Schriftstellerin. 12.2.1850 Prag – 10.4.1924 Berlin. H. heiratet 1871 Benno H., der 1890 stirbt und ihr ein großes Vermögen hinterlässt. Seit 1873 lebt H. in Berlin. 1895 erscheint ihr erster Novellenband *Dr. Ferenczy*. H. schreibt gesellschaftskritische Romane und Novellen. Sie führt einen berühmten Salon, fördert Autoren wie G. ▶ Landauer und engagiert sich für die Gleichberechtigung der Juden und Frauen.
Frauen unter sich, 1901; Die Familie Lowositz, 1908; Rudolf und Camilla, 1910. ht

Hausmann, Raoul, Maler, Dichter, Fotograf. 12.7.1886 Wien – 1.2.1971 Limoges. Um 1900 zieht die Familie nach Berlin. H. ist mit L. ▶ Meidner befreundet, ab 1910 entstehen zahlreiche Ölbilder und Holzschnitte. Um 1915 verfasst er mehrere Artikel für die Zeitschriften *Der Sturm*, *Die Aktion* und *Die freie Straße*. 1918 wird H. Mitbegründer der Dada-Bewegung. 1919/20 ist er Hg. der Zeitschrift *Der DaDa* und beteiligt sich an der ersten Dada-Messe in Berlin. 1922 wendet sich H. der Fotomontage und 1923 der experimentellen Fotografie zu. 1933 flüchtet er nach Spanien und 1936 weiter über Zürich und Prag nach Paris. Dort arbeitet H. als Fotograf für die Zeitschrift *Plastique*. 1940 flieht er in den unbesetzten Teil Frankreichs und lässt sich 1944 in Limoges nieder. Hier findet er zur Malerei zurück.
Material der Malerei, Plastik und Architektur, 1918.
Scharfrichter der bürgerlichen Seele. R. H. in Berlin 1900–33, 1998. nv

Heartfield, John (d.i. Helmut Franz Josef Herzfeld), Fotomontagekünstler, Maler, Graphiker. 19.6.1891 Berlin – 26.4.1968 Berlin/Ost. Nach einer Buchhändlerlehre in Wiesbaden studiert H., der Sohn von Franz H. (F. ▶ Held), ab 1907 an der Kunstgewerbeschule in München und besucht anschließend die Kunst- und Handwerksschule in Berlin. Aus Protest gegen die dt. Englandhetze im I. WK ändert er seinen Namen. Gemeinsam mit seinem Bruder W. ▶ Herzfelde gründet er 1916 den *Malik-Verlag* und die Zeitschrift *Neue Jugend* und arbeitet parallel als Filmausstatter. Tritt 1919 der KPD bei. Zählt neben seinem Bruder und George Grosz zu den Mitbegründern der Berliner Dada-Gruppe. 1919–35 Mithg. satirischer Zeitschriften. Ab 1922 verstärktes Engagement in der KPD. Mitarbeit bei verschiedenen linken und satirischen Zeitschriften, u.a. für *Die Rote Fahne*. In dieser Zeit gestaltet H. Einbände und Schutzumschläge, wird 1926 Mitglied im graphischen Atelier der KPD und tritt 1928 der *Assoziation Revolutionärer Bildender Künstler Dtls* bei. Erste Fotomontagen entstehen. Daneben betätigt er sich 1920–30 als Gebrauchsgraphiker, Filmemacher und Bühnenbildner für Erwin Piscator und M. ▶ Reinhardt. 1933 emigriert H. nach Prag, 1938 nach London. 1940 ist er in einem englischen Lager interniert. Nach der Rückkehr nach Dtl 1950 (Leipzig) arbeitet er gemeinsam mit seinem Bruder für Verlage, Theater und DDR-Organisationen. 1956 kehrt er nach Berlin/O. zurück, wird Mitglied der AdK und ist als freischaffender Künstler tätig. 1957 findet dort seine erste große Nachkriegsretrospektive statt. Im selben Jahr erhält er den Nationalpreis für Kunst und Literatur der DDR, 1961 den Deutschen Friedenspreis. H. ist maßgeblich an der Entwicklung der Fotomontage beteiligt, indem er ihr neue Ausdruckskraft verleiht und sie als politisches Agitationsmittel einsetzt. kq

Heilborn, Ernst, Schriftsteller, Literaturhistoriker. 10.6.1867 Berlin – 16.5.1941 Berlin. 1892 Beginn der journalistischen Laufbahn, 1896–98 Leitung der internationalen Revue *Cosmopolis*. Ab 1901 Theaterrezensent in Berlin der *Frankfurter Zeitung*. 1911–33 Hg. des *Literarischen Echos*. 1936 Schreibverbot. 1941 Fluchtversuch, Verhaftung; nach amtlichen Angaben begeht er im Gefängnis Selbstmord.
Die steile Stufe, 1910; E. T. A. Hoffmann, Biogr., 1926; Der Geist der Bismarck-Zeit, 1929.
Wegener, B.: Bibliogr. E. H., 1994. jwe

Heilfron, Eduard, Jurist. 30.7.1860 Thorn/Westpreußen – 19.5.1938 Berlin. 1894 Amtsrichter in Nauen und Berlin, 1904–06 Prof. an der Kgl. Akademie in Posen, 1906 Prof. an der Handelshochschule Berlin. 1919 Mitbegründer der Berliner Verwaltungsakademie. Mitarbeiter der *Deutschen Allgemeinen Zeitung* und Verfasser mehrerer Rechtslehrbücher, so zum Bürgerlichen Recht.
Geschichte des bürgerlichen Rechts, 1897; Die Deutsche Nationalversammlung im Jahre 1919/20 in ihrer Arbeit für den Aufbau des neuen deutschen Volksstaates, 1919. cm

Heilmann, Ernst, Jurist, Journalist, Politiker. 13.4.1881 Berlin – 3.4.1940 KZ Buchenwald. Nach dem Studium der Rechtswissenschaften ist H. zunächst Parlamentsberichterstatter für sozialdemokratische Zeitungen. 1909–17 Chefredakteur

der *Chemnitzer Volksstimme,* nach dem I. WK Hg. der *Internationalen Korrespondenz* sowie der Wochenzeitschrift *Das Freie Wort.* 1919 Mitglied der verfassungsgebenden Preußischen Landesversammlung. 1919–33 Mitglied des Preußischen Landtags, ab 1921 Fraktionsvorsitzender der SPD. Zudem ist H. 1919/20 Stadtverordneter in Charlottenburg. 1928–33 ist er Mitglied des Reichstags und leistet parlamentarischen Widerstand gegen die NSDAP. Am 25.6.1933 wird er festgenommen und verschleppt. Nach fast sieben Jahren Haft und Folter wird er 1940 durch eine Giftinjektion ermordet.
Geschichte der Arbeiterbewegung in Chemnitz und dem Erzgebirge, 1911. pj

Ernst Heilmann

Heimann, Hugo, Verleger, Politiker. 15.4.(8.)1859 Konitz/Preußen – 23.2.1950(24.2.1951) New York. H. ist 1890–1900 Inhaber der *Guttentagschen Verlagsbuchhandlung* in Berlin (später *de Gruyter*). 1899 gründet er die erste Volksbibliothek. 1900–32 ist H. Stadtverordneter sowie SPD-Mitglied des Preußischen Abgeordnetenhauses (1905–10). H. ist Mitglied der Weimarer Nationalversammlung und 1920–32 Mitglied des Reichstags. 1926 wird H. Ehrenbürger Berlins. 1933 (1939) emigriert er nach New York.
Vom tätigen Leben. Autobiogr., 1949; Selbstdarstellung, 1949. pj

Heimann, Moritz, Schriftsteller, Lektor. 19.7.1858 Werder/Mark Brandenburg – 22.9.1925 Berlin. H. studiert 1886–90 Philosophie und Literatur in Berlin. 1895–1925 ist er Cheflektor des *S.* ▶ *Fischer Verlags* und fördert v.a. Jakob Wassermann, aber auch Hermann Stehr. 1895–1922 schreibt H. ca. 100 Artikel für die *Neue Rundschau.* Seit 1902 nimmt er am Berliner *Donnerstag-Kreis* teil. Seine Dramen wie *Das Weib des Akiba* (1922) haben wenig Erfolg.
Prosaische Schriften, 3 Bde, 1918; Wintergespinst, 1921; Nachgelassene Schriften, 1926. ht

Heimann, Oscar, Unternehmer. 29.10.1867 Berlin – 8.2.1930 Berlin. Als Mitinhaber des bekannten Berliner Spezialgeschäfts *R. M. Maassen* ist H. bis zu seinem Tod einer der führenden Unternehmer des Berliner bzw. dt. Einzelhandels. H. ist Initiator der Berliner Messen auf dem Ausstellungsgelände am Kaiserdamm und 1924 Begründer der *Gemeinnützigen Berliner Messe- und Ausstellungs-GmbH.* Vorstandsmitglied des Vereins Berliner Kaufleute und Industrieller. Hauptvorstandsmitglied des CV, 1927–30 dessen stellv. Vorsitzender. jwe

Heine, Heinrich (Harry), Dichter, Journalist. 13.12.1797 Düsseldorf – 17.2.1856 Paris. Studiert in Bonn und Göttingen Jura, kommt 1821 nach Berlin, hört Hegels Vorlesungen, ist Gast im Salon von R. ▶ Varnhagen und unterrichtet Sprachen im *Verein für die Cultur und Wissenschaft der Juden.* Für den Rheinisch-Westfälischen Anzeiger (1822) schreibt er *Briefe aus Berlin.* Als ‚Eintrittsbillet' in die Gesellschaft versteht H. seinen Übertritt zum protestantischen Glauben 1825. 1827 wird der Ruf nach einer Verbrennung seiner Bücher laut. 1831 geht H. als Korrespondent nach Paris. 1835 werden seine Schriften in Dtl verboten. Ab 1848 fesselt ihn eine Krankheit an seine ‚Matratzengruft'. Zitate von H. sind Teil des heutigen Berliner Bücherverbrennungsdenkmals auf dem Bebelplatz.
Sämtliche Schriften, 6 Bde in 7 Bdn, 1975–85; SW, 1975.
Ziegler, E.: H. H., 2004; Briegleb, K.: Bei den Wassern Babels. H. H. jüd. Schriftsteller in der Moderne, 1997; Ziegler, E.: H. H. Leben, Werk, Wirkung, 1993. elm

Heine, Thomas Theodor (David), Maler, Graphiker. 28.2.1867 Leipzig – 26.1.1948 Stockholm. 1884–89 studiert H. Malerei an der Kunstakademie Düsseldorf und widmet sich der impressionistischen Landschaftsmalerei und dem Portraitzeichnen. Ab 1892 ist er Gebrauchsgraphiker und Illustrator für

die Zeitschriften *Fliegende Blätter* und *Jugend.* 1895 Herstellung von Buchschmuck für *Pan*, Arbeiten für den *Insel-Verlag.* Seit 1896 prägt er die Wochenzeitschrift *Simplicissimus* mit seinen sozialkritischen und politischen Illustrationen. 1898 wird H. wegen Majestätsbeleidigung festgenommen und für sechs Monate inhaftiert. Ab 1900 entstehen Plakate für die *Berliner Secession* und den *Simplicissimus.* 1909 stellt er in München aus. 1921 illustriert H. *Wälsungenblut* von Th. Mann. 1938 flieht H. nach Oslo und 1942 nach Stockholm.
▯ Ich warte auf ein Wunder, 1945.
▤ Th. Th. H., 2000. nv

Heine, Toni ▶ Lessler, Toni.

Heinemann, Jeremias (Jeremias ben Meinster ha-Levi), Pädagoge, Publizist. 20.7.1778 Sandersleben – 16.10.1855 Berlin. 1808–13 neben D. ▶ Fraenkel zweites Laienmitglied im Kasseler Konsistorium, Leiter der Konsistorialschule. Ab 1814 in Berlin, 1815 Naturalisation, 1816 Promotion, Inspektor des Israelitischen Lehrerseminars. 1816–21 Pächter der *Orientalischen Buchdruckerei* (Hg. des *Calenders für die jüdische Gemeinde)* und 1816 Errichtung einer Erziehungs- und Lehranstalt (bis 1825 mehrfach erweitert). 1817–33 Hg. der Zeitschrift *Jedidja* (1839–43 als *Allgemeines Archiv des Judenthums*), 1819 Eröffnung einer eigenen Buch- und Kunsthandlung. 1825–29 Auflösung von H.s Schulen und Zusammenlegung mit der Talmud-Thora-Schule der JGB. Fortsetzung der literarisch-verlegerischen Tätigkeit (ab 1835 *Kalender* der JGB). Übersetzungen von Bibel und Gebetbüchern, zahlreiche pädagogische Schriften. 1818–52 Sekretär des Vereins *Magine Reim.*
▯ Sammlung der die religiöse und bürgerliche Verfassung der Juden in den kgl. preußischen Staaten betreffenden Gesetze, Verordnungen, Gutachten etc., 1821–39; Religionsbekenntnis für Israeliten, 1898; Torat Emunat Beit Jisrael. Kurzer Katechismus der jüd. Religion, 1912. jvs

Heinitz, Ernst, Rechtsanwalt. 1857 Berlin – 1930 Berlin. H. ist Vorsitzender des Vorstands der Berliner Anwaltskammer, seit 1904 Mithg. der *Dt. Juristen Zeitung* und Schriftleiter des Dt. Juristentages. H. wird durch seine *Kommentare zum preußischen Stempelsteuergesetz* (1896) bekannt. nr

Heinitz, Ernst, Jurist. 1.1.1902 Berlin – 11.5.1998 Berlin. Römisch-katholisch getauft. Studium in Berlin, Promotion in Hamburg. H. wird 1932 zum Vorsitzenden des Berliner Arbeitsgerichts ernannt, emigriert 1933 nach Italien, promoviert 1934 in Florenz und kehrt 1948 nach Dtl zurück. Zunächst wird er Prof. in Erlangen, 1952–70 Prof. für Strafrecht, Prozessrecht und Arbeitsrecht an der FU Berlin, Richter am Kammergericht und 1961–63 Rektor der FU Berlin. H. veröffentlicht zahlreiche juristische Kommentare. nr

Heinz, Wolfgang (d.i. David Hirsch), Schauspieler, Regisseur, Intendant. 18.5.1900 Pilsen – 30.10.1984 Berlin/Ost. H. ist nach Engagements in Wien und Hamburg ab 1918 am DT und am Staatlichen Schauspielhaus in Berlin tätig. 1933 emigriert er in die Schweiz, wo er mit W. ▶ Langhoff am Schauspielhaus Zürich zusammenarbeitet. Seit 1950 übernimmt er Regiearbeiten am DT, 1950 kehrt er endgültig nach Berlin/O. zurück, dort ist er 1963–69 Intendant des DT. Außerdem ist er Mitglied der AdK (Ost), Mitglied der Kulturkommission des Politbüros des ZK der SED und Präsident des Theaterverbands der DDR. 1981 wird H. zum Ehrenbürger Berlins ernannt.
▤ Waack, R.: W. H. Denken, Handeln, Kämpfen, 1980. evk

Held, Franz (d.i. Franz Herzfeld), Schriftsteller. 30.5.1862 Düsseldorf – 4.2.1908 Valdona/Voralberg. H. beginnt 1882 in Bonn Jura, später Philologie und Philosophie in Leipzig, München und Berlin zu studieren. Seit 1887 lebt er als freier Schriftsteller in Berlin. 1889 erscheint sein erstes Drama *Ein Fest auf der Bastille,* das 1894 in Berlin uraufgeführt, jedoch nach 20 Aufführungen polizeilich verboten wird. Sein Werk umfasst Gedichte, Dramen, Romane und Erzählungen. Aufgrund depressiver Wahnpsychosen lebt H. ab 1899 in einer Nervenklinik. Er ist der Vater von W. ▶ Herzfelde und J. ▶ Heartfield.
▯ AW, 1912. ht

Helmenreich, Baila ▶ Gerson, Baila.

Hendrik, John, Tenor, Radiomoderator. 17.11.1904 Berlin – 11.6.2004 Berlin. Nach seinem Gesangsstudium arbeitet H. u.a. am Berliner Theater des Westens und am Metropoltheater. 1933 emigriert er nach Großbritannien und wird von der BBC als leading tenor verpflichtet. Von London aus geht er 1936 in die USA und spielt in M. ▶ Reinhardts Fledermaus-Inszenierung am Broadway. Mit Komponisten wie O. ▶ Straus und Emmerich Kálman unternimmt er Konzerteisen durch die USA. Nach der US-Einbür-

gerung 1942 arbeite H. für das *Office of War Information*, aus dem später die *Stimme Amerikas* hervorgeht. 1957 kehrt er nach Berlin zurück und setzt dort seine Rundfunk arbeit fort. Er entwickelt zahlreiche Hörfunkformate für den *RIAS* u.a. die Sendung *Club 18*, die er 25 Jahre lang moderiert.
Mein merkwürdiges Leben, 1999. evk

Henoch, Eduard Heinrich, Kinderarzt. 17.6.1820 Berlin – 25.8.1910 Dresden. Neffe M. H. ▶ Rembergs. Medizinstudium in Berlin; 1843 Promotion. Assistent in der Univ.-Poliklinik Berlin. Armenarzt. 1850 Habilitation. 1858 a.o. Prof. 1860 Gründung einer eigenen Kinderpoliklinik. 1872 Leitung der Univ.-Kinderklinik der Charité. H. verfasst v.a. Beiträge über div. Krankheitsbilder, insbesondere über Kinderkrankheiten. Die Purpura *Henoch-Schoenlein* ist nach ihm benannt.
Vorlesungen über Kinderkrankheiten, 1881. fwk

Henoch, Lilli, Sportlehrerin, Lehrerin. 26.10.1899 Königsberg – 1942 Riga verschollen. H. ist eine der erfolgreichsten dt. Leichtathletinnen in den Jahren 1920–26. Sie startet für den Berliner SC, gewinnt mehrere dt. Meisterschaften und erzielt im Kugelstoßen und Diskuswerfen Weltrekorde. 1928 beendet sie ein Fachstudium an der Preußischen Hochschule für Leibesübungen in Spandau und ist danach als Sportlehrerin tätig. 1933 verliert sie ihre Arbeit und wird aus dem SC ausgeschlossen. Sie tritt dem *Jüd. Turn- und Sportclub 1905* bei und unterrichtet an den jüd. Volksschulen in der Rykе- und Choriner Straße. Am 5.9.1942 wird sie mit ihrer Mutter in das Ghetto von Riga deportiert. hg

Henschel, Moritz, Jurist. 17.2.1879 Breslau – 1947 Jerusalem. H. ist RA und Notar am Kammergericht in Berlin. Nach dem Berufsverbot engagiert er sich in der RVdJ. Unmittelbar nach deren Schließung durch die Gestapo wird H. vermutlich gemeinsam mit L. ▶ Baeck mit dem 91. ‚Alterstransport' am 16.6.1943 nach Theresienstadt deportiert. Nach der Befreiung wandert er nach Palästina aus. evk

Henschke, Ulrike, geb. Benas, Pädagogin. 24.11.1830 Krotoszyn/Posen – 1.11.1897 Baden-Baden. H. engagiert sich in der bürgerlichen Frauenbewegung und kritisiert die Missstände in der Mädchenbildung. Seit 1876 lebt sie in Berlin; 1878 wird durch ihr Wirken die 3. Mädchenfortbildungsschule (seit 1888 *Viktoria-Fortbildungs-Schule)* in Berlin gegründet. 1897 erstellt sie ein *Deutsches Lesebuch für die weibliche Jugend* für den Deutschunterricht.
Henschke, M.: U. H. Ein Lebensbild aus der deutschen Frauenbewegung, 1931. uw

Fanny Hensel

Hensel, Fanny Cäcilia, geb. Mendelssohn-Bartholdy, Komponistin. 14.11.1805 Hamburg – 14.5.1847 Berlin. H. stammt aus einer traditionsreichen Bankiersfamilie. Nach der Übersiedlung nach Berlin wird sie 1811 getauft. Sehr früh zeigt sich ihre musikalische Begabung. Seit 1831 leitet H. die *Sonntagsmusiken* im Haus ihrer Eltern und trägt als virtuose Pianistin Werke ihres Bruders F. ▶ Mendelssohn-Bartholdy sowie eigene Kompositionen vor. Für ihren Bruder wird H. zur wichtigsten musikalischen Beraterin. Einige ihrer Liedkompositionen erscheinen unter seinem Namen. 1829 heiratet H. den kgl. preußischen Hofmaler Wilhelm Hensel. Ihr Werk umfasst Kantaten, Klavierstücke und über 400 Lieder. Sie ist Briefpartnerin von Goethe und Robert Schumann.
Die Musik will gar nicht rutschen ohne Dich, 1997; Tagebücher, 2002; Briefe aus Rom an ihre Familie in Berlin 1839/40, 2002.
Borchard, B.: F. H., 2002; Büchter-Römer, U.: F. M.-H., 2001; Olivier, A.: Mendelssohns Schwester F. H., 1997. js

Georg Hermann

Herfurth, Hanna ▶ Schliesser, Elli.

Herlitz, Georg Yosef, Historiker, Archivar. 11.3.1885 Oppeln/Schlesien – 7.1.1968 Jerusalem. Studium der Geschichte, Philosophie und semitischer Sprachen in Berlin und Halle. 1904–10 Besuch der HWdJ. 1911–16 Direktor des Gesamtarchivs der dt. Juden in Berlin. 1919 gründet H. das *Archiv der Zionistischen Organisation* in Berlin und leitet dieses bis 1933. 1926–30 Archivar beim zionistischen Aktionskomitee. 1927–30 zusammen mit Bruno Kirschner Hg. des *Jüd. Lexikons.* 1933 emigriert er nach Palästina. Im selben Jahr übernimmt er die Leitung des Bildungswesens der Hitachut Olej Germania. Nach Überführung des Zionistischen Archivs nach Jerusalem ist er bis 1955 dessen Leiter.
▯ Hebräisch-deutsches Wörterbuch, 1933–35; Mein Weg nach Jerusalem. Autobiogr., 1964. sn

Hermann, Georg (d.i. G. Borchardt), Schriftsteller. 7.10.1871 Berlin – 19.11.1943 KZ Auschwitz. Die Kindheitsjahre sind geprägt von finanziellen Sorgen, aufgrund des Konkurses des Vaters, der stirbt, als H. 19 ist. Für sein Pseud. übernimmt H. den Vornamen des Vaters. 1899 stirbt auch die Schwester. Noch während seiner Militärzeit schreibt er seinen ersten, stark autobiogr. Roman *Spielkinder* (1897). Studium der Literatur- und Kunstgeschichte an der FWU. Journalist für etwa 40 Zeitschriften und Zeitungen. 1909 Mitbegründer des SDS, 1910–13 und 1931–33 dessen Vorsitzender. Erfolg hat er mit den Romanen *Jettchen Gebert* (1906) und *Henriette Jacoby* (1908), die in der Berliner Gesellschaft des Biedermeier spielen, über das er 1913 die Textsammlung *Biedermeier im Spiegel seiner Zeit* hg. Weniger erfolgreich ist sein Romanzyklus *Die Kette* (5 Bde, 1917–34), der jüd. Leben in Dtl von 1899 bis 1923 beschreibt. H. verfasst neben Erzählungen, Novellen, 21 Romane, die er als „berlinisch-märkische Heimatkunst" charakterisiert, die „die Geschichte der Berliner Juden in hundert Jahren" zum Thema hat. Seine Feuilletons und Essays widmen sich v.a. kulturhistorischen *(Geschichte der deutschen Karikatur im 19. Jahrhundert,* 1901; *Max Liebermann,* 1904) aber auch aktuell politischen Themen *(Randbemerkungen 1914–17,* 1919), in denen er eine dezidiert antimilitaristische Haltung einnimmt. Das Judentum ist für H., der nicht religiös ist, nicht nur eine Grundlage seines künstlerischen Schaffens. Er selbst schätzt, dass 90% seiner Protagonisten „jüd. Großstadtmenschen" sind, wie er in dem Essay *Weltabschied* 1935 schreibt. Mit dem latenten Antisemitismus in Dtl setzt er sich bereits 1926 u.a. in dem Essay *Der doppelte Spiegel* auseinander. Am 15.3.1933 emigriert er in die Niederlande, am 16.11.1943 wird H. von dort nach Auschwitz deportiert.
▯ Werke und Briefe, 21 Bde, 1996ff.
▤ G. H. deutsch-jüdischer Schriftsteller und Journalist, 2004; Aber ihr Ruf verhallt ins Leere hinein... Der Schriftsteller G. H., 1999; Schweighofer, P.: Leben und Werk im niederländischen Exil, 1996. ht

Hermlin, Stephan (d.i. Rudolf Leder), Dichter, Prosaist. 13.4.1915 Chemnitz – 6.4.1997 Berlin. H. stammt aus einer Unternehmerfamilie, tritt 1931 dem kommunistischen Jugendverband bei. 1936 emigriert H. über Ägypten nach Palästina, von dort 1937 nach Frankreich. 1943 Internierung und Flucht in die Schweiz. 1945 Rückkehr nach Frankfurt/M., 1947 Übersiedlung nach Berlin/O. 1947 erscheinen die Erzählungen *Leutnant Yorck von Wartenburg, Zwölf Balladen von den großen Städten* und *Zweiundzwanzig Balladen,* die sich mit dem NS auseinandersetzen. H. tritt der SED bei. In der DDR setzt sich H. gegen das Verschweigen antisemitischer Strömungen und für eine kulturelle Zusammenarbeit mit Israel ein. 1996 wird der Vorwurf gegen ihn erhoben, dass er Details seiner Lebensgeschichte inszeniert habe. Dies hat eine öffentliche Diskussion seiner Biografie zur Folge.

▯ Abendlicht, 1979; Traum der Gemeinsamkeit, 1985; Entscheidungen. Sämtliche Erzählungen, 1995.
▤ Corino, K.: Aussen Marmor, innen Gips. Die Legenden des St. H., 1996; Schlenstedt, S.: St. H. Leben und Werk, 1985. us

Herrmann, Franz, Jurist. 29.12.1886 Berlin – 7.3.1967 Bonn. Zunächst Staatsanwalt in Berlin. Ab 1925 Referent und Abteilungsleiter im preußischen Justizministerium. Mitglied der SPD und des *Republikanischen Richterbunds*. 1933 vom Dienst suspendiert, vorübergehende Inhaftierung im KZ Oranienburg. 1937 Emigration über Italien und die Schweiz nach Chile, dort als Buchhalter tätig. Auf Ersuchen der Bundesregierung 1952 Rückkehr nach Dtl zur Leitung des Referats für Beamtenwiedergutmachung im Bonner Bundesministerium des Innern. 1956 Auszeichnung mit dem Großen Bundesverdienstkreuz. dv

Herrmann, Helene, geb. Schlesinger, Pädagogin, Literaturwissenschaftlerin. 9.4.1877 Berlin – Dezember 1944 KZ Auschwitz. H. besucht Gymnasialkurse für Frauen bei Helene Lange. 1898 heiratet sie Max ▶ H. und beginnt ihr Studium der Germanistik, Kunstgeschichte und Philosophie in Berlin. Sie promoviert als erste Germanistin in Dtl und arbeitet als Lehrerin in Berlin. Seit 1919 unterrichtet sie an den privaten humanistischen Kursen von Dr. Siegmund Auerbach, dessen Schule sie 1926–31 leitet. Mit V. ▶ Lachmann leitet sie 1933–38 eine Privatschule für jüd. Kinder in Grunewald. Sie schreibt zahlreiche wissenschaftliche Aufsätze, u.a. *Studien zu Heines Romanzero* (1906) und zu Fontanes *Effi Briest* (1912). Mitarbeit an H. ▶ Heines Werkausg., die 1908 erscheint. Die späten Essays widmen sich vor allem der Dramatik. Sie veröffentlicht u.a. in der Zeitschrift *Die Frau* und bis 1937 in der *Zeitschrift für Ästhetik und allg. Kunstwissenschaft*. 1942 wird sie mit Mann und Schwester in das Ghetto Theresienstadt deportiert, 1944 nach Auschwitz.
▯ Die psychologischen Anschauungen des jungen Goethe und seiner Zeit, 1904; Einfühlung und Verstehen, 1988; Feinheit der Sprache. Aufsätze 1903–37, 1999. ht

Herrmann, Max, Literatur-, Theaterwissenschaftler. 14.5.1865 Berlin – 16./17.11.1942 Ghetto Theresienstadt. Ab 1885 Studium der Geschichte und Philologie in Freiburg und Berlin. 1898 Promotion und Heirat mit Helene ▶ H. 1891 Habilitation. Ab 1891 PD an der Univ. Berlin, seit 1900 regelmäßig Vorlesungen zur Theatergeschichte. Erhält 1903 den Titel Prof. ohne Vergütung. 1906–26 nebenberuflich Dozent an der Handelshochschule. 1911–36 erster Vorsitzender der *Gesellschaft für dt. Literatur*. 1919 a.o. Prof. für Neuere dt. Literatur als Nachfolger von L. ▶ Geiger. 1920 Mitbegründer der *Gesellschaft der Freunde und Förderer des Instituts für Theaterwissenschaften* an der Univ. Berlin. 1930 Ernennung zum Prof. für dt. Philologie als ‚persönlicher Ordinarius', d.h. ohne Erhöhung der Bezüge. Am 16.9.1933 zwangsweise Versetzung in den Ruhestand. 8.9.1942 Deportation. H. ist der Begründer der modernen dt. Theaterwissenschaft.
▯ Die Entstehung der berufsmäßigen Schauspielkunst im Altertum und in der Neuzeit, 1962.
▤ Corssen, St.: M. H. und die Anfänge der Theaterwissenschaft, 1998. ht

Herrnfeld, Anton, Schauspieler, Theaterleiter. 15.1.1866 Raab/Österreich-Ungarn – 20.10.1929 Berlin. H. stammt aus einer alten Artistenfamilie und gründet um 1884 zusammen mit seinem Bruder David ▶ H. die Theatergruppe *Erste Original Budapester Orpheum Gesellschaft*. Am 10.3.1890 eröffnen die Brüder das *Budapester Possen- und Operettentheater* am Alexanderplatz. Bereits ihr erster Schwank *Lupas und Wörtheim* wird ein Erfolg. Nach wenigen Monaten Umzug ins *Parodietheater* in der Oranienburger Straße. Der junge M. ▶ Reinhardt erhält entscheidende Impulse aus ihren Possen. Als *Gebrüder Herrnfelds Budapester Theater* sind sie ab 1895 in den Königskolonaden am Alexanderplatz zu sehen. Entgegen der Theaterkrise können sie ihre Besucherzahlen stetig steigern und beziehen im Sep. 1906 ihr eigenes Theater in der Kommandantenstraße mit 800 Sitzplätzen. Mit ihren Parodien auf aktuelles Berliner Zeitgeschehen und bürgerliches Milieu, untermalt mit jiddischem und böhmischem Akzent, haben die Brüder H. großen Erfolg, stoßen bei den Kritikern aber auf ein geteiltes Echo. Während sich K. ▶ Tucholsky immer wieder begeistert äußert, werfen ihnen andere vor, durch klischeehafte jüd. Figuren dem Antisemitismus Vorschub zu leisten. Nach dem Tod seines Bruders geht H. nach Amerika, kehrt aber 1926 nach Berlin zurück.
▯ Was tut sich, 1914; Herrnfeld-Humor, 1926.
▤ Riss, H.: Ansätze zu einer Geschichte des jüd. Theaters in Berlin 1889–1936, 2000; Sprengel, P.: Populäres jüdisches Theater, 1997; Ders.: Scheunenviertel-Theater, 1995. mr

Herrnfeld, David Donat, Schauspieler, Theaterleiter, Autor. 15.1.1866 Raab/Österreich-Ungarn – 8.6.1916 Berlin. Bruder von Anton ▶ H. Schreibt die meisten der Stücke des Komikerduos. Nach seinem Tod kann das Theater nicht mehr an die alten Erfolge anknüpfen. mr

Hertz, Gustav Ludwig, Physiker. 22.7.1887 Hamburg – 30.10.1975 Berlin/Ost. H. der Neffe von Heinrich H., studiert Mathematik und Physik in München, Göttingen und Berlin. Nach der Promotion 1911 ist er Assistent am Physikalischen Institut der Univ. Berlin; 1917–20 PD; 1920–25 wissenschaftlicher Mitarbeiter im Laboratorium der Glühlampenfabrik *Philips* in Eindhoven. 1925 erhält er gemeinsam mit J. ▶ Franck den Physik-Nobelpreis. Ab 1927 ist H. Leiter des Physikalischen Instituts der TH Berlin. 1935 muss er sein Amt niederlegen. Daraufhin übertragen ihm die *Siemens*-Werke die Leitung des Forschungslaboratoriums, wo er bis 1945 tätig ist. Nach Kriegsende Übersiedlung in die Sowjetunion, wo er den Aufbau eines Atomforschungsinstituts nahe Suchumi leitet. 1954 kehrt er in die DDR zurück. Bis zu seiner Emeritierung 1961 Direktor des Physikalischen Instituts der Karl-Marx-Univ. in Leipzig. H. ist Mitglied der Leopoldina (1927) und der Akademie der Wissenschaften (1956).

Einführung in die Plasmaphysik und ihre technische Anwendung, 1965.

Kuczera, J.: G. H, 1985. sn

Hertz, Paul, Politiker. 23.6.1888 Worms – 23.10.1961 Berlin/West. H. tritt bereits 1905 in die SPD ein und ist 1920–33 Mitglied des Reichstags. 1933 emigriert er und kehrt 1950 auf Bitten von Ernst Reuter nach Berlin zurück. Er wird zunächst Mitarbeiter für den Wiederaufbau, später Senator für den Marschallplan und das Kreditwesen. Als Wirtschaftssenator ist er auch für das Notstandsprogramm zuständig. H. ist direkt am Aufbau Berlins nach dem Krieg beteiligt. pj

Herz, Henriette, geb. de Lemos, Salonnière. 5.9.1764 Berlin – 22.10.1847 Berlin. Die Tochter eines wohlhabenden, aus Portugal eingewanderten Arztes, wird mit 15 Jahren mit dem Arzt und Naturwissenschaftler Markus ▶ H. verheiratet. Dieser fördert die Bildung seiner wesentlich jüngeren Frau. H. gilt als die Gründerin des ersten literarischen Salons in Berlin (um 1780), der sich v.a. zeitgenössischer Literatur und der Goetherezeption widmet. Zu ihren Gästen zählen u.a. die Brüder Humboldt, Friedrich Schleiermacher und Jean Paul. Nach dem Tod ihres Mannes gibt H. nur noch kleine Gesellschaften. Danach arbeitet sie als Erzieherin und unternimmt Reisen nach Wien und Rom. Ab 1820 führt sie ein zurückgezogenes Leben in Berlin und widmet sich ihren Freunden und karitativen Aufgaben. Nach dem Tod der Mutter 1817 konvertiert sie zum Christentum. Auf Anregung A. v. Humboldts erhält sie im hohen Alter eine Pension des preußischen Königs.

Landsberg, H.: H. H. in Erinnerungen, Briefen und Zeugnissen, 1984. nms

Henriette Herz

Herz, Naphtali **Markus**, Arzt, Philosoph. 17.1.1747 Berlin – 19.1.1803 Berlin. Als Sohn armer Kaufleute wird H. 1762 nach Königsberg in die Lehre geschickt. Er beginnt 1766 ein Studium der Medizin und Philosophie u.a. bei Immanuel Kant. Dieser wird sein Mentor und gibt ihm 1770 Empfehlungen mit auf den Weg nach Berlin, wo sich H. dem Kreis der jüd. Aufklärer um M. ▶ Mendelssohn anschließt. Dank der finanziellen Unterstützung D. ▶ Friedländers kann er sein Medizinstudium in Halle 1774 beenden. Im selben Jahr beginnt H. seine Tätigkeit am neugegründeten jüd. Krankenhaus in Berlin, wo er zu einem der angesehensten Ärzte seiner Zeit avanciert. 1779 ehelicht er Henriette de Lemos (Henriette ▶ H.). In ihrem Salon trifft sich die geistige und kulturelle Elite. Seine Privatvorlesungen über Philosophie, Experimentalphysik und Kants Anthropologie werden u.a. von den Humboldt-Brüdern und von Friedrich Wilhelm II.

gehört, dessen Leibarzt er seit 1785 ist. 1787 ernennt ihn der König zum ersten jüd. Prof. für Philosophie. Sein Engagement gilt der Gleichberechtigung der Juden, u.a. polemisiert er in *Freimütige Kaffeegespräche zweier jüdischer Zuschauerinnen über den Juden Pinkus* (1772) gegen stereotypisierende Darstellungen. Mit Kant pflegt er einen regen Briefwechsel und vertritt vehement dessen Philosophie, was auch eine Abkehr von der Philosophie Mendelssohns beinhaltet. Als H. gegen die Pflicht der frühen Leichenbestattung argumentiert, bezieht er bewusst antirabbinische Positionen, zugunsten einer medizinisch-wissenschaftlichen Anschauung. Ebenso wie S. ▶ Ascher, L. ▶ Bendavid, I. ▶ Euchel und S. ▶ Maimon, ist H. bereit, für die bürgerliche Akkulturation und Selbstbestimmung der Juden halachische Gesetze in Frage zu stellen und gegen sie zu verstoßen. Als Mediziner wendet sich H. gegen die Jennersche Vakzination gegen Pocken.

Betrachtungen aus der spekulativen Weltweisheit, 1771 [1990]; Über die frühe Beerdigung der Juden, 1787; Philosophisch-medizinische Aufsätze, 1997.

Ibing, B.: M. H. Arzt und Wegweiser im Berlin der Aufklärung, 1984. alm

Herz, Salomon, Getreidehändler. 15.5.1791 Bernburg/Anhalt – 16.7.1865 Berlin. H., dem Vater von Wilhelm ▶ H. werden im Okt. 1823 gegen Zahlung eines Schutzgeldes Handelsgeschäfte, der Ankauf eines Hauses in Bernburg und die Verheiratung bewilligt. H. zieht im selben Jahr nach Berlin, wo er eine Getreidehandlung eröffnet. In Wittenberge an der Elbe gründet H. eine Ölmühle als erstes Ölhandelshaus Dtls. Seit 1855 ist er Mitglied des Ältestenkollegiums der Berliner Kaufmannschaft. as

Herz, Wilhelm, Unternehmer. 26.4.1823 Bernburg – 28.9.1914 Berlin. H. arbeitet zunächst in der Ölmühle seines Vaters Salomon ▶ H. 1865 löst er ihn als Geschäftsführer ab und erweitert das Unternehmen 1869 durch die Eröffnung einer Fabrik für Gummiprodukte. Diese Firma entwickelt u.a. Faktis, ein Ölnebenprodukt, das als Weichmacher für Gummi verwendet wird. Seit 1866 gehört H. dem Ältestenkollegium der Berliner Kaufmannschaft an, 1889–95 ist er deren Vizepräsident, ab 1895 ihr Präsident. In seine Amtszeit fallen die Kämpfe um die Erhaltung der Kaufmannschaft und die Gründung der Berliner Handelskammer. 1902 wird er erster Präsident der neuen Handelskammer und erhält den Titel ‚Exzellenz'. H. ist Mitbegründer und Vorstandsvorsitzender der *Schultheiss Brauerei AG* und Vorstandsmitglied der JGB. as

Herzfeld, Ernst Emil, Archäologe, Orientalist. 23.7.1879 Celle – 21.1.1948 Basel. H. beendet 1903 sein Architekturstudium an der TH Charlottenburg. 1903–06 ist er bei Ausgrabungen in Assur tätig. 1907 Promotion; 1909 Habilitation für Historische Geografie in Berlin. 1918 o. Prof. für Orientalische Archäologie an der Univ. Berlin. 1935 Suspendierung. 1936 Emigration in die USA, wo er 1936–44 als Prof. am *Institute for Advanced Study* in Princeton lehrt und forscht. H. ist v.a. für seine Ausgrabungen in Samarra bekannt: Nach dem *Ersten vorläufigen Bericht über die Ausgrabungen von Samarra* (1912) veröffentlicht er 1948 *Die Geschichte der Stadt Samarra.*

Iranische Felsreliefs, 1910; Iranische Denkmäler, 1932; The persian empire, 1968.

Archaeologica Orientalia in memoriam E. H., 1952. ko

Hans Herzfeld

Herzfeld, Hans Julius, Historiker. 22.6.1892 Halle/Saale – 16.3.1982 Berlin/West. Geschichts- und Germanistikstudium in Freiburg und Halle. 1914 Kriegsfreiwilliger, mehrere Kriegsauszeichnungen. 1917–20 französische Kriegsgefangenschaft. 1920 Prüfung zum höheren Lehramt, danach Studienreferendar in Halle; 1921 Promotion, 1923 Habilitation. 1926 Lehrauftrag an der Univ. Halle. 1929 a.o. Prof. Bis 1933 Mitglied der DNVP und des ‚Stahlhelm', danach SA-Mitglied, aus der er 1936 entlassen wird. Vor 1933 bekommt er wegen seiner politischen Einstellung keinen Lehrstuhl, danach, weil er, der evangelisch getauft ist, aufgrund seines jüd. Großvaters als ‚unarisch' gilt. 15.6.1938 Entzug der Lehrbefugnis. Anstellung an der *Heeresgeschichtlichen Forschungsanstalt* in Potsdam. Denunziation 1943 und Verhaftung durch die Gestapo wegen angeblicher ‚Äußerungen wehrkraftzersetzenden Charakters'. Kurzeitige Inhaftierung und Entlassung; bis Kriegsende freier Schriftsteller. 1946–50 a.o. Prof. an der Univ. Freiburg. Danach bis zur Emeritierung 1960 Prof. an der FU Berlin, Gründer und 20 Jahre lang Direktor der *Historischen Kommission* zu Berlin. Ab 1968 Mithg. der Veröffentlichungen der *Historischen Kommission.*

Berlin in der Weltpolitik 1945–70, 1973; Geschichte in Gestalten, 4 Bde, 1981; Aus den Lebenserinnerungen, 1992.

H. H. Persönlichkeit und Werk, 1983. mr/nms

Herzfeld, Helmut ▶ Heartfield, John.

Herzfeld, Joseph, Jurist, Politiker. 18.12.1853 Neuss – 27.7.1939 Ritten bei Bozen. H. stammt aus einer Unternehmerfamilie; Bruder von F. ▶ Held. Student und RA in den USA. 1885 Rückkehr nach Dtl, seit 1892 RA in Berlin. 1898–1906 und 1912–17 Reichstagsabgeordneter für die SPD. 1917 Mitbegründer der USPD. 1918 vorübergehend Beigeordneter im Reichsamt des Innern, 1920 KPD-Mitglied, bis 1924 erneut Reichstagsabgeordneter. 1924 Mitbegründer der *Roten Hilfe*, Strafverteidiger der KPD. 1933 Emigration in die Schweiz, 1934 Übersiedlung nach Südtirol. dv

Herzfelde, Wieland (d.i. W. Herzfeld), Verleger, Schriftsteller. 11.4.1896 Weggis/Schweiz – 23.11.1988 Berlin/Ost. H., der Sohn von Franz H. (F. ▶ Held), zieht 1914 zu seinem Bruder Helmut, der sich ab 1916 J. ▶ Heartfield nennt und studiert Germanistik und Medizin. Er wird zum Militärdienst eingezogen, desertiert jedoch. Gemeinsam mit seinem Bruder gründet er 1916 die Zeitschrift und den Verlag *Neue Jugend* als Sprachrohr gegen den Krieg, nach dem Verbot 1917 den *Malik Verlag*, den er bis zu seiner Emigration 1933 in Berlin, danach bis 1938 als Exilverlag in Prag leitet. H. fungiert vor allem als Freund, Förderer und Organisator von Schriftstellerkollegen, sein Anliegen ist es linke, revolutionäre Kunst einer großen Öffentlichkeit zu vermitteln, was ihm durch eine sozial ausgerichtete Preispolitik und die auffälligen, von seinem Bruder und George Grosz gestalteten Bucheinbände gelingt. In den ersten Jahren gilt der *Malik Verlag* als Zentrum des Berliner Dadaismus, später publiziert H. auch progressive amerikanische Literatur. Ab Mitte der 1920er Jahre macht er die sowjetische Literatur in Dtl bekannt. H. ist Mitglied im BPRS. Im Exil verlegt er v.a. aus Dtl vertriebene Literaten und ist 1933–35 Mithg. der *Neuen Deutschen Blätter.* Ab 1939 lebt H. in den USA, wo er bis 1948 als Buchhändler arbeitet. 1944–47 ist er Gründer und Leiter des *Aurora Verlages* in New York. 1949 wird H. zum Prof. für Soziologie der neuen Literatur in Leipzig berufen und ist 1959–70 Präsident, später Ehrenpräsident des PEN-Zentrums der DDR sowie ab 1961 Mitglied der AdK der DDR. Als Autor ist H. v.a. Lyriker. Seine ersten Gedichte schreibt er 1912/13, ein früher Gedichtband ist *Sulamith* (1917). Er verfasst aber auch Prosatexte *(Tragikgrotesken der Nacht*, 1920), Essays *(Gesellschaft, Künstler und Kommunismus*, 1921), die Biogr. seines Bruders *John Heartfield* (1962) und eine Autobiogr. *Immergrün* (1949, NA 1996).

Blau und rot. Gedichte, 1971 [1986]; Prag - Moskau. Briefe von und an W. H. 1933–38, 1991; Zum Klagen hatt' ich nie Talent, 1996. ht

Herzog, Wilhelm (Pseud. Julian Sorel), Publizist. 12.1.1884 Berlin – 18.4.1960 München. H. studiert Germanistik und Kunstgeschichte in Berlin. 1910–15 ist er zusammen mit P. ▶ Cassirer und A. ▶ Kerr Hg. der Zeitschrift *Pan;* 1914–29 Hg. der Zeitschrift *Forum*, die 1915 verboten wird. 1918/19 Hg. der sozialistischen Tageszeitung *Die Republik.* Schreibt mit H. J. ▶ Rehfisch das Schauspiel *Die Affäre Dreyfus*, das in Berlin 1929 uraufgeführt wird. 1941 gelingt ihm die Flucht nach Marseille, er wird jedoch vier Jahre in Trinidad interniert. Danach lebt er in den USA. 1947 übersiedelt H. zunächst nach Basel, 1952 dann nach München.

Müller-Stratmann, C.: W. H. und das „Forum", 1997; Müller-Feyen, C.: Engagierter Journalismus, 1996. ht

Hessel, Franz, Schriftsteller, Lektor. 21.11.1880 Stettin – 6.1.1941 Sanary sur Mer/Frankreich. H. studiert Literaturgeschichte in München. Durch Franziska von Reventlow erhält er Zugang zur Schwabinger Bohème und gehört zum weiteren Kreis um Stefan George. H. lebt 1906–14 in Paris, dann in Berlin, wo er beim *Rowohlt Verlag* als Lektor arbeitet. Er übersetzt Stendhal und gemeinsam mit W. ▶ Benjamin Marcel Proust aus dem Französischen. Berühmt wird er durch die Veröffentlichung seiner Beobachtungen als Flaneur: *Pariser Romanze*

(1920), *Heimliches Berlin* (1927) und *Spazieren in Berlin* (1929) sowie durch seinen bereits 1913 verfassten Roman *Kramladen des Glücks*. Nach dem Schreibverbot will H. Berlin nicht verlassen und lebt seit 1933 im Verborgenen. Seine Frau Helen, geb. Grund, holt ihn 1938 nach Paris. Unter dem Pseudonym ‚Hesekiel' schreibt er für die *Pariser Tageszeitung*. 1940 verbringt er einen Monat im Internierungslager Les Milles, wo er an Ruhr erkrankt. Nach der Freilassung verfasst er seinen letzten Roman *Alter Mann*, der jedoch fragmentarisch bleibt.
SW, 1999.
Nieradka, M. L.: Der Meister der leisen Töne. Biographie des F. H., 2003. evk

Heydemann, Albrecht Gustav, Lehrer. 9.9.1808 Berlin – 20.11.1877 Stettin. Bruder von Ludwig Eduard ▶ H. Studium der klassischen und germanischen Philologie in Berlin. 1829 Lehrerexamen, ab 1830 Unterlehrer am Friedrich-Wilhelms-Gymnasium in Berlin, seit 1834 Oberlehrer. Geschichtslehrer des späteren Kaisers Friedrich III. Ab 1843 Prof. Mitbegründer der *Zeitschrift für das Gymnasialwesen*. Seit 1850 Direktor des Friedrich-Wilhelms-Gymnasiums in Posen, ab 1856 Rektor des Marienstiftsgymnasiums in Stettin. dv

Heydemann, Ludwig Eduard, Jurist. 18.5.1805 Berlin – 11.9.1874 Berlin. Bruder von Albrecht Gustav ▶ H. 1823 Schulabschluss am Joachimsthalschen Gymnasium, Studium der Rechtswissenschaft in Berlin und Heidelberg. Vorübergehend am Kammergericht in Berlin tätig. 1840 Promotion, PD an der Univ. Berlin und seit 1845 Inhaber des eigens für ihn eingerichteten Lehrstuhls für preußisches und märkisches Recht. Der Schwerpunkt seiner Arbeit liegt im zivilrechtlichen Bereich. 1858 Ernennung zum Geheimen Justizrat. dv

Heyl, Hedwig, geb. Crüsemann, Fürsorgerin, Frauenrechtlerin. 5.5.1850 Bremen – 23.1.1934 Berlin. H. richtet für die Arbeiterkinder der Farbenfabrik ihres Mannes Georg Friedrich H. Kindergärten und Jugendheime in Berlin ein. 1884 gründet sie eine Haushaltsschule, die später zum *Pestalozzi-Fröbelhaus II* erweitert wird. H. eröffnet 1890 die erste private Gartenbauschule für Frauen und 1912 die Ausstellung *Die Frau in Haus und Beruf*. Zusammen mit Gertrud Bäumer gründet sie 1914 den *Nationalen Frauendienst*. 1916 organisiert sie die ‚Kriegsvolksspeisung' der Stadt.
ABC der Küche, 1888, Kriegskochbuch, 1915; Aus meinem Leben, 1925. ul

Heym, Stefan (d.i. Helmut Flieg), Schriftsteller. 10.4.1913 Chemnitz – 16.12.2001 Tel Aviv. Der Kaufmannssohn flüchtet 1933 über die Tschechoslowakei in die USA und studiert in Chicago. 1937–39 ist er Chefredakteur der New Yorker antifaschistischen Wochenzeitung *Deutsches Volksecho*. 1943 nimmt H. als Offizier an der Invasion in der Normandie teil. Nach Kriegsende ist er als Besatzungssoldat in Dtl stationiert. In München gehört H. zu den Mitbegründern der *Neuen Zeitung*. Wegen seiner prokommunistischen Haltung wird er aus der US-Armee entlassen. 1952 siedelt H. in die DDR über und ist bis 1956 Redakteur der *Berliner Zeitung*. 1953 erhält er den H.-Mann-Preis, 1959 den Nationalpreis. 1976 unterzeichnet H. die Petition gegen die Ausbürgerung Wolf Biermanns. Fortan können H.s Werke nur noch in der Bundesrepublik erscheinen. 1979 folgt der Ausschluss aus dem Schriftstellerverband der DDR. Im Nov. 1994 hält er als Alterspräsident die Eröffnungsrede des Deutschen Bundestages; da er PDS-Abgeordneter ist, verweigert ihm die CDU/CSU-Fraktion den Applaus. Er verstirbt während einer Reise.
Werkausg., 18 Bde, 1998; Die Architekten, 2000; Immer sind die Männer schuld, 2002.
Gellermann, H.: S. H. Judentum und Sozialismus, 2002; Hutchinson, P.: S. H. Dissident auf Lebenszeit, 1999; Zachau, R.: S. H., 1982. alm

Stefan Heym

Heymann, Aron Hirsch, Bankier. 10.4.1803 (9.4.1802) Strausberg – 19.10.1880 Berlin. Sohn eines Wollhändlers, in dessen Geschäft H. seit seinem 15. Lebensjahr beschäftigt ist. Er bildet sich autodidaktisch weiter. 1830 begründet H. gemeinsam mit seinem Bruder in Berlin ein Bank- und Wechselgeschäft, das v.a. im internationalen Handel mit Eisenbahnaktien tätig ist. Zudem betätigt sich H. weiterhin im Wollgroßhandel und ist lange Vorsteher der JGB. 1869 ist er Mitbegründer der orthodoxen Separatgemeinde.
A. H. H. Lebenserinnerungen, 1909. dv

Heymann, Carl, Verleger. 29.11.1793 Glogau/Schlesien – 22.8.1862 Berchtesgaden. 1806, nach Buchhändlerlehre, Eintritt in die Buchhandlung des Vaters. 1815 Gründung einer eigenen Buchhandlung. 1835 Übersiedlung nach Berlin. Schwerpunkt seines Unternehmens sind juristische Veröffentlichungen. 1845 Mitbegründer der Reformgenossenschaft. 1846 Ernennung zum Kgl. Kommerzienrat, Mitglied der Berliner Stadtverordnetenversammlung. Ab 1854 reformorientiertes Mitglied, zeitweise Vorsitzender des Vorstands der JGB.
Lindner, E.: C. H., 1996. dv/sp

Heymann, Emil, Chirurg. 15.4.1878 Hamburg – 11.1.1936 Berlin. H. beendet sein Studium an der Berliner Charité. 1903 erhält er eine Assistentenstelle am Augustahospital und wird dort 1921 Chefarzt der Chirurgie. H. ist bedeutend auf dem Gebiet der Neurochirurgie; er spezialisiert sich auf die Anwendung von Hochfrequenzströmen bei Hirnoperationen, damals medizinisches Neuland. Seine Erfindung des *elektrischen Messers* wird bis heute genutzt. 1933 Publikationsverbot, 1936 Entlassung.
Die Chirurgie des Rückenmarks, 1930. uw

Heymann, Walther, Schriftsteller. 19.5.1882 Königsberg – 9.1.1915 bei Soissons/Frankreich. Bruder von Werner Richard ▸ H. Jurastudium u.a. in Berlin, das H. 1907 kurz vor dem Assessorexamen abbricht. Neben Arbeiten für diverse Zeitschriften, Publikation erster Lyrikbände 1906 und 1909, ab 1910 lebt H. als freier Schriftsteller in Königsberg und Berlin. Er meldet sich 1914 freiwillig zum Fronteinsatz im I. WK, wo er fällt.
Nehrungsbilder, 1909; Kriegsgedichte und Feldpostbriefe, 1915. dv

Heymann, Werner Richard, Komponist. 14.2.1896 Königsberg – 30.5.1961 München. Bruder von Walther ▸ H. Ab 1912 in Berlin. H. komponiert zuerst ernste Musik, widmet sich zunehmend dem Kabarett-Chanson, ab 1923 dem Film. Ab 1926 ist er GMD der Ufa und vertont u.a. *Die Drei von der Tankstelle.* Er emigriert 1933 nach Hollywood und schreibt 1937–50 für über 40 Filme die Musik. H. wird viermal für den Oscar nominiert. 1951 kehrt er nach Dtl zurück.
Gutsche, H.: Ein Freund, ein guter Freund. Der Komponist W. R. H., 2000. dv

Heynrichs, J. N. ▸ Hirsch, Jenny.

Hilbers(h)eimer, Ludwig Karl, Architekt. 14.9.1885 Karlsruhe – 6.5.1967 Chicago. H. siedelt nach dem Studium an der TH Karlsruhe 1910 nach Berlin über, wo er als freier Architekt und Kunstkritiker für *Das Kunstblatt* und die *Sozialistischen Monatshefte* arbeitet. 1918/19 ist er für die Flieger-Versuchs- und Lehranstalt tätig. Ab 1919 ist H. Mitglied der *Novembergruppe.* Später entstehen die Villa Blumenthal in der Wilskistraße (1932) sowie mehrere Wohnhäuser und ein Geschäftshaus. 1928–33 lehrt er am Bauhaus in Dessau, später in Steglitz. Nach dessen Schließung emigriert er 1938 in die USA und wird Prof. am Illinois Institute of Technology.
Großstadtbauten, 1926; Internationale neue Baukunst, 1928. nv

Hildesheimer, Esriel (Israel), Rabbiner. 20.5.1820 Halberstadt – 12.7.1899 Berlin. H. gehört neben S. R. Hirsch und Marcus Lehmann zu den Neubegründern der Orthodoxie. 1869 wird er Rabbiner in der Gemeinde *Adass Jisroel* in Berlin, 1873 gründet er das Rabbiner-Seminar. H. hält mit Rücksicht auf die durch die Emanzipation geschaffene Lage eine Erweiterung der traditionellen, rein halachischen Ausbildung des Rabbiners für notwendig, u.a. durch ein Studium der jüd. Geschichte, der Religionsphilosophie, der Homiletik und der Exegese. Durch seine Tätigkeit und durch seine Schüler bestimmt H. über die Grenzen Dtls hinaus die Entwicklung des Judentums im 19. Jh.
Die Epitaphien der Grabsteine auf dem Halberstadter Friedhof, 1846; Materialien zur Beurteilung der Septuaginta, 1848; Verwaltung der jüdischen Gemeinde Halberstadt, 1849.
E. H. Eine biographische Skizze, 1870; Elioav, M.: E. H., 1985. js/sp

Hildesheimer, Hirsch, Rabbiner, Historiker, Publizist. 1855 Eisenstadt/Burgenland – 6.12.1910 Berlin. Sohn von Esriel ▸ H.; ab 1880 Dozent für

jüd. Geschichte und Palästina-Geographie am Rabbiner-Seminar in Berlin. Ab 1883 gibt H. die orthodoxe Wochenzeitschrift *Jüdische Presse* heraus. 1901 gehört er zu den Mitbegründern des *Hilfsvereins der deutschen Juden* und ist ab 1909 im Vorstand des CV. Er tritt besonders in der Auseinandersetzung um das Schächten hervor und gibt Gutachten über die Schechita (1891) heraus; außerdem setzt er sich für die Ritualmordbeschuldigten in Xanten (1891) und Konitz (1900) ein und wirkt durch seine Parteinahme an ihren Freisprüchen mit.
Beiträge zur Geographie Palästinas, 1885.
H. H. Ein Gedenkbuch, 1911. cg/dr

Hildesheimer, Meier, Rabbiner. 1864 Eisenstadt/Burgenland – 22.7.1934 Wien. Sohn von Esriel ▶ H. Nach dem Studium am Rabbiner-Seminar in Berlin, dort ab 1899 als Prediger und geschäftsführender Kurator tätig. H. ist orthodoxer Rabbiner. Ferner ist er Mitglied des Hauptvorstandes des CV, Schulleiter der Realschule *Adass Jisroel*, stellv. Vorsitzender des ZWdJ und zahlreicher anderer jüd. Organisationen und sozialer Verbände. cg/dr

Hilferding, Rudolf, Politiker, Nationalökonom. 10.8.1877 Wien – 12.2.1941 Paris. Medizinstudium in Wien, Kontakt zur sozialistischen Bewegung, u.a. zu Max Adler. Eingehende Beschäftigung mit Nationalökonomie. 1907–15 leitet H. den *Vorwärts* in Berlin, nimmt 1919 die dt. Staatsbürgerschaft an und wird zum führenden Wirtschaftstheoretiker der SPD. In den Regierungen Stresemann (1923) und Müller (1928/29) ist H. Finanzminister. 1933 Emigration über Dänemark und die Schweiz nach Frankreich, wo er dem Exilvorstand der SPD angehört. Vom Vichy-Regime wird H. an die Gestapo ausgeliefert, in deren Haft er nach schweren Misshandlungen stirbt.
Das Finanzkapital, 1910 [1974]; Die Sozialisierung und die Machtverhältnisse der Klassen, 1920; Die Eigengesetzlichkeit der kapitalistischen Entwicklung, 1931.
Smaldone, W.: R. H., 2000; Pietranera, G.: R. H. und die ökonomische Theorie der Sozialdemokratie, 1974; Möller, A.: Im Gedenken an Reichsfinanzminister R. H., 1971. mr

Hiller, Kurt, Schriftsteller, Pazifist. 17.8.1885 Berlin – 1.10.1972 Hamburg. Der Sohn eines Krawattenfabrikanten studiert Jura und Philosophie. Als Mitbegründer des Literarischen Expressionismus gibt H. 1912 die erste expressionistische Gedichtsammlung *Der Kondor* heraus. H. ist ein politischer Schriftsteller, seine Ausdrucksformen sind Manifeste, Pamphlete, Aufrufe und polemische Essays, er veröffentlicht in *Pan*, *Sturm* und *Aktion*. H. gründet nach dem I. WK den *Aktivistenbund* und ist führendes Mitglied der Friedensbewegung. Außerdem tritt er für die Liberalisierung des §175 ein und engagiert sich in M. ▶ Hirschfelds *Wissenschaftlich-humanitärem Komitee*. Seit 1924 ist H. neben Carl v. Ossietzky und K. ▶ Tucholsky einer der Hauptautoren der *Weltbühne*. 1933 wird er verhaftet und in den KZs Brandenburg und Oranienburg gefoltert. 1934 flieht er über Prag nach London (1938) und gründet den *Freiheitsbund Deutscher Sozialisten*, der eine Vereinigung der Sozialisten im Exil anstrebt. 1955 kehrt er nach Dtl zurück und verfasst seine Autobiogr. *Leben gegen die Zeit* (2 Bde, 1969/73).
Logokratie, 1921; Köpfe und Tröpfe, 1950; Radioaktiv. Reden 1914–64, 1966.
Lützenkirchen, H.: Logokratie. Herrschaft der Vernunft in der Gesellschaft aus der Sicht K. H., 1990. evk

Hintze, Hedwig, geb. Guggenheim, Historikerin. 6.2.1884 München – 14.7.1942 Utrecht. Die Tochter einer Bankiersfamilie schreibt sich nach dem Lehrerinnenexamen an der Univ. in München als Gasthörerin ein; 1908 wechselt sie nach Berlin. Als eine der ersten Frauen in Dtl, der überhaupt ein Studium möglich ist, belegt sie die Fächer Geschichte und Nationalökonomie. 1912 heiratet H. den Historiker Otto Hintze. Ihr Studium wird durch den I. WK und die Krankheit ihres Mannes unterbrochen. 1924 promoviert H., ab 1926 ist sie Mitarbeiterin der *Historischen Zeitschrift* (HZ), 1928–33 PD an der FWU. Daneben publiziert sie im SPD-Organ *Die Gesellschaft*. Als man ihr 1933 an der Univ. und der HZ kündigt, tritt ihr Ehemann ebenfalls zurück. Sie geht nach Paris, kehrt aber 1935 nach Berlin zurück. Nach dem Tod ihre Mannes emigriert sie 1939 in die Niederlande. Einen 1941 an sie ergangenen Ruf nach New York kann sie wegen der dt. Besetzung der Niederlande nicht mehr antreten. Aufgrund der drohenden Deportation, nimmt sie sich in Utrecht das Leben.
Staatseinheit und Föderalismus im alten Frankreich und in der Revolution, 1928 [1989]; H. H. Bibliographie, 1997. hll

Hirsch, Alice, Putzmacherin, Widerstandskämpferin. 22.9.1913 Berlin – unbekannt KZ Auschwitz. Nach Schulabschluss Beginn einer Putzmacherlehre. Ab 1939 Tätigkeit in Luckenwalde und in der RVdJ in Oberschlesien. 1940 Rückkehr nach Berlin,

Arbeit in einer Fabrik. Wie ihre Schwester Hella ▸ H. als Mitglied in der Widerstandsgruppe um H. ▸ Baum engagiert. Verhaftung am 8.7.1942, Verurteilung zu drei Jahren Gefängnis. Deportation nach Auschwitz am 13.10.1943. bz

Hirsch, Annemarie ▸ Ha(a)se, Annemarie.

Hirsch, Aron, Industrieller. 6.2.1858 Halberstadt – 1942 Berlin. Nach einer kaufmännischen Ausbildung wird H. 1884 Mitinhaber des Familien-Metallunternehmens *Aron Hirsch & Sohn*. 1900 verlegt er den Sitz der Firma nach Berlin, 1906 gründet er aus der alten Firma die *Hirsch Kupfer- und Messingwerke AG*, die bis zum I. WK als eines der wichtigsten dt. Messingwerke gilt. Neben der industriellen Tätigkeit ist er in den 1920er Jahren Vorsitzender des Verwaltungsrates der AWdJ. bz

Hirsch, Betty, Pädagogin. 15.1.1873 Hamburg – 8.3.1957 Berlin. H., die mit 12 Jahren erblindet, besucht 1893–97 eine Blindenschule in Steglitz. 1897 ist sie für zwei Monate in einer Anstalt für Blinde und Taubstumme in Fürstenwalde als Lehrerin tätig. Danach studiert sie Gesang in Berlin. 1908/09 hält sie sich in Großbritannien auf. 1913 besteht H. als erste Blinde die Prüfung als Sprachlehrerin. Gemeinsam mit dem Augenarzt Prof. Paul Silex baut sie ab 1914 eine Kriegsblindenlazarettschule auf, aus der 1919 die *Kriegsblindenschule Geheimrat Silex* hervorgeht und die H. leitet. Ihr Konzept einer aktiven Rehabilitation Blinder stellt sie auf mehreren Vortragsreisen vor. 1933 emigriert sie nach Großbritannien. 1947 kehrt sie nach Berlin zurück und begründet 1949 erneut eine Berufsfachschule für Blinde in Steglitz.
📖 15 Jahre Kriegsblindenschule Geheimrat Silex Berlin 1914–29, 1929. ht/ko

Hirsch, David, Kaufmann. 17.6.1744 Berlin – 17.3.1816 Berlin. H., wohnhaft Spandauer Str. 49, ist als Seidenwarenfabrikant tätig, erhält am 18.5.1774 das Generalprivileg und ist Gemeindeältester der Berliner Judenschaft. js

Hirsch, David ▸ Heinz, Wolfgang.

Hirsch, Emil, Industrieller. 25.2.1870 Halberstadt – 28.7.1938 Amsterdam. Studium der Physik und Chemie in Berlin, danach Eintritt in das Familien-Metallunternehmen *Aron Hirsch & Sohn*. 1911 Vorsitzender der jüd. Gemeinde Halberstadt. Später stellv. Vorsitzender der von Aron ▸ H. gegründeten *Hirsch Kupfer und Messingwerke AG*; nach der Gründung der *Erze und Metall Hirsch AG* in Berlin deren Geschäftsführender Direktor. Im März 1938 Emigration nach Amsterdam. bz

Hirsch, Erika, verh. Haffner, Bibliothekarin. 16.2.1899 Berlin – 24.12.1969 Berlin. H., Bibliothekarin an der *Deutschen Hochschule für Politik*, wird 1933 entlassen. 1938 emigriert sie nach Großbritannien, wo sie ihren Lebensgefährten Raimund Pretzel, der sich von nun an Sebastian Haffner nennt, heiratet. Anfang 1940 wird die Familie als ‚feindliche Ausländer' interniert. H. wird Ende des Jahres mit ihren Kindern entlassen. 1953 kehrt Sebastian H. nach Berlin zurück, H. folgt ihm ein Jahr später. Ihr Sohn Peter bleibt in London, wo er Malerei lehrt. Oliver, der zweite Sohn, kehrt später als Mathematikprof. nach London zurück, die Tochter Sarah lebt als Malerin in Berlin und gehört zu den Gründerinnen des ersten Berliner Frauenhauses. ht

Hirsch, Ferdinand, Historiker. 1843 Danzig – 1915 Berlin. Studium in Göttingen und Berlin. Arbeitsschwerpunkt ist die Geschichte des alten Italiens: u.a. *Geschichte des Herzogtums Benevent* (1871). Mitbegründer der *Historischen Gesellschaft zu Berlin* (1872), 1883–1911 deren Präsident, dann Ehrenpräsident, seit 1878 für die Gesellschaft Hg. der *Mitteilungen aus der historischen Literatur*. Außerdem zeitlebens Oberlehrer am Königstädtischen Realgymnasium zu Berlin.
📖 Byzantinische Studien, 1876. nms

Hirsch, Hella, Angestellte, Widerstandskämpferin. 6.3.1921 Posen – 4.3.1943 Berlin. Nach dem Schulabschluss 1937–39 kaufmännische Ausbildung. 1941 Zwangsarbeit in den *Aceta-Werken* (Filiale der *IG-Farben*) in Berlin. Wie ihre Schwester Alice ▸ H. schließt sich H. der Widerstandsgruppe um H. ▸ Baum an. Nach der Flucht im Mai 1942, bereits im Juni Rückkehr nach Berlin. Festnahme am 8.7.1942. Verurteilung zum Tode am 10.12.1942, Hinrichtung in Plötzensee. bz

Hirsch, Hugo, Komponist. 12.5.1884 Birnbaum/Posen – 16.8.1961 Berlin/West. H. bricht sein Medizinstudium in Breslau ab und wendet sich in Berlin der Musik zu. 1912–33 komponiert er viele musikalische Komödien, Possen und Operetten mit beliebten und einprägsamen Melodien wie *Wer wird denn weinen, wenn man auseinandergeht?* (1929), *Die tolle Lola* (1922) und *Charleys Tante* (1926). Später schreibt er auch Filmmusiken. 1933 emigriert H. nach London und kehrt 1950 nach Berlin zurück. jl

Hirsch, Jenny (Pseud. J. N. Heynrichs, Fritz Arnefeldt), Schriftstellerin, Frauenrechtlerin. 25.11.1829 Zerbst/Anhalt – 10.3.1902 Berlin. H. kommt 1860 nach Berlin und arbeitet bis 1864 in der Redaktion der Frauenzeitschrift *Bazar*. Danach verdient sie als Übersetzerin und Verfasserin von Unterhaltungs- und Kriminalromanen (Pseud. Fritz Arnefeldt) ihren Lebensunterhalt. Sie engagiert sich im ADF und im *Lette-Verein*, dem sie als Schriftführerin angehört. Für die im *Verband deutscher Frauenbildungs- und Erwerbsvereine* zusammengeschlossenen Vereinigungen redigiert sie den *Frauenanwalt*, den sie ab 1870 auch herausgibt. Während H. in ihren Romanen das klassische Frauenbild bedient, gibt sie als Übersetzerin (überträgt J. St. Mills *Subjection of Women* ins Deutsche) und Vereinsfunktionärin der Frauenbewegung wichtige Impulse.

Umgarnt, 1895; Schuldig, 1899; Der Sohn des Sträflings, 1902. evk

Hirsch, Julius, Nationalökonom. 30.10.1883 Mandel bei Bad Kreuznach – 14.8.1961 New York. Nach dem Studium in Aachen und Bonn und der Promotion zum Doktor der Philosophie habilitiert sich H. 1911 in Köln. 1917 Berufung zum Prof. für Privatwirtschaftslehre des Handels an der Handelshochschule Köln. 1916 tätig in der Reichspreisstelle, später im Kriegsernährungsamt in Berlin. 1919–23 Staatssekretär im Reichswirtschaftsministerium. Nach dem Ausscheiden Prof. an der FWU Berlin, 1933 Emigration nach Dänemark, dort bis 1940 an der Handelshochschule in Kopenhagen beschäftigt. 1941 Übersiedlung in die USA.

Der moderne Handel, 1925; Das amerikanische Wirtschaftswunder, 1926; Price Control in the War Economy, 1943. js

Hirsch, Karl Jacob (Pseud. Karl Böttner, Joe Gassner), Maler, Bühnenbildner, Schriftsteller. 13.11.1892 Hannover – 8.7.1952 München. H. studiert Malerei und Kunstgeschichte in München, Paris und Berlin und lebt ab 1912 in Worpswede. Als Graphiker ist er Mitarbeiter der Zeitschriften *Die schöne Rarität* und der *Aktion* (ab 1915), Mitbegründer der *November-Gruppe* und Mitglied im *Bund für Proletarische Kultur*. 1918–22 arbeitet H. als Ausstattungsleiter der Berliner Volksbühne, ab 1926 als Bühnenbildner an der Jungen Bühne im Lessingtheater, zugleich wendet er sich verstärkt der Schriftstellerei zu. Sein erster autobiogr. gefärbter Roman *Kaiserwetter* (1931) wird ein Bestseller. Ein zweiter Band kann in Dtl nicht mehr erscheinen. H.s Bücher werden verboten und verbrannt. H. emigriert 1933 in die Schweiz, wo er als Theaterkritiker arbeitet. 1936 siedelt er in die USA über. In New York ist H. Redakteur und Hg. der *Neuen Volkszeitung*. Zeitgleich veröffentlicht er die Romane *Hochzeitsmarsch in Moll* (1938), *Heute und Morgen* (1939) und *Tagebuch aus dem Dritten Reich* (1941). 1948 kehrt er nach Dtl zurück. Sein letzter Roman *Einer muss es ja tun* erscheint 2003. Der Nachlass liegt in der AdK.

Heimkehr zu Gott, 1946; Quintessenz meines Lebens, 1990; ... eigentlich müsste man sich erschießen. Künstlerbriefe aus vier Jahrzehnten, 2001.

K. J. H. expressionistische Grafik. Stationen im Leben eines dt.-jüd. Künstlers, 2002; K. J. H., 1967. ht

Hirsch, Leo, Schriftsteller, Feuilletonist. 18.1.1903 Posen Stadt – 6.1.1943 Berlin. Bis 1933 in der Redaktion des *Berliner Tageblatts*, zuletzt als Leiter des Feuilletons tätig; vor und nach 1933 auch Mitarbeiter jüd. Zeitungen. 1939 Dramaturg am *Theater des Jüd. Kulturbundes Berlin*, nach dessen Auflösung Bibliothekar der JGB. 1942 zur Zwangsarbeit verurteilt, an deren Folgen H. stirbt.

Lampion, 1928; Vorbestraft, 1929; Praktische Judentumskunde, 1935. js

Hirsch, Max, Politiker, Verleger. 30.12.1832 Halberstadt – 26.6.1905 Bad Homburg v. d. H. H. lässt sich nach dem Studium der Volkswirtschaft in Magdeburg nieder, wo er sich als Kaufmann betätigt. Außerdem beginnt er politisch und publizistisch für die Deutsche Fortschrittspartei und Arbeiterbildungsvereine zu arbeiten. 1867 geht er nach Berlin. Bei Reisen nach England und Schottland informiert er sich über die Trade Unions. 1868 gründet H. nach deren Vorbild zusammen mit Franz Duncker sozialliberale Gewerkvereine, die ab 1869 unter *Hirsch-Dunckersche Gewerkvereine* firmieren. 1869–93 wirkt H. als Verbandsanwalt und Hg. der Verbandszeitung *Der Gewerkverein*. 1869–93 ist er mit Unterbrechungen für die Deutsche Fortschrittspartei bzw. die Deutschfreisinnige Partei Mitglied des Reichstags. mr

Hirsch, Max, Gynäkologe, Sozialhygieniker. 3.2.1877 Berlin – 20.5.1948 Birmingham/Großbritannien. H. promoviert 1901 mit *Über den Transport von ansteckenden Krankheiten in Berlin*. Danach arbeitet er als Frauenarzt in Berlin. H. tritt für den Arbeitsschutz von Schwangeren ein und behandelt Fragen der Sozialhygiene. 1925–32 ist er Hg. des *Handbuchs der inneren Sekretion* (3 Bde). Nach der

Machtübernahme der Nationalsozialisten wird ihm die Zulassung entzogen; kurz vor dem II. WK emigiert er nach Großbritannien.
🗎 Lennig, R.: M. H. Sozialgynäkologie und Frauenkunde, 1977. mr

Hirsch, Naftali ben ▶ Fränkel, David.

Hirsch, Otto, Jurist, Politiker. 9.1.1885 Stuttgart – 19.6.1941 KZ Mauthausen. Der Kaufmannssohn studiert Rechtswissenschaften in Heidelberg, Leipzig und Berlin. Seit 1911 ist H. als RA in Stuttgart tätig, ab 1912 Ratsassessor der Stadt. Während des I. WK leitet H. als Rechtsrat das Kriegsleistungswesen, zu dem er einen Gesetzeskommentar herausgibt. 1919 wird er ins württembergische Innenministerium berufen, wo er für die Bereiche Schifffahrt und Wasserkraftnutzung tätig ist. Seit 1920 ist H. Ministerialrat und setzt den Beschluss zur Neckarkanalisierung durch. H. ist Vorstandsmitglied des CV und als Nicht-Zionist Mitglied in der Leitung der *Jewish Agency*. 1933 übernimmt H. die Leitung der RVdJ. Da er sich weigert, an Deportationsmaßnahmen von Juden in den Osten mitzuwirken, wird er mehrfach inhaftiert und schließlich selbst deportiert.
🗎 Konz, O.: Die Tätigkeit von Ministerialrat Dr. O. H., 1957; Nebinger, R.: O. H., 1957. js

Otto Hirsch

Hirsch, Paul, Politiker. 17.11.1868 Prenzlau/Uckermark – 1.8.1940 Berlin. Studium der Medizin, Nationalökonomie und Sozialwissenschaften an der Univ. Berlin. SPD-Mitglied, Mitarbeiter wissenschaftlicher Zeitschriften sowie verschiedener Tageszeitungen. Stadtverordneter in Charlottenburg (1900–20); Mitglied des Preußischen Abgeordnetenhauses (1908–18); Mitglied der verfassungsgebenden Preußischen Landesversammlung (1919–21). Nach der Novemberrevolution 1918 mit Heinrich Ströbel Übernahme des Präsidiums des preußischen Staatsministeriums; 1919/20 preußischer Ministerpräsident, 1918/19 zugleich Innenminister. Nach dem Kapp-Putsch Rücktritt der Regierung. 1921–25 Stadtrat in Charlottenburg. 1925–33 Bürgermeister von Dortmund. pj

Hirsch, Rahel, Ärztin. 15.9.1870 Frankfurt/Main – 6.10.1953 London. Nach Ausbildung und Tätigkeit als Lehrerin beginnt H. 1898 ein Medizinstudium und erhält nach der Promotion 1903 eine Stelle als Volontärassitentin an der II. Medizinischen Klinik der Berliner Charité. Ihre Forschungsschwerpunkte sind Untersuchungen zur Schilddrüse und zu den Nebennieren. 1905–07 gelingt H. der Nachweis oral applizierter Stärke-Körner im Urin, 1957 wird dieser Effekt nach ihr benannt. Aufgrund ihrer Forschungserfolge wird sie 1906 zur Leiterin der Poliklinik der II. Medizinischen Abteilung ernannt. 1913 wird ihr der Professorintitel verliehen. In ihrer publizistischen Tätigkeit wendet sie sich gegen die Theorie, die Unterlegenheit der Frau sei biologisch bedingt (*Körperkultur der Frau*, 1913). 1919 lässt sie sich mit einer eigenen Praxis am Kurfürstendamm nieder. 1933 erhält H. Berufsverbot. Sie emigriert 1938 nach Großbritannien und ist in London als Laboratoriumsassistentin und Übersetzerin tätig, da sie keine Arbeitserlaubnis als Ärztin erhält.
🕮 Ein Beitrag zur Lehre von der Glykose, 1903; Unfall und Innere Medizin, 1914.
🗎 Chevallier, S.: Fräulein Professor. Lebensspuren der Ärztin R. H., 1998. hll/sn

Hirsch, Rudolf, Journalist, Schriftsteller. 17.11.1907 Krefeld – 7.6.1998 Berlin. H. engagiert sich während der frühen 1930er Jahre im antifaschistischen Widerstandskampf in Dtl. 1937 emigriert er nach Palästina, dort Bekanntschaft mit A. ▶ Zweig. Mit ihm leitet er in Tel Aviv die dortige Sektion des *Nationalkomitees Freies Deutschland*. 1949 Übersiedlung nach Berlin/O., dort intensive journalistische Tätigkeit. Seine kritische Sicht auf die zionistische Bewegung in Palästina verarbeitet

H. in dem Roman *Patria Israel.* 1963–66 ist H. DDR-Berichterstatter von den Frankfurter Auschwitz-Prozessen. Danach langjährige Tätigkeit als Gerichtsreporter in der DDR, hier vor allem zu Kriminalfällen unter Jugendlichen. 1989 bringt H. gemeinsam mit Rosemarie Schuder die Monografie *Der gelbe Fleck* heraus – die einzige umfassendere historische Analyse zum dt. Antisemitismus auf dem DDR-Buchmarkt. H.s unvollendete Autobiogr. *Aus einer verlorenen Welt* erscheint 2002. og

Hirschberg, Julius, Augenarzt. 18.9.1843 Potsdam – 17.2.1925 Berlin. Medizinstudium in Berlin, 1866 Promotion. Assistent bei A. v. Graefe. Ausbildung zum Ophthalmologen. 1868 eigene Praxis. 1869 gründet H. eine Klinik für Augenkranke und doziert nach der Habilitation 1870 an der Berliner Univ. Seit 1877 Hg. des *Zentralblatts für praktische Augenheilkunde.* H. entwickelt einen Elektromagneten zur Entfernung von Eisensplittern aus dem Augapfel. 1915 wird ihm durch die PAdW die silberne Leibniz-Medaille verliehen.
Geschichte der Augenheilkunde, 9 Bde, 1899–1906. sn

Hirschberg, Michael, Jurist. 25.3.1889 Odessa – 20.3.1937 Brandenburg/Havel. Studium der Rechtwissenschaften. H. arbeitet als Landgerichtsrat in Berlin. 1923 tritt er in die SPD ein und engagiert sich in der Bezirkspolitik, er ist Reichsbannerführer. Nach 1933 betreibt er Parteiarbeit im Untergrund, wird im Mai 1935 mit anderen SPD-Politikern verhaftet und im Nov. 1936 zu drei Jahren Zuchthaus verurteilt. 1937 stirbt H. an den Folgen von Misshandlungen im Zuchthaus Brandenburg. evk

Hirschfeld, Franziska ▶ Mann, Franziska.

Hirschfeld, Georg, Schriftsteller. 11.2.1873 Berlin – 17.1.1942 München. H. beginnt mit 17 eine Ausbildung zum Kaufmann, gleichzeitig erste dramatische Versuche. Seit 1893 pendelt er als freier Schriftsteller zwischen München und Berlin. Seine Dramen *Zu Hause, Die Mütter* (beide 1896), *Agnes Jordan* (1898) und *Nebeneinander* (1904) machen ihn berühmt. Spätere Schauspiele bleiben erfolglos, da sein Naturalismus als unmodern gilt. H. wird im I. WK verwundet. In den 1920er Jahren ist er ein erfolgreicher Romanautor. ht

Hirschfeld, Hans, Hämatologe, Neurologe. 20.3.1873 Berlin – 26.8.1944 Ghetto Theresienstadt. Studium und Promotion in Bln. Zunächst als Neurologe und Internist in Alt-Moabit tätig. 1919 Habilitation, 1924–33 a.o. Prof. und Leiter der Poliklinik und der Abteilung für Histologie und Hämatologie am Institut für Krebsforschung der Charité. Bis 1938 Mithg. der *Folia Haematologica.* Zu seinen etwa 165 Publikationen gehört, u.a. das *Lehrbuch der Blutkrankheiten* (1918). Durch das *Handbuches der allgemeinen Hämatologie* (2 Bde, 1932–33), das er zusammen mit A. Hittmair herausgibt, etabliert sich H. als führender Fachvertreter der Hämatologie in Dtl. Mit dem Beginn des NS wird H. der Zutritt zur Charité verwehrt (1.4.1933), er verliert seine Lehrbefugnis und wird seiner Ämter enthoben. 1938 Entzug der Approbation. 1939 Arbeit im Jüd. Krankenhaus in Berlin. Am 30.10.1942 wird er zusammen mit seiner Frau nach Theresienstadt deportiert.
Über den diagnostischen und prognostischen Wert von Leukocytenuntersuchungen, 1903; Bluttransfusion als Heilmittel, 1930; Über den gegenwärtigen Stand der Blutgruppenforschung, 1935. ht

Hirschfeld, Hans Emil, Journalist, Politiker. 26.11.1894 Harburg – 10.4.1971 Muri/Bern. Schon während des Studiums der Geschichte, Philosophie und Literaturwissenschaft u.a. in Berlin und Hamburg Engagement für die SPD. Nach journalistischer Tätigkeit 1927 Ministerialrat in Berlin. 1933 Emigration über Zürich nach St. Louis/Elsass; Aktivität gegen das NS-Regime. 1940 Flucht nach New York. 1949 Rückkehr nach Berlin/W. 1950–60 Leiter des Presse- und Informationsamtes, 1951–70 Vorsitzender des Berliner Presseclubs.
... verliert die Ruhe nicht!, 1959. bz

Hirschfeld, Magnus, Sexualwissenschaftler. 14.5.1868 Kolberg/Pommern – 14.5.1935 Nizza. Nach dem Studium der Philosophie, Philologie und Medizin läßt sich H. 1893 zunächst als Arzt in Magdeburg nieder, kommt 1895 nach Berlin und gründet 1897 das *Wissenschaftlich-humanitäre Komitee* (WhK). Ab 1908 ist er Hg. der *Zeitschrift für Sexualwissenschaft,* Mitbegründer der *Ärztlichen Gesellschaft für Sexualwissenschaft und Eugenik.* 1919 gründet H. das Berliner *Institut für Sexualwissenschaft,* das er bis zur Zwangsschließung 1933 leitet. H. führt die Eheberatung in Dtl ein und bietet kostenlose Sprechstunden für hilfesuchende Hetero- und Homosexuelle an. H. ist ein Pionier der Sexualwissenschaft, er forscht über die sexuellen Zwischenstufen (das ‚Dritte Geschlecht') bzw. die Trans- und Intersexualität und gilt als Vorreiter der Sexualreform und der Homosexuellenbewegung.

📖 Die Homosexualität des Mannes und des Weibes, 1914; Geschlechtskunde, 1926–30; Von einst bis jetzt, Autobiogr., 1986.
📄 Der Sexualreformer M. H., 2004; Herzer, M.: M. H., 2001; Wolff, C.: M. H., 1986. evk

Hirschfeld, Otto, Althistoriker. 16.3.1843 Königsberg – 27.3.1922 Berlin. Studium in Königsberg, Bonn und Berlin. Promotion 1863 in Königsberg, Habilitation 1869 in Göttingen. Prof. in Prag (1872), Wien (1876) und ab 1885 in Berlin, wo H. Nachfolger von Theodor Mommsen wird. Wissenschaftliche Schwerpunkte liegen in der römischen Verwaltungsgeschichte und der Epigraphik. 1917 Emeritierung. Ordentliches Mitglied der PAdW.
📖 Inscriptiones trium Galliarum et Germaniarum latinae, 1899; Kleine Schriften, 1913. bz

Otto Hirschfeld

Hirschmann, Gabriele ▶ Tergit, Gabriele.

Hirschweh, Peter ▶ Edel, Peter.

Hitzig, Georg Friedrich Heinrich, Architekt. 8.4.1811 Berlin – 11.10.1881 Berlin. Studium an der Bauakad. Berlin, ab 1837 Privatbaumeister. In dieser Schaffensphase entstehen der Neubau der Berliner Börse (1859–63), das provisorische Reichstagsgebäude in der Leipziger Straße, die Reichsbank (1869–76); der Bau der Markthalle am Schiffbauerdamm (1865–68) sowie der Umbau des Zeughauses. Des Weiteren entstehen Wohnungsbauten, vor allem in Tiergarten. Seit 1855 ist er Mitglied der AdK, ab 1875 deren Präsident. nv

Hitzig, Julius Eduard (d.i. Isaac Elias Itzig), Jurist, Schriftsteller. 26.3.1780 Berlin – 26.11.1849 Berlin. 1799 Übertritt zum Christentum, später Eintritt in den Staatsdienst, Direktor am Kammergericht, auch Verleger u.a. der *Berliner Abendblätter.* 1824 Gründer der *Mittwochsgesellschaft*, einer Vereinigung von Berliner Schriftstellern. H. ist mit E. T. A. Hoffmann und A. v. Chamisso, dessen Werke er herausgibt, befreundet und schreibt Biografien über sie, wie auch über Zacharias Werner (1823).
📄 Dorsch, N.: J. E. H. literarisches Patriachat und bürgerliche Karriere, 1994; Nussbaum, F.: J. E. H. als Biograph seiner Freunde, 1933. js

Hodann, Max, Arzt. 30.8.1894 Neisse/Schlesien – 17.12.1946 Stockholm. Ab 1913 Medizinstudium in Berlin. 1915 Mithg. der Zeitschriften *Flugblätter an die deutsche Jugend* und *Der Aufbruch.* Er wird 1916 Mitgründer der *Centralarbeiterstätte für Jugendbewegung* und Mithg. der *Schriften zur Jugendbewegung.* H. leistet ab 1917 Militärdienst und desertiert mit Ausbruch der Novemberrevolution. 1921 wird er SPD-Mitglied, 1925 erfolgt sein Ausschluss. Seit 1921 ist H. u.a. als Stadtarzt in Potsdam und später in Berlin tätig und gründet 1923 eine Mütterberatungsstelle in Berlin. Gleichzeitig leitet er den *Proletarischen Gesundheitsdienst* sowie ab 1932 das *Kampfkomitee gegen den imperialistischen Krieg.* 1933 vorübergehend in ‚Schutzhaft', Flucht über die Schweiz, Frankreich nach Norwegen. 1937–38 Militärarzt in Spanien. 1944/45 politischer Berater der britischen Botschaft in Schweden. Hg. der *Mitteilungen an dt. Militärflüchtlinge.* Zahlreiche Veröffentlichungen zur Sexualaufklärung.
📖 Elternhygiene, 1928.
📄 Dalmer, A.: Dr. med. M. H. Biographie und Bibliographie des Berliner Stadtarztes und Sexualpädagogen, 1994; Wolff, W.: M. H. Sozialist und Sexualreformer, 1993. ul/ht

Hoddis, Jakob van (d.i. Hans Davidsohn), Lyriker. 16.5.1887 Berlin – 30.4.1942 während der Deportation. H. gründet 1909 mit E. ▶ Blass und E. ▶ Loewenson den *Neuen Club* (1910/11 *Neopathetisches Cabaret)*, die Keimzelle des Berliner Expressionismus. Außerdem ist er Mitarbeiter von *Der Sturm* und *Die Aktion.* Berühmt ist sein Gedicht *Weltende*

(1911). 1912 zeigen sich erste Anzeichen von Schizophrenie, ab in 1914 Privatpflege, später in verschiedenen psychiatrische Anstalten.
Weltende, die zu Lebzeiten veröffentlichten Gedichte, 2001; Dichtungen und Briefe, 1987;
Hornbogen, H.: J. v. H., 1986. ht

Hönigsfeld, Rudolf, Architekt. 21.8.1902 Auspitz – 23.3.1977 Wien. 1916–21 Baufachschule in Wien. 1924 siedelt H. nach Berlin über und ist dort als Architekt tätig. 1938 wird er in einem ostfriesischen Lager interniert. Dem Büro Gildemeester zugeteilt, muss er Pläne für jüd. Massensiedlungen in Abessinien anfertigen. 1940 zu einem weiteren Arbeitseinsatz verurteilt, gelingt ihm 1942 die Flucht nach Berlin. Er taucht dort unter und überlebt. Nach dem II. WK ist er in Wien wieder als Architekt tätig. nv

Höxter, John, Schriftsteller, Graphiker. 2.1.1884 Hannover – 16.11.1938 Berlin. Schreibt seit 1908 für die *Deutsche Theater Zeitschrift*. Seit 1911 Mitarbeiter der *Aktion*. Gründet 1919 die Zeitschrift *Der blutige Ernst*. Der Morphium- und Kokainabhängige gilt als Symbolfigur der literarischen Berliner Bohème. Dokumentiert dies selbst in *So lebten wir. 25 Jahre Berliner Bohème* (1929). Veröffentlicht die Graphikmappen *Sechs Romantiker* (1907), *Imagines Divi* (1913) und den undatierten Privatdruck *Apropoésies Bohémiennes*. Selbstmord.
Gedichte und Prosa, 1983. ht

Hoffmann, Moses David, Rabbiner. 23.11.1843 Verbó/Ungarn – 20.11.1921 Berlin. Nach dem Studium in Wien, Berlin und Tübingen zunächst Lehrtätigkeit in Frankfurt/M., dann am Rabbiner-Seminar in Berlin. 1899 Direktor des Seminars, 1918 wird ihm der Professorentitel verliehen. Der orthodoxe H. gilt als einer der besten Talmudkenner seiner Zeit und als maßgebliche Instanz in Fragen der Halacha. Mithg. des *Magazins für die Wissenschaft des Judentums*. bz/dr

Holdheim, Samuel, Rabbiner. 1806 Kempen/Posen – 22.8.1860 Berlin. Ausbildung an verschiedenen Jeschiwot und den Univ. in Prag, Berlin und Leipzig. Während seiner Tätigkeit als Rabbiner in Frankfurt/O. (ab 1836) und Landesrabbiner in Mecklenburg-Schwerin (ab 1840) Entwicklung zum Befürworter religiöser Reformen. H. setzt sich für die Trennung von jüd.-religiösen und jüd.-nationalen Vorschriften ein. 1847 Berufung zum Rabbiner der Reformgenossenschaft Berlin, die unter seiner Leitung u.a. den Gottesdienst auf den Sonntag verlegt und die Trennung von der Hauptgemeinde anstrebt.
Die Autonomie der Rabbiner, 1843. sp/dr

Hollaender, Felix, Schriftsteller, Journalist, Theaterleiter. 1.1.1867 Leobschütz/Oberschlesien – 29.5.1931 Berlin. Der Bruder von Victor ▶ H. wächst in Berlin auf und studiert dort Germanistik und Volkswirtschaft. Danach begibt er sich auf Reisen und kehrt 1894 nach Berlin zurück, wo er 1896 die liberal-pazifistische Zeitschrift *Die Welt am Sonntag* gründet, deren Hg. er bis 1898 ist. Zugleich reüssiert H. als Romanautor, u.a. mit *Jesus und Judas* (1890) und *Sturmwind im Westen* (1896, NA 1980). 1902 lernt er M. ▶ Reinhardt kennen, der 1903 H.s Tragikkomödie *Ackermann* uraufführt. H. widmet sich zunehmend dem Theater, ab 1905 ist er als Dramaturg am Kleinen Theater in Berlin tätig. 1911 veröffentlicht er den autobiografisch inspirierten Roman *Unser Haus*. Unter dem Titel *Varieté* verfilmt E. A. ▶ Dupont 1925 H.s *Der Eid des Stephan Huller* (1912). 1920–24 leitet H. in der Abwesenheit von Reinhardt dessen Berliner Bühnen (Großes Schauspielhaus, DT und Kammerspiele). Danach ist er als Theaterkritiker für das *8-Uhr-Abendblatt* tätig.
GW, 6 Bde, 1926. ht

Hollaender, Friedrich (Frederick), Komponist, Kabarettist. 18.10.1896 London – 18.1.1976 München. Der Sohn von Victor ▶ H. ist einer der vielseitigsten Berliner Kabarettisten der 1920er Jahre. Seit 1919 schreibt er Chansons und Bühnenmusiken für M. ▶ Reinhardt. Später komponiert H. auch für Filme, von denen *Der blaue Engel* (1930), mit dem von M. Dietrich gesungenen Schlager *Ich bin von Kopf bis Fuß auf Liebe eingestellt*, ein Welterfolg wird. 1931 eröffnet er das Berliner *Tingel-Tangel Theater*. Bis 1932 ist H. für die Ufa tätig. 1933 Emigration über Frankreich und Großbritannien in die USA. Er schreibt fast 200 Filmmusiken für Hollywood-Produktionen. Seit 1956 lebt H. in München und komponiert wieder erfolgreiche Kabarettrevuen.
Von Kopf bis Fuß, 1965.
Kühn, V.: Spötterdämmerung. Vom langen Sterben des großen kleinen F. H., 1997; Kühn, V.: „Bei uns um die Gedächtniskirche rum ...“, 1996. jl

Holländer, Ludwig, Jurist, Publizist. 5.8.1877 Berlin – 9.2.1936 Berlin. 1896 zum KC-Vorsitzenden ernannt, ist er ab 1900 für den Münchener CV tätig, ab 1908 in Berlin als Syndikus und späterer CV-Direktor. 1919 begründet er in dessen Auftrag den *Philo-Verlag* mit dem Ziel, ‚Abwehrliteratur‘ gegen

den wachsenden Antisemitismus zu publizieren. Aus der von ihm geleiteten Zeitung *Im Deutschen Reich* geht 1922 die *CV-Zeitung* hervor (J. ▶ Brodnitzer). H. gehört zum Vorstand der Berliner DDP.
Dt-jüd. Probleme der Gegenwart, 1928.
Hirschberg, A.: L. H., 1962; Urban-Fahr, S.: Der Philo-Verlag 1919–38, 2001. cm

Holländer, Victor, Komponist. 20.4.1866 Leobschütz/Oberschlesien – 25.10.1940 Hollywood. Vater von Friedrich ▶ H. Studium an der Neuen Akademie der Tonkunst in Berlin. H. arbeitet als Theaterdirigent u.a. in Hamburg, Marienbad und Chicago, 1901–13 als Dirigent am Metropol-Theater in Berlin, seit 1908 auch am Neuen Operettentheater. Großen Erfolg hat er u.a. mit der Operette *Die Prinzessin vom Nil* (1926) und verschiedenen Saison-Schlagern. Nach seiner Auswanderung in die USA 1933 arbeitet H. als Filmkomponist. nr

Holzer, Charlotte Erika, geb. Abraham, verh. Paech, Krankenschwester, Widerstandskämpferin. 7.12.1909 Berlin – 29.9.1980 Berlin/Ost. Arbeitet im Jüd. Krankenhaus Berlin. Seit 1931 KPD-Mitglied. 1933 Heirat mit G. ▶ Paech. 1940 Wiederbegegnung mit H. ▶ Baum, den sie seit den 1920er Jahren aus einer jüd. Jugendgruppe kennt. Anschluss an dessen Widerstandsgruppe. 8.10.1942 Verhaftung. Von der Justiz der Gestapo übergeben, kommt sie in ein Sammellager zur Deportation. 1944 Flucht, H. überlebt untergetaucht in Potsdam und Anklam. Juli 1945 Rückkehr nach Berlin; heiratet 1947 Richard ▶ H. Arbeitet ehrenamtlich in der Säuglings- und Schwangerenfürsorge. bz/ul

Holzer, Richard, Widerstandskämpfer. 30.3.1911 Berlin – 21.2.1975 Berlin. Der ungarische Staatsangehörige tritt in den 1920er Jahren dem Jugendbund *Schwarzer Haufen* und 1930 der KPD bei. In den 1930er Jahren ist er Inhaber eines Knopfgeschäfts. 1939/40 schließt er sich der Widerstandsgruppe um H. ▶ Baum an. Im Sommer 1942 flieht H. nach Ungarn. Nach sowjetischer Kriegsgefangenschaft 1946 kehrt er nach Dtl zurück und heiratet Ch. Paech (Charlotte E. ▶ H.). H. ist im Außenhandel der DDR tätig. bz

Holzmann, Johannes ▶ Hoy, Senna.

Holzman, Michael, Lehrer. 20.1.1841 Ostrowo/Posen – 25.4.1929 Berlin. Nach dem Studium in Breslau Lehrer am Sophien-Realgymnasium in Berlin. 1882–1911 Direktor der Jüdischen Lehrerbildungsanstalt in Berlin, außerdem Rektor der Knabenschule der JGB. Einzelne Veröffentlichungen u.a. zu theologischen Themen in verschiedenen Zeitschriften. bz

Homberg, Herz, Pädagoge, Aufklärer. September 1749 Lieben/b. Prag – 24.8.1841 Prag. 1770–82 Erzieher im Haus M. ▶ Mendelssohns in Berlin. Macht als erster Jude in Prag das Lehrerexamen. Reformiert das jüd. Erziehungswesen. Auf einen Erlass Kaiser Joseph II. wird er 1787 Oberaufseher der dt.-jüd. Schulen in Galizien. Gründet dort 107 säkulare jüd. Schulen. Rebelliert gegen das talmudische Judentum und verfasst antirabbinsche Schriften. Seine vier Söhne lassen sich taufen.
Bnej Zion (dt: Die Söhne Zions), 1812. alm

Hornbostel, Erich Moritz von, Musikwissenschaftler, Ethnologe. 25.2.1877 Wien – 28.11.1935 Cambridge. Nach einem naturwissenschaftlichen Studium kommt er 1900 nach Berlin, wo er Assistent von Carl Stumpf wird. Gemeinsam entwickeln sie eine *Systematik der Musikinstrumente* (1914). Ab 1906 ist H. Leiter des *Berliner Phonogramm-Archivs*, ab 1917 Prof. für Musikpsychologie und Vergleichende Musikwissenschaft. 1933 Emigration in die USA, 1935 nach Großbritannien. H. gilt als Begründer der *Berliner Schule* der Musikwissenschaft und bedeutender Musikethnologe.
Studien zur Form der ostasiatischen Musik, 1922; Hornbostel opera omnia, 1975; Tonart und Ethos, 1999.
„Vom tönenden Wirbel menschlichen Tuns". E. M. v. H. als Gestaltpsychologe, Archivar und Musikwissenschaftler, 1998. ko

Homolka, Oscar (Oskar), Theater-, Filmschauspieler. 12.8.1898 Wien – 29.1.1978 Sussex/Großbritannien. Studium an der Akademie für Musik und darstellende Kunst in Wien. Spielt in Wien, Graz, München. Engagements in Berlin: 1926 Deutsches Theater, 1932 Lessing-Theater. Seit 1926 auch Filmarbeit, u.a. in *Rothausgasse* (1928). 1935 Emigration nach Großbritannien und weiter Filmarbeit, so in *Sabotage* (1935). 1937 Ausreise in die USA. 1948 Oscarnominierung. 1955 spielt er unter der Regie von B. ▶ Wilder das *Verflixte siebente Jahr.* kq

Honigmann, Georg Friedrich Wolfgang, Journalist, Kabarettdirektor. 6.10.1903 Wiesbaden – 4.11.1984 Weimar. 1923–27 Studium der Philosophie und Germanistik in Bln, Breslau, Prag und Gießen. Seit Ende der 1920er Jahre Mitarbeiter

der *Vossischen Zeitung*. Um 1933 Emigration nach Großbritannien, dort für die Agenturen *Telegraph Exchange Co., Reuter* und *Extel* tätig. Mit seiner ersten Frau Alice Lizzy Kohlmann Agent für den sowjetischen Nachrichtendienst. 1946 Rückkehr nach Berlin/O. SED-Mitglied. 1946–48 Chefredakteur und Lizenzträger von *Berlin am Mittag*; 1948/49 stellv. Chefredakteur der *Berliner Zeitung*; dann Chefredakteur der *BZ am Abend*. Feb. 1949 Geburt einer Tochter, der späteren Schriftstellerin Barbara H. Ab 1953 für die DEFA tätig (Chefdramaturg der Karbarett-Produktion *Stacheltier*). Ab 1956 mit Gisela May verheiratet. Autor der TV-Dokumentation *Die Geschäfte des Axel Caesar Springer* (1963). Danach bis 1968 Direktor des Berliner Kabaretts *Die Distel*.
▯ Vom Stacheltier gepieckt, 1960; Chef weist an oder Der Fall des William Randolph Hearst, 1972; Kapitalverbrechen oder Der Fall des Geheimrats Hugenberg, 1976. ht

Horwitz, Aron, Pädagoge. 9.5.(1.8.)1812 Strelno/ Posen – 27.8.1881 Berlin. H. studiert 1835–38 Philologie und Philosophie in Berlin, arbeitet 1838–40 als Lehrer an der jüd. Gemeindeschule in Danzig und gründet 1845 in Berlin eine jüd. höhere Knabenschule. 1850 löst er diese zugunsten der *Jüd. Gemeindeknabenschule* auf und übernimmt ab 1852 deren Leitung. Seit 1859 leitet er die *Jüd. Lehrerbildungsanstalt*. H. veröffentlicht verschiedene *Predigtlieder* (1866) sowie Schul- und Lehrbücher, darunter *Imre bina* (1847) und *Hebräische Lesefibel* (1852). nr

Horwitz, Maximilian, Jurist. 26.11.1853 Berlin – 13.10.1917 Berlin. H. als RA am Kammergericht tätig, wird kurz nach Begründung des *Centralvereins deutscher Staatsbürger jüdischen Glaubens* dessen erster Vorsitzender und wirkt in seinen letzten Lebensjahren auch als Präsident des *Verbands der deutschen Juden*. In seinen Reden ist H. bemüht, das Selbstbewusstsein und die Selbstachtung bei den dt. Juden zu vertiefen. In der Zeitschrift *Im deutschen Reich* verfasst H. eine Reihe von Beiträgen zur Klärung des Wesens der dt. Judenheit und zur Bekämpfung des Judenhasses. js

Hoy, Senna (d.i. Johannes Holzmann), Schriftsteller. 30.10.1882 Tuchel/Preußen – 28.4.1914 Meščerskoe b. Moskau. Sein Pseudonym (Anagramm seines Vornamens) erhält er von seiner Freundin E. ▶ Lasker-Schüler. Er beginnt in Berlin eine Lehrerausbildung und gründet 1903 den *Bund für Menschenrechte*. 1904/05 ist er Hg. und Chefredakteur der Zeitschrift *Kampf*, von deren 25 Ausgaben elf von der Zensur verboten werden. Er ediert einige Bücher russischer Schriftsteller und engagiert sich als Versammlungsredner. Nach ‚Majestätsbeleidigung' muss er 1905 Berlin verlassen. Über Zürich, wo H. Redakteur der Zeitschrift *Der Weckruf* ist, und Paris gelangt er Anfang 1907 nach Russland, wo er im Juni des gleichen Jahres wegen revolutionärer Aktionen verhaftet und zu 15 Jahren Kerkerhaft verurteilt wird. Er stirbt jedoch nach sieben Jahren in der ‚Irrenabteilung' des Gefängniskrankenhauses. H. ist auf dem Friedhof in Weißensee begraben.
▯ Das dritte Geschlecht, 1903; Goldene Katie. Eine Künstlernovelle, 1904. dn

Huber, Lotti (d.i. Lotti Goldmann), Schauspielerin, Tänzerin. 16.10.1912 Kiel – 31.5.1998 Berlin. Mit 17 Jahren zieht H. gemeinsam mit ihrem Freund Hillert Leuken nach Berlin. Nach 1933 werden beide von den Nationalsozialisten verfolgt: Er wird ermordet und sie 1937 im KZ Moringen in Niedersachsen inhaftiert. Von dort wird H. freigekauft und emigriert zunächst nach Jerusalem, später nach Zypern. Nach dem II. WK heiratet sie in zweiter Ehe den englischen Oberst Norman H., mit dem sie nach London geht. 1965 kehrt sie nach Berlin zurück und eröffnet eine Mannequinschule. Nach dem Tod ihres Mannes 1972 verdient sich H. ihren Lebensunterhalt u.a. als Verkäuferin. Die Bekanntschaft mit dem Regisseur Rosa von Praunheim verhilft H. zu spätem Ruhm. Sie erhält Rollen in dessen Filmen *Unsere Leichen leben noch* (1981), *Horror Vacui* (1984) und *Affengeil* (1990).
▯ Diese Zitrone hat noch viel Saft, 1998.
▯ Süß, P.: Jede Zeit ist meine Zeit, 1994. ce

Huldschinsky, Oskar, Unternehmer, Mäzen. 16.11.1846 Breslau – 21.9.1931 Berlin. H. ist Inhaber der *Huldschinskyschen Hüttenwerke AG* in Gleiwitz/Oberschlesien, mit Fabrikation in Schlesien und Sitz in Berlin. 1905 fusionieren die *Huldschinskyschen Hüttenwerke* mit der *Oberschlesischen Eisenbedarfs AG* in Friedenshütte. H. ist ein bedeutender Mäzen (Der Nationalgalerie stiftet er Rodins *Der Denker*.) und im Vorstand des *Kaiser Friedrich Museums Vereins*. Ende der 1920er Jahre in Zahlungsschwierigkeiten muss er Teile der Kunstsammlung und die Villa am Wannsee verkaufen. H. ist auf dem Neuen Friedhof in Wannsee begraben, auf dem auf seine Initiative hin Juden und Christen bestattet werden. Sein Sohn Paul, der 1938 nach Amerika emigriert, ist in den 1920er Jahren erfolgreicher Innenarchitekt in Berlin. dn/js

I

Ichak, Frida ▶ Rubiner, Frida.

Ichenhaeuser, Eliza, geb. Rozenthal, (Pseud. E. Rosevalle), Schriftstellerin, Frauenrechtlerin. 12.5.1869 Jassy/Rumänien – 3.3.1932 Berlin. I. kommt 1890 zusammen mit ihrem Mann nach Berlin. Als Rednerin und Schriftstellerin nimmt sie auf die Frauenbewegung Einfluss, 1896 ist I. Schriftführerin und Organisatorin des Internationalen Kongresses für Frauenwerke und Frauenbestrebungen. 1897 erscheint ihre Studie *Die Ausnahmestellung Deutschlands in Sachen des Frauenstudiums*. 1913 ist I. Mithg. von *Was die Frau von Berlin wissen muss*. ul

Imberg, Paul, Architekt. 29.5.1877 Berlin – 1962 New York. Seit 1900 ist I. in Berlin als Architekt tätig. Dabei ist er u.a. am Bau von privaten wie öffentlichen Gebäuden, wie das *Gewerkschaftshaus des Holzarbeiterverbands* (1914) in Berlin, aber auch von Synagogen in Berlin und Danzig, beteiligt. Später wird er Regierungsbaumeister. 1935 emigriert I. nach Palästina und von dort 1956 in die USA. dn

Immerwahr, Clara, Chemikerin. 21.6.1870 Polkendorf/Schlesien – 2.5.1915 Berlin. I. promoviert als erste Frau 1900 an der Univ. Breslau in physikalischer Chemie. Die Heirat mit F. ▶ Haber 1901 drängt sie in die Rolle der Professorengattin. Als ihr Mann sich der Erforschung von Kampfgasen zuwendet und im I. WK wissenschaftlich die Verantwortung für die Entwicklung und den Einsatz von Kampfgasen übernimmt, protestiert sie öffentlich gegen ihn. Er bezeichnet sie als ‚Vaterlandsverräterin'. I. erschießt sich mit der Waffe ihres Mannes. Seit 1991 verleiht die *Dt. Sektion der Ärzte für die Verhütung des Atomkrieges* die Clara-Immerwahr-Auszeichnung für verantwortliches Verhalten und mutiges Handeln.

Leitner, G. v.: Der Fall C. I. Leben für eine humane Wissenschaft, 1993. ul

Inquit ▶ Goldstein, Moritz.

Isaac, Julius, Unternehmer. 4.1.1843 Berlin – 13.12.1899 Berlin. I. beginnt mit dem Studium der Zoologie, Geografie, Geschichte und Kunstgeschichte. Wegen der Krankheit seines Vaters kann er das Studium nicht beenden. I. übernimmt nach dessen Tod die Leitung der Fischbeinfabrik *Jonas Selig Nachf.* In seinem Haus findet die erste Versammlung des von Rudolf von Gneist und Heinrich Rickert gegründeten *Vereins zur Abwehr des Antisemitismus* (1890) und die Gründungsveranstaltung des von R. ▶ Löwenfeld initiierten CV (1893) statt. I. ist Kommerzienrat und Mitglied des geschäftsführenden Ausschusses des Dt.-Israelitischen Gemeindebundes. Er unterhält in seinem Haus die erste jüd. Lesehalle, die in die der Bibliothek der JGB eingeht. dn

Isaacsohn Eugen ▶ Isolani, Eugen.

Isaacsohn, Gertrud ▶ Isolani, Gertrud.

Isolani, Eugen (d.i. Eugen Isaacsohn; Pseud. Eugen Noska, Albert Frick u.a.), Journalist, Schriftsteller. 21.10.1860 Marienburg/Westpreußen – 16.10.1932 Berlin. Im Alter von vier Jahren kommt I. nach Berlin, absolviert das Gymnasium und ergreift den Beruf des Kaufmanns. 1884–96 ist er in Dresden tätig, wo seine Tochter G. ▶ Isolani geboren wird. Er leitet sowohl das *Dresdener Stadtblatt* als auch später das Feuilleton der *Dresdener Neuesten Nachrichten*. Ab 1900 lebt I. als freier Schriftsteller und Mitarbeiter zahlreicher Zeitungen und Zeitschriften in Berlin.

Josef Kainz. Ein Lebensbild, 1910; Die Frau in der Hose, 1911; Die 10 Gebote der Wirtschaftlichkeit, 1920. dn

Isolani, Gertrud, geb. Isaacsohn, verh. Sternberg (Pseud. GerTrud), Journalistin, Schriftstellerin. 7.2.1899 Dresden – 19.1.1988 Riehen bei Basel. I. wächst in Berlin auf und schreibt bereits 17-jährig für verschiedene Zeitschriften der Verlage Ullstein, Scherl und Mosse, außerdem arbeitet sie als Radiosprecherin. 1919 erscheint ihr erstes Buch, eine Biografie Christian Morgensterns. 1921 heiratet sie den Unternehmer Berthold Sternberg. 1930 veröffentlicht sie ihren ersten Roman *Die Seelenklinik*. Von den Nazis als ‚Asphaltliteratin' und ‚jüd. Kulturbolschewistin' beschimpft, emigriert I. 1933 mit Mann und Tochter nach Paris, wo sie als Journalistin arbeitet. 1940 wird sie mit ihrer Tochter in das französische Fraueninternierungslager Gurs deportiert, aus dem beide fliehen können. Ihre Lagererlebnisse schildert sie in *Stadt ohne Männer* (1945). 1940–42 lebt die Familie im Untergrund in Frankreich, bis

sie in die Schweiz fliehen kann, wo I. bis zu ihrem Lebensende bleibt. Nach 1945 ist I. wieder journalistisch tätig und veröffentlicht mehrere Romane.
Die Jünger des Rabbi Jochanan, 1967; Briefe, Gespräche, Begegnungen. Memoiren, 1985. ht

Israel, Berthold, Unternehmer. 12.6.1868 Berlin – 23.7.1935 Berlin. Seit 1894 Mitinhaber und seit 1905 Alleininhaber eines Waren-Kaufhauses, das von seinem Großvater N. ▸ Israel in Berlin 1815 gegründet wurde und später von seinem Sohn W. ▸ Israel weitergeführt wird. 1912 ist es das größte Kaufhaus Berlins. 1925 eröffnet die Firma eine staatlich anerkannte Handelsschule, die ausschließlich privat finanziert wird. 1928 hat das Unternehmen 2 000 Angestellte. Bis 1905 ist I. Mitglied der RV der JGB. 1895–1935 ist er im Vorstand verschiedener Vereinigungen, so im *Esra*, einem Verein zur Förderung der jüd. Kolonisation in Palästina und in der *Gesellschaft der Freunde der Hebräischen Universität*. dn

Israel, Clara, Sozialarbeiterin, Kindergärtnerin. 28.10.1876 Berlin – 22.10.1942 Berlin. I. leitet einen Kinderhort und ist am Aufbau des Wohlfahrts- und Jugendamtes Charlottenburg beteiligt. Später übernimmt sie auch die Leitung der Fürsorgeabteilung. 1929 wird I. zum ersten weiblichen Magistratsrat in Berlin ernannt und 1933 mit der Organisation des jüd. Hauspflegevereins Charlottenburg betraut. Als ihr die Deportation droht, begeht I. Selbstmord. ul

Israel, James Adolf, Chirurg, Urologe. 2.2.1848 Berlin – 20.2.1926 Berlin. Studium in Berlin; 1870 Promotion. Teilnahme am Dt.-Französischen Krieg. Studienaufenthalt in Wien. 1872 Assistent, 1875 Stellvertreter des Chefarztes, 1880 Chefarzt am Jüdischen Krankenhaus, daneben Privatklinik. 1894 Prof. I. entwickelt und verbessert viele Methoden der Nierenchirurgie und gilt als einer der Begründer des Fachs in Dtl. 1907 Gründer und Hg. der *Folia urologica*. I. hat viele prominente Patienten, darunter Yvette Guilbert und den osmanischen Sultan; Bedürftige behandelt er ohne Honorar.
Die chirurgischen Krankheiten der Nieren, 1898; Chirurgie der Niere und des Harnleiters, 1925.
Bloch, P.: J. I., 1983. fwk

Israel, Nathan, Unternehmer. 8.9.1782 Berlin – 21.8.1852 Berlin. I. gründet 1815 das Textil-Kaufhaus *N. Israel* in der Spandauer Straße, das fast 125 Jahre lang in Familienbesitz bleibt. Des Weiteren ist er auch als Lotterieeinnehmer, Immobilienhändler und Leinwandhändler tätig. dn

Israel, Wilfrid, Unternehmer. 11.7.1899 London – 1.6.1943 Bucht von Biskaya. Der Sohn von Berthold ▸ I. tritt 1921 in das Familiengeschäft *N. Israel* ein; 1922 übernimmt er die Geschäftsführung. Nach dem Tod des Vaters ist I. mit seinem Bruder Herbert Inhaber des Unternehmens. I. unterstützt wohltätige Projekte der JGB, u.a. das Berliner Antikriegsmuseum. 1933 ist er Mitbegründer des *Zentralausschusses für Hilfe und Aufbau* der RVdJ und der Kinder- und Jugendalijah. Im selben Jahr werden die Brüder kurzzeitig von der SA festgenommen. 1937 ist I. Direktor des Hilfsvereins der Juden in Dtl. 1938 setzt er sich für die Freilassung ehemaliger Angestellter aus dem KZ Sachsenhausen ein und hilft jüd. Angestellten bei der Emigration nach Palästina. 1939 werden die Gebrüder I. zum Verkauf des Geschäftes gezwungen. I. emigriert nach Großbritannien und ist weiterhin in der Flüchtlingshilfe aktiv. I. stirbt auf dem Weg von Lissabon nach Palästina als das Flugzeug von einer dt. Militärmaschine abgeschossen wird.
Shephard, N.: W. I., 1985. js

Itzig, Isaak **Daniel**, Hofbankier. 18.3.1723 Märkisch Friedland – 21.5.1799 Berlin. Bankier Friedrichs II. und als Mitglied des Konsortiums Herz Moses Gumperts-Moses Isaac-I. Münzmeister im Siebenjährigen Krieg. 1761 Erhalt der Rechte eines christlichen Händlers (Generalprivileg). 1764 Vorsteher der JGB und Ältester der preußischen Juden. 1781 Gründung einer Lederfabrik. 1787 Vorsitzender einer Kommission, die Vorschläge zur Verbesserung des Status der preußischen Juden macht. 1791 erhalten I. und seine Kinder die volle Staatsbürgerschaft durch das ‚Naturalisationspatent'. I. ist der Vater von Isaak Daniel ▸ I. as

Itzig, Isaak Daniel, Hofbankier, Hofbaurat. 20.12.1750 Berlin – 7.7.1806 Berlin. Sohn von Daniel ▸ I. Zunächst Münzfaktor Friedrich Wilhelm II. 1778 Mitbegründer und bis zu seinem Tod Leiter der Jüd. Freischule in Berlin. Durch die Verleihung des ‚Naturalisationspatents' preußischer Staatsbürger, 1793 Dezernent für den Chausseebau. 1794 Heereslieferant im preußisch-polnischen Krieg. Seit 1797 Oberhofbankier und Hofbaurat Friedrich Wilhelm III. Mit seinem Schwager D. ▸ Friedländer Generaldeputierter der preußischen Juden. as

Itzig, Isaac Elias ▸ Hitzig, Julius Eduard.

Itzig, Sara ▸ Levy.

Izek, Jizchak ▸ Joel, Isaak Levin.

J

Jacob, Berthold, (d.i. Berthold Jacob Salomon) Publizist. 12.12.1898 Berlin – 26.2.1944 Berlin. J. geht 1916 als Kriegsfreiwilliger an die Westfront und wird unter dem Eindruck des Krieges Pazifist. 1921–24 schreibt er für die *Berliner Volkszeitung*, 1924 ist er Mitbegründer der Republikanischen Partei Dtl, 1925–28 Mitarbeiter der *Weltbühne*. Zusammen mit Carl von Ossietzky wird er 1929 im ‚Feme-Prozess' verurteilt und 1928/29 wegen ‚versuchten Landesverrats' acht Monate inhaftiert. J. arbeitet danach für verschiedene Zeitungen. Seit 1928 ist er Mitglied der SPD, ab 1931 der SAP. 1932 wandert er nach Straßburg aus. Im März 1935 lockt ihn die Gestapo in Basel in eine Falle und entführt ihn nach Dtl. Sein Fall belastet die dt.-schweizerischen Beziehungen. Nach zähen Verhandlungen wird er im Okt. 1935 freigelassen und emigriert nach Paris. 1939 ist J. im Lager Le Vernet interniert, flieht 1941 nach Spanien und Portugal, wird jedoch in Lissabon erneut von der Gestapo gefangen genommen und nach Berlin verschleppt. 1944 wird er in das Jüd. Krankenhaus in Berlin eingewiesen.
Weltbürger Ossietzky, 1937. nr

Jacob, Heinrich Eduard (Pseud. Eric Jens Petersen), Autor. 7.10.1889 Berlin – 25.10.1967 Salzburg. Studium der Germanistik, Geschichte, Literatur- und Musikwissenschaften an der Univ. Berlin. Mitglied im *Neuen Club* von K. ▶ Hiller. Theaterkritiker für das Charlottenburger Wochenblatt *Herold, Die Schaubühne*, den *Sturm*. 1910 erste literarische Veröffentlichung mit der Prosaskizze *Sommernacht*. 1912 Kulturredakteur der *Deutschen Montags-Zeitung*. Ab 1922 Hg. der Zeitschrift *Der Feuerreiter*. Dramaturgischer Berater von M. ▶ Reinhardt. 1927–33 Leiter des Mitteleuropa-Büros des *Berliner Tageblatts* in Wien. Mitglied des P.E.N. (auch Exil-P.E.N.) und des SDS. Sein Bestseller-Roman *Blut und Zelluloid* (Ende 1929) fällt 1933 der Bücherverbrennung zum Opfer. Im Zuge einer Anklage gegen seine Mutter und seine Schwester wird J. im Dez. 1935 verhaftet und erst im Feb. 1938 freigesprochen. Einen Monat später wird er im KZ Dachau, später im KZ Buchenwald inhaftiert. Dank amerikanischer Intervention kann er 1939 nach New York emigrieren. Der Biograf dt.-jüd. Künstler gilt aufgrund von *Sage und Siegeszug des Kaffees* (1934) und *Sechstausend Jahre Brot* (1954) auch als Vater des Sachbuchs.
Clarenbach, A.: Finis libri, 2003; Gerlach, H.-J.: H. E. J. - between two worlds. 1997. ht

Julius Jacob

Jacob, Julius, Maler. 26.10.1842 Berlin – 25.4.1929 Berlin. Aus einer Handwerksfamilie stammend, erhält J. eine Ausbildung zum Kulissenmaler im Atelier von Carl Gropius. Nach seinem Studium wendet sich J. der Darstellung des alten Berlin sowie der märkischen Landschaft zu. 1862–85 entsteht ein Zyklus von 70 Aquarellen, der ihm den Ruf eines Chronisten des allmählich verschwindenden Alt-Berlin einträgt. Ab 1882 ist J. Dozent für Landschaftszeichnen und Aquarellmalerei an der Berliner Bauakademie, 1889 wird er zum Prof. berufen und 1886 zum Mitglied der AdK ernannt. Ein Teil seiner Bilder befindet sich im Besitz der Berliner Nationalgalerie und des Märkischen Museums. adl

Jacob, Mathilde, Sekretärin. 8.3.1873 Berlin – 14.4.1943 Ghetto Theresienstadt. J. führt in Berlin ein Schreib- und Übersetzungsbüro. Durch ihren jüngeren Bruder Harry kommt sie mit der Arbeiterbewegung in Kontakt und lernt 1913 R. ▶ Luxemburg kennen, für die sie arbeitet und bald zur Freundin und Vertrauten wird. So schmuggelt sie z.B. die so genannte Juniusbroschüre 1915 aus dem Gefängnis. Nach der Ermordung Luxemburgs, identifiziert J. den Leichnam. Sie bleibt der sozialistischen Idee verbunden und arbeitet u.a. für P. ▶ Levi und Franz Mehring. 1939 gelingt es ihr, 153 Luxemburg-Briefe in die USA zu geben. J. wird mit dem 30. ‚Alterstransport' im Juli 1942 nach Theresienstadt deportiert. Seit 1997 ist der Rathausvorplatz in Tiergarten nach ihr benannt.

Knobloch, H.: Meine liebste Mathilde, 1985. cm

Jacob, Paul Abraham, Lehrer. 10.7.1893 Berlin – 27.2.1965 Israel. J. studiert 1912–21 Romanistik, Germanistik und Philosophie in Berlin. 1929–34 ist er Lehrer in Paris und Lektor an der Univ. Lille. Nach Berlin zurückgekehrt, ist er seit 1934 an der *Privaten Waldschule Kaliski* in Dahlem tätig und nach der Emigration von H. ▶ Selver (1938) bis zur Schließung der Schule (1939) deren Direktor. Danach emigriert J. nach Palästina, wo er die Leitung des Kinder- und Jugenddorfs *Meir Shefeyah* übernimmt. ko

Jacobi, Lotte (d.i. Johanna Alexandra J.), Fotografin. 17.8.1896 Thorn/Westpreußen – 6.5.1990 Concord/USA. J. wächst in einer Fotografenfamilie auf, die nach dem I. WK nach Berlin übersiedelt. 1924 lässt J. ihre 1916 geschlossene Ehe wieder scheiden. Gemeinsam mit ihrer Schwester Ruth übernimmt sie 1924 das väterliche Geschäft, das *Atelier Jacobi*. J. gilt als Repräsentantin der Neuen Fotografie und wird aufgrund ihrer Porträts (u.a. Lotte Lenya, Heinrich George, K. ▶ Weill, M. ▶ Reinhardt, George Grosz) geschätzt. 1932 erhält J. die Erlaubnis als Fotografin sechs Monate durch die Sowjetunion zu reisen; im Feb. 1933 kehrt sie nach Dtl zurück. Nach dem Tod des Vaters emigriert J. 1935 zusammen mit Mutter und Sohn in die USA, wo sie sich in New York niederlässt und an ihre beruflichen Erfolge anknüpfen kann. J. porträtiert u.a. Albert ▶ Einstein, Eleonore Roosevelt und Robert Frost. 1940 heiratet sie E. ▶ Reiss. Ihr Nachlass befindet sich in der Univ. of New Hampshire.

L. J. Berlin - New York - Deering, 1990; Atelier L. J., 1997;. L. J. Photographs, 2003. cm

Jacobowski, Ludwig, Schriftsteller. 21.1.1868 Strelno/Posen – 2.12.1900 Berlin. 1874 lässt sich die Familie in Berlin nieder. J. studiert dort und in Freiburg Literaturwissenschaft, Philosophie und Geschichte. Zwischen 1890 und 1900 schreibt er mehr als 20 literarische Werke, ediert sechs Bücher und verfasst mehr als 100 journalistische Beiträge in diversen Zeitungen und Zeitschriften. J. ist u.a. Hg. und Schriftleiter der Zeitschrift *Die Gesellschaft*, gründet den Berliner Klub *Die Kommenden*, leitet die *Neue freie Volksbühne* und engagiert sich im *Verein zur Abwehr des Antisemitismus.*

Werther, der Jude, 1892; Aus bewegten Stunden. Gedichte 1884–88, 1888; GW, 1999.

Stern, F. B.: L. J., 1966. dn

Jacobs, Monty (d.i. Montague Jacobsohn), Literaturhistoriker, Journalist. 5.1.1875 Stettin – 29.12.1945 London. 1898–1900 Theaterkritiker der *Berliner Morgenpost*; 1905–10 Redakteur beim *Berliner Tageblatt.* 1910 Mitbegründer des *Reichsverbands der deutschen Presse.* Seit 1911 Mitglied im SDS. 1919–33 Redakteur der *Vossischen Zeitung*, zeitweilig auch deren Feuilletonchef. 1934 Entlassung und 1937 Schreibverbot. 1938 Emigration über die Schweiz nach London.

Deutsche Schauspielkunst, 1913 [1954]; Paul Wegener, 1920. alm

Ludwig Jacobowski

Jacobsohn, Louis, Mediziner. 1.6.1852 Königsberg – 23.1.1906 Berlin. Studium in Königsberg und Berlin, 1875 Promotion. 1877 Volontärassistent in der Universitätspoliklinik für Ohrenkrankheiten in Berlin, danach erster Assistent. In dieser Funk-

tion ist er auch an der kgl. Universitätsklinik für Ohrenkrankheiten bis zum Jahre 1892 tätig. 1888 Habilitation. Seit 1896 Leiter einer Privatklinik für Ohrenkrankheiten. 1897 Ernennung zum Prof. Sein Hauptarbeitsgebiet liegt in der praktischen und theoretischen Ohrenheilkunde sowie der physiologischen und physikalischen Akustik.
📖 Lehrbuch für Ohrenheilkunde für Ärzte und Studierende, 1893. dn

Jacobsohn, Siegfried, Publizist, Theaterkritiker. 28.1.1881 Berlin – 3.12.1926 Berlin. J. beginnt 1901 seine journalistische Laufbahn als Theaterkritiker bei der *Welt am Montag.* Seine gesellschaftskritischen Rezensionen sowie die Gründung und Leitung der Theaterzeitschrift *Die Schaubühne* (1905) machen ihn bekannt. J. arbeitet mit J. ▶ Bab, Herbert Ihering und K. ▶ Tucholsky zusammen. Während der Kriegsjahre und der Novemberrevolution entwickelt sich J.s Zeitschrift, 1918 in *Weltbühne* umbenannt, zu einem wichtigen Medium linksbürgerlicher, pazifistischer Kräfte in der Weimarer Republik. J. ist neben A. ▶ Kerr einer der bedeutendsten Theaterkritiker seiner Zeit.
📖 Das Theater der Reichshauptstadt, 1904; Das Jahr der Bühne, 1911–21; Briefe an Kurt Tucholsky, 1915–26, 1989.
📄 Oswalt, S.: S. J., 2000; Michaelis, R.: Von der Bühnenwelt zur Schaubühne, 1980; Steinke, W.: Der Publizist S. J. als Theaterkritiker, 1960. jl

Jacobsohn, Berta ▶ Lask, Berta.

Jacobsohn, Montague ▶ Jacobs, Monty.

Jacobs(h)on, Edith, Psychoanalytikerin. 10.9.1897 Haynau/Oberschlesien – 8.12.1978 Rochester/USA. Medizinstudium in Heidelberg und München; 1922 Promotion. Berufstätigkeit in München, später in Berlin u.a. an der Charité. 1928 Mitglied der *Dt. Psychoanalytischen Gesellschaft*, 1928–37 Psychiaterin und Psychoanalytikerin in Berlin. Nach kurzer Haft 1938 Emigration in die USA, 1940–77 selbständige Psychiaterin und Psychoanalytikerin in New York. 1954–56 Präsidentin der *New York Psychoanalytical Society* und 1965–77 Gastprof. am *Albert Einstein College of Medicine* in New York.
📖 Depression, 1983. mk

Jacobson, Eduard, Dramatiker, Mediziner. 10.11.1833 Groß-Strehlitz/Schlesien – 29.1.1897 Berlin. J. studiert zunächst Medizin (Promotion 1859) in Berlin, hat aber auch schon früh als Autor für das Theater Erfolg, so mit dem Schwank *Faust und Gretchen* (1856). Er entscheidet sich gegen den Arztberuf und arbeitet fortan als Dramatiker. J. verfasst zahlreiche Bühnenwerke, v.a. Schwänke *(Das lachende Berlin;* 1888), Possen (u.a. *Der Postillon v. Münchberg* und *Die Galoschen des Glücks*) und Singspiele (u.a. *Beckers Geschichte).* Einige seiner Libretti schreibt er gemeinschaftlich mit G. v. Moser oder F. Berg. Sein Werk *500 000 Teufel* erfährt in Berlin mehr als 300 Aufführungen. af

Jacobson, Israel, Hofbankier, Kaufmann. 17.10.1768 Halberstadt – 14.9.1828 Hannover. 1786 Eröffnung eines Handelshauses in Braunschweig. 1794 Ernennung zum Landesrabbiner des Weserdistrikts. 1801 Gründung der *Jacobson-Schule* in Seesen, eine der ersten Schulen der jüd. Reformbewegung in Dtl. 1804 Ernennung zum Bürger im Herzogtum Braunschweig. 1806 Denkschrift an Napoleon betreffs der rechtlichen Gleichstellung der Juden. 1807 Präsident des *Konsistoriums der Israeliten* in Kassel, Hofbankier unter König Jérôme Bonaparte in Westfalen, seit 1814 in Berlin. Weiterhin Eintritt für Reformen, u.a. Mitglied im *Verein für Cultur und Wissenschaft der Juden.* cm

Jacobso(h)n, Jacob, Maler. 12.2.1818 Ludwigslust – 18.12.1891 Berlin. 1836 und 1842 in Berlin Schüler Gottfried Willhelm Völckers, 1839 Schüler Friedrich Christoph Georg Lenthes in Ludwigslust. Seit 1867 in Berlin ansässig. 1842–70 mehrere Ausstellungen in der AdK in Berlin. mr

Jacobsthal, Ernst Erich, Mathematiker. 16.10.1882 Berlin – 6.2.1965 Überlingen. Zunächst Studienrat am Berliner Kaiser-Wilhelm-Gymnasium, 1913 PD und seit 1922 Prof. für Mathematik an der Fakultät für Allgemeine Wissenschaften der TH Charlottenburg. 1934 Lehrverbot und Emigration nach Norwegen. Dort Prof. an der TH Trondheim. 1943 wegen der dt. Besetzung Norwegens Flucht nach Schweden. Nach Kriegsende Rückkehr nach Trondheim. 1952 Ernennung zum Ehrensenator an der FU. sn

Jacoby, Gustav, Rechtsanwalt. 10.3.1904 New York – unbekannt. 1905 Rückkehr der Familie aus den USA nach Dtl. Ab 1922 Studium der Rechtswissenschaft in Freiburg, Leipzig und Berlin; 1927 Promotion. 1924–27 Leiter der Finanzabteilung im *Mansfelder Metallhandel* Berlin. Bis zum Berufsverbot 1933 ist J. als RA tätig, dann emigriert er in die USA, wo er weiterhin als Anwalt tätig ist und sich in

der Einwanderergemeinde engagiert.
Die interparlamentarische Regierung nach deutschem Reichsstaatsrecht, 1927. mh

Jacoby, Johann, Arzt, Politiker. 1.5.1805 Königsberg – 6.3.1877 Königsberg. J. leitet mit seiner Flugschrift *Vier Fragen, beantwortet von einem Ostpreussen* (1841) die öffentliche Verfassungsdebatte in Preußen ein. Dem Preußenkönig Friedrich Wilhelm IV. ruft er das berühmte Wort entgegen: *Das eben ist das Unglück der Könige, daß sie die Wahrheit nicht hören wollen!* Als Mitglied des Preußischen Abgeordnetenhauses bekämpft er entschieden die Politik Bismarcks und schließt sich 1872 der Sozialdemokratie an. J. setzt sich für die rechtliche Gleichstellung der Juden ein. In der Schrift *Über das Verhältnis der Juden zum Staate. Gegenschrift gegen Herrn Geheimen Rat Streckfuß* (1833) nimmt er vom Standpunkt des Rechts und der Humanität scharf Stellung gegen die Ansicht, die Juden seien nur schrittweise der Emanzipation zuzuführen. J. ist zeitweilig Mitglied der 1845 in Berlin gegründeten *Genossenschaft zur Reform im Judentum.*
Silberner, E.: J. J., Politiker und Mensch, 1976. js

Jacoby, Lucia (Bine), Verlegerin. 6.5.1889 Bielefeld – 1944 KZ Auschwitz. Sekretärin im Hauptbüro des CV in Berlin. Redaktionssekretärin der Monatsschrift *Im Deutschen Reich.* 1923–38 Geschäftsführerin des *Philo-Verlags* in Berlin. 1942 Deportation in das Ghetto Theresienstadt, von dort 1944 nach Auschwitz.
Urban-Fahr, S.: Der Philo-Verlag 1919–38. Abwehr und Selbstbehauptung, 2001. js

Jacoby, Martin Johann, Pharmakologe. 28.1.1872 Berlin – 18.7.1941 Manchester. J. ist von 1907–34 Leiter des Chemischen Instituts am Krankenhaus Moabit und anschließend in gleicher Funktion bis 1939 im Laboratorium des Jüd. Krankenhauses in Berlin beschäftigt. 1939 emigriert er nach Großbritannien. J. veröffentlicht Abhandlungen über chemotherapeutische Fragen. sn

Jadamowitz, Hildegard, Widerstandskämpferin. 12.2.1916 Berlin – 18.8.1942 Berlin. Selbststudium zur medizinisch-technischen Assistentin. 1931 Mitglied des KJVD, ab 1935 Widerstandstätigkeit in Friedrichshain und Lichtenberg im Rahmen der Internationalen Arbeiterhilfe. Gemeinsam mit ihrem Verlobten W. ▸ Steinbrink Verbindungsglied zwischen der Gruppe um H. ▸ Baum und anderen Widerstandsgruppen. Am 18.5.42 Teilnahme am Anschlag auf die Ausstellung *Das Sowjetparadies.* 22.5.42 Verhaftung, 16.7.42 Todesurteil; in Plötzensee ermordet. bz

Hildegard Jadamowitz

Jaffé, Benno, Unternehmer, Kommunalpolitiker. 23.9.1848 Ronowo/Pommern – 29.9.1923 Berlin. Der Vater von Rudolf ▸ J. gründet eine Lanolinfabrik am Habsburger (heute Goslaer) Ufer. 1901–18 ist er Stadtrat und Stadtverordnetenvorsteher in Charlottenburg. In seine Amtszeit fällt der Bau des städtischen Elektrizitätswerks. 1910 rufen er und seine Frau die *Benno-und-Helene-J.-Stiftung* ins Leben, die Bedürftige unterstützt. 1919 erhält er die Ehrenbürgerschaft; eine Charlottenburger Straße ist nach ihm benannt. evk

Jaffé, Philipp, Historiker. 17.2.1819 Schwersenz/Posen – 3.4.1870 Wittenberge. Lehre in einer Bank- und Getreidehandelsgesellschaft, dann ab 1840 Geschichtsstudium u.a. bei Leopold von Ranke. 1843 Preis der Philosophischen Fakultät Berlin mit der Schrift *Geschichte des Deutschen Reiches unter Lothar dem Sachsen.* 1850 erneute Immatrikulation, Promotion 1853 mit *Die Heilkunst im 13. Jahrhundert.* 1854–62 ständiger Mitarbeiter der *Monumenta Germaniae Historica* (MGH). 1862 wird er als erster Jude in Preußen a.o. Prof für Geschichte. Da ihm jedoch eine weitere, ordentliche akademische Laufbahn versagt bleibt, nimmt er sich das Leben.
Regesta Pontificum Romanorum, 1851; Bibliotheca Rerum Germanicarum, 1864–66. js

Jaffé, Rudolf, Pathologe. 4.10.1885 Berlin – 13.3.1975 Caracas/Venezuela. Sohn von Benno ▶ J. Nach dem Studium der Medizin in Freiburg/Breisgau tätig, im I. WK Feldarzt. 1919 PD, 1921 a.o. Prof. und Direktor am Pathologischen Institut des Münchener Krankenhauses, seit 1925 in gleicher Funktion am Krankenhaus Moabit. 1935/36 Emigration nach Venezuela, dort als Prof. für Pathologie tätig.
📖 Handbuch der inneren Sekretion, 1932. evk

Jakobovits, Julius, Rabbiner. 23.3.1886 Lackenbach/Österreich – 7.2.1947 London. Der traditionell ausgebildete Rabbiner promoviert 1914 in Würzburg zum Dr. phil. 1917–28 ist J. Rabbiner in Königsberg, ab 1928 in der JGB, wo er auch Mitglied und Vorsitzender (Dajan) des rabbinischen Gerichts ist. 1938 emigriert J. nach Großbritannien, wo er von 1945–57 als Dajan des rabbinischen Gerichts in London tätig ist.
📖 Die Lüge im Urteil der neuesten deutschen Ethiker, 1914. mh

Jaldati, Lin (d.i. Rebekka Billeslijper), Sängerin, Schauspielerin, Tänzerin. 13.12.1912 Amsterdam – 31.8.1988 Berlin/Ost. J. stammt aus einer sefardischen Familie. Seit 1938 gibt sie mit dem aus Berlin emigrierten Pianisten und zukünftigen Ehemann Eberhard Rebling Abende mit jiddischen Liedern und Solotänzen. 1942 geht J. mit Mann und Tochter Kathinka in den Untergrund, 1944 erfolgt die Verhaftung. Ihr Mann kann fliehen, J. überlebt die KZ Westerbork, Auschwitz und Bergen-Belsen. Bereits 1945 gibt sie wieder Konzerte in Amsterdam. 1952 lässt sich die Familie in Berlin/O. nieder. Fast 30 Jahre lang ist J. Vertreterin des jiddischen Liedes in der DDR. Seit 1979 bzw. 1982 wirken ihre Töchter Jalda (Schauspielerin/Sängerin) und Kathinka (Violine) im Ensemble mit. Ihre Konzerte, u.a. in der Bundesrepublik, Frankreich, Israel und den USA, stoßen international auf große Resonanz.
📖 Sag nie, Du gehst den letzten Weg, 1995. jw

Jameson, Egon (d.i. Egon Jacobsohn), Schriftsteller, Journalist. 2.10.1895 Berlin – 23.12.1969 London. Nach seinem Volontariat bei Ullsteins *Berliner Morgenpost* wird J. durch seine Reportagen bekannt. 1920–23 gibt er die Zeitschrift *Filmhölle* heraus. 1922–33 arbeitet er für die *BZ Am Mittag*. 1934 emigriert J. nach London, wo er u.a. für die BBC arbeitet. Nach 1945 arbeitet J. kurze Zeit in Dtl für Nachrichtenagenturen und die *Neue Zeitung* in München, kehrt aber 1953 nach London zurück. Zahlreiche Bücher erscheinen in dt. Verlagen u.a. *London wie es nicht im Wörterbuch steht* und *ABC der klügsten Sätze* (beide 1961), *Berlin, so wie es war* (1969) und der Memoirenband *Wenn ich mich recht erinnere* (1963). 1982 ediert Walther von La Roche J.s Reportagen: *Augen auf. Streifzüge durch das Berlin der zwanziger Jahre.*
📖 Leben – eine Kunst, 1959; Praktiken der Liebeskunst, 1964; ABC der dümmsten Sätze, 1965. jos

Jandorf, Adolf, Unternehmer. 7.2.1870 Hengstfeld/Württemberg – 12.1.1932 Berlin. 1892 eröffnet J. in Berlin sein Spezialgeschäft für Kurz- und Wollwaren am Spittelmarkt, 1904 das *Kaufhaus Jandorf* in der Brunnenstraße, 1906 ein Warenhaus am Kottbusser Damm und 1907 das damals größte Kaufhaus Dtls, das *KaDeWe* (*Kaufhaus des Westens*) am Wittenbergplatz. J. gilt als Wegbereiter des modernen Kaufhauses nach amerikanischem Vorbild. Seit 1926 gehört sein Unternehmen mit 3 000 Beschäftigten zum *Hermann-Tietz-Konzern (Hertie)*. mh

Jeidels, Otto, Bankier. 13.3.1882 Frankfurt/Main – 16.6.1947 Bürgenstock/Schweiz. Der protestantisch getaufte J. studiert in Köln, Bonn und Berlin und promoviert 1904 zum *Verhältnis der deutschen Großbanken zur Industrie mit besonderer Berücksichtigung der Eisenindustrie* (1905). Das Werk erfährt erhebliche Resonanz: R. ▶ Hilferding äußert sich lobend und W. I. Lenin spricht von „einer der besten Arbeiten über das Verhältnis der Großbanken zur Industrie". Danach ist J. bei der BHG tätig und ab 1909 Leiter deren Sekretariats. 1918–38 ist er zusammen mit H. ▶ Fürstenberg persönlich haftender Gesellschafter der BHG; er ist für die Konsortialbeziehungen zu anderen Banken zuständig. Zudem ist er Mitglied des Verwaltungsrates der Deutschen Reichsbahn. Durch die Veränderung der Statuten der BHG nach 1933 wird den beiden Gesellschaftern eine ‚arische' Geschäftsführung zur Seite gestellt. Im Jan. 1938 nimmt J. an einer Sitzung des internationalen Stillhalteausschusses für dt. Auslandsanleihen und -kredite in London teil. Im März 1938 tritt J. zurück und emigriert in die USA; ab Juli 1939 ist er Teilhaber der internationalen Privatbank *Lazard Frères & Co* in New York und 1943 Vizepräsident der *Bank of America NT & SA*, San Francisco.
📄 Lüke, R.: Die Berliner Handels-Gesellschaft in einem Jh. dt. Wirtschaft 1856–1956, 1956. mr

Jessel, Leon, Komponist, Dirigent. 22.1.1871 Stettin – 4.2.1942 Berlin. J. ist als Kapellmeister in mehreren dt. Städten tätig. Bekannt wird er als

Komponist des Musikstücks *Parade der Zinnsoldaten.* Welterfolg erlangt er mit der Operette *Das Schwarzwaldmädel* (1917), die in der Komischen Oper in Berlin über 900 Aufführungen hat und bis heute auf den Spielplänen zu finden ist. J. kann bis 1940 in Berlin untertauchen, wird dann verhaftet und so stark gefoltert, dass er an den Folgen der Gefängnishaft stirbt. evk

Jessner, Leopold, Regisseur, Schauspieler, Intendant. 3.3.1878 Königsberg – 30.10.1945 Los Angeles. J. arbeitet in Cottbus, Berlin, Breslau und Hannover als Schauspieler, Regisseur und Intendant. Seine überwiegend zeitgenössischen Inszenierungen u.a. als Direktor des *Neuen Schauspielhauses* in Königsberg (1915–19), als Intendant des *Preußischen Staatstheaters* in Berlin (1919–30) sowie als Generalintendant der *Staatlichen Schauspiele* Berlin (1928–30) machen ihn zu einem der Wegbereiter des expressionistischen Theaters. Seit 1921 arbeitet J. auch als Regisseur beim Film u.a. mit P. ▶ Leni *(Die Hintertreppe).* Er ist Leiter der Berliner Schauspielschule und Hauptvorstandsmitglied des CV. 1933 emigriert J. über Palästina nach Hollywood und arbeitet dort erneut am Theater. Seit 1937 ist er Lektor bei *Metro-Goldwyn-Mayer* (M-G-M). 1940–43 Präsident des *Jewish Club of 1933* in Los Angeles.

Schriften. Theater der 20er Jahre, 1979.

Müllenmeister, H.: L. J., 1956; Bluth, K. T.: L. J., 1928; Ziege, F.: L. J. und das Zeit-Theater, 1928. kq

Joachim, Heinz, Musiker, Widerstandskämpfer. 13.2.1919 Berlin – 18.8.1942 Berlin. 1939–41 Klarinettenstudium an der Jüd. Musikschule Holländer in Berlin. Ab 1940 Freundschaft mit S. ▶ Rotholz, 1941 Heirat mit M. Prager (M. ▶ Joachim). Zwangsarbeit in den Siemens-Werken. Mitglied der Widerstandsgruppe um H. ▶ Baum, wird von diesem 1941 als Leiter einer Gruppe von Jugendlichen eingesetzt. Beteiligung am Anschlag auf die Ausstellung *Das Sowjetparadies* am 18.5.1942. Verhaftung am 9.6.1942, Todesurteil am 16.7.1942, Hinrichtung in Plötzensee. bz

Joachim, Joseph, Musiker, Komponist, Musikpädagoge. 28.6.1831 Kittsee/Burgenland – 15.8.1907 Berlin. J.s frühe musikalische Begabung wird stark gefördert. Er ist einer der ersten Schüler am 1843 neugegründeten Leipziger Konservatorium, dessen Leiter F. ▶ Mendelssohn Bartholdy ihn maßgeblich beeinflußt. 1849 wird J. zunächst Konzertmeister in Weimar, dann ab 1853 in Hannover. 1868 wechselt er als Leiter der neugegründeten Hochschule für Musik nach Berlin. 1855 erfolgt die Gründung des nach ihm benannten Streichquartetts.

Violinschule, 3 Bde, 1902–05.

Borchard, B.: Stimme und Geige, 2004; Moser, A.: J. J. ein Lebensbild, 2 Bde, 1908–10. mh

Joseph Joachim

Joachim, Marianne, geb. Prager, Widerstandskämpferin. 5.11.1921 Berlin – 4.3.1943 Berlin. Nach der Mittleren Reife, Kinderpflegerin in einem jüd. Kinderheim, danach Arbeit bei *Zeiss-Ikon* 1940 Arbeitseinsatz in Rathenow, 1941 Zwangsarbeit bei *Alfred Teves* in Wittenau. 22.8.41 heiratet sie H. ▶ Joachim. Das Paar schließt sich der Widerstandsgruppe um H. ▶ Baum an. Verhaftung am 9.6.1942, Todesurteil am 10.12.1942, Hinrichtung in Plötzensee. bz

Joachim, Richard, Jurist. 5.12.1891 Berlin – 1942 KZ Auschwitz. Zuletzt als Ministerialrat im Reichswirtschaftsministerium tätig, arbeitet er am Kommentar zum Betriebsrätegesetz (1920) und am Arbeitsgerichtsgesetz (1926) mit. J. ist bis 1933 Senatspräsident am Berliner Reichsversicherungsamt. Seit Studienzeiten SPD-Mitglied, unterrichtet er ebenfalls bis 1933 an der Gewerkschaftsschule in Bernau. Aus den Ämtern entlassen, engagiert sich J. in der RVdJ. Er wird im Dez. 1942 in das KZ Auschwitz deportiert und als Geisel erschossen. cm

Jöhlinger, Otto, Nationalökonom, Publizist. 1.12.1883 Köln – 29.8.1924 Berlin. Als gelernter Kaufmann wendet sich J. dem Journalismus zu und wird 1907 Handelsredakteur des *Berliner Tageblattes*. Seit 1912 ist er Dozent an der Handelshochschule und an der Hochschule für Politik in Berlin. Ab 1918 leitet J. die Wirtschaftsredaktion der *Deutschen Allgemeinen Zeitung*. 1920 wird er Ministerialrat im preußischen Finanzministerium und gründet das Seminar für Zeitungskunde und -praxis an der Berliner Univ.
▯ Bismarck und die Juden, 1921. mh

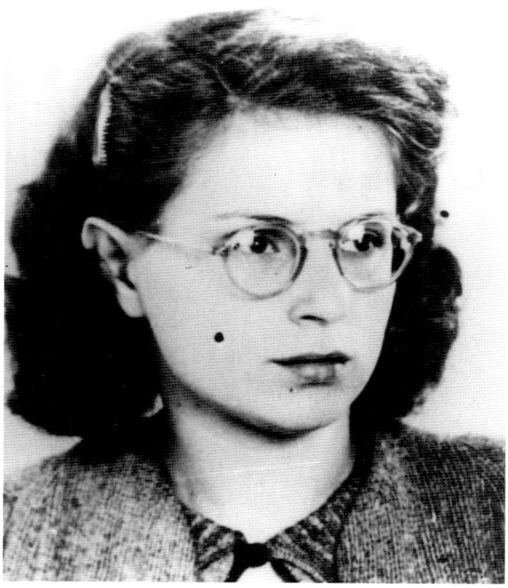
Marianne Joachim

Joel, Isaak Levin (d.i. Jizchak Izek, Sohn des Jehuda Löb), Unternehmer. Vermutlich 1712 Halberstadt – 19.6.1785 Potsdam. J. gründet um 1746 im Kgl. Militärwaisenhaus in Potsdam eine Ausnähe- und Broderiemanufaktur. Mit Unterstützung des Generals von Tauentzien betreibt er seit der ersten Hälfte des 18. Jh. mit großem wirtschaftlichen Erfolg eine Wachstapetenmanufaktur, die seit 1760 im (Klein) Glienicker Schloss (heute Jagdschloss Glienicke) untergebracht ist. Die Söhne Joels führen das Unternehmen nach seinem Tod weiter. Die Berliner Adresskalender der Jahre 1790, 1791, 1793 und 1795 weisen auch eine Niederlassung der Manufaktur in der Spandauer Straße neben dem Rathaus auf. Dort befinden sich zu jener Zeit viele jüd. Manufakturen, so auch die Seidenmanufaktur von Bernhard/Mendelssohn. id

Jörgensen, Johannes ▶ Engel, Georg Julius Leopold.

Jolson, Friedrich Julius ▶ Stahl, Friedrich Julius.

Jokl, Anna Maria, Psychotherapeutin, Schriftstellerin, Übersetzerin. 23.1.1911 Wien – 21.10.2001 Jerusalem. J. ist seit 1927 in Berlin und lernt 1929–32 bei Erwin Piscator. Parallel arbeitet sie als Dramaturgin für die Ufa sowie als Journalistin (u.a. für die *Vossische Zeitung*) und Drehbuchautorin. 1933 flieht sie nach Prag, wo sie journalistisch tätig wird. 1939 emigriert J. nach London und gründet ein Heim für Flüchtlingskinder. J. schreibt und inszeniert Kindertheaterstücke. Ab 1945 studiert sie Tiefenpsychologie in London und Zürich. Ihr Kinderbuch *Die Perlmuttfarbe* (1948, NA 2004) ist sehr erfolgreich. Die 1949 geplante Verfilmung in Berlin/O. wird wegen ihrer Ausweisung aus der DDR 1950 verworfen. J. lebt 1951–65 in Berlin/W., dann in Jerusalem. Sie arbeitet als Psychotherapeutin und ist daneben literarisch und publizistisch tätig, u.a. als Übersetzerin aus dem Englischen und Jiddischen.
▯ Das süße Abenteuer, 1937; Essenzen, 1993; Die Reise nach London, 1999. ht

Jokl, Ernst, Sportmediziner. 3.8.1907 Breslau – 1997 unbekannt. 1928 Teilnahme an den Olympischen Spielen in Amsterdam. Veröffentlichung erster sportmedizinischer Arbeiten. 1931–33 erster Direktor des Instituts für Sportmedizin in Breslau. 1933 Auswanderung nach Südafrika. 1952 Dozent an der Univ. of Kentucky. Seit 1973 wieder in Dtl, Dozent an der FU. Ehrenpräsident des *Weltforschungsrates für Sport und Leibeserziehung* der UNESCO.
▯ Alter und Leistung, 1954. kk

Jonas, Regina, Rabbinerin. 3.8.1902 Berlin – Oktober 1944 KZ Auschwitz. J. wächst in armen Verhältnissen im Berliner Scheunenviertel auf. Ihr Vater, Wolf J., stammt aus Bütow in Pommern, die Mutter Sara J. aus Böchingen in Bayern. Nach dem frühen Tod des Vaters 1913 zieht die Mutter in den Bezirk Prenzlauer Berg um. Hier besucht J. die Synagoge in der Rykestraße, in der seit 1917 Rabbiner M. ▶ Weyl amtiert, der sich u.a. für die religiöse Mädchenerziehung einsetzt und J. fördert. Sie besucht das Oberlyzeum Weißensee und legt dort 1923 die Reifeprüfung ab, 1924 erhält sie die „Lehrbefähigung für Lyzeen". Im gleichen Jahr schreibt sie sich an der HWdJ ein. Rabbiner I. ▶ Bleichrode wird zu ihren Förderern. Ihre Abschlussarbeit *Kann die Frau das rabbinische Amt bekleiden?*

(NA 1999) wird 1930 mit „gut" bewertet; sie wird aber nicht zur Ordination zugelassen und erhält am 12.12.1930 lediglich ein „Zeugnis über die akademische Religionslehrerprüfung". Erst 1935 kann sie bei M. ▶ Dienemann in Offenbach ihre mündliche Rabbinatsprüfung ablegen und bekommt das Rabbinatsdiplom, was in der Folgezeit allerdings zu Auseinandersetzungen über dessen Gültigkeit führt. 1937 wird sie von der JGB als Religionslehrerin eingestellt, eine Funktion, die auch rabbinisch-seelsorgerische Pflichten einschließt. 1936 predigt sie bereits in der Synagoge des Jüd. Altersheims in der Iranischen Straße. Während der zunehmend bedrohlichen Lage der Juden in Dtl leistet J. wichtige Arbeit, indem sie Menschen seelsorgerisch begleitet; sie betreut Gemeinden, deren Rabbiner emigriert oder verhaftet sind. Ab 1941 müssen die Berliner Juden Zwangsarbeit leisten, so auch J., die 1942 nachweislich in einer Kartonagenfabrik in Berlin-Lichtenberg arbeitet. Am 6.11.1942 werden sie und ihre Mutter mit dem 73. ‚Alterstransport' nach Theresienstadt deportiert. Von dort aus wird J. am 12.10.1944 in das KZ Auschwitz deportiert und kurz nach ihrer Ankunft ermordet.
Klapheck, E.: R. J., 2003. id

Jones, Eva, geb. Solon, verh. Jonas, Schriftstellerin. 27.7.1913 Berlin – unbekannt. 1932 legt J. das Abitur am Hohenzollern-Lyzeums ab. Aufgrund des Studienverbots für Juden entschließt sie sich 1933 in Paris Musik zu studieren. 1935 heiratet sie Rudi Jonas, der 1938 interniert wird. Mit Beginn der dt. Offensive, 1940, wird J. in dem französischen Lager Gurs interniert. Ihr gelingt die Flucht nach Spanien, wo sie erneut verhaftet wird. Durch die Hilfe ihrer Eltern können J. und ihr Mann nach London emigrieren. Dort ändern sie den Familiennamen in Jones um. Erst mit 55 Jahren beginnt J. zu schreiben. Die Gedichtsammlung *Just a Woman* erscheint 1969. Ihr erster Roman *Thirteen*, der in mehrere Sprachen übersetzt wird, erscheint 1976.
Double Decker, 1977; Miss Stippelkin, 1978; Malou, 1982. us

Joseph, Eugen, Urologe. 26.4.1879 Bad Landeck/Schlesien – 24.12.1933 Berlin. Seit 1894 praktischer Arzt (Badearzt) in Bad Landeck. 1902 Dissertation. Ab 1904 in Berlin. 1908 Assistent in der ersten chirurgischen Universitätsklinik Berlin. 1913–33 Prof. und Leiter der Urologischen Abteilung der Klinik. 1927–33 Mithg. der *Zeitschrift für Urologie* 1933 Entzug der Lehrbefugnis. J. nimmt sich noch im selben Jahr das Leben.
Die Harnorgane im Röntgenbild, 1926; Beiträge zur Urologie des Kindes, 1931. mh

Joseph, Jacques (d.i. Jakob Lewin), Chirurg. 6.9.1865 Königsberg – 12.2.1934 Berlin. Der Sohn eines Rabbiners schließt 1890 das Medizinstudium an der Univ. Berlin ab und absolviert anschließend eine orthopädisch-chirurgische Ausbildung bei Julius ▶ Wolff. Seit 1910 leitet J. die Abteilung für Gesichtsplastik der Ohren- und Nasenklinik der Charité und betreibt weiterhin eine Privatpraxis. Er entwickelt neuartige Operationsmethoden sowie nach ihm benannte chirurgische Instrumente im Bereich der plastischen Chirurgie. Sein Spezialgebiet sind Nasenoperationen, was ihm im Volksmund den Namen ‚Nasen-Joseph' einbringt. 1918 erhält J. den Professorentitel. evk

Jospe, Alfred, Rabbiner. 31.3.1909 Berlin – 1994 unbekannt. 1928–34 Studium an der Univ. und am Jüd. Theologieseminar in Breslau. 1934–36 Bezirksrabbiner in Posen. 1936–39 Prediger und Rabbiner der JGB. Tätigkeiten für KJV und ZVfD. Ende 1938 KZ Oranienburg. 1939 Emigration in die USA, dort Rabbiner und Engagement in der *Bnai Brith Hillel Foundation* (BBHF). mh

Jost, Isaak Markus, Historiker, Pädagoge 22.2.1793 Bernburg/Anhalt – 20.11.1860 Frankfurt/Main. 1813–16 Studium der Philologie, Philosophie und Pädagogik in Göttingen und Berlin. 1819 Promotion. 1816–20 Leitung der *Bockschen Privatbürgerschule* in Berlin, die bis 1835 als Pensions- und Erziehungsanstalt weitergeführt und mehrfach erweitert wird. 1819 Gründungsmitglied des VWJ. 1820–28 Publikation der *Geschichte der Israeliten*, der ersten quellengestützten Gesamtdarstellung und J.s Hauptwerk, das ihn zum Begründer der modernen jüd. Historiographie macht. 1835–59 Lehrer am Philanthropin in Frankfurt/M. Gründung verschiedener karitativer Vereine und eines Waisenhauses für jüd. Mädchen (1853). 1855 Mitbegründer und Leiter des Instituts zur Förderung der israelitischen Literatur mit L. ▶ Philippson u. a. (*Jahrbuch für Geschichte der Juden und des Judenthums*, 1860). Hg. verschiedener Periodika. Neben L. ▶ Zunz zählt J. zu den Pionieren der Wissenschaft des Judentums. Als Vertreter der gemäßigten Reform setzt er sich für den Erhalt der hebräischen Sprache ein.
Neue Jugendbibel, 1823; Lehrbuch der engl. Sprache, 1826; Geschichte des Judenthums und seiner Sekten, 1857–59. jvs

Robert Jungk

Jungk, Robert (d.i. Robert Baum, Pseud. F. Lefèvre, Bert Oz, A. de Stael), Schriftsteller, Futurologe. 11.5.1913 Berlin – 14.7.1994 Salzburg. Nach dem Besuch des humanistischen Mommsen-Gymnasiums in Charlottenburg studiert J. seit 1932 an der Univ. Berlin und nach seiner Auswanderung 1933 an der Sorbonne in Paris. 1936 hält er sich illegal in Berlin auf und hat Kontakte zu Widerstandsgruppen. 1937 emigriert J. über Prag in die Schweiz. Ab 1944 ist er Korrespondent für den *Observer* (London) in Bern, nach Kriegsende für die Züricher *Weltwoche* und seit 1946 US-Korrespondent für dt. und schweizerische Zeitungen. 1957 geht J. nach Wien und gründet dort 1964 das *Institut für Zukunftsfragen.* 1967 ist er Organisator der ersten Weltkonferenz für Zukunftsforschung in Oslo. Seit 1970 ist J. Honorarprof. für Futurologie an der TU Berlin. Er engagiert sich in der Friedensbewegung und in Kampagnen gegen Atomwaffen.
📖 Die Zukunft hat schon begonnen, 1952; Heller als tausend Sonnen, 1956. sn

Jungmann, Eva ▶ Reichmann, Eva.

Justinian ▶ Kuttner, Erich.

Jutrosinski, Moritz, Pädagoge, Schriftsteller. 12.10.1825 Sandberg – 5.12.1909 Berlin. Nach dem Schulabschluß in Lissa studiert J. Philosophie und Geschichte in Breslau, wo er 1848 Führer der dortigen Studentenbewegung wird. Er ist befreundet mit E. ▶ Lasker. Als erster Jude erhält er 1868 eine staatliche Anstellung als Oberlehrer. 1870 wird J. von M. ▶ Reichenheim an dessen gestiftetes Waisenhaus nach Berlin berufen, wo er 34 Jahre als Direktor tätig ist. Sein Wahlspruch „Kopf aufrecht, Auge fest, Wort frei und wahr“ bleibt Programm bis zur Schließung des Waisenhauses 1938. Neben zahlreichen historischen Schriften verfaßt J. 1882 ein Englisch-Hebräisch-Deutsches Wörterbuch, um russisch-jüd. Emigranten ihren Neuanfang in den USA zu erleichtern.
📖 Waisenpflege in der Berliner Jüdischen Gemeinde, 1887. evk

K

Kadelburg, Gustav, Schauspieler, Lustspielautor. 26.7.1851 Budapest – 11.9.1925 Berlin. Gegen den Willen seines Vaters nimmt K. Schauspielunterricht und geht nach Wien. Sein erstes Engagement hat er 1869 in Leipzig, ab 1871 spielt er regelmäßig in Berlin am Wallner-Theater, erfolgreicher Mime in komischen Rollen; 1884–94 auch am DT. Er ist Mitautor vieler populärer Lustspiele, z.B. *Goldfische* (1886) mit Franz von Schönthau, *Großstadtluft* (1891) sowie *Das weiße Röß'l* (1898) mit O. ▶ Blumenthal. ht

Kafka, Franz, Schriftsteller, Jurist. 3.7.1883 Prag – 3.6.1924 Kierling b. Wien. K. stammt aus einer Kaufmannsfamilie und besucht das Altstädter Deutsche Gymnasium in Prag. K. bricht nach zwei Semestern sein Germanistikstudium ab, wechselt zur Rechtswissenschaft und promoviert 1906. 1908–17 arbeitet er bei der Prager *Arbeiter-Unfall-Versicherungs-Anstalt* und widmet sich parallel dazu seiner schriftstellerischen Tätigkeit. 1922 wird er aufgrund einer Lungentuberkulose vorzeitig pensioniert. Zu seinen Freunden zählen u.a. Max Brod, Felix Weltsch, O. Baum, Franz Werfel. K. ist dreimal verlobt, zweimal mit F. ▶ Bauer. Mit der 20-jährigen Dora Diamant verbringt K. sein letztes Lebensjahr in Berlin. Sie wohnen im ‚Scheunenviertel', in Wilmersdorf, Steglitz und Zehlendorf. In Berlin schreibt er die Erzählungen *Eine kleine Frau* und *Der Bau*. Im Todesjahr erscheint der Band *Ein Hungerkünstler* im Berliner Verlag *Die Schmiede*.
Schriften, Tagebücher, Briefe, 1993.
Stach, R.: Kafka. Die Jahre der Entscheidung, 2002. alm

Kahane, Doris, geb. Machol, Graphikerin, Malerin. 24.10.1920 Berlin – 7.10.1976 Berlin. 1933 emigriert K. mit der Mutter nach Spanien, 1936 nach Frankreich. Ende 1942/Anfang 1943 wird sie in Marseille verhaftet und in das Sammellager in Drancy gebracht, wo sie Zwangsarbeit leisten muss. 1944, kurz bevor sie deportiert werden soll, wird das Lager befreit. Sie kehrt im Okt. 1945 nach Berlin zurück. Im April 1951 heiratet sie Max ▶ K., drei Kinder werden geboren. 1951–55 studiert sie an der Kunsthochschule Weißensee und ist fortan freischaffende Malerin. Sie ist die Großnichte V. ▶ Klemperers, Tochter von Heinz Machol (1893–1943), dem Sohn von Klemperers zweitältester Schwester Hedwig (1870–1893). Illustriert u.a. die Gedichte von Hikmet Nazim (1959). id

Kahane, Max Leon, Journalist. 31.1.1910 Hannover – 21.8.2004 Berlin. Ab 1911 lebt die Familie in Berlin. 1925 tritt K. dem KJVD und 1932 der KPD bei. 1933 Emigration nach Prag. 1938–39 kämpft er im spanischen Bürgerkrieg, danach Internierung in verschiedenen französischen Lagern. Mehrfach gelingt ihm die Flucht aus Deportationslagern. Aktiv in der *Résistance*. 1944/45 für den NKFD in dt. Kriegsgefangenenlagern tätig. K. kehrt im Sommer 1945 nach Berlin zurück. Mitarbeit im Sowjetischen Nachrichtenbüro in Weißensee, Berichterstatter beim Nürnberger Hauptkriegsverbrecherprozess. 1946 Mitbegründer und Chefredakteur des ADN. 1955–57 stellv. Chefredakteur der *Berliner Zeitung;* 1957–64 Auslandskorrespondent des *Neuen Deutschland* in Indien und Brasilien. Ab 1965 führender Kommentator der DDR-Medien, zunächst für das *Neue Deutschland;* 1968–80 für die außenpolitische Wochenzeitung *horizont*. 1970 erhält K. den Vaterländischen Verdienstorden. Seit 1951 ist K. mit Doris Machol (Doris ▶ K.) verheiratet. ht

Kaiser, Konrad, Jurist. 1886 Berlin – 25.8.1945 Tel Aviv. Seit 1923 im Berliner Polizeipräsidium tätig, dort ist K. von 1930–33 Regierungsdirektor, wird dann versetzt und 1935 entlassen. Als Zionist engagiert er sich u.a. in der ZVfD und im Palästina-Amt. Er gehört der RVdJ an und übt von 1937–39 den Vorsitz der RV der JGB aus. 1939 emigriert er nach Palästina. cm

Kaléko, Mascha (d.i. Golda Maka), Lyrikerin. 7.6.1907 Schidlow/Polen – 21.1.1975 Zürich. Zu Beginn des I. WK kommt die Familie von K. nach Dtl. 1914–16 besucht sie die Volksschule in Frankfurt/M. Nach dem I. WK übersiedelt die Familie nach Berlin, wo K. 1925 eine Lehre als Bürokauffrau beginnt. 1928 Heirat mit dem hebräischen Philologen Aron Kaléko. Erste Gedichte werden 1929/30 im *Querschnitt* und der *Vossischen Zeitung* veröffentlicht. 1933 erscheint der Gedichtband *Das lyrische Stenogrammheft*. Es folgt 1935 das *Kleine Lesebuch für Große*. 1938 wird ihre Ehe geschieden. Im selben Jahr emigriert sie gemeinsam mit ihrem

Lebensgefährten Chemjo Vinaver und ihrem Sohn in die USA. Dort schreibt sie u.a. an *Verse für Zeitgenossen*. Nach Dtl kehrt sie nur zu Besuchen zurück. 1960 übersiedelt K. nach Jerusalem.
Nolte, A.: „Mir ist zuweilen so als ob das Herz in mir zerbrach". Leben und Werk M. K.s im Spiegel ihrer sprichwörtlichen Dichtung, 2003. ce

Kalisch, David, Schriftsteller. 23.2.1820 Breslau – 21.8.1872 Berlin. Nach einer Ausbildung zum Kaufmann geht K. nach Paris. Dort verkehrt er mit K. ▶ Marx, Georg Herwegh und H. ▶ Heine. 1846 tritt er eine Anstellung in einem Handlungshaus in Berlin an. Schon in dieser Zeit verfasst er Couplets. Erste Erfolge erringt er mit dem Schwank *Ein Billet von Jenny Lind*, der ihm Zutritt zu den Bühnen Berlins verschafft. Seine Stücke werden u.a. im Königstädter-Theater und im Wallner-Theater aufgeführt. 1848 gründet er die Satirezeitschrift *Kladderadatsch*. K. gilt als Mitbegründer der Berliner Lokalposse u.a. mit Stücken wie *Berlin, wie es weint und lacht* (1858). Bekannt wird sein kecker Stil mit politischen Anspielungen.
Hunderttausend Taler, 1988; Lustige Werke, 1870; Berliner Leierkasten, 3 Bde, 1858–66. hg

Kalisch, Paul (Pseud. Paolo Lamberti), Opernsänger. 6.11.1855 Berlin – 27.1.1946 Sankt Lorenz/Österreich. Sohn des Schriftstellers David ▶ K. Zunächst arbeitet K. als Architekt. Die Sängerin Adelina Patti rät ihm zum Gesang und auf deren Vermittlung wird er in Mailand als Tenor ausgebildet. Er debütiert 1879 in Rom mit Donizettis *Lucia di Lammermoor*. Es folgen erfolgreiche Auftritte in Italien und Dtl. 1884–87 gehört er dem Ensemble der *Berliner Hofoper* an. 1888 heiratet er die Sängerin L. ▶ Lehmann. Beide folgen dem Ruf an die *Metropolitan Opera New York* und sind dort über Jahre gefeierte Interpreten. Insbesondere mit Richard Wagners Titelhelden (u.a. *Tannhäuser)* ist K. sehr erfolgreich. evk

Kalischer, Salomon, Physiker. 8.10.1845 Thorn/Westpreußen – 22.9.1924 Marienbad/Böhmen. K. studiert zunächst am JTS, später Physik und Chemie an der Univ. Berlin und promoviert 1888. Er wird 1876 PD an der Berliner Bauakademie. Seit 1896 ist er Prof. an der TH Charlottenburg. Außerdem verfasst er neben naturwissenschaftlichen Abhandlungen zahlreiche theologische Aufsätze. K. steht dem *Gesamtarchiv der dt. Juden* vor und ist zudem 1912–24 Präsident des Deutsch-Israelitischen Gemeindebundes Berlin.
Theologie und Darwinismus, 1878; Farbenblindheit, 1879; Goethe als Naturforscher und Herr Du Bois-Reymond als sein Kritiker, 1883. sn

Kaliski, Lotte, Pädagogin. 1908 Breslau/Schlesien – 9.9.1995 New York. Lehrerinnenausbildung in Heidelberg, München, Breslau; 1931 Lehrerexamen für Mittelschulen. K. geht nach Berlin und bemüht sich um eine Anstellung als Lehrerin. Da sie aufgrund ihrer Körperbehinderung keine Stelle bekomt, gründet sie 1932 die *Private Waldschule Kaliski* mit reformpädagogischen Ideen und wird deren zweite Schulleiterin. Als Direktor beruft sie H. ▶ Selver. Da die NS keinen gemeinsamen Unterricht von jüd. und nichtjüd. Kindern dulden, wird die Einrichtung 1934 in *Jüd. Waldschule Kaliski* umbenannt. Die Ausbildung konzentriert sich zunehmend auf die Vorbereitung der Kinder zur Emigration. 1938 emigriert K. in die USA und gründet dort einen Kindergarten für Emigrantenkinder. 1947 eröffnet sie *The New Kaliski Country Day School* für lernbehinderte Kinder. uw

Kantorowicz, Alfred, Essayist, Publizist. 12.8.1899 Berlin – 27.3.1979 Hamburg. Studium der Rechtswissenschaft und Literaturgeschichte. 1924–27 literarische Tätigkeit in Bielefeld und Mannheim, 1927–29 Mitarbeiter der *Vossischen Zeitung*, der *Neuen Rundschau* und der *Frankfurter Zeitung*. 1931 Eintritt in die KPD, 1933 Emigration nach Frankreich. In Paris wird K. Generalsekretär des SDS und Begründer der *Deutschen Freiheitsbibliothek*. 1936–38 Freiwilliger im Spanischen Bürgerkrieg. Von Frankreich aus wandert K. 1941 in die USA aus. 1946 Rückkehr nach Berlin/Ost, wo er als Germanistikprof. an der HU lehrt. 1957 Übersiedlung in die Bundesrepublik.
Verboten und verbrannt. Deutsche Literatur, 12 Jahre unterdrückt, 1947; Spanisches Tagebuch, 1948, Politik und Literatur im Exil, 1978. js

Kantorowicz, Gertrud (Pseud. Gertrud Pauly), Kunsthistorikerin, Dichterin. 9.10.1876 Posen – 19.4.1945 Ghetto Theresienstadt. Studium in Berlin und München, Promotion in Zürich mit der Arbeit *Über den Meister des Emmausbildes in San Salvatore in Venedig* (1904). Befreundet mit E. ▶ Landmann und Stefan George, der 1900 Gedichte von ihr in den *Blättern für die Kunst* veröffentlicht. Neben M. ▶ Susmann lernt K. 1903 auch G. ▶ Simmel kennen, mit dem sie eine Tochter hat. Nach Simmels Tod gibt sie seine *Fragmente und Aufsätze aus dem Nachlaß* (1923) heraus. Sie übersetzt Henri Bergson und Sonette von Michelangelo ins Dt. Nach einem gescheiterten Fluchtversuch in die Schweiz wird K. nach Theresienstadt deportiert, wo sie noch kurz vor ihrem Tod Gedichte verfasst (*Verse aus Theresienstadt*, 1948). Ihr Hauptwerk *Vom Wesen der griechischen Kunst* erscheint posthum 1961. js

Kantorowsky, George, Rabbiner. 24.8.1883 Loslau/Oberschlesien – 31.8.1972 San Francisco. Nach dem Studium am Rabbiner Seminar in Beslau ist K. 1912–17 als liberaler Rabbiner in Bernburg/Anhalt und 1917–40 als Rabbiner der *Jüd. Brüdergemeinde* Berlin-Neukölln tätig. 1940 emigriert K. nach Shanghai, wo er bis 1949 als Rabbiner der Dt.-jüd. Gemeinde wirkt. 1949 geht er in die USA und wird dort zum Mitbegründer der Gemeinde *Bne Emunah* in San Francisco, in der K. bis 1964 als Rabbiner tätig ist. cg/dr

Kareski, Georg, Industrieller, Politiker. 21.10.1871 Posen – 2.8.1947 Ramat Gan/Palästina. Verheiratet mit Selma Stahl. Gymnasium und kaufmännische Lehre in Posen, Gründer und langjähriger Vorsitzender des Arbeitgeberverbandes der Getränkeindustrie, 1927 Gründer und Direktor der Jüd. Genossenschaftsbank *Iwria* in Berlin. 1919 Mitbegründer der Jüd. Volkspartei, 1928 Wahl in die RV der JGB, 1928–30 deren Vorsitzender und 1929–37 Vorstandsmitglied. 1929 gemeinsame Palästinareise mit Sonja und S. ▶ Gronemann. K. steht der Revisionistischen Bewegung nahe, versucht mit Hilfe nationalsozialistischer Stellen den Gemeindevorsitz zu erlangen, fordert den Ausschluss ‚linker' Elemente und befürwortete die ‚Rassentrennung' zwischen Deutschen und Juden. 1937 nach dem Konkurs der *Iwria-Bank* Emigration nach Palästina, dort wegen Aufwiegelung zum Mord, Bestechung und Denunziation bei NS-Behörden öffentlich angegriffen. jos

Karminski, Hannah (Minna Johanna), Sozialarbeiterin, Pädagogin. 26.4.1897 Berlin – 1942 KZ Auschwitz. Ausbildung zur Kindergärtnerin. Studium am Sozialpädagogischen Institut in Hamburg. 1924 Mitglied des *Jüd. Frauenbundes*, engste Freundin Bertha Pappenheims. Setzt sich für die Berufstätigkeit und Gleichstellung jüd. Mädchen und Frauen ein. Geschäftsführerin und Hg. der *Blätter des Jüdischen Frauenbundes*. Ab 1935 für die Jüd. Winterhilfe tätig. Deportation am 9.12.1942. kq

Karpeles, Gustav, Literaturhistoriker, Schriftsteller. 11.11.1848 Eiwanowitz/Mähren – 21.7.1909 Bad Nauheim. Nach Studium am JTS und an der Univ. Breslau, geht K. 1870 nach Berlin. Dort redigiert er die *Jüdischen Presse*, ab 1890 bis zu seinem Tod die *Allgemeine Zeitung des Judentums* und wirkt als Redakteur an verschiedenen Zeitungen mit. 1893 gründet K. den *Verband für Vereine für jüdische Geschichte und Literatur*. Bekannt wird er durch seine grundlegenden H. ▶ Heine- und L. ▶ Börne-Forschungen sowie durch die populäre *Geschichte der jüdischen Literatur* (2 Bde, 1886). nr

Karsen, Fritz (d.i. Fritz Krakauer), Reformpädagoge. 11.11.1885 Breslau – 25.8.1951 Guayaquil/Ecuador. K.s Vater veranlasst 1900 Taufe und Namensänderung. Der Schulreformer und Sozialdemokrat trifft in Neukölln auf Mitstreiter wie K. ▶ Löwenstein. 1920 Leiter der Staatlichen Bildungsanstalt Lichterfelde. Ab 1921 ist K. Oberstudiendirektor am Kaiser-Friedrich-Realgymnasium, welches 1930 in Karl-Marx-Schule umbenannt wird. Er legt seiner Tätigkeit das Konzept von der *Schule der werdenden Gesellschaft* (1921) zugrunde. 1933 wird er entlassen. K. emigriert über die Schweiz, nach Frankreich und Kolumbien und lebt seit 1938 in den USA. Es folgen Tätigkeiten als Instrukteur für Pädagogik. 1948 Mitarbeiter der amerikanischen Militärregierung in Berlin und Associated Prof. für Pädagogik in New York. 1951 ist er im Auftrag der UNESCO in Ecuador. ul

Kaskel, Walter, Jurist. 2.2.1882 Berlin – 9.10.1928 Berlin. Nach Tätigkeiten im Arbeitsgericht Mitte und im Reichsversicherungsamt, arbeitet K. von 1916–19 als unbesoldeter Stadtrat in Schöneberg. 1920 wird er als erster Prof. für Arbeitsrecht berufen. K. gilt als Begründer dieser Fachrichtung und definiert z.B. die Begriffe *Arbeits-* und *Wirtschaftsrecht* sowie *Unternehmer* und *Arbeitgeber*. Er veröffentlicht das erste Lehrbuch zur Thematik und gibt u.a. die *Monatsschrift für Arbeiter- und Angestelltenversicherung* und seit 1921 die *Neue Zeitschrift für Arbeitsrecht* heraus. K. hat großen Einfluß auf die Arbeitsgesetzgebung und Rechtsprechung der Weimarer Republik. 1947 wird eine Straße in Lichtenberg nach ihm benannt.
Arbeitsrecht, 1925. cm

Kaspar Hauser ▶ Tucholsky, Kurt.

Kastan, Isidor, Journalist, Schriftsteller. 24.11.1840 Kempen/Posen – 14.10.1931 Berlin. K. wirkt zunächst als Badearzt in Ems, seit 1873 ist er Redakteur für Innenpolitik beim *Berliner Tageblatt*, wo er die Politik Bismarcks von einem demokratisch-libe-

ralen Standpunkt aus kritisiert. K. ist Mitglied der Bibliothekskommission der JGB. Außer politischen, naturwissenschaftlichen und literatischen Aufsätzen und Essays veröffentlicht K. Erinnerungen aus dem alten Berlin.
📖 Berlin wie es war, 1919; Kastans lustiges Panoptikum, 1924. js

Katz, Elias, Sportler. 1901 Finnland – 1947 Al Mugahzi Camp/Palästina. K. tritt 19-jährig in den Maccabi Sport Club in Turku ein. Bei den Olympischen Spielen 1924 gewinnt er mit der finnischen Mannschaft Gold im 3 000 m Mannschafts- und Silber im 3 000 m Hindernislaufen. 1925 wechselt er auf Betreiben von J. ▶ Hirsch zum *Bar Kochba* Berlin und erhält eine Anstellung in einem Berliner Warenhaus. Durch ihn gelingt es dem Verein weitere starke Läufer an sich zu binden und in den folgenden Jahren in die A-Klasse des Berliner Laufverbands aufzusteigen. 1926 läuft K. dt. Rekord über 5 000 m, den er 1927 erneut unterbietet und einen weiteren über 3 000 m aufstellt. 1933 Emigration nach Palästina. Trainer und Manager der Maccabi Organisation in Tel Aviv. Im Dez. 1947 ist er als Filmvorführer im Al Mugahzi Camp, wo er bei einem Angriff von Arabern getötet wird. hg

Katzenellenbogen, Ludwig, Industrieller. 21.2.1877 Krotoschin/Posen – 30.5.1944 KZ Sachsenhausen. Nach Besuch des Gymnasiums Krotoschin tritt K. in den Familienbetrieb ein. 1903 wird er dessen Alleininhaber. Gründer und bis 1931 Generaldirektor der *Ostwerke AG*. Nach Fusion des Familienbetriebes zur Interessengemeinschaft *Ostwerke-Schultheiss-Patzenhofer GmbH* Berlin ist er dort Hauptgeschäftsführer. 1930 Heirat mit T. ▶ Durieux. Emigriert 1933 in die Schweiz und geht 1941 nach Griechenland. Verhaftung in Saloniki und anschließende Deportation in das KZ Sachsenhausen. sn

Katzenstein, Simon, Journalist, Politiker. 1.1.1868 Gießen – 28.3.1945 Solna/Schweden. Nach seinem Studium arbeitet K. bei mehreren Zeitungen als Redakteur, u.a. für den *Vorwärts*. Ab 1889 ist er SPD-Mitglied und 1915–18 Stadtverordneter, ab 1925 Bezirksverordneter in Charlottenburg. 1919/20 ist K. Mitglied der Nationalversammlung. Zusammen mit H. ▶ Preuß arbeitet er an der Weimarer Verfassung. Er setzt sich politisch und journalistisch mit dem Alkoholismus auseinander. 1933 emigriert er zunächst in das Saarland, 1935 nach Schweden. Im Exil ist er weiterhin publizistisch tätig.
📖 Anarchismus und Arbeiterbewegung, 1908. pj/ht

Kaufmann, Erich, Jurist. 21.9.1880 Demmin/Pommern – 5.11.1972 Karlsruhe. Seit 1898 Studium der Literatur, der Philosophie und des Rechts u.a. in Berlin (bei Otto von Gierke), Heidelberg und Freiburg. K. habilitiert sich 1908 in Kiel unter Albert Hänel. Seine Schrift zum *Wesen des Völkerrechts* (1911) wird kontrovers diskutiert. 1913 erhält er einen Ruf nach Königsberg. Als Frontkämpfer im I. WK verwundet, wird K. 1917 Prof. in Berlin, wechselt 1920 nach Bonn, um 1922 als Rechtsberater des Auswärtigen Amtes und als Prozessvertreter des Deutschen Reiches nach Berlin zurückzukehren. Er ist u.a. am Oberschlesien-Abkommen beteiligt und vertritt die dt. Interessen vor dem Haager Gerichtshof. Nach 1933 seinen Funktionen enthoben, setzt er seine Honorarprofessorentätigkeit privat in seinem Haus als ‚Nikolasseer Seminar' fort. Er veröffentlicht im Ausland, so erscheinen z.B. 1936 die *Règles générales du Droit de la Paix*. 1939 emigriert er mit seiner Frau in die Niederlande, wo er versteckt überlebt. 1946 geht er als Prof. und späterer Dekan an die Univ. München. 1950–58 ist K. als Rechtsberater des Bundeskanzlers und des Auswärtigen Amtes tätig und hält Lehrveranstaltungen in Bonn. Bis 1963 ist er Kanzler des Ordens *Pour le mérite*.
📖 Kritik der neukantischen Rechtsphilosophie, 1921; GS, 1960. cm

Kaufmann, Fritz Mordechai, Kulturhistoriker, Publizist. 13.12.1888 Eschweiler – 2.3.1921 Berlin. K. studiert zunächst Medizin und Geschichte und schließt sich in Leipzig einer zionistischen Studentenorganisation an. Er kommt so in Kontakt mit Ostjuden, deren Kultur ihn fasziniert. Er publiziert ab 1912. Unter dem Einfluss von Nathan Birnbaum wendet er sich von der zionistischen Bewegung ab und gründet 1913 die Zeitschrift *Die Freistatt*, Untertitel *Alljüdische Revue*, die für das Erstarken der *Jüdischkeit* auch in der Diaspora und für das Verständnis jüd. Probleme unter den assimilierten dt. Juden wirken will. Sie erscheint bis K. 1914 als Soldat eingezogen wird. K. schreibt 1919 *Vier Essays über ostjüdische Dichtung* und *Die schönsten Lieder der Ostjuden*. K. ist in der Weimarer Zeit Generalsekretär des Arbeiterfürsorgeamts der jüd. Organisationen Dtls in Berlin. 1921 nimmt er sich das Leben. Eine begonnene Übersetzung von Mendele Moicher Sforims Schriften bleibt unvollendet.
📖 GS, 1923. sb

Kaufmann, Oskar, Architekt. 2.2.1873 Neu St. Anna – 7.9.1956 Budapest. Studium an der TH Karlsruhe. Ab 1901 ist K. in Berlin tätig und

macht sich 1905 selbständig. 1909–23 entwirft er Villen unterschiedlicher Stilrichtungen, so z.B. für die Familien Epstein, Lewinski, Konschewski und Norden. K. spezialisiert sich darüber hinaus auf Theaterbauten und wird zu einem der international renommiertesten Theaterbaumeister. Er realisiert das *Hebbeltheater* (1906–08), die *Volksbühne* (1910–16), das *Lichtspieltheater Cines* am Nollendorfplatz (1912) sowie das *Theater am Kurfürstendamm* (1921). Es folgen der Umbau der *Krollschen Oper* in die Staatsoper (1924), des *Sportpalastes* (1925) und des *Renaissancetheaters* (1926/27). 1933 erhält K. Berufsverbot und emigriert über die Schweiz nach Palästina. Dort baut er u.a. das *Habimah-Theater* in Tel Aviv sowie mehrere Lichtspielhäuser. 1941 geht er nach Budapest und ist dort beim Entwurfsbüro für Städtebau beschäftigt.
From Reality to Planning. The Work of R. K., 1947. nv

Kaul, Karl Friedrich, Rechtswanwalt, Schriftsteller. 21.2.1906 Posen – 16.4.1981 Berlin. Jurastudium in Berlin und Heidelberg, 1931 Promotion, 1932 Eintritt in die KPD. 1933 wird K. aus dem Justizdienst entlassen, 1935 von der Gestapo verhaftet und in die KZs Lichtenburg und Dachau gebracht. 1937 erfolgt die Emigration nach Kolumbien. Im Sep. 1945 kehrt K. nach Dtl zurück, wird SED-Mitglied und ist als RA tätig, so u.a. als Nebenkläger in den Frankfurter Auschwitzprozessen und dem Düsseldorfer Treblinka-Prozess. 1965 Lehrbeauftragter und Direktor für zeitgenössische Rechtsgeschichte an der HU Berlin. Daneben ist er Autor von Kriminalromanen, Tatsachenberichten, Hör- und Fernsehspielen, Moderator der Fernsehsendung *Prof. Dr. Kaul antwortet*.
Der Pitaval der Weimarer Republik, 2 Bde, 1953/61; Der Fall des Herschel Grynszpan, 1965. id

Kayser, Rudolf, Literaturhistoriker, Schriftsteller, Dramaturg. 28.11.1889 Parchim/Mecklenburg – 6.2.1964 New York. Nach seinem Studium in Berlin, München und Würzburg promoviert der Schwiegersohn von A. ▶ Einstein 1914 an der Univ. Würzburg. Anschließend in Berlin an der Siemens-Oberrealschule, der Städtischen Volkshochschule und der Lessing-Hochschule bis 1917 als Lehrer tätig. Wird 1919 Lektor beim S. ▶ Fischer Verlag in Berlin. 1922–33 Hg. und Redakteur der *Neuen Rundschau*. Darüber hinaus Dramaturg für die *Volksbühne*, Mitarbeiter der *Neuen jüdischen Monatshefte* sowie des *Berliner Tageblatts*. Nach seiner Entlassung 1933, Emigration in die Niederlande. Dort als Berater für den Sythoff Verlag beschäftigt 1935 Auswanderung in die USA. 1936–51 Dozent für Literaturwissenschaft am Hunter College in New York. Ab 1951 Prof. für dt. und europäische Literatur an der Brandeis-Univ. in Waltham/Mass.
Moses Tod, 1921; Die Zeit ohne Mythos, 1923; Stendhal: Das Leben eines Egoisten, 1928. sn

Keller ▶ Lukács, Georg.

Kempinski, Berthold, Gastronom. 10.10.1843 Raschkow/Posen – 14.3.1910 Berlin. Nach dem Ausscheiden aus dem brüderlichen Weinhandel in Breslau, kommt K. 1872 nach Berlin und eröffnet eine Weinhandlung mit angeschlossener Probierstube. Zentral gelegen erfreut sich das Geschäft regen Besuchs, so dass auch bald Speisen zu moderaten Preisen bei bester Qualität angeboten werden. 1889 wird das neue vier geschossige Stammhaus in der Leipziger Straße eröffnet. Nach 1900 zieht sich K. nach und nach aus der Geschäftsleitung zurück und überläßt diese dem Schwiegersohn Richard Unger und dem Neffen Hans Kempinski. Sie eröffnen 1926 das *Kempinski* am Kurfürstendamm.
Pracht, E.: M. Kempinski & Co, 1994. cm

Berthold Kempinski

Kempner, Alfred ▶ Kerr, Alfred.

Kempner, Paul, Jurist. 30.12.1883 Berlin – 12.4.1956 New York. Studium in Freiburg, Heidelberg und Berlin. 1919 Eintritt in die Privatbank

Mendelssohn & Co, ab 1922 Teilhaber und nach der Bankliquidierung persönlich haftender Gesellschafter. Vertreter Dtls im Finanzausschuß des Völkerbunds. Vorstandsmitglied mehrerer Organisationen, u.a. der DDP. 1939 Emigration in die USA. cm

Kempner, Robert Maximilian Wasili, Jurist. 18.10.1899 Freiburg/Breisgau – 15.8.1993 Königstein im Taunus. Sohn von L. ▶ Rabinowitsch-Kempner. Nach dem Studium in Berlin, Freiburg und Breslau, schreibt K. über juristische Fragen in Berliner Tageszeitungen, u.a. in der *Vossischen Zeitung.* Parallel als Dozent, Staatsanwalt und Richter tätig, wechselt er 1928 als Justitiar in die Polizeiabteilung des Preußischen Innenministeriums. 1931 fordert er, die NSDAP aufzulösen und Hitler auszuweisen. K. selbst ist Mitglied der SPD, des Reichsbanners und des Republikanischen Richterbunds (F. ▶ Wittelshöfer). 1933 entlassen, emigriert er 1935 nach Gestapohaft über Italien und Frankreich in die USA, wo er 1939 ankommt. Zunächst als Dozent an der Univ. in Philadelphia und Publizist, z.B. für den *Aufbau,* tätig, wird K. ab 1941 Sonderberater u.a. für den OSS. 1945–49 gehört er der US-Anklagebehörde beim Internationalen Militärgericht in Nürnberg an und ist im ‚Wilhelmstraßenprozess' auch Hauptankläger. 1951 läßt sich K. als RA in Frankfurt/M. nieder und gilt als Experte für die Strafverfolgung von NS-Verbrechen und für Restitutionsfragen. In Berlin erinnert ein Ehrengrab auf dem Parkfriedhof Lichterfelde an K., im Herbst 2003 wird eine Straße in Dahlem nach ihm benannt.
▯ Justizdämmerung, 1932; Das Urteil im Wilhelmstraßeprozeß, 1950; Ankläger einer Epoche, 1983.
▤ Schneider, T.: R. M. W. K., 1987. cm

Kent ▶ Harden, Maximilian.

Kerr, Alfred (d.i. Alfred Kempner), Publizist, Theaterkritiker. 25.12.1867 Breslau – 12.10.1948 Hamburg. Studium der dt. Philologie in Breslau, Berlin und Halle, 1894 Promotion. K. avanciert 1909–19 zu einem der bekanntesten Theaterkritiker in Berlin. Er schreibt für zahlreiche Zeitschriften (*The Nation, Magazin für Literatur, Die Neue Rundschau, Frankfurter Zeitung, Tag, Berliner Tageblatt*). K. versucht, Kritik als Kunstform zu etablieren, ist aber auch Autor von Gedichten und Reiseberichten. Neben P. ▶ Cassirer Mitbegründer der Zeitschrift *Pan* (1910). K. ist überzeugter Republikaner und gehört dem Kreis deutschnational gesinnter Juden an. Am Ende der Weimarer Republik betätigt er sich zunehmend als politischer Autor. Seine Werke werden jedoch von Antisemiten und Völkisch-Nationalen als ‚undeutsch' diffamiert. Feb. 1933 Emigration in die Schweiz. Bei der Bücherverbrennung in Berlin im Mai 1933 werden auch seine Werke vernichtet. 1934 Mitglied des *Komitees der dt. Freiheitsbibliothek,* 1936 Emigration nach Großbritannien, 1938 Gründungsmitglied des *Freien Dt. Kulturbundes* in London, 1939–47 Vorsitzender des dt. P.E.N.-Clubs London. K. ist kein praktizierender Jude, widmet sich aber auch jüd. Themen, mit denen er sich im Exil noch intensiver befasst. Befürworter der Reedukation der Deutschen nach dem II. WK durch die Siegermächte. Nach dem Krieg Versuch, ein P.E.N.-Zentrum in Dtl wieder aufzubauen. Schwer erkrankt setzt er seinem Leben auf einer Deutschlandreise ein Ende.
▯ Was wird aus Deutschlands Theater?, 1932; Wo liegt Berlin? Briefe aus der Reichshauptstadt, 1997; „Warum fließt der Rhein nicht durch Berlin?", 2001.
▤ A. K. Lesebuch zu Leben und Werk, 1999; Haarmann, H.: A. K., 1987. mk/as

Alfred Kerr

Kesten, Hermann, Schriftsteller. 28.1.1900 Podwoloczyska/Galizien – 3.5.1996 Basel. Wächst K. ab 1904 in Nürnberg auf. Studium der Germanistik, Geschichte und Philosophie an den Univ. Er-

langen und Frankfurt/M. 1928 Umzug nach Berlin, wo er als Lektor im Verlag *Kiepenheuer* arbeitet und erste literarische Erfolge hat *(Josef sucht die Freiheit*, 1928). 1933 wandert K. nach Frankreich aus, lebt in Paris, Nizza und Amsterdam. 1939 Internierung als ‚feindlicher Ausländer'. K. ist u.a. befreundet mit Erich Kästner, J. ▶ Roth und Heinrich Mann. 1940 gelingt K. die Flucht in die USA. Aus dem Exil heraus beteiligt er sich weiter am dt. Literaturgeschehen als jüd. Schriftsteller dt. Sprache. 1952–77 lebt K. in Rom. 1972–76 Präsident des P.E.N. der Bundesrepublik. 1974 wird ihm der Georg-Büchner-Preis verliehen. 1977 Umsiedelung nach Basel.
📖 Die Kinder von Gernika, 1939; AW, 20 Bde, 1980–84. jg

Kestenberg, Leo, Musikpädagoge. 27.11.1882 Rosenberg/Böhmen – 13.1.1962 Tel Aviv. Nach dem Musikstudium arbeitet K. als Lehrer an privaten Konservatorien in Berlin. Seit 1918 ist er künstlerischer Beirat und Referent für musikalische Angelegenheiten beim Preußischen Kulturministerium und seit 1921 Prof. an der Hochschule für Musik in Berlin. 1933 emigriert er nach Israel und leitet dort das *Palestine-Orchestra*.
📖 Musikerziehung und Musikpflege, 1921; Bewegte Zeiten, 1961.
📄 Batel, G.: Musikerziehung und Musikpflege. L. K., 1989. jl

Kipnis, Alexander, Opernsänger. 1.2.1891 Zhitomir/Russland – 14.5.1978 Westport/USA. 1912–16 Musik- und Gesangsstudium in Warschau und Berlin. Während des I. WK Internierung in Berlin. 1916 Debüt als Opernsänger in Hamburg und Wiesbaden. 1919–30 erster Bass an der Dt. Oper in Charlottenburg. 1932–35 ist K. an der Staatsoper unter den Linden tätig. 1927–33 Engagement bei den Bayreuther Festspielen. 1935 Emigration nach Österreich, 1938 in die USA. 1940–46 Mitglied der Metropolitan Opera in New York. K. ist neben dem Opernfach auch ein berühmter Lied- und Oratoriensänger. jg

Kirmsse, Etta ▶ Federn, Etta.

Kirschner, Bruno, Publizist. Mai 1884 Berlin – 13.4.1964 Jerusalem. Studiert Philosophie und Orientalistik in Heidelberg, promoviert 1906 und wird 1907 Präsident des KJV. Nach dem Rabbinerexamen an der LWdJ (1908) studiert er Volkswirtschaft und arbeitet als Geschäftsführer in verschiedenen Verbänden. In den 1920er Jahren gibt K. mehrere zionistische Zeitungen heraus, ist Mitbegründer der *Soncino*-Gesellschaft (1924), Mithg. des *Jüdischen Lexikons* und Mitarbeiter der *Jüdischen Rundschau*. Nach seiner Emigration nach Palästina (1937) ist er Mithg. der *Encyclopedia Ivrit* und Mitbegründer des LBI. nr

Egon Erwin Kisch

Kisch, Egon Erwin, Journalist. 29.4.1885 Prag – 31.3.1948 Prag. Seit 1905 beim *Prager Tageblatt*, dann Reporter bei der *Bohemia*. Im I. WK Soldat, dann Führer der Roten Garde in Wien. 1919 Eintritt in die KPÖ. Wird aus Wien ausgewiesen, geht von dort nach Berlin, wo er 1919–33 als freier Schriftsteller lebt. Nach einer Inhaftierung durch die Gestapo verläßt K. 1933 Berlin. Flucht nach Paris, Teilnahme als Freiwilliger am Spanischen Bürgerkrieg, 1939 Emigration nach Mexiko, 1946 Rückkehr nach Prag. Die zahlreichen Reportagebände (u.a. *Der rasende Reporter*, 1925; *Entdeckungen in Mexiko*, 1945) zeigen K. als parteilichen Reporter mit einem Spürsinn für brisante und aktuelle Themen. K.s *Geschichten aus sieben Ghettos* (1934) haben zum Verständnis der Situation der Juden in der Zeit des NS beigetragen.
📖 GW, 12 Bde, 1992.
📄 Patka, M. G.: Der rasende Reporter E. E. K., 1998. js

Klarwein, Joseph, Architekt. 6.2.1893 Warschau – 9.9.1970 Jerusalem. Studium in München und Berlin. 1922–33 im Büro von Fritz Höger mit verschiedenen Projekten betraut u.a. den Berliner Fabriken Scherk (1926) und Schwarzkopf (1928–30), der Kirche am Hohenzollerndamm (1930–33) und der Zigarettenfabrik ▶ *Garbaty*. 1933 wandert K. nach Palästina aus. Entwirft gemeinsam mit H. ▶ Rau und Richard Kauffmann die Pläne für den Bau der Jerusalemer Univ. Wettbewerbssieger der Entwürfe für den Bau der Knesset. nv

Klatzkin, Jacob, Philosoph, Zionist. 10.3.1882 Kartuszkaja Bereza/Russland – 28.3.1948 New York. Sohn des ‚Lubliner Raw' Elijah K., studiert Philosophie u.a. bei H. ▶ Cohen in Marburg, orientiert sich später an Baruch Spinoza, dessen *Ethik* er 1924 ins Hebräische übersetzt. In den folgenden Jahren schreibt K. für hebräischsprachige Zeitschriften wie *Ha-Zeman*, *Ha-Shilo'ah* und *Ha-Tekufah*. 1909–11 ist er Schriftleiter für *Die Welt*. Seine zionistischen Positionen legt K. in den Schriften *Probleme des modernen Judentums* (1918) und *Krisis und Entscheidung* (1921) dar. Bleibende Verdienste um die neuhebräische Philosophie erwirbt sich K. durch seinen *Thesaurus Philosophicus Linguae Hebraicae* (1928–33; Neuaufl. 1968) und die auf 15 Bde angelegte *Encyclopaedia Judaica* (10 dt. Bde, 1928–34; 2 hebr. Bde, 1929; 1932), die nach der Machtübernahme der NS ihr Erscheinen einstellen muss. Emigration über die Schweiz in die USA. Die akademische Anerkennung in Israel bleibt ihm versagt. js

Klausner, Julius, Unternehmer. 10.3.1874 Tarnow/Galizien – 8.9.1950 Buenos Aires. 1889 kommt K. nach Berlin und arbeitet zunächst in der Eierhandlung seines Onkels Hermann Leiser. Mit einem Kredit des Onkels baut K. einen Schuhgroßhandel in der Oranienstraße auf. Das Unternehmen steht jedoch bald vor dem Konkurs, da die Zwischenhändler, die auf Kommissionsbasis die Schule verkaufen, die Provision nicht an K. weiterleiten. Um den Bankrott abzuwehren, entschließt sich K. selbst die Schuhe zu verkaufen und nach amerikanischem Prinzip zeichnet er diese mit einem festen Preis aus. Bereits nach kurzer Zeit wird der Verkaufsraum in Kreuzberg zu klein und K. eröffnet weitere Filialen. Er firmiert unter *Schuhhaus Leiser*, aus Dankbarkeit gegenüber seinem Onkel und künftigen Schwiegervater, denn er heiratet 1899 seine Cousine Dora. 1906 eröffnet K. gegenüber dem KaDeWe Berlins erstes großes Schuhhaus. Es entstehen weitere 23 Filialen in Berlin und sieben *Leiser*-Schuhgeschäfte im Ausland. Um der Enteignung zu entgehen verkauft K. 1935 einen Großteil der Firmenanteile an Dietrich Bahner, Sohn des befreundeten Schuhfabrikanten (ELBEO) und seit 1933 sein Juniorpartner. K. flüchtet vor einer drohenden Verhaftung über die Schweiz nach Argentinien. Nach dem Krieg erhält er 50% der Firmenanteile zurück, die nach seinem Tod jedoch an Bahner verkauft werden, dieser behält den Firmennamen *Leiser* bei und expandiert deutschlandweit mit annähernd 200 Filialen. evk

Klee, Alfred, Rechtsanwalt, Zionist. 25.1.1875 Berlin – 10.11.1943 KZ Westerbork. K. schließt sich früh der zionistischen Bewegung an, ist Delegierter auf vielen Kongressen und seit 1899 Mitglied im Großen Aktions-Comité. K. gilt als glänzender Redner und gehört zum engeren Freundeskreis von Theodor Herzl, Max Nordau und David Wolffsohn. Er ist Mitglied der RV der JGB, Stellvertretender Vorsitzender des Preußischen Landesverbandes jüd. Gemeinden und wird 1927 in den Verwaltungsrat der JCA entsandt. 1933 Ratsmitglied der RVdJ. 1938 flieht K. in die Niederlande js

Klein, Alexander, Architekt. 17.6.1879 Odessa – 15.11.1961 New York. K. studiert Architektur und Stadtplanung an der TH in St. Petersburg, geht 1920 nach Berlin und macht sich dort selbständig. 1923 entwirft er die klassizistische Villa Davidsohn. Weitere Villen in Dahlem, die Beteiligung an der Gagfah-Versuchssiedlung in Zehlendorf sowie die Großsiedlung für die Leuna-Werke in Bad Dürheim (1929) folgen. 1935 wandert K. nach Palästina aus und lehrt dort fortan an der TH in Haifa.
📖 Das Einfamilienhaus – Südtyp, 1934. nv

Klein, James, Revueproduzent, Schauspieler. 22.8.1884 Berlin – 1943 KZ Auschwitz. Seine Laufbahn in der Berliner Musikszene beginnt 1908 mit der Übernahme des *Walhallatheaters*. 1914 leitet K. das *Apollotheater*, ab 1921 Direktor, Produzent und Ausstatter spektakulärer Nacktrevuen. Wiederholte Konkurse halten ihn nicht von neuen Projekten ab. K. inszeniert auch an der *Komischen Oper*. Er flieht 1933 nach Frankreich, wird 1943 von der Gestapo in Nizza verhaftet und deportiert. jl

Klein, Melanie, Psychoanalytikerin. 30.3.1882 Wien – 22.9.1960 London. K. beschäftigt sich mit frühkindlicher Persönlichkeitsentwicklung und entwickelt eine Spieltherapie, in der sie jedes Agieren als eine Symbolhandlung auffasst und diese Symbole deutet und erklärt. 1921 kommt sie nach Berlin und

wird als Psychoanalytikerin tätig. Dort stößt ihre Arbeit zunehmend auf Kritik. 1926 kann K. nach London wechseln, wo die *Britische Psychoanalytische Gesellschaft* durch ihre Arbeit ihr Profil erhält. 1927 wird ihre Position durch die Konkurrenz zu A. Freud überschattet. K. gründet die Tavistock-Klinik
Die Psychoanalyse des Kindes, 1934 (engl. Ausgabe 1932).
Grosskurth, P.: M. K. Ihr Leben und ihr Werk, 1991. ul

Otto Klemperer

Klemperer, Otto, Dirigent, Komponist. 14.5.1885 Breslau – 6.7.1973 Zürich. K. studiert Musik in Frankfurt/M. und in Berlin. 1907–10 Kapellmeister in Prag, wechselt 1912 an die Oper in Hamburg. Die Berufung an die Berliner Kroll-Oper (1927) markiert einen Höhepunkt in K.s Laufbahn, der sich um die Aufführung zeitgenössischer Kompositionen bemüht. 1929 gründet K. den Philharmonie-Chor Berlin und arbeitet bis zu seiner Entlassung 1933 an der Staatsoper. Die NS-Presse entfacht eine Hetzkampagne gegen seine Aufführung von R. Wagners *Tannhäuser.* Kurz darauf geht er in die USA. Nach langjähriger Tätigkeit als Dirigent am Philharmonischen Orchester in Los Angeles, mit vielen internationalen Gastspielen, kehrt K. 1947 nach Europa zurück. Hier steigt er zum bedeutendsten Konzertdirigenten der Nachkriegszeit auf. K. erwirbt die israelische Staatsbürgerschaft, lebt aber in der Schweiz.
Meine Erinnerungen an Gustav Mahler, 1960; Anwalt guter Musik, 1993.
Heyworth, P.: O. K., 1988. jl

Klemperer, Victor, Romanist, Philologe. 9.10.1881 Landsberg/Warthe – 11.2.1960 Dresden. Sohn des Rabbiners Wilhelm ▶ K. Studiert ab 1902 mit Unterbrechungen Germanistik und Romanistik in München, Genf, Paris und Berlin. Seit 1906 mit der Pianistin Eva Schlemmer (1882–1951) verheiratet. 1913 Promotion, 1914 Habilitation mit einer Arbeit über Montesquieu. Nach der Teilnahme am I. WK als Kriegsfreiwilliger siedelt er 1919 nach München über und ist dort a.o. Prof. 1920–35 ist er als Prof. an der TH Dresden tätig. Nach der zwangsweisen Versetzung in den Ruhestand werden er und seine Frau 1940 aus ihrem Haus in Dölzschen vertrieben und in so genannte Judenhäuser eingewiesen, K. muss Zwangsarbeit leisten. 1945 wird er in die Prof. an der TH Dresden wiedereingesetzt und tritt in die KPD ein. Es folgen zwischen 1947 und 1960 Prof. an den Univ. Greifswald, Halle und Berlin. 1950 wird K. Mitglied der Volkskammer der DDR, 1953 der AdW in Berlin. Er erhält zahlreiche Auszeichnungen, u.a. den Nationalpreis der DDR. 1952 heiratet er Hadwig Kirchner.
LTI – Notizbuch eines Philologen, 1947; Curriculum vitae. Erinnerungen eines Philologen 1881–1918, 1989; Tagebücher, 3 Bde, 1995–99.
Nowojski, W.: V. K., 2004; V. K. Werk. Texte und Materialien für den Lehrer, 2001; Jacobs, P.: V. K. Im Kern ein deutsches Gewächs, 2000. id

Klemperer, Wilhelm, Rabbiner. 30.3.1839 Prag – 12.2.1912 Berlin. K. besucht 1855 das JTS in Breslau, ist dort ab 1858 auch an der Univ. immatrikuliert. 1861 an der Univ. in Leipzig promoviert, schließt er 1863 in Breslau mit dem Rabbinatsdiplom seine Ausbildung ab. Als Rabbiner 1864 in Lansdsberg a. d. Warthe, 1885 in Bromberg, ab 1891 in Berlin tätig. Zweiter Prediger der Reformgemeinde in Berlin. Vater von Georg, Felix und Victor ▶ K. id

Kley, Eduard Israel, Prediger, Pädagoge. 10.6.1789 Bernstadt/Schlesien – 4.10.1867 Hamburg. 1809–17 hat K. eine Anstellung als Hauslehrer in Berlin, bis 1815 bei J. H. ▶ Beer. Studium und Promotion an der Univ. Berlin. 1817 ist er gelegentlich Prediger im Berliner Reformtempel. Im gleichen Jahr wird er nach Hamburg als Direktor (bis 1848) und Lehrer (bis 1856) der dortigen Jüd. Freischule berufen. Ab 1818 wirkt K. als geistiger Leiter (bis 1840) und Prediger (bis 1846) des Hamburger Reformtempels. Hier führt er vielbeachtete Gottesdienste nach dem Vorbild des Berliner Tempels mit Orgel, Chor und dt. Liturgie ein. K. gilt als der Schöpfer der jüd. Homiletik. sp/nr

Klinger, Ruth, Schauspielerin, Kabarettistin. 13.3.1906 Prag – 15.12.1989 Zürich. 1921–23 Besuch der Staatlichen Schauspielschule Prag, erstes Engagement am Prager Neuen Deutschen Theater. 1926–30 spielt K. zahlreiche Rollen in Berlin, gründet dort 1930 mit Maxim Sakaschansky das Kabarett *Der Kaftan*, die einzige jüd. Kleinkunstbühne in Dtl. 1933 Emigration nach Palästina, wo der *Kaftan* keinen großen Erfolg hat. 1943–47 Sekretärin von A. ▸ Zweig, 1947 Auslandskorrespondentin in Prag, 1953–66 Beamtin im diplomatischen Dienst des Staates Israel, 1966–71 Rabbinatssekretärin in Zürich. Ihr Nachlass befindet sich im Salomon-Ludwig-Steinheim-Institut in Duisburg. Ihre Autobiogr. *Zeugin einer Zeit. Ein Lebensbericht* (1979) wird 1992 unter dem Titel *Die Frau im Kaftan. Lebensbericht einer Schauspielerin* neu verlegt. K.s Briefwechsel mit A. Zweig ist unveröffentlicht. jos

Knepler, Georg, Musikwissenschaftler. 21.12.1906 Wien – 14.1.2003 Berlin. Ab 1926 studiert K. Klavier, Komposition und Dirigieren, später auch Musikwissenschaft in Wien. 1931 promoviert er über Brahms. 1931–33 lebt er in Berlin und arbeitet mit Bertolt Brecht und H. ▸ Eisler zusammen. K. geht wieder nach Wien und tritt 1934 der KPÖ bei. Nach kurzer Haft emigriert er nach Großbritannien, wo er seine musikgeschichtlichen Forschungen vertieft und das Emigrantentheater *Laterndl* leitet. Nachdem K. 1946 nach Wien remigrierte, siedelt er 1949 nach Berlin/O. über. 1950–59 ist K. Rektor der *Hochschule für Musik Hanns Eisler*, anschließend Prof. und Leiter des Instituts für Musikwissenschaften an der HU Berlin sowie Chefredakteur der *Beiträge zur Musikwissenschaft*. 1964 wird er o. Mitglied der AdK und der AdW. Nach seiner Emeritierung 1971 setzt K. seine Forschungstätigkeit fort.
📖 Musikgeschichte des 19. Jahrhunderts, 2 Bde, 1960; Geschichte als Weg zum Musikverständnis, 1977; Gedanken über Musik, 1980.
📄 Barck, K.-H.: Ästhetik und Urgeschichte, 1998. ht

Kobrak, Richard Julius, Jurist. 1890 Breslau – vermutlich 1944 KZ Auschwitz. 1919–27 ist K. bei der Stadtverwaltung Breslau tätig, zuletzt für das Armen- und Wohlfahrtswesen sowie für die Schulverwaltung als Obermagistratsrat verantwortlich. 1927 wechselt er in dieser Funktion nach Berlin und ist Generaldezernent für das Wohlfahrtswesen. 1935/36 ist K. Dezernent in der Hauptfinanzverwaltung. Anschließend wirkt er ehrenamtlich in der Vereinigung für ‚nichtarische Christen'. 1940 oder 1941 wird K. in das Ghetto Theresienstadt und von dort vermutlich nach Auschwitz deportiert. ht/mr

Kochmann, Martin, Angestellter. 30.10.1912 Wongrowitz/Posen – 7.9.1943 Berlin. Bis 1935 Tätigkeit als kaufmännischer Angestellter, zuletzt Lagerarbeiter. 1933 Leiter verschiedener jüd. Jugendgruppen, Eintritt in den KJVD. Gemeinsam mit seiner Frau Sala ▸ K. Mitglied der Widerstandsgruppe seines Schulfreundes H. ▸ Baum. Gemeinsam führen sie marxistische Schulungen für jüd. Jugendgruppen durch. Bis 1942 lebt K. im Untergrund, wird im Okt. aufgespürt, später in Plötzensee hingerichtet. ah

Kochmann, Sala, geb. Rosenbaum, Kindergärtnerin. 7.6.1912 Rzeszow/Posen – 18.8.1942 Berlin. 1928 lernt K. ihren Mann Martin ▸ K. kennen. 1932 Eintritt in den KJVD, Leitungsmitglied der Widerstandsgruppe um H. ▸ Baum. K. unterrichtet jüd. Jugendgruppen im Marxismus. Bis 1942 arbeitet sie im jüd. Kindergarten. Engagement in der jüd. Jugendbewegung. Beteiligung an dem Brandanschlag auf die antikommunistische Ausstellung *Das Sowjetparadies* im Mai 1942. Nach Suizidversuch erfolgt die Hinrichtung in Plötzensee. ah

Königsberger, Bernhard, Rabbiner. 20.10.1866 Kattowitz/Oberschlesien – 4.6.1927 Berlin. Nach dem Studium in der Jeschiwa in Halberstadt und am Rabbiner-Seminar in Berlin wirkt K. als orthodoxer Rabbiner ab 1895 in Pasewalk und ab 1898 in Pleschen/Posen. 1912 kehrt K. nach Berlin zurück, arbeitet für den Synagogenverein *Ahawas Schalom* und lehrt Religion an höheren Schulen. K., der literarisch und wissenschaftlich tätig ist, gibt verschiedene Zeitschriften heraus, so 1890/91 die *Monatsblätter für Vergangenheit und Gegenwart des Judentums* und 1901–04 *Jeschurun*. cg/dr

Koffka, Friedrich (Pseud. Sincerus, Florin), Jurist, Schriftsteller. 22.4.1888 Berlin – 5.11.1951 London. K., der Sohn eines Juristen und Bruder des Psychologen Kurt K. wird nach seinem Jurastudium 1921 Amtsgerichtsrat in Charlottenburg, ab 1927 arbeitet er als Hilfsrichter am Kammergericht, seit 1930 als

Kammergerichtsrat. Neben seiner Berufstätigkeit verfasst K. seit seiner Jugend expressionistische Dramen, u.a. *Kain* (1917), das 1918 in Berlin uraufgeführt wird. 1911–23 ist K. Mitarbeiter der *Blätter des Deutschen Theaters* sowie 1920–25 des *Tagebuchs*. 1933 wird er zunächst zwangsweise beurlaubt, kann dann aber als ehemaliger Frontkämpfer im Kammergericht weiterhin tätig sein. 1937 wird festgestellt, dass K. drei jüd. Großeltern hat, woraufhin er aufgrund der ‚Rassegesetze' der NS Berufsverbot erhält. 1939 emigriert er nach Großbritannien, schlägt sich zunächst als Hilfsarbeiter durch, 1942–45 arbeitet er für die *British Fund for Jewish Relief* and Rehabilitation, danach für die BBC. K. gehört zum Emigrantenkreis der Gruppe *Unabhängiger Deutscher Autoren* und verfasst Hörspiele, wie *Goethe in England* (1949 und *Onkel Toby* (1950) und schreibt für das Feuilleton der dt.sprachigen *Zeitung*.
▯ Herr Oluf, 1916. ht

Kohen, Schalom ben Jakob ha (Cohen, Hakohen), Pädagoge, Schriftsteller. 23.12.1772 Meseritz/Polen – 20.2.1845 Hamburg. Selbststudium der dt. Sprache und der neuhebräischen Literatur der Maskilim. Ab 1789/90 in Berlin, Freundschaft zu N. H. ▶ Wessely, Lehrer an der jüd. Freischule, Mitarbeiter von *HaMe'assef* (1808–12 als Hg.). Ab 1813 in London, ab 1816/17 in Hamburg. 1820–23 Hg. der *Bikkurej ha-Ittim*. 1820–36 Korrektor der hebräischen Druckerei Anton von Schmids in Wien, dann Hamburg. Schreibt hebräische Fabeln und Dramen. jvs

Kohlhaas, Etta ▶ Federn, Etta.

Kohn, Fritz Nathan ▶ Kortner, Fritz.

Koigen, David, Philosoph, Soziologe. 27.10.1879 Wachniaki/Ukraine – 7.3.1933 Berlin. Studium der Philosophie und Sozialwissenschaften in Paris, Zürich, München und Bern. Dann Schriftsteller in Dtl. Ab 1913 Prof. für Philosophie und Soziologie in Kiew. 1921 Rückkehr nach Berlin. 1925–27 Hg. der Zeitschrift *Ethos*. K. ist beeinflusst von den Ideen Max Webers, befasst sich v.a. mit der Rolle der Juden in Philosophie und Geschichte.
▯ Ideen zur Philosophie der Kultur, 1910; Der apokalyptische Reiter, 1925; Der Aufbau der sozialen Welt, 1929. jg

Kolmar, Gertrud (d.i. Gertrud Käthe Chodziesner), Dichterin. 10.12.1894 Berlin –1943 KZ Auschwitz. K. wächst in Berlin auf und absolviert eine Ausbildung zur Englisch- und Französischlehrerin. Arbeit als Sprachlehrerin und Erzieherin. 1917 erscheint auf Initiative ihres Vaters Ludwig C. ihr erster Lyrikband *Gedichte*. 1934 folgt der zweite Gedichtzyklus *Preußische Wappen*. K. bleibt in Berlin, um ihren Vater pflegen zu können. 1938 Zwangsverkauf des Hauses, Umzug in das ‚Judenhaus' Speyerer Straße. Ihre Briefe und Gedichte sind ab 1938 durch die Hinwendung zum Judentum, die Trauer um die Beraubung der geographischen und seelischen Heimat bestimmt. Ab 1940 lernt K. Hebräisch und beginnt Gedichte in ihrer ‚Vätersprache' zu verfassen. Zu Zwangsarbeit verpflichtet, wird sie vom Arbeitsplatz aus am 2.3.1943 nach Auschwitz deportiert.
▯ Die Frau und die Tiere, 1934; Gedichte, 1960; Susanne, 1993.
▤ Dicks, B.: Ich bin nur ein Ackerstrauß und halte mich selbst in den Händen. Weiblichkeitsentwürfe bei G. K., 2003; Woltmann, J.: G. K. Leben und Werk, 2001; Lindemann, K.: Widerstehen im Wort. Studien zu den Dichtungen G. K.s., 1996. us

Kopetzky, Wilhelm, Bankier. 9.5.1847 Berlin – 26.6.1924 Berlin. 1875 wird K. Direktor der *Deutschen Union-Bank*. 1876 gründet er die Kommanditgesellschaft *Kopetzky & Co*, die er selbst im Jahr 1917 liquidiert. 1896 wird er zum Ältesten der Kaufmannschaft gewählt. Ab 1914 ist er Vizepräsident der Handelskammer. K. ist an der Berliner Börse tätig, hier ab 1889 Mitglied, später Vorstandsmitglied. 1918 wird er erster Vorsitzender des Gesamtbörsenvorstandes und der Wertpapierbörse. Zudem ist K. langjähriger Vorsitzender des AR der *Schultheiss-Brauerei*. jg

Koplowitz, Jan (Pseud. Jonny Gulliver), Schriftsteller. 1.12.1909 Kudowa/Schlesien – 19.9.2001 Berlin. Früh politisch aktiv in Agit-Prop-Gruppen. 1933 Verhaftung und Folterung, Flucht nach Tschechien, emigriert von dort 1939 über Polen und Schweden nach Großbritannien. 1947 Rückkehr in die SBZ. K. ist Rundfunkredakteur und Journalist sowie Mitarbeiter des Kulturministeriums. 1948–54 als Kulturbeauftragter und Gewerkschafter in der Maxhütte im Kreis Saalfeld. Zeitweise künstlerischer Direktor der Berliner Konzert- und Gastspieldirektion. Danach als freier Schriftsteller in Berlin tätig. 1977 Heinrich-Mann-Preis, 1980 Lion-Feuchtwanger-Preis.
▯ Es geht nicht ohne Liebe, 1960; Die Sumpfhühner, 1977; Bohemia – mein Schicksal, 1979, Bestattungskosten, 1994. jg

Köppe, Paul ▶ Bihalji-Merin, Oto.

Koppel, Leopold, Bankier. 20.10.1854 Dresden – 29.8.1933 Berlin. Mitbegründer des Bankhauses *Koppel & Co* am Pariser Platz im Jahr 1890. Der Geheime Kommerzienrat finanziert zu großen Teilen die *Deutsche Glühlicht Auer-Gesellschaft* (A.-G.) und die *Hotelbetriebs-A.G.*, dazu gehörig u.a. Central-Hotel und Wintergarten-Variete. Er stiftet das Kaiser-Wilhelm-Institut für physikalische Chemie in Dahlem und ist bis 1933 Senatsmitglied und Geldgeber der Kaiser-Wilhelm-Gesellschaft, aus der er kurz vor seinem Tod ausscheiden muss. jg

Koreff, David Ferdinand, Arzt, Dichter, Beamter. 1.2.1783 Breslau – 15.5.1851 Paris. Verfasst medizinische Arbeiten, insbesondere über den Heilmagnetismus. Nach Taufe 1816 Prof. für Psychiatrie und Physiologie an der Berliner Univ. Freund und Leibarzt des Staatskanzlers K. A. von Hardenberg. Mitbegründer der Univ. Bonn. Verfasser von Gedichten und Libretti. Verkehrt mit Zeitgenossen wie den Brüdern Schlegel, R. ▸ Varnhagen, H. ▸ Heine, J. H. ▸ Beer u.a. Lebt seit 1822 als Arzt und Mittler dt.-französischen Geisteslebens in Paris.
Oppeln-Bronikowski, F. v.: D. F. K. 1928; Martin, M.: Le Docteur K., 1920. js

Arthur Korn (1870–1945)

Korn, Arthur, Physiker. 20.5.1870 Breslau – 21.12.1945 Jersey City/USA. Nimmt bereits mit 15 Jahren ein Mathematik- und Physikstudium auf. Promotion 1890 in Leipzig. Habilitation 1895 an der Univ. München. 1903 zum a.o. Prof. ernannt. K. gelingt 1904 die erste telegraphische Bildübertragung, 1923 die drahtlose Transatlantikübertragung in die USA. Seit 1914 Prof. für Physik an der TH Charlottenburg. 1935 aus dem Amt entlassen. Emigriert 1939 in die USA.
Handbuch der Phototelegraphie und Teleautographie, 1911; Bildtelegraphie, 1923. sn

Korn, Arthur, Architekt. 4.6.1891 Breslau – 14.11.1978 Klosterneuburg/Niederösterreich. Studium an der Kunstgewerbeschule Berlin. Assistent bei E. ▸ Mendelsohn, macht sich 1922 selbständig. Mitglied der Vereinigungen *Novembergruppe*, *Der Ring* und *Kollektiv für sozialistisches Bauen*. Profiliert sich im Villenbau. K.s Meisterstück ist aber der Neubau der Kondomfabrik *Fromm* in Friedrichshagen. 1935 Flucht über Jugoslawien nach London. K. widmet sich dort der Stadtplanung und unterrichtet an der Architectural Association. nv

Kornfeld, Paul, Schriftsteller. 1.12.1889 Prag – vermutlich Januar 1942 KZ Lodz. K.s erste lyrischen Texte sind verschollen. Sein 1913 entstandenes Drama *Die Verführung* (1916) wird 1917 uraufgeführt. 1916 geht K. nach Frankfurt/M. Sein Essay *Der beseelte und der psychologische Mensch* (1918) wird als programmatische Schrift des Expressionismus breit rezipiert. Seine Dramen werden erfolgreich an großen Bühnen aufgeführt. K. kommt 1925 nach Berlin, wo er als Dramaturg bei M. ▸ Reinhardt und als Theaterkritiker u.a. für das *Tagebuch* arbeitet. Nach der Machtübernahme der Nationalsozialisten 1933 kehrt K. nach Prag zurück. K. lehnt die Emigration nach Großbritannien ab, lebt im Verborgenen, wird entdeckt und am 31.10.1941 über das Ghetto Theresienstadt in das KZ Lodz deportiert und dort ermordet.
Himmel und Hölle, 1919; Revolution mit Flötenmusik und andere kritische Prosa, 1977; Der ewige Traum und Smither kauft Europa, 1990.
Haumann, W.: P. K. Leben-Werk-Wirkung, 1996. ht

Kortner, Fritz (d.i. Fritz Nathan Kohn), Schauspieler, Filmregisseur, Drehbuchautor. 12.5.1892 Wien – 22.7.1970 München. Nach dem Studium der Musik und der Darstellenden Kunst debütiert K. 1910 am Mannheimer Theater als Maximilian in Kleists

Das Kätchen von Heilbronn. Durch M. ▶ Reinhardt kommt er an die Berliner Bühnen. Ab 1915 erfolgreich mit Stummfilmen, wie *Die Brüder Karamasoff* (1920) und *Orlacs Hände* (1924). Mit dem Tonfilm beginnt seine Arbeit als Drehbuchautor und Regisseur (*Der brave Sünder*, 1931). 1915–34 entstehen über 80 Filme mit K. als Schauspieler. 1933 emigriert er über Wien, London und New York nach Hollywood (1941). K. arbeitet an Anti-Nazi-Filmen: *Der seltsame Tod des Adolf Hitler* (1943, Drehbuch und Akteur). 1947 kehrt er nach Dtl zurück und ist wieder bei Film und Theater tätig.

Schütze, P.: F. K., 1994; Völker, K.: F. K. Schauspieler und Regisseur, 1987; Brand, M.: F. K. in der Weimarer Republik, 1981. kq

Fritz Kortner

Koster, Henry (d.i. Hermann Kosterlitz), Filmregisseur, Drehbuchautor, Illustrator. 1.5.1905 Berlin – 21.9.1988 Los Angeles. Zunächst verfasst K. Kurzgeschichten und Reportagen, ist Karikaturist und Zeichner für Kinderbücher. Anschließend arbeitet K. an Werbefilmen, 1925 schreibt er gemeinsam mit Lorand von Kabdebo sein erstes Drehbuch (*Die große Gelegenheit)*. Erfolgreich konzentriert er sich bis 1932 ausschließlich auf das Verfassen von Drehbüchern, muss jedoch vor der Beendigung seines 2. Films 1933 emigrieren. 1936 gelangt K. in die USA. Seine erste Regiearbeit *Three Smart Girls* beschert ihm über Nacht Erfolg und macht ihn zum gefragten Regisseur. Für *The Bishop's Wife* (1947) wird er für den Oscar nominiert. K. unterstützt viele Emigranten der Filmbranche, ist für einige Filme als Produzent tätig und arbeitet für Universal, 20th Century Fox und M-G-M. Seine Arbeit prägt nachhaltig den amerikanischen Film.

H. K. interviewed by I. K. Atkins, 1987. kc

Kozower, Philipp, Jurist. 29.1.1894 Berlin – vermutlich 1944 KZ Auschwitz. In Berlin als RA und Notar tätig. Führende Stellung in der ZVfD Berlins und Vorstandsmitglied der JGB mit Zuständigkeit für das Friedhofswesen. Während des NS Vorstandsmitglied der RVdJ. Am 28.1.1943 mit seiner Familie nach Theresienstadt deportiert, dort Leiter der Poststelle. Vermutlich 1944 wird K. nach Auschwitz gebracht und dort ermordet. jg

Kracauer, Siegfried, Publizist, Soziologe, Filmtheoretiker. 8.2.1889 Frankfurt/Main – 26.11.1966 New York. Nach dem Architekturstudium in Berlin und dem Militärdienst im I. WK kehrt K. nach Frankfurt zurück. Er arbeitet zunächst als Architekt, seit 1921 bei der *Frankfurter Zeitung* und wird dort 1924 Feuilletonredakteur. Der *Frankfurter Schule* und besonders Theodor W. Adorno auch freundschaftlich nahe stehend, analysiert K. in über 2 000 Artikeln und Essays die Phänomene des großstädtischen Alltags und der Massen- und Freizeitkultur. Herausragend ist diesbezüglich seine Artikelserie *Die Angestellten: Aus dem neuesten Deutschland* (1929/30). Beeinflusst von K. ▶ Marx werden seine Texte politischer und ideologisch gefärbt, was dazu führt, dass K. 1930 unter Kürzung seines Gehaltes in die Berliner Feuilleton-Redaktion versetzt wird. In Berlin verfasst er ‚Straßenphysiognomien' (*Straßen in Berlin und anderswo*, 1964) in denen er die dt. Metropole kulturpolitisch analysiert (*Berliner Nebeneinander. Ausgewählte Feuilletons 1930–33*; 1996). Im Feb. 1933 emigriert K. nach Paris, wo er auf Anregung von Adorno eine Untersuchung über „Masse und Propaganda" des Nationalsozialismus durchführt, die vom nun in New York ansässigen *Frankfurter Institut für Sozialforschung* finanziert wird. Nach einer Odyssee über Marseille und Lissabon erreicht K. mit seiner Frau Lili 1941 New York. Dort finanziert er sich über Stipendien und Auftragsarbeiten und verfasst drei seiner wichtigsten Bücher: *From Caligari to Hitler* (1947; dt. 1958), eine sozialpsychologische Geschichte des dt. Films bis 1933, *Theory of Film. The Redemption of Physical Reality* (1960; dt. 1964) sowie seine Überlegungen zur Geschichtsschreibung, *History: The Last Things*

Before the Last (posthum 1969).
▯ Schriften, 1971–90.
▤ S. K. Zum Werk des Romanciers, Feuilletonisten, Architekten, Filmwissenschaftlers und Soziologen, 1996; S. K. Neue Interpretationen, 1990. evk

Krayn, Hugo, Maler. 5.2.1885 Berlin – 25.1.1919 Berlin. Ab 1902 Besuch der Kunstgewerbeschule, von 1905–10 Ausbildung in Graphik und Buchkunst. 1913 erste Ausstellung seiner Bilder in Mannheim. Seit 1915 Mitglied der *Berliner Secession*. K. hat besonderen Erfolg mit seinen realistischen Darstellungen aus dem Arbeitermilieu, hier z. B. *Großstadt Berlin* (1914). Kurz nach seinem Tod widmet ihm die *Berliner Secession* eine Gedächtnisausstellung.
▤ Schwarz, K.: H. K., 1919. jg

Kreindler, Leo, Journalist, Verbandsfunktionär. 23.9.1886 Kolomea/Galizien – 19.11.1942 Berlin. Als erklärter Nichtzionist ist K. seit 1907/08 verschiedenen Funktionen in der JGB tätig. 1925–38 Redakteur des Berlinteils des Hamburger *Israelitischen Familienblatts* und neben I. ▶ Freund Hg. des *Gemeindeblatts* der JGB. 1927 Vorstandsmitglied der JGB, nach 1930 Werbereferent, später Leiter der Wohlfahrtsabteilung. 1938–42 Redakteur des *Jüd. Nachrichtenblatts*, Verhandlungen mit NS-Behörden, 1942 Herzanfall bei einem ‚Appell' in der JGB. jvs

Krieger, Adele ▶ Schreiber- Krieger, Adele.

Krojanker, Gustav, Kaufmann, Journalist, Zionist. 1.6.1891 Berlin – Juni 1945 Tel Aviv. Studium und Promotion in Berlin und München, 1926–29 Direktor der Schuhfabrik *Conrad Tack*. Schon früh engagiert sich K. in der zionistischen Bewegung. Seit 1914 Präsidiumsmitglied des KJV, redigiert dessen Organ *Der jüdische Wille* (1918/19). K.s Bekanntheit begründet sich auf sein Werk *Juden in der deutschen Literatur* (1922) sowie seine Arbeit als Direktor in verschiedenen Verlagen und Zeitungen, u.a. im Jüd. Verlag. Er wandert 1932 nach Palästina aus, ist bei der *Alijah Chadasha* tätig und gibt deren Zeitung *Ammudin* heraus. 1938 kommt er für kurze Zeit nach Dtl, um die Frage der Emigration von Juden nach Palästina zu klären. nr

Krojanker, Hermann, Unternehmer. 21.7.1885 Berlin – 21.8.1935 Berlin. Der Vater von K. wird 1888 Teilhaber der Schuhfabrik *Conrad Tack & Cie*, die sich zur größten ihrer Art in Europa entwickelt. K. tritt nach einer kaufmännischen Lehre 1907 in die väterliche Schuhfabrik ein. Nach der Umwandlung der Firma in eine Aktiengesellschaft 1912 wird K. deren Direktor. 1924 übernimmt er nach dem Tod des Vaters die Generaldirektion. K. baut das Verkaufsnetz der Firma aus, die den Direktverkauf über Filialen praktiziert und ab 1926 einen starken wirtschaftlichen Aufschwung erlebt und 1930 über 130 Verkaufsstellen hat. K. ist im Vorstand der *Vereinigung der Berliner Handelsrichter*, des *Vereins Berliner Kaufleute und Industrieller* und des *Verbandes dt. Filialbetriebe.* 1933 wird er gezwungen sein Unternehmen an seinen größten Lederlieferanten die *Carl Freudenberg GmbH* zu verkaufen. K. emigriert nach Meran, später nach Paris. 1934 kehrt er nach Berlin zurück, wo er sich das Leben nimmt. ht

Kronfeld, Arthur, Psychiater, Psychologe, Sexualwissenschaftler. 9.1.1886 Berlin – 16.10.1941 Moskau. Promoviert 1909 zum Dr. med. und 1912 zum Dr. phil. Erlangt internationale Bekanntheit durch seine umfangreiche Darstellung und Kritik der Psychoanalyse *(Über die psychologischen Theorien Freuds und verwandte Anschauungen*, 1912), schreibt daneben Gedichte, die in expressionistischen Zeitschriften und der Anthologie *Der Kondor* (1912, NA 1989) von K. ▶ Hiller veröffentlicht werden. Ab 1913 ist K. in der ‚Irrenklinik Dalldorf' (heute Humboldt Klinikum in Wittenau) tätig. Er wird zum I. WK eingezogen, kehrt danach nach Berlin zurück, heiratet und übernimmt 1919 eine Festanstellung am von M. ▶ Hirschfeld gegründeten *Institut für Sexualwissenschaft* an. Dort ist er Leiter der *Abteilung für seelische Sexualleiden*. 1926 eröffnet er seine eigene Praxis als Nervenarzt in Tiergarten. Neben seiner beruflichen und schriftstellerischen Tätigkeit ist K. auch politisch aktiv, u.a. als SPD-Mitglied ab 1926 im *Verein Sozialistischer Ärzte.* 1927 habilitiert er sich mit *Die Psychologie in der Psychiatrie.* K. lehrt zunächst als PD, ab 1931 als a.o. Prof. die moderne Psychotherapie an der Charité und veröffentlicht *Perspektiven der Seelenheilkunde* (1930) sowie das *Lehrbuch der Charakterkunde* (1932). Nach der Machtübernahme der Nationalsozialisten wird ihm 1933–35 sukzessive die Lehrbefugnis und die ärztliche Approbation entzogen. Emigration über die Schweiz (1935) in die UdSSR (1936), wo er als Prof. für Neuropsychiatrie wirkt. Angesichts des Überfalls dt. Truppen auf die UdSSR wählt K. gemeinsam mit seiner Frau den Freitod.
▯ Sexualität und ästhetisches Empfinden, 1906; Das Wesen der psychiatrischen Erkenntnis, 1920.
▤ Kittel, I.-W.: A. K., 1988. ht

Kuczynski, Jürgen, Wirtschaftshistoriker. 17.9.1904 Ebersfeld bei Wuppertal – 6.8.1997 Berlin. K. studiert Volkswirtschaft, Philosophie und Geschichte in Berlin, Heidelberg und Berlin; 1925 Promotion. Anschließend arbeitet er als Bankvolontär in Berlin. 1926–29 hält er sich in den USA auf, danach lebt er wieder in Berlin. 1929–33 ist K. Hg der *Finanzpolitischen Korrespondenz*. Seit 1930 ist er KPD-Mitglied, 1931/32 Wirtschaftsredakteur der *Roten Fahne*. 1931–33 leitet K. die Informationsabteilung der *Revolutionären Gewerkschaftsopposition*, danach beteiligt er sich an der Organisation der Gewerkschaftsbewegung im Untergrund. 1936 emigriert er nach Großbritannien, wo er 1939 den *Freien Deutschen Kulturbund* mitbegründet. 1944/45 arbeitet er als Statistiker für die US-Army. 1945 kehrt K. nach Dtl. zurück und wird Präsident der DeutschenZentralverwaltung für Finanzen in Berlin. 1946–56 Prof. für Wirtschaftsgeschichte an der HU Berlin. 1946 tritt er der SED bei; 1949–58 ist er Abgeordneter der Volkskammer. K. ist Gründer und 1956–68 Leiter der Abteilung Wirtschaftswissenschaften an der AdW in Berlin. K. gilt als Nestor der DDR-Geschichtswissenschaft, ca. 4 000 Veröffentlichungen zu verschiedenen Themen der Sozial- und Geschichtswissenschaft weist seine Bibliografie auf. K. erweitert die Familien-Bibliothek, deren Anfänge im 17. Jahrhundert liegen und von der sein Vater Robert René ▸ K. rund 20 000 Bände ins Exil retten kann, auf rund 70 000 Bücher und 35 000 Zeitschriften. 2002 erwirbt die *Zentral- und Landesbibliothek Berlin* die Sammlung K.

Die Geschichte der Lage der Arbeiter unter dem Kapitalismus, 38 Bde, 1960–72; Dialog mit meinem Urenkel, 1983 [1996]; Ein treuer Rebell. Memoiren, 1998.

ZeitGenosse J. K., 1994; Hann, H.: Kommunist und „Revisionist", 1999. ah

Kuczynski, Robert René, Statistiker. 12.8.1876 Berlin – 25.11.1947 London. K., der Sohn des Bankiers und Mitglied des *Ältestenrats der Berliner Kaufmannschaft* Wilhelm K. (1843–1913) und dessen Frau Lucie (geb. Brandeis), arbeitet nach dem Studium der Wirtschafts- und Rechtswissenschaften als Statistiker im In- und Ausland, bevor er Direktor der Statistischen Ämter in Elberfeld (1904/05) und in Schöneberg (1906–21) wird. Ohne sich einer Partei anzuschließen, wendet sich K. dem linken politischen Spektrum zu und befasst sich mit dem Wohnungselend und der Ernährungsnot in sozial schwachen Bevölkerungsschichten. 1911–21 lehrt K. an der von seinem Vater mitbegründeten Handelshochschule in Berlin. 1921 ist er zusammen mit Albert ▸ Einstein und Heinrich Mann Vorstandsmitglied im pazifistischen *Bund Neues Vaterland*. Das umfangreiche Vermögen der Familie erlaubt ihm die Herausgabe eigener Zeitschriften wie *Finanzpolitische Korrespondenz* (ab 1919) und *Deutsch-Französische Wirtschaftskorrespondenz* (ab 1923). 1922–24 ist K. Vorstandsmitglied der *Deutschen Liga für Menschenrechte*. 1926 gehört er zu den maßgeblichen Initiatoren der gescheiterten ‚Fürstenenteignung', bei der ein Volksbegehren zur entschädigungslosen Enteignung Adliger führen soll. K. zieht sich zunehmend aus dem öffentlichen Leben zurück, zumal seine Forderungen nach ernsthaften Bemühungen, die Reparationsforderungen zu erfüllen und seiner Kritik an der inflatorischen Finanzpolitik der Reichsregierung nach dem I. WK kein Gehör finden. 1933 emigriert K. nach Großbritannien, wo er eine neue statistische Methode erarbeitet, durch die er zu einem der Begründer der modernen Bevölkerungsstatistik wird. K. ist der Vater von Jürgen ▸ K. und R. ▸ Werner.

Arbeitslohn und Arbeitszeit in Europa und Amerika 1870–1909, 1913; Das Wohnungswesen und die Gemeinden in Preußen, 1916; The Measurement of Population Growth, 1935. mr

Kuczynski, Ursula ▸ Werner, Ruth.

Künkel, Grete ▸ Simoni, Grete.

Kuh, Anton, Schriftsteller. 12.7.1890 Wien – 18.1.1941 New York. Oft in Berlin und Prag tätig, schreibt K. nach seinem ersten Buch *Juden und Deutsche* (1921, NA 2003) kleine satirische und polemische Prosa, in der er den Zeitgeist scharf und psychoanalytisch fundiert kritisiert. In vielen Zeitschriften und als Stegreifredner greift er ähnlich wie Karl Kraus, mit dem er heftig streitet, die österreichischen Zustände an. Ab 1934 schreibt er in der *Neuen Weltbühne* gegen den Faschismus, flieht 1938 erst nach Prag, dann nach New York.

Luftlinien, Zeitgeist im Literatur-Café, 1981. Der unsterbliche Österreicher, 1930 [2001].

Nürnberger, E.: A. K., 1989. mw

Kuh, Ephraim Moses, Dichter, Kaufmann. 10.4.1731 Breslau – 3.4.1790 Breslau. K. erwirbt eine umfassende säkulare Bildung und absolviert eine Ausbildung zum Kaufmann. Er zieht als Angestellter seines Onkels Veitel ▸ Ephraim 1763 nach Berlin, wo er u.a. in den Kreis um M. ▸ Mendelssohn eingeführt wird. Sein Vermögen spendet er für

wohltätige Zwecke, investiert in Bücher und Reisen. K. gilt als einer der ersten, in dt. Sprache schreibenden Juden. In seinen Werken wendet er sich gegen religiöse Intoleranz und Antijudaismus. B. ▶ Auerbach porträtiert ihn in *Dichter und Kaufmann* (2 Bde, 1840).
Hinterlassene Gedichte, 2 Bde, 1792.
Rhotert, H.: E. M. K., 1927. nr

Kullak, Theodor, Pianist, Komponist. 12.9.1818 Krotoschin/Posen – 1.3.1882 Berlin. Nach frühmusikalischer Ausbildung Studium und Promotion (Dr. phil) in Berlin. 1842 Studienjahr in Wien bei Czerny. Musiklehrer der kgl. Familie in Berlin, seit 1846 Hofpianist. 1850 Gründer und Leiter des Musikkonservatoriums. 1855 Aufbau der *Neuen Akademie der Tonkunst*. K. komponiert 126 Werke, hauptsächlich Salonmusik für Klavier.
Schule des Oktavenspiels, o. J.
Bischoff, H.: Erinnerung an T. K., 1883. ah

Kunger, Karl, Hilfsarbeiter. 2.2.1901 Berlin – 18.6.1943 Berlin. Bis 1937 Tätigkeit als Hilfsarbeiter, bis Sep. 1942 Lagerarbeiter in den AEG-Werken Treptow. Seit 1931 Mitglied der Internationalen Arbeiterhilfe, ab 1932 Mitglied der KPD. 1935–38 schleust K. gefährdete Personen über die Grenze in die CSR. Von 1937 an Leitung einer kommunistischen Betriebszelle in Treptow. Kontakte zur Robert-Uhrig-Gruppe und zur Widerstandsgruppe H. ▶ Baums. Sep. 1942 Verhaftung, später Hinrichtung in Plötzensee. ah

Kuttner, Erich (Pseud. nach 1933: Justinian), Jurist, Publizist. 27.5.1887 Berlin – 6.10.1942 KZ Mauthausen. Seit 1912 journalistische Tätigkeit für die sozialdemokratische Presse. 1921–33 Mitglied des Preußischen Landtages. K. schreibt Biografien u.a. Hans v. Marées (1937) und Otto Brauns (1932) sowie politische Werke wie *Pathologie des Rassenantisemitismus* (1930). 1933 Emigration über Paris nach Amsterdam. 1936 Korrespondent im Spanischen Bürgerkrieg, Mitarbeit am *Deutschen Freiheitssender 29,8*. Ab 1940 lebt K. im Amsterdamer Untergrund. 1942 Festnahme durch die Gestapo; Deportation.
Het Hongerjaar, 1949.
Ingenthrau, M.: „Falls nur die Sache siegt", 1999. ah

L

Lachmann, Hedwig, verh. Landauer, Lyrikerin, Übersetzerin. 29.8.1865 Stolp/Pommern – 21.2.1918 Krumbach/Schwaben. 1880 Sprachlehrerinnenexamen in Augsburg. Seit 1889 in Berlin. Übersetzt u.a. Gedichte von Edgar Allan Poe (1891). Bekanntschaft mit dem literarischen Kreis um das Ehepaar R. und I. ▶ Dehmel. 1895 geht L. nach Budapest. Lernt 1899 G. ▶ Landauer kennen, mit dem sie 1900 nach Großbritannien übersiedelt. 1902 Rückkehr nach Berlin, Publikation des Lyrikbandes *Im Bilde. Eigenes und Nachdichtungen.* Ihre Übersetzung von O. Wildes *Salomé* (1903) wird von M. ▶ Reinhardt uraufgeführt und 1905 von R. Strauss vertont. 1903 Heirat mit G. Landauer; ihre Gedichte erscheinen u.a. in dessen Zeitschrift *Der Sozialist.* Lebt ab 1917 in Krumbach.
Werke in einem Band, 1996.
Seemann, B.: H. L.-L. Dichterin, Antimilitaristin, dt. Jüdin, 1998. ht

Lachmann, Robert, Musikwissenschaftler. 28.11.1892 Berlin – 8.5.1939 Jerusalem. L. studiert zunächst Philologie in Berlin und London, dann ab 1918 Musikwissenschaften in Berlin. Er promoviert sich 1922 mit *Die Musik in den tunesischen Städten.* Seit 1924 arbeitet L. als Bibliothekar in der StaBi, ab 1927 in der Musikabteilung. Er gilt als bedeutender Musikethnologe und Kenner der orientalischen Musik. 1929 nimmt L. erstmals jüd. Musik aus Djerba auf. 1933 wird er entlassen und gründet die *Zeitschrift für vergleichende Musikwissenschaft*, deren Hg. er bis zu seiner Emigration 1935 ist. Seit 1935 ist L. Direktor des Instituts zur Erforschung jüd. Musik in Jerusalem. Ein Standartwerk zur arabischen und jüdischen Musik ist *Musik des Orients* (1929, NA 1966)
Jewish Cantillation and Song in the Isle of Djerba, 1940.
Gerson-Kiwi, E.: R. L., 1974. ah

Lachmann, Vera Regina, Germanistin, Pädagogin, Lyrikerin. 26.6.1904 Berlin – 18.1.1985 New York. Studium der Altphilologie und Germanistik in Basel; 1930 Promotion in Berlin; 1933 Staatsexamen. L. gründet im Grunewald eine Privatschule für jüd. Kinder, die sie bis zur Schließung Ende 1933 leitet. 1939 Emigration in die USA. 1949–74 lehrt sie klassische Philologie am Brooklyn College. 1972 Ernennung zur Prof. Ihre wissenschaftlichen Arbeiten schreibt L. in englischer, ihre Lyrik in dt. Sprache.
Golden tanzt das Licht im Glas, 1969; Namen werden Inseln, 1975; Halbdiamanten, 1975. ht

Lachmann-Mosse, Hans, Verleger. 9.8.1885 Berlin – 18.4.1944 Oakland/USA. Jurastudium, anschließend Tätigkeit als Bankangestellter. 1910 Eintritt in den Verlag R. ▶ Mosses, dessen Adoptivtochter L. 1911 heiratet. 1920 übernimmt er 50% der Geschäftsanteile des *Berliner Tageblatts,* wird Hg. der *Allgemeinen Zeitung des Judentums* und der *CV-Zeitung.* Seit 1930 Generalbevollmächtigter des Verlagshauses, das 1932/33 in Konkurs geht. 1933 Emigration über Paris in die USA. ah

Lamberti, Paolo ▶ Kalisch, Paul.

Lamm, Fritz, Jurist. 21.12.1876 Görlitz – 20.11.1942 vermutlich KZ Sachsenhausen. RA mit Kanzlei in der Rosenheimer Straße. Seit 1908 für die JGB tätig als Vormund, Syndikus und später stellv. Vorsitzender des Wohlfahrts- und Jugendamtes. L. bleibt bis 1942 in der Abt. Fürsorge der RVdJ und ist u.a. Vormund von H. ▶ Rosenthal. Wird als Geisel für geflohene Mitarbeiter erschossen. cm

Landau, Elisabeth (Lizzie, Pseud. L. Audnal), Schriftstellerin. 26.8.1884 Berlin – unbekannt. Ausbildung am Berliner Konservatorium; L.s Interesse für Musik spiegelt sich auch in dem Lyrikband *Aus allen Tonarten* (1912) und dem Roman *Schicksal* (1912) wider, letzterer wird 1914 in der *Neuen Musikzeitung* abgedruckt. Nach dem I. WK setzt sie sich in der Romantrilogie *Das Recht des Stärkeren* mit Antisemitismus und dt.-jüd. Identitätsentwürfen auseinander. Der erste Band *Der Holzweg* (1918) spielt in Berlin. In den 1920er Jahren lebt L. in Rom, Anfang der 1930er Jahre kehrt sie nach Berlin zurück. Über ihr weiteres Schicksal ist nichts bekannt.
Ahasver, 1920; Die Brandfackel, 1929. ht

Landau, Eugen Freiherr von, Bankier. 17.3.1852 Breslau – 19.2.1935 Berlin. Nach seiner Ausbildung ist L. Teilhaber, seit 1882 Geschäftsführer des väterlichen Bankhauses. Mitbegründer der AEG und der Berliner Elektrizitätswerke. 1898 bringt er sein

Bankhaus in die Nationalbank für Dtl ein und wird deren AR-Vorsitzender. L. fördert die jüd. Altershilfe, engagiert sich im CV und ist Präsident des Pro-Palästina-Komitees.
Kundgebung für das Werk des Hilfsvereins in Berlin, 1930. ah

Landau, Lola, verh. Marck, verh. Wegner, Schriftstellerin. 3.12.1892 Berlin – 2.2.1990 Jerusalem. Ausbildung zur Sprachlehrerin für Englisch. Heiratet zunächst den Philosophen Siegfried Marck. Erste Lyrikbände *Schimmerndes Gelände* (1916); *Das Lied der Mutter* (1919). Daneben schreibt L. Artikel und Kurzgeschichten für verschiedene Zeitungen. Sie heiratet 1921 den Dichter Armin T. Wegner. Ihr Haus am Stechlinsee wird ein Künstlertreffpunkt. Es entstehen gemeinsame Werke, wie das Schattenspiel *Wasif und Karif* (1925). Ausgedehnte Reisen führen sie durch Europa, Nordafrika, den Vorderen Orient und vor allem Palästina. Umzug nach Berlin. 1936 emigriert L. ohne Wegner, der sich in Rom niederlässt, nach Palästina.
Meine drei Leben. Autobiogr., 1948 [1992].
Hamann, B.: L. L. Leben und Werk, 2000. ht

Landau, Paul, Journalist, Schriftsteller. 17.8.1880 Namslau/Schlesien – 14.3.1951 Tel Aviv. Studium der Rechtswissenschaften, Geschichte, Literatur- und Kunstgeschichte. Seit 1905 arbeitet L. bei der Zeitungskorrespondenz *Kühl* in Berlin. 1909 macht er sich als Redakteur und Mithg. der Korrespondenz *Welt und Wissen* selbständig. L. verfasst zahlreiche Aufsätze zu Literatur, Theater, Kunst und Kultur, die in unterschiedlichen Zeitungen und Zeitschriften erscheinen. Im I. WK wird er Sektionsleiter in der Pressestelle der Obersten Heeresleistung in Berlin. Seit 1921 betreut L. die Kulturzeitschrift *Faust*. Neben seiner redaktionellen Arbeit verfasst er Biografien u.a. von *Daniel Chodowiecki* (1923) und *Hans Sachs* (1924). 1935 emigriert er nach Palästina, wo er weiter als Journalist tätig ist. evk

Landauer, Hedwig ▶ Lachmann, Hedwig.

Landauer, Gustav, Schriftsteller. 7.4.1870 Karlsruhe – 2.5.1919 München. L. studiert ohne Abschluss 1888–92 Germanistik und Philosophie, ab 1891 lebt er in Berlin, wo L. Mitbegründer der *Neuen Freien Volksbühne* ist, für diese als Übersetzer, Publizist und Promoter tätig. 1892 wird L. Mitglied des Vereins Unabhängiger Sozialisten und des Herausgeberkollegiums der Zeitschrift *Der Sozialist*, für die er als Redakteur arbeitet. L. entwickelt sich zum führenden Theoretiker des Berliner Anarchismus, von dem er sich 1899 abwendet *(Anarchische Gedanken zum Anarchismus, Die Zukunft,* 1901). 1893/94 und 1899/1900 muss er wegen seiner politischen Aktivitäten Gefängnisstrafen verbüßen. 1893 erscheint sein erster, stark von Nietzsche beeinflusste, autobiogr. Roman *Der Todesprediger.* 1899 lernt L. H. ▶ Lachmann kennen, mit der er auf literarischem Gebiet eng zusammenarbeitet und die er 1903 heiratet. Mit seinem Freund und Förderer F. ▶ Mauthner betreibt L. in dieser Zeit sprachphilosophische Studien, zunehmend beschäftigt er sich mit den spirituellen Elementen im Judentum, aber auch mit der mittelalterlichen Mystik Meister Eckharts, den L. 1903 ins Dt. übersetzt. Ab 1908 wendet er sich erneut der Politik zu: 1909–15 gibt L. Hg. die Zeitschrift *Der Sozialist* (NA, 3 Bde, 1980), die nun als Organ, des von ihm 1908 gegründeten *Sozialistischen Bundes* gilt. Im I. WK wendet sich L. gegen nationalistische Tendenzen. Im Nov. 1918 kommt er auf Bitte von K. ▶ Eisner nach München, beteiligt sich an der Revolution und wirkt als Volksbeauftragter für Kulturangelegenheiten in der ersten Bayrischen Räterepublik mit. Am 1.5.1919 wird L. verhaftet und von Freikorpssoldaten ermordet.
Dichter, Ketzer, Außenseiter. Essays und Reden zu Dichtung und Philosophie, Judentum, 1997.
„... die beste Sensation ist das Ewige...". G. L. Leben, Werk und Wirkung, 1995. ht

Gustav Landauer

Landmann, Michael, Philosoph. 16.12.1913 Basel – 25.1.1984 Haifa. Sohn von Edith ▶ L.-K. Studium in Basel, 1939 Promotion. 1945–51 Assistent u.a. bei Karl Jaspers, Habilitation in Mainz bei O. F. Bollnow. 1950–80 lehrt L. an der FU Berlin. Im Zentrum seiner Kulturphilosophie und Fundamentalanthropologie steht die Auffassung des Menschen als Schöpfer und Geschöpf der Kultur.
📖 Erkenntnis und Erleben, 1951; Das Ende des Individuums, 1971; Jüd. Miniaturen, 2 Bde, 1982. js

Landmann-Kalischer, Edith, Philosophin. 19.9.1877 Berlin – 23.7.1951 Basel. Studium in Zürich und Berlin, Promotion 1901. Vertreterin der Philosophie E. Husserls, wendet sich später der Antike zu. Sie gehört dem Kreis um Stefan George an, ist Mitglied im *Sozialistischen Klub* und mit A. ▶ Salomon befreundet. Heiratet 1903 den Ökonomen Julius Landmann. Als Zionistin setzt sich L.-K. 1933 in ihrem Aufruf *Omaruru – an die dt. Juden* für ein Siedlungsprojekt außerhalb Dtls ein.
📖 Die Lehre vom Schönen, 1952; Transzendenz des Erkennens, 1923. ah

Landsberg, Otto, Jurist, Politiker. 4.12.1869 Rybnik/Oberschlesien – 9.12.1957 Baarn/Niederlande. Nach dem Staatsexamen RA in Magdeburg. L. tritt 1890 in die SPD ein; 1903–09 Stadtverordneter in Magdeburg. 1912–20 Reichstagsabgeordneter. 1919 wird er zunächst Gesandter für die Weimarer Nationalversammlung, dann Reichsjustizminister. Aus Protest gegen den Versailler Vertrag tritt er zurück. 1920–24 ist L. Gesandter in Brüssel. Ab 1924 lebt er als Reichstagsmitglied und RA wieder in Berlin. 1933 emigriert L. über Belgien in die Niederlande, wo er von Freunden versteckt überlebt. pj

Landsberger, Artur, Schriftsteller. 26.3.1876 Berlin – 4.10.1933 Berlin. Jurastudium in München, Berlin und Greifswald. 1907/08 Redakteur der Wochenzeitung *Der Morgen*. Der Roman *Wie Hilde Simon mit Gott und Teufel kämpfte* (1911) begründet seinen Ruhm als Unterhaltungsautor. Er schreibt zahlreiche Romane, aber auch Boulevardkomödien und Drehbücher und gibt Anthologien wie *Das Ghettobuch* (1914) heraus. *Judentaufen* (1912) vereint Aussagen bekannter Zeitgenossen zur Frage der Akkulturation.
📖 Berlin ohne Juden, 1925 [1998]. ht

Landsberger, Franz, Kunsthistoriker. 14.6.1883 Kattowitz – 17.3.1964 Cincinnati. Einer Bankiersfamilie entstammend, studiert L. Kunstgeschichte, Philosophie und Literaturwissenschaft u.a. in Berlin, Genf und München. In Breslau wo er promoviert und habilitiert, ist er 1918–33 a.o. Prof. an der Univ. und Dozent der Kunstakademie. 1927–33 gibt er die *Schlesischen Monatshefte* heraus. Nach seiner Entlassung übernimmt L. 1934 eine Gastdozentur in London. 1935 wird er Direktor des *Jüdischen Museums* in Berlin. Nach einer kurzen Inhaftierung im KZ Sachsenhausen (1938) emigriert L. 1939 über Großbritannien in die USA, wo er eine Professur am HUC in Cincinnati erhält. Dort lehrt er bis zu seiner Emeritierung 1958 Kunstgeschichte des Judentums und leitet das seit 1947 dem HUC angeschlossene Museum.
📖 Heinrich Wölfflin, 1924; History of Jewish Art, 1946. evk

Landshoff-Yorck, Rut(h) (d.i. Ruth Levy), verh. Yorck von Wartenburg, Schriftstellerin. 7.1.1904 Berlin – 19.1.1966 New York. Die Nichte des Verlegers S. ▶ Fischer wächst in einem künstlerisch geprägten Elternhaus auf, besucht zunächst eine Schauspielschule, spielt in F. W. Murnaus *Nosferatu* (1922) mit und erhält kleinere Theaterrollen in Wien, Leipzig und Berlin. Ihr eigentliches Metier wird das Schreiben. Nach Veröffentlichungen in Zeitschriften wie der *Dame* publiziert sie 1930 den Roman *Die Vielen und der Eine* (NA 2001). Ihr zweiter Roman *Leben einer Tänzerin* (2002) kann aufgrund der Machtübernahme der NS in Dtl nicht mehr erscheinen. Sie lebt ab 1933 in Frankreich, Großbritannien und der Schweiz. 1937 Emigration in die USA, wo sie als Publizistin, Übersetzerin und Theaterautorin in New York tätig ist. 1939 verfasst sie anonym mit D. S. Jennings und D. Malcolmson *The man who killed Hitler*.
📖 Das wehrhafte Mädchen, 1929; das ungeneuer zärtlichkeit, 1952; Klatsch, Ruhm und kleine Feuer, 1963 [1997]. ht

Lang, Fritz (Friedrich Christian Anton L.), Regisseur, Filmproduzent, Drehbuchautor. 5.12.1890 Wien – 2.8.1976 Los Angeles. Nach einem 1907 in Wien begonnenen Bauingenieurstudium wechselt L. 1908 zur Wiener Akademie der Graphischen Künste, 1911 an die Kunstgewerbeschule in München. Während des Studiums tritt er als Kabarettist auf und knüpft erste Kontakte zum Film und schreibt Drehbücher. Er siedelt nach Berlin über und wird als Dramaturg tätig. 1919 erster Stummfilm *Halbblut*. *Der müde Tod* (1921). Es folgen *Dr. Mabuse* (2 Teile, 1922), *Metropolis* (1926), *M – eine Stadt sucht einen Mörder* (1931) die allesamt Klassiker des expressionistischen Kinos werden. L. gelingt der Übergang vom Stumm- zum Tonfilm. 1933 wird *Das Testament des Dr. Mabuse* kurz vor der Uraufführung verboten. Da *Die Nibelungen* (1924) zu Hitlers Lieblingsfilmen zählt, wird ihm dennoch der Posten des Reichsfilmintendanten angeboten. L. lehnt ab und verlässt Dtl in Richtung Frankreich. 1934 erhält er einen Hollywoodvertrag, wird 1935 amerikanischer Staatsbürger und produziert dort mehr als 20 Filme. Mitbegründer der *Anti-Nazi-League.* Arbeitet gemeinsam mit B. Brecht an *Auch Henker sterben* (1942/43). 1956 kehrt L. nach Dtl zurück, kann dort jedoch nicht an frühere Erfolge anknüpfen, so dass er 1960 erneut in die USA geht. 1963 Bundesfilmpreis. 1966 Großes Bundesverdienstkreuz.

Maibohm, R.: F. L. Seine Filme - sein Leben, 1981; F. L., 2001. kq

Elisabeth Langgässer

Langgässer, Elisabeth, Schriftstellerin. 23.3.1899 Alzey – 25.7.1950 Rheinzabern/Kreis Germersheim. L. wächst als Tochter in gutbürgerlichen Verhältnissen auf, ihr Vater, der Architekt und Regierungsrat Eduard Langässer tritt vor der Heirat mit einer strenggläubigen Katholikin zum Katholizismus über. L. absolviert eine Ausbildung zur Lehrerin und beginnt zu arbeiten. 1924 erscheint ihr erster Gedichtband *Der Wendekreis des Lammes.* Als sie 1928 schwanger wird, muss L. aus dem Staatsdienst ausscheiden. Sie zieht nach Berlin und wird Dozentin für Pädagogik an der Sozialen Frauenschule Anna von ▶ Gierkes. Ab 1930 lebt L. als freie Schriftstellerin in Berlin, 1931 wird sie für *Prosperia* (1932) ausgezeichnet. L. gehört dem Kreis der *Kolonne* um O. Loerke, G. Eich und P. Huchel an. Vor dem Schreibverbot 1936 veröffentlicht L. *Tierkreisgedichte* (1935) und den Roman *Gang durch Ried* (1936). Durch die Ehe mit dem Lektor und Regisseur Wilhelm Hoffmann, die als ‚priveliegierte Mischehe' gilt, kann L. in Berlin überleben, ab 1944 muss sie Zwangsarbeit leisten. Ihre Tochter Cordelia, deren Vater der Staatsrechtler Hermann Heller ist, wird aufgrund der Rassegesetze als ‚Volljüdin' eingestuft und 1944 nach Theresienstadt deportiert. L.s Gedichte stehen in der Tradition Anette von Droste-Hülshoffs. Ihr Hauptwerk *Das unauslöschliche Siegel,* an dem sie seit 1936 arbeitet, erscheint 1946. 1950 erhält L. den Georg-Büchner-Preis.

GW, 5 Bde, 1959–64.

Hetmann, F.: Schlafe, meine Rose. Die Lebensgeschichte der E. L., 1986 [1999]. js

Langhoff, Wolfgang, Schauspieler, Regisseur, Intendant. 6.10.1901 Berlin – 25.8.1966 Berlin/Ost. Theaterengagements in mehreren dt. Städten, ab 1927 arbeitet L. als Regisseur in Düsseldorf. 1928 Eintritt in die KPD, 1933/34 KZ-Haft. 1934 Flucht in die Schweiz, bis 1945 am Theater in Zürich. Seit 1946 Intendant am DT in Berlin. Streitigkeiten führen 1963 zu seinem Rücktritt. 1962–66 Vizepräsident der AdK der DDR.

Die Moorsoldaten, 1935 [1995]; W. L. Schauspieler, Regisseur, Intendant, 1991.

Stolper, A.: W. L., 2001. ah

L'Arronge, Adolph (d.i. A. Aronsohn), Kapellmeister, Journalist, Theaterleiter. 8.3.1838 Hamburg – 25.5.1908 Kreuzlingen bei Konstanz. Seit 1866 Kapellmeister an der *Krollschen Oper* in Berlin. Nach einem 4-jährigen Aufenthalt als Theaterleiter in Breslau (1874–78) kehrt er nach Berlin zurück und gründet mit einer Gruppe Schauspieler, u.a. J. ▶ Kainz, das DT, dessen Leitung er 1894–1903 inne hat. Sein Nachfolger am DT wird O. ▶ Brahm.

Deutsches Theater und deutsche Schauspielkunst, 1896.

Raeck, K.: Das Deutsche Theater zu Berlin unter A. L'A., 1928. evk

Lasch, Agathe, Soziolinguistin. 4.7.1879 Berlin – 1942 unbekannt. Ab 1906 Studium der dt. Philologie, Altnordisch und Altfranzösisch in Halle und

Heidelberg. Mit ihrer Dissertation *Geschichte der Schriftsprache in Berlin* (1909, NA 1972) begründet L. die Stadtsprachforschung. 1910 Assistant, ab 1913 Associate Prof. in Pennsylvania/USA. 1916 Rückkehr nach Dtl. 1919 Habilitation. 1923 zur ersten dt. Linguistikprof. ernannt. 1927 Mitdirektorin des Germanischen Seminars in Hamburg. 1933 wird ihre Entlassung durch Proteste von Kollegen verhindert. 1934 zwangsweiser Ruhestand. 1937 Rückkehr nach Berlin. Konfiszierung ihrer Bibliothek und Einstellung der Pensionszahlungen. Rufe an ausländische Univ. werden von dt. Seite vereitelt. Aug. 1942 Deportation nach Riga. Über ihr weiteres Schicksal ist nichts bekannt.

▯ Mittelniederdeutsche Grammatik, 1914; Berlinisch, 1928 [1967].

▤ Zum Gedenken an A. L., 2002. ht

Laserstein, Lotte (Lolu), Malerin. 28.11.1898 Preußisch-Holland/Ostpreußen – 21.1.1993 Kalmar/Schweden. L. kommt 1908 nach Danzig zur ihrer Tante Elsa Birnbaum, die eine kleine Malschule betreibt. 1912 zieht sie mit der Familie nach Berlin. Nach dem Abitur 1918 schreibt sie sich zunächst als Gasthörerin für Kunstgeschichte an der FWU ein. 1921 beginnt sie ihr Kunststudium an der Hochschule für Bildende Künste in Berlin. Ihr Lehrmeister wird E. Wolfsfeld, ihr Model Traute Rose, die auch ihre Muse und Vertraute ist. L. zählt zu den herausragenden Malerinnen des beginnenden 20. Jahrhunderts. Ausdrucksstarke Bilder sind u.a. *Abend über Potsdam* oder *Die Tennisspielerin* (1929), im letztgenannten spiegelt sich die selbstbewusste *Neue Frau* der 1920er Jahre wider, die L. auch selbst verkörpert. 1937 emigriert sie nach Schweden und arbeitet bis ins hohe Alter als Auftragsmalerin. Nach Dtl kehrt sie „aus Abneigung" nicht zurück.

▤ Krausse, A. C.: L. L. Meine einzige Wirklichkeit, 2003. evk

Lask, Berta, verh. Jacobsohn (Pseud. Gerhard Wieland), Schriftstellerin. 17.11.1878 Wadowice/Galizien – 28.3.1967 Berlin/Ost. L. heiratet 1901 den Arzt Louis Jacobsohn. Sie schließt sich der Arbeiterbewegung an und publiziert ab 1919 in kommunistischen Zeitschriften. Ab 1923 KPD-Mitglied. 1928 Mitbegründerin des BPRS. Bekannt wird L. durch ihre revolutionären Dramen, die 1925–27 von der Weimarer Justiz verboten werden und ihr ein Verfahren wegen Hochverrats einbringen. 1933 vorübergehend inhaftiert. Im selben Jahr emigriert L. in die UdSSR, wo sie für literarische Zeitschriften und für den Rundfunk arbeitet. Ab 1953 freie Autorin in der DDR. 1955 erscheint ihr autobiogr. Roman *Stille und Sturm* an dem sie seit 1938 gearbeitet hat. Neben Dramen schreibt sie Märchen, Gedichte, Lieder, Kinderbücher, Erzählungen, Agitprop- und Sprechchorstücke.

▯ Auf dem Flügelpferde durch die Zeiten, 1925 [1983]. ht

Lasker, Eduard, Jurist, Politiker. 14.10 1829 Jaroczyn/Posen – 5.1.1884 New York. L. studiert Rechtswissenschaften und Philosophie und beteiligt sich 1848 in Wien an der Revolution. 1852–56 lebt er in England. Danach ist L. zunächst Jurist in Berlin, da sein offenes Bekenntnis zum Judentum eine Beamtenkarriere verhindert. 1865 zieht er für die Fortschrittspartei in das Preußische Abgeordnetenhaus ein. Mitbegründer der Nationalliberalen Partei (1866), aus der er 1880 wegen antisemitischer Tendenzen austritt. Von 1867 bis zu seinem Tod ist er Abgeordneter des Reichstages, seit 1880 für die Liberale Vereinigung. Als Verfechter des politischen Liberalismus setzt sich L. für den Rechtsstaat ein. So widersetzt er sich z.B. den ‚Sozialistengesetzen', obwohl er ein vehementer Gegner der Sozialdemokratie ist.

▯ Gegen das Sozialistengesetz 1878, 1910; Zur Verfassungsgeschichte Preußens, 1874.

▤ Laufs, A.: Ein Leben für den Rechtsstaat, 1984; Harris, J. F.: E. L., 1968; Schwab, A.: E. L. Ein liberaler deutscher Politiker, 1922. pj

Lasker, Emanuel, Schachweltmeister, Mathematiker, Philosoph. 24.12.1868 Berlinchen/Mark Brandenburg – 11.1.1941 New York. Der Sohn eines Kantors lernt mit 11 Jahren während eines längeren Krankenhausaufenthaltes Schach. L. studiert Mathematik und Philosophie in Berlin, Göttingen und Heidelberg. Er gewinnt 1889 erste Schachturniere in Berlin. 1894–1921 trägt L. ununterbrochen den Titel des Schachweltmeisters - eine nie wieder erreichte Leistung. Er gründet 1928 eine *Schule für Verstandesspiele* in Berlin und hält Vorlesungen in der HWdJ. L. verfasst neben mathematischen und schachspezifischen Arbeiten philosophische, politische und literarische Texte. 1933 Flucht in die Niederlande, gelangt über Großbritannien nach Moskau. Verlässt 1937 die UdSSR in Richtung New York.

▯ Kampf, 1907; Die Philosophie des Unvollendbar, 1919; Brettspiele der Völker, 1931.

▤ E. L. homo ludens – homo politicus, 2003; E. L. Schach, Philosophie, Wissenschaft, 2001; Hannak, J.: E. L., 1952 [1984]. evk

Lasker-Schüler, Else, Schriftstellerin. 11.2.1869 Elbersfeld – 22.1.1945 Jerusalem. L.-S., die Tochter des Bankiers Aron Schüler und Enkelin eines Oberrabbiners, besucht zunächst das Lyzeum. Ab 1880 erhält sie Privatunterricht. Den plötzlichen Tod der Mutter 1890, verarbeitet L.-S. später in ihrer Lyrik. 1891 heiratet sie den Arzt Berthold L. und zieht mit ihm nach Berlin. 1899 wird ihr außerehelicher Sohn Paul geboren. 1903 lässt sie sich scheiden und heiratet den Schriftsteller und Musiker Georg Levin, dem sie das Pseud. H. ▶ Walden gibt. Auch diese Ehe scheitert und wird 1912 geschieden; im selben Jahr veröffentlicht L.-S. den Briefroman *Mein Herz*, in dem sie ihre Beziehung zu Walden literarisch verarbeitet. Bereits 1902 gelingt ihr der literarische Durchbruch mit ihrem ersten Gedichtband *Styx*. 1906 erscheint ihr erstes Prosawerk *Das Peter Hille Buch*. Die intensive Liebesbeziehung zu Gottfried Benn findet ihren Widerhall in einigen ihrer Liebesgedichte. L.-S. ist eine stadtbekannte Persönlichkeit und Teil der Berliner Künstlerszene. Sie schreibt für Zeitschriften wie *Die Aktion, Die Weißen Blätter* und *Der Sturm*. Trotz zahlreicher erfolgreicher Veröffentlichungen ist ihr Leben von existentieller Not geprägt, was Karl Krauss 1913 veranlasst in der *Fackel* einen Spendenaufruf zu ihrem Gunsten zu veröffentlichen. M. ▶ Reinhardt führt 1919 ihr erstes, bereits 1909 geschriebenes Schauspiel *Die Wupper* auf, das im Lumpenproletariermilieu spielt. 1932 erhält L.-S. den Kleist-Preis. 1933 emigriert sie in die Schweiz. In dem Schauspiel *Arthur Anonymus und seine Väter* (1932), das 1936 am Züricher Schauspielhaus uraufgeführt wird, plädiert sie für eine Versöhnung von Juden und Christen. Bereits 1934 und 1937 reist L.-S. nach Palästina. Von einer dritten Reise kann sie 1939, aufgrund des II. WK, nicht zurückkehren. Sie stirbt völlig verarmt und nach langjähriger Krankheit. L.-S. gilt als Vorreiterin des Expressionismus. Die Originalausgaben ihrer Werke sind häufig durch eigene Grafiken illustriert.

Der Malik, 1919; Theben - Gedichte und Lithographien, 1923; Werke und Briefe, 1996–2004.

Bauschinger, S.: E. L.-S., 2004. ht

Lasky, Melvin J., Journalist. 15.1.1920 New York – 19.5.2004 Berlin. Gründer und Hg. der legendären Zeitschrift *Monat*. Beginnt seine journalistische Karriere als Redakteur des *New Leader*, ehe er als Kriegshistoriker im Rang eines Hauptmanns nach Dtl kommt, wo er sich als Antikommunist profiliert, was ihm die Bezeichnung ‚Vater des Kalten Krieges‘ einbringt. Der *Monat* wird das Podium der Renegaten – ehemaliger kommunistischer Parteigänger unter ihnen Franz Borkenau, M. ▶ Sperber, George Orwell, Arthur Koestler, R. ▶ Löwenthal und Ignaz Silone. Die letzten Jahre seines Lebens verbringt „Mel“, wie ihn seine Freunde nennen, in Berlin.

Martin M.: Orwell, Koestler und all die anderen. M. J. L. und „Der Monat“, 1999. js

Ferdinand Lasalle

Lassalle, Ferdinand (bis 1846 Lassal), Politiker, Publizist. 11.4.1825 Breslau – 31.8.1864 Genf. Nach dem Studium der Philologie, Geschichte und Philosophie in Breslau und Berlin bleibt ihm die akad. Laufbahn aufgrund seiner jüd. Herkunft verwehrt. L. wird durch die Prozessvertretung (1847–57) der Gräfin Hatzfeld bekannt. Unter dem Einfluss der Hegelianischen Philosophie wendet er sich radikaldemokratischen Ideen zu, die er in der Revolution von 1848 propagiert. Er wird daraufhin zu sechs Monaten Haft verurteilt. Als Mitarbeiter der *Neuen Rheinländischen Zeitung* ist L. mit K. ▶ Marx und F. Engels befreundet. Seine Forderungen sind u.a. das allgemeine und gleiche Wahlrecht, der Abbau von Besitzprivilegien und die Gründung von Produktivgenossenschaften. Sein Engagement für die Interessen der Arbeiter führt 1863 zur Gründung des *Allgemeinen deutschen Arbeitervereins*, dessen

erster Präsident er wird. Der Arbeiterverein schließt sich 1875 mit der *Sozialdemokratischen Arbeiterpartei* zusammen. Ihr Parteiprogramm ist wesentlich durch L.s Ideen beeinflusst.
Ausgewählte Reden und Schriften, 1991.
Ramm, T.: F. L. der Revolutionär und das Recht, 2004; Como, F.: Die Diktatur der Einsicht: F. L. und die Rhetorik des dt. Sozialismus, 1991; Na'aman, S.: F. L. Deutscher und Jude, 1968. nr

Lassar, Oskar, Dermatologe. 11.1.1849 Hamburg – 31.12.1907 Berlin. Studium in Heidelberg, Göttingen, Straßburg und Berlin. Assistent am Physiologischen Institut in Göttingen, danach am Pathologischen Institut in Breslau. Nach 1875 Übersiedlung nach Berlin, wo er eine Privatklinik für Hautkrankheiten eröffnet. L. wird 1880 PD; 1893 Titularprof. an der Berliner Univ. 1886 gründet er die Dermatologische Gesellschaft. Seit 1893 ist er Hg. der *Dermatologischen Zeitschrift*.
Die Kulturaufgaben der Volksbäder, 1889. sn

Launisch, Katta ▶ Tieck, Polly.

Lazarus, Moritz, Philosoph, Völkerpsychologe. 15.9.1824 Filehne/Posen – 13.4.1903 Meran. Begründet 1851 die Völkerpsychologie. Mit seinem Schwager H. ▶ Steinthal gibt L. die *Zeitschrift für Völkerpsychologie und Sprachwissenschaft* (20 Bde, 1859–90) heraus. 1860 als Prof. nach Bern berufen. Seit 1873 Honorarprof. in Berlin. In seinem Spätwerk *Ethik des Judentums* (2 Bde, 1898–1911) arbeitet L. die universellen sozialethischen Elemente des Judentums heraus. In dem 1880 publizierten Vortrag *Was heißt national?* anlässlich des Berliner Antisemitismusstreites kommt er zu dem Schluss „Wir sind Deutsche, nichts als Deutsche...".
Lebenserinnerungen, 1906; M. L. und Heymann Steinthal. Die Begründer der Völkerpsychologie in ihren Briefen, 3 Bde, 1971–86; Grundzüge der Völkerpsychologie und Kulturwissenschaft, 2003. js

Lazarus, Nahida Ruth Anna Maria, geb. Sturmhoefel, verw. Remy, Schriftstellerin. 3.2.1849 Berlin – 12.1.1928 Meran. Ab 1864 lebt L. in Berlin. Sie arbeitet zunächst als Schauspielerin, macht sich aber vor allem als Schriftstellerin, Dramaturgin und Theaterkritikerin einen Namen. Ende der 1880er Jahre studiert sie bei M. ▶ Lazarus. *Das jüdische Weib* (1891; NA 1999) ist eine erste theoretische Auseinandersetzung mit dem Judentum. Das Buch erfährt mehrere Aufl. und Übersetzungen. Es folgen *Das Gebet in Bibel und Talmud* (1892), *Kulturstudien über das Judentum* (1893) und *Humanität im Judentum* (1894). Sie konvertiert 1894 zum Judentum und heiratet 1895 ihren Mentor. Im selben Jahr veröffentlicht sie die autobiogr. Erzählung *Ich suche Dich.* Nach dem Tod ihres Mannes arbeitet sie dessen Nachlass auf. ht

Lazarus, Paul, Internist. 14.10.1873 Czernowitz/Bukowina – 6.10.1957 Minusio/Tessin. Ab 1903 PD und seit 1921 bis zu seiner Emigration in die Schweiz (1933) a.o. Prof. für Innere Medizin an der Berliner Univ. Parallel dazu Forschungen zur Behandlung von Krebs an der Charité.
Fortschritte der praktischen Röntgendiagnostik und Strahlentherapie, 1929; Die Strahlenbehandlung der Karcinome, 1929; Handbuch der gesamten Strahlenheilkunde, Biologie, Pathologie und Therapie, 1931. ko

Leder, Rudolf ▶ Hermlin, Stephan.

Lefèvre, F. ▶ Jungk, Robert

Lehmann, Joseph, Publizist, Eisenbahndirektor. 28.2.1801 Glogau – 19.2.1873 Berlin. Handlungslehrling im Berliner Verlagshaus M. ▶ Veit. Redakteur der *Allgemeinen preußischen Staatszeitung*, Begründer und Hg. des *Magazins für die Literatur des Auslands.* 1849 Direktor der Niederschlesisch-märkischen Eisenbahn in Glogau. 1865 Rückkehr nach Berlin. L. ist Mitglied des *Vereins für Cultur und Wissenschaft der Juden*, Vorsitzender der *Gesellschaft der Freunde* und im Vorstand der JGB. sp

Lehmann, Alfred ▶ Lemm, Alfred.

Lehmann, Lilli (d.i. Elisabeth Maria Loew), Sängerin. 24.11.1841 Würzburg – 17.5.1929 Berlin. L. wächst in Prag auf, wo sie 1866 in Mozarts *Zauberflöte* debütiert. 1868 Wechsel nach Danzig. 1869–1910 ist sie erste Koloratursängerin an der Hofoper in Berlin. 1885–99 auch Engagements an der Metropolitan Opera in New York. 1888 heiratet L. den Tenor Paul Kalisch. Als L. 1910 ihre Bühnenlaufbahn beendet, hat sie ein Repertoire von ca. 170 Rollen einstudiert. Nach ihrer Bühnentätigkeit gibt sie privaten Gesangsunterricht und lehrt u.a. am Salzburger Mozarteum.
Was ich über die moderne Gesangskunst denke, 1896; Meine Gesangskunst, 1902; Mein Weg, 1913.
Wagenmann, J. H.: L. L.'s Geheimnis der Stimmbänder, 1905 [1926]. ce

Leitner, Maria, Schriftstellerin. 19.1.1892 Varazdin/Kroatien – 1942 verschollen. Studium in der Schweiz. Ab 1913 Mitarbeiterin bei der Budapester Zeitung *Az Est*. Mitglied der KP Ungarns. Flieht vor Pogromen nach Berlin. Ab 1921 im Berliner Verlag der KJI. 1925–28 schreibt sie u.a. für den *Ullstein*-Verlag Reiseportagen. Mit dem sozialkritischen Roman *Hotel Amerika* (1930, NA 1974) wird sie als Schriftstellerin bekannt. 1933 Emigration nach Paris. Mitglied im SDS. In Exilzeitungen veröffentlicht sie Eindrücke über ihre illegalen Reisen nach Dtl. 1940 im Camp de Gurs interniert, kann sie über Toulouse nach Marseille fliehen. Über ihr weiteres Schicksal ist nichts bekannt.
▯ Eine Frau reist um die Welt, 1932 [1999]. ht

Lemm, Alfred (d.i. Alfred Lehmann), Schriftsteller. 6.12.1889 Berlin – 16.10.1918 Berlin. Expressionistischer Prosaautor. Nach 5-jähriger kaufmännischer Tätigkeit Volontariat bei H. ▶ Waldens *Der Sturm*. Seine Erzählungen, Essays und Kritiken erscheinen u.a. in der *Frankfurter Zeitung, Vossischen Zeitung* und in den Zeitschriften *Die Schaubühne, Die Neue Rundschau, Die Weissen Blätter, Zeit-Echo, Die Tat, Der Jude* sowie in der Prager *Selbstwehr*. Sein Essay *Vom Wesen der wahren Vaterlandsliebe* (1917) wendet sich gegen den Krieg. L. stirbt an einer Grippeerkrankung.
▯ Mord, 2 Bde, 1918 [1973]. ht

Lemos, Henriette de ▶ Herz, Henriette.

Leni, Paul (Levi), Filmregisseur, Filmausstatter, Grafiker. 8.7.1885 Stuttgart – 2.9.1929 Los Angeles. Ausbildung zum Zeichner. Studium an der AdBK in Berlin. Arbeitet als Kunstmaler, Bühnenbildner, Karikaturist und Filmplakatgestalter. 1916 als Regisseur beim Militär. Bühnenbilder u.a. für E. ▶ Lubitsch und J. ▶ May. Ab 1917 eigene Regiearbeiten, u.a.: *Hintertreppe* (1921), *Das Wachsfigurenkabinett* (1923). 1922 Gründung der Paul-Leni-Film GmbH.
▤ Bock, H.-M.: P. L., 1986. kq

Leonhard, Rudolf (Pseud. Rudolf Lanzer), Schriftsteller. 27.10.1889 Lissa/Posen – 19.12.1953 Berlin. Studiert Philologie und Jura. Wird im I. WK zum Pazifisten. Teilnahme an der Revolution 1918 und an der Niederschlagung des Kapp-Putsches 1920. Danach freier Autor; gilt als expressionistischer Lyriker, Dramatiker, Erzähler und erster dt. Hörspielautor. Mitbegründer des Theaters *Die Tribüne*, Autor der *Weltbühne* und Lektor der *Schmiede*. Geht 1927 nach Paris. Verfasst *Das Wort. Versuch eines sinnlichen Wörterbuches der dt. Sprache* (1932). Mitbegründer und Vorsitzender des SDS im Exil (1933–39). Bei Kriegsausbruch Internierung in Le Vernet (1939–41), wo er einen Zyklus von über 600 Gedichten verfasst und autobiogr. Erinnerungen zu notieren beginnt, die posthum als *In derselben Nacht. Das Traumbuch des Exils* (2001) veröffentlicht werden. Aus dem Auslieferungslager Castres gelingt ihm 1941 die Flucht. Bis 1944 lebt er in Marseille, schreibt für Zeitschriften der Résistance und veröffentlicht unter Pseud. den an dt. Soldaten gerichteten Gedichtband *Deutschland muss leben* (1944). Rückkehr nach Paris, schwere Erkrankung, zeitweise Erblindung. 1950 Übersiedelung in die DDR.
▯ AW, 4 Bde, 1961–70.
▤ Jentzsch, B.: R. L. 1984. alm/ht

Leschnitzer, Adolf Friedrich, Germanist, Verbandsfunktionär. 3.2.1899 Posen – 24.7.1980 New York. Der Bruder von Franz ▶ L. studiert Geschichte und Germanistik in Heidelberg und Berlin. Ab 1925 als Gymnasiallehrer in Berlin tätig, 1927 Studienassessor, 1928 Studienrat, 1933 Entlassung aus dem Staatsdienst. 1933–39 Leiter der Schulabteilung der RVdJ und zugleich Hg. der *Jüdischen Lesehefte*. Mitglied der ZVfD. 1939 Emigration über die Niederlande und Großbritannien in die USA, dort Prof. an der City Univ. in New York, wo er 1958–66 die Abteilung für Germanische und Slawische Sprachen leitet. Seit 1952 Honorarprof. an der FU Berlin.
▯ Saul und David. Die Problematik der dt.-jüd. Lebensgemeinschaft, 1954.
▤ Fromm, E./ Grossman, K. R./ Herzfeld, H.: Der Friede. Idee und Verwirklichung. Festgabe für A. L., 1961. js

Leschnitzer, Franz, Schriftsteller. 12.2.1905 Posen – 16.5.1967 Berlin/Ost. Bruder von Adolf ▶ L. 1924–30 Studium in Berlin und seit 1924 Mitarbeiter kommunistischer Zeitungen. 1932/33 Sekretär des *Dt. Kampfkomitees gegen Krieg und Faschismus*. Mitglied der KPD und des BPRS. 1933 Emigration in die UdSSR. Hg. der Zeitschrift *Internationale Literatur*, Tätigkeit für das Exilblatt *Das Wort*. 1959 Rückkehr nach Berlin/O. Freier Schriftsteller und Übersetzer russischer Literatur. ah

Lesser, Adolf, Gerichtsmediziner. 22.5.1851 Stargard/Pommern – 6.7.1926 Breslau. Medizinstudium in Berlin. Nach der Promotion 1875 arbeitet L. am Pathologischen Institut bei Rudolf Virchow.

1876–84 ist er Assistent am *Institut für Staatsarzneikunde.* Parallel ist er in der *Klinnsmannschen Irrenanstalt* tätig und habilitiert sich 1881. 1886 geht L. nach Breslau und übernimmt dort 1887 eine a.o. Prof. 1921 wird er zum o. Prof. ernannt. 1899 beginnt er mit dem Aufbau eines Gerichtsmedizinischen Instituts.
▯ Atlas der gerichtlichen Medizin, 1883–94. evk

Lesser, Ludwig, Gartenarchitekt. 3.2.1869 Berlin – 25.12.1957 Vallentuna/Schweden. Seit 1909 erster freischaffender Gartenarchitekt Dtls. Zu den größten Entwürfen L.s zählen die Grünanlagen in der *Gartenstadt Frohnau* und die Landhauskolonie Saarow-Pieskow. 1923–33 Präsident der *Deutschen Gartenbau Gesellschaft*, 1933 Berufsverbot, 1939 Emigration nach Schweden.
▯ 100 Ratschläge für alle Gärten, 1934; Volksparke heute und morgen, 1927.
▤ Lesser-Sagrac, K.: L. L., 1995. ah

Lessing, Julius, Kunsthistoriker. 20.9.1843 Stettin – 14.3.1908 Berlin. Mitbegründer des Dt. Gewerbemuseums in Berlin, das er bis 1908 leitet. Das Museum, das 1881 in den Martin-Gropius-Bau umzieht, erringt durch L.s gezielte Ankaufspolitik internationale Bedeutung. Zu den wichtigsten Erwerbungen jener Zeit gehören u.a. das Ratssilber der Stadt Lüneburg (1874), der mittelalterliche Kirchenschatz aus dem Kloster Enger (1888) und Delfter Fayencen (1900). L. lehrt daneben von 1871–94 als Prof. für Geschichte des Kunstgewerbes an der Bauakad. und der Kgl. Gewerbeakad. evk

Lessler, Toni, geb. Heine, Pädagogin, Schulleiterin. 4.6.1874 Bückeburg – 5.5.1952 New York. Studiert u.a. in England und der Schweiz. Kommt 1902 nach Berlin und richtet 1912 einen privaten Schulzirkel ein, der im Verlauf zur Familienschule ausgebaut wird. 1930 erfolgt die Gründung der *Privaten Waldschule Grunewald* mit einem angegliederten Tagesheim. 1934 wird ‚arischen' Kindern der Besuch der Schule verboten. 1939 Schließung. L. emigriert mit ihrer Schwester Clara Heine in die USA. evk

Leubuscher, Charlotte, Staatswissenschaftlerin. 27.4.1888 Jena – 2.6.1961 London. Studiert in Cambridge, München und Berlin Staatswissenschaften. 1913 Promotion an der Berliner FWU über die englische Arbeiterbewegung. 1919 Assistentin, 1921 Habilitation. 1923/24 Lehrauftrag an der Univ. Göttingen für die Themen Sozialpolitik, Sozialismus und soziale Bewegungen. Studienreisen nach England und Genf sowie nach Südafrika. 1929 Ernennung zur ersten a.o. Professorin der Staatswissenschaften, 1933 Entzug der Lehrbefugnis. Emigration nach Großbritannien; lehrt dort bis zu ihrem Tod.
▯ Der Arbeiterkampf der engl. Eisenbahner im Jahre 1911, 1913 [1990]; Liberalismus und Protektionismus, 1927; The West African shipping trade 1909–59, 1963. Ell

Levi, Max, Bildhauer. 27.9.1865 Stuttgart – 5.6.1912 Berlin. L. studiert ab 1884 an der Berliner AdK. Von seinem ersten Werk *David, das Haupt des Goliat schwingend*, ist eine spätere Fassung in der Galerie Mosse in Berlin zu finden. 1900 geht L. mit einem M. ▸ Beer Stipendium nach Rom, ab 1904 lebt er wieder in Berlin. L. fertigt eine Reihe bedeutender Porträtbüsten, eine davon stellt A. ▸ Geiger dar. Der Berliner Künstlerbund veranstaltet 1912 ihm zu Ehren eine Gedächtnisausstellung. af

Levi, Paul, Jurist. 11.3.1883 Hechingen – 9.2.1930 Berlin. Zählt zu den bekanntesten Vertretern der politischen Linken. Verteidigt u.a. R. ▸ Luxemburg vor Gericht (1914). Entschiedener Kriegsgegner, engagiert sich während des Krieges im Spartakusbund. Mitbegründer der KPD, ab 1919 deren Vorsitzender, 1921 Ausschluss nach internen Streitigkeiten. 1922 tritt er der SPD bei. Hg. der Zeitschrift *Sozialistische Politik und Wirtschaft.*
▯ Zwischen Spartakus und Sozialdemokratie. Schriften, Aufsätze und Briefe, 1969.
▤ Jens, W.: Ein Jud aus Hechingen. Requiem für P. L., 1991; Quack, S.: Geistig frei und niemands Knecht. P. L. – Rosa Luxemburg, 1983. pj

Levi, Paul ▸ Leni, Paul.

Levi, Paula ▸ Salomon-Lindberg, Paula.

Levie, Werner, Kulturpolitiker. 27.3.1903 Berlin – 26.5.1945 Tröbitz/Niederlausitz. 1929 gehört L zu den Mitbegründern der zionistischen *Berliner Jüdischen Zeitung.* 1933–38/39 ist er Geschäftsführer des *Kulturbundes dt. Juden* (später JKB). Ab 1935 führt er das Amt des Generalsekretärs des RjKD. L. verhilft vielen jüd. Künstlern zur Emigration. Er versucht vergeblich den JKB nach Palästina zu überführen. 1939 emigriert er in die Niederlande und übernimmt 1940–42 die Leitung der Bühne *Joodse Schouwburg* in Amsterdam. 1943 ist er mehrere Monate im Lager Westerbork interniert. Anfang 1944 wird er in das KZ Bergen-Belsen deportiert. ae

Levin, David Leib, Kaufmann, Textilunternehmer. 18.9.1815 Königsberg/Neumark – 22.11.1891 Berlin. L. kommt 1935 nach Berlin und erhält 1840 den Bürgerbrief, der ihm erlaubt, ein Gewerbe zu betreiben. In der Gertraudenstraße gründet L. eine Fabrik für Damenmäntel. Er ist einer der ersten Kaufleute, der mit festgelegten Preisen und Preislisten operiert. Neben H. ▶ Gerson, N. ▶ Israel und den Gebrüdern ▶ Manheimer zählt L. zu den prominenten Mitbegründern der Berliner Konfektion. In Anerkennung seiner Leistungen wird ihm der Titel Kommerzienrat verliehen. evk

Levin, Georg ▶ Walden, Herwarth.

Levin, Hirsch (Hirsch Loebel, Zvi Hirsch ben Arje Löb Berlin), Theologe, Rabbiner. 1721 Rzeszow/Polen – 25.8.1800 Berlin. Der Sohn eines Rabbiners ist neben dem Talmudstudium an Natur- und Geisteswissenschaften interessiert. 1757 erhält L. ein Rabbinat in London, wechselt nach Halberstadt, Mannheim und nimmt 1772 die Stelle des Oberrabbiners in Berlin an. L. ist mit M. ▶ Mendelssohn befreundet. 1778 erscheint seine von der preußischen Regierung in Auftrag gegebene Schrift *Ritualgesetze der Juden, betreffend Erbschaften, Vormundschaftssachen, Testamente und Ehesachen, insoweit sie das Mein und Dein angehen.* evk

Levin, Hirsch Gerson ▶ Gerson, Herrmann.

Levin, Julius, Schriftsteller, Arzt, Geigenbauer. 21.1.1862 Elbing – 29.1.1935 Brüssel. Bis 1894 Tätigkeit als Arzt in Berlin, danach Korrespondent für den *Berliner Börsen-Courier* in Paris. Später erlernt L. zudem den Beruf des Geigenbauers und ist schriftstellerisch tätig. Wieder in Berlin, ist L. an der Gründung des *Berliner Ärzteorchesters* beteiligt. 1933 Emigration nach Belgien, dort lehrt er Geigenbau.
📖 Das Lächeln des Herrn v. Golubice-Golubicki, 1915; Die Großfürstin, 1922; J. S. Bach, 1930. ah

Levin, Moritz, Theologe. 1843 Wongrowitz/Posen – 13.12.1914 Berlin. Nach einem Studium in Berlin und dortiger Rabbinerausbildung geht L. als Rabbiner nach Zürich, 1872 nach Nürnberg und kehrt 1884 nach Berlin zurück, wo er in einer Reformgemeinde Prediger wird.
📖 Der Gottesdienst des Herzens, 1872. evk

Levin, Rahel ▶ Varnhagen von Ense, Rahel.

Levin, Zewi Hirsch ▶ Lewin, Hirschel.

Levinstein, Kurt, Philologe, Schulleiter. 10.3.1877 Berlin – 27.2.1956 Berlin. Nach der Schulzeit am Französischen Gymnasium studiert der Bankierssohn Philologie. 1907 kehrt L. an das Französische Gymnasium als Lehrer zurück und wird 1925 stellv. Direktor. 1935 wird er entlassen. L. weigert sich zu emigrieren. Bis 1942 unterrichtet L. an jüd. Privatschulen. Der Deportation entgeht er wegen seiner ‚arischen' Ehefrau. Nach 1945 bemüht sich L. um die Neugründung des Französischen Gymnasiums, das er fortan bis zur Pensionierung 1951 leitet. evk

Levy, Adolf ▶ Magnus-Levy, Adolf.

Levy, Alphonse (Pseud. Alphonse Müller, Ernst Maurer), Schriftsteller, Journalist. 19.11.1838 Dresden – 25.1.1917 Berlin. Nach einer kaufmännischen Ausbildung arbeitet L. journalistisch (u.a. für die *Dresdner Nachrichten* und die *Sächsische Dorfzeitung*). 1895 siedelt er nach Berlin über und wird für die Zeitschrift *Im Deutschen Reich* tätig, die er anschließend bis 1914 leitet. L. ist seit 1894 Generalsekretär des CV.
📖 Erlebt. Erzählungen aus dem jüdischen Familienleben, 1896; Geschichte der Juden in Sachsen, 1900. evk

Levy, Arthur ▶ Liebert, Arthur.

Levy, Betty ▶ Brenck-Kalischer, Bess.

Levy, Ernst, Jurist, Rechtshistoriker. 23.12.1881 Berlin – 14.9.1968 Davis/Kalifornien. Jurastudium in Freiburg und Berlin. Ab 1909 Amtsrichter in Oranienburg bei Berlin. 1915 Habilitation in Berlin und Teilnahme am I. WK als Unteroffizier. 1919 Prof. an der Univ. Frankfurt/M., 1922 in Freiburg, ab 1928 in Heidelberg. 1936 Emigration. In Seattle Prof. für Europäische Geschichte und Römisches Recht.
📖 Der Hergang der römischen Ehescheidung, 1925; Weströmisches Vulgarrecht, 1956; GS, 1963. ae

Levy, Friedrich ▶ Leyden, Friedrich.

Levy, Isidor, Journalist. 15.1.1852 Schippenbeil/Ostpreußen – 16.2.1929 Berlin. Nach dem Studium der Rechtswissenschaften und Nationalökonomie ist L. für die *Königsberger Hartungsche Zeitung* tätig und geht anschließend nach Berlin, wo er 1879 die Leitung der *Berliner Zeitung* übernimmt. Wegen kritischer Äußerungen gegenüber Otto von Bismarck erhält er eine Gefängnisstrafe. Nach einem vierjährigen Auslandsaufenthalt kehrt er 1887 nach

Berlin zurück und wird Redakteur der *Vossischen Zeitung*, für die er bis zu seinem Tode Leitartikel verfasst. 1909–18 ist L. Mitglied der Berliner Stadtverordnetenversammlung. evk

Levy, Julius ▶ Rodenberg, Julius.

Levy, Max, Ingenieur. 23.6.1869 Stargard/Pommern – 4.4.1932 Meran/Italien. Nach einem technischen und naturwissenschaftlichen Studium arbeitet L. als promovierter Ingenieur in Frankfurt/M. und Nürnberg. 1893 wechselt er zur AEG nach Berlin, wo er die Planung der elektrischen Großanlagen und 1896 die Leitung der neu gegründeten Röntgenabteilung übernimmt. L. erfindet einen Quecksilber-Strahlenunterbrecher, der die Röntgentechnik verbessert. 1897 gründet er das erste Spezialunternehmen für Röntgengeräte *(Dr. Max Levy GmbH)* in Berlin. evk

Levy, Rudolf (Pseud. Erwin von Steinbach), Maler. 15.7.1875 Stettin – vermutlich 1944 KZ Auschwitz. Nach dem Besuch der Kunstgewerbeschule und einer Pariser Schaffensperiode, die maßgeblich durch Matisse und Cézanne beeinflusst wird, lässt sich L. 1921 in Berlin nieder und schließt sich der *Berliner Secession* an. Er malt vorwiegend Stillleben, Landschaften und Porträts. 1933 flieht er aus Dtl, 1943 wird er in Florenz von der Gestapo gefasst und vermutlich nach Auschwitz deportiert. evk

Levy, Salomo Moses ▶ Delmar, Ferdinand Moritz.

Levy, Sara, geb. Itzig, Salonnière. 19.6.1761 Berlin – 11.5.1854 Berlin. Entstammt als Tochter von D. ▶ Itzig einer der einflussreichsten und privilegiertesten Familien Berlins. Wird mit dem Bankier Solomon Levy verheiratet. Als eines der wenigen Familienmitglieder konvertiert sie nicht. L.s musikalischer Salon zieht wegen ihrer sprachlichen und musikalischen Fähigkeiten französische Diplomaten, Intellektuelle und Musiker, u.a. Haydn und Mozart, an. Er übersteht als einer der wenigen Salons den Krieg von 1806.

🗎 „Bach-Kultus" in Berlin um 1800. S. L. und ihr musikalisch-literarischer Salon, 2002. nms

Levy-Dorn, Max, Arzt. 1.8.1863 Berlin – 20.6.1929 Berlin. Studium in Berlin, 1888 Promotion in Leipzig. 1896 eröffnet L. das erste private Röntgeninstitut Berlins. Von 1906 bis zu seiner Pensionierung 1928 Leitung des von ihm konzipierten Röntgeninstitutes im Rudolf-Virchow-Krankenhaus. Publikationen zur Diagnostik und Therapie mittels Röntgenstrahlen, u.a. ist er Hg. des *Handbuch der Röntgendiagnostik* (1921).

🕮 Die Röntgenstrahlen, 1904; Die Röntgenphysik, 1922.

🗎 Roeser, U.: M. L.-D.: Biobibliographie, 1964. kk

Levy-Rathenau, Josephine, Sozialarbeiterin. 3.6.1877 Berlin – 15.11.1921 Berlin. Gründet 1900 den Berliner Frauenklub und leitet zwei Jahre später die Auskunftsstelle für Frauenberufe. 1914 zählt L.-R. zu den Initiatorinnen des *Nationalen Frauendienstes*. 1910–20 Hg. der Zeitschrift *Frauenberufe und Erwerb*. L.-R. gehört zu den prominentesten jüd. Frauen, die sich in der dt. Frauenbewegung engagieren. 1920 wird sie Stadträtin im Magistrat von Berlin.

🕮 Die dt. Frau im Beruf, 1901 [1980]. pj

Fanny Lewald

Lewald, Fanny, verh. Stahr, Schriftstellerin, Salonnière. 24.3.1811 Königsberg – 5.8.1889 Dresden. Stammt aus der Kaufmannsfamilie Marcus, später Lewald. 1830 Konversion zum Protestantismus. Widersetzt sich den Plänen des Vaters eine Vernunftehe einzugehen, siedelt mit 34 Jahren gegen den Willen der Eltern nach Berlin über und beginnt zu schreiben. Bereits ihr zweiter Roman *Jenny* (1843, NA 1996) sichert ihr finanzielle Unabhängigkeit. Ihr

Œuvre umfasst mehr als 30 Romane sowie einige Reisebeschreibungen und politische Schriften. In ihren Publikationen tritt sie für die Emanzipation des Bürgertums, der Juden und Frauen ein. 1845 lernt sie den verheirateten Schriftsteller und Kunsthistoriker Adolf Stahr kennen, den sie nach dessen Scheidung 1855 heiratet. Zu Beginn der 1850er Jahre stellen L.s Montagabendgesellschaften einen der wichtigsten politisch-literarischen Salons in Berlin dar. Gäste sind u.a. F. ▶ Lassalle, Paul Heyse, Franz Liszt und der Großherzog v. Sachsen-Weimar.

Meine Lebensgeschichte, 3 Bde, 1861/62 [1988/89]; Für und wider die Frauen, 1870 [1989]; GW, 12 Bde, 1871–74.

Ornam, V. van: F. L. and 19 century constructions of feminity, 2002; Marci-Boehnke, G.: F. L. Jüdin, Preußin, Schriftstellerin, 1998; Schneider, G.: F. L., 1996. nms

Lewald, Theodor, Sportfunktionär. 18.8.1860 Berlin – 17.4.1947 Berlin. Neffe F. ▶ Lewalds. 1878 Jurastudium an den Berliner Univ., in Heidelberg und Leipzig. Ab 1885 Karriere im preußischen Staatsdienst. 1919 Vorsitzender des Dt. Reichsausschuss für Leibesübungen. 1924 Mitglied im IOC. L. ist maßgeblich daran beteiligt, dass die Olympischen Spiele 1936 in Berlin stattfinden.

Krüger, A.: T. L.: Sportführer ins Dritte Reich, 1975. kk

Lewandowski, Louis, Kantor, Komponist. 3.4.1821 Wreschen/Posen – 4.2.1894 Berlin. L. gilt als Reformator der musikalischen Ausgestaltung des jüd. Gottesdienstes. Er kommt mit 12 Jahren nach Berlin, um Klavier- und Gesangsunterricht zu nehmen und ist der erste jüd. Schüler der Kompositionsschule der AdK. Nach 1840 arbeitet er als Gesangslehrer an der Freien Jüd. Schule und seit 1844 als Chorleiter der JGB. In seinen Kompositionen geht es L. um eine Anpassung des jüd. Tempelgesangs an die europäische Musikentwicklung, wobei ihm F. ▶ Mendelssohn-Bartholdy als Vorbild dient. Berühmt wird er durch die Komposition *Toda Wesimra* (1876–82) für Chor und Kantorsolo. 1866 erfolgt die Ernennung zum Dirigenten in der Neuen Synagoge, wodurch er die Orgel in seinen Werken einsetzen kann. L. wird zum Kgl. Musikdirektor und Prof. für Musik ernannt. Seine Tochter Martha heiratet H. ▶ Cohen.

Liturgische Psalmen und Orgelpräludien, 2 CDs, 1997.

Friedmann, A.: Das Dreigestirn, Salomon Sulzer, L. L. und Moritz Deutsch, 1913. mr/mk

Lewandowski, Manfred, Kantor. 1.9.1895 Hamburg – 1970 Philadelphia. Stammt aus einer Kantorenfamilie und erhält seine Ausbildung bei seinem Vater Isidor L. 1921–23 ist L. Oberkantor in Königsberg, 1923–28 wirkt er am Friedenstempel in Halensee, anschließend an der Synagoge in der Lindenstraße. Bis 1933 ist L. auch als Sänger für verschiedene Radiostationen tätig. 1938 Emigration über Frankreich in die USA. 1939/40 ist L. Kantor in New York, 1940–48 in Philadelphia. Bis 1965 tritt er in Synagogen auf. mr

Lewey, Frédéric Henry ▶ Lewy, Fritz Heinrich.

Lewin, Daniel (Kurt), Verbandsfunktionär, Diplomat. 18.8.1907 Berlin – 19.1.1971 Bangkok. Aktiver Sportler im *Bar Kochba* Berlin. 1936 Vorstandsmitglied der *Makkabi*-Jugendbewegung. ZK-Mitglied der *Hechaluz.* 1937 Leiter der *Hachschara* Jugendgruppe in Westerbeck. Nov. 1938 Haft im KZ Sachsenhausen. Dez. 1938 Emigration nach Palästina. 1945–48 Delegationsleiter der Jewish Agency in der britischen Besatzungszone in Dtl. Nach der israelischen Staatsgründung im diplomatischen Dienst tätig. kk

Lewin, Hirschel (d.i. Zewi Hirsch Levin; Hirschel Löbel), Rabbiner. 1721 Rzeszow/Galizien – 25.8.1800 Berlin. L. wird, nachdem er zuvor in London, Halberstadt und Mannheim als Rabbiner tätig war, 1772/73 zum Oberrabbiner der kurmärkischen und pommerischen Judenschaften in Berlin berufen. L., der Tradition und Moderne bei der Leitung der Gemeinde zu vereinen versucht, befürwortet einerseits die Bibelübersetzung M. ▶ Mendelssohns, wendet sich aber gleichzeitig entschieden gegen alle Bestrebungen, die traditionelle jüd. Erziehung im Sinne einer Angleichung an die christliche Umgebungsgesellschaft zu reformieren. So wendet er sich gegen N. H. ▶ Wessely, den er 1782 aus Berlin vertreiben lassen will. js

Lewin, Jakob ▶ Joseph Jacques.

Lewin, Kurt, Psychologe. 9.9.1890 Mogilno/Posen – 12.2.1947 Washington. Traditionelle jüd. Erziehung; seit 1909 Medizinstudium in Freiburg und München, wo er sich auch der Psychologie zuwendet. Seit 1910 in Berlin, hört er auch bei E. ▶ Cassirer. 1916 promoviert er bei Carl Stumpf. Nach dem Militärdienst im I. WK habilitiert er sich in Berlin und ist am Berliner Psychologischen Institut tätig. 1927 wird er a.o. Prof. und hat 1932/33 eine Gastprof.

in Stanford inne, von wo er nicht mehr nach Dtl zurückkehrt. Weitere Stationen sind Iowa, Harvard und Berkeley. L. bemüht sich um die Entwicklung einer topologischen Psychologie, er konzentriert sich dabei auf die Motivations- und Gruppenpsychologie. L. ist der Begründer der ‚Feldtheorie', die in der Nachfolge der Gestaltpsychologie den dynamischen Zusammenhang von Wahrnehmung, Erleben und Verhalten beschreibt.
WA, 7 Bde, 1980–83.
K. L. Person, Werk, Umfeld. Historische Rekonstruktion und aktuelle Wertungen, 1992. mk

Lewin, Louis, Mediziner. 9.11.1850 Tuchel/Westpreußen – 1.12.1929 Berlin. 1856 Umzug der Familie nach Berlin. Ab 1871 Medizinstudium an der FWU. 1876 Approbation. Nach Assistenzzeiten in Halle und München habilitiert sich L. in Toxikologie, Arzneimittellehre und Hygiene. 1893 Prof. L. gilt als Begründer der modernen Toxikologie.
Gifte und Vergiftungen, 1992; Phantastica. Die betäubenden und erregenden Genußmittel, 1924.
Hoppe, B.: L. L., 1985; Der Toxikologe L. L., 1982. kk

Lewin, Ludwig, Psychiater. 12.11.1887 Berlin – 10.11.1967 Berlin. Studium der Germanistik, Literaturgeschichte und Psychologie in Berlin und Würzburg, 1913 Promotion. L. ist zunächst als Journalist und Dozent tätig, wird später Direktor der Lessing-Hochschule in Berlin. Nach 1933 Emigration nach Schweden, arbeitet als Psychotherapeut in Stockholm und 1935/36 bei C. G. Jung in Zürich. 1938 Übersiedlung in die USA, 1943–56 Direktor einer psychiatrischen Klinik in Long Island. 1964 Rückkehr nach Dtl und erneut Leiter der Lessing-Hochschule Berlin.
Quell des Wissens, 5 Bde, 1927; Der erfolgreiche Mensch, 3 Bde, 1928.
L. L. und die Lessing-Hochschule, 1975. mk

Lewinnek, Alfred Franz, Pädagoge. 26.10.1892 Berlin – 1983 Richmond/Großbritannien. Nach der Teilnahme am I. WK und englischer Gefangenschaft, legt L. 1920/21 die Lehramtsprüfungen ab. Zunächst ist er in verschiedenen Schulanstalten tätig, bis er 1924 eine Stelle an dem von F. ▶ Karsen geleiteten Kaiser-Friedrich-Realgymnasium erhält. Ab 1933 wird er mehrfach strafversetzt und 1936 entlassen. L. ist dann an der Privatschule der ORT angestellt und kommt über diese Organisation nach Großbritannien (1939), wo er bis 1963 im Schuldienst arbeitet. ul

Lewinsohn, Richard (Pseud. Morus), Mediziner, Journalist. 23.9.1894 Graudenz/Ostpreußen – 9.4.1968 Madrid. SPD-Mitglied. L. studiert Medizin und Nationalökonomie, ist Feldarzt im I. WK und promoviert in Berlin 1919 zum Dr. med. Anschließend ist er im Sozialreferat und am Hygieneinstitut der Univ. Berlin tätig. Ab 1922 wendet er sich hauptberuflich dem Journalismus zu, u.a. schreibt er für die *Weltbühne* und den *Berliner Börsen-Courier*. 1923 promoviert er zum Dr. rer. pol. mit *Sozialismus und Bevölkerungspolitik*. 1923–25 ist L. politischer Redakteur der *Vossischen Zeitung*, wird deren Korrespondent in Paris und übernimmt 1925 die Wirtschaftsredaktion. 1933 emigriert L. nach Paris, wo er für das *Pariser Tageblatt* arbeitet. 1939 wird er interniert, 1940 emigriert er nach Brasilien, gründet ein Marktforschungsinstitut und die *Conjuntura Economica* und erhält in Rio de Janeiro eine Prof. für Wirtschaftswissenschaften. 1952 kehrt er nach Frankreich zurück und arbeitet in den folgenden Jahren als Musikjournalist.
Eine Weltgeschichte der Sexualität, 1956; Geld in der Politik, 1930; Die Umschichtung der europäischen Vermögen, 1924. mr/nt

Lewy, Fritz Heinrich (Frédéric Henry L., später Lewey), Neuropathologe. 28.1.1885 Berlin – 5.10.1950 Pennsburg/USA. Studium in Zürich und Berlin, Promotion 1910. L. arbeitet in Breslau, München und Berlin (Charité und Klinik am Hansaplatz). Im I. WK Militärarzt in der Türkei. 1921 Habilitation, 1923 a.o. Prof. 1934 Entzug der Lehrbefugnis. Emigration durch Hilfe der Quäker zusammen mit Ehefrau und Mutter 1933 nach Großbritannien, 1934 in die USA. Arbeit in der Univ. of Pennsylvania in Philadelphia. L. entdeckt 1912 Zelleinschlüsse (*Lewy-Körper*) im Gehirn von Parkinsonkranken, macht weitere Untersuchungen hierzu, darüber hinaus zum akustischen System, zur Neurophysiologie, zu Intoxikationen, Infektionen und Hirntumoren. *Lewy-Körper* stehen heute im Zentrum der Erforschung degenerativer Hirnkrankheiten.
Die Lehre vom Tonus und der Bewegung, 1923.
Holdorff, B.: Geschichte der Neurologie, 2001. fwk

Lewysohn, Rudolf ▶ Nelson, Rudolf.

Leyden, Friedrich (d.i. Friedrich Levy), Geograph. 3.3.1891 Freiburg/Breisgau – 30.1.1944 Ghetto Theresienstadt. 1909–13 Studium der Geografie und Geologie in Freiburg, Berlin und München; wissenschaftliche Arbeiten über das Alpengebiet. L.

kann sich als Jude in seinem Fach nicht habilitieren, nimmt den Namen Leyden an und wechselt 1923 in den diplomatischen Dienst. Er arbeitet zumeist in Berlin, wo sein Hauptwerk *Gross-Berlin. Geographie der Weltstadt* (1933) entsteht. Es handelt sich dabei um die erste Gesamtdarstellung der Stadt aus geografischer Perspektive. S. verzichtet in seinen Ausführungen souverän auf die traditionelle Großstadtfeindschaft. 1933 emigriert L. in die Niederlande. 1943 wird er nach Theresienstadt deportiert. jos

Licht, Hugo Georg, Architekt, Stadtbaurat. 21.2.1841 Nieder-Zedlitz/Posen – 28.2.1923 Leipzig. Nach einer Ausbildung in einem Berliner Architekturbüro, studiert L. ab 1864 an der Kgl. Preußischen Bauakademie in Berlin. Ab 1871 ist er freiberuflich in Berlin tätig. 1879 wird L. Leiter des Hochbauamtes in Leipzig, bis er 1896 von diesem Amt abberufen wird. Danach ist er bis 1906 als Stadtbaurat tätig. Leipzig verdankt ihm zahlreiche Bauten, so z.B. das Predigerhaus der Nikolaikirche (1885–87) und das Neue Rathaus (1900–05).
Architectur Berlins, 1877 [1998]. nv

Lichtenstein, Alfred, Lyriker. 23.8.1889 Berlin – 25.9.1914 bei Vermandovillers/Frankreich. Sohn eines Textilfabrikanten. Jurastudium in Berlin. 1914 Promotion in Erlangen. Ab 1910 publiziert L. Gedichte und kürzere Prosatexte in Zeitschriften wie *Die Aktion, Simplicissimus* und *Pan*. Sein Gedicht *Die Dämmerung* (1911), das in der Zeitung *Der Sturm* erscheint, macht Furore. Unter gleichem Titel veröffentlicht L. 1912 eine erste Gedichtsammlung. Er stirbt als Soldat im I. WK.
Gedichte und Geschichten, 1919; Dichtungen, 1989.
Vollmer, H.: A. L.: Zerrissenes Ich und verfremdete Welt, 1988. ht

Lichtheim, Georg, Historiker, Journalist. 6.11.1912 Berlin – 22.4.1973 London. Sohn von Richard ▶ L., der mit seiner Familie 1933 nach Palästina emigriert. L. ist Mithg. der *Jerusalem Post*. 1946 Umzug nach London. 1957/58 Dozent an der Univ. of Columbia und 1964– 66 Dozent an der Stanford Univ./USA. Begeht 1973 Selbstmord.
Marxism, 1964; Kurze Geschichte des Sozialismus, 1972; Europa im 20. Jh., 1973. kk

Lichtheim, Richard, Politiker. 18.7.1885 Berlin – 29.4.1963 Jerusalem. Studium der Nationalökonomie in Berlin und Freiburg. Ab 1910 Mitglied im geschäftsführenden Ausschuss der *Zionistischen Vereinigung für Dtl* und Vorsitzender der dt. Kommission *Jüd. Nationalfonds*. 1911–13 Redakteur des zionistischen Zentralorgans *Die Welt*. Übersiedlung nach Konstantinopel, wo er während des I. WK für eine Zionistische Organisation tätig ist. Da er der Spionage verdächtigt wird, kehrt er 1916 nach Berlin zurück. Ab 1917 ist L. Exekutivmitglied der *Zionistischen Weltorganisation* und Präsident der *Zionistischen Vereinigung für Dtl*. 1921–23 ist L. Mitarbeiter von Chaim Weizman in London. 1925 tritt er in die *Revisionistische Bewegung* ein, die er 1933 wieder verlässt, um in Palästina die *Jüd. Staatspartei* zu gründen. Er baut mit Georg Halpern die Versicherungsgesellschaft *Migdal Insurance Company* auf und leitet 1938–46 das Büro der *Zionistischen Weltorganisation* in Genf.
Die Geschichte des Zionismus in Deutschland, 1954; Rückkehr. Lebenserinnerungen, 1970. js

Richard Lichtheim

Liebenthal, Ite (Ida), Lyrikerin. 15.1.1886 Berlin – unbekannt. Studium der Germanistik, Philosophie und Publizistik in Berlin und Heidelberg. Erste veröffentlichte Gedichte in der Zeitschrift *Die Argonauten*. Dank der Vermittlung von Rilke erscheint 1921 ein Band ihrer *Gedichte*. Ihren Lebensunterhalt verdient L. als Rechtsanwaltsgehilfin. Ab 1938 muss sie in Berlin Zwangsarbeit leisten. Am 27.11.1941 wird sie nach Riga deportiert. Über ihr weiteres Schicksal ist nichts bekannt. Karl Rauch veröffentlicht 1947 Gedichte aus L.s Nachlass. ht

Liebermann, Benjamin, Textilfabrikant. 4.12.1812 Märkisch-Friedland – 15.1.1901 Berlin. 1825 Übersiedlung nach Berlin. Begründer der Berliner Kattunfabrikation, erfolgreich im Export. Vizepräsident der Korporation der Kaufmannschaft Berlin, erster Präsident des Deutschen Handelstages. Vorsitzender der *Gesellschaft der Freunde*, des *Talmud-Vereins* und der *Gesellschaft Jüd. Handwerker und Künstler zur gegenseitigen Unterstützung in Krankheitsfällen*. sp

Liebermann, Felix, Mediävist. 20.7.1851 Berlin – 7.10.1925 Berlin. Der Bruder von Max ▶ L. absolviert eine kaufmännische Ausbildung in Manchester, bevor er 1873 gegen anfänglichen Widerstand des Vaters Geschichte in Göttingen studiert. Mitarbeiter der *Monumenta Germaniae Historica* (MGH, 1877–85). Arbeiten über die frühe englische Geschichte, *Ungedruckte anglo-normannische Geschichtsquellen* (1879) sowie Studien über die frühe englische Gesetzgebung, deren wichtigste die Edition der *Gesetze der Angelsachsen* (1896–1916) ist.
Texte und Forschungen zur englischen Kulturgeschichte, 1921. nms

Liebermann, Max, Maler, Grafiker. 20.7.1847 Berlin – 8.2.1935 Berlin. Sohn einer wohlhabenden Kaufmannsfamilie. Gegen den Widerstand der Eltern Kunststudium in Weimar. Mit naturalistischen, oft einfache Arbeiter darstellenden Bildern löst L. Mitte der 1870er Jahre Skandale aus, erntet aber ebenso viel Anerkennung. Nach Aufenthalten in München und Holland erringt er 1881 in Paris großen Erfolg, der ihm in Dtl noch versagt bleibt. Besonders die niederländische Landschaft sowie die Lebensverhältnisse der Arbeiter prägen seine Malerei. 1884 kehrt er nach Berlin zurück und heiratet Martha Marckwald, im Jahr darauf wird Tochter Käthe geboren. 1892 Mitbegründer der *Vereinigung der XI*, einer Berliner Künstlergemeinschaft, die sich von der offiziellen akad. Kunstrichtung lossagt. Nach dem Tod seiner Mutter 1892 zieht er in das Haus der Familie am Pariser Platz, 1910 bezieht er seine Villa am Großen Wannsee. Zu seinem 50. Geburtstag wird L. erstmals mit einer Gesamtausstellung seiner Werke geehrt und zum Prof. der Kgl. AdK ernannt. In zahlreichen europäischen Akademien wird er Ehrenmitglied. Die *Berliner Secession* entwickelt sich unter seiner Präsidentschaft (1899–1911) zu einer maßgebenden Institution im dt. Kunstleben. Er setzt sich für junge Künstler wie Käthe Kollwitz und Heinrich Zille ein. 1920–32 Präsident der PAdK. Zu seinem 80. Geburtstag erhält er die Ehrenbürgerwürde von Berlin. Früh ist er Opfer antisemitischer Diffamierungen. Von einer schweren Erkrankung 1932 erholt sich L. nur langsam und stirbt nach einem Rückfall drei Jahre später.
Schütz, Ch.: M. L., 2004; Schmalhausen, B.: „Ich bin doch nur ein Maler" - M. und Martha L. im Dritten Reich, 1994. p

Liebermann, Mischket, Schauspielerin. 18.1[illegible].1905 Tytschin/Galizien – 1982 vermutlich Berlin. 1914 flieht die Familie nach Berlin, wo L., Die Tochter eines orthodoxen Rabbiners, im so genannten Scheunenviertel aufwächst. 1920 verlässt sie das Elternhaus und sucht erste Kontakte zur Arbeiterbewegung, 1925 wird sie Mitglied der KPD. Seit 1923 nimmt L. Schauspielunterricht bei Heinz Goldberg und findet 1927, nach einem Aufenthalt in der Sowjetunion, ein Engagement am Jüd. Staatstheater in Minsk. Nach 1933 Anschluss an ein deutschsprachiges Kolchostheater, dessen Direktorin sie später wird. Nach 1945 Rückkehr nach Berlin und Beteiligung am kulturpolitischen Aufbau der DDR.
Aus dem Ghetto in die Welt. Autobiogr., 1977 [1995]. ce

Liebert, Arthur (d.i. Arthur Levy), Philosoph. 10.11.1878 Berlin – 5.11.1946 Berlin. Getauft. 1928–33 a.o. Prof. für Philosophie der Univ. Berlin. Leitender Direktor der *Kant-Gesellschaft* und Mithg. der *Kant-Studien*. Namhafter Vertreter der Neukantianer und der Marburger Schule. 1933 Emigration nach Jugoslawien. 1939 Emigration nach Großbritannien. 1946 Rückkehr nach Berlin und Rückruf als o. Prof. an die Berliner Univ. sowie Berufung zum Dekan der Pädagogischen Fakultät.
Vom Geist der Revolution, 1919; Das Problem der Geltung, 1914 [1971]; Die Philosophie Giovanni Picos della Mirandola, 1908.
Wirth, G.: Auf dem „Turnierplatz" der geistigen Auseinandersetzungen: A. L. und die Kantgesellschaft, 2004. ko

Liebhardt, Salomo(n) ▶ Lublinski, Samuel.

Liebmann, Esther, geb. Schulhoff, Hofjüdin. unbekannt – um 1714 Berlin. In erster Ehe mit dem preußischen Hoffaktor I. ▶ Aron verheiratet, nimmt nach seinem Tod die Stelle als Hofjüdin ein. Heiratet J. ▶ Liebmann, der mit ihrer Hilfe ihr Nachfolger wird. Nach dessen Tod 1702 nimmt sie ihre ursprüngliche Position wieder ein. L. ist einflussreich am Hof Friedrich Wilhelm I., genießt verschiedene Privilegien und es gelingt ihr, politische und wirtschaftliche Interessen in der JGB durchzusetzen. as

Liebmann, Jost (Juda Berlin), Hofjuwelier. Um 1639 Göttingen – 30.1.1702 Berlin. Hofjude des Großen Kurfürsten und seines Sohnes. Lieferant und Kreditgeber des Hofes. Lebt zeitweise im Haus der Glückel v. Hameln in Hildesheim, ist mit ihrer Nichte verheiratet. Wird 1664 vom Leibzoll befreit und zieht 1677 nach dem Tod seiner Frau nach Berlin. Heiratet 1677 E. ▶ Liebmann und ist ab 1678 Hofjuwelier in Berlin. Erhält das Recht, eine Privatsynagoge zu bauen. Am Ende des Jahrhunderts ist K. einer der wohlhabendsten Juden Preußens. as

Liepmann, Wilhelm Gustav, Gynäkologe, Sozialwissenschaftler. 5.12.1878 Danzig – 18.3.1939 Istanbul. 1907 Habilitation, PD, ab 1921 a.o. Prof. für Gynäkologie in Berlin. Ab 1925 Direktor des *Instituts für Frauenheilkunde,* 1929 wird für ihn der Lehrstuhl für *Soziale Gynäkologie* eingerichtet. Direktor der Frauenklinik und des Geburtshospitals *Cecilienhaus* in Berlin. Emigriert 1933 in die Türkei, wird in Istanbul Prof. für Gynäkologie und Direktor der Univ.-Frauen-Klinik.
📖 Die Abtreibung: eine medizinisch-soziologische Studie in bildlichen Darstellungen für Ärzte, Juristen und Soziologen, 1927; Über den suprasymphysären Querschnitt, 1901.
🗎 Grabke, V. C.: W. L. als sozialer Gynäkologe, 1980. ko/ht

Lilien, Ephraim Mose, Grafiker. 23.5.1874 Drohobycz/Galizien – 18.7.1925 Badenweiler. L. wirkt 1894–99 in München u.a. als Illustrator von Zeitschriften, Mitarbeiter der *Jugend*. Seit 1899 in Berlin als Buchillustrator bekannt: *Juda* von B. von Münchhausen (1900), *Lieder des Ghetto* von M. Rosenfeld (1902). L. gilt als bedeutender Grafiker des Jugendstils und Erneuerer der Buchkunst; ist überzeugter Jude und Zionist. 1901–05 Teilnahme am 5.–7. Zionistischen Kongress, Mitbegründer der *Demokratischen Fraktion* sowie des *Jüdischen Verlags* in Berlin. Zeitweise Lehrer an der Bezalel-Schule in Jerusalem. Seit 1906 bereist er mehrmals Palästina, malt Veduten von Landschaften und Städten des Landes, fertigt zahlreiche Radierungen jüd. Köpfe. Seit 1909 erscheint seine illustrierte Bibel (3 Bde), die jedoch unvollständig bleibt.
🗎 Brieger, L.: E. M. L.: Eine künstlerische Entwicklung um die Jahrhundertwende, 1922. js

Ephraim Mose Lilien

Lilienthal, Siegfried ▶ Stahl, Fritz.

Lindau, Paul, Journalist, Schriftsteller, Theaterleiter. 3.6.1839 Magdeburg – 31.1.1919 Berlin. 1847 Umzug nach Berlin. 1857–59 Studium der Philosophie und Literaturgeschichte in Halle, Leipzig und Berlin. Bis 1862 in Paris, dort pflegt L. Kontakte zu Schriftstellern und verfasst Beiträge für verschiedene Periodika. Nach Dtl zurückgekehrt, schreibt er bis 1869 für Zeitungen in Düsseldorf, Berlin und Elberfeld. Hg. des *Neuen Blattes* (1869–72) in Leipzig, der *Gegenwart* (1872–82) sowie *Nord und Süd* (seit 1878) in Berlin. Wird als Dramenautor populär. Nach seinen Erfolgen in den 1880er Jahren avanciert L. in kürzester Zeit zum Theater-‚Kritikpapst' Berlins. Intendant in Meiningen (ab 1895), am Berliner Theater (1899–1904) und am DT (1904/05). 1909–17 Dramaturg des Kgl. Schauspielhauses. Daneben verfasst er Romane, Kriminalstudien und Reisebeschreibungen.
📖 15 Jahre Theater (1888–1903), 1910.
🗎 Klemperer, V.: P. L., 1909; Antoni, R.: Der Theaterkritiker, 1961; Eismann-Lichte, A.: P. L.: Gründerjahre, 1983. kq

Lindberg, Paula ▶ Salomon-Lindberg, Paula.

Lindenberger, Hanni ▶ Meyer, Hanni.

Linderer, Joseph, Zahnarzt. 26.2.1809 Göttingen – 20.7.1878 Berlin. Als Sohn eines Zahnarztes kommt L. 1826 nach Berlin und studiert dort ebenso Zahnmedizin. L. wird erster Dozent seines Fachs an der Univ. Berlin und Mitbegründer der wissenschaftlichen Zahnheilkunde. Er forscht und publiziert über Karies und betreibt Volksaufklärung, in dem er den Wert gesunder Zähne und deren Pflege propagiert. Als ‚Zahnschmerzlinderer' ist er in Berlin stadtbekannt. Sein Grab auf dem jüd. Friedhof in der Schönhauer Allee wird bis 1933 vom *Reichsverband der Zahnärzte Deutschlands* gepflegt.
Burkhalter, W.: Calmann Jacob und dessen Sohn J. L., 1990. evk

Linke, Lucie Klara ▶ Riesenburger, Lucie Klara.

Lion, Hildegard Gudilla, Sozialpädagogin, Lehrerin. 14.5.1893 Hamburg – 8.4.1970 Hindhead/ Großbritannien. Nach der Ausbildung zur Lehrerin und Sozialpädagogin studiert L. Volkswirtschaft und Pädagogik. Promotion 1924 in Köln. L. ist in der Aus- und Weiterbildung für Frauenberufe tätig, u.a. ab 1928 als Studienleiterin und Direktorin an der *Deutschen Akad. für soziale und pädagogische Frauenarbeit* in Berlin. 1933 Emigration nach Großbritannien, wo sie eine Heimschule für Flüchtlingskinder gründet, die sie bis 1960 mit E. ▶ Wolff leitet. ul

Lipmann, Otto, Psychologe. 6.3.1880 Breslau – 7.10.1933 Berlin. Studiert Philosophie, Psychologie, Zoologie und Mathematik in Breslau, Berlin und München, promoviert bei Hermann Ebbinghaus. Ab 1906 Mitarbeiter des *Instituts für angewandte Psychologie* in Berlin, ab 1918 dessen Leiter (zusammen mit William Stern). Seine Arbeitsgebiete sind Berufs-, Wirtschafts- und Arbeitspsychologie. Seit 1932 Lehrbeauftragter für Psychologie der Arbeit an der Univ. Berlin. Nach der Plünderung seines Instituts durch Nationalsozialisten beendet L. sein Leben.
Psychologie der Berufe, 1922; Lehrbuch der Arbeitswissenschaft, 1932. ko/ht

Lippold, Hofjude, Münzmeister. Unbekannt Prag – 28.1.1573 Berlin. Seit 1550 Wohnort in der Mark Brandenburg nachweisbar. Kurfürst Joachim II. ernennt ihn 1556 zum Obersten aller Brandenburger Juden. 1565 Ernennung zum Schatullenverwalter, Kammerdiener und Münzmeister sowie Verwalter der kurfürstlichen Münze. L. wird des Mordes am Kurfürsten (gest. 1571) angeklagt und ohne Schuldnachweis hingerichtet. Daraufhin wird Juden der Aufenthalt in der Mark Brandenburg „auf alle Zeiten" verboten.
Ackermann, A.: Münzmeister Lippold, 1910. as

Lissauer, Ernst, Autor. 10.12.1882 Berlin – 10.12.1937 Wien. Seine Lyrik, Dramen und Aufsätze sind getrieben von einer ‚monomanischen Liebe' zur dt. Kultur, wie er es 1933 selbst beschreibt. Heroisch-religiöses Pathos mischen sich mit dt.-nationaler Gesinnung. In der *Kunstwart-Debatte* (1912) plädiert er für eine ‚totale Assimilation' der Juden an die dt. Kultur. Von seinem *Hassgesang auf England* (1914) distanziert er sich später, obwohl er dafür den Roten Adlerorden des Kaisers erhielt.
Die ewigen Pfingsten, 1919. ht

Lissitzky, El (d.i. Eliezer bzw. Lazar Markowitsch Lisitskij), Architekt, Maler. 23.11.1890 Polschinok/ Smolensk – 30.12.1941 Moskau. 1909–14 Architekturstud. in Darmstadt. 1917 holt ihn M. ▶ Chagall an die Kunstakademie von Witebsk (Weißrussland), wo L. Architektur und Grafik unterrichtet. Ab 1921 Prof. an der Architekturfakultät VHUTEMAS in Moskau. Im gleichen Jahr gründet er in Berlin die Kunstzeitschrift *Veschtsch* (Gegenstand). 1922 stellt er mit anderen Konstruktivisten in der Galerie van Diemen in Berlin aus. 1923 ist er auf der *Grossen Berliner Kunstausstellung* vertreten. In den folgenden Jahren beschäftigt er sich mit Architekturtheorie, Ausstellungsarchitektur, Malerei, Fotografie, Typografie. L. gilt als einer der wichtigsten Theoretiker des Konstruktivismus. Seine Malerei ist gekennzeichnet durch gegenstandslose, mit Zirkel und Lineal konstruierte Kompositionen.
Erinnerungen, Briefe, Schriften, 1992; Pro dva kvadrata, 1920.
Hemken, K. U.: E. L.: Revolution und Avantgarde, 1990; Nobis, N.: E. L., 1988. nv

Litten, Hans (Achim), Jurist. 19.6.1903 Halle – 5.2.1938 KZ Dachau. Ab 1906 wohnt die Familie in Königsberg, wo der Vater zeitweilig Rektor der Univ. ist. Entgegen der Haltung des getauften und politisch konservativen Vaters steht L. nicht nur der jungen Demokratie aufgeschlossen gegenüber sondern organisiert sich zusammen mit seinem Freund M. ▶ Fürst im *Schwarzen Haufen* und beschäftigt sich mit jüd. Mystik. 1928 lässt er sich als Anwalt am Berliner Kammergericht nieder und arbeitet für die *Rote Hilfe Deutschland,* die Arbeiter juristisch unterstützt. Als es im Mai 1929 bei Zusammenstößen zwischen Demonstranten und Polizei in Berlin zahlreiche Tote gibt, untersucht L. zusammen mit A. ▶ Döblin, Heinrich Mann und Carl v. Ossietzky die Vorgänge und erhebt gegen den Polizeipräsidenten Anklage wegen Mordes in 33 Fällen. Nach dem Überfall der SA auf das Charlottenburger Tanzlokal *Eden* am 22.11.1930, gelingt es ihm, Adolf Hitler in den Zeugenstand zu rufen und ihn dazu zu zwingen, sich von den Taten zu distanzieren. Dies wird L. nie verziehen. Bis zur Machtübernahme versucht er noch mehrere Prozesse gegen SA-Mitglieder zu führen. Bereits in der Nacht des Reichtagsbrandes am 28.2.1933 wird L. verhaftet und in Spandau in ‚Schutzhaft' genommen. Vergeblich versucht seine Mutter, ihn aus der Haft zu befreien. Er wird über das KZ Sonnenburg, die Zuchthäuser Brandenburg/ Havel (Okt. 1933), Esterwege/Emsland (Feb. 1934) und Lichtenburg sowie das KZ Buchenwald (1937) letztendlich nach Dachau (Okt. 1937) verschleppt. Erst in Haft wird seine jüd. Herkunft ‚entdeckt'. Von Misshandlungen schwer gezeichnet, nimmt er sich das Leben.

🗎 Brück, K. v.: Ein Mann, der Hitler in die Enge trieb, 1975; Litten, I.: Eine Mutter kämpft gegen Hitler, 1947 [2000]. js/mr

Litten, Heinz Wolfgang, Intendant. 14.6.1905 Halle – 24.8.1955 Berlin. Nach dem Studium der Rechts- und Theaterwissenschaft in Königsberg und Berlin promoviert L. 1927 zum Dr. jur. Danach besucht er die Staatliche Schauspielschule in Berlin, arbeitet u.a. als Regisseur und Dramaturg am Berliner Schauspielhaus. Wird 1933 aus allen Ämtern entlassen. Gemeinsam mit seiner Mutter kämpft er um die Freilassung seines Bruders Hans A. ▶ L. 1938 emigriert er in die Schweiz, von dort 1940 nach London, wo er bis 1943 in der britischen Armee dient. Er kehrt 1946 nach Berlin zurück und wird Intendant der *Volksbühne*. id

Loeb, Rudolf, Bankier. 27.11.1877 Elberfeld – Juli 1966 Boston. L. ist seit 1895 im Bankhaus *Mendelssohn & Co.* in Berlin beschäftigt, 1919–38 als Teilhaber, seit 1935 als Seniorchef. 1921–36 Aufsichtsratsmitglied der *Bayerischen Vereinsbank München-Nürnberg*. Zwischen 1924–33 fungiert er als Finanzberater verschiedener Regierungskabinette. L. ist ein versierter Kunstsammler. 1939 emigriert er nach Argentinien, nach dem II. WK siedelt L. in die USA über. as

Löbel, Hirschel ▶ Lewin, Hirschel.

Lövinson, Henriette ▶ May, Henriette.

Loevy, Samuel Abraham, Fabrikant. 15.3.1826 Schneidemühl/Westpreußen – 28.10.1900 Berlin. L. eröffnet 1855 in Berlin nach seiner Meisterprüfung eine *Roth- und Gelbgießerei*. Die Söhne Albert und Siegfried übernehmen 1888 den erfolgreichen Betrieb. Es entstehen Plastiken, u.a. E. Enckes monumentale Dioskurengruppe für die dt. Botschaft in St. Petersburg, der Schriftzug *Dem Deutschen Volke* für den Reichstag (1915–16, Entwurf P. Behrens), und v.a. Baubeschläge (Entwürfe u.a. P. Behrens, H. van de Velde, W. Gropius). Hoflieferanten Sachsen-Meiningens und Preußens. ‚Arisierung' 1939. Ernst L., Enkel des Gründers und letzter Inhaber der Firma sowie mehrere Mitglieder der Familie L. werden während des NS ermordet.

🗎 „Dem Deutschen Volke". Die Geschichte der Berliner Bronzegießerei Loevy, 2003. fwk

Loewe, Heinrich (Eljakim), Zionist, Bibliothekar, Lehrer. 11.7.1869 Wanzleben – 3.8.1951 Tel Aviv. Studium in Berlin. L. gründet zionistische Vereinigungen, darunter die *Vereinigung jüdischer Studierender*. Hg. der *Jüdischen Volkszeitung* (1893/1934) und der Zeitschrift *Zion* (1895/96). Lernt 1895 Theodor Herzl kennen. Ab 1899 Bibliothekar an der Univ. Berlin. 1902–08 Hg. der *Jüdischen Rundschau*. Sein Vorschlag zum Aufbau einer jüd. Nationalbibliothek in Jerusalem wird auf dem 7. Zionist. Kongress angenommen. Aktiv in der jüd. Turnerschaft. Wird 1923 Präsident des Maccabi-Weltverbandes. 1933 Emigration nach Palästina, wo er die Leitung der Stadtbibliothek in Tel Aviv übernimmt.

📖 Jüdisches Bibliothekswesen im Lande Israel, 1922; Eine jüdische Nationalbibliothek, 1905.

🗎 Weinberg, J.L.: H. L. Aus der Frühzeit des Zionismus, 1946. hg

Loewe, Isidor, Industrieller. 24.11.1848 Heiligenstadt – 28.8.1910 Berlin. L. tritt 1875 als Prokurist in die Firma *Ludwig Löwe & Co.* ein, wird 1878 Direktor und führt die Firma gemeinsam mit seinem Bruder Ludwig ▶ L. – nach dessen Tod allein. 1887 beginnt L. mit der Gewehr- und Munitionsfabrikation. Expansion der Firma durch Ausbau der Werke und Angliederung an andere Waffen- und Pulverfabriken. 1891 an der Gründung der *Union-Elektrizitäts-Gesellschaft* (UEG) in Berlin beteiligt, die 1904 mit der AEG fusioniert. 1892 Zusammenschluß mit der amerikanischen Firma *Thomson-Houston* und Beginn der Produktion von elektrischen Straßenbahnen; außerdem Einstieg in die Flugzeug- und Automobilproduktion. L. ist Mitglied des Landrates und des Bezirkseisenbahnrates in Berlin und Stettin.

Ehrendoktor der TH Charlottenburg. Mitglied des Komitees zur *Erschließung des Mittleren Ostafrikas für wirtschaftliche Zwecke.* as

Löwe, Joel (Joel Brill [Brill: Abbreviatur für Ben Rabbi Jehuda Leib Levi]), Schriftsteller, Publizist. 27.02.1762 Berlin – 11.02.1802 Breslau. Vertreter der 2. Generation jüd. Aufklärer (Maskilim), Autodidakt. Verfasser eines Kommentars (Biur) zu M. ▶ Mendelssohns Psalmenübersetzung sowie zahlreicher Übersetzungen und Kommentierungen im Rahmen des Mendelssohnschen Bibelwerkes. Mehrere Schriften zur hebräischen Sprache, von seinem geplanten großen grammatischen Werk erscheint 1794 nur der erste Teil *Die Elemente der hebräischen Sprache.* Veröffentlichung weiterer Schriften zu pädagogischen Problemen. Hauslehrer bei D. ▶ Friedländer. Erster Direktor der 1790/91 in Breslau errichteten Kgl. Wilhelmsschule, 1791 Ernennung zum Prof. Vorlesungen über die kritische Philosophie Kants. Gemeinsam mit Aaron Halle-Wolfssohn Hg. des 7. Bandes der hebräische Zeitschrift *HaMe'assef.*
Schreiben an die würdigen Mitglieder sämtlicher löblichen und wohltätigen Chevrot Gemilot chasadim, 1793; Assaph, über ächte und unächte Religiosität, 1797. ak

Loewe, Johann Michael Siegfried (auch S. M. Lowe), Maler, Kupferstecher. 24.6.1756 Königsberg – 10.5.1831 Berlin. Studium 1770–74 an der Berliner Akademie, anschließend in Dresden. Mit seinen Miniatur- und Pastellbildern hat L. derart großen Erfolg, dass er 1780 nach Petersburg berufen wird, um Katharina II. zu malen. L. beginnt 1805 mit der Herausgabe der *Bildnisse jetzlebender Berliner Gelehrten mit ihren Selbstbiographien,* die u.a. Goethe bewundert. af

Loewe, Ludwig, Industrieller, Politiker. 27.11.1837 Heiligenstadt/Thüringen – 11.9.1886 Berlin L. gründet 1869 die Firma *Ludwig Loewe & Co.*, dessen Direktor 1878 sein Bruder Isidor ▶ L. wird. Er wandelt diese Nähmaschinenfabrik 1893 in eine Waffenfabrik um. 1870 sammelt L. in den USA Erfahrungen über neue Produktionsmethoden und führt daraufhin die amerikanische Präzisionsmaschine in sein Unternehmen ein. 1863–86 ist L. liberaler Stadtverordneter, seit 1876 Mitglied des Preußischen Abgeordnetenhauses, ab 1878 für die Fortschrittspartei im Reichstag. L. vertritt dort u.a. mit E. ▶ Lasker und Rudolf Virchow vor allem in den Debatten um die Bismarcksche Sozialpolitik 1884 sozialdemokratische Positionen. Er ist in seinen letzten Lebensjahren Repräsentant der JGB.
L. L. & Co. Actiengesellschaft, Werkzeugmaschinen- und Werkzeug-Fabrik, Eisengießerei, 1901. jw

Loewe, Richard, Sprachforscher, Ethnograf. 25.12.1863 Wanzleben – 1940 unbekannt. Bruder von Heinrich ▶ L. Ab 1884 Studium der Sprachwissenschaft, Germanistik und klassischen Philologie in Leipzig, 1889 Promotion. L. lebt als Privatgelehrter in Berlin, widmet sich nach vorübergehender Lehrtätigkeit an der Univ. Berlin ausschließlich der ethnologischen und sprachwissenschaftlichen Forschung, besonders der vergleichenden Sprachforschung.
Die Ethnische und sprachliche Gliederung der Germanen, 1899; Germanische Sprachwissenschaft, 1905. dv

Löwenberg, Erich Karl ▶ Charell Erik.

Löwenfeld, Raphael, Schriftsteller, Theaterdirektor. 11.2.1854 Posen – 28.12.1910 Berlin. L. ist zunächst Lektor für russische Literatur an der Univ. Breslau, dann Korrespondent des *Berliner Tageblatts* in St. Petersburg. Übersetzer und Biograf von Leo Tolstoi. 1894 Gründer und bis zu seinem Tod Leiter des Schiller-Theaters in Berlin. Seine Schrift *Schutzjuden oder Staatsbürger?* liefert 1893 den unmittelbaren Anstoß zur Gründung des CV.
Leo N. Tolstoi. Sein Leben, seine Werke, seine Weltanschauung, 1882.
Publig, E.: Das Schiller Theater zu Berlin und seine Gründung durch R.L., 2000. dv

Löwenherz, Joseph, Kaufmann. 31.8.1792 Bernburg/Anhalt – 22.12.1873 Berlin. L. kommt 1806 nach Berlin und betreibt dort einen Großhandel mit Wolle. 1830 heiratet er die Tochter des Potsdamer Arztes Isaac Lehwess. L. ist Mitglied der *Korporation der Kaufmannschaft von Berlin* und Mitbegründer der Jüd. Reformgemeinde. ae

Loewenson, Erwin (Pseud. Golo Gangi) Autor. 31.8.1888 Thorn – 22.1.1963 Tel Aviv. L. wächst in Berlin auf. Ihn verbinden Freundschaften mit K. ▶ Hiller, David Baumgardt und J. v. ▶ Hoddis, dessen Nachlass er verwaltet. Er prägt 1909 durch die Gründung des *Neuen Clubs* (1910/11 *Neopathetisches Cabaret)* die Frühphase des Expressionismus in Berlin. L. unterrichtet 1929–33 an der von ihm mit gegründeten *Schule jüd. Jugend.* Er emigriert 1933

nach Paris, dann nach Palästina. L. rettet den Nachlass von Georg Heym, schreibt eine Biogr. über ihn. Zu seinen Lebzeiten publiziert er wenig, hinterlässt aber einen umfangreichen Nachlass.
Der Weg zum Menschen. Philosophische Fragmente aus dem Nachlass, 1970. ht

Löwenstein, Kurt, Reformpädagoge, Politiker. 18.5.1885 Bleckede/Elbe – 8.5.1939 Paris. L. besucht ab 1906 das Berliner Rabbiner-Seminar, distanziert sich aber während des Studiums der Philosophie und Pädagogik vom Judentum. L. ist 1920–33 für die USPD, später für die SPD Reichstagsmitglied. Er will ein sozialistisches Schulsystem schaffen, in dem die Persönlichkeitsentwicklung der Schüler im Vordergrund steht. In Neukölln kann er als Stadtrat für Volksbildung (ab 1921) sein Vorhaben in Ansätzen verwirklichen. Gründet mit F. ▶ Karsen die Reformschule *Karl-Marx*. Außerschulische Erziehung erfahren die Schüler durch die von L. gegründete *Kinderfreundebewegung*. 1933 wird er als Stadtschulrat suspendiert und muss sein Reichstagsmandat abgeben. L. emigriert über die Tschechoslowakei nach Frankreich.
Freie Bahn den Kinderfreunden, 1931; Schule und Erziehung, 1947; Sozialismus und Erziehung: Auswahl der Schriften 1919–33, 1976.
Eppe, H. K. L.: Ein Wegbereiter der modernen Erlebnispädagogik?, 1991; Wie das Leben lernen... K. L. Entwurf einer sozialistischen Erziehung, 1985; Brandecker, F.: K. L., 1984. ul

Löwenstein, Ladislav/Lazlo ▶ Lorre, Peter.

Löwenstein, Leo, Physiker, Chemiker. 8.2.1879 Aachen – 13.11.1956 Israel. Hauptmann im I. WK. L. ist der Erfinder des Schallmessverfahrens, seit 1918 Leiter der Abteilung für fernmeldetechnische Entwicklung im Preußischen Kriegsministerium, Pionierarbeit auf dem Gebiet gelenkter Raketen. 1919 Gründung des RjF in Berlin, bis 1938 dessen Vorsitzender, 1933 Gründung des RjF-Sportbundes. 1940 Zwangsarbeit in Berlin, 1943 Deportation nach Theresienstadt, 1946 Auswanderung nach Schweden, später in die Schweiz. Stirbt bei einem Besuch in Israel.
Die jüd. Gefallenen des dt. Heeres, der dt. Marine und der dt. Schutztruppen 1914–18, 1932.
Brandt, L.: Über L. L., 1962. dv/sn

Löwenstein, Rudolf, Schriftsteller, Journalist. 20.2.1819 Breslau – 5.1.1891 Berlin. Philologiestudium in Breslau und Berlin, vorrübergehend Lehrer. 1846 Veröffentlichung seiner Gedichtsammlung *Kindergarten*. Gründet 1848 in Berlin mit Ernst Dohm und D. ▶ Kalisch die Satirezeitung *Kladderadatsch*. Ist mit Unterbrechungen auch deren Redakteur. Seit 1863 Verfasser der *Politischen Rundschau* in der *Gerichtszeitung*. dv

Löwenthal, Abraham (Albert), Rabbiner, Schriftsteller. 1868 Posen – 1928 Berlin. Studium am orthodoxen Rabbiner-Seminar in Berlin und an der Univ. Königsberg. L. amtiert ab 1891 als Rabbiner in Tarnowitz/Schlesien. Ab 1903 ist er in Hamburg, ab 1917 in Berlin als Rabbiner tätig. L. unterrichtet an der Freien jüd. Volkshochschule und veröffentlicht verschiedene wissenschaftliche Arbeiten.
Pseudo-Aristoteles über die Seele, 1891; Die wissenschaftliche Bekämpfung des Antisemitismus in Dtl, 1921. nr

Löwenthal, Gerhard, Journalist, Fernsehmoderator. 8.12.1922 Berlin – 6.12.2002 Wiesbaden. Während der NS-Zeit ist der Sohn eines Kaufmanns im KZ Sachsenhausen interniert. Nach dem Studium an der HU Berlin beginnt L. als Reporter beim RIAS und steigt zum Stellv. Programmdirektor auf. Seit 1963 Redaktionsleiter für das ZDF in Brüssel. 1969–87 moderiert L. 585 Sendungen des *ZDF-Magazins*, in dem er Linke, die DDR und die Ost-Politik Willy Brandts bekämpft.
Ich bin geblieben. Erinnerungen, 1987. js

Löwenthal, Hans, Rabbiner. 26.5.1912 Berlin – 1942/43 Ghetto Theresienstadt. 1932–36 Studium der Philosophie, Geschichte und Pädagogik in Berlin. Im gleichen Zeitraum Ausbildung zum Rabbiner. L. ist Prediger und Religionslehrer an der HWdJ. 1934 Pfleger und Kursleiter beim Wohlfahrts- und Jugendamt der JGB. Seit 1939 Rabbiner, in dieser Funktion widmet er sich besonders der Krankenhaus- und Gefangenenseelsorge. Am 29.11.1942 erfolgt die Deportation nach Theresienstadt. ae

Löwenthal, Richard (d.i. Paul Sering), Journalist, Politikwissenschaftler. 15.4.1908 Berlin – 9.8.1991 Berlin. Studium der Nationalökonomie und Soziologie. L. ist Mitglied der *Kommunistischen Studentenfraktion*, ab 1928 in deren Reichsleitung vertreten. 1929–31 KPD-Mitglied, Redakteur der Parteizeitung *Die Gesellschaft*. 1935 Emigration über Prag und Paris nach London, dort ist L. ab 1939 im Widerstand gegen Hitler tätig. Er arbeitet als freier Journalist für die Agentur *Reuters*, nach dem Krieg

wird er deren Deutschlandkorrespondent. 1949–58 Redakteur des britischen *Observer*. Parallel wissenschaftliche Arbeit in Oxford und Cambridge, 1961 Berufung an das Otto-Suhr-Institut der FU Berlin. Mitbegründer des *Bundes Freiheit der Wissenschaft*, 1970–73 deren Vorstandsmitglied, Mitglied im Direktorium der *Deutschen Gesellschaft für Auswärtige Politik*.
Jenseits des Kapitalismus, 1948; Chruschtschow und der Weltkommunismus, 1963; Hochschule für die Demokratie, 1971. pj

Loewy, Hildegard, Buchhalterin. 4.8.1922 Berlin – 4.3.1943 Berlin. Durch einen Unfall als Kind verliert L. ihren rechten Arm, die gewünschte Auswanderung nach Palästina wird ihr aus diesem Grund verwehrt. 1940 Abitur an der Privaten Oberschule der JGB, bis 1941 Teilnahme an einem Dekorateur- und Gebrauchsgrafikerlehrgang der JGB, der später verboten wird. Danach arbeitet L. als Buchhalterin und Hilfskraft. Bis 1938 ist sie Mitglied des jüd. Jugendbundes *Hashomer Hazair*, danach nimmt sie an verschiedenen Aktionen der Widerstandsgruppe um H. ▶ Baum teil. Am 15.7.1942 wird sie verhaftet, ein Fluchtversuch misslingt. L. wird in Plötzensee hingerichtet. ah

Loewy, Adolf, Physiologe. 29.6.1862 Berlin – 26.12.1937 Davos. L. studiert in Wien und Berlin. Seit 1895 PD, dann a.o. Prof. für Anatomie und Physiologie an der Univ. Berlin. Seit 1925 Mitglied der Deutschen Akademie der Naturforscher Leopoldina. 1922–33 Leiter des Schweizer *Forschungsinstituts für Hochgebirgsphysiologie und Tuberkuloseforschung* in Davos. Schwerpunkt seiner Arbeit ist die Erforschung von Kreislauf und Atmung unter verschiedenen klimatischen Verhältnissen.
Lehrbuch der Physiologie des Menschen, 1909; Physiologie des Höhenklimas, 1932. ko

Lorre, Peter (d.i Ladislav Löwenstein), Schauspieler, Drehbuchautor. 26.6.1904 Rószahegy/Ungarn – 23.3.1964 Los Angeles. Nach abgebrochener Banklehre wendet L. sich der Bühne zu. Ab 1924 Theaterarbeit in Breslau, Zürich, Wien und Berlin, wo er 1928 von Bertolt Brecht entdeckt wird. In F. ▶ Langs *M – eine Stadt sucht einen Mörder* (1931) spielt er den Kindermörder. 1933 emigriert er über Österreich und Frankreich nach Großbritannien. Dort dreht er unter Alfred Hitchcock u.a. *The Man Who Knew Too Much* (1934). 1935 übersiedelt er in die USA. Durch die Titelrolle in der Krimiserie *Die Abenteuer des Mr. Moto* (1937–39) erlangt er dort große Bekanntheit. Außerdem spielt er in erfolgreichen Filmen, wie *The Maltese Falcon* (John Huston, 1941) und *Casablanca* (Michael Curtiz, 1942). 1949 kehrt er zeitweilig nach Dtl zurück und realisiert 1951 als Drehbuchautor, Regisseur und Hauptdarsteller *Die Verlorene*. 1952 erhält er den Bundesfilmpreis.
P. L. Ein Fremder im Paradies, 2004; Youngkin, S.: The Films of P. L., 1982; Beyer, F.: P. L., 1988. kq

Peter Lorre

Lotan, Giora ▶ Lubinski, Georg.

Lowe, S. M. ▶ Loewe, Johann Michael Siegfried.

Lowenthal, Ernst Gottfried (Pseud. Ernst Gottfried, H. Istor), Publizist, Historiker. 28.12.1904 Köln – 7.8.1994 Berlin. L. arbeitet nach seinem Studium der Staatswissenschaft (Promotion 1927) für den CV in Berlin. Er ist u.a. Mitglied der RVdJ des ORT und des Reichsverbands der jüd. Kulturbünde. 1930–38 ist er Chefredakteur der *Zeitschrift für die Geschichte der Juden in Dtl*. 1939 emigriert L. nach Großbritannien und ist als Sozialarbeiter im *Jewish Refugee Committee* tätig. 1946 kehrt er nach Dtl zurück und engagiert sich für den Wiederaufbau jüd. Gemeinden und arbeitet in Hilfs- und Wiedergutmachungsorganisationen. 1956–65 ist er Hg. der Zeitschrift *Jüd. Sozialarbeit*, 1965 des Gedenkbands *Bewährung im Untergrund* sowie 1967 Mithg. des

Lexikon des Judentums. Ab 1969 lebt er in Berlin/W. Schwerpunkt seiner wissenschaftlichen Arbeit ist die Recherche von Lebenläufen dt. Juden: 1981 veröffentlicht er das biografische Lexikon *Juden in Preußen.* ht/mr

Lowitsch, Vera, Juristin. 17.3.1907 Berlin – unbekannt. Studiert ab 1925 zunächst Mathematik und Naturwissenschaften, dann Jura in Berlin und Freiburg. 1931 legt sie das erste Staatsexamen in Berlin ab und beginnt das Referendariat am Kammergericht Berlin. Ihre Dissertationschrift *Die Frau als Richter,* in der sie die Gleichberechtigung von Frauen im Justizdienst fordert, verteidigt sie am 17.5.1933 an der Univ. in Freiburg. Sie emigriert im Okt. 1933 in die USA. Der weitere Lebensweg ist unbekannt. ul

Lubarsch, Otto, Arzt, Pathologe. 4.1.1860 Berlin – 1.4.1933 Berlin. Studium der Naturwissenschaft und Philosophie, dann der Medizin in Leipzig, Heidelberg, Jena, Berlin und Straßburg. Promotion 1883. Habilitation in Zürich, a.o. Prof. 1894 in Rostock. Institutsleitung u.a. in Posen und Düsseldorf. 1913–28 o. Prof. und Direktor des Instituts für Pathologie der Univ. Berlin. In dieser Stellung und als Hg. der wichtigsten Zeitschrift und des *Handbuch der speziellen pathologischen Anatomie und Histologie; Zur Lehre von den Geschwülsten und Infectionskrankheiten* (1899) hat er großen Einfluss. L. bearbeitet viele Gebiete seines Fachs, u.a. Entzündungen und Immunität.
📖 Ein bewegtes Gelehrtenleben. Autobiografie, 1931. fwk

Lübeck, Rosa ▶ Luxemburg, Rosa.

Lubinski, Georg (Pseud. Giora Lotan), Jurist, Sozialarbeiter. 22.3.1902 Berlin – 1.1.1974 Jerusalem. RA in Berlin, seit 1930 Richter am Arbeitsgericht. Als Zionist engagiert sich L. in der jüd. Jugendbewegung und begründet den Reichsausschuß der jüd. Jugendverbände mit. Ab 1933 ist er in der RVdJ als Leiter für Berufsausbildung und -umschichtung tätig. 1938 emigriert L. nach Palästina, wo er in mehreren staatlichen Einrichtungen im Bereich Sozialarbeit und Wohlfahrtspflege arbeitet. 1953 gründet er die staatliche Versicherungsanstalt, zu deren Generaldirektor er ein Jahr später berufen wird. 1959/60 ist L. Leiter des Ministeriums für Sozialhilfe und ab 1969 Arbeitsminister.
📖 National Insurance in Israel, 1969.
📄 Heilbronner, O.: G. L., 1992. cm

Ernst Lubitsch

Lubitsch, Ernst, Filmregisseur, Drehbuchautor, Schauspieler. 28.1.1892 Berlin – 30.11.1947 Los Angeles. Nach der Lehre in einem Stoffgeschäft arbeitet L. als Buchhalter im Geschäft des Vaters. 1910 Schauspielunterricht bei M. ▶ Reinhardt. 1911–18 folgen einige Auftritte in Kabaretts, Pantomimen und verschiedene Engagements als Kleindarsteller am DT; erste Filmrolle 1913. 1914/15 gründet er gemeinsam mit Ernst Matray die Film-Firma *Malu* und produziert für die PAGU. Nach Gründung der Ufa (1917) gehört er bald zum festen Regie-Stab und realisiert seine ersten historischen Großfilme wie *Madame Dubarry* (1919), die seinen Ruhm als Regisseur begründen. 1921 trennt er sich von der PAGU und ruft die *Ernst Lubitsch-Film GmbH* ins Leben. Seine letzten Regiearbeiten in Dtl sind *Das Weib des Pharao* (1922) und *Die Flamme* (1923). Danach arbeitet L. in den USA, entschließt sich, dort zu bleiben und avanciert zum gefragten Hollywood-Regisseur. Seine einzigartige Technik der Andeutungen und Aussparungen findet sich in Filmen wie *The Marriage Circle* (1924) oder *So Is Paris* (1926). Neben Komödien und bissigen Satiren, wie *To Be Or Not To Be* (1942) entstehen Operettenfilme. L. erhält zahlreiche Oscarnominierungen.
📄 Hanisch, M.: E. L., 2003; Spaich, H.: E. L. und seine Filme, 1992; Renk, H.-E.: E. L., 1992. kq

Lubliner, Hugo (Pseud. Hugo Bürger), Dramatiker. 22.4.1846 Breslau – 19.12.1911 Berlin. Nach dem Tod des Vaters kommt der Kaufmannssohn L.

1858 mit seiner Mutter und den Geschwistern nach Berlin. Er arbeitet zunächst als Weber und Kaufmann, parallel dazu beginnt er Theaterstücke zu schreiben. Mit dem Einakter *Nur nicht romantisch* (1865) hat er ersten Erfolg. Mit zahlreichen Schau-, Lust- und Trauerspielen wird L. einer der beliebtesten zeitgenössischen Bühnendichter Dtls.

Die Modelle des Scheridan, 1875; Der kommende Tag, 1891. dv

Lublinski, Samuel (Salomo[n] Liebhardt, Silvio Piccolomini, Peregrinus Sylvester), Schriftsteller, Literaturkritiker. 18.2.1868 Johannisburg/Ostpreußen – 26.12.1910 Weimar. L. arbeitet als Buchhändler in Italien und Heidelberg bevor er 1895 nach Berlin zieht. Dort ist er als Journalist tätig, er schreibt u.a. für die jüdische Monatsschrift *Ost und West*. L. wird einer der bekanntesten Literaturkritiker des frühen 20. Jahrhunderts. Er würdigt als einer der ersten die Werke von E. ▶ Lasker-Schüler und Thomas Mann. Als Verfasser einer literaturkritischen *Bilanz der Moderne* (1904) äußert er sich gegen den Naturalismus.

Der Ausgang der Moderne, 1909; Nachgelassene Schriften, 1914; AS, 2 Bde, 1974. evk

Lucas, Leopold, Rabbiner, Religionswissenschaftler. 18.9.1872 Marburg/Lahn – 13.9.1943 Ghetto Theresienstadt. Studium der Geschichte, Orientalistik und Jüd. Wissenschaft an der HWdJ sowie an den Univ. Tübingen und Berlin; Promotion 1895. L. wird 1899 nach Glogau berufen, wo er bis 1940 als liberaler Rabbiner tätig ist. Danach lehrt er in Berlin bis zur Deportation 1942 an der HWdJ biblische Geschichte und Literatur. L. gilt als bedeutender Religionswissenschaftler und Prediger, woran der alljährlich von der Ev. Fak. der Univ. Tübingen verliehene Dr.-Leopold-Lucas-Preis erinnert. Die Gründung der *Gesellschaft zur Förderung der Wissenschaft des Judentums* 1902 in Berlin geht auf seine Initiative zurück.

Zur Geschichte der Juden im 4. Jahrhundert, 1910. cg/dr

Lukács, Georg (d.i. György Szegredi von L., Pseud. Blum, Keller) Philosoph. 13.4.1885 Budapest – 4.6.1971 Budapest. L. studiert Rechtswissenschaften und Nationalökonomie (Promotion 1906) sowie Philosophie, Kunstgeschichte und Literatur (Promotion 1909). 1908–11 studiert L. bei G. ▶ Simmel in Berlin. Ab 1914 befasst er sich mit den Schriften von K. ▶ Marx und R. ▶ Luxemburg und mit dem Anarcho-Syndikalismus. 1917 kehrt er nach Budapest zurück, tritt der KP bei und arbeitet in der Räterepublik mit. 1930 wird L. aus Österreich ausgewiesen und lebt anschließend wieder in Berlin, wo er zu den führenden Mitgliedern des BPRS und des SDS gehört. Der Kampf gegen den aufkommenden Faschismus führt zu einer Zäsur seines philosophischen Denkens, später bezeichnet er die Berliner Jahre als seine „eigentlichen Lehrjahre des Marxismus". Seine literaturwissenschaftlichen Essays aus dieser Zeit wie *Reportage oder Gestaltung* (1932) beinhalten bereits die Programmatik seiner späteren Schriften, in denen er die Konzeption einer realistischen Literatur entwirft. 1933 Emigration in die UdSSR. 1944 kehrt er erneut nach Budapest zurück, erhält dort eine Prof. für Ästhetik und Kulturphilosophie; 1949–56 Mitglied des ungarischen Parlaments.

Die Theorie des Romans, 1916 [1994]; Geschichte und Klassenbewusstsein, 1923 [1977]; Werke, 18 Bde, 1962–86.

Klein, A.: G. L. in Berlin, 1990; Sziklai, L.: G. L. und seine Zeit 1930–45, 1986; Hermann, I.: G. L. Sein Leben und Wirken, 1985. ht

Luxemburg, Rosa, verh. Lübeck, Publizistin, Politikerin. 5.3.1871 Zamósc bei Lublin – 15.1.1919 Berlin. Besuch eines Mädchengymnasiums in Warschau. Die Mitarbeit in illegalen politischen Zirkeln zwingt sie 1889 wegen drohender Verhaftung zur Flucht in die Schweiz. 1890–97 Studium der Nationalökonomie in Zürich, Promotion. 1899 Übersiedlung nach Berlin; im gleichen Jahr schließt sich L. auf dem SPD-Parteitag in Hannover dem linken Parteiflügel um Karl Kautsky und Franz Mehring an. L. wird zu einer entschiedenen Gegnerin des Revisionismus unter E. ▶ Bernstein und vertritt einen revolutionären Standpunkt. 1905/06 Teilnahme an der russischen Revolution, zeitweilige Inhaftierung in Warschau, seit 1907 Dozentin an der SPD-Parteischule in Berlin. Vor dem I. WK setzt sich L. für einen aktiven Kampf gegen die drohende Kriegsgefahr ein. 1915–18 Gefängnishaft in Berlin. Nach ihrer Freilassung tritt L. mit dem von ihr gegründeten *Spartakusbund* für die Räterepublik ein und spielt eine führende Rolle beim Gründungsparteitag der KPD (29.–31.12 1918 Berlin). Zusammen mit Karl Liebknecht wird L. von Freikorps-Soldaten verschleppt, gefoltert und ermordet.

Sozialreform oder Revolution, 1899; Die Akkumulation des Kapitals, 1913; GW, 5 Bde, 1970–75.

Laschitza, A.: Im Lebensrausch, trotz alledem. R. L., 1996; Nettel, P.: R. L., 1976; Frölich, P.: R. L. Gedanke und Tat, 1973. js

M

Machol, Doris ▶ Kahane, Doris.

Mack, Max (Moritz Myrthenzweig, Maimon Myrthenbaum), Filmregisseur, Schauspieler, Drehbuchautor. 21.10.1884 Halberstadt – 18.2.1973 London. M. ist Sohn eines Kantors und gehört ab 1907 als Schauspieler vorübergehend dem Ensemble um M. ▶ Reinhardt an. Seit 1910 lebt M. in Berlin, zunächst arbeitet er als Drehbuchautor, später auch als Schauspieler und Regisseur. Seine Verfilmung des Jekyll & Hyde-Stoffs *Der Andere* (1913), gilt als erster Autorenfilm und macht ihn als Regisseur bekannt. 1917 gründet er die *Max Mack Film GmbH* und dreht bis 1919 rund 90 Filme. Ab 1928 experimentiert M., kommerziell wenig erfolgreich, mit dem Tonfilm. 1933 emigriert er nach Großbritannien, wo er seinen letzten Film *Be Careful, Mr. Smith* (1935) dreht. 1965 wird M. mit dem Filmband in Gold ausgezeichnet.
Die zappelnde Leinwand, 1916; With a Sigh and a Smile. Autobiogr., 1942.
Wedel, M.: M. M., 1996. kq

Magnus, Eduard, Maler. 7.1.1799 Berlin – 8.8.1872 Berlin. Bruder von Heinrich Gustav ▶ M. und Friedrich Martin ▶ M. Studium der Naturwissenschaft, Philosophie und Architektur an der Univ. und der Malerei an der Kunstakademie in Berlin. 1826–35 Studienreisen nach Frankreich, Italien und England, 1850–53 Aufenthalt in Spanien, ab 1837 Mitglied der AdK, dort ab 1844 Prof. M. gilt Mitte des 19. Jahrhunderts als der bedeutendste Porträtist Berlins, so malt er u.a. Graf v. Wrangel, F. ▶ Mendelssohn-Bartholdy und Adolph Menzel.
Gläser, E.: E. M., 1961. dv/ae

Magnus, Friedrich Martin Freiherr von, Bankier. 7.11.1796 Berlin – 17.2.1869 Görlitz. Bruder von Eduard ▶ M. und Heinrich Gustav ▶ M. Seit 1818 Teilhaber, ab 1821 nach dem Tod des Vaters Inhaber des väterlichen Bankgeschäfts, Umbenennung des Bankhauses in *F. Martin Magnus.* 1833 Beitritt zum *Berliner Cassen-Verein,* der 1823 von zehn Bankhäusern gegründet wurde. Ab 1850 Verwaltungsratsvorsitzender des in *Bank des Berliner Kassenvereins* umbenannten Instituts. 1856–68 Verwaltungsratsmitglied der *Berliner Handelsgesellschaft AG.* 1853 geadelt, 1868 in den Freiherrenstand erhoben. dv

Magnus, Heinrich Gustav, Chemiker, Physiker. 2.5.1802 Berlin – 4.4.1870 Berlin. Bruder von Eduard ▶ M. und Friedrich Martin ▶ M. Ab 1822 Studium der Chemie, Physik und Technologie in Berlin, 1831 Habilitation, Lehrtätigkeit an der Univ. Berlin sowie am Gewerbe-Institut und der Artillerie- und Ingenieurschule, 1834 a.o. Prof, 1845 Berufung als o. Prof. in Berlin. Ab 1840 Mitglied der PAdW. 1852 Entdeckung des nach ihm benannten Magnus-Effekts. dv

Julius Magnus

Magnus, Julius, Jurist. 6.9.1867 Berlin – 15.5.1944 Ghetto Theresienstadt. RA und Notar in Berlin, Spezialgebiet: Urheber-, Patent-, Warenzeichen- und Wettbewerbsrecht. M. ist Mitverfasser des *Kommentars zum Gesetz zum Schutze der Warenbezeichnung*, der 1909 in 5., völlig neu bearbeiteter Auflage erscheint. Seit 1915 ist er Schriftleiter und Hg. der *Juristischen Wochenschrift* (E. ▶ Fuchs), die unter ihm zur wichtigsten juristischen Fachzeitschrift der Weimarer Republik wird und in deren Leitartikeln *Zum Neuen Jahre* er die Rolle des Anwalts und Probleme des Stands diskutiert. 1929 erscheinen *Die Rechtsanwaltschaft* und *Die Höchsten Gerichte der Welt*, zwei

Bücher, die den Anwalt bzw. die Obersten Gerichte in unterschiedlichen Ländern weltweit vergleichend darstellen. Er ist auch Hg. der *Tabellen zum Internationalen Recht* (1926–31). M. hat seit 1915 verschiedene Funktionen im Vorstand des Berliner wie des Deutschen Anwaltsvereins inne. Ihm wird 1921 die Ehrendoktorwürde der Univ. Frankfurt/M. und 1929 die der Univ. Heidelberg verliehen, ab 1930 ist er Lehrbeauftragter an der Berliner Univ. Er engagiert sich auch in der Jüd. Gemeinde, im Bnei Brith und im *Deutschen Verband zur Förderung der Universität Jerusalem.* 1933 aus den Ämtern entlassen, emigriert M., dessen Familie seit 1699 in Berlin ansässig ist, in die Niederlande. In Amsterdam ist er weiter wissenschaftlich tätig und arbeitet u.a. an einem rechtssprachlichen Wörterbuch. 1943 wird er über Westerbork und Bergen-Belsen nach Theresienstadt deportiert. cm

Magnus, Ludwig Immanuel, Mathematiker. 15.3.1790 Berlin – 25.9.1861 Berlin. Studium an der Berliner Handelsschule. Privatunterricht im Fach Mathematik. 1816–34 Lehrer einer Berliner Erziehungsanstalt. Verfasser wissenschaftlicher Aufsätze im Bereich der Geometrie, besonders der analytischen Geometrie. 1843 Verleihung der Ehrendoktorwürde der Univ. Bonn.
▯ Sammlung von Aufgaben und Lehrsätzen aus der analytischen Geometrie des Raumes, 1837. ae

Magnus, Meyer, Textilfabrikant. 18.11.1805 Berlin – 11.2.1883 Berlin. M. tritt als Teilhaber in die Seidenfabrik seines Onkels Jacob Abraham Meyer ein. Seit 1858 ist er Mitglied des Ältestenkollegiums der *Korporation der Kaufmannschaft von Berlin* (KKB) und 1880 kurzzeitig dessen Präsident. M. trägt den Titel ‚Geheimer Kommerzienrat', ist Stadtrat und Mitglied des *Centralvereins für das Wohl der arbeitenden Klassen.* Ab 1855 ist er Vorstandsmitglied der JGB, ab 1866, bis zu seinem Tod, deren Vorstandsvorsitzender. Vater des Botanikers Paul Wilhelm ▶ M. sp/ae

Magnus, Paul Wilhelm, Botaniker. 29.2.1844 Berlin – 13.3.1914 Berlin. Sohn von Meyer ▶ M. 1854–70 Studium der Medizin und Naturwissenschaft in Berlin und Freiburg. 1871–74 Fischereibiologische Studien in Nord- und Ostsee. 1875 Habilitation; ab 1880 a.o. Prof. der Botanik an der Univ. Berlin. 1893 Mitbegründer der *Biologischen und Fischereistation Müggelsee.* 1897 Studien in Kanada und den USA. Ihm gelingt die Neubestimmung einiger Gattungen und Arten im Bereich der Mykologie. M. ist seit 1876 Mitglied der Leopoldina sowie Ehrenmitglied der Schweizerischen Botanischen Gesellschaft. Onkel von Werner ▶ M.
▯ Pilze des Kantons Graubünden, 1890; Die Pilze von Tirol, Vorarlberg und Liechtenstein, 1905. ae

Magnus, Werner, Botaniker. 22.12.1876 Berlin – 3.8.1942 Berlin. M. erbt die umfangreiche Bibliothek seines Onkels Paul ▶ M. Er studiert in Berlin, Tübingen und Bonn und promoviert 1900 mit einer *Studie an der endotrophen Mycorrhiza von Neottia Nidus avis L.* Seit 1903 ist er PD an der Landwirtschaftlichen Hochschule und forscht über die *Formbildung der Hutpilze* (1906). Ab 1906 an der Univ. Berlin, ist er seit 1921 a.o. Prof. für Botanik. Nach dem Berufsverbot während des NS betreibt er umfangreiche familiengeschichtliche Forschungen. Angesichts der bevorstehenden Deportation nimmt M. sich das Leben. Obwohl er sich 1908 taufen lässt, wird er auf seinen Wunsch hin auf dem jüd. Friedhof Schönhauser Allee neben seinem Großvater Meyer ▶ M. beerdigt.
▯ Die Entstehung der Pflanzengallen verursacht durch Hymenopteren, 1914. ko

Magnus-Levy, Adolf, Mediziner. 9.9.1865 Berlin – 6.2.1955 New York. Medizinstudium in Berlin, Heidelberg, Tübingen und Leipzig, dort 1890 Promotion. In Erlangen 1893 Promotion zum Dr. der Chemie. Ab 1899 PD für Innere Medizin. 1910 Vortragsreihe in den USA. 1911–23 leitender Mediziner am Krankenhaus Friedrichshain. 1924–37 Forschungen an der Charité. 1939/40 Emigration in die USA.
▯ Physiologie des Stoffwechsels, 1908; Das Coma Diabeticum und seine Behandlung, 1909. ae

Maimon, Salomon (d.i. Schlomo ben Joschua) Philosoph, Aufklärer. 1753(4) Nieszwicz/Litauen – 22.11.1800 Nieder-Siegersdorf/Schlesien. M. ist der Sohn eines Rabbiners, wird orthodox erzogen und besucht Talmudschulen in Mirz und Iwenaz. Als 11-jähriger ist er Rabbiner und verheiratet, und 14-jährig Vater eines Sohnes. M. verlässt 1777 Heimat und Familie, um über Königsberg und Stettin nach Berlin zu gehen, wo er eine Apothekerlehre absolviert. 1783–85 besucht er mit finanzieller Unterstützung reicher Bürger das Christianeums in Hamburg/Altona. Danach beginnt er ein Medizinstudium in Breslau, nach dessen Abbruch ist er als Hauslehrer tätig. Durch die Lektüre der Schriften des Maimonides (1138–1204) beeinflusst, nennt er sich fortan nach dem mittelalterlichen Philosophen. 1786 kehrt er nach Berlin zurück, wo er mit Hilfe von L. ▶ Bendavid Kants Werke studiert. 1789 schreibt er seinen *Versuch über die Transcendentalphilosophie* (NA 2004). Durch seine erkenntnistheoretischen Schriften wird er zum Vorläufer des dt. Idealismus und Neukantianismus. M. bekennt sich zur jüd. Nation, bricht aber mit der religiösen Praxis. Laut seinem Freund und Biografen S. ▶ Wolff hat er „viele Jahre als Nichtjude gelebt". Seine Autobiogr. *Salomon Maimons Lebensgeschichte* (1792) verfasst er in dt. Sprache und gewinnt so ein großes Lesepublikum. Im Gegensatz zu anderen Maskilim verteidigt er das Ostjudentum und spricht weiterhin Jiddisch. Mit M. ▶ Mendelssohn setzt er sich teils kritisch, teils spöttisch auseinander. Seine Mäzene beleidigt er öffentlich. M. stilisiert sich zum Außenseiter. Jahrelang leidet er unter schwerer Tuberkulose. Seine Begräbnisstätte ist unbekannt. Den Beinamen ‚jüd. Diogenes von Berlin' verdankt er seiner kynischen Lebensauffassung.

📖 GW, 7 Bde, 2000; S. M.s Lebensgeschichte. Von ihm selbst geschrieben, 1984.

📄 Wolff, S. J.: Maimoniana. Oder Rhapsodien zur Charakteristik Salomon Maimon's, 1813. alm/mk

Salomon Maimon

Majut, Rudolf, Literaturwissenschaftler, Lyriker, Pädagoge. 13.3.1887 Wien – 7.2.1981 Leicester/ Großbritannien. Die Familie zieht nach Breslau, später nach Berlin. M. beginnt 1906 ein Studium der Literaturwissenschaft in Berlin, das er 1912 in Greifswald mit der Promotion *Farbe und Licht im Kunstgefühl Georg Büchners* abschließt. 1914 konvertiert er zum Protestantismus. M. steht im Kontakt mit dem expressionistischen Literatenkreis *Der Neue Club* in Berlin. Ab 1920 ist M. Studienrat in Berlin; 1933 wird er entlassen. Obwohl ohne gültige Aufenthaltsgenehmigung für die Schweiz, studiert er Theologie in Basel. 1939 übersiedelt M. nach Großbritannien, wo er zunächst Pfarrer in einem Internierungslager auf der Isle of Man ist. Später ist er im Höheren Schuldienst und als Univ.-Dozent für deutsche Literatur in Leicester tätig. M. veröffentlicht u.a. fünf eigene Gedichtbände.

📖 Studien um Büchner, 1932; Reimchronik 1930–50, 1983; Gesammelte Dichtungen, 1983. ht/mr

Makower, Felix, Jurist. 30.11.1863 Berlin – 31.10.1933 Berlin. M. ist der Sohn von Hermann ▶ M. Neben seiner Tätigkeit als RA und Notar mit Kanzlei in der Potsdamer Straße, engagiert er sich in verschiedenen jüd. Organisationen, u.a. im CV. 1904 begründet er den *Verband der dt. Juden* mit (B. ▶ Breslauer), 1924–27 ist er außerdem Vorstandsmitglied der JGB.

📖 HGB-Kommentar, 1906; Geflügelte Kirche im freien Staat, 1908. cm

Makower, Hermann, Jurist. 8.3.1830 Santomischl/ Posen – 1.4.1897 Berlin. M. ist der Sohn einer aus dem russischen Makow stammenden Familie und studiert in Berlin. Er wird zunächst Grundbuchrichter am Berliner Stadtgericht. 1860 macht sich M. als RA und Notar selbständig und widmet sich parallel der rechtsgeschichtlichen Forschung. Gemeinsam mit seinem Freund S. J. ▶ Meyer gibt er 1862 das *Allgemeine Deutsche Handelsgesetzbuch* heraus, mit dem beide in der juristischen Fachwelt bedeutende Reputation erlangen. 1876 wir M. als erster Jude in die wissenschaftliche Prüfungskommission für Juristen berufen. 1882 gründet M. das Pankower Waisenhaus, das russischen Kindern, Opfern der Pogrome in ihrer Heimat, ein Heim bietet. Eigens dafür reist er nach Brody und bringt von dort 40 jüd. Knaben nach Berlin. 2002 wird das Gebäude des ehemaligen Waisenhauses Dank einer Berliner Bürgerinitiative renoviert und als jüd. Kulturdenkmal der Öffentlichkeit zugänglich gemacht.

📖 Lammel, I.: Das jüdische Waisenhaus in Pankow, 2001. evk

Mandl, Julius Otto ▶ May, Joe.

Manes, Alfred, Versicherungswissenschaftler. 27.9.1877 Frankfurt/Main – 30.3.1963 Chicago. 1902–28 Direktor des *Dt. Vereins für Versicherungswissenschaft* in Berlin. Seit 1906 Prof. und Direktor des Versicherungsseminars an der Handelshochschule Berlin; seit 1925 lehrt er auch an der Univ. 1935 Emigration nach Südamerika und später in die USA. M. übernimmt zahlreiche Gastprof. und gründet versicherungswissenschaftliche Einrichtungen in verschiedenen süd- und mittelamerikanischen Ländern.
📖 Das Pseudonym und sein Recht. Ein Beitrag zur Lehre vom Rechte der Persönlichkeit, 1898; Versicherungswesen, 3 Bde, 1905; Grundzüge des Versicherungswesens, 1932. ko

Manheimer, Moritz, Kaufmann. 1.5.1826 Gommern b. Magdeburg – 27.3.1916 Berlin. Nach dem Ausscheiden seines Bruders Valentin ▶ M. tritt M. 1839 in die Konfektionsfirma *Gebrüder Manheimer* ein. Ab 1872 widmet er sich ausschließlich wohltätigen Aufgaben: Er unterstützt Einrichtungen der JGB, private Hilfsvereine und städtische Organisationen. Zahlreiche Stiftungen für die jüd. Armen- und Altersversorgung gehen auf sein Engagement zurück. ae

Manheimer, Valentin, Kaufmann. 13.7.1815 Gommern b. Magdeburg – 7.2.1889 Berlin. Bruder von Moritz ▶ M. Ab 1836 in Berlin, gründet er 1837 mit dem Bruder David (1818–82) die Konfektionsfirma *Gebrüder Manheimer,* die Herrenmäntel und -schlafröcke unweit des Hausvogteiplatzes fertigt. 1839 verlässt M. das Unternehmen und gründet mit *V. Manheimer* das erste Damenkonfektionshaus Berlins. Die industrielle Fertigung von Damenmänteln erschließt ab 1871 den internationalen Markt. Mit ca. 8 000 Mitarbeitern gehört das Haus 1890 zu den umsatzstärksten der Branche. M. gilt als Mitbegründer der Berliner Bekleidungsindustrie. ae

Mann, Erika, Schauspielerin, Schriftstellerin. 9.11.1905 München – 27.8.1969 Zürich. Die älteste Tochter von Katja und Thomas M. wird 1924 von M. ▶ Reinhardt an das DT in Berlin geholt und nimmt ein Schauspielstudium auf. 1926 heiratet sie den Schauspieler und Regisseur Gustaf Gründgens; die Ehe wird 1929 geschieden. M. ist als Journalistin und Schriftstellerin tätig, 1933 gründet sie das politische Kabarett *Die Pfeffermühle.* Nach der Aberkennung der dt. Staatsbürgerschaft geht M. 1935 ins Schweizer Exil und lässt sich 1937 in den USA nieder. In den Folgejahren berichtet sie als Kriegskorrespondentin der amerikanischen Armee über das nationalsozialistische Dtl. 1952 geht sie mit ihren Eltern in die Schweiz, wo sie für ihren Vater arbeitet und den Nachlass ihres Bruders Klaus ▶ M. verwaltet.
📖 Stoffel fliegt übers Meer, 1932; Zehn Millionen Kinder, 1938; Das letzte Jahr, 1956.
📄 Richter, E. G.: Flucht ins Leben, 2000; Lühe, I. von der: E. M., 1994. adl

Mann, Franziska, geb. Hirschfeld, Schriftstellerin. 9.6.1859 Kolberg – 8.12.1927 Berlin. M. lebt ab 1904 in Berlin und verfasst mit ihrem Bruder, dem Sexualforscher M. ▶ Hirschfeld, die Schrift *Was jede Frau vom Wahlrecht wissen muss!* (1918). In ihren Erzählungen wie *Könige ohne Land* (1903) thematisiert sie die Lebenssituation alleinstehender Frauen. Bekannt wird sie aber durch ihre Kindergeschichten, die häufig in der Berliner Vorstadt angesiedelt sind. Nach dem I. WK engagiert sich M. überwiegend für wohltätige Zwecke. Ihr Vermögen geht auf ihren Wunsch nach ihrem Tod in den F.-M.-Gedächtnisfonds ein, der älteren Frauen Erholungsreisen ermöglicht.
📖 Vom Mädchen mit dem singenden Herzen, 1904; Wege hinauf, 1911; Flug ins Kinderland, 1921. ht

Mann, Klaus, Schriftsteller. 18.11.1906 München – 21.5.1949 Cannes. 1924 kommt M. gemeinsam mit seiner Schwester Erika ▶ M. nach Berlin, wo er u.a. als Theaterkritiker für verschiedene Zeitungen arbeitet. Er veröffentlicht zahlreiche Kurzgeschichten und bekennt sich in seinem 1925 erschienenen Roman *Der fromme Tanz* zu seiner Homosexualität. 1933 verlässt M. Dtl und lebt zunächst in Amsterdam, später in den USA. 1934 wird ihm die dt. Staatsbürgerschaft aberkannt. In Essays und Vorträgen bekämpft er den Faschismus. Als Mitglied der alliierten Streitkräfte kehrt M. 1945 nach Dtl zurück und versucht, sich erneut als Schriftsteller zu etablieren. Sein Werk findet im Nachkriegsdeutschland jedoch keinen Anklang. 1949 stirbt er an einer Überdosis Schlaftabletten.
📖 Mephisto, 1936; Der Vulkan, 1939; Der Wendepunkt, 1952.
📄 Strohmeyr, A.: K. M., 2000; Yang, R.: „Ich kann einfach das Leben nicht mehr ertragen", 1996. adl

Mannaberg, Hans-Georg (Hans Adler), Widerstandskämpfer, Drucker. 24.12.1922 Berlin – 18.8.1942 Berlin. Nach dem Schulabschluss absolviert M. eine Ausbildung zum Drucker und Schriftsetzer im Betrieb seines Vaters. Er schließt sich dem

Kommunistischen Jugendverband Deutschlands (KJVD) an und trifft dort H. ▶ Jadamowitz und W. ▶ Steinbrinck. 1934 wird M. wegen des Drucks kommunistischer Flugblätter zu vier Monaten Gefängnis verurteilt. Nachdem sein Stiefvater Josef Adler 1937 von Nationalsozialisten überfallen und zusammengeschlagen wird, übernimmt M. die Leitung der Druckerei. Im Sommer 1938 wird er ohne Anklage verhaftet und in das KZ Sachsenhausen gebracht. Seine Mutter erwirkt nach 19 Monaten die Freilassung. Während des II. WK beschafft M. Drucktypen und Papier für die Herstellung von Flugblättern. Am 22.5.1942 wird er von der Gestapo verhaftet und in Plötzensee hingerichtet. br

Lucie Mannheim

Mannheim, Lucie, Schauspielerin, Sängerin. 30.4.1899 Berlin – 18.7.1976 Braunlage/Harz. M. studiert an der Berliner Hochschule für dramatische Kunst. Ab 1918 tritt sie an der Berliner Volksbühne auf, seit 1922 ist sie am Berliner Staatstheater engagiert und feiert u.a. als Ibsens *Nora* und als *Franziska* in *Minna von Barnhelm* sowie in volkstümlichen, humoristischen Rollen Erfolge. Daneben ist M. in Filmen wie *Danton* (1931) zu sehen. 1933 wird sie entlassen und emigriert 1934 nach Großbritannien, wo M. ihre Schauspielerinkarriere fortsetzen kann, u.a. in Alfred Hitchcocks *The 39 Steps* (1935), und zudem als Rundfunksprecherin bei der BBC arbeitet. 1949 kehrt sie nach Dtl zurück. Bis 1958 erhält M. Theater- und Filmengagements. kq

Marck, Lola ▶ Landau, Lola.

Marcus, Ernst Gustav Gotthelf, Zoologe. 8.6.1893 Berlin – 30.6.1968 São Paulo. M. dient im I. WK. 1919 promoviert er an der Berliner Univ. Nach der Habilitation 1923, arbeitet M. als Assistent am Zoologischen Institut der Univ. Berlin, ab 1929 als a.o. Prof. für Zoologie. 1935 wird M. aus allen Ämtern entlassen, 1936 emigriert er nach Brasilien, wo er eine Professur an der Univ. São Paulo annimmt. 1966 wird er emeritiert.

📖 Studien zur Kenntnis der coprophagen Lamellicornia, 1919; Opisthobranchia aus dem Roten Meer und von den Malediven, 1960; Mesogastropoden von der Küste São Paulos, 1963. ko

Marcuse, Herbert, Philosoph, Soziologe. 19.7.1898 Berlin – 29.7.1979 Starnberg. M. wächst in einem assimilierten Elterhaus in Berlin auf. 1916 wird er als Soldat eingezogen und ist 1918 im Soldatenrat in Berlin tätig. Das Scheitern der Revolution prägt ihn nachhaltig. Er studiert bei Martin Heidegger in Freiburg. Nach Verlagstätigkeit in Berlin (1928–32) geht er erneut nach Freiburg zu Heidegger und Edmund Husserl. 1933 holt ihn Max Horkheimer nach Franfurt/M. an das Institut für Sozialforschung. 1933 emigriert M. über Genf in die USA, ist dort zuletzt als Prof. für Philosophie an der Univ. of California in San Diego tätig. 1965 wird er Honorarprof. an der FU Berlin. Selbst beeinflusst durch Freud und K. ▶ Marx wird M. einer der Vordenker der Studentenbewegung und ‚neuen Linken' in den USA und Dtl.

📖 Der eindimensionale Mensch, 1967; Kultur und Gesellschaft, 1967; Schriften, 9 Bde, 2004.

📄 Kritik und Utopie im Werk von H. M., 1992; Brunkhorst, H./Koch, G.: Marcuse zur Einführung, 1987. evk

Marcuse, Ludwig (Pseud. Heinz Raabe), Essayist, Literaturhistoriker, Journalist. 8.2.1894 Berlin – 2.8.1971 München. M. studiert Literatur und Philosophie in Berlin und Freiburg; er promoviert bei Ernst Troeltsch. Danach lebt er als freier Schriftsteller und Theaterkritiker in Berlin und Königsberg. 1933 emigriert M. nach Frankreich und engagiert sich gegen das nationalsozialistische Dtl. 1937 hält er sich in Moskau auf. 1939 siedelt er in die USA

über. Seit 1945 lehrt er an der California Univ. in Los Angeles dt. Literatur und Philosophie. 1962 kehrt M. nach Dtl zurück und lässt sich in Bad Wiessee nieder. Bekannt wird M. als Verfasser von Biografien, u.a. L. ▸ Börnes, Georg Büchners, H. ▸ Heines.
Philosophie des Glücks. Von Hiob bis Freud, 1949; Der Diktator und der Philosoph, 1950; Mein 20. Jahrhundert, 1960.
L. M. Werk und Wirkung, 1987. evk

Marcuse, Max, Sexualwissenschaftler. 14.4.1877 Berlin – 27.6.1963 Jerusalem. M. eröffnet 1904 eine medizinische Praxis in Berlin und fungiert als Autor und Hg. bedeutender Fachpublikationen, so 1919–32 der *Zeitschrift für Sexualwissenschaft*. Er gründet die *Internationale Gesellschaft für Sexualforschung* und tritt für die Rechte der Frauen ein. 1933 emigriert M. nach Palästina und eröffnet in Tel Aviv eine Praxis für Sexologie.
Handwörterbuch der Sexualwissenschaft, 1923; Die Ehe, 1927.
Mayer, T.: Der Sexologe M. M., 1987. mra

Marx, Adolf Bernhard, Musiktheoretiker, Komponist. 15.5.(28.11.)1795 Halle – 17.5.1866 Berlin. M. beendet zunächst sein Jurastudium, arbeitet dann im Kammergericht in Berlin und bildet sich als Autodidakt musikalisch weiter. Er gründet die *Berliner Allgemeine Musikalische Zeitung* und ist seit 1824 deren Chefredakteur. Nach seiner Promotion 1828 wird M. 1830 Prof. für Musik an der Berliner Univ.; 1832 wird er zum Universitätsmusikdirektor berufen. Mit J. ▸ Stern und T. ▸ Kullak gründet er die *Musikschule für Gesang, Klavier und Komposition*, das spätere *Stern'sche Konservatorium* (1850) und widmet sich vorrangig der Lehre und Forschung. M. zählt zu den bedeutendsten Musiktheoretikern des 19. Jahrhunderts.
Die Lehre von der musikalischen Komposition, 1837–47; Gluck und die Oper, 1863.
Zywietz, M.: A. B. M. und das Oratorium in Berlin, 1996; Siegfried, C.: Das Wirken A. B. M., 1992. jl

Marx, Hilde, Journalistin, Lyrikerin. 1.11.1911 Bayreuth – 4.10.1986 New York. M. studiert Publizistik, Theater- und Kunstgeschichte in Berlin und wird 1934 zwangsexmatrikuliert. Sie schreibt u.a. für die *CV Zeitung* und das *Israelitische Gemeindeblatt* und erhält 1935 den ersten Literaturpreis der JGB. 1937 emigriert sie in die CSR, 1938 in die USA. 1943 heiratet sie den Arzt E. Feigenheimer und tritt von da an als Vortragskünstlerin mit eigenen Texten auf. 1951 erscheint ihr *Bericht* mit Gedichten aus den Jahren 1938–51. Sie ist weiterhin journalistisch tätig.
Dreiklang, 1936. ht

Marx, Karl Heinrich, Philosoph. 5.5.1818 Trier – 14.3.1883 London. Der aus einer traditionellen Rabbinerfamilie stammende M., dessen Eltern jedoch zum Protestantismus konvertieren, wird am 26.8.1824 getauft. 1835–41 studiert er Jura, Philosophie und Geschichte in Bonn später in Berlin, wo er sich zunächst dem Kreis radikaler *Junghegelianer* anschließt. 1841 promoviert M. in Jena. 1842 ist er Mitarbeiter, später Chefredakteur der *Rheinischen Zeitung*. Nach Paris ausgereist, gibt M. die *Deutsch-Französischen Jahrbücher* heraus und äußert sich 1843 in einem Essay *Zur Judenfrage*. Er knüpft Kontakte zu H. ▸ Heine und Pierre Joseph Proudhon. 1844 beginnt die langjährige Freundschaft mit Friedrich Engels. Nach der Ausweisung aus Frankreich lebt M. von 1845–48 in Brüssel, wo er dem *Kommunistenbund* beitritt und dessen Programm, das *Manifest der Kommunistischen Partei*, niederschreibt. 1848 auch aus Belgien ausgewiesen, kehrt er nach Dtl zurück. Im Sommer 1849 wird M. aus Preußen verwiesen und lässt sich, nach einem Aufenthalt in Paris, in London nieder. 1864 ist er Mitinitiator der *Internationalen Arbeiterassoziation*. Die dt. Sozialdemokratie formt M. mit beratender Unterstützung ihrer Anführer und durch die Schrift *Kritik des Gothaer Programms* (1875).
Historisch-kritische GA, 1927ff.
Francis, W.: K. M., 2002; Mehring, F., K. M.: Geschichte seines Lebens, 2001; Blumberg, W.: K. M. mit Selbstzeugnissen und Bilddokumenten, 2001. mhu

Massary, Fritzi (d.i. Friederike Massarik, auch Masareck), Sängerin, Schauspielerin. 21.3.1882 Wien – 30.1.1969 Los Angeles. M. bekommt in der Kindheit Gesangsunterricht. 1904 erhält sie ein Engagement am Berliner Metropol–Theater, wo ihr Auftritte in revueartigen Operetten zum Durchbruch verhelfen. Mitte der 1920er Jahre wird sie als Hauptdarstellerin in Operetten von L. Fall, E. ▸ Kálmán, J. Offenbach, O. ▸ Straus und als *Kaiserin von Berlin* im gleichnamigen Stück von Franz Lehár berühmt und triumphiert in ihren Tourneen durch Europa als „Berlins einnehmendste Soubrette". 1926 heiratet sie in zweiter Ehe M. ▸ Pallenberg. M. bekennt sich zum Judentum und zeigt offen ihre Ablehnung gegenüber dem aufkommenden NS. Sie kehrt 1933 nach Wien zurück. 1938 emigriert sie nach Großbritannien und kurz darauf in die USA. In Los Angeles wirkt M. an den Künstlerabenden des *Jewish Club of 1933* mit. 1977 wird eine Straße in Neukölln nach ihr benannt.

Schneidereit, O.: F. M., 1970; Stern, C.: Die Sache, die man Liebe nennt, 2001. jl

Fritzi Massary

Maurer, Ernst ▸ Levy, Alphonse.

Mauthner, Fritz, Schriftsteller, Philosoph. 22.11.1849 Horitz/Böhmen – 28.6.1923 Meersburg. M., Sohn eines erfolgreichen dt.-jüd. Webereibesitzers, wächst in Prag auf und beginnt zunächst ein Studium der Rechtswissenschaften, das er jedoch 1873 abbricht. Nach dem Tod des Vaters 1874 wendet er sich der journalistischen und schriftstellerischen Arbeit zu. Er lässt sich in Berlin nieder und wird Hg. des *Magazins für Literatur* und schreibt 1876–1905 u.a. für das *Berliner Tageblatt*. Darüber hinaus ist er Mitbegründer der *Freien Bühne*. M. verfasst jedoch auch literarische Parodien, so *Nach berühmten Mustern* (1878), in denen er das literarische Selbstverständnis u.a. B. ▸ Auerbachs, Gustav Freytags, Paul Heyses und Richard Wagners kritisiert. In seiner Erzählung *Der neue Ahasver. Roman aus Jung-Berlin* (1881, NA 2002) beleuchtet er den Antisemistismus. Außerdem entwickelt M. eine skeptische Sprachphilosophie, in der er die erkenntnistheoretischen Möglichkeiten von Sprache radikal in Frage stellt. Sein sprachphilosophisches Hauptwerk *Beiträge zu einer Kritik der Sprache* erscheint nach jahrelanger Vorarbeit 1901/02 (NA 1999) in drei Bänden. Mit diesem Werk erlangt M. Einfluss auf Schriftsteller wie James Joyce, Samuel Beckett und Hugo von Hofmannsthal, mit dem M. auch korrespondiert. 1905 zieht er sich in das Privatleben zurück und lässt sich zunächst in Freiburg/Br., dann in Meersburg nieder. Hier verfasst er u.a. das *Wörterbuch der Philosophie* (2 Bde, 1910/11; 3 Bde 1923/24, NA 1997) und *Der Atheismus und seine Geschichte im Abendlande* (4 Bde; 1920–23, NA 1963).

Arens, K.: Empire in decline. F. M.s critique of Wilhelminian Empire, 2001; Ullmann, B.: F. M.s Kunst- und Kulturvorstellungen, 2000; Leinfellner, E.: F. M. Das Werk eines kritischen Denkers, 1999. mr

May, Henriette, geb. Lövinson, Sozialarbeiterin, Lehrerin. 25.3.1862 Berlin – 14.5.1928 Berlin. M. besucht zunächst die Kgl. Augusta-Schule sowie das Lehrerinnenseminar und arbeitet anschließend als Erzieherin in Berlin und London. 1904 ist sie Mitbegründerin des *Jüdischen Frauenbundes* und setzt sich als Vorstandsmitglied und Schriftführerin für den Schutz von Frauen und Kindern ein. M. engagiert sich besonders für das *Israelitische Lehrerinnenheim* in Berlin und unterstützt zahlreiche Hilfsorganisationen. 1917 wird M. in die Zentralwohlfahrtsstelle der dt. Juden gewählt. Sie ist die erste Frau im Vorstand des CV. pj

May, Joe (d.i. Julius Otto Mandl), Filmregisseur, Produzent, Drehbuchautor. 7.11.1880 Wien – 29.4.1954 Los Angeles. Besuch der Handelshochschule in Leipzig. 1903–05 Studium an der Kgl. Landwirtschaftlichen Hochschule in Berlin. Ab 1911 Filmarbeit als Regisseur, so *In der Tiefe des Schachtes* (1912). 1914 Gründung der *May-Film GmbH.* Nach dem I. WK Gründung der Filmstadt Woltersdorf bei Berlin. Mit *Ihre Majestät die Liebe* (1930) dreht er seinen ersten Tonfilm. 1933 Emigration in die USA, dort ab 1939 Arbeit für Universal in Hollywood.

Bock, H.-M.: J. M., Regisseur und Produzent, 1991. kq

Maybaum, Sigmund, Rabbiner. 29.4.1844 Miskolc/Ungarn – 31.7.1919 Berlin. M. absolviert eine theologisch-wissenschaftliche Ausbildung am Rabbiner-Seminar und an der Univ. in Breslau. 1881 wird M. als Rabbiner nach Berlin berufen, wo er durch seine Predigten bekannt wird. Seit 1888 wirkt er als Dozent der Homiletik an der HWdJ

und veröffentlicht mehrere wissenschaftliche Werke. Zu seinen wichtigsten Publikationen gehört *Die Entwicklung des israelitischen Prophetentums* (1883) und die *Jüdische Homiletik* (1890). M. ist Gegner des Zionismus. Mehrere Jahre ist er Vorsitzender des Rabbinerverbandes in Dtl.
Festschrift, Prof. S. M. zum 70. Geb. af

Mayer, Carl, Drehbuchautor, Dramaturg. 20.2.1894 Graz – 1.7.1944 London. M. ist Dramaturg am Residenztheater in Berlin. Er wechselt das Genre und debütiert als Drehbuchautor, gemeinsam mit Hans Janowitz, mit dem Film *Das Kabinett des Dr. Caligari* (1920), der als Inbegriff des expressionistischen Kinos gilt. M. schreibt weitere Drehbücher u.a. für *Die Hintertreppe* (1921) oder *Scherben* (1921). Gemeinsam mit dem Kameramann K. ▶ Freund entwickelt M. für F. W. Murnaus *Der letzte Mann* (1924) mit der ‚entfesselten Kamera' eine vollkommen neue Kameratechnik. 1932 siedelt er nach London um und arbeitet dort bis zu seinem Tod in der Filmbranche, v.a. mit P. ▶ Czinner. Die Stadt Graz veranstaltet seit 1990 den Carl-Mayer-Drehbuchwettbewerb. ht/mr

Mayer, Else ▶ Meidner, Else.

Mehlich, Ernesto (d.i. Ernst Mehlich, Pseud. Paul Gagnier), Dirigent, Komponist. 9.2.1888 Berlin – 12.2.1977 São Paulo. Nach einem Musikstudium in Berlin arbeitet M. vornehmlich als Dirigent u.a. der Berliner Philharmoniker (1924). In seiner Position als GMD in Baden-Baden dirigiert er 1927 die Uraufführung von Brecht/Weills *Mahagonny.* 1933 fällt ein großer Teil seiner Werke der Bücherverbrennung zum Opfer und M. emigriert nach Brasilien. Seit 1949 überträgt er u.a. europäische Opern und Oratorien ins Portugiesische. jl

Mehring, Walter (Pseud. Glossator, Walt Merin), Schriftsteller. 29.4.1896 Berlin – 3.10.1981 Zürich. Zunächst Hinwendung zum Expressionismus, ab 1915 Veröffentlichung von Gedichten, u.a. in den Zeitschriften *Der Sturm* und *Die Weltbühne.* Nach I. WK Mitinitiator des Dadaismus in Berlin. Seit 1919 erfolgreicher Autor für verschiedene Berliner Kabaretts, wie M. ▶ Reinhardts *Schall und Rauch.* 1920 Gründer des *Politischen Cabarets;* mehrfache Strafverfolgungen aufgrund antimilitaristischer Äußerungen. 1922–28 journalistische Tätigkeit in Paris; Rückkehr nach Berlin. Autor des Schauspiels *Der Kaufmann von Berlin* (1929). Ab 1933 im Exil, zunächst in Paris, dann in Wien, später erneut in Frankreich und schließlich 1941 in den USA. Seit 1953 wieder in Europa, ohne noch einmal ein größeres Publikum ansprechen zu können. Nach Aufenthalten in Berlin, Hamburg und München, lässt er sich in der Schweiz nieder.
Berlin Dada, 1959 [1988]; Berlin - Eine Hörfolge in 3 Teilen, 1992; Reportagen der Unterweltstädte. Berichte aus Berlin und Paris 1918–33, 2001.
Dichter im Exil – W. M., 1987; Hellberg, F.: W. M. Schriftsteller zwischen Kabarett und Avantgarde, 1983. js

Meidner, Else, geb. Mayer, Graphikerin, Malerin. 2.9.1901 Berlin – 5.5.1987 London. M. studiert Malerei in Berlin u.a. bei Ludwig ▶ M., den sie 1927 heiratet. Sie arbeitet als Zeichnerin, Radiererin und später auch als Malerin. Ab 1933 darf sie in Dtl nicht mehr ausstellen. 1939 emigriert sie nach London und entwickelt im Exil „eine Art Bauernmalerei", wie es ihr Mann abwertend nennt. 1953 wird die Ehe geschieden. Die Künstlerin stellt in Londoner Privatgalerien und später auch in Dtl aus.
Ludwig und E. M., 2002; E. M., 1998; Aus den Erinnerungen von E. M., 1979. nv

Meidner, Ludwig, Maler, Graphiker, Schriftsteller. 18.4.1884 Bernstadt/Schlesien – 14.5.1966 Darmstadt. M. absolviert ein Malereistudium an der Kgl. Kunstschule in Breslau. 1905 siedelt er nach Berlin über, wo er als Modezeichner tätig ist. 1907 geht M. zu Studienzwecken nach Paris. 1908 kehrt er nach Berlin zurück und lebt vom Verkauf seiner expressionistischen Zeichnungen. Ab 1912 konzentriert sich M. auf die Malerei. Im selben Jahr gründet er mit Richard Janthur und J. ▶ Steinhardt die Künstlergruppe *Die Pathetiker,* die durch eine Ausstellung bei H. ▶ Walden bekannt wird. 1918 folgt die erste Einzelausstellung in der Galerie P. ▶ Cassirers. 1924–26 ist M. Dozent an der TH in Charlottenburg. 1927 heiratet er E. Mayer (Else ▶ M.). 1939 flieht die Familie nach Großbritannien. Nach der Scheidung 1953 kehrt M. nach Dtl zurück. Zu seinem 80. Geburtstag erhält er das Bundesverdienstkreuz.
Im Nacken das Sternenmeer, 1918; Septemberschrei, 1920.
L. M. – Weltentaumel, 2004; Im Nacken das Sternenmeer. Ein dt. Expressionist, 2002; L. M. Zeichner, Maler, Literat, 2 Bde, 1991. nv

Meisel, Hilde (später H. Monte), Widerstandskämpferin. 31.7.1914 Wien – 17.4.1945 Feldkirch. 1915 kommt die Familie nach Berlin. Wie ihre

Schwester Margot (Frau von Max ▶ Fürst) gehört M. dem *Schwarzen Haufen* an. Sie studiert seit Beginn der 1930er Jahre in Großbritannien, schreibt dort für dt. Exilzeitungen, u.a. die *Sozialistische Warte*, und betreibt ein eigenes Radioprogramm *(Sender der Europäischen Revolution)*. M. setzt sich für die Freilassung H. ▶ Littens ein und hält Vorträge in Bildungseinrichtungen und vor englischen Armeeangehörigen über die Situation in Nazi-Dtl. Sie wird bei einem Untergrundeinsatz nahe der östereichisch-schweizerischen Grenze angeschossen und verblutet. evk

Meisel-Hess, Grete, verh. Gellert, Schriftstellerin. 18.4.1879 Prag – 18.4.1922 Berlin. Ab 1893 lebt die Familie in Wien; M.-H. besucht als Gasthörerin die Wiener Univ. 1902 erscheint ihr Roman *Fanny Roth*, indem sie ihre Thesen zur Ehe literarisch darstellt. Sie tritt für freie Partnerwahl und die „Ehe auf Probe" ein, womit sie die moralischen Werte ihrer Zeit in Frage stellt. Sie gehört zu den wenigen Frauen, die sich damals öffentlich zu Sexualmoral und Sexualität äußern. In ihrem Buch *Weiberhaß und Weiberverachtung* (1904) setzt sie sich mit den Thesen von O. Weininger auseinander. Ab 1908 lebt sie in Berlin. 1909 heiratet sie den Architekten O. Gellert und veröffentlicht ihre sozialpsychologische Untersuchung *Die sexuelle Krise*.
Die Intellektuellen, 1911; Krieg und Ehe, 1916; Das Wesen der Geschlechtlichkeit, 2 Bde, 1916. ht

Meitner, Lise, Physikerin. 7.11.1878 Wien – 27.10.1968 Cambridge. Die Tochter eines Wiener Hof- und Gerichtsadvokaten wird protestantisch erzogen. 1901 legt M. die externe Matura-Prüfung ab und wird damit zum Physikstudium zugelassen, welches sie 1906 mit der Promotion abschließt. Seit 1907 lebt sie in Berlin und arbeitet mit Otto Hahn zusammen. 1912–38 ist M. am Kaiser-Wilhelm-Institut für Chemie in Dahlem. 1912–15 ist sie Assistentin von Max Planck. 1913 wird M. wissenschaftliches Mitglied der Radiophysikalischen Abteilung. Nach dem Einsatz als Röntgenkrankenschwester im I. WK erhält sie 1917 eine eigene Abteilung für Physik. 1918 entdeckt sie das Element Protaktinium. 1919 wird M. zur Prof. ernannt und habilitiert sich als erste Frau in Physik. 1926 wird sie a.o. Prof. an der Berliner Univ. 1933 wird ihr die Lehrbefugnis entzogen. 1938 flieht sie über die Niederlande nach Schweden, wo sie eine Stellung am Nobel-Institut für Physik annimmt. 1939 gelingt ihr eine erste theoretische Deutung der Kernspaltung. 1947 wird sie Forschungsprof. an der TH Stockholm. Nach der Emeritierung 1960 zieht sie nach Cambridge. 1966 erhält M. den Enrico-Fermi-Preis.
Der Aufbau der Atomkerne, 1935.
Sexl, L./Hardy, A.: L. M., 2002; Lewin, S.: L. M., 2001. mh

Lise Meitner

Mendel, David ▶ Neander, Johann August Wilhelm.

Mendelsohn, Erich, Architekt. 21.3.1887 Allenstein/Ostpreußen – 15.9.1953 San Francisco. 1908 beginnt M. sein Studium in Berlin, das er in München 1912 abschließt, wo er bis 1914 auch als freischaffender Architekt lebt und arbeitet. 1915 heiratet er die Cellistin Luise Maas. Nach dem I. WK eröffnet M. ein Architekturbüro in Berlin und wird Mitbegründer der *Novembergruppe*. 1919 werden Entwurfsarbeiten von ihm erstmalig in der Galerie von P. ▶ Cassirer ausgestellt. 1920 wird M. mit dem Entwurf und Bau des Einstein-Turmes für das Astrophysikalische Institut in Potsdam betraut, der als eines der wichtigsten Beispiele expressionistischer Baukunst gilt. 1923 macht er die Planung für den Um- und Erweiterungsbau des Mossegebäudes in der Jerusalemer Straße/Schützenstraße in Berlin.

1924–30 entstehen zahlreiche Fabrik- und Wirtschaftgebäude, Wohnkomplexe und Kaufhäuser in verschiedenen dt. Großstädten sowie in St. Petersburg. 1930–32 entwirft M. u.a. das *Universum*-Filmtheater mit Geschäfts- und Wohnkomplex am Kurfürstendamm sowie das Columbushaus am Potsdamer Platz. 1933 emigriert er über die Niederlande nach London und führt ab 1934 ein Architekturbüro in Jerusalem. Dort entstehen der Hadassa-Komplex auf dem Universitätsgelände, diverse öffentliche Bauten und das Wohnhaus für Chaim und Vera Weizmann. 1939 siedelt M. ganz nach Palästina über. 1941 wandert er in die USA aus. Dort ist er für die Regierung tätig und lehrt an verschiedenen Univ. 1945 lässt sich M. in San Francisco nieder, beginnt wieder als freischaffender Architekt zu arbeiten und nimmt 1947 einen Lehrauftrag der Univ. Berkeley an. 1947–53 entwirft er u.a. einige Synagogen.

Palestine and the world of tomorrow, 1940.

E. M. – Gebaute Welten, 1998; Heinze-Mühleib, I.: E. M. Bauten und Projekte in Palästina 1934–41, 1986. nv

Mendelssohn, Abraham ▶ Mendelssohn (Bartholdy), Abraham.

Mendelssohn, Alexander, Bankier. 19.9.1798 Berlin – 25.10.1871 Berlin. Nach einer kaufmännischen Ausbildung tritt M. in das väterliche Bankhaus *Mendelssohn & Co.* ein, dessen Mitinhaber er 1828 wird und das er erfolgreich auf dem internationalen Markt etabliert. In Charlottenburg, wo er eine Sommervilla besitzt, engagiert sich M. wohltätig (Mariannenstift). In den 1860er Jahren ist M. Mitglied der Repräsentantenversammlung der JGB. Er ist der letzte Vertreter der Berliner Mendelssohns, der dem Judentum angehört. sp

Mendelssohn, Dorothea (Brendel) ▶ Veit-Schlegel, Dorothea.

Mendelssohn, Eleonora von, Schauspielerin. 12.1.1900 Berlin – 24.1.1951 New York. Als Tochter von Robert von M., dem Mitinhaber der Mendelssohn-Bank, und der italienischen Pianistin Giuletta Gordigiani wächst M. in einer wohlhabenden Familie auf, die freundschaftliche Beziehungen mit W. ▶ Rathenau, Max Planck, Isadora Duncan und Eleonora Duse pflegt. M. wird Schauspielerin und erhält in den 1920er Jahren u.a. Engagements am Düsseldorfer Schauspielhaus, am DT sowie am Preußischen Staatstheater in Berlin, wo sie als *Helena* neben Gustav Gründgens auf der Bühne steht. Als *Maria Stuart* tourt sie nach 1933 durch Europa. 1935 emigriert M. in die USA, wobei sie sich bis 1939 immer wieder auch in Europa aufhält. In New York erhält M. Theaterengagements und ist in Hauptrollen am Broadway zu sehen. Mit anderen Emigranten wie z.B. dem Ehepaar Viertel und M. ▶ Reinhardt, den sie bis zu dessen Tod pflegt, ist sie befreundet. Während des Krieges beteiligt sich M. als Sprecherin gemeinsam mit Dolly Haas und R. ▶ Landshoff-York im Auftrag des *Office of war information* am deutschsprachigen Radioprogramm der *Voice of America*. Sie wählt den Freitod. cm

Mendelssohn, Franz von, Bankier. 29.7.1865 Berlin – 13.6.1935 Berlin. 1892–1917 Mitinhaber, dann Seniorchef des Bankhauses *Mendelssohn & Co.*, ab 1913 Mitglied des Preußischen Herrenhauses, seit 1914 Präsident der IHK, 1921–31 des Dt. Industrie- und Handelstags. Mitglied des Vorläufigen Reichswirtschaftsrats (1922–31) und des Generalrats der Reichsbank (1924–33). js

Mendelssohn, Georg Benjamin, Geograf. 16.11.1794 Berlin – 24.8.1874 Horchheim b. Koblenz. Der Sohn von Joseph ▶ M. tritt 1821 zum christlichen Glauben über. M. habilitiert sich an der Univ. Bonn und widmet sich fortan seinen Forschungen, in denen er in der Tradition A. von Humboldts den Zusammenhang von Geografie und Geschichte betont. 1835 veröffentlicht er sein Hauptwerk *Das Germanische Europa*, im selben Jahr erhält er eine a.o. und 1847 eine o. Professur für Geografie und Statistik in Bonn. Nach massiven Protesten seiner Fakultätskollegen zieht er sich 1857 aus dem Lehrbetrieb zurück. evk

Mendelssohn, Heinrich, Unternehmer. 21.2.1881 Posen – 7.8.1959 Genf. M. gründet ein Bauunternehmen, das sich noch vor dem I. WK zu einem der führenden in Berlin entwickelt und das an der Erschließung und Erbauung zahlreicher Berliner Wohnviertel beteiligt ist. Nach der nationalsozialistischen Machtübernahme emigriert M. nach Großbritannien, wo er als Bauberater arbeitet. Nach 1945 kehrt M. nach Berlin zurück, wo er erneut als Bauunternehmer tätig ist. mr

Mendelssohn, Henriette, Lehrerin. 23.8.1768 Berlin – 9.11.1831 Berlin. M. ist die jüngste Tochter von Moses ▶ M. Ihre Arbeit als Erzieherin führt sie 1799 zu einer jüd. Familie nach Wien. In Paris eröffnet M. ein Mädchenpensionat. In ihrer dortigen

Wohnung verkehren Gelehrte und Künstler, wie die Gebrüder Humboldt und Karl August Varnhagen von Ense. Als ihr 1812 die Erziehung der Tochter des Generals Sebastiani anvertraut wird, konvertiert M. zum Katholizismus. Seit 1824 lebt sie wieder in Berlin. ul

Mendelssohn, Joseph, Bankier. 11.8.1770 Berlin – 24.11.1848 Berlin. Der Sohn von Moses ▶ M. gründet 1795 gemeinsam mit M. ▶ Friedländer ein Bank- und Wechselgeschäft. M. unterhält geschäftliche Beziehungen mit dem preußischen Staat, Frankreich und Russland. Er ist an der Gründung des *Berliner Cassen-Vereins* und einer zentralen Notenbank beteiligt. Das Familienunternehmen *Mendelssohn & Co.* entwickelt sich zur bedeutendsten dt. Privatbank, die nach der Zwangsliquidierung 1938 von der *Deutschen Bank* übernommen wird. evk

Joseph Mendelssohn

Mendelssohn, Moses, Philosoph, Literaturkritiker, Bibelübersetzer. 6.9.1729 Dessau – 4.1.1786 Berlin. M. kommt 1743 nach Berlin, 1750 wird er Hauslehrer beim Seidenfabrikanten Isaak Bernhard. 1754 beginnt die Freundschaft mit Gotthold Ephraim Lessing, der ihn zu schriftstellerischer Tätigkeit auf dem Gebiet der Philosophie ermutigt. M. wird der bedeutendste Popularphilosoph aus der Schule Christian Wolffs. In seinen Schriften, die sich für die Verbreitung der Toleranzforderung einsetzen und die Frage der Unsterblichkeit und des Daseins Gottes behandeln, nimmt M. Anregungen von Spinoza, Shaftesbury und Kant auf. Von der Berliner Akademie wird seine Abhandlung über die *Evidenz der metaphysischen Wissenschaften* (1764) preisgekrönt. Die Bekehrungsversuche Johann Kaspar Lavaters (1769) veranlassen ihn, sich für die Emanzipation der Juden einzusetzen. Seine Übersetzung der Bibel (gedruckt 1780–83), der Psalmen und des Hohenliedes dient u.a. dazu, den Juden die deutsche Sprache zu lehren. Unmittelbar praktische Absichten verfolgt M.s Einleitung zu der Schrift des Manasse ben Israel *Rettung der Juden*, die das Buch *Über die bürgerliche Verbesserung der Juden* (1781) des Kriegsrats C. W. Dohm unterstützen soll. In seiner Schrift *Jerusalem oder über religiöse Macht und Judentum* (1783) versucht M., die Übereinstimmung des jüd. Glaubens mit der Vernunfterkenntnis nachzuweisen. Den Juden sei nur das Gesetz, nicht eine Religion offenbart, Gott fordere die Juden auf zum Tun, nicht zum Glauben. Das Judentum kenne keinen Zwang, keine Lehrmeinungen, keine Heilswahrheiten, keine allgemeinen Vernunftsätze. Nach dem Tod Lessings muss M. seinen Freund gegen den Philosophen Friedrich Heinrich Jacobi verteidigen (*An die Freunde Lessings*, 1786 posthum), der Lessing vorwirft, er sei ein Spinozist, also ein Atheist gewesen. M. ist der erste jüd. Philosoph der Neuzeit, der jüd. Religion mit Begriffen der Philosophie seiner Zeit zu interpretieren sucht.

GS, 1971ff.

Simon, H.: M. M., 2003; Schoeps, J. H.: M. M., 1979 [1989]; Altmann, A.: M. M., 1973. js

Mendelssohn, Nathan, Mechanicus, Beamter. 8.12.1782 Berlin – 9.1.1852 Berlin. Ausbildung zum Techniker und Gerätebauer in Paris und London. Ab 1806 eigene Werkstatt in Berlin. 1809 Übertritt zum lutherischen Glauben, Heirat mit Henriette Hitzig. 1813 Teilnahme am Befreiungskrieg, anschließend Staatsdienst. 1822–29 Inhaber einer eigenen Eisenhütte, dann wieder Staatsdienst in Schlesien und Berlin. 1838 Mitbegründer und Vorsitzender der *Polytechnischen Gesellschaft*. sp

Mendelssohn, Peter de (bis 1937: von, Pseud. u.a. Carl Johann Leuchtenberg, Peter Mendel, Elisabeth Seeger), Schriftsteller, Publizist. 1.6.1908 München – 10.8.1982 München. M. wächst als Sohn eines Goldschmieds in der Künstlersiedlung Dresden-Hellerau auf. Nach dem Abitur wird er Redakteur beim *Berliner Tageblatt*. Sein Roman *Fertig mit Berlin* (1930) ist eine Liebeserklärung an die Zeitungsstadt Berlin der 1930er Jahre. 1933 emigriert

er nach Großbritannien. 1946–48 hält er sich mit seiner Ehefrau Hilde Spiel wieder in Berlin auf. M. ist Pressechef der Britischen Kontrollkommission in Düsseldorf und Berichterstatter bei den Nürnberger Prozessen. Er ist am Aufbau des *Tagesspiegels* und der *Welt* beteiligt. 1954–70 arbeitet M. als Korrespondent des Bayrischen Rundfunks in London. 1970 kehrt er nach München zurück. 1975 wird M. Präsident der *Dt. Akademie für Sprache und Dichtung*, Bekanntheit erhält er v.a. als Biograf Thomas Manns, dessen Tagebücher M. auch herausgibt.
Zeitungsstadt Berlin, 1959; Der Zauberer. Das Leben des deutschen Schriftstellers Thomas Mann, 1975 [1992]. mr

Mendelssohn (Bartholdy), Abraham, Bankier. 10.12.1776 Berlin – 19.11.1835 Berlin. Zweiter Sohn M. ▶ Mendelssohns, verheiratet mit Lea Salomon (1777–1842), einer Enkelin des Hofjuden D. ▶ Itzig. M. nimmt auf Veranlassung seines Schwagers J. L. S. ▶ Bartholdy den Namen Bartholdy an und lässt sich 1822 taufen. 1804 tritt M. in das Bankhaus seines älteren Bruders J. ▶ Mendelssohn ein, das unter seinem späteren Namen *Mendelssohn & Co.* bis 1938 existiert. Einer seiner Söhne ist der Musiker Felix ▶ M.-B., eine seiner Töchter die Komponistin Fanny M.-B, verheiratete ▶ Hensel.
Klessmann, E.: Die Mendelssohns. Bilder aus einer deutschen Familie, 1990. js

Felix Mendelssohn-Bartholdy

Mendelssohn-Bartholdy, Ernst von, Bankier. 13.12.1846 Berlin – 25.12.1909 Berlin. Unter der Leitung von M.-B. (zus. mit F. v. ▶ Mendelssohn) nimmt das Bankhaus *Mendelssohn & Co.* einen rasanten Aufschwung. Insbesondere bedingt durch die Erfolge der Geschäfte mit Russland rückt das Bankhaus an die Spitze der dt. Privatbanken auf. M.-B., Mitglied des Preußischen Herrenhauses, zählt zu den so genannten ‚Kaiserjuden'. Er ist ein bedeutender Mäzen, schenkt 1906 Wilhelm II. die Villa Falconieri in Frascati bei Rom und zusätzlich Geld für deren Ausstattung. Die Musik-Autographen-Sammlung seines Vater und des Onkels Felix (*Paul und Ernst von Mendelssohn-Bartholdy'sche Stiftung*) schenkt er 1908 der Kgl. Bibliothek. Sie gilt als die wertvollste Stiftung, die je einer Bibliothek gemacht wurde. js

Mendelssohn-Bartholdy, Fanny ▶ Hensel, Fanny.

Mendelssohn-Bartholdy, Jakob Ludwig **Felix**, Komponist, Dirigent, Pianist. 3.2.1809 Hamburg – 4.11.1847 Leipzig. M. ist ein Enkel Moses ▶ M. Seine Mutter Lea ist begeisterte Bach-Anhängerin. Die Eltern lassen ihn und seine Geschwister taufen. M. zeigt früh eine musikalische Begabung und wird Schüler Carl Friedrich Zelters. 1825 schreibt er das *Oktett*, ein bereits sehr reifes Werk. Die Aufführung der Matthäuspassion von Johann Sebastian Bach an der *Berliner Singakademie* am 11.3.1829 leitet eine Wiederentdeckung Bach'scher Kompositionen ein. In den darauffolgenden Jahren reist M. nach Weimar zu J. W. Goethe (1821, 1830), Schottland (1829), London (1830–32), Italien und Paris. Ab 1833 ist er Städtischer Musikdirektor in Düsseldorf, zwei Jahre später Kapellmeister am *Gewandhaus* in Leipzig. Initiiert durch M., wird dort im April 1843 das *Conservatorium der Musik* eröffnet. Berlin, bis zum Tod der Eltern für M. Heimat und 1841–45 Wirkungsstätte, enttäuscht ihn in seiner kulturell engen Atmosphäre immer wieder. Er bedauert besonders das Scheitern des Konservatorium-Plans. M. erlebt große Erfolge während seiner letzten Lebensjahre, z.B. 1846 die Premiere des *Elias* in Birmingham. Der plötzliche Tod seiner Schwester Fanny ▶ M.-B. im Mai 1847 ist ein Schock für ihn. Mit seinem auf klassischen Formen aufbauenden Werk, das u.a. Oratorien (z.B. *Paulus*), 48 *Lieder ohne Worte*, Ouvertüren (u.a. zu W. Shakespeares *Ein Sommernachtstraum*, 1827; Hebridenouvertüre), Sinfonien (darunter Sinfonie Nr. 3 in a-Moll *Schottische* und Sinfonie A-Dur *Italienische*, 1835), Konzerte und Kammermusik umfasst, schafft M.-B.

eine neue romantische Gattung in der Musik.
Todd, R. L.: M. A life in music, 2003; Cooper, J. M.: F. M.-B. a guide to research, 2001; Werner, E.: M. Leben und Werk in neuer Sicht, 1980. jw

Mendelssohn-Bartholdy, Paul, Bankier. 30.10.1813 Berlin – 21.6.1874 Charlottenburg. M.-B. wird 1816 getauft. Wie sein Bruder Felix ▶ M.-B. ist er musikalisch begabt, spielt Cello und singt. Er schlägt jedoch eine Banklaufbahn ein, die er in London beginnt und in Paris fortsetzt. 1833 kehrt er nach Berlin zurück und tritt in das Bankhaus *Mendelssohn & Co.* ein. M.-B., der 1838 Teilhaber der Bank wird, gehört zu den bedeutensten Bankiers in Berlin; Politiker wie Bismarck lassen sich von ihm beraten. Mit seinem Neffen Karl M.-B. gibt er 1861 die Briefe seines Bruders Felix heraus. js

Mendelssohn-Bartholdy, Paul, Unternehmer, Chemiker. 18.1.1841 Leipzig – 17.2.1880 Berlin. Zweiter Sohn des Komponisten Felix ▶ M.-B. Nach dem Tod der Mutter 1852 wächst M.-B. im Haus seines Onkels Paul ▶ M.-B. in Berlin auf und besucht das Friedrich-Wilhelm-Gymnasium. 1857 verlässt er das Haus des Onkels und beginnt trotz künstlerischer Begabung in Leipzig eine Kaufmannslehre. Durch Privatunterricht holt er 1859 das Abitur nach und folgt seinem Bruder Karl nach Heidelberg, um v.a. bei R. W. Bunsen und G. R. Kirchhoff zu hören; 1863 promoviert er in Chemie, kehrt nach Berlin zurück und leistet den Militärdienst ab. Als Unteroffizier nimmt er an der Schlacht von Königgrätz (1866) teil und wird zum Offizier befördert. Im deutsch-französischen Krieg (1870/71) dringt er mit der Armee des Prinzen Friedrich Karl bis Orleans vor und ist v.a. für die Truppenversorgung zuständig. M.-B. wird mit dem Eisernen Kreuz ausgezeichnet. Als Volontär arbeitet er in Berlin seit 1865 mit August Wilhelm von Hofmann zusammen und ist Mitbegründer der *Deutschen Chemischen Gesellschaft.* 1866 heiratet er Else Oppenheim. Gemeinsam mit Karl Alexander Martius gründet M.-B. 1867 die *Aktiengesellschaft für Anilinfabrikation* (später *Agfa*). Die Firma entwickelt u.a. neuartige Verfahren zum chemischen Färben von Stoffen. Nach der Reichsgründung erweist sich der Standort Berlin als Vorteil. 1873 heiratet er Enole Oppenheim, eine jüngere Schwester seiner verstorbenen ersten Frau. Die Ausdehnung auf andere Geschäftsbereiche der *Agfa* und der Bau der großen Fabrik in Bitterfeld erfolgt erst nach M.-B.s Tod. Franz Otto Oppenheim, M.-B.s Schwager, wird sein Nachfolger als Generaldirektor. M.-B.s Sohn aus erster Ehe, Otto von M.-B., (2.3.1868 Berlin – 1949 Basel) ist bis 1933 Mitglied im AR der *I.G. Farben,* in die die *Agfa* 1926 aufgegangen war.
Die Mendelssohns in Berlin. Eine Familie und ihre Stadt, 1983. mr

Mendelssohn-Bartholdy, Paul von, Bankier. 14.11.1875 Berlin – 13.5.1935 Berlin. Persönlich haftender Gesellschafter und Mitinhaber des Bankhauses *Mendelssohn & Co.* Unter der Leitung M.-B.s und Franz von ▶ M. vergrößert sich das Bankhaus mit Niederlassungen in Amsterdam, Wien und München. Zu Beginn der Nazi-Zeit steht das Haus an der Spitze der dt. Privatbanken. M.-B. lässt durch den Architekten B. ▶ Paul in den Jahren 1909–11 das Rittergut Schloß Börnicke bei Bernau umbauen und in Berlin ein Stadtpalais in der Ahlsenstraße 3/3a errichten. M.-B. tritt als bedeutender Kunstsammler auf. js

Merin, Peter ▶ Bihalji-Merin, Oto.

Meseritz, Margarete ▶ Muehsam, Margarete.

Messel, Alfred, Architekt. 22.7.1853 Darmstadt – 24.3.1909 Berlin. M. absolviert seine Ausbildung bei verschiedenen Architekten in Darmstadt, Kassel und Berlin. 1899 wird die *Villa Wertheim* in der Berliner Siemensstraße nach seinen Plänen gebaut. Es folgen die Landhäuser der Gebrüder ▶ Wertheim und F. ▶ Oppenheims am Großen Wannsee. M. ist auch für die Berliner Bau- und Wohnungsgenossenschaft tätig. Weltruhm erlangt er mit dem Bau der Wertheim-Warenhäuser in der Oranienstraße und der Rosenthaler Straße sowie am Leipziger Platz.
Behrendt, W. C.: A. M., 1911 [1998]. nv

Metz, Josefa, Schriftstellerin. 19.10.1871 Minden – 13.2.1943 Ghetto Theresienstadt. Seit 1899 in Berlin, veröffentlicht M. Kinderbücher und Gedichte. Großen Erfolg hat ihr Märchenspiel *Den König drückt der Schuh* (1908). Seit 1909 lebt sie in München. Die anfängliche Kriegsbegeisterung wandelt sich zu einer kritischen Haltung. *Wehrlose* (1916) thematisiert die Not von Kindern im Krieg. 1938 kehrt sie nach Berlin zurück. Am 20.8.1942 wird sie deportiert.
Neue Gedichte, 1912; Ruth Webers Nachlaß, 1915; Das Experiment. Burleske, 1931. ht

Meyer, Babette, Salonnière. 22.6.1835 Berlin – 4.8.1916 Berlin. M., die Tochter eines Bankiers, erhält eine künstlerische Ausbildung im Atelier von Gustav Graef. Ihr Salon, in dem die Politik Bismarcks zunächst wohlwollend diskutiert wird, wandelt sich nach einer Auseinandersetzung mit dem Reichskanzler zu einem Zentrum liberaler Bismarckgegner, u.a. verkehren dort L. ▶ Bamberger und W. ▶ Rathenau. 1886 heiratet M. den Maler und Direktor der Weimarer Kunstschule Graf von Kalckreuth, von dem sie sich bald wieder scheiden lässt. nms

Meyer, Eduard, Althistoriker. 25.1.1855 Hamburg – 31.8.1930 Berlin. Geschichtsstudium in Bonn und Leipzig, Habilitation 1879 in Alter Geschichte. Privatlehrer in Konstantinopel. Lehrstuhlinhaber in Leipzig (1884), Breslau (1885), Halle (1889), seit 1902 in Berlin. Ehrendoktortitel ausländischer Univ. (u.a. Oxford), 1919/20 Rektor der Univ. Berlin, 1923 Emeritierung.
Geschichte des Altertums, 3 Bde, 1884–1902; Die Entstehung des Judentums, 1896.
Zimmermann, H.-D.: E. M. zu Werk und Zeit, 1991. mra

Meyer, Ernst Hermann, Komponist, Musikwissenschaftler, Parteifunktionär. 8.12.1905 Berlin – 8.10.1988 Berlin/Ost. Sohn eines Arztes, Studium der Musikwissenschaft in Berlin und Heidelberg. Ab 1929 Freundschaft und Zusammenarbeit mit H. ▶ Eisler. 1930 Eintritt in die KPD, 1931 Kompositionsunterricht an der *Hochschule für Musik* Berlin; 1933 Emigration nach Großbritannien. 1948 Rückkehr in die SBZ; 1949 Prof. für Musiksoziologie an der HU Berlin, ab 1951 Hg. der Zeitschrift *Musik und Gesellschaft*, 1965–69 Vizepräsident der AdK, seit Juni 1971 Mitglied des ZK der SED. Verfasser von über 500 Kompositionen verschiedener Gattungen. mr

Meyer, Gerhard, Widerstandskämpfer, Schlosser. 12.1.1919 Berlin – 18.8.1942 Berlin. Nach dem Schulabschluss 1935 beginnt M. eine Schlosserlehre bei der Firma Kalmann. Ab Sommer 1940 muss er Zwangsarbeit in der so genannten Judenabteilung im Elmo-Werk der Siemens-Schuckert AG leisten. Er ist Mitglied im *Ring-Bund Jüd. Jugend* und mit H. ▶ Baum befreundet. M. gehört später zum engen Kreis der Widerstandsgruppe um Baum. Am 27.1.1942 heiratet er H. ▶ Meyer. Am 22.5.1942 wird er verhaftet und in Plötzensee hingerichtet. br

Meyer, Hanni, geb. Lindenberger, Widerstandskämpferin. 14.2.1921 Berlin – 4.3.1943 Berlin. Nach ihrem Schulabschluss 1935 absolviert M. eine Stenografie- und Schreibmaschinenausbildung, anschließend bis 1938 eine Lehre als Putzmacherin. Durch ‚Arisierung' des Lehrbetriebes erhält sie keinen Abschluss. 1940 besucht sie das Jüd. Kinderpflegeseminar, danach muss sie Zwangsarbeit in der Lampenschirmfabrik Paulus leisten. M. ist Mitglied im *Ring-Bund Jüd. Jugend*. Sie gehört zum engen Kreis der Widerstandsgruppe um H. ▶ Baum. Am 27.1.1942 heiratet sie G. ▶ Meyer. M. wird am 3.6.1942 verhaftet und in Plötzensee hingerichtet. Ihr Bruder emigriert 1937 in die USA. Ihre Mutter wird am 28.6.1943 nach Auschwitz deportiert. br

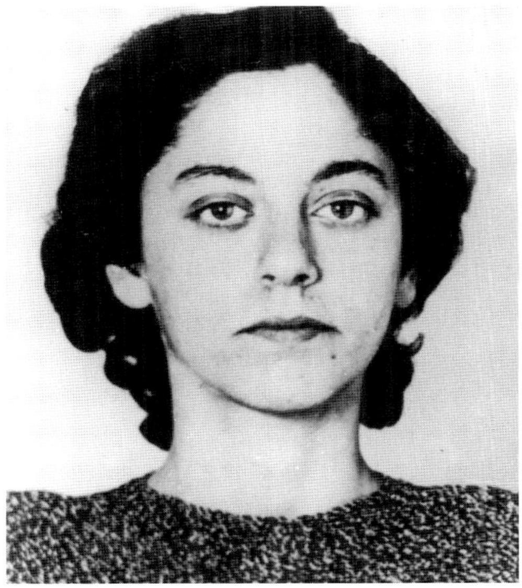

Hanni Meyer

Meyer, Hans J., Jurist, Bankier, Diplomat. 9.12.1890 Berlin – 26.6.1968 New York. Studium der Rechtswissenschaften in Berlin. 1919 Sekretär der dt. Delegation bei den Versailler Friedensverhandlungen. 1920–25 Oberregierungsrat im Finanzministerium und in der Botschaft in Paris. M. arbeitet v.a. zur Reparationsproblematik, nimmt in diesen Jahren an den Konferenzen in Brüssel, Paris, London und Genua teil und ist an der Ausarbeitung des *Dawes-* (1924) und *Youngplans* (1929) beteiligt. Seit 1926 Mitarbeit im Bankhaus *Warburg & Co.*, zunächst in Hamburg, von 1930 an als Geschäftsführer und Teilhaber in Amsterdam. 1941 Emigration in die USA. Seit 1947 Präsident des Bankhauses *Warburg & Co.* in New York. In den USA engagiert sich M. in vielen jüd. Organisationen, so bekleidet er u.a. durchgehend leitende Funktionen in der *American Foundation of Jews from Europe*. mra

Meyer, Hermann, Kaufmann. 12.1.1846 Posen – 12.7.1913 Berlin. 1890 gründet M. ein *Spiritus- und Produkten-Kommissions-Geschäft* in der Oranienburger Straße, das wenig später zahlreiche Filialen in Berlin eröffnet. Der 1924 geprägte Slogan „Keine Feier ohne Meyer" ist seither den Berlinern ein Begriff. Das Familienunternehmen, das während des NS ‚arisiert' wird und seine Konzession verliert, setzt in den 1950er Jahren seinen Erfolgskurs in Berlin/W. fort und eröffnet nach der Wiedervereinigung 1990 auch im Ostteil der Stadt mehrere Filialen. Nach der Fusion mit der Firma *Butter-Beck* gehört die Supermarktkette *Meyer-Beck* zum *Oetker*-Konzern.
Bertz, I.: Keine Feier ohne Meyer, 1990. evk/mr

Meyer, Joel Wolf(f), Kaufmann. 22.10.1794 Berlin – 25.9.1869 Berlin. Als Seidenwarenfabrikant und Mitinhaber der Firma *Jakob Abraham Meyer & Co.* unterhält M. international geschäftliche Beziehungen v.a. nach Paris. 1846 wird er zum Stadtverordneten gewählt. Als Mitglied der RV setzt er sich für die Zulassung von Juden ein, wirbt beim König für deren Anerkennung und ist Mitglied der Stiftungskommission einer Waisenerziehungsanstalt. mra

Meyer, Julius, Verbandsfunktionär. 17.9.1909 Krojanke/Westpreußen – 2.12.1979 São Paulo/Brasilien. M. erlernt den Beruf des Leder-Zuschneiders und ist dann in der Landwirtschaft tätig. 1930 tritt er der KPD bei, flüchtet 1935 nach Berlin und arbeitet dort 1936–39 als Lederwarenvertreter. Ab 1941 zur Zwangsarbeit verpflichtet, wird er am 19.2.1943 verhaftet und in den KZs Auschwitz und Ravensbrück inhaftiert. 1946 tritt M. in die SED ein. 1945 bis Jan. 1953 ist M. Vorsitzender der JGB und 1950–53 Mitglied des Direktoriums des Zentralrats der Juden in Dtl. Darüber hinaus ist er Abgeordneter der Volkskammer als Vertreter der VVN sowie Vorsitzender des Verbandes der jüd. Gemeinden in der DDR (1952/53). Auf Grund der antizionistischen Kampagne des ZK der SED flüchtet er am 15.1.1953 nach Berlin/W. Bis 1976 dauert dort die Überprüfung seiner Biografie, es kommt zum Rechtsstreit um Wiedergutmachung. Schließlich wandert M. nach Brasilien aus. id

Meyer, Ludwig Ferdinand, Kinderarzt. 23.5.1879 Wiesbaden – 1954 Tel Aviv. 1913–21 Dozent für Kinderheilkunde an der Univ. Berlin und dort seit 1922 a.o. Prof. 1921–35 Direktor verschiedener Kinderkrankenhäuser in Berlin. 1936 Emigration nach Palästina, dort weiterhin als Kinderarzt tätig.
Über den Hospitalismus der Säuglinge, 1913; Physiologie und Pathologie der Säuglingsernährung, 1953. ko

Meyer, Marianne ▶ Eybenberg, Marianne.

Meyer, Moritz, Arzt. 6.11.1821 Berlin – 30.10.1893 Berlin. M. studiert in Heidelberg, Berlin und Halle. 1845 eröffnet er eine eigene Praxis in Berlin und spezialisiert sich ab 1854 auf Nervenkrankheiten. Seine Untersuchungen zur Anwendung des elektrischen Stroms in der Medizin prägen nachhaltig die Elektrotherapie. M. ist der Namensgeber und Erfinder eines Instruments zur Überprüfung der Muskeln und Nervenbahnen.
Die Electricität in ihrer Anwendung auf practische Medicin, 1854. mra

Meyer, Moritz, Bankier, Kaufmann, Kommunalpolitiker. 27.5.1811 Berlin – 18.1.1869 Berlin. M. ist Stadtrat und Mitglied der RVdJ. Seine großzügige Spende, durch M. ▶ Lazarus vermittelt, ermöglicht die Planung und den Aufbau der HWdJ. M. selbst erlebt den Erfolg der Einrichtung, an der fortan Gelehrte wie A. ▶ Geiger und L. ▶ Baeck unterrichten, nicht; er verstirbt vor deren Einweihung im Jahre 1872.
Zum sechzigjährigen Bestehen der Hochschule für die Wissenschaft des Judentums in Berlin, 1932. mra

Meyer, Rahel, geb. Weiss, Schriftstellerin. 11.3.1806 Danzig – 8.2.1874 Berlin. M. wird früh mit dem Bernsteinhändler Zacharias M. verheiratet, lebt ab 1852 in Wien und die letzten Jahre bei einer Tochter in Berlin. Sie ist neben F. ▶ Lewald eine bedeutende Vertreterin des dt.-jüd. Zeitromans. M. wendet sich gegen Konversion und Gottesdienstreform und plädiert für jüd. Identitätsbewahrung innerhalb der dt. Kultur. Ihr letzter Roman *In Banden frei* (1865) ist eine Auseinandersetzung mit den Frauen der Berliner Salons.
Zwei Schwestern, 1853; Wider die Natur, 1862; Rahel, 1895. ht

Meyer, Richard Moritz, Literaturwissenschaftler. 5.7.1860 Berlin – 8.10.1914 Berlin. M. promoviert 1883 und habilitiert sich 1886. Der Schwerpunkt seiner Studien und Lehrtätigkeit ist die dt. Philologie mit Blick auf die allgemeine Literaturgeschichte, besonders des 19. und beginnenden 20. Jahrhunderts. 1889 heiratet M. Estella Goldschmidt, sie haben zwei Söhne. 1894 erscheint seine preisgekrönte

Goethe-Biografie. Ab 1901 ist er a.o. Prof. für dt. Sprache und Literatur an der Univ. Berlin.
Die dt. Literatur im 19. Jahrhundert, 1899; Die Weltliteratur im 20. Jahrhundert, 1913; Nietzsche, 1913. ht

Meyer, Robert, Gynäkologe. 11.1.1864 Hannover – 12.12.1947 Minneapolis. Begründer der histologischen Gynäkologie, bedeutender Krebsdiagnostiker. Seit 1894 Arzt und Geburtshelfer in Berlin. Später Leiter des Labors für pathologische Anatomie in der Gynäkologischen Klinik, ab 1932 Honorarprof für Gynäkologie und Histologie an der Univ. Berlin. 1939 Emigration in die USA.
Studien zur Pathologie der Entwicklung, 1913. ko

Meyer, Sara ▶ Grotthuß, Sophie von.

Meyer, Sigmund Joel, Jurist. 22.11.1830 unbekannt – 8.3.1903 Berlin. RA und Notar beim Berliner Landgericht. Er und sein Freund H. ▶ Makower tragen als erste Juden den Titel ‚Kgl. Notar'. M. ist Vorsteher der RV und stellv. Vorsitzender im Vorstand der JGB. Darüber hinaus gehört er der Berliner Stadtverordnetenversammlung an. evk

Giacomo Meyerbeer

Meyerbeer, Giacomo (d.i. Jakob Liebmann Meyer Beer), Komponist. 5.9.1791 Tasdorf bei Berlin – 2.5.1864 Paris. M. arbeitet nach dem Studium in Berlin und Darmstadt zunächst als Pianist. Auf einer Reise nach Paris und London (1814/15) und während seines Italienaufenthalts (1816–24) entwickelt er sich zum Opernkomponisten und wird 1824 mit der Berliner Aufführung von *Il Crociato in Egitto* berühmt. Ab 1926 lebt M. in Paris und komponiert die Opern *Robert le diable* (1831) und *Les Huguenots* (1836). 1842 wird M. von König Friedrich Wilhelm IV. als GMD nach Berlin berufen. Hier entsteht seine Oper *Ein Feldlager in Schlesien* (1844). 1848 lässt er sich aber wieder in Paris nieder. Auch dem Werk *Le prophète* (1849) und der posthum aufgeführten Oper *L'Africaine* (1865) ist ein großer Erfolg beschieden. M. gilt als ein Hauptvertreter der französischen Großen Oper des 19. Jahrhunderts. Seine Werke zeichnen sich durch die Synthese dt. und italienischer Stilelemente sowie durch neue Klangwirkungen mittels weniger bekannter Instrumente aus.
Zimmermann, R.: G. M., 1991; Kapp, J.: G. M., 1932. nr

Michaelson, Margarete ▶ Georgy, Ernst.

Misch, Carl, Journalist, Historiker. 7.9.1896 Berlin – 13.10.1965 Danville/USA. Ab 1914 Studium der Geschichte, Germanistik und des öffentlichen Rechts in Berlin und München. 1921–33 politischer Redakteur bei der *Vossischen Zeitung*. Nach Verhaftung 1933 Emigration nach Paris, 1936–40 Redakteur der *Pariser Tageszeitung*. 1940 Emigration in die USA. 1947–65 Prof. für Geschichte in Danville am Centre College. 1962–63 Gastprof. an der FU Berlin.
Deutsche Geschichte im Zeitalter der Massen, 1952. nms

Misch, Ludwig, Dirigent, Musikkritiker. 13.6.1887 Berlin – 22.4.1967 New York. M. dirigiert in Berlin, Essen, Straßburg und Bremen. 1921–33 ist er Musikreferent des *Berliner Lokal-Anzeigers* und lehrt ab 1922 am *Stern'schen Konservatorium*. Ab 1933 arbeitet er beim JKB und bei der JGB als Chorleiter. M. überlebt als Zwangsarbeiter in Dtl und wandert 1947 nach New York aus, wo er als Organist und Dirigent in jüd. Gemeinden tätig ist.
Neue Beethoven-Studien und andere Themen, 1967. jl

Mises, Hilda von ▶ Geiringer, Hilda.

Mises, Richard Martin Edler von, Mathematiker, Philosoph. 19.4.1883 Lemberg – 14.7.1953 Boston. M. entstammt einer Beamten- und Technikerfami-

lie, ist der Bruder des Nationalökonomen Ludwig von M. und wird 1909 a.o. Prof. an der Univ. Straßburg. Im I. WK kann er sich durch Konstruktion und Bau von Großflugzeugen als fähiger Theoretiker und Praktiker der Aerodynamik beweisen. Da Strasbourg ab 1918 französisch ist, verliert M. seine Lehrbefugnis. 1919/20 lehrt er an der TH Dresden; 1920–33 ist er Ordinarius des eigens für ihn eingerichteten *Instituts für Angewandte Mathematik* an der Univ. Berlin und ist Gründer und Hg. der *Zeitschrift für angewandte Mathematik und Mechanik*. Im Bereich der theoretischen Mathematik gilt M. als Neubegründer der Wahrscheinlichkeitsrechnung. Sein Haus in Charlottenburg ist Treffpunkt der literarischen und wissenschaftlichen Avantgarde; er pflegt u.a. Kontakt zu Robert Musil. Philosophisch gehört M. zum empirischen Positivismus. Zusammen mit H. ▶ Geiringer, seiner späteren Frau, verlässt der getaufte Katholik 1933 Berlin, obwohl er als Kriegsveteran seinen Lehrstuhl vorerst hätte behalten können. M. wird Prof. für Reine und Angewandte Mathematik an der Univ. Istanbul. 1939 wandert das Paar in die USA aus. Ab 1944 ist M. an der Harvard Univ. Als großer Verehrer R. M. Rilkes besitzt M. am Ende seines Lebens die größte private Rilke-Sammlung.
Wahrscheinlichkeit, Statistik und Wahrheit, 1928 [1972]; Kleines Lehrbuch des Positivismus, 1939 [1990]; Über das naturwissenschaftliche Weltbild der Gegenwart, 1930. mr

Mittwoch, Eugen, Orientalist. 4.12.1876 Schrimm/Posen – 8.11.1942 London. 1907–15 PD in Berlin, 1917 Prof. an der Univ. Greifswald und Hg. der Zeitschrift *Der neue Orient*, 1919–35 Prof. an der Univ. Berlin und 1928–33 Direktor des Seminars für orientalische Sprachen, 1933 Berufsverbot. 1929–38 Mithg. von *Moses Mendelssohn's Gesammelten Schriften. Jubiläumsausgabe*. Mitglied des *Hilfsvereins der dt. Juden* und Präsident der *Gesellschaft zur Förderung der Wissenschaft des Judentums*. 1938 Flucht nach Frankreich, 1939 Übersiedlung nach Großbritannien, dort im Informationsministerium Sachverständiger für Nahostfragen. js

Modrze, Annelise, Altphilologin, Bibliothekarin. 2.12.1901 Kattowitz – 14.8.1938 Berlin. Evangelisch getauft. Nach dem Abitur in Hannover studiert M. Philosophie, Philologie und Archäologie in Heidelberg und Breslau. Sie promoviert 1930 mit dem Thema *Zum Problem der Schrift*. 1931–33 ist sie Bibliotheksreferendarin in Breslau und an der Berliner Staatsbibliothek. M. emigriert nach Oxford, wo sie bis 1935 am Corpus Christi College tätig ist. Krankheitshalber kehrt sie nach Berlin zurück. ws

Moholy-Nagy, László (d.i. L. Weisz), Fotograf, Maler, Grafiker. 20.7.1895 Bácsborsód/Ungarn – 24.11.1946 Chicago. Nach dem Jurastudium wendet sich M.-N. ab 1918 der Malerei zu. Seit 1920 wohnt er in Berlin, hat erste Einzelausstellungen in der Galerie *Der Sturm* und verfasst mit seiner ersten Frau Lucia Schriften über das Thema *Produktion-Reproduktion* in der Fotografie und der modernen Kunst. 1924–28 ist M.-N. Prof. am Bauhaus in Dessau und Weimar und beschäftigt sich mit typographischen Entwürfen und Fotografie. In seinen kunsttheoretischen Schriften wie *Malerei, Photographie und Film* (1925) formuliert er das Konzept des Neuen Sehens, in der die Kamera als Mittel zur Ergänzung des menschlichen Auges fungiert. Später ist er in Berlin v.a. als Bühnenbildner tätig, arbeitet aber auch als Ausstellungsgestalter sowie als Grafiker und an Experimentalfilmen. M.-N. emigriert 1934 über Amsterdam und London nach Chicago (1937), gründet dort nach der Auflösung des *New Bauhaus* die *School of Design* (ab 1942 *Institute of Design*).
Abstract of an artist. Autobiogr., 1946.
Jäger, G.: L. M.-N. 1997; Steckel, H.: L. M.-N., 1977. kq

Moll, Albert, Sexualwissenschaftler, Nervenarzt. 4.5.1862 Lissa/Posen – 23.9.1939 Berlin. M. promoviert 1885 bei R. Virchow und lässt sich 1887 in Berlin als Nervenarzt nieder. 1889 veröffentlicht er ein Lehrbuch zur Hypnose. M. gilt als Wegbereiter der ärztlichen Psychotherapie und im I. WK als Sachverständiger für psychologische Kriegsführung. 1933 wird ihm die Approbation entzogen, er lehnt dennoch eine Emigration ab und stirbt verarmt in seiner Wilmersdorfer Wohnung.
Handbuch der Sexualwissenschaft, 1912; Ein Leben als Arzt der Seele, 1936.
Cario, D.: A. M., 1999; Schultz, J.: A. Molls ärztliche Ethik, 1986. mra

Mombert, Alfred, Dichter. 6.2.1872 Karlsruhe – 8.4.1942 Winterthur/Schweiz. Studium der Rechtswissenschaft. Ab 1894 lebt M. in Berlin. 1906 gibt er seine Tätigkeit als RA auf und widmet sich ganz der Dichtung sowie philosophischen Studien. 1928 wird M. Mitglied in der Sektion für Dichtung der PAdK. 1940 wird M. zusammen mit 6 500 badischen Juden verhaftet und in das Lager Gurs verschleppt. Freunde können ihn 1941 von dort retten und in die Schweiz bringen. M. steht in Kontakt zu

M. ▶ Buber, Richard und I. ▶ Dehmel. Er steht dem Kreis der ‚Kosmiker' nahe und bezeichnet seine Werke als „symphonische Dichtungen".
▯ Der himmlische Zecher, 1909; Dichtungen, 1963.
▯ Himmelbeter, S.: A. M., 1993. us

Montag, Auguste ▶ Hauschner, Auguste.

Morduch, Anna ▶ Gmeyner, Anna.

Morus ▶ Lewinsohn, Richard.

Lina Morgenstern

Morgenstern, Lina, geb. Bauer, Frauenrechtlerin, Schriftstellerin. 25.11.1830 Breslau – 16.12.1909 Berlin. M. lässt sich mit ihrem Mann Theodor M. 1854 in Berlin nieder und muss bald für den gemeinsamen Lebensunterhalt sorgen. Sie schreibt Kindergeschichten und Märchen und setzt sich publizistisch für die Ideen Friedrich Fröbels ein. 1862–66 ist sie Vorsitzende des Frauenvereins zur Beförderung der Fröbelschen Kindergärten. M. gründet u.a. 1866 den *Verein der Berliner Volksküchen*, der ihr den Beinamen ‚Suppenlina' einbringt sowie 1873 den *Berliner Hausfrauenverein*. Ab 1874 gibt sie die *Deutsche Hausfrauen-Zeitung* heraus. Trotz guter Beziehung zur Kaiserin ist sie antisemitischen Anfeindungen ausgesetzt. Nach 1886 widmet sich M. literarischen Arbeiten. Es erscheinen *Die Frauen des 19. Jahrhunderts* (1888–91) und *Frauenarbeit in Deutschland* (1893). M. ist im Vorstand des ADF und Mitglied des BDF. Auf ihre Initiative hin wird 1896 der *Internationale Kongress für Frauenwerke und Frauenbestrebungen* in Dtl einberufen, an dem erstmals ausländische Frauenrechtlerinnen teilnehmen.
▯ Die Storchenstraße, 1860; Friedrich Fröbel. Festschrift, 1882. ul

Morgenstern, Otto, Philologe, Kommunalpolitiker. 2.2.1860 Magdeburg – 28.11.1942 Ghetto Theresienstadt. Nach dem Studium der Philologie unterrichtet M. Alte Sprachen am Steglitzer Schiller-Gymnasium, wo er bis zu seiner Pensionierung 1925 tätig ist. Er engagiert sich in der Kommunalpolitik und ist u.a. Mitbegründer des Steglitzer *Schlosspark-Theaters* und der Lichterfelder *Volksbücherei*. Als Mitglied der DVP gehört M. seit 1920 der Bezirksverordnetenversammlung in Steglitz an. Obwohl bereits seine Eltern zum Protestantismus konvertierten, wird M. nach 1933 ‚rassisch' verfolgt und 1938 hoch betagt zur Zwangsarbeit als Straßenkehrer genötigt. 1942 erfolgt die Deportation. evk

Morpho ▶ Esel.

Moser, Julius, Maler. 25.11.1805 Gumbinnen/Königsberg – 24.5.1879 Berlin. M. kommt 1831 nach Berlin und studiert u.a. 1834–36 bei Wilhelm Hensel. 1836 erhält er das Michael-Beer-Stipendium, das ihm eine Studienreise nach Rom ermöglicht. 1838 Aufenthalt in Paris, 1840–47 wieder in Rom. Anschließend malt er v.a. Historien- und Genredarstellungen. 1849/50 ist er Vorsitzender des 1841 gegründeten *Vereins Berliner Künstler*. mra

Moser, Moses, Bankier, Kaufmann. 29.9.1797 Lippehne/Mark Brandenburg – 15.8.1838 Lippehne/Mark Brandenburg. M. ist Angestellter der Firma von Moses Friedländer, dem Sohn von D. ▶ Friedländer. In seiner Freizeit besucht er Philosophievorlesungen an der Berliner Univ., wo er E. ▶ Gans und L. ▶ Zunz kennen lernt, mit denen er 1819 den *Verein für Kultur und Wissenschaft des Judentums* gründet. Mit H. ▶ Heine, der Mitglied des Vereins ist, verbindet ihn eine enge Freundschaft. Für Heine ist M. ein wichtiger Berater und Vertrauter, er vermittelt in familiären Angelegenheiten und setzt sich für die Verbreitung von Heines Werk ein. In dem Essay *Ludwig Marcus* setzt ihm Heine ein literarisches Denkmal. 1819 tritt M. auch der *Gesellschaft der Freunde* bei und ist 1836–38 deren Vorsitzender. ht

Moses, Gottlieb ▸ Saphir, Moritz Gottlieb.

Moses, Julius, Arzt, Politiker. 2.7.1868 Posen – 24.9.1942 Ghetto Theresienstadt. Nach dem Studium lässt sich M. 1893 als praktischer Arzt in Berlin nieder, publiziert zur selben Zeit soziale Schriften und engagiert sich für die jüd. Emanzipationsbewegung, u.a. gibt er verschiedene jüd. Zeitungen (*Jüdische Korrespondenz; Generalanzeiger für die Interessen des Judentums),* aber auch die Zeitschrift *Der Kassenarzt* heraus. 1920–32 ist er für die SPD Mitglied des Reichstags, 1921–25 Stadtverordneter von Berlin. Als Parlamentarier setzt er sich für die Verbesserung der Gesundheitsfürsorge ein, so ist er an der Ausarbeitung zahlreicher Gesundheits- und Fürsorgegesetze beteiligt, weist nachdrücklich auf die sozialen Ursachen der ,Volkskrankheiten' Tuberkulose und Trunksucht hin, fordert Maßnahmen zu deren Bekämpfung und tritt für eine Ausdehnung der Krankenversicherung auf alle entgeltlich Arbeitenden ein. 1929 deckt M. die Förderung antisemitischer Forschung durch die *Notgemeinschaft Deutscher Wissenschaftler* auf. Im selben Jahr wird er zum Vorsitzenden des *Vereins der Berliner Kassenärzte* gewählt. 1933 wird M. in ,Schutzhaft' genommen, 1938 wird ihm die Approbation aberkannt, 1942 wird er deportiert.
▯ Gesundheitspflege der arbeitenden Jugend, 1922; Arbeitslosigkeit. Ein Problem der Volksgesundheit, 1931. ht

Siegfried Moses

Moses, Siegfried, Jurist. 3.5.1887 Lautenburg/Westpreußen – 14.1.1974 Tel Aviv. KJV-Mitglied, Hg. des *Jüdischen Studenten*, Zionist. Seit 1912 mit Unterbrechungen als RA und Notar in Berlin. 1920–23 leitend in der Jüd. Arbeiterhilfe. 1923–29 Kaufhausdirektor bei Schocken in Zwickau. 1932–36 Buchprüfer. 1933 Mitbegründer der RVdJ und aktiv im Bereich Eigentumstransfer nach Palätina mittels Altreu, Paltreu und Haavara. 1933–36 ZVfD-Vorsitzender. 1937 Emigration nach Palästina, dort Haavara-Geschäftsführer. 1939–49 Tätigkeit u.a. als öffentlicher Buchprüfer, 1947 Delegierter bei der UN. 1949–61 Finanzkontrolleur des Staates Israel. Seit 1953 Präsident der HOG/IOME. 1955 Mitbegründer des LBI. Ab 1957 Präsident des *Council of Jews from Germans* (W. ▸ Breslauer, H. ▸ Reichmann). Mitglied der *Aliyah Chadascha* (B. ▸ Cohn).
▯ Die jüd. Nachkriegsforderungen, 1944; Weltanschauliche Unterschiede im dt. Judentum, 1965.
▤ In zwei Welten, S. M. zum 75. Geburtstag, 1962. cm

Mosheim, Grete (d.i. G. Mohsheim, auch Moosheim) Schauspielerin. 8.1.1905 Berlin – 29.12.1986 New York. 1922 gelingt M. der schauspielerische Durchbruch in der M. ▸ Reinhardt-Inszenierung *The Speaking Ape.* 1924 debütiert sie in dem Film Carl Th. Dreyers *Michael.* In den folgenden Jahren ist M. in verschiedenen Theater- und Filmenrollen, u.a. in R. ▸ Oswalds *Dreyfus* (1930) zu sehen. 1933 emigriert sie nach London, nimmt Sprachunterricht und erhält 1934 ein erstes Engagement. 1937 heiratet sie in zweiter Ehe Howard Gould, dem sie 1938 nach New York folgt und dem zuliebe sie sich von der Bühne zurückzieht. 1941 gründet sie das dt.-sprachige Ensemble *The Players from Abroad* mit. 1947 wird die Ehe geschieden. Ab 1952 spielt M. in dt. Theatern v.a. in Stücken von Thornton Wilder und Tennessee Williams. cm

Mosse, Albert, Jurist. 1.10.1864 Graetz/Posen – 30.5.1925 Berlin. Bruder von Rudolf ▸ M. 1876 als Kreisrichter in Spandau und 1879 als Stadtrichter in Berlin berufen, empfiehlt Rudolf v. Gneist seinen Schüler 1886 als Berater der japanischen Regierung, um die neue japanische Verfassung mitzuentwerfen. 1890 nach Dtl zurückgekehrt, wird M. als erster bekennender Jude zum Oberlandesgerichtsrat und Honorarprof. in Königsberg ernannt. Bei einer weiteren Beförderung übergangen, tritt er 1907 vom Staatsdienst zurück, wird Stadtrat in Berlin und dort 1919 zum Stadtältesten ernannt. M. engagiert

sich u.a. in der JGB und im CV.
Fast wie mein eigen Vaterland, 1995.
Mosse, W. E.: A. M., 1983. cm

Grete Mosheim

Mosse, Emilie, geb. Loewenstein, Mäzenin. 23.12.1851 Aachen – 12.10.1924 Berlin. Die Ehefrau von Rudolf ▶ M. gründet die *Emilie und Rudolf Mosse-Stiftung* für philanthropische Zwecke. Gemeinsam mit A. ▶ Plothow und E. Vogeler gründet sie den *Mädchenhort*, der Töchter mittelloser Familien tagsüber betreut und pflegt. Für ihr soziales Engagement wird sie 1909 mit dem Wilhelmsorden ausgezeichnet. evk

Mosse, Hans, Jurist. 27.12.1888 Tokio – 3.8.1916 Fleury. Der Sohn von Albert ▶ M. studiert in Zürich, Erlangen und Berlin und promoviert im Dez. 1913 über die *Bildung von Legalbegriffen. Ein Beitrag zur Gesetzestechnik* in Bonn. M. fällt im I. WK in der Schlacht bei Fleury vor Verdun.
Kraus, E.: Die Familie Mosse. Deutsch-jüdisches Bürgertum im 19. und 20. Jahrhundert, 1999. js

Mosse, Marta, Juristin. 29.5.1884 Berlin – 1977 USA. M. studiert Jura und Musik. Als Polizeirätin im Polizeipräsidium wird M. 1933 entlassen und ist anschließend als verantwortliche Mitarbeiterin in der RVdJ tätig. M. wird 1943 nach Theresienstadt deportiert und 1945 befreit. Sie kehrt daraufhin nach Berlin zurück. Ab 1948 wieder als Polizeirätin im Polizeipräsidium. M. scheidet 1953 als Justitiarin bei der Kriminalpolizei aus. cm

Mosse, Rudolf, Verleger. 9.5.1843 Graetz/Posen – 9.5.1920 Schenkendorf. 1867 gründer M. die gleichnamige Annoncen-Expedition und Verlagsbuchhandlung; 1871 das *Berliner Tageblatt*, 1872 eine Buchdruckerei; 1889 die *Berliner Morgenzeitung*. 1904 erwirbt er die *Berliner Volkszeitung*. Er ist langjähriges Mitglied der RV der JGB, später Vorsteher der Jüd. Reformgemeinde. M. ist vor dem I. WK Berlins größter Steuerzahler mit einem geschätzten Vermögen von 50 bis 60 Mio. Reichsmark. Ein besonderer Ort gesellschaftlichen Austauschs wird das Schloss, das er auf dem 1896 erworbenen brandenburgischen Gut Schenkendorf im Stil italienischer Villen der Renaissance errichtet und zu seinem Wochenenddomizil macht. 1918 errichtet er die Rudolf-Mosse-Stiftung, deren Zinserträge für das *Institut für geschichtliche Rechtswissenschaft* an der Univ. Heidelberg bestimmt sind.
Kraus, E.: Die Familie Mosse. Deutsch-jüdisches Bürgertum im 19. und 20. Jahrhundert, 1999. js

Mosson, George, Maler. 2.2.1851 Aix-en Provence – 1933 Berlin. Studium an der Berliner Akademie und in Weimar. Ab 1880 regelmäßige Teilnahme an den Ausstellungen der PAdK. 1892 Gründungsmitglied der *Elf* sowie 1889 der *Berliner Secession*. 1902–11 Ausstellungen im Kunstsalon von P. ▶ Cassirer. M. ist zu Lebzeiten ein angesehener Berliner Impressionist, der für seine Porträts, Landschaften und v.a. für seine Blumenstillleben in pastoser Malweise bekannt ist. ht

Mühsam, Erich, Schriftsteller. 6.4.1878 Berlin – 10.7.1934 KZ Oranienburg. M. wächst in Lübeck auf, lebt ab 1901 Schriftsteller in Berlin, seit 1909 dann in München. 1911–18 ist er Hg. und Alleinautor von *Kain. Zeitschrift für Menschlichkeit*. 1918/19 beteiligt er sich an Revolution und Räterepublik in München. Im April 1919 zu 15 Jahren Haft verurteilt, wird er 1924 amnestiert. Danach lebt er wieder in Berlin. M. gilt als literarisch bedeutender Vertreter des dt. Anarchismus und konsequenter Antimilitarist. Aus der KPD tritt er 1919 nach wenigen Wochen wieder aus und entwirft ein proletarisch-revolutionäres Einigungsprogramm „links von den Parteien". Er ist Mitarbeiter vieler linker und antifaschistischer Organisationen. Aus der *Födera-*

tion kommunistischer Anarchisten Dtls wird er wegen seiner Mitwirkung an der *Roten Hilfe Dtls* und seinem Bekenntnis zur ‚Diktatur des Proletariats' 1925 ausgeschlossen. 1926 tritt er aus der Jüd. Gemeinde aus. M.s satirische Gedichte und Kampflieder finden große Verbreitung, seine Essays erscheinen u.a. in der *Vossischen Zeitung*, so 1927–29 die *Unpolitischen Erinnerungen* (NA 2003). Erfolgreich ist er auch als Dramatiker, u.a. mit *Staatsräson* (1928, UA 1929), das er für die Piscator Bühne in Berlin schreibt. 1926–33 Hg. von *Fanal.* Eine lebenslange Freundschaft verbindet M. mit G. ▶ Landauer *(„Sei tapfer und wachse dich aus". Briefe und Aufsätze*, 2004). Bereits 1929 warnt M. vor der drohenden Gefahr des NS, weshalb er noch in der Nacht des Reichstagsbrandes am 28.2.1933 verschleppt und schwer gefoltert wird. Internationale Bemühungen für seine Freilassung bleiben erfolglos. Weil M. der Aufforderung zur Selbsttötung nicht nachkommt, wird er von einem SS-Kommando umgebracht.
GA, 5 Bde, 1977ff; In meiner Posaune muß ein Sandkorn sein. Briefe, 2 Bde, 1984; Tagebücher 1910–24, 1994 [2004].
E. M. und das Judentum, 2002; Hug, H.: E. M. Bibliographie, 1991; Hirte, C.: „Ihr seht mich nicht feige". Biogr., 1985. ht

Erich Mühsam

Muehsam, Margaret T. (d.i. Margarete Edelheim), geb. Meseritz, Juristin, Journalistin, Verbandsfunktionärin. 18.9.1891 Berlin – 25.5.1975 New York. Jurastudium in Berlin, aktiv in der Frauenbewegung. 1914 Dr. jur. Univ. Erlangen; keine Zulassung als RA. 1914–22 Assistentin beim *Ullstein*-Verlag, Leiterin der Rechtsabteilung der *Berliner Morgenpost*, ab 1924 Schriftleiterin und Auslandskorrespondentin. 1934–38 stellv. Chefred. der *CV-Zeitung* mit A. ▶ Hirschberg. Zahlreiche Ämter, u.a. Reichsverband der Dt. Presse, *Demokratischen Frauenorganisation für Großberlin*, Stadtverordnete der DDP, Dozentin an der Lessing-Hochschule. 1938 Emigration in die USA, 1939 Schriftleiterin des *ORT Economic Bulletin*, später Pressechefin, 1942 Schriftleiterin beim OWI. 1943 Zweitstudium Harvard und Columbia Univ. 1955–75 Mitarbeiterin des LBI New York, u.a. 1960–73 Schriftleiterin der *LBI News*, Mitbegründerin des Frauenhilfsausschusses. jvs

Müller, Alphonse ▶ Levy, Alphonse.

Müller, Rudolf ▶ Rodenberg, Hans Rudolph.

Mundlak, Regina, Malerin, Radiererin. 1887 Kolseksa/Lomza – 1942 KZ Treblinka. M. lebt ab 1901 in Berlin. Als M. ▶ Liebermann auf sie aufmerksam wird, übernimmt er die Kosten ihrer künstlerischen Ausbildung; Studium bei Lovis Corinth. 1906 stellt sie im Berliner Kunstsalon von P. ▶ Cassirer aus. Später lebt sie in Warschau. Sie bevorzugt für ihre Arbeiten, die sie vorwiegend mit der Feder ausführt, Motive aus den ärmsten Bevölkerungsschichten, landschaftliche Impressionen aus ihrer Heimat und Szenen aus dem jüd. Familienleben. ht

Munk, Esriel (Esra), Rabbiner. 25.11.1867 Altona – 2.11.1940 Jerusalem. M. ist Schüler seines Onkels E. ▶ Hildesheimer und der Vater von Michael ▶ M. Nach dem Studium am Rabbiner-Seminar in Berlin und dem Rabbinerexamen beginnt er ein Studium der semitischen Sprachen in Berlin und Königsberg, seit 1893 ist er Rabbiner in Königsberg, ab 1900 als Nachfolger seines Onkels Rabbiner an der *Adass Jisroel* Gemeinde in Berlin. M. ist Sachverständiger für jüd. Angelegenheiten beim preußischen Kultusministerium, Leiter der *Reichszentrale für Schächtangelegenheiten* sowie Mitglied der *Agudas Jisroel* und des CV. 1938 reist er nach Palästina; die dt. Behörden verweigern die Rückkehr.
Des Samaritaners Margah Erzählung über den Tod Moses, 1890; Gefälschte Talmudzitate, 1924. ht

Munk, Georg ▶ Winkler, Paula.

Munk, Hermann, Tierarzt, Physiologe. 3.2.1839 Posen – 1.10.1912 Berlin. M. studiert in Berlin und Göttingen, promoviert 1859, habilitiert sich 1862 und ist seit 1869 als a.o. Prof., 1876–1908 als o. Prof. der Physiologie an der Tierärztlichen Hochschule/Tierarzneischule in Berlin tätig. Ab 1897 Honorarprof. an der Berliner Univ., seit 1880 o. Mitglied der PAdW. M.s Spezialgebiet ist die Lokalisationsforschung; er entdeckt die Sehsphäre im Großhirn.
▯ Untersuchungen über das Wesen der Nervenerregungen, 1868. js

Munk, Immanuel, Physiologe. 20.5.1852 Posen – 1.8.1903 Berlin. Bruder von Hermann ▶ M. Medizinstudium in Berlin, Breslau und Straßburg; 1873 Promotion, 1883 Habilitation. Ab 1895 Abteilungsvorstand am Physiologischen Institut der Univ. Berlin, 1899 a.o. Prof. Forschungsschwerpunkte: Stoffwechsel und Ernährung. Mithg. des *Zentralblatts für Physiologie.* js

Munk, Marie, Juristin. 4.7.1885 Berlin – 17.1.1978 Cambridge/USA. Nach dem Studium beginnt M. im preußischen Justizministerium zu arbeiten. 1925 wird ihr als erster Frau gestattet, sich als praktizierende RA niederzulassen. Vier Jahre später wird sie zur Amtsrichterin ernannt. 1933 entlassen, reist M. als Delegierte des Internationalen Frauenkongresses nach Chicago. Sie kehrt zunächst nach Dtl zurück, emigriert aber 1936 in die USA, wo M. ab 1939 Gastprof. in Maryland und Massachusetts ist. 1943 wird sie als RA zugelassen. 1953 erhält sie eine a.o. Professur an der Harvard Univ.
▯ Vorschläge zur Umgestaltung des Rechts der Ehescheidung und der elterlichen Gewalt nebst Gesetzentwurf, 1923; Recht und Rechtsverfolgung im Familienrecht, 1929; Reminiscences of a Pioneer Woman Judge in Pre-Hitler-Germany, 1945. cm

Munk, Michael, Rabbiner. 23.4.1905 Berlin – 1984 Jerusalem. Sohn von Esriel ▶ M. 1923–25 Studium am Rabbiner-Seminar und an der Berliner Univ., 1925 Jeschiwa Tirnau/CSR, 1926–29 Jeschiwa Slobodka/Litauen. 1929/30 Studium in Berlin und Würzburg, 1934–38 Rabbiner der *Adass Jisroel* Berlin und Leiter der *Reichszentrale für Schächtangelegenheiten.* Mitglied der *Agudas Jisroel,* 1938 Emigration über die Niederlande und Großbritannien, 1941 in die USA. 1947/48 i.A. des *American Jewish Joint Distribution Commitee* Rabbiner der JGE und der Berliner DP-Lager. Danach Rückkehr in die USA. M. ist Mitglied der *Union of orthodox Rabbis of US* und der *Orthodox Jewish Scientist.*
▯ Esra ha sofer, 1933; The wisdom in the hebrew alphabet, 1983. js

Munk, Peter ▶ Sahl, Hans.

Myrthenbaum, Maimon/Myrthenzweig, Moritz ▶ Mack, Max.

N

Nachama, Estrongo, Kantor. 4.5.1918 Saloniki – 13.1.2000 Berlin. Als Sohn eines Getreidehändlers geboren, wird N. 1943 mit seiner ganzen Familie von den Nazis nach Auschwitz verschleppt, wo alle Familienmitglieder ermordet werden. Nur N. überlebt die Lagerhölle dank seiner Stimme, die bei den KZ-Aufsehern großen Anklang findet. Nach seiner Befreiung 1945 kommt N. nach Berlin. Die JGB, die einen Nachfolger für ihren alten Kantor sucht, überredet N. zu bleiben. Seitdem bemüht er sich im Geist des ‚Rachamin' (des göttlichen Erbarmens), um Vermittlung und Verständigung zwischen Juden und Christen, Israel und Dtl, Ost und West. N. ist der erste Vorbeter, der hebräische Gesänge auf evangelischen und katholischen Kirchentagen vorträgt. Seine Sabbat-Feiern werden jahrzehntelang vom RIAS übertragen. Seine Stimme, auf vielen Tonträgern aufgenommen, erlangt Weltruhm. js

Nachtlicht, Leo, Architekt. 12.8.1872 Bielitz/Schlesien – unbekannt. N. besucht die Kunstschule und Kunstgewerbeschule in Berlin schon während der Schulzeit. 1893–1905 studiert er an der TH Charlottenburg und in Karlsruhe. Im Anschluss lebt und arbeitet N. bei Bruno Möhring in Berlin und nimmt 1904 an der Weltausstellung in St. Louis teil. Danach lebt er als selbständiger Architekt in Berlin. Er entwirft u.a. die Villa von Hugo Cort in Frohnau. Später widmet sich N. dem Ausstellungs- und Warenhausbau, so erhält er 1931 den ersten Preis für einen Entwurf zur Berliner Bauausstellung. Zu seinen Werken gehören das Ausstellungsgebäude der *Berliner Secession* sowie das *Gurmenia Haus* am Zoo. Außerdem entwirft N. Synagogen. Am 4.10.1941 wird N. deportiert. nv/mr

Nadel, Arno, Schriftsteller, Komponist, Maler. 3.10.1878 Wilna – 1943 KZ Auschwitz. N. lebt seit 1890 in Dtl und seit 1895 in Berlin. Ab 1903 gestaltet er die Musikbeilagen der Zeitschrift *Ost und West*. 1916–30 ist N. Chordirigent an der Berliner Synagoge Kottbusser Ufer, seit 1923 von ihr mit einer Neusammlung und -bearbeitung der musikalischen jüd. Liturgien betraut. Als Maler ist N. hauptsächlich Porträtist und schafft etwa 300 Bilder. Sein lyrisches Hauptwerk *Der Ton, die Lehre von Gott und Leben* (1921) umfasst mehr als 2 000 Gedichte. Während der ersten Jahre des II. WK muss N. in einer Berliner Bibliothek die beschlagnahmte hebräische und jiddische Literatur katalogisieren. Im Sommer 1942 beginnt er heimlich, Aufzeichnungen zu machen. Am 12.3.1943 wird er nach Auschwitz deportiert. Aus seinem Nachlass wird 1957 *Der weissagende Dionysos* veröffentlicht.
Cagliostro und die Halsbandgeschichte, 1913; Jonteff Lieder, 1919; Das Jahr der Juden, 1920. js

Naphtali, Fritz (später Perez Naphtali), Journalist, Politiker. 29.3.1888 Berlin – 30.4.1961 Tel Aviv. Studium an der Handelshochschule. Seit 1911 Mitglied der SPD. Arbeitet zunächst bei diversen Zeitungen, wird 1921 Wirtschaftsredakteur der *Frankfurter Zeitung*. Ab 1926 Leiter der Forschungsstelle für Wirtschaftspolitik. Sein Hauptwerk *Wirtschaftsdemokratie. Ihr Wesen, Weg und Ziel* (1928), das eine demokratische Wirtschaft mit sozialistischen Elementen propagiert, wird sowohl von der KPD als auch den Arbeitgebern bekämpft. 1933 emigriert N. nach Palästina, wo er sich in der Gewerkschaftsbewegung engagiert. 1938–49 ist N. Leiter der Arbeiterbank *Hapoalim*, 1949–59 Mitglied der Knesset. Als Berater von Ben-Gurion prägt er die wirtschaftliche Entwicklung Israels, er kann viele seiner theoretischen Ansätze zur Wirtschaftsdemokratie umsetzen. 1952 wird N. Landwirtschaftsminister, 1959 Wohlfahrtsminister.
Riemer, J.: F. P. N. Sozialdemokrat und Zionist, 1991. pj

Natanson, Anelia ▸ Fürstenberg, Anelia.

Nathan, Fritz, Architekt. 14.4.1891 Bingen – 3.11.1960 New York. N. studiert in Darmstadt und München. Er nimmt als Artillerist am I. WK teil. Ab 1919 macht sich N. in Berlin als Architekt selbständig. Er plant das Ehrenfeld für die gefallenen jüd. Soldaten auf dem jüd. Friedhof Weißensee. 1922 zieht N. nach Frankfurt/M. und entwirft – wie auch später in New York – zahlreiche Büro-, Wohn- und Geschäftshäuser. Nach seinen Plänen entsteht dort 1929 der jüd. Friedhof. 1940 Emigration in die USA. nv

Nathan, Helene, Bibliothekarin. 23.8.1885 Öls/Niederschlesien – 23.10.1940 Berlin. Nach dem Besuch des Lehrerinnenseminars in Breslau studiert

N. dort Geschichte, Literatur und Kunstgeschichte, die Promotion erfolgt 1911 in Bern. 1916 wird sie ‚Hilfsarbeiterin' in der städtischen Bücherei in Breslau, wechselt nach Leipzig und engagiert sich dort bei der Zentralstelle für volkstümliches Büchereiwesen für eine Reform der öffentlichen Bibliotheken. 1921 kommt N. nach Berlin und wird Leiterin der Neuköllner Volksbücherei, die sie im Verlauf trotz knapper Mittel zu einer vorbildlichen Bibliothek für unterschiedliche Benutzerkreise macht. 1932 wird sie Mitglied des Prüfungsausschusses für das Bibliothekswesen beim Preußischen Ministerium für Wissenschaft, Kunst und Volksbildung. 1933 wird sie aller Ämter enthoben. 1935–37 arbeitet N. in einer jüd. Buchhandlung. Eine Emigration nach Großbritannien scheitert am Ausbruch des II. WK. Resigniert nimmt sie sich das Leben. evk

Nathan, Otto, Ökonom. 15.7.1893 Bingen – 1987 New York. Nach dem I. WK Studium in München, Freiburg und Würzburg. Bis 1933 Oberregierungsrat im Wirtschaftsministerium in Berlin. Nebenbei Dozent an der Deutschen Hochschule für Politik Berlin und der VHS. 1933 Emigration in die USA. Dort Prof. für Wirtschaftswissenschaften an den Univ. in New York und Washington. Enger Freund und Nachlassverwalter Albert ▶ Einsteins.
Germany's Mobilization for War, 1944; Nazi War Finance and Banking, 1944; Einstein on Peace, 1960. evk

Nathan, Paul, Schriftsteller, Journalist. 25.4.1857 Berlin – 15.3.1927 Berlin. Zunächst absolviert N. eine kaufmännische Lehre, später wird er Mitarbeiter der *Berliner Bürger-Zeitung* und des *Berliner Börsen Couriers*. Ab 1880 studiert N. Archäologie sowie dt. und französische Literatur in Heidelberg. Danach kehrt er nach Berlin zurück und wird Mitglied der Nationalliberalen Partei. Zusammen mit Theodor Barth gibt N. die politische Wochenzeitschrift *Die Nation* heraus. Er ist Leiter des *Comitees zur Abwehr antisemitischer Angriffe* und 1901 Mitbegründer des *Hilfsvereins der dt. Juden*, dessen Geschäftsführer N. 1914 wird. Dieser unterstützt in Not geratene Juden aus Osteuropa und dem Vorderen Orient. Weiterhin bemüht er sich, auf die antisemitischen Pogrome in Russland aufmerksam zu machen, u.a. durch Konferenzen und die Herausgabe der *Russischen Korrespondenzen*. 1919 wird N. Mitglied der DDP, 1921 der SPD.
Das Problem der Ostjuden, 1926; Die Kriminalität der Juden in Deutschland, 1926.
Feder, E.: P. N. Ein Lebensbild, 1921. pj

Hertha Nathorff

Nathorff, Hertha, geb. Einstein, Ärztin, Psychotherapeutin. 5.6.1895 Laupheim/Württemberg – 10.6.1993 New York. Studium in Heidelberg, München und Freiburg. Im I. WK Feldhilfsärztin. 1922–28 leitende Ärztin im DRK-Frauen- und Kinderheim Lichtenberg. 1928–33 Leitung der Frauen- und Eheberatungsstelle. Vorstandsmitglied der Ärztekammer Berlin. Emigration 1939 mit ihrem Ehemann Erich N. über London nach New York. Arbeitet dort in der Praxis ihres Mannes. Ab 1954 Psychotherapeutin und Mitglied der *Alfred Adler Mental Hygiene Clinic*. Seit 1995 verleiht die Berliner Ärztekammer den H. N.-Preis. evk

Naumann, Max, Jurist. 12.1.1875 Berlin – Mai 1939 Berlin. Major im I. WK, RA in Berlin mit Kanzlei in der Französischen Straße. 1921 Mitbegründer des *Verbands nationaldeutscher Juden*, dessen Präsident er bis zur erzwungenen Auflösung 1935 ist. N. wird vorübergehend in ‚Schutzhaft' genommen.
Der Weg zum Deutschtum, 1932.
Hambrock, M.: Die Etablierung der Außenseiter, 2003. cm

Nawratzki, Curt, Journalist, Wirtschaftsberater. 28.5.1886 – nach 1978 Haifa. Politikwissenschaftliches Studium in Berlin, München und Straßburg. 1914–16 in der Deutschen Orient-Bank Berlin tätig.

Vertritt in Zusammenarbeit mit dem US-Botschafter Henry Morgenthau die Interessen von dt. und türkischen Juden in Palästina bei der türkischen Regierung. 1916–18 Fachmann für jüd. Fragen bei den dt. Behörden in den besetzten russisch-polnischen Gebieten. 1919–26 Aufenthalte in Galizien, Palästina und vorrangig in Danzig. 1926–33 Wirtschaftsjournalist und Schriftsteller in Berlin, 1933/34 wieder in Danzig, dann Emigration nach Palästina. Dort Wirtschaftsberater u.a. im israelischen Finanzministerium.
Die jüd. Kolonisation Palästinas, 1914; Bevölkerungsstillstand als Wirtschaftsproblem, 1930. evk

Neander, Johann **August** Wilhelm (d.i. David Mendel), Theologe, Kirchenhistoriker. 17.1.1789 Göttingen – 14.7.1850 Berlin. Gymnasiumbesuch in Hamburg, 1806 Konversion zum Protestantismus. Studium der Theologie in Halle und Göttingen, Schüler Friedrich Schleiermachers und Vertreter des neueren Pietismus. 1811 Habilitation. 1812 a.o. Prof. für Theologie in Heidelberg, 1813 Berufung als Ordinarius für Kirchen- und Dogemengeschichte in Berlin. 1839 o. Mitglied der PAdW. 1849 Mitbegründer der *Deutschen Zeitschrift für christliche Wissenschaft und christliches Leben.*
Allgemeine Geschichte der christlichen Religion und Kirche, 6 Bde, 1825–52. nms

Nebenza(h)l, Seymour, Filmproduzent. 22.7.1897 New York – 23.9.1961 München. Gemeinsam mit seinem Vater Heinrich gründet N. 1915 die *Nebenzahl & Co. GmbH,* deren Tochter die *Nero-Film GmbH* wird. Bis 1933 produziert er einige der bedeutendsten Filme des Weimarer Kinos, u.a. *Die Büchse der Pandora* (1928/29) und *M – eine Stadt sucht einen Mörder* (1931), *Westfront 1918* (1930), *Das Testament des Dr. Mabuse* (1933). N. flieht über Paris nach Hollywood, später kehrt er nach Dtl zurück.
M wie Nebenzahl, 2002. kq

Ne(h)lhans, Erich, Gemeindefunktionär. 12.2.1899 Berlin – 15.2.1953 UdSSR. N. wird in eine streng religiöse Familie geboren, sein Vater Max Markus N. ist Kaufmann und Vorsteher der *Alten Synagoge* in der Heidereuter Gasse. 1934 heiratet er die Rabbiner-Tochter Edith Perlinsky, die im Zuge der ‚Fabrikaktion' am 27.2.1943 verhaftet und nach Auschwitz deportiert wird. N. selbst überlebt im Untergrund. Bereits im Mai 1945 organisiert er u.a. mit H. E. ▶ Fabian die JGB wieder neu und wird deren erster Vorsitzender. Die Gemeindeverwaltung befindet sich in der Oranienburger Straße, die in der SBZ liegt. N. ist jedoch der Ansicht, dass es nach der Shoa in Dtl kein jüd. Leben mehr geben könne und setzt sich für die Übersiedlung der Überlebenden nach Palästina und die Schaffung eines jüd. Staates ein. Am 9.3.1948 wird er vom NKWD verhaftet und antisowjetischer Handlungen beschuldigt, am 4.8.1948 wird er zu 25 Jahren Arbeitslager verurteilt. N. kommt zunächst in das Lager Sachsenhausen, von dort wird er nach Brest deportiert. 1997 wird das Urteil durch ein russisches Militärgericht aufgehoben und N. ohne Einschränkungen rehabilitiert. An seinem früheren Wohnhaus (Prenzlauer Allee 35) erinnert eine Gedenktafel an ihn.
Leo, A.: E. N. Annäherung an eine vergessene Lebensgeschichte, 2001. id

Carl Neuberg

Nelson, Leonard, Philosoph. 11.7.1882 Berlin – 19.10.1927 Göttingen. N. ist ein Nachkomme M. ▶ Mendelssohns, Sohn eines RA, bereits als Kind getauft und seit 1919 a.o. Prof. in Göttingen. Sein philosophisches Lebenswerk orientiert sich unter Berufung auf Jakob F. Fries an Kants *Kritik der reinen Vernunft.* N.s Ethik-Begründung geht von Kants Moralgesetz aus. Bereits 1908 veröffentlicht er *Über das sogenannte Erkenntnisproblem.* N. gründet 1924 das Landerziehungsheim Walkemühle bei Kassel. Er ist in der Jugendbewegung (1926 Gründung des *Internationalen Sozialistischen Kampf-Bundes)* aktiv und tritt für eine kommunikative Ethikbegründung ein, die ihre Spuren im Widerstand gegen den NS und im Godesberger Programm der SPD hinterlässt.

Die Rechtswissenschaft ohne Recht, 1917; System der philosophischen Rechtslehre und Politik, 1918; Vorlesungen über die Grundlagen der Ethik, 3 Tle., 1917–24.

Knappe, S.: Vernunftbegriff und Menschenbild bei L. N., 1996. js

Nelson, Rudolf (d.i. R. Lewysohn), Komponist, Revue-Autor. 8.4.1878 Berlin – 5.2.1960 Berlin/West. 1904 ist N. Mitbegründer des Kabaretts *Zum Roland von Berlin*, das zur mondänsten Unterhaltungsbühne vor dem I. WK wird. 1907 eröffnet er das *Chat Noir* und seit 1912 gestaltet er Revuen für das *Metropol-Theater*. Zu seinen Autoren gehört u.a. K. ▸ Tucholsky. In den 1920er Jahren gilt N. als ‚Revue-König' Berlins. 1933 emigriert er nach Zürich, wo er ein internationales Kabarett leitet. 1934 geht er nach Amsterdam und übernimmt bis 1939 das Kabarett *La Gaîté*. 1940 ist er für mehrere Wochen im KZ Westerbork interniert. Nach 1949 kehrt N. nach Berlin/W. zurück und wird Leiter der *Nelson-Revue-Gastspiele*. Seine erfolgreichsten Werke sind u.a. *Nacht der Nächte* und *Frau im Hermlin*.

„Mir ist heut so nach Tamerlan" – R. N. 50 Jahre Kleinkunst, 1999. evk

Neuberg, Carl, Biochemiker. 29.7.1877 Hannover – 30.5.1956 New York. Studium der Naturwissenschaften, Chemie und Medizin in Würzburg und Berlin, ab 1916 Prof. in Berlin, ab 1920 Direktor des Kaiser-Wilhelm-Instituts für Biochemie. 1906–36 Hg. der *Biochemischen Zeitschrift*. 1938 Emigration nach Palästina, 1938–41 Prof. in Jerusalem, ab 1941 an der New Yorker Univ. und am Brooklyn Polytechnic Institute tätig. Begründer der modernen Biochemie, forscht über Enzymwirkungen (*Neubergsche Gärungsformen*), Entdecker der Carboxylase. wes

Neuberger, Max, Gemeindebeamter. 15.4.1880 Frankfurt/Main – Mai 1943 KZ Auschwitz. N. ist der letzte Sekretär der *Adass Jisroel*, danach Angestellter bei der RVdJ. Bis zu seiner Deportation am 17.5.1943 wohnt er in der Oranienburger Str. 23 I. und arbeitet unter der Leitung von Jacob E. Jacobsohn beim Gesamtarchiv der dt. Juden im Gemeindegebäude in der Oranienburger Str. 28. js

Neuländer, Else ▸ Yva.

Neumann, Franz Leopold, Jurist, Politikwissenschaftler. 23.5.1900 Kattowitz/Schlesien – 2.9.1954 Visp/Schweiz. Seit 1919 SPD-Mitglied, Jurastudium in Breslau, Leipzig und Frankfurt. 1923–27 Referendar in Frankfurt, Dozent an der Akademie der Arbeit, 1928–33 RA in Berlin, Dozent an der Dt. Hochschule für Politik. Mit E. ▸ Fraenkel betreibt er eine Kanzlei und verteidigt politisch und rassistisch Verfolgte. 1933 emigriert er nach London. An der School of Economics wird er 1936 zum zweiten Mal promoviert. In New York arbeitet er 1938–42 am Institute of Social Research und begründet 1942 mit seinem Buch *Behemoth. The Structure and Practice of National Socialism* (dt. 1977) die Totalitarismustheorie. Ab 1942 erarbeitet er Pläne für das Nachkriegsdeutschland im Office Strategic Service. 1947–54 ist er Prof. an der Columbia Univ. und 1950–54 Gastprof. in Berlin/W. bzw. der Bundesrepublik. N. trägt maßgeblich zur Institutionalisierung der Politikwissenschaft bei.

Koalitionsfreiheit und Rechtsverfassung, 1932; Die Gewerkschaften in der Demokratie und in der Diktatur, 1935. wes

Helmut Neumann

Neumann, Helmut(h), Schneider, Widerstandskämpfer. 29.6.(7.)1921 Berlin – 4.3.1943 Berlin. N. ist Zwangsarbeiter bei *Kodak* und seit 1940 Mitglied der Widerstandsgruppe um H. ▸ Baum. Nach dem Brandanschlag auf die nationalsozialistische Ausstellung *Das Sowjetparadies* am 18.5.1942 wird N. verhaftet. Der 2. Senat des Volksgerichtshofs verurteilt ihn im Dez. 1942 gemeinsam mit acht weiteren Angeklagten zum Tode. N. wird in Plötzensee hingerichtet. wes

Neumann, Salomon, Arzt. 22.10.1819 Pyritz/Pommern – 20.9.1908 Berlin. Nach dem Studium lässt sich N. 1845 in Berlin als Arzt nieder. Neben seiner praktischen Arbeit ist er wissenschaftlich und publizistisch tätig; er ist einer der ersten sozialmedizinischen Publizisten. Seine Schwerpunkte liegen auf den Gebieten der Sozialhygiene und der medizinischen Statistik. N. ist Begründer des Statistischen Amts in Berlin. Neben Tätigkeiten in zahlreichen Institutionen ist er 1859–1905 Stadtverordneter in Berlin. 1899 gründet N. die Salomon-Neumann-Stiftung zur Pflege der Wissenschaft des Judentums.
🕮 S. N. Wegbereiter sozialmedizinischen Denkens und Handelns. Ausgewählte Texte, 1983.
🗎 Siegmann, E.: S. N. und die Sozialmedizin, 1988. pj

Neumann, Si(e)gmund, Politikwissenschaftler. 1.5.1904 Leipzig – 22.10.1962 Middletown/USA. N. studiert in Heidelberg, Grenoble, München und Leipzig. Ab 1928 Dozent an der Dt. Hochschule für Politik in Berlin. 1930–33 Leiter der dortigen VHS. 1933 Flucht nach London, Arbeit am Royal Institute of International Affairs. 1934 Übersiedlung in die USA. 1944 Prof. der Politik- und Sozialwissenschaften an der Wesleyan Univ. Middletown, 1949 Gastprof. in München und an der FU. N. gilt als einer der Begründer der dt. Parteienforschung und der Totalitarismusthese.
🕮 Die Parteien der Weimarer Republik, 1977. wes

Neumann-Hofer, Annie, geb. Bock (Pseud. Hugo Spencer), Schriftstellerin, Pianistin. 20.3.1867 New York – unbekannt. 1879 kommt N.-H. nach Dtl, wird zur Konzertpianistin ausgebildet; außerdem unternimmt sie erfolgreiche Tourneen durch Europa. 1882–84 lebt N.-H. in den USA. 1889 schreibt sie ihre erste Novelle *Selam* und beschließt, als freie Schriftstellerin zu leben, wofür sie sich endgültig in Berlin niederlässt. Sie schreibt Feuilletons für das *Berliner Tageblatt* und veröffentlicht 1890 ihren ersten Roman *Simson und Delila.* 1891 heiratet N.-H. den Schriftsteller, Redakteur und Theaterdirektor O. Neumann-Hofer (Scheidung 1905). Der 1894 erscheinende Roman *Tarantella* trägt autobiogr. Züge. 1902 wird ihre später vielfach übersetzte Komödie *Kollegen* (1895) am *Kleinen Theater* in Berlin uraufgeführt, 1906 das historische Schauspiel *Marie Antoinette* (1904) am *Berliner Theater.* Ihr letzter nachweisbarer Wohnsitz befindet sich 1932 im Stadtteil Tiergarten. Über ihren weiteren Lebensweg ist nichts bekannt. Einen großen Teil ihrer Romane veröffentlicht sie unter ihrem Mädchennamen.
🕮 Der Auserwählte, 1895; Tote Liebe, 1901; Die chinesische Hochzeitstruhe, 1935. ht

Newton, Helmut (d.i. Helmut Neustädter), Fotograf. 31.10.1920 Berlin – 23.1.2004 Los Angeles. Der Sohn eines Knopffabrikanten absolviert nach dem Besuch von Realgymnasium und der American School 1936–38 eine Lehre bei ▶ Yva. 1938 flieht N. nach Singapur, arbeitet dort kurzzeitig als Pressefotograf. 1940 übersiedelt er nach Australien, eröffnet nach dem Militärdienst ein Fotostudio in Melbourne und heiratet die Schauspielerin und Fotografin June Browne (Alice Springs). 1956 kehrt er nach Europa zurück, wo er bis in die 1970er Jahre für die wichtigsten Modezeitschriften arbeitet. Nach einem Herzinfarkt beendet N. die regelmäßige Zeitschriftenarbeit und wendet sich freien Projekten zu. Neben Portraits werden die unverwechselbaren Aktaufnahmen mit ihrer unterkühlten Erotik zum Markenzeichen seiner Arbeit. N. lebt und arbeitet vorrangig in Monte Carlo und Los Angeles. Er hat ein Ehrengrab auf dem Künstlerfriedhof Friedenau. Sein Nachlass befindet sich ebenfalls in Berlin.
🕮 Autobiogr., 2002. mr

Norden, Albert, Publizist, Politiker. 4.12.1904 Myslowitz/Schlesien – 30.5.1982 Berlin/Ost. Sohn des Oberrabbiners Joseph N. Nach einer Tischlerlehre (1921–23 in Ebersfeld) Mitarbeit in Arbeiterzeitungen. KPD-Mitglied seit 1920, 1931/32 stellv. Chefredakteur der *Roten Fahne* in Berlin, 1933 Flucht nach Paris, 1935 Redakteur der *Weltfront,* Mitarbeit am *Braunbuch,* Sekretär des Aktionsausschusses dt. Oppositioneller. 1941 Emigration in die USA, dort Mitglied des Council for a Democratic Germany. 1946 Rückkehr nach Berlin; Eintritt in die SED, Pressechef der Dt. Wirtschaftskommission, 1948/49 Chef von *Deutschlands Stimme,* 1949 Leiter der Presseabteilung im Amt für Information, ab 1953 Prof. an der HU, 1955–81 Mitglied des ZK, 1958–81 des Politbüros, 1976–81 des Staatsrats. 1963–68 Leiter der Agitationskommission, die die Nazivergangenheit westdt. Politiker aufdecken soll.
🕮 Ereignisse und Erlebnisse, 1981.
🗎 Podewin, N.: A. N. Der Rabbinersohn im Politbüro, 2002. wes

Norden, Eduard, Altphilologe. 21.9.1868 Emden – 13.7.1941 Zürich. 1885 Konversion zum Protestantismus. Ab 1893 a.o. Prof., 1895 o. Prof. in Greifswald, 1898 in Breslau. 1906–35 Prof. für Klassische Philologie an der Univ. Berlin, ab 1927 auch Rektor. 1935 Ausschluss aus dem Direktorium des Dt. Archäologischen Instituts, 1938 aus der PAdW. Daraufhin Emigration in die Schweiz.
In Varronis saturas Menippeas observationes selectae, 1891; Die römische Literatur, 1905 [1998]; Die Geburt des Kindes. Geschichte einer religiösen Idee, 1924 [1969].
Schröder, W. A.: Der Altertumswissenschaftler E. N., 1999; Kytzler, B.: E. N., 1994. ko

Noska, Eugen ▶ Isolani, Eugen.

Notowicz, Nathan, Musikpädagoge, Komponist, Verbandsfunktionär. 31.7.1911 Tyczyn – 15.4.1968 Berlin/Ost. Musikalische Ausbildung in Düsseldorf, Köln, Amsterdam und Brüssel. 1932 Lehrer am Konservatorium in Düsseldorf. 1933 Emigration in die Niederlande. 1945 Rückkehr nach Dtl. Seit 1950 Prof. für Musikgeschichte und Prorektor der Hochschule für Musik in Berlin/O. Verschiedene politische und kulturelle Ämter, u.a. im Musikrat der DDR. evk

Nussbaum, Arthur, Jurist. 31.1.1877 Berlin – 22.11.1964 New York. Seit 1904 RA und PD, ab 1923 a.o. Prof. in Berlin. Begründer der Rechtstatsachenforschung, die er als Ergänzung zur juristischen Dogmatik versteht. 1926–34 Hg. des *Internationalen Jahrbuchs für Schiedsgerichtswesen in Zivil- und Handelssachen*. CV-Vorstandsmitglied. 1933 Entzug der Professur. 1934 Emigration in die USA, bis 1950 Prof. an der Columbia Univ. Ab 1951 Hg. der *Bilateral Studies in Private International Law*.
Der Polnaer Ritualmordprozeß, 1906; Die Rechtstatsachenforschung, 1914; A Concise History of the Law of Nations, 1947. cm

Nussbaum, Felix, Maler. 11.12.1904 Osnabrück – 9.8.1944 KZ Auschwitz. N. studiert in Hamburg und Berlin und ist 1928–30 Meisterschüler von Hans Meid. 1929–32 lebt er als freischaffender Maler in Berlin und feiert erste Ausstellungserfolge. Es entstehen Familienporträts, Selbstbildnisse, aber auch Städte- und Landschaftsansichten. Trotz der Nähe zur *Neuen Sachlichkeit* beinhalten seine Bilder surrealistische Momente. Als Stipendiat der PAdK weilt er ab 1932 in der Villa Massimo in Rom. 1933 wird ihm das Stipendium aufgrund seiner jüd. Herkunft entzogen. Fortan lebt N. mit seiner Lebensgefährtin F. ▶ Platek, die er 1937 heiratet, im Exil, zunächst in Frankreich, ab 1935 in Belgien. N. versucht vergeblich einen belgischen Paß zu bekommen, 1940 wird er verhaftet und im Lager Saint Cyprien interniert. Er kann fliehen und taucht bis zu seiner erneuten Verhaftung 1944 in Brüssel unter. Emigration und Verfolgung werden im Exil seine bestimmenden Bildthemen. Mit dem letzten Deportationszug aus dem KZ Mechelen wird er mit seiner Frau in das KZ Auschwitz deportiert. Die Nationalsozialisten zerstören bereits 1932/33 in Berlin, 1943 auch in Amsterdam einen Teil seiner Bilder.
F. N. verfemte Kunst – Exilkunst – Widerstandskunst, 1995; Junk, P.: F. N. Leben und Werk, 1982. nv/ht

Nussbaum, Felka ▶ Platek, Felka.

Nussbaum, Max, Rabbiner, Philosoph. 4.4.1910 Suczava/Bukowina – 19.7.1974 Hollywood. Geisteswissenschaftliches und theologisches Studium (JTS) in Breslau und Heidelberg. 1933 Promotion; 1934 Rabbinerexamen. 1935–40 Rabbiner in der JGB, bedeutender Kanzelredner und aktiver Zionist. 1940 Emigration in die USA. Dort fortan bis zu seinem Tod Rabbiner in Hollywood und in verschiedenen kulturellen Ämtern engagiert.
Kantianismus und Marxismus in der Sozialphilosophie Max Adlers, 1934. evk

O

Ochs, David, Rabbiner. 8.12.1904 Köln – 3.10.1974 Tel Aviv. O. legt 1928 das Rabbiner- und 1931 das Staatsexamen in Berlin ab. Er arbeitet dort 1928–32 als Lehrer am *Adass-Jisroel*-Realgymnasium, danach bis 1938 als Rabbiner an den orthodoxen Gemeinden in Königsberg und Leipzig. Nach der KZ-Haft in Buchenwald kann O. im Dez. 1938 über Großbritannien nach Palästina emigrieren. Dort ist er als Schulleiter und Inspektor (später als Berater) des Erziehungsministeriums tätig. Neben Publikationstätigkeit vornehmlich zum Religionsunterricht lehrt er ab 1961 an der Bar-Ilan-Univ. und ist weiterhin als Rabbiner aktiv. evk

Ochs, Franz, Bildhauer. 18.9.1852 Berlin – 12.1.1903 Berlin. Mitglied des *Vereins Berliner Künstler.* Gilt als Meister der Bildhauerei in Marmor. Lebt viele Jahre in Rom. Schöpfer des Denkmals für Prinz Friedrich Karl sowie mehrerer lebensgroßer Marmorfiguren (u.a. *Christus ertheilt seinen Segen*), vieler Porträtbüsten, Genrefiguren und Reliefs. ht

Siegfried Ochs

Ochs, Siegfried, Dirigent, Komponist. 19.4.1858 Frankfurt/Main – 6.2.1929 Berlin. Studium der Chemie in Darmstadt und Heidelberg, ab 1877 Musikstudium an der Kgl. Musikschule in Berlin. 1882 Gründung des *Siegfried Ochs'schen Gesangsvereins* (ab 1888 *Philharmonischer Chor*). Zusammen mit J. ▶ Joachim Mitbegründer der *Neuen Bachgesellschaft* (1900). O. wird als Komponist der komischen Oper *Im Namen des Gesetzes*, durch seine Variationen des Liedes *Kommt ein Vogel geflogen* und als Kirchenmusiker bekannt.
▯ Geschehenes, Gesehenes, 1922. wes

Oettinger, Jacob Joseph, Rabbiner. 1780 Glogau – 7.11.1860 Berlin. 1820 wird er nach Berlin zum Rabbinatsassistenten unter M. S. ▶ Weyl, 1825 zum Rabbinatsassesor berufen. O. gibt Unterricht an der *Zacharias-Veitel-Ephraimschen Lehranstalt* in Berlin. Obwohl eher der konservativen Richtung zugeneigt, genießt er bei allen religiösen Gruppen des Berliner Judentums gleich hohes Ansehen. In den letzten Jahren seiner Amtszeit steht O. allerdings im Schatten seines Kollegen M. ▶ Sachs. Als er am 29.6.1827 den Friedhof in der Schönhauser Allee mit einer deutschen Rede einweiht, muss er sich von der Regierung die „Nachahmung christlicher Sitten" vorwerfen lassen. sp/mr

Oliven, Fritz (Pseud. Rideamus), Jurist, Schriftsteller. 10.5.1874 Breslau – 30.6.1956 Porto Alegre/Brasilien. Als Rideamus wird der in Berlin lebende RA zum Erfolgsautor, dessen humoristische Bücher Höchstauflagen erreichen. Als Librettist und Revueautor arbeitet er mit O. ▶ Straus, Walter Kollo und Eduard Künneke zusammen. Zu seinen großen Erfolgen zählen die Künneke-Operette *Der Vetter aus Dingsda* (1921) sowie die Haller-Revue *Noch und Noch* (1925). O. emigriert 1939 nach Brasilien, dort verfasst er seine Autobiogr. *Rideamus. Von ihm selber. Die Geschichte eines heiteren Lebens* (1951). evk

Ollendorff, Franz Heinrich, Elektroingenieur. 15.3.1900 Berlin – 9.12.1981 Haifa. Studium an der TH Charlottenburg. Ab 1924 wissenschaftliche Tätigkeit bei den Siemens-Schuckert-Werken Berlin. 1928 Oberingenieur und PD an der TH Charlottenburg. Nach seiner Entlassung 1933 Lehrtätigkeit an einer jüd. Schule

in Berlin. 1934 Emigration nach Palästina. 1935 Rückkehr nach Dtl, wo er den Transport jüd. Kinder nach Palästina organisiert. Seit 1937 Prof. für Elektrotechnik am Technion in Haifa. 1960 Verleihung der Ehrendoktorwürde der TU Berlin.
Erdströme, 1928; Die Welt der Vektoren 1950; Grundlagen der Kristallelektronik, 1960. sn

Max Ophüls

Ophüls, Max (d.i. Maximilian Oppenheimer), Regisseur, Schauspieler, Rundfunkautor. 6.5.1902 St. Johann/Saar – 26.3.1957 Hamburg. 1920–30 Theaterarbeit u.a. in Wien und Frankfurt/M. Im Jan. 1931 zieht O. nach Berlin und inszeniert am *Komödienhaus* und am *Theater in der Stresemannstraße.* Außerdem arbeitet er für das Berliner Kabarett *Katakombe* und als Regisseur für die Ufa. 1933 wird er aus der RFK ausgeschlossen und emigriert zunächst nach Frankreich, 1941 in die USA. Im Exil realisiert er zahlreiche Filme. 1949 kehrt er nach Paris zurück.
Spiel im Dasein, Autobiogr., 1959.
Asper, H.: M. O., 1998; Schleif, H.: M. O., 1989. ht/mr

Oppenheim, Heinrich Bernhard, Völkerrechtler, Politiker. 20.7.1819 Frankfurt/Main – 29.3.1880 Berlin. Nach dem Studium der Rechts- und Staatswissenschaften promoviert O. 1842 und wird PD für Völkerrecht in Heidelberg. Er nimmt an der Revolution 1848 teil und emigriert in die Schweiz, anschließend nach Frankreich und später nach Großbritannien. Nach seiner Rückkehr 1860 ist er wissenschaftlich und publizistisch tätig, u.a. redigiert er die *Deutschen Jahrbücher für Politik und Literatur* in Berlin. 1866 schließt er sich den Nationalliberalen an, 1873–77 ist er MdR. In seinen Schriften setzt er sich mit dem Parlamentarismus auseinander. Von ihm stammt der Begriff ‚Kathedersozialismus'.
Philosophie des Rechts und der Gesellschaft, 1850; Vermischte Schriften aus bewegter Zeit, 1866; Der Kathedersozialismus, 1872. pj

Oppenheim, Hermann, Neurologe. 1.1.1858 Warburg/Westfalen – 22.5.1919 Berlin. Studium in Göttingen, Berlin und Bonn; 1881 Promotion. Assistenz an der Nervenklinik der Charité bei Karl F. Westphal; 1886 Habilitation. 1891 Gründung einer privaten Poliklinik. 1893 Prof. in Berlin. O. setzt sich für die Eigenständigkeit der Neurologie ein und ist Mitgründer der *Gesellschaft Deutscher Nervenärzte.* Er arbeitet über viele neurologische Krankheiten; nach ihm sind u.a. das O.-Pyramidenbahnzeichen und die Myatonia congenita O. benannt. 1898 zieht er sich von der Lehrtätigkeit zurück. Seine Auffassungen über Kriegsneurosen bleiben umstritten.
Lehrbuch der Nervenkrankheiten, 1894; Die Neurosen infolge von Kriegsverletzungen, 1916. fwk

Oppenheimer, Carl, Biochemiker. 21.2.1874 Berlin – 24.12.1941 Den Haag. 1891–94 Studium der Medizin und Chemie in Berlin und Freiburg. 1894 Promotion zum Dr. phil., 1898 zum Dr. med. Seit 1902 Assistent am Tierphysiologischen Institut der Landwirtschaftlichen Hochschule Berlin. 1908–36 Prof. für Biochemie. Seit 1920 Leiter der wissenschaftlichen Abteilung der AG für chemische Produkte Berlin. 1902 Gründer des *Zentralblatts für Biochemie und Biophysik.* 1936 Zwangsemeritierung, daraufhin Emigration in die Niederlande.
Handbuch der Biochemie der Menschen und Tiere, 4 Bde, 1908–10. mh

Oppenheimer, Franz, Nationalökonom, Soziologe, Mediziner. 30.3.1864 Berlin – 30.9.1943 Los Angeles. Sohn des Predigers der Berliner Reformgemeinde Joseph O. Medizinstudium in Freiburg und Berlin. 1887–96 praktizierender Arzt in Berlin, anschließend Journalist und Schriftsteller. 1902–18 Aktivität in der zionistischen Bewegung (Mitbegründer der Siedlungsgenossenschaft Merchawja in Palästina). Aufbaustudium, 1909 Habilitation, PD an der FWU in Berlin, seit 1919 Prof. am ersten dt.

Lehrstuhl für Soziologie in Frankfurt/M. Vordenker der ‚Sozialen Marktwirtschaft' (Lehrer von Ludwig Erhard), vertritt einen ‚liberalen Sozialismus' auf Basis eines Genossenschaftswesens. 1929 Emeritierung, 1938 Emigration über Japan und Shanghai in die USA (1940).
▯ System der Soziologie, 1922 [1964]; Erlebtes, Erstrebtes, Erreichtes. Lebenserinnerungen, 1931; GS, 1995–98.
▤ Wirtschaft und Gesellschaft. F. O. und die Grundlegung der Sozialen Marktwirtschaft, 1999; Vogt, B.: F. O. Wissenschaft und Ethik der sozialen Marktwirtschaft, 1997. evk

Franz Oppenheimer

Oppenheimer, Max (Pseud. MOPP), Maler. 1.7.1885 Wien – 19.5.1954 New York. O. beginnt um 1900 sein Kunststudium in Wien, das er 1903 in Prag fortsetzt. 1906 schliesst er sich der avantgardistischen Gruppe OSMA in Prag an. Seine Malweise wird durch den Impressionismus und durch M. ▶ Beckmann, beeinflusst. 1911 findet seine erste Einzelausstellung in München statt. Im gleichen Jahr wird er Mitarbeiter der Zeitschrift *Die Aktion* in Berlin. 1915–24 lebt O. in der Schweiz; widmet sich dort einer Malerei, die verstärkt kubistische Stilelemente trägt. 1916 nimmt er an der ersten Dada-Ausstellung in Zürich teil. 1926 zieht O. nach Berlin um, 1931 kehrt er nach Wien zurück. 1938 flüchtet O. in die Schweiz, 1939 in die USA. Er beginnt, sich mit dem Abstrakten Expressionismus auseinander zu setzen und greift frühere Ideen wieder auf.
▯ Menschen finden ihren Maler. Autobiogr, 1938.
▤ Puttkammer von, M.-A.: M. O. – MOPP (1885–1954); MOPP. M. O., 1994. nv

Oppenheimer, Maximilian ▶ Ophüls, Max.

Oppenheimer, Paula ▶ Dehmel, Paula.

Oppler, Ernst, Maler, Radierer. 19.9.1867 Hannover – 1.3.1929 Berlin. O. studiert in München und London, lässt sich 1905 in Berlin nieder. Er zeichnet impressionistische Innenraumbilder, Porträts und auch Illustrationen, u.a. zu E. T. A. Hoffmanns *Musikalischen Erzählungen.* Seit der Gründung des *Ballets Russes* 1909 widmet sich O. der Darstellung des Tanzes und wird zum Chronisten der Ballettgeschichte. So entstehen Radierungen von Tänzerinnen, Tänzern und Ballettgruppen.
▤ Bruns, J.: E. O. Leben und Werk, 1997. nv

Orenstein, Benno, Industrieller. 2.8.1851 Posen – 11.4.1926 Berlin. O. gründet gemeinsam mit Arthur Koppel 1876 das Handelsunternehmen *Orenstein & Koppel OHG* für Klein- und Feldbahnen. Der Geschäftserfolg führt dazu, dass man zur Eigenproduktion übergeht und am Tempelhofer Ufer 1886 erste Werkstätten eröffnet. Das 1897 in eine Aktiengesellschaft umgewandelte Unternehmen wird einer der bedeutendsten Hersteller für Waggons und Lokomotiven. evk

Orlik, Emil, Maler, Graphiker. 21.7.1870 Prag – 28.9.1932 Berlin. 1891–93 studiert an der Akademie in München. 1895 überträgt er als erster dt. Künstler einen Plakatentwurf auf Litho-Stein. 1897 entwirft O. ein Theater-Plakat für Gerhart Hauptmanns *Die Weber.* 1898–1901 ist er Mitarbeiter der Zeitschrift *Jugend*, ab 1899 Mitglied der *Wiener Secession.* Nach seiner Japanreise 1900/01 entstehen erste Farbholzschnitte. 1904–32 lehrt O. als Prof. an der Schule des Kunstgewerbemuseums in Berlin.
▤ E. O. Leben und Werk, 1997; E. O. Ein Lebenswerk zwischen Prag und Berlin, 1988. nv

Ornstein, Richard W. ▶ Oswald, Richard.

Orska, Maria (Pseud. Daisy O.; d.i. Rachel Blindermann), Schauspielerin. 15.3.1896 Nikolajew/ Ukraine – 15.5.1930 Wien. Nach ihrer Kindheit in einer großbürgerlichen russisch-jüd. Familie beginnt O. 1909 ein kurzzeitiges Musik-, Gesangs-

und Dramaturgiestudium in Wien. Nach Engagements in Mannheim und Hamburg wird O. von R. ▶ Bernauer und Carl Meinhard nach Berlin geholt. Hier spielt sie u.a. in Stücken von Strindberg, Wedekind und Wilde. O. profiliert sich im Theater in der Königgrätzer Straße (Hebbel-Theater) als ernsthafte Schauspielerin, dennoch bricht ihre Karriere 1922 abrupt ab. Ihre Ehe mit dem Bankier Hans von Bleichröder verläuft unglücklich. Nach 1925 spielt O. in einigen Inszenierungen von M. ▶ Reinhardt am Lessing-Theater und am DT, ist da aber schon morphiumsüchtig. Ihre letzte Rolle ist die *Effi* in Wedekinds *Schloss Wetterstein*. Sie nimmt sich mit einer Überdosis Veronal das Leben. ce

Osborn, Franz Joachim, Musiker, Pianist. 11.7.1905 Berlin – 8.6.1955 Basel. Der Sohn von Max ▶ O. studiert 1922–26 Komposition bei F. ▶ Schreker. Konzertauftritte führen ihn durch ganz Europa. O. erkennt früh die Bedeutung der zeitgenössischen Musik und führt Klavierwerke von Hindemith, Strawinsky und A. ▶ Schönberg auf. Der Mendelssohn-Preisträger emigriert 1933 nach London und setzt dort seine Karriere als Mozart- und Beethoven-Interpret fort. evk

Emil Orlik

Osborn, Max (Pseud. Heinrich Garbel), Journalist, Kunstwissenschaftler. 10.2.1870 Köln – 24.9 1946 New York. O. studiert Literatur- und Kunstgeschichte in Heidelberg, München und Berlin, wo er 1893 promoviert. 1894–1914 ist er Mithg. der *Jahresberichte für neuere dt. Literaturgeschichte*, 1900–10 redigiert er das Feuilleton der *National-Zeitung* und arbeitet 1910 auch im *Ullstein*-Verlag. 1914–33 schreibt O. als Kunstkritiker für die *Vossische Zeitung*. O. verfasst eine *Geschichte der Kunst* (1910), Monografien zu zeitgenössischen Künstlern und einige Berlin-Führer. 1933 gründet er den JKB Berlin mit, für den er bis 1938 tätig ist. Über Paris emigriert O. 1941 in die USA, wo er v.a. im *Aufbau* publiziert.
Berlin, 1909 [2002]; Berlins Aufstieg zur Weltstadt, 1929 [2003]; Der bunte Spiegel. Erinnerungen, 1945. nr

Osten, Michael ▶ Goldstein, Moritz.

Oswald, Richard (d.i. Richard W. Ornstein), Regisseur, Produzent, Drehbuchautor. 5.11.1880 Wien – 11.9.1963 Düsseldorf. O. ist zunächst als Schauspieler in Wien und Düsseldorf, ab 1913 in Berlin am Neuen Volkstheater engagiert. Ab 1914 ist er für das *Vitascope-Atelier* in Weißensee als Dramaturg, Regisseur und Drehbuchautor tätig, u.a. adaptiert er Arthur C. Doyles *Der Hund von Baskerville* (1914). 1916 gründet O. die *Richard Oswald-Film-Gesellschaft*. In den Filmen *Tagebuch einer Verlorenen* (1918) und *Alraune* (1930) greift O. als Regisseur Tabuthemen, wie Homosexualität und Inzucht, auf. Sein Erfolg ermöglicht ihm 1919 nicht nur die Eröffnung eines eigenen Kinos in Berlin, sondern auch die Gründung mehrerer Tochtergesellschaften seiner Produktionsfirma. 1926 geht die Firma jedoch in Konkurs. 1930 gelingt ihm als Regisseur mit *Wien, du Stadt der Lieder* erfolgreich der Wechsel vom Stumm- zum Tonfilm. Neben Komödien und Operettenfilmen widmet er sich auch gesellschaftskritischen Themen, u.a. in *Der Hauptmann von Köpenick* und *Dreyfus* (beide 1930). Während O. 1933 emigrieren muss und 1938 in die USA gelangt, wird sein Film *Ein Lied geht um die Welt* (1933) in Dtl gefeiert. Vergeblich versucht er im Exil an seine Erfolge anzuknüpfen. 1962 kehrt er nach Dtl zurück.
R. O. Regisseur und Produzent, 1990. kq

Ottmer, F. ▶ Franzos, Ottilie.

P

Pallenberg, Max, Schauspieler. 18.12.1877 Wien – 26.6.1934 bei Karlsbad. Nach frühen Erfolgen als Komiker in Wien, u.a. als *Pampulik*, geht P. 1914 zu M. ▶ Reinhardt nach Berlin. Dort gelingt ihm der künstlerische Durchbruch, u.a. als *Schweijk* und *Mephisto*. In den 1920er Jahren folgen zahlreiche Gastspielreisen und Filmrollen, so in F. ▶ Kortners *Der brave Sünder* (1931). Aufgrund der antijüd. Propaganda gegen ihn und seine Frau F. ▶ Massary emigriet das Paar. P. kommt bei einem Flugzeugabsturz ums Leben.
Schack, I.-L.: M. P., 1980; Polgar, A.: M. P., 1921. kq

Palmer, Lilli (d.i. Lilli Marie Peiser), Schauspielerin. 24.5.1914 Posen – 27.1.1986 Los Angeles. Nach dem Abitur nimmt P. in Berlin Schauspielunterricht. 1933 muss sie Dtl verlassen, emigriert zuerst nach Paris, 1934 nach London, wo P. als Schauspielerin arbeitet. Nach großen Erfolgen erhält sie 1946 ein Angebot aus Hollywood, kann sich aber auch in verschiedenen Rollen am Broadway behaupten. Schließlich kehrt P. 1954 nach Dtl zurück, wo sie u.a. in den Filmen *Feuerwerk* und *Teufel in Seide* spielt. 1974 wird ihr das Große Verdienstkreuz der Bundesrepublik verliehen, 1978 erhält sie den Deutschen Filmpreis in Gold. Neben ihrer Film- und Fernseharbeit beschäftigt sich P. mit Malerei und veröffentlicht Autobiogr. sowie mehrere Romane.
Dicke Lilli – gutes Kind. Autobiogr., 1974; Der rote Rabe. Autobiogr., 1977; Eine Frau bleibt eine Frau, 1982.
Huebner, O.: L. P., 1986. id

Panofsky, Eugen, Bankier, Politiker. 30.5.1855 Tarnowitz/Oberschlesien – 19.4.1922 Berlin. P. ist seit 1901 Mitinhaber des 1817 gegründeten Privatbankhauses *Jacquier & Securius* in Berlin. 1910–19 arbeitet er als unbesoldeter Stadtrat und ist Vorsitzender der Hochbaudeputation, Magistratskommissar beim Pfandbriefamt und Dezernent für Elektrizitätsfragen. Seit 1909 ist P. Mitglied im Hauptvorstand des CV. 1919 wird er zum Stadtältesten Berlins ernannt. wes

Panter, Peter ▶ Tucholsky, Kurt.

Pascal, Dr. ▶ Berg, Leo.

Pasternak, Leonid Ossipowitsch, Maler. 4.4.1862 Odessa – 1945 vermutlich Großbritannien. P., der Vater von Boris P., ist seit 1894 Prof. in Moskau. 1921 siedelt die Familie nach Berlin über. P. ist bereits ein anerkannter Künstler, der dem Impressionismus zugerechnet wird, und stellt mehrfach in Berlin und München aus. Er porträtiert u.a. Berliner Kollegen und Gelehrte, so Albert ▶ Einstein und Adolf von Harnack. 1936/37 emigriert die Familie nach Oxford.
The memories of L. P., 1982. ht

Bruno Paul

Paul, Bruno, Architekt, Innenausstatter, Möbelgestalter. 19.1.1874 Seifhennersdorf – 17.8.1968 Berlin/West. 1892–94 Malerei- und Architekturstudium in München und Dresden. 1897 Karikaturist beim *Simplicissimus*. 1900 Verleihung von drei Goldmedaillen an ihn auf der Weltausstellung in Paris. Seit 1904 Aufträge der Bayerischen Staatsregierung. 1907 Mitbegründer des *Deutschen Werkbundes*. 1907–24 Leiter der Unterrichtsanstalt des Berliner Kunstgewerbemuseums. 1907–09 Entwurf des Schiffsinterieurs für den *Norddt. Lloyd*.

Weitere Bauten in Berlin: *Asiatisches Museum* (1914) und *Palais Mendelssohn-Bartholdy* (1916). 1919 Aufnahme in die PAdK. Ab 1921 eigenes Baubüro in Köln, spezialisiert auf Villenbau. 1924–33 Leiter der Vereinigten Staatsschulen für freie und angewandte Kunst in Berlin. 1928/30 Entwurf des ersten Berliner Hochhauses für *Kathreiner's Malzkaffee.* 1934 verlässt er Berlin und wirkt bis 1945 anonym in Düsseldorf. 1937 Ausschluss aus der PAdK. 1954 Verleihung des Bundesverdienstkreuzes. Ab 1955 o. Mitglied der AdK Berlin/W. 1969 Ehrenurkunde des BDA in der DDR.
B. P. und die Deutschen Werkstätten in Hellerau, 1993; Günther, S.: B. P., 1992. nv

Paulick, Richard (Pseud. Peter Winslow), Architekt. 27.11.1903 Roßlau/Elbe – 4.3.1979 Berlin/Ost. 1923–27 Studium in Dresden und Berlin, ab 1927 Ingenieur und Assistent bei Walter Gropius am Bauhaus in Dessau. 1930 eigenes Architekturbüro in Dessau und Berlin. 1933 Emigration nach China, Stadtplaner und ab 1942 Prof. in Shangai. 1950 Rückkehr nach Dtl, hier u.a. Mitglied der Dt. Bauakademie, Direktor des Instituts für Wohnbauten und Leiter einer Architekturwerkstatt. Ab 1950 Sonderbeauftragter für den Wiederaufbau des historischen Stadtzentrums in Berlin/O., u.a. der *Staatsoper* (1952), des *Prinzessinnenpalais* (1961) und des *Kronprinzenpalais* (1967–69) 1952 Leiter des Aufbaustabs der *Stalinallee* in Berlin-Mitte. Etablierung zum bedeutenden Städteplaner der DDR, u.a. Planung von Wohnsiedlungen in Hoyerswerda (1956–61) und Halle-Neustadt (1963–68). 1955–65 Vizepräsident der DBA.
Hoyerswerda, eine sozialistische Stadt in der DDR, 1960.
Müller, M.: Das Leben eines Architekten. Porträt P. P., 1975. nv

Peiser, Bona, Bibliothekarin. 26.4.1864 Berlin – 17.3.1929 Berlin. P. ist die erste dt. Bibliothekarin. Die Tochter eines Verlagsbuchhändlers muss in englischen Bibliotheken ihre Fachkenntnisse erwerben, da in Dtl Ausbildungsstätten fehlen. Sie übernimmt 1895 die erste öffentliche Lesehalle Berlins in der Alten Schönhauser Straße 13, seit 1913 arbeitet sie am Aufbau einer Kinderbibliothek und leitet nebenamtlich die Bibliothek des *Kaufmännischen Verbandes für weibliche Angestellte.* Ab 1920 wirkt P. im Vorstand des *Reichsverbandes dt. Bibliotheksbeamter und -angestellter.* Ihre Wirkungsstätten bleiben jahrelang die einzigen anerkannten Ausbildungsorte für Volksbibliothekarinnen. Eine Gedenktafel in der Rungestraße erinnert an sie; seit 1994 trägt die Stadtteilbibliothek in der Kreuzberger Oranienstraße ihren Namen. ul

Peiser, Lilli Marie ▶ Palmer, Lilli.

Peiser, Werner, Diplomat, Jurist, Politiker. 20.8.1895 Berlin – unbekannt. 1914–18 Studium der Rechtswissenschaften in Berlin, Florenz und Rom. 1914–33 politische Aktivitäten u.a. für die SPD. 1919–21 politischer Redakteur des *Vorwärts.* Ab 1921 stellvertretender Pressechef der Preußischen Regierung. 1926–30 Mitarbeiter am *Jüd. Lexikon.* 1931 Versetzung nach Rom. Feb. 1933 Entlassung, anschließend bis 1938 Leiter des jüd. Landschulheims *Istituto Fiorenza.* 1939 Emigration in die USA, Prof. für romanische Sprachen an der Lloyola-Univ. New Orleans. 1943–45 Mitarbeiter am *Office of War Information* in Washington, Mitglied des *Executive Committee der Association of Free Germans* und juristischer Berater der amerikanischen Anklagevertretung beim Militärtribunal in Nürnberg. 1947/48 Mitarbeiter des *American Jewish Joint Distribution Committee* in Frankfurt/M. und Prag. 1951 Eintritt in den diplomatischen Dienst der Bundesrepublik, Kulturreferent und Botschafter in Rio de Janeiro, 1954–59 Botschaftsrat in Madrid, 1959/60 Botschafter in Nikaragua. Ab 1961 Leiter des Goethe-Instituts in Palermo, 1966–69 in Genua.
Eine Stunde Justiz, 1926; The last Three Years of the Weimar Republic, 1946. bir

Pelteso(h)n, Anna, Lehrerin. 13.1.1868 Posen – 13.1.1943 Ghetto Theresienstadt. 1884 Umzug der Familie nach Berlin. Bis 1886 Ausbildung zur Lehrerin für mittlere und höhere Mädchenschulen. 1886/87 und 1891–97 Privatlehrerin und -erzieherin in Großbritannien. 1898 Gründung des *Instituts für Erziehung und Beaufsichtigung von Schulmädchen außerhalb ihrer Schulzeit.* Gründung der jüd. Fortbildungsschule für Mädchen. 1938 Auflösung der Schule. 1942 Deportation. ko

Perls, Frederick (Fritz; Friedrich Solomon), Psychotherapeut. 8.7.1893 Berlin – 14.3.1970 Chicago. Studium am Berliner und Wiener Psychoanalytischen Institut, u.a. bei S. Freud. 1933 Emigration nach Südafrika, 1946 Übersiedlung nach Kanada, später in den USA als Psychiater tätig. Begründer der Gestalttherapie und Co-Direktor des New Yorker Instituts für Gestalttherapie, die die Prinzipien der Gestalt-Psychologie mit denen S. Freuds und

Wilhelm Reichs verbindet.
📖 Gestalt-Therapie, 1951 [1996]; Das Ich, der Hunger und die Aggression. Die Anfänge der Gestalttherapie, 1969 [2000]; Gestalt-Therapie in Aktion, 1974 [2002].
📄 Clarkson, P.: F. P., 1995; Freiber, C.: 100 Jahre F. P., 1994. mk

Philippson, Johanna, Pädagogin. 1887 Magdeburg–1977 London. Ab 1917 Studienrätin, 1930–37 Oberstudienrätin an der Staatlichen Elisabethschule in Berlin, 1937/38 Lehrerin an Schulen der JGB, 1939 Emigration nach Großbritannien, dort Tätigkeit in der Erwachsenenbildung und als Autorin für pädagogische Zeitschriften. js

Philippson, Martin (Emanuel), Historiker. 27.6.1846 Magdeburg – 2.8.1916 Berlin. Nach dem Studium ist P. an einer jüd. Schule in Berlin tätig. 1871 habilitiert er sich in Bonn. 1875 wird er an die Univ. Brüssel berufen und 1890 zum Rektor gewählt. Aufgrund antideutscher Tendenzen kehrt er nach Berlin zurück, wo antisemitische Bestrebungen eine akademische Anstellung verhindern. P. engagiert sich für jüd. Interessen, ist 1896–1912 Vorsitzender des Dt.-Israelitischen Gemeindebundes, erster Präsident des Verbandes der dt. Juden und bis zu seinem Tod Leiter der Gesellschaft zur Förderung der WdJ, der HdWJ und des Vereins für jüd. Geschichte und Literatur. P. verfasst zahlreiche Arbeiten zur dt. und jüd. Geschichte, u.a. die *Neueste Geschichte des jüd. Volkes* (3 Bde, 1907–11). nr

Philippsthal, Arno, Arzt. 13.9.1887 Güsten/Anhalt – 3.4.1933 Berlin. Studium in München und Berlin. P. tritt 1914 in den militärischen Dienst ein und erhält für seinen Einsatz das Eiserne Kreuz Erster Klasse. 1919 läßt er sich als praktischer Arzt in Berlin-Biesdorf nieder. Unter dem Vorwand P. habe Patienten die ärztliche Hilfe verweigert, wird er am 21.3.1933 verhaftet. P. stirbt an den Folgen der Misshandlungen, die ihm in einer Tempelhofer SA-Kaserne zugefügt werden. Seit 1979 trägt das Biesdorfer Krankenpflegeheim seinen Namen. evk

Piccolomini, Silvio ▶ Lublinski, Samuel.

Pick, Fritz, Rechtsanwalt, Verbandsfunktionär. 27.5.1887 Lissa/Posen – 1974 München. P. ist in RA-Kanzlei in Berlin tätig und Mitarbeiter von A. ▶ Klee und S. ▶ Gronemann. Er ist Spezialist für Film-Urheberrecht und Rechtsbeistand der Ufa. 1939 emigriert er in die Niederlande und wird von dort nach Westerbork und Bergen-Belsen deportiert. 1944 kommt er im Austausch für dt. Zivilgefangene nach Palästina. Rechtsberater bei den Vorbereitungen für die Bildung der URO, bei dieser weiterhin als Berater in München und Tel Aviv tätig. evk

Pick, Herman Chaim, Orientalist, Bibliothekar. 15.1.1879 Schildberg/Posen – 8.7.1952 Jerusalem. Studium orientalischer Sprachen und jüd. Theologie in Halberstadt und am Rabbiner-Seminar in Berlin. 1903–34 Tätigkeit an der Staatsbibliothek Berlin, 1918 Prof. und Bibliotheksrat. Mitglied der Exekutive der zionistischen Organisation *Misrachi*. 1928–34 Vorsitzender der JGB. 1934 Emigration nach Palästina, Arbeit an der Hebrew Univ. Jerusalem, 1935 Mitglied der *Misrachi*-Weltexekutive. nr

Pick, Ludwig, Pathologe. 31.8.1868 Landsberg/Warthe – 3.2.1944 Ghetto Theresienstadt. Ab 1893 im Pathologisch-Anatomischen Laboratorium der Landau'schen Klinik in Mitte tätig. Seit 1899 Dozent für Pathologie. 1906–34 Direktor des Pathologisch-Anatomischen Instituts am Städtischen Krankenhaus Friedrichshain. Medizinische Verfahren sind nach ihm benannt, so *Farberhaltung nach Pick*, *Niemann-Pick-Syndrom*. Neben seinen medizinischen Untersuchungen verfasst P. auch Schriften, wie *Die Weltanschauung des Judentums* (1912). 1933 muss er sein Amt aufgeben, kann jedoch bis 1938 als einziger jüd. Arzt aufgrund seiner international anerkannten Kompetenz weiter im Krankenhaus arbeiten. Einen Ruf an die Univ. Chicago lehnt er 1933 ab. 1943 wird er mit dem 91. Alterstransport nach Theresienstadt deportiert.
📖 Ein Beitrag zur Aetiologie, Genese und Bedeutung der hyalinen Thrombose, 1893; Die Skelettform des Morbus Gaucher, 1927.
📄 Simmer, H. H.: Der Berliner Pathologe L. P., 2000. ko

Pick, Rudolf, Jurist. 15.8.1892 Ostrowo/Posen – 1942 Riga. RA und Notar mit Kanzlei in der Klopstockstraße. 1936 Entzug der Zulassung. Mitarbeit in der JGB, zuletzt als Leiter des Palästina-Amtes. 1938 Begleitung einer Jugendalijah-Gruppe nach Palästina, Rückkehr zur Familie nach Berlin. P. wird mit dem 7. Transport vom 27.11.1941 nach Riga deportiert. cm

Pincus, Paul, Unternehmer. 7.10.1860 Schwerin – 21.5.1934 Berlin. 1921–34 Vorsitzender der Jüd. Reformgemeinde zu Berlin. Hauptvorstandsmitglied der Vereinigung für das liberale Judentum. bir

Pinkus, Felix, Dermatologe. 4.4.1868 Berlin – 19.11.1947 Monroe/USA. Studium in Berlin und Freiburg. 1908–33 leitender Arzt an der Berliner Frauenklinik, seit 1917 Leiter der Poliklinik für Hautkrankheiten. 1916 a.o. Prof. für Dermatologie an der Univ. Berlin. 1941 Emigration in die USA. Verfasser wegweisender Schriften zu Entwicklungsgeschichte, Anatomie und Zirkulationsstörungen der Haut.
Haut- und Geschlechtskrankheiten, 1910; Die Verhütung der Geschlechtskrankheiten, 1912. bir

Pinner, Felix (Pseud. Frank Fassland), Publizist. 22.2.1880 Birnbaum/Posen – 3.5.1942 New York. Studium der Rechtswissenschaften und Nationalökonomie in Berlin. Hg. des *Berliner Tageblatts* und deren Handelszeitung, in der wöchentlich seine vielbeachteten Aufsätze zur Wirtschaftsentwicklung in Dtl erscheinen. Mitarbeiter der *Weltbühne*, der *Neuen Züricher Zeitung* und der *Bohemia*. 1933 Entlassung und Emigration in die USA. Wählt den Freitod.
Emil Rathenau und das elektrische Zeitalter, 1917; Deutscher Wirtschaftsführer, 1925; Die großen Weltkrisen im Lichte des Strukturwandels der kapitalistischen Wirtschaft, 1937. bir

Pinner, Heinz Albert, Rechtsanwalt, Wirtschaftsprüfer. 20.2.1893 Berlin – 1986 unbekannt. Teilnehmer am I. WK, danach Studium in Greifswald. Bis 1933 AR-Mitglied der *Ullstein AG* sowie RA und Notar in Berlin. 1938 Berufsverbot, 1939 Emigration über die Schweiz in die USA. Ab 1945 erneut im AR bei *Ullstein*. 1947 Zulassung als RA in Düsseldorf, spezialisiert sich vorrangig auf Wiedergutmachungsfälle. evk

Pinschewer, Julius, Filmproduzent. 15.9.1883 Hohensalza/Posen – 16.4.1961 Bern. P. studiert Staatswissenschaften und Philosophie in Würzburg und Berlin. 1910 meldet er ein Patent für Filmwerbung in Berlin und London an, gründet eine Produktionsfirma und beginnt, Werbefilmen zu drehen. P. unterstützt die Entwicklung verschiedener Trickverfahren, u.a. für den Film *Der Student von Prag* (1913). 1916 wird er Sachverständiger für Werbung im Beirat der Dt. Reichsbank. 1918 erfolgt die Gründung der Werbefilm GmbH, die er 1928 mit der Industriefilm AG zur *Pinschewer-Film AG* vereinigt. *Die chinesische Nachtigall!* (1929) ist der erste Tonwerbefilm. 1933 emigriert P. in die Schweiz und gründet dort ein Atelier für künstlerische Werbefilme.
Von der Wundertrommel zur Werbetrommel, 1929.
Amsler, A.: „Wer dem Werbefilm verfällt, ist verloren für die Welt". Das Werk von J. P., 1997. kq

Pinsker, Leon (d.i. Jehuda Leib), Arzt, Schriftsteller, Politiker. 24.12.1821 Tomaschow/Polen – 9.12.1891 Odessa. Unter dem Eindruck der 1880er Pogrome in Russland verfasst P. die Schrift *Autoemancipation!* (1882), die anonym in Berlin erscheint. Er diagnostiziert den Antisemitismus als Sozialpathologie. Als einzigen Ausweg sieht er nur die Gründung eines jüd. Nationalstaates. P. gilt als Vordenker des Zionismus. alm

Pinthus, Kurt (Pseud. Paulus Potter) Schriftsteller. 29.4.1886 Erfurt – 11.7.1975 Marbach. 1910–15 freier Schriftsteller und literarischer Berater der Verleger Kurt Wolff und Ernst Rowohlt, ab 1923 Theater- und Filmkritiker am *Acht-Uhr-Abendblatt*, Literaturkritiker, u.a. für das *Tagebuch*, 1920–22 Dramaturg bei M. ▶ Reinhardt, ab 1933 freier Autor bei jüd. Zeitschriften, 1937 Emigration in die USA, 1947–60 Dozent für Theatergeschichte an der Columbia Univ. New York, 1967 Rückkehr nach Dtl.
Menschheitsdämmerung. Ein Dokument des Expressionismus, 1919 [1983]. js

Kurt Pinthus

Pisarek, Abraham, Fotograf. 24.12.1901 Przedborz/Russisch Polen – 24.4.1983 Berlin/West. 1919 Emigration nach Dtl, 1924–28 Aufenthalt in

Palästina. Ausbildung zum Fotografen, ab 1930 für Bildverlage und Berliner Theater tätig. Verbindung zur KPD, Zusammenarbeit mit J. ▶ Heartfield. 1933 Berufsverbot, bis 1941 einziger Fotograf noch bestehender jüd. Zeitungen und für den JKB Berlin. Sein Versuch, in die USA zu emigrieren, scheitert. Nur mit Glück entgeht er der Deportation: Er gehört zu den inhaftierten Männern in der Rosenstraße, die auf Grund von Protesten ihrer nichtjüd. Ehefrauen wieder freigelassen werden. Nach Kriegsende arbeitet er als Dolmetscher bei der sowjetischen Militäradministration und als freiberuflicher Bildreporter. P. gilt als Bildchronist der SBZ und der frühen DDR. Seit Ende der 1950er Jahre konzentriert er sich auf die Theaterfotografie. Fotos von ihm illustrieren die Neuausgabe von G. ▶ Tergits *Im Schnellzug nach Haifa* (1996). kq

Platek, Felka, verh. Nussbaum, Malerin. 1899 Warschau – 2./3.8.1944 KZ Auschwitz. P. zieht in den 1920er Jahren nach Berlin und studiert Malerei bei L. ▶ Meidner. 1925 lernt sie F. ▶ Nussbaum kennen und wird seine Lebensgefährtin. 1932 wird ihr Mann mit einem Studienaufenthalt in der *Villa Massimo* in Rom ausgezeichnet, von dem beide 1933 wegen der Machtübernahme der Nationalsozialisten nicht nach Dtl zurückkehren. Fortan leben sie im Exil, zunächst in Frankreich, 1935 ziehen sie nach Oostende in Belgien. 1937 heiratet das Paar und lässt sich in Brüssel nieder. Nach der dt. Besetzung Belgiens leben sie ab 1942 untergetaucht bei verschiedenen Freunden in der Hauptstadt. Am 20.6.1944 werden sie denunziert, verhaftet und in das Lager Mechelen gebracht. Mit dem letzten Deportationszug werden sie am 31.7.1944 nach Auschwitz verbracht und dort ermordet. Von P. sind nur wenige Gemälde erhalten. Das *Felix Nussbaum Haus* in Osnabrück besitzt mit zwei Ölgemälden und 28 Gouachen die weltweit größte Platek-Sammlung.
Schulte, Ch.: F. P. Malerin und Lebensgefährtin, 2004. ht

Plaut, Jonas, Fürsorger. 23.8.1880 Willinghausen/Hessen – 1948 Fargo/USA. P. übernimmt mit seiner Frau 1922 die Leitung der Baruch ▶ Auerbach'schen Waisenerziehungsanstalten in Berlin. Im April 1939 emigriert er nach Großbritannien, wo er in Brighton/Sussex Direktor eines jüd. Kinderheims wird. 1945 siedelt P. in die USA über. ul

Plaut, Joseph, Sänger. 5.6.1879 Detmold – 25.11.1966 Bad Salzuflen. Der Sohn eines Rabbiners aus dem Westfälischen nimmt nach einer Kaufmannslehre Gesangs- und Schauspielunterricht am *Stern'schen Konservatorium* (J. ▶ Stern) in Berlin. Als Tenor tritt er bis 1915 in zahlreichen Rollen an der *Deutschen Oper* in Berlin auf. Nach dem I. WK geht er als Vortragskünstler auf Dtl-Tournee. Während des NS emigriert P. über Südafrika nach Großbritannien. Nach dem II. WK feiert P. ein Comeback am Berliner *Renaissance-Theater* und kehrt dann in seine Geburtsstadt Detmold zurück.
Heinen, E.: Zum Leben und Wirken des jüd. Vortragskünstlers J. P., 2004. evk

Plaut, Moritz, Bankier. 24.6.1822 Nordhausen – 17.5.1910 Berlin. P. leitet in der Königstraße in Berlin ein erfolgreiches Bankhaus und ist an zahlreichen Industrieunternehmen beteiligt. Er gehört dem Beirat der 1875 konstituierten Reichsbank an. Trotz seines großen Reichtums führen er und seine Frau Julie, geb. Rosenthal, bewusst einen bescheidenen Haushalt. P. lehnt bis auf den Titel des ‚Geheimen Kommerzienrats' alle öffentlichen Auszeichnungen ab. evk

Plaut, Paul, Psychiater. 19.2.1894 Berlin – 23.1.1960 London. Soldat im I. WK (Eisernes Kreuz). Studium in Greifswald und Berlin. Seit 1924 in verschiedenen Berliner Krankenhäusern tätig, u.a. in der Nervenanstalt Wittenau. 1927–33 psychiatrischer Gutachter bei Gericht, Experte für Kinderkriminalität und Sexualstraftaten. 1933 Entlassung und Berufsverbot. 1938 Emigration nach Großbritannien. Seit 1940 in London als Psychiater tätig.
Die Zeugenaussagen jugendlicher Psychopathen, 1928; Der sexuelle Verbrecher und seine Persönlichkeit, 1960. evk

Plessner, Jacob, Bildhauer. 18.8.1871 Berlin – 20.10.1936 Berlin. P. studiert in Berlin und Italien, zu seinen Lehrern gehört u.a. Adolph Menzel. Ab 1899 stellt er mit großem Erfolg aus. 1901 erhält P. den Michael-Beer-Preis. Zu seinen Hauptarbeiten zählen Porträtbüsten, Grabdenkmäler und Kleinplastiken; u.a. eine Mendelssohn-Büste, die Halbfigur des Großen Kurfürsten, die Büsten Oskar und Julius Tietz', Arthur Kahns und Louis Sachs'. bir

Ploog, Ilse, geb. Schuster (Pseud. Ilse Waldmüller), Lektorin. 2.8.1906 Bad Driburg – 1989 Berlin. P. lebt ab 1928 in Berlin und arbeitet in verschiedenen Verlagen. Durch die Heirat 1931 mit einem nichtjüd. Mann entgeht sie der Deportation. Bis Kriegsende muss sie in Berlin Zwangsarbeit leisten. Ab 1949 ist P. Redakteurin und Lektorin im Ost-Berliner *Kinderbuchverlag*. Sie konzipiert Bilderbücher und gibt Anthologien heraus, wie *Die Zaubertruhe. Ein Almanach für junge Mädchen* (20 Bde, 1955–74) und *Für Kinder geschrieben. Autoren der DDR* (1979). ht

Plothow, Anna, geb. Schwerdt, Autorin, Frauenrechtlerin. 4.2.1853 Berlin – 16.12.1924 Berlin. P. tritt 15jährig in die Handschuhfabrik ihres Vaters ein, die sie nach dessen Tod vier Jahre selbständig leitet. 1883 heiratet sie den Komponisten Paul P., der bereits 1884 stirbt. Im gleichen Jahr gründet sie gemeinsam mit E. ▶ Mosse und Elisabeth Vogeler den Verein *Mädchenhort*, dessen Vorstandsmitglied sie wird. Zur selben Zeit beginnt sie ihre schriftstellerische Tätigkeit; ihre Märchen und Erzählungen werden von verschiedenen Zeitungen veröffentlicht. In den folgenden Jahren kann sie sich als Journalistin etablieren. 1898 wird sie als erste Frau Redakteurin in R. ▶ Mosses *Berliner Tageblatt*. Innerhalb der Frauenbewegung engagiert sich P. v.a. in der Sozialfürsorge. Sie ist u.a. Mitglied des *Berliner Frauenclubs von 1900* und des *Lyceumclubs*. 1907 erscheint ihre Darstellung *Die Begründerinnen der deutschen Frauenbewegung*.

Romeos Debüt, 1888; Das Buch der Frau, 2 Bde, 1901; Märkische Skizzen, 1905. evk

Pohl, Ottilie, Putzmacherin, Kommunalpolitikerin. 14.11.1867 Schönwalde/Niederlausitz – 1943 Ghetto Theresienstadt. P. tritt als junge Frau in die SPD ein und wirkt nach dem I. WK als Stadträtin der USPD in Tiergarten. Als Jüdin selbst gefährdet, stellt sie nach der NS-Machtübernahme ihre Wohnung als Versteck für politisch Verfolgte zur Verfügung. Im Aug. 1940 wird P. von der Gestapo verhaftet und in das Frauengefängnis in Friedrichshain überführt. Kurz nach ihrem 75. Geburtstag wird P. nach Theresienstadt deportiert, wo sie im darauf folgenden Jahr stirbt. evk

Pokorny, Julius, Sprachwissenschaftler, Keltologe. 12.6.1887 Prag – 8.4.1970 Zürich. 1914–18 PD für keltische Sprachen an der Univ. Kiel. 1918–20 Dozent in Wien. Ab 1920 PD und ab 1927/28 o. Prof. für Keltisch und Irisch an der Univ. Berlin. Obwohl P. Katholik ist, verliert er 1935 seinen Lehrstuhl, da er jüd. Großeltern hat. Unter unsicheren Bedingungen lebt er bis 1943 in Berlin, dann emigriert er in die Schweiz, wo er bis 1955 lehrt und forscht. Danach kehrt er in die Bundesrepublik zurück und hat bis zu seinem Tod einen Lehrstuhl an der Univ. München inne.

Beiträge zur Indogermanistik und Keltologie, 1967; Indogermanisches etymologisches Wörterbuch, 2 Bde, 1948–69 [1994]; Zur Urgeschichte der Kelten und Illyrier, 1938.

Dochartaigh, P. O.: J. P., 2003. mr

Pollaczek, Hilda ▶ Geiringer, Hilda.

Polak, Karl, Jurist. 12.12.1905 Westerstede/Oldenburg – 27.10.1963 Berlin/Ost. Sohn eines Landwirts, ab 1925 Studium der Rechts- und Staatswissenschaften in Frankfurt/M., Heidelberg und München. April 1933 Entlassung aus dem Referendariat in Berlin; dann Emigration über Dänemark in die UdSSR, dort im Rechtsinstitut der AdW und Mitarbeiter einer Unterkommission für die Ausarbeitung der sowjetischen Verfassung. 1941 Lehr- und Forschungstätigkeit in Taschkent. Ab 1946 Leiter der KPD-Abteilung für Justiz in Berlin. P. ist maßgeblich an der Ausarbeitung der ersten Verfassung der DDR beteiligt. Ab 1949 Prof. für allgemeine Staatslehre, Staats- und Völkerrecht an der Univ. Leipzig und Mitglied der Volkskammer. Seine wissenschaftliche Karriere endet 1951, als ihm ‚parteifeindliches Verhalten' unterstellt wird, wobei auch antisemitische Töne anklingen. Unter dem Schutz Walter Ulbrichts kann sich P. in der Politik etablieren: 1960–63 Mitglied des Staatsrates; 1961 Mitglied der AdW; 1963 Leiter des Instituts für staats- und rechtswissenschaftliche Forschung an der Akademie für Staats- und Rechtswissenschaften.

Marxismus und Staatsrecht, 1947; Die Weimarer Verfassung, ihre Errungenschaften und Mängel, 1949; Zur Dialektik in der Staatslehre, 1963.

Reichhelm, N.: Die marxistisch-leninistische Staats- und Rechtslehre K. P.'s, 2003; Howe, M.: K. P. Parteijurist unter Ulbricht, 2002. mr

Polgar, Alfred (d.i. Alfred Polak, Pseud. Archibald Douglas) Schriftsteller, Theaterkritiker. 17.10.1873 Wien – 24.4.1955 Zürich. Ab 1925 lebt P. in Berlin, wo er Mitarbeiter der *Weltbühne* und des *Tagebuchs* ist. 1933 geht er nach Wien. 1938 emigriert er über die Schweiz und Frankreich in die USA. 1949 kehrt er in die Schweiz zurück. Neben S. ▶ Jacobson, A. ▶ Kerr und Herbert Ihering ist P. einer der herausragendsten Theaterkritiker seiner Zeit. P., der als Meister der ‚kleinen Prosa' gilt, schreibt geistvolle ironische Glossen, Skizzen, Essays, Novellen sowie (oft gemeinsam mit Egon Friedell) Sketsche und Parodien.

Ja und nein. Schriften des Kritikers, 4 Bde, 1926/

27; Kleine Schriften, 6 Bde, 1982–86; Das große Lesebuch. A. P., 2003.
Weinzierl, U.: A. P. Eine Biographie, 1985. js

Alfred Polgar

Pommer, Erich (Eric), Produzent. 20.7.1889 Hildesheim – 8.5.1966 Los Angeles. Nach kaufmännischer Lehre Tätigkeit für mehrere französische Filmgesellschaften. 1915 Mitbegründer der *Decla-Film-AG,* die 1921 in der *Ufa-AG* aufgeht. 1923 Vorstandsmitglied, später Produktionsleiter der *Ufa* in Berlin. P. ist einer der bedeutensten Produzenten des frühen dt. Films, u.a. produziert er *Asphalt* (1928/29), *Der blaue Engel* (1930) und *Die drei von der Tankstelle* (1930/31). 1933 Emigration über Frankreich in die USA. 1946 Filmoffizier der amerikanischen Militärregierung in Dtl, 1951 Gründung der *Intercontinental Film GmbH.* 1953 Dt. Filmpreis, 1956 Golden Globe. Seit 1957 wieder in den USA wohnhaft.
Jacobsen, W.: E. P. Ein Produzent macht Filmgeschichte, 1989. kq

Posener, Jacob Julius, Architekt. 4.11.1904 Berlin – 26.1.1996 Berlin. P. studiert 1923–29 in Berlin. Er reist nach Frankreich, arbeitet in verschiedenen Architekturbüros und schreibt für die Zeitschriften *Bauwelt* und *Baugilde.* 1930 kehrt P. nach Berlin zurück und ist im Büro von E. ▶ Mendelsohn tätig. 1933 emigriert P. nach Paris und arbeitet für die Zeitschrift *L'architecture d'aujourd'hui.* 1935 zieht er nach Jerusalem und berichtet für die Schweizer Zeitschrift *Werk* über die Bautätigkeiten in Palästina. Seit 1948 lebt P. in London und lehrt Architekturgeschichte an der *Brixton School of Building.* 1965 verlässt er Großbritannien und arbeitet am Aufbau der Architekturabteilung an der TH Kuala Lumpur mit. 1962 wird er Prof. für Baugeschichte an der HdK Berlin. 1979 veröffentlicht P. *Berlin auf dem Weg zu einer neuen Architektur. Das Zeitalter Wilhelms II.* (NA 1995). Er ist Hg. der *Gesammelten Schriften und Werke* (1970) seines Kollegen Hans Poelzig.
Fast so alt wie das Jahrhundert. Autobiogr., 1990; J. P. ein Leben in Briefen, 1999; Heimliche Erinnerung, 2004. nv

Posner, Ernst, Historiker, Archivar. 9.8.1892 Berlin – 18.4.1980 Wiesbaden. Seit 1921 Archivar im Preußischen Geheimen Staatsarchiv. 1930–35 parallel dazu Dozent am Institut für Geschichts- und Archivwissenschaften. 1922–36 Hg. der *Acta Borussica.* 1935 Zwangspensionierung. Im Nov. 1938 wird P. sechs Wochen im KZ Sachsenhausen interniert. 1939 Emigration über Schweden in die USA. 1940–45 Adjunct Prof, 1945–61 Prof. an der American Univ. in Washington. 1955/56 Präsident der *Society of American Archivists.* 1972 Rückkehr nach Europa, wo er in der Schweiz und Dtl ansässig ist. js

Possart, Felix Christoph Adolf, Maler. 7.3.1837 Berlin – 24.2.1928 Berlin. Obwohl P. sich bereits ab 1853 als Maler ausbilden lässt, schlägt er auf Wunsch der Eltern 1856 die Beamtenlaufbahn, zunächst in der Militärverwaltung, ein. 1861–67 studiert er Rechtswissenschaft. 1871 wird er Kreisrichter in Küstrin, später ist er Stadtgerichtsrat in Berlin. Seine Freizeit widmet P. der Malerei. Der Leiter des Meisterateliers der Berliner Hochschule der Bildenden Künste, Prof. Hans Gude, rät ihm, nachdem er seine Bilder gesehen hat, sich ganz der Kunst zu widmen. Daraufhin lässt sich P. 1880 pensionieren und unternimmt Studienreisen u.a nach Spanien. 1884 stellt er mit Erfolg in der Kgl. AdK aus. ht

Potter, Paulus ▶ Pinthus, Kurt.

Prenn, Daniel, Sportler, Unternehmer. 7.9.1904 Wilna – 3.9.1991 London. Studium der Ingenieurwissenschaft in Berlin. Seit 1923 erfolgreicher

Tennisspieler und Mitglied des Berliner Eliteclubs *Rot-Weiß*. P. steht 1927–32 an der Spitze der dt. Rangliste, 1932 ist er Fünfter der Weltrangliste Er spielt mit Gottfried von Cramm im dt. Davis Cup Team und gewinnt dort 1929 und 1932. P. emigriert 1933 nach Großbritannien und wird 1940 britischer Staatsbürger. Sein 1935 in London gegründetes Unternehmen, entwickelt sich nach dem II. WK zu einem Elektronikkonzern. Nach einer Übernahme durch *Racal Electronics* 1969, gründet P. 1970 die Firma *Celestion Industries*, deren Vorsitz er bis zu seinem Tod inne hat. evk

Hugo Preuß

Preuß, Hugo, Jurist, Politiker. 28.10.1860 Berlin – 9.9.(10.)1925 Berlin. Nach dem Studium der Rechts- und Staatswissenschaften habilitiert sich P. 1889 in Berlin. Aufgrund seiner Herkunft wird er erst 1906 o. Prof. an der neuen Handelshochschule in Berlin. Im gleichen Jahr erscheint der erste Bd. seines Hauptwerks *Die Entwicklung des deutschen Städtewesens* (NA 1965). P. ist seit 1895 Stadtverordneter sowie 1910–18 unbesoldeter Stadtrat von Charlottenburg. Im Nov. 1918 beruft ihn Friedrich Ebert zum Staatssekretär in das Innenministerium und beauftragt ihn mit der Ausarbeitung einer Reichsverfassung. Mit einigen wesentlichen Änderungen wird sein Entwurf am 31.7.1919 durch die Nationalversammlung angenommen. Auch die Reform des Wahlrechts wird maßgebend vom ihm bestimmt. P. ist im Kabinett von Philipp Scheidemann Reichsinnenminister. Aus Protest gegen den Versailler Friedensvertrag tritt er 1919 zurück. Als Mitbegründer der DDP gehört er seit 1919 dem Preußischen Landtag an.

▯ Gemeinde, Staat, Reich als Gebietskörperschaft, 1889 [1964]; Ein Zukunftsstaatsrecht, 1903; Das deutsche Volk und die Politik, 1915.

▯ Dreyer, M.: H. P., 2002; Faatz, A.: H. P., 1999; Gillessen, G.: H. P., 1955 [2000]. pj

Preuss, Walter, Wirtschafts-, Sozialwissenschaftler. 20.1.1895 Berlin – 1.5.1984 Tel Aviv. 1914 Mitglied des Kartells der jüd.-zionistischen Studentenverbindung. Mitbegründer des *Hapoel Hazair* und des *Hechaluz* in Dtl. 1920 Generalsekretär des *jüd. Arbeitsamtes* in Berlin. 1922 Auswanderung nach Palästina, wo P. wissenschaftlich und organisatorisch tätig ist.

▯ Das Genossenschaftswesen in der Welt und in Israel, 1958; Die Arbeiterbewegung in Israel, 1969; Geschichte und Gegenwart, 1969. bir

Pringsheim, Klaus, Dirigent, Komponist, Musikkritiker. 24.7.1883 Feldafing/Bayern – 7.12.1972 Tokio. Der Zwillingsbruder von Katja Mann studiert Klavier, Komposition und Orchesterleitung in München und ist 1905 Schüler bei Gustav Mahler in Wien. Bereits seit 1917 schreibt P. Musikkritiken für die Zeitschriften *Vorwärts* und *Weltbühne* In Berlin arbeitet P. 1919–25 als musikalischer Oberleiter der M. ▶ Reinhardt-Bühnen sowie 1923/24 als Konzertdirigent, u.a. des ersten Mahler-Zyklusses. 1931 wandert P. nach Tokio aus, wo er an der Kaiserlichen Musikakademie Ueno bis 1937 eine Professur für Komposition inne hat. Seine Karriere führt ihn 1937–39 nach Bangkok und 1946–51 nach Hollywood. 1951 kehrt P. nach Japan zurück und ist bis 1971 Musikdirektor an der Musashino Musikakademie in Tokio. Er komponiert u.a. die Opern *Lojko Sobar* (1935) und *Yemada Nagesama* (1953) sowie zahlreiche Orchesterlieder. P. überträgt als erster japanische und südostasiatische Musik in das westliche Notensystem.

▯ Vom modernen Wagner-Problem, 1914.

▯ Pringsheim, K. jr.: Wer zum Teufel sind sie. Ein Leben mit der Familie Mann, 1995. jl

Pringsheim, Nathanael, Botaniker. 30.11.1823 Wziesko/Oberschlesien – 6.10.1894 Berlin. Sohn eines Industriellen. Studium der Philosophie, Botanik und Medizin in Breslau, Leipzig und Berlin. 1848

Promotion (Botanik). 1851 Habilitation. Privatgelehrter in Berlin. Mitglied der Leopoldina und der PAdW. 1864–68 o. Prof. der Botanik in Jena, dann wieder Privatgelehrter in Berlin. Gründer und Hg. der *Jahrbücher für wissenschaftliche Botanik*. 1882 Gründer der *Deutschen Botanischen Gesellschaft*; P. ist lebenslang deren Präsident. Gründung der Meeresstation Helgoland. Sein Vermögen erlaubt ihm unabhängige eigene sowie die Förderung fremder Forschung. Seine Arbeiten über Algen und deren geschlechtliche Fortpflanzung gehören zu den wichtigsten auf diesem Gebiet. Später forscht er über Chlorophyll.
📖 Zur Kritik und Geschichte der Untersuchungen des Algengeschlechts, 1856; Untersuchungen über Lichtwirkung und Chlorophyllfunktion an den Pflanzen, 1881. fwk

Pringsheim, Rudolf, Unternehmer. 3.4.1821 Ohlau/Schlesien – 1901 Berlin. P. erkennt frühzeitig die Bedeutung des Binnenverkehrs im oberschlesischen Industrierevier und betreibt den Transport mit Schmalspurbahnen. 1901 hat sein Gesamtstreckennetz eine Länge von 136 km. Im Volksmund wird er daraufhin der „schmalspurige" Rudolf genannt. 1884 siedelt P. nach Berlin über, wo er unter der Mitwirkung von bekannten Berliner Künstlern in der Wilhelmstr. 67 ein Stadtpalais errichtet. 1887 tritt er aus dem Judentum aus. hg

Prinz, Joachim, Rabbiner. 10.5.1902 Burkhardsdorf/Oberschlesien – 30.9.1988 Livingstone/USA. P. studiert am JTS Breslau, ist Mitglied von *Blau-Weiß* und zionistischer Jugendführer. Er wird 1926/27 liberaler Rabbiner der JGB. Seine zionistische Position bringt ihn in Konflikt mit den assimilierten Juden, besonders mit H. J. ▶ Schoeps. Mehrfach wird P. aufgrund seiner Predigten gegen das Nazi-Regime verhaftet. 1937 emigriert er in die USA, wo er als Rabbiner am Temple *B'nai Abraham* in Newmark und 1958–66 als Präsident des *American Jewish Congress* wirkt.
📖 Jüdische Geschichte, 1931; Wir Juden, 1933; Das Leben im Ghetto, 1937. dr

Proskauer, Erna, geb. Aronson, Juristin. 5.8.1903 Bromberg – 18.1.2001 Berlin. Die Familie zieht 1920 nach Berlin. Zwei Jahre später beginnt P. Jura zu studieren und wird als eine der ersten Frauen zur Gerichtsassessorin ernannt. Als Anwärterin im Justizdienst ist sie seit 1930 überwiegend im Amtsgericht Schöneberg eingesetzt. 1933 wird P. entlassen. Gemeinsam mit ihrem Mann, einem Juristen, geht sie nach Frankreich. Im Nov. 1934 emigrieren sie nach Palästina. 1953 kehren sie nach Berlin/W. zurück, wo sich P. zunächst mit Entschädigungsfragen beschäftigt. Ihre in 3. Instanz abgewiesene Klage um eine Richterpension findet sich als Präzedenzfall in der Literatur. P. lässt sich als RA und Notarin nieder. 1995, wird ihr das Bundesverdienstkreuz verliehen. Sie wird auf dem Friedhof am Scholzplatz beerdigt. Ein Teilnachlass befindet sich im Deutschen Exilarchiv Frankfurt/M.
📖 Wege und Umwege. Erinnerungen einer Rechtsanwältin, 1996. cm

Punitzer, Martin, Architekt. 7.7.1889 Berlin – 1949 Santiago de Chile. P. studiert an der Bauwerkschule Stettin und 1909–12 an der TH Charlottenburg Architektur. Bis 1914 arbeitet er in einem Architekturbüro, danach dient er als Soldat bis 1918 im I. WK. Ab den 1920er Jahren ist P. in Berlin als freier Architekt tätig. Er entwirft und baut v.a. Wohn- und Industriebauten. 1933 tritt er aus dem Judentum aus. 1935 erhält P. Berufsverbot. Er wird in ein KZ deportiert. P. konvertiert zum röm.-kath. Glauben und kann nach Chile emigrieren, dort allerdings nicht mehr als Architekt arbeiten. nv

R

Rabinowitsch-Kempner, Lydia, Naturwissenschaftlerin. 22.8.1871 Kowno/Litauen – 5.8.1935 Berlin. Seit 1888 Studium der Naturwissenschaften in Zürich und Bern; 1894 Promotion. Im Anschluss erhält R.-K. eine Assistentenstelle bei Robert Koch am Institut für Infektionskrankheiten in Berlin. 1898 Heirat mit Walter Kempner, einem Kollegen Kochs. Das Ehepaar bekommt drei Kinder, der Sohn Robert K. wird Jurist und ist 1945 Chefankläger bei den *Nürnberger Prozessen*. 1903–20 ist R.-K. Mitarbeiterin des Pathologischen Instituts der Charité und entwickelt für C. Bolle, den Hauptlieferanten für Milchprodukte in Berlin ein Pasteurisierungsverfahren. Als erste Frau Preußens erhält R.-K. 1912 den o. Professorentitel. Seit 1913 Redaktionsleiterin der *Zeitschrift für Tuberkulose* und der *Tuberkulose-Bibliothek*. 1920–30 Leiterin des Bakteriologischen Instituts am Krankenhaus Moabit. Bis zu ihrer Zwangspensionierung 1934 wird R.-K. vor allem durch ihre Forschungen zur Tuberkulose bekannt.

Graffmann-Weschke, K.: L. R.-K., 1999; Schimpke, T.: L. R.-K., 1997. mh

Rachmilewitz, Nachman, Politiker, Kaufmann. 25.5.1876 Volkovysk/Weißrussland – 23.1.1942 Tel Aviv. R. studiert Chemie und Philosophie in Heidelberg und Königsberg. 1905–20 ist R. Papierholzgroßhändler und Stadtverordneter in Wilna. Ab 1920 u.a. stellv. Minister für Finanzwesen, Gewerbe und Handel in der litauischen Regierung; Gründer der litauischen Zentralbank und Präsident des Jüd. Nationalrates in Litauen. Ab 1925 ist R. in Berlin als Kaufmann tätig. Er bekleidet verschiedene Ehrenämter, u.a. ist er Vizepräsident des Weltverbands für Sabbathschutz *Schmorei Schabbos*, Vorstandsmitglied von *Adass Jisroel*, Vorsitzender des *Litauischen Verbandes Berlin* und Mitarbeiter bei jüd.-orthodoxen Organisationen. Finanzier einer Talmud-Konkordanz. 1934 wird R. von seinen dt. Partnern der Steuerhinterziehung beschuldigt, woraufhin er nach Litauen emigriert. 1935 Übersiedelung nach Palästina, bis 1940 litauischer Generalkonsul in Tel Aviv sowie Gründer eines litauisch-palästinensischen Import-Export-Geschäfts. ht

Radek, Karl (d.i. Karl Sobelsohn), Journalist, Politiker. 31.10.1885 Lemberg – 1939 Sowjetunion. Jurastudium. 1904 Bekanntschaft mit Lenin. 1907 in Dtl als Journalist für die SPD tätig, 1912 Ausschluss aus der Partei wegen ‚Linksradikalismus'. 1917 Mitarbeiter des ZK der Bolschewiki in Russland, 1918 als Mitarbeiter einer Petersburger Nachrichtenagentur in Berlin; beteiligt am Gründungsparteitag der KPD in Berlin. 1919 Verhaftung und Ausweisung aus Dtl, 1920 Mitglied des EKKI in Russland. 1924 Verlust der Ämter, 1927 als Trotzkist Ausschluss aus der KPdSU und Verbannung, 1929 Rehabilitierung. 1936 Verhaftung, 1937 Verurteilung zu 10 Jahren Haft. St. ▶ Heym verarbeitet R.s Biografie in dem Roman *Radek* (1995).

Die Entwicklung des Sozialismus von der Wissenschaft zur Tat, 1919; Lenin, sein Leben, sein Werk, 1924.

Fayet, J.-F.: K. R., 2004. kp

Karl Radek

Rading, Adolf, Architekt. 2.3.1888 Berlin – 4.4.1957 London. Nach dem Studium in München und Berlin arbeitet R. im Atelier von Peter Behrens. 1923 wird er Ordinarius und Direktor der Architekturabteilung der Akademie in Breslau. 1926 Mitglied der Architekten-Vereinigung *Der Ring* in

Berlin, Beteiligung am Häuserbau in den Berliner Stadtteilen Pichelsdorf (1928) und Zehlendorf (1929). Vorsitzender des BDA. 1933 Entlassung, Emigration nach Frankreich, 1936 nach Palästina. Lebt ab 1950 in London.
Pegels, O.: A. R., 1992; Szymanski, B.: Der Architekt A. R., 1992; A. R., 1970. nv

Radványi, Netty ▶ Seghers, Anna.

Rapoport, Samuel Mitja, Biochemiker. 27.11.1912 Woloczysk/Russland – 7.7.2004 Berlin. Seine Jugend- und Studienzeit verbringt R. in Wien. Tritt 1932 der Sozialdemokratischen Arbeiterpartei, 1934 der KPÖ bei. Emigriert 1937 in die USA, Stipendiat an der *Research Foundation* in Cincinnati, dort 1942 ass. Prof. für Biochemie und Pädiatrie. Entwickelt ein Blut-Konservierungsverfahren, das tausenden Verwundeter im II. WK das Leben rettet. R. wird 1950 vor den McCarthy-Ausschuss geladen; kehrt daraufhin nach Wien zurück. 1952 folgt er einem Ruf an die HU Berlin, dort ist R. bis 1978 Prof. für Biochemie und Direktor des Instituts für Physiologische und Biologische Chemie. Führt danach zahlreiche Ehrenämter fort. R. hat die biochemische Forschung in der DDR maßgeblich beeinflusst und grundlegende Arbeiten u.a. über Stoffwechselvorgänge vorgelegt.
Lehrbuch Med. Biochemie, 1962. evk

Raschkess, Deba ▶ Wieland, Deba.

Rathaus, Karol, Komponist. 16.12.1895 Tarnopol – 21.11.1954 New York. Seit 1913 Schüler F. ▶ Schrekers in Wien, folgt seinem Lehrer 1920 nach Berlin. Dort wird R. besonders als Komponist von Bühnenwerken berühmt. Ab 1938 in den USA. Seiner Feder entstammen u.a. vier Sinfonien, fünf Streichquartette, eine Oper, Ouvertüren, Suiten und seit 1931 die Musik zu 17 Tonfilmen.
Schüssler, M.: K. R., 2000; Ottner, C.: Was damals als unglaubliche Kühnheit erschien, 2000. jw

Rathenau, Emil, Industrieller. 11.12.1838 Berlin – 20.6.1915 Berlin. Nach dem Studium der Polytechnik arbeitet R. als leitender Ingenieur bei Alfred Borsig. Zwei Jahre Aufenthalte in England. Er kehrt 1865 nach Berlin zurück, wo er gemeinsam mit einem Schulfreund eine kleine Maschinenfabrik erwirbt, in der transportable Dampfmaschinen produziert werden. Als 1873 die Firma in Zahlungsschwierigkeiten gerät, scheidet R. aus dem Unternehmen aus. Auf der Internationalen Elektrizitäts-Ausstellung in Paris erkennt R. 1881 die Zukunftschancen von Edisons Erfindung der Glühlampe und der Elektrizität als Energielieferant. 1882 erwirbt er die Rechte zur wirtschaftlichen Nutzung von Edisons Erfindungen und gründet eine Studiengesellschaft, aus der 1887 die *Allgemeine Elektrizitäts-Gesellschaft* (AEG) hervorgeht. Im selben Jahr folgt die Gründung der *Städtischen Elektrizitätswerke* in Berlin. R. fördert u.a. die Entwicklung und Verbreitung der drahtlosen Telegrafie, des elektrischen Schnellverkehrs, der Dampfturbine, des Motorwagens und der Luftmotoren. 1908 Ernennung zum Ehrendoktor der TH Charlottenburg.
Mader, U.: E. und Walther R. in der elektrochemischen Industrie (1888–1907), 2001. as

Emil Rathenau

Rathenau, Fritz, Jurist. 9.7.1875 Berlin – 15.12.1949 Bilthoven/Niederlande. Der Cousin von Walther ▶ R. studiert Rechtswissenschaften in Berlin und München. Ab 1906 Richter, ab 1909 Regierungsrat in Berlin. R. wird 1920 Ministerialrat im preußischen Innenministerium, Generalreferent für die *Osthilfe* und publiziert v.a. zur preußischen Minderheitenpolitik. 1935 Zwangspensionierung, 1939 Emigration in die Niederlande. 1943 wird R. über das KZ Westerbork in das Ghetto Theresienstadt deportiert. 1945 kehrt er in die Niederlande zurück.

Rink, T.: Doppelte Loyalität. F. R. 2002. evk

Rathenau, Jenny ▶ Apolant, Jenny.

Rathenau, Josephine ▶ Levy, Josephine.

Rathenau, Walther, Industrieller, Politiker, Schriftsteller. 29.9.1867 Berlin – 24.6.1922 Berlin. R., der Sohn von Emil ▶ R., studiert 1886–89 Physik, Chemie und Philosophie. Nach einem weiteren Studium des Maschinenbaus wird er 1892 technischer Berater der Aluminium-Industrie AG in der Schweiz, 1893–98 ist R. am Aufbau von AEG-Werken in Bitterfeld und Rheinfelden beteiligt. 1899 tritt er in den Vorstand der AEG ein und wird 1904 Aufsichtsratsmitglied, nach einer schweren Erkrankung seines Vaters 1912 zudem Aufsichtsratsvorsitzender. Berlin beschreibt er 1902 als *Die schönste Stadt der Welt* (NA 2002). Nach Reisen durch Afrika veröffentlicht R. in *Reflexionen* seine Vorstellungen einer künftigen dt. Kolonialpolitik (1908). Neben seiner beruflichen Tätigkeit versteht sich R. auch als Schriftsteller und Kulturkritiker. Ihn verbindet eine lange Freundschaft mit G. Hauptmann und M. ▶ Harden, in dessen Zeitschrift *Zukunft* seine ersten Aufsätze erscheinen, so 1897 *Höre, Israel!*, eine Polemik gegen das Judentum. Im S. ▶ Fischer Verlag erscheint *Zur Kritik der Zeit* (1912) und *Zur Mechanik des Geistes* (1913). Vor und während des I. WK berät R. die Regierung, u.a. das Reichsschatzamt zum Reichselektrizitätsmonopol und das Kriegsministerium als Leiter der Kriegsrohstoffabteilung. Nach dem Tod seines Vaters wird F. ▶ Deutsch Vorstandsvorsitzender der AEG, R. wird deren Präsident und setzt sich nach dem Krieg für die Ausarbeitung von tarifrechtlichen Vereinbarungen ein. Er veröffentlicht Schriften zum Umbau von Wirtschaft und Gesellschaft und nimmt als Sachverständiger an der 2. Sozialisierungskommission teil. 1917 erscheinen seine *Streitschrift vom Glauben*, in der er die Taufe ablehnt und sein wirkungsvollstes Buch *Von kommenden Dingen*. R. tritt der DDP bei. 1921 wird er Wiederaufbauminister und Vertreter bei den Verhandlungen zum *Wiesbadener Abkommen*. 1922 ist er dt. Vertreter bei der Konferenz von Cannes zur Herabsetzung der dt. Reparationszahlungen. Im Feb. wird er Außenminister und ist maßgeblich am Abschluss des *Rapallo-Vertrags* mit der UdSSR beteiligt. Am 24.6. wird er von zwei Offizieren der ‚Organisation Consul' erschossen. Sein Tod führt zum Erlass des ‚Republikschutzgesetzes'.

GS, 6 Bde, 1929; Politische Briefe, 1929; Tagebuch 1907–22, 1967.

Schölzel, C.: W. R., 2003; Leitbild oder Erinnerungsort, 2003; Laux, F.: Die Lehre vom Unternehmen an sich, 1998. pj

Rau, Arthur Aharon, Rechtsanwalt. 27.2.1895 Berlin – 19.1.1962 Tel Aviv. Bruder von Heinz ▶ R. Kriegsteilnehmer im I. WK, Studium der Rechtswissenschaften in Berlin und Heidelberg sowie Rabbinerstudium an der HWdJ. 1925–33 Landesgerichtsrat in Berlin, 1935–38 Direktor des Palästina-Amtes der *Jewish Agency*, 1939 Emigration nach Palästina, RA in Tel Aviv. 1941–61 Rechtsberater und Leiter der Rechtsabteilung der *Anglo-Palestine Bank*. kp

Rau, Heinz, Architekt. 10.11.1896 Berlin – 13.2.1965 Bad Teinach. Soldat im I. WK. Studium an den Vereinigten Staatsschulen für freie und angewandte Kunst, u.a. bei B. ▶ Paul, bei dem er auch erste Berufserfahrungen sammelt. 1931–33 führt er gemeinsam mit Heinrich Schaefer ein Atelier für Innenarchitektur in der Prinz-Albrecht-Straße. 1933 wandert R. nach Palästina aus und arbeitet im Büro von Richard Kauffmann in Jerusalem. 1935 macht er sich als Stadtplaner selbständig. av

Rehberg, Georg ▶ Rubiner, Frida.

Rehfisch, Hans José (Pseud. Georg Turner, Phillips Sidney, René Kestner), Dramatiker. 10.4.1891 Berlin – 9.6.1960 Schuls/Schweiz. Studiert 1909–16 Jura und Volkswirtschaft in Berlin, Heidelberg und Grenoble. Im I. WK Soldat. 1920–23 Richter und RA in Berlin. Ab 1923 leitet R. mit Erwin Piscator das *Zentraltheater*. In den 1920er Jahren gehören seine zeitkritischen Stücke in Dtl zu den meistgespielten. Sein Schauspiel *Wer weint um Juckenack?* (1925) gilt als Auftakt der Neuen Sachlichkeit auf der Bühne. In *Die Affäre Dreyfus* (1929), das er mit W. ▶ Herzog schreibt, wendet er sich gegen Militarismus und Antisemitismus. 1933 wird R. verhaftet, 1936 kann er nach Wien emigrieren. 1938 flieht R. nach London, wo er antifaschistische Sendungen für die BBC macht. Ab Ende 1946 lebt er in New York und arbeitet an Piscators *Dramatic Workshop* und an der *New School of Social Research*. 1950 kehrt er nach Dtl zurück und setzt sich als Dramaturg für ein neues dt. Theater ein.

AW, 1967.

Quatember, E. M.: H. J. R. Einführung in sein dramatisches Werk, 1983. ht

Reich, Felix, Pädagoge. 18.8.1885 Fürstenwalde/ Brandenburg – 1964 Manchester. Nach der Rückkehr aus dem I. WK übernimmt R. als Nachfolger seines Vaters, Markus ▶ R. 1919–39 das Amt des Direktors der *Israelitischen Taubstummenanstalt Weißensee.* R. engagiert sich für eine verbesserte Bildung Gehörloser und richtet 1926 eine erste Klasse zur Förderung besonders begabter Gehörloser ein. 1939 bringt er die zehn jüngsten Zöglinge in eine Londoner Taubstummenanstalt; der Beginn des II. WK verhindert seine Rückkehr nach Dtl. kp/ko

Reich, Markus, Pädagoge. 15.4.1844 Kolin/ Böhmen – 23.5.1911 Berlin. R. ist seit dem 13. Lebensjahr als Erzieher tätig, 1865–68 besucht er die jüd. Lehrerbildungsanstalt in Berlin. 1871 legt er die Taubstummenlehrerprüfung ab und wird Lehrer an einer staatlischen Taubstummenanstalt. 1873 eröffnet er die *Israelitischen Taubstummenanstalt* in Fürstenwalde. 1890 zieht er nach Berlin und gründet die Taubstummenanstalt *Jedide Ilmin* in Weißensee. ko

Reiche, Laura ▶ Frei, Leonore.

Reichel, Emma ▶ Rüst, Edela.

Reichenbach, Hans Friedrich Herbert Günther, Philosoph. 26.9.1891 Hamburg – 9.4.1953 Los Angeles. R. ist protestantisch getauft. Er studiert in Göttingen, München und Erlangen. Soldat im I. WK. 1920–26 PD an der TH Stuttgart, 1926–33 a.o. Prof. für Philosophie an der Univ. Berlin. 1933 Emigration in die Türkei, dort bis 1938 Prof., seit 1938 in den USA und Prof. an der Univ. of California. Vertreter des Logischen Positivismus der sich dem Wiener Kreis um Moritz Schlick und Otto Neurath anschließt.

Philosophie der Raum-Zeit-Lehre, 1928; Atom und Kosmos, 1930; GW, 1977ff.

H. R. Philosophie im Umkreis der Physik, 1998; H. R. und die Berliner Gruppe, 1994; Zittlau, D.: Die Philosophie von H. R., 1981. evk

Reichenbach, Hermann Rudolf, Musikwissenschaftler, Musiklehrer. 6.7.1898 Hamburg – 20.4.1958 Andersen/USA. Protestantisch getauft. Bruder von Hans ▶ R. 1925–33 Direktor der Volksmusikhochschule Berlin, seit 1927 Dozent an der *Staatlichen Akademie für Kirchen- und Schulmusik Berlin* sowie zahlreiche ehrenamtliche Tätigkeiten, u.a. Mitglied des *Sozialistischen Kulturbunds.* Mithg. der Monatsschrift *Pro Musica.* 1933 Emigration über die Schweiz und die UdSSR in die USA (1938). evk

Reichenheim, Leonor, Unternehmer, Politiker. 3.5.1814 Bernburg – 26.1.1868 Berlin. Sohn des Unternehmers Nathanael R., Kaufmannslehre in dessen Betrieb. Er wird einer der führenden Unternehmer der schlesischen Textilindustrie. 1856 ist er Mitbegründer des Berliner Bank-Vereins. Ab 1858 Mitglied im Preußischen Abgeordnetenhaus, ab 1864 Stadtrat in Berlin. Ab 1867 bis zu seinem Tod für die Nationalliberale Partei Mitglied des Reichstags. pj

Reichenheim, Moritz, Unternehmer, Mäzen. 14.9.1815 Bernburg/Anhalt – 16.4.1872 Berlin. Sohn eines Magdeburger Manufakturwarenhändlers. Betreibt mit seinem Bruder Leonor ▶ R. Maschinenwollwebereien in Schlesien und Berlin. Gründet mit seiner Frau Sara, geb. Prins, eine Stiftung, mit der das jüd. Waisenhaus am Weinbergsweg ins Leben gerufen wird, das aufgrund der Ausstattung und pädagogischen Leitung (M. ▶ Jutrosinski) als vorbildlich gilt. Nach seinem Tod wird das nun so genannte *Reichenheimsche Waisenhaus* von der JGB weiter gefördert. Die Einrichtung dient als Vorlage für den Film *Das Waisenhaus* (1917), in dem Asta Nielsen die Hauptrolle spielt. evk

Reicher, Emanuel, Schauspieler. 18.4.1849 Bochnia/ Galizien – 15.5.1924 Berlin. Nach ersten Engagements in Krakau, Wien und München spielt R. am Stadttheater in Hamburg und am Hoftheater in Oldenburg. Seit 1887 steht er in Berlin auf der Bühne, u.a. im Residenztheater und am Kgl. Hoftheater. Seit 1895 Mitglied des Ensembles des DT, 1904–13 am Lessing-Theater. 1889 ist R. Mitbegründer der Freien Bühne und der Hochschule für Dramaturgische Kunst (1899). Während des I. WK übersiedelt er in die USA; 1922 Rückkehr nach Europa. kp

Reichmann, Eva, geb. Jungmann, Funktionärin, Publizistin. 16.1.1897 Lublinitz/Oberschlesien – 16.9.1998 London. 1924–38 Dezernentin in der Leitung des CV in Berlin, gleichzeitig ständige Mitarbeiterin der CV-Zeitung, ab 1933 auch Redakteurin der mit dem CV verbundenen Monatsschrift *Der Morgen.* 1939 Emigration nach Großbritannien, dort ist R. 1949–59 Leiterin der Forschungsabteilung der *Wiener Library/Jewish Central Information Office*, seitdem freie Schriftstellerin, insbesondere in Verbindung mit dem LBI. R. setzt sich für den Dialog zwischen Juden und Deutschen ein und wird mit der Buber-Rosenzweig-Medaille (1969), dem Moses-Mendelssohn-Preis (1982) und dem Großen Bundesverdienstkreuz ausgezeichnet.

📖 Flucht in den Haß. Die Ursachen der deutschen Judenkatastrophe, 1956; Größe und Verhängnis deutsch-jüdischer Existenz, 1974. js

Reichmann, Hans, Jurist. 6.(9.)3.1900 Hohensalza/Posen – 24.5.1964 Wiesbaden. RA und CV-Syndikus in Oberschlesien, ab 1927 in Berlin mit Kanzlei in der Mommsenstraße. Syndikus und späterer Direktor des CV. 1929 Heirat mit E. Jungmann (E. ▶ Reichmann). Ab 1933 ist R. als Mitbegründer in der RVdJ tätig. Im Nov. 1938 wird er verhaftet und bis Dez. im KZ Sachsenhausen interniert. 1939 Emigration nach Großbritannien. Ab 1946 leitende Funktionen und Tätigkeiten in London u.a. beim HIAS, dem URO, dem *Council of Jews from Germany* (W. ▶ Breslauer) und dem LBI. R. verstirbt auf einer Dienstreise nach Dtl.
📖 Deutscher Bürger und verfolgter Jude, 1998.
📄 Zum Gedenken, 1965. cm

Reiling, Netty ▶ Seghers, Anna.

Reiner, Anna ▶ Gmeyner, Anna.

Max Reinhardt

Reinhardt, Max (d.i. Max Goldmann), Regisseur, Theaterleiter. 9.9.1873 Baden b. Wien – 31.10.1943 New York. Nach kleineren Engagements in Wien und in der Provinz holt O. ▶ Brahm 1894 R. an das DT. Mit einigen Kollegen gründet er das Kabarett *Schall und Rauch* (1901). 1903 übernimmt er die Leitung des *Kleinen Theaters* und des *Neuen Theaters*. Nach dem sensationellen Erfolg mit der Inszenierung von Shakespeares *Ein Sommernachtstraum* (1905) erwirbt er das DT (1905) und errichtet eine Schauspielschule. 1906 eröffnet er im anliegenden Gebäude die Kammerspiele des DT. Das Ensemble des DT gastiert erfolgreich in Europa und Amerika. 1915–18 leitet R. die *Volksbühne* Berlin. Von dem Architekten H. Poelzig lässt er den ehemaligen *Zirkus Schumann* zum *Großen Schauspielhaus* umbauen, das 1919 eröffnet wird. 1920–24 gastiert R. im Ausland. 1928 eröffnet R. das *Berliner Theater*. 1932 gibt er die künstlerische Leitung seiner Berliner Bühnen ab; 1933 inszeniert er mit Hofmansthals *Welttheater* am DT sein letztes Stück in Berlin. Den von der NS-Regierung angebotenen Status als ‚Ehrenarier' lehnt er ab. R. wird daraufhin enteignet und emigriert über Österreich 1937 in die USA.
📖 Ausgewählte Briefe, Reden, Schriften und Szenen aus Regiebüchern, 1963; Der Briefwechsel Arthur Schnitzlers mit M. R. und dessen Mitarbeitern, 1971.
📄 Funke C.: M. R., 1996; Fiedler, M. L.: M. R., 1994. jl

Reiss, Erich Caesar, Verleger. 1887 Berlin – 8.5.1951 New York. R., Ehemann von L. ▶ Jacobi, führt seit 1908 einen Verlag in Berlin, in dem Literaten wie Peter Altenberg, Bruno Frank und F. ▶ Kafka publizieren. Außerdem erscheinen im E. R.-Verlag S. ▶ Jacobsohns *Schaubühne* und M. ▶ Hardens *Zukunft*. Seit 1933 kann R. nur noch jüd. Autoren verlegen. 1937 wird er ein KZ interniert, dass er auf Intervention u.a. Selma Lagerlöfs wenig später verlassen kann. 1940 emigriert R. über Schweden in die USA. evk

Remak, Robert, Anatom, Embryologe. 30.7.1815 Posen – 29.8.1865 Bad Kissingen. Studium in Berlin. Promotion 1838. Assistent bei J. Müller in der Physiologie. 1847 Habilitation nach Fürsprache A. v. Humboldts auf kgl. Order als erster jüd. Mediziner in Preußen; 1859 a.o. Prof. Später Forschung in eigener Praxis. Bahnbrechende Erkenntnisse in der Neurohistologie (z.B. über das Axon) und in der Embryologie (Keimblätter). Praktisch-klinische Arbeiten zur Elektrotherapie mit galvanischem Strom.
📄 Schmiedebach, H. P.: R. R. Ein jüd. Arzt im Spannungsfeld von Wissenschaft und Politik, 1995. fwk

Remy, Anna Maria ▶ Lazarus, Nahida Ruth.

Reuß, Marianne von ▶ Eybenberg, Marianne von.

Rewald, Ruth Gustava, Kinderbuchautorin. 5.6.1906 Berlin – vermutlich 1942 KZ Auschwitz. R. beginnt ein Jurastudium in Berlin und Heidelberg, das sie jedoch nicht abschließt. 1929 heiratet sie den RA H. ▶ Schaul. Ihr erstes Kinderbuch ist *Rudi und das Radio* (1931). Ihr Jugendbuch *Müllerstraße. Jungens von heute* (1932) wird ein großer Erfolg. 1933 emigriert sie zusammen mit ihrem Mann nach Frankreich. Das Leben von Kindern im Exil thematisiert sie 1934 in *Janko, der Junge aus Mexiko* (NA 2002). 1937 wird die Tochter Anja geboren. Im Juli 1942 wird R. deportiert, 1944 auch die Tochter.
📖 Vier spanische Jungen, 1987.
🗎 Krüger, D.: Die dt.-jüd. Kinder- und Jugendbuchautorin R. R., 1989. ht

Rheinhold, Hugo, Bildhauer. 26.3.1854 Oberlahnstein – 2.10.1900 Berlin. R. ist zunächst als Kaufmann in Köln, New York und Hamburg tätig. Er studiert ab 1886 in Berlin Philosophie und ist Mitglied im Ausschuss des Dt.-Israelitischen Gemeindebundes, wo er sich mit Erziehungsfragen beschäftigt. Widmet sich der Bildhauerei, 1888 Schüler der PAdK. Sein Hauptwerk *Am Weg* befindet sich im Bestand der Nationalgalerie Berlin. Ein von R. gestaltetes Denkmal für Alfred Nobel (1896) ist in Hamburg aufgestellt. kp

Richter, Annemarie ▶ Wolff-Richter, Annemarie.

Richter, Cornelie, geb. Meyerbeer, Salonnière. 4.3.1842 Berlin – 19.7.1922 Berlin. Jüngste Tochter von G. ▶ Meyerbeer. Genießt eine humanistische Ausbildung, bei der, der Familientradition entsprechend, auf den musischen Bereich Wert gelegt wird. Sie konvertiert 1859 und heiratet 1866 den prominenten Malerfürsten Gustav R. Ihr Salon ist ein wichtiger Künstlertreffpunkt und ‚Vermarktungsinstrument' für den Ehemann. Auch über dessen Tod hinaus (1884) führt R. den Salon weiter, in dem auch Harry Graf Kessler und Nietzsches Schwester E. Förster-N. verkehren. evk

Riegner, Gerhardt M., Jurist, Verbandsfunktionär. 12.9.1911 Berlin – 3.12.2001 Genf. Studium der Rechtswissenschaft in Berlin und Heidelberg, 1933 Emigration nach Frankreich. 1934 Studium in der Schweiz. 1936–39 Rechtsbeistand des Jüd. Weltkongresses in Genf, 1939–48 Direktor des WJC, 1948–65 Mitglied des Exekutivausschusses und Vertreter des WJC bei der UN, 1959–65 Direktor der Koordination des WJC. Begründer des *International Jewish Committee for Interreligious Consultations.*
📖 Niemals Verzweifeln, 2001. kp

Ries, Henry (Heinz), Fotograf. 22.9.1917 Berlin – 24.5.2004 New York. R. emigriert 1938 in die USA, kehrt 1945 als US-Soldat nach Berlin zurück, wo er zunächst Übersetzungstätigkeiten leistet. Ab 1946 arbeitet er als Bildreporter, zunächst für den *OMGUS-Observer*, später für die *New York Times.* Sein Foto eines ‚Rosinenbombers' (1948) wird zum Symbol der Berliner Luftbrücke. Sein erstes Buch *German Faces* (1950) wird in den USA ein Bestseller, die deutsche Ausg. *Deutsche. Gedanken und Gesichter* erscheint 1988. Seit Mitte der 1950er Jahre lebt R. wieder in den USA und arbeitet erfolgreich als Werbefotograf. Sein fotografisches Werk wird häufig ausgestellt. In *Abschied von meiner Generation* (1992) dokumentiert R. Interviews mit Deutschen seines Alters. Seine Überlegungen zu Auschwitz als Gedenkstätte fasst er in *Auschwitz. Prüfstein des dt. Gewissens* (1997) zusammen. 1999 erhält R. in Berlin die Ehrendoktorwürde.
📖 Berlin. Photographien 1946–49; Ich war ein Berliner. Autobiogr., 2001. ht

Riesenburger, Lucie **Klara**, geb. Linke, Friseurin. 30.3.1901 Meißen – 10.9.1999 Berlin. 1925 standesamtliche Heirat mit Martin ▶ R. Nach ihrem Übertritt zum Judentum folgt 1930 in Berlin auch die Trauung nach religiösem Ritus. Nach 1933 erträgt sie zunächst Arbeitsdienst und ‚Judenstern' aus Solidarität mit ihrem Mann. 1942 macht sie die Konversion rückgängig, lässt den Zusatz ‚Sara' wieder aus ihren Papieren streichen und gilt somit wieder als ‚Arierin', wodurch sie ihren Mann vor der Deportation retten kann. mr

Riesenburger, Martin, Seelsorger/Rabbiner, Musiker. 14.5.1896 Berlin – 14.4.1965 Berlin/Ost. Einziges Kind von Heimann (Hermann) und Amalie R. Nach dem Besuch des Friedrichs Realgymnasiums Musikstudium und Ausbildung zum Pianisten. 1915–18 Militärdienst. Danach arbeitet er als Klavierlehrer, Kantor und Religionslehrer. Spätestens ab 1925 wohnt R. in Meißen, wo er wahrscheinlich unter dem Namen ‚Rolf Manders' als Schauspieler tätig ist. Dort heiratet er im Mai 1925 Lucie Klara Linke (Lucie Klara ▶ R.). Erst im Mai 1930 wird das Paar in Berlin religiös getraut. R. studiert an der HWdJ, um Rabbiner zu werden, schließt das

Studium aber vermutlich nicht ab. Seit Juni 1933 ist er als Prediger und Seelsorger in Altersheimen angestellt. Nach eigenen Angaben erhält R. 1939 die Lehrbefähigung als Rabbiner, was von seinen Gegnern immer wieder in Zweifel gezogen wird. Nach 1943 übernimmt R. die Aufgabe des Rabbiners der JGB und sorgt dafür, dass alle in Berlin verstorbenen Juden ein ordentliches Begräbnis bekommen. Die Zeit des NS überlebt er dank der Rückkonversion seiner Frau. 1953 wird R. Rabbiner der Ostberliner Gemeinde, ist aber bis zum Mauerbau auch im Westen der Stadt tätig. 1961 wird er Landesrabbiner der DDR. Seine Haltung zur DDR wird des Öfteren als zu unkritisch angegriffen.
📖 Das Licht verlöschte nicht, 2003. mr

Riess, Curt (Pseud. u.a. Peter Brandes, C. R. Martin, Martin Amstein), Schriftsteller. 21.6.1902 Würzburg – 13.5.1993 Scheuren/Schweiz. Nach einem geisteswissenschaftlichen Studium in Berlin, Heidelberg, Paris und München arbeitet R. 1927–33 als Reise- und Sportreporter aber auch Theater- und Filmkritiker für mehrere Berliner Zeitungen. 1933 emigriert er über Prag, Wien und Paris in die USA. Dort ist er als Korrespondent für europäische und amerikanische Zeitungen tätig, bevor er 1941 in den Dienst des amerikanischen Nachrichtendienstes tritt und als Kriegsberichterstatter nach Dtl kommt. 1948 kehrt er nach Berlin zurück, übersiedelt aber 1952 in die Schweiz. Neben Unterhaltungsromanen und Drehbüchern (u.a. *Hanussen,* 1955) verfasst R. kulturelle Sachbücher (u.a. *Berlin-Berlin 1945–1953,* 1953) und Biografien über Joseph Goebbels (engl. 1948, dt. 1949), Gustaf Gründgens (1965) und Charlie Chaplin (1989). Seine erweiterte Autobiografie *Das war ein Leben!* erscheint 1986. evk

Riess, Peter Theophil, Physiker. 27.6.1805 Berlin – 23.10.1883 Berlin. Als Sohn des Juwelenhändlers Jacob R. besucht er das Gymnasium zum Grauen Kloster. Nach dem Physikstudium in Berlin wird ihm 1831 eine o. Professur in Breslau angeboten, die er jedoch ablehnt, um seinen kranken Vater zu pflegen. Nach dessen Tod widmet sich R. als freischaffender Wissenschaftler der Erforschung des Magnetismus und der Reibungselektrizität. Obwohl er keine Universitätslaufbahn einschlägt, ist er ein Wegbereiter der Elektrizitätslehre. 1842 wird er, durch Fürsprache seines Freundes A. v. Humboldt, als erster Jude Mitglied der Berliner AdW. Als vielseitiger Intellektueller betreibt R. bis ins hohe Alter ein gastfreundliches Haus, das Mittelpunkt von Gelehrten, Literaten und Musikern ist. evk

Ring, Max, Mediziner, Journalist, Schriftsteller. 4.8.1817 Zauditz/Schlesien – 28.3.1901 Berlin. Medizinstudium in Breslau, ab 1838 in Berlin, dort erste Kontakte zu Literatenkreisen. 1840 Promotion und eigene Praxis in Gleiwitz. 1845 wird die Publikation einer ersten sozialkritischen Schrift durch die Zensurbehörde verboten. 1848 durch antisemitische Hetze bedrängt, verlegt R. seine Praxis nach Breslau, von dort aus schreibt er für verschiedene Zeitungen. 1850 kehrt er nach Berlin zurück, ist hier Mitarbeiter der *Gartenlaube* und Theaterkritiker der *Vossischen Zeitung.* 1857 gibt R. die Arztpraxis auf und betätigt sich fortan v.a. als Romanautor. Großen Erfolg hat R. u.a. mit *Stadtgeschichten* (1852). 1890 wird R. zum Prof. h.c. ernannt.
📖 Der Große Kurfürst und der Schöppenmeister, 1852; Aus dem Leben eines Deutschen Arztes, 1879; Der Herr Professor, 1899. kp

Robert, Ludwig (d.i. Louis Lipman), Schriftsteller. 16.12.1778 Berlin – 5.7.1832 Baden-Baden. R., der für den Beruf des Kaufmanns vorgesehen ist, begeistert sich wie seine Schwester R. ▶ Varnhagen für Literatur. Er veröffentlicht Gedichte und Theaterkritiken und übersetzt Dramen aus dem Französischen, bevor er eigene verfasst. Sein Trauerspiel *Die Macht der Verhältnisse,* das die Satisfaktionsfähigkeit von Juden thematisiert, wird 1815 in Berlin uraufgeführt. Damit ist er einer der ersten Juden, dessen Stücke auf dt. Bühnen aufgeführt werden. 1822 heiratet R. Friedericke Braun. Er ist Mitglied des *Nordstern-Bundes,* einer romantischen Dichter-Vereinigung in Berlin.
📖 Die Tochter Jephtas. Trauerspiel, 1820; Schriften 1838; Briefwechsel mit L. R. / Rahel Varnhagen von Ense. ht

Rodenberg, Hans Rudolph (d.i. H. R. Rosenberg; Pseud. Hans Berg, Rudolf Müller, Curt Baumann), Regisseur, Schauspieler, Intendant. 2.10.1895 Lübbecke – 7.3.1978 Berlin/Ost. 1912–14 Besuch der Schauspielschule des Berliner Theaters. Nach dem I. WK Theaterschauspieler und -regisseur in Hamburg, Wien, Zürich, Köln und Berlin. 1922/23 Mitglied der Stehgreifbühne von Jakob Levy Moreno. 1927 Eintritt in die KPD. 1932 geht er in die UdSSR und ist dort bis 1935 stellv. Direktor des Moskauer Filmstudios der Internationalen Arbeiterhilfe *Mesrabpom Film.* Später Regisseur, Sprecher und Autor beim Moskauer Rundfunk. 1948 Rückkehr nach Dtl, Leiter des *Berliner Theaters der Freundschaft.* 1952–57 Leiter der DEFA-Studios für Spielfilme in Potsdam. Seit 1957 Prof. für Dramaturgie an der Hochschule für Filmkunst in Potsdam (heute HFF). 1960–63 Mitglied des Staatsrates der DDR. 1963–76 Abgeordneter der Volkskammer. kq

Julius Rodenberg

Rodenberg, Julius (d.i. J. Levy), Jurist, Schriftsteller, Publizist. 26.6.1831 Rodenburg/Kurhessen – 11.7.1914 Berlin. Studium in Heidelberg, Göttingen und Berlin. Nach ausgedehnten Reisen durch Europa (1855–62) lässt sich R. in Berlin nieder und arbeitet für die Zeitschriften *Deutsches Magazin* und *Bazar*. 1874 gründet R. die *Deutsche Rundschau*, in der er, auch bekannt als ‚Spaziergänger von Berlin', seine Impressionen veröffentlicht (u.a. *Sonntag vor dem Landsberger Tor, Kreuzberggegend)*, die 1885 in dem Sammelband *Bilder aus dem Berliner Leben* (NA 1986) erscheinen, der ihn über die Stadtgrenzen hinaus bekannt macht. Neben der journalistischen Tätigkeit verfasst er eine Reihe von Romanen, Erzählungen, Gedichten und Reisebildern. Bereits 1902 (erneut 1946) wird eine Straße nach ihm benannt und 1997 eine Gesamtschule (beide in Prenzlauer Berg).
Haacke, W.: J. R. und die Deutsche Rundschau, 1950. evk

Romberg, Moritz Heinrich, Neurologe. 11.11.1795 Meiningen – 6.6.1873 Berlin. Nach dem Tod des Vaters, Umzug nach Berlin; dort Schulbesuch und Studium; 1817 Promotion. Bildungsreise nach Wien (J.P. Frank). 1820 Armenarzt in Berlin. 1830 Habilitation. 1831 und 1837 Leitung von Choleralazaretten. 1838 a.o. Prof. 1840 Leitung der Univ.-Poliklinik. 1845 o. Prof. der spez. Pathologie und Therapie. R. begründet die Neurologie in Dtl. Beschreibungen u.a.: Stehversuch, Tabes dorsalis, Hemiatrophia faciei. Sein Lehrbuch wird in mehrere Sprachen übersetzt.
Lehrbuch der Nervenkrankheiten, 1840–45.
Jacoby, E.: Der Neurologe M. H. R., 1965. fwk

Róna, Peter, Biochemiker, Physiologe. 13.5.1871 Budapest – Februar/März 1945 Budapest. Studium in Wien, Heidelberg, Berlin, Breslau, Paris und Bern; 1895 Promotion zum Dr. med., 1903 zum Dr. phil. Im selben Jahr Heirat mit der Schriftstellerin Elisabeth Sklarek. Seit 1905 PD an der Tierärztlichen Hochschule in Berlin. Seit 1906 Leiter des Chemischen Instituts des Krankenhauses am Urban. 1920 Habilitation in medizinischer Chemie. 1921–33 a.o. Prof. für Medizinische Chemie an der Univ. Berlin. Außerdem seit 1921 Leiter des Chemischen Labors am Pathologischen Institut der Charité. 1938 Emigration nach Budapest; nach der dt. Besetzung Internierung in ‚Judenhäusern'. Es ist ungeklärt, ob R. und seine Frau, ihrem Leben selbst ein Ende setzen oder ob sie ermordet werden.
Praktikum der physiologischen Chemie, 3 Bde, 1928–31. ko

Rosen, Pinhas ▶ Rosenblüth, Felix.

Rosen, Martin, Schauspieler, Sänger, Posaunist. 11.10.1907 Berlin – 28.6.1981 Berlin/West. Zu Beginn der 1930er Jahre spielt R. in Berlin u.a. am Staatstheater, an der Volksbühne und im Renaissance-Theater. Nach dem Berufsverbot wird er Mitglied des JKB und spielt 1934–41 u.a. in Nathan Bistritzkys *Schabbathai Z'wi* (1936) und den Thomas Diafoirus in Molières *Der eingebildete Kranke* (1940) und als Posaunist im Kulturbundorchester. Der Versuch 1939 zu emigrieren scheitert. R. muss Zwangsarbeit leisten und lebt dann bis zu seiner Deportation 1944 im Untergrund. Er überlebt Auschwitz und kehrt 1945 nach Berlin zurück, wo er zunächst am Hebbeltheater, dann am Theater am Schiffbauerdamm, am DT, am Schloßpark Theater und an der Komischen Oper engagiert wird. Nach dem Bau der Mauer geht R. 1961 nach Schleswig, kommt aber 1969 nach Berlin/W. zurück und spielt u.a. an der Freien Volksbühne und am Theater des Westens. jl

Rosen, Willy (d.i. Willy Rosenbaum), Musiker. 18.7.1894 Magdeburg – 28.10.1944 KZ Auschwitz. Nach dem Studium der Musik und Komposition beginnt R. seine eigentliche Karriere in den 1920er Jahren in Berlin. Er spielt auf verschiedenen Kabarettbühnen der Stadt und komponiert populäre Schlager, für die er auch die Texte schreibt, u.a. *Wenn du einmal dein Herz verschenkst,* aber auch die Filmmusik zur Operettenparodie *Quo Vadis.* 1933 emigriert er über die Schweiz, Österreich und die Tschechoslowakei in die Niederlande, wo er in Scheveningen am *Theater der Prominenten* mitwirkt. 1940 wird er verhaftet und in das KZ Westerbork deportiert, dort arbeitet er im Lagerkabarett und -theater mit. 1944 wird er nach Theresienstadt, von dort nach Auschwitz deportiert. id

Willy Rosen

Rosenau, Minna ▶ Schwarz, Minna.

Rosenberg, Arthur, Historiker. 19.12.1899 Berlin – 7.2.1943 New York. R. studiert Alte Geschichte und klassische Philologie in Berlin; Promotion 1911, Habilitation 1914. 1915–18 im Kriegspresseamt Berlin tätig. 1918 USPD-Mitglied, 1920 Übertritt zur KPD. 1920–22 Lehrtätigkeit an der Berliner VHS. 1921–24 Stadtverordneter. 1924–28 Reichstagsabgeordneter. 1927 Austritt aus der KPD. 1924–33 als Dozent, ab 1930 als a.o. Prof. an der Univ. Berlin tätig. 1928–33 Mitglied der *Deutschen Liga für Menschenrechte.* 1933 Berufsverbot, Auswanderung über Zürich nach Liverpool, dort 1934–37 Gastprof. 1938 Übersiedelung nach New York, wo er als Dozent am Brooklyn College lehrt.

Entstehung der deutschen Republik 1871–1918, 1928; Geschichte des Bolschewismus von Marx bis zur Gegenwart, 1932; Der Faschismus als Massenbewegung, 1934.

Keßler, M.: A. R. Ein Historiker im Zeitalter der Katastrophen, 2003. js

Rosenberg, Hans Rudolph ▶ Rodenberg, Hans Rudolph.

Rosenberg, Margarete ▶ Hardenberg, Henriette.

Rosenberg, Martin ▶ Arguto, Rosebery d'.

Rosenblüth, Felix (Pseud. Pinhas Rosen), Politiker. 1.5.1887 Berlin – 4.5.1978 Tel Aviv. R. engagiert sich früh in der zionistischen Bewegung, 1920 wird er Vorsitzender der Zionistischen Organisation Dtls. 1931 Auswanderung nach Palästina; Mitbegründer der *Alijah Chadascha*, später ihr Präsident (1941–48). Mitbegründer der *Progressiven Partei.* 1948–68 Knesset-Abgeordneter, bis 1961 Justizminister. R. gestaltet maßgeblich das israelische Rechtssystem mit. pj

Rosenfeld, Kurt, Jurist, Politiker. 1.11.1877 Marienwerder/Westpreußen – 25.9.1943 New York. Nach dem Studium arbeitet R. als Jurist in Berlin, u.a. ist er Strafverteidiger von R. ▶ Luxemburg. Nach dem I. WK wird R. Justizminister in der provisorischen preußischen Regierung, danach Reichstagsabgeordneter der SPD. 1927 gründet er die Zeitschrift *Der Klassenkampf.* 1931 ist er Mitbegründer der Sozialistischen Arbeiterpartei. 1933 Emigration in die USA, wo er bis zu seinem Tod als RA tätig ist. pj

Rosenfeld, Siegfried, Jurist, Politiker. 22.3.1874 Marienwerder/Westpreußen – November 1947 London. Nach dem Studium der Rechtswissenschaften arbeitet R. als Jurist und Notar. Er kritisiert die Militarisierung und veröffentlicht Studien zur Situation der Armee *(Die Verletzungen in der k.-k. österreichischen Armee,* 1899). 1905 tritt er in die SPD ein. 1921–33 Mitglied des Preußischen Landtags. Ab 1923 arbeitet er als Beamter im Preußischen Innenministerium. 1934 kurzfristig inhaftiert. 1939 emigriert R. nach Großbritannien. pj

Rosenheim, Käte, Sozialpädagogin. 13.1.1892 Berlin – 4.12.1979 Cupertino/USA. R. geht in die soziale Frauenschule von A. ▶ Salomon und studiert an der Univ. Berlin. Sie arbeitet während des I. WK im Nationalen Frauendienst, in der Bibliothek des Frauenberufsamtes und in der Kriegsamtsstelle. 1919–30 arbeitet R. im Preußischen Innenministerium. Seit 1930 ist sie Dezernentin für Wohlfahrtswesen im Polizeipräsidium Berlin. Nach ihrer Entlassung 1933 ist sie bei der Zentralwohlfahrtstelle tätig. Dort leitet sie die Abteilung Kinderauswanderung. Bevor sie selbst 1941 in die USA emigriert, trägt sie zur Rettung von tausenden von Kindern bei. Nach einem Zusatzstudium in New York übersiedelt R. 1947 nach Californien und arbeitet in San Francisco als Wohlfahrtspflegerin. evk

Rosenthal, Hans (Günter), Fernseh-, Radiomoderator, Quizmaster. 2.4.1925 Berlin – 10.2.1987 Berlin/West. Nach dem Verlust seiner Eltern lebt R. ab 1941 im Waisenhaus, ab 1943 im Untergrund. Nach dem Ende des Krieges wird er beim RIAS Moderator, später dessen Unterhaltungschef. R. wird mit Sendungen wie das *Klingende Sonntagsrätsel* bekannt. Nach dem Wechsel zum Fernsehen, kreiert und moderiert er Quizsendungen wie *Dalli, Dalli.* Zeitweiliges Mitglied im Zentralrat der Juden in Dtl, bis zu seinem Tod Vorsitzender der RV und einige Jahre Präsident von Tennis Borussia Berlin. 1987 Gründung der *Hans-Rosenthal-Stiftung.* Der Platz vor dem ehemaligen RIAS-Funkhaus wird 1993 nach ihm benannt.
📖 Zwei Leben in Deutschland, 1980.
📄 Schäbitz, M.: H. R., 2004; Henschke, T.: Ein Leben für die Unterhaltung, 1999. kq

Rosenthal, Harry, Architekt. 3.5.1892 Posen – 19.1.1966 London. Studium an der TH München. Meldet sich freiwillig als Soldat für den I. WK. Setzt 1917 sein Architekturstudium an der TH Berlin fort. Ab 1919 arbeitet R. im Büro von Hans Poelzig und Bruno Taut. Seit 1922 entwirft R. als freier Architekt vornehmlich Wohnhäuser wie die im Stil des Neuen Bauens errichtete Villa *Eugen Bab* in Wilmersdorf sowie das Atelierhaus für A. ▶ Zweig in Berlin-Eichkamp. 1933 emigriert R. nach Palästina und geht 1938 nach London. Da er nicht wieder in seinem Beruf arbeiten kann, muss er mit Gelegenheitsarbeiten seinen Lebensunterhalt bestreiten. nv

Rosenthal, Moritz, Unternehmer, Politiker, Richter. 16.4.1883 Nikolaiken/Ostpreußen – 7.7.1944 KZ Auschwitz. R. gründet 1906 eine Wäschefabrik in der Stralauer Straße. Als Handelsrichter und Handelsgerichtsrat ist er am Berliner Handelsgericht I tätig. Nebenher ist er kommunalpolitisch engagiert und gehört als DDP-Mitglied 1920–29 der Berliner Stadtverordnetenversammlung an. Im Dez. 1936 flieht er mit seiner Frau Ulla, geb. Jaffé, in die Niederlande, wo beide 1943 verhaftet und über Westerbork und Theresienstadt nach Auschwitz deportiert werden. evk

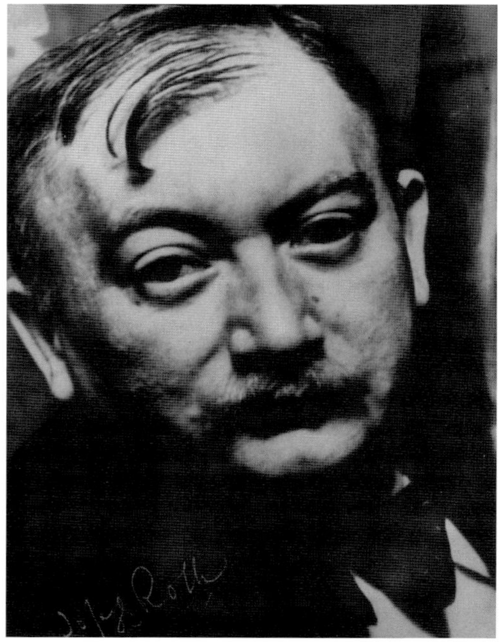

Joseph Roth

Roth, Joseph (Pseud. Harmilcar, Christine von Kandl, Cuneus), Schriftsteller. 2.9.1894 Brody/Galizien – 27.5.1939 Paris. 1914–16 Studium der Philosophie und dt. Literatur in Wien, erste Gedichte und Prosatexte in Zeitungen und Zeitschriften. Teilnahme am I. WK, 1919 Journalist in Wien, 1920 in Berlin u.a. für die *Neue Berliner Zeitung* und den *Berliner Börsen-Courier* tätig. 1923 Mitarbeiter der *Frankfurter Zeitung*, 1925–29 deren Auslandskorrespondent u.a. in Frankreich, Albanien und Italien. 1933 Übersiedlung nach Paris, wo er sich in österreichisch-monarchistischen Kreisen gegen den NS engagiert. Seine ersten Romane, *Hotel Savoy* (1924), *Die Rebellion* (1924), *Das Spinnennetz* (1932) sind von sozialistischem Engagement und der Auseinandersetzung mit der ‚Neuen Sachlichkeit' geprägt. Später beschäftigt er sich in *Hiob* (1932) mit dem ‚Ostjudentum', in *Radetzkymarsch* (1932) und *Ka-*

puzinergruft (1938) mit dem Untergang der Donaumonarchie. R. stirbt in einem Armenhospital.
Werke, 4 Bde, 1975/76.
Ausserhofer, H.: J. R. und das Judentum, 1970; Bronsen, D.: J. R. Eine Biographie, 1974. evk

Rotholz, Heinz, Mechaniker, Widerstandskämpfer. 28.5.1921 Berlin – 4.3.1943 Berlin. Nach der Schulzeit absolviert R. eine Mechanikerlehre. 1939/40 in Gemeinschaftslagern der RVdJ in Bielefeld und Paderborn als Vorbereitung für die Auswanderung nach Palästina. Nach misslungener Auswanderung kehrt R. nach Berlin zurück und muss Zwangsarbeit in der Judenabteilung bei Siemens im Elmo-Werk leisten. Dort schließt er Bekanntschaft mit H. ▶ Baum und beteiligt sich an Sabotageaktionen am Arbeitsplatz. Er wird am 22.5.1942 verhaftet und in Plötzensee hingerichtet. Sein Vater wird 1943 nach Auschwitz deportiert. br

Rotholz, Lotte, geb. Jastrow, Schneiderin, Widerstandskämpferin. 25.9.1923 Bentheim – 1943 KZ Auschwitz. R. lebt bis 1932 in Forst, wo ihr Vater als Prediger und Religionslehrer der Jüd. Gemeinde arbeitet. 1933 zieht sie nach Berlin um. Sie absolviert nach dem Besuch der IV. Jüd. Volksschule das Pflichtjahr und eine zweijährige Schneiderlehre. Ab April 1941 Zwangsarbeit in der Firma Spindler. Bis 1937 ist sie Mitglied des *Rings-Bundes jüdischer Jugend*. R. heiratet 1941 Siegbert ▶ R. Beide schließen sich der Widerstandsgruppe um H. ▶ Baum an. 1942 wird sie zu acht Jahren Haft verurteilt, 1943 aus dem Zuchthaus Cottbus nach Auschwitz deportiert. Ihr Bruder Manfred emigriert 1936 nach Argentinien, die Mutter wird 1943 nach Auschwitz deportiert. br

Rotholz, Siegbert, Arbeiter, Widerstandskämpfer. 14.9.1919 Berlin – 4.3.1943 Berlin. Bruder von Heinz ▶ R. Nach dem Besuch der Jüd. Knabenvolksschule wird R. Hilfsarbeiter in einer Polsterei. Anschließend ist R. mehr als zwei Jahre in einem Hachscharah-Lager und ab 1938 in einer Abrissfirma tätig. 1941 wird R. als Kohlenarbeiter zwangsverpflichtet. 1933–38 gehört er dem zionistischen Jugendbund *Habonim* an. 1941 heiratet er L. Jastrow (Lotte ▶ R.). Beide sind in der Widerstandsgruppe um H. ▶ Baum aktiv. Am 15.7.1942 wird er verhaftet und 1943 in Plötzensee hingerichtet. Seine Eltern und seine Schwester mit vier Kindern werden 1943 nach Auschwitz deportiert. br

Rothstein, Hilde ▶ Eisler, Hilde.

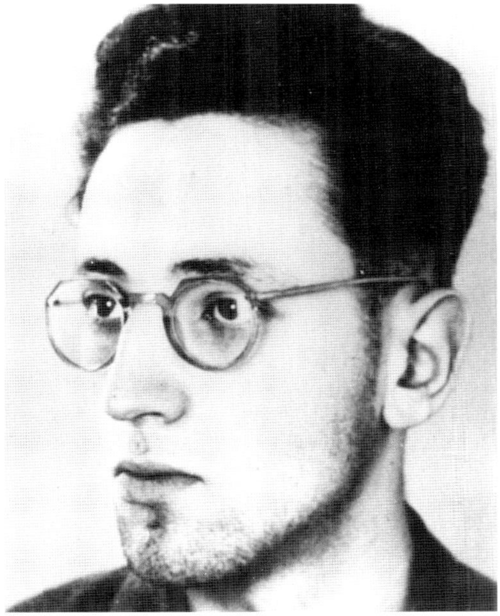

Heinz Rotholz

Ruben-Wolf, Martha, Ärztin. 17.6.1887 Löhne/Westfalen – 16.8.1939 Moskau. Studium und Promotion in München. 1926 Eröffnung einer Praxis in Berlin und Heirat mit dem Arzt Lothar Wolf. R. widmet sich der Sexualaufklärung und publiziert dazu u.a. *Abtreibung oder Verhütung?* (1928). Sie fordert die Abschaffung des §218 und eine umfassende Schwangerschaftsbetreuung. 1933 Emigration in die UdSSR. Aufbau einer dt. Ärztegruppe als Teil des kommunistschen Widerstandes gegen das NS-Regime. 1937/38 Inhaftierung des Ehepaares. Nach dem Tod ihres Mannes wählt R. den Freitod. ul

Rubiner, Frida, geb. Ichak (Pseud. Georg Rehberg, Arnold Band), Autorin, Übersetzerin. 28.4.1879 Mariampol/Litauen – 22.1.1952 Berlin. R. studiert in Zürich. Nach der Promotion zieht sie nach Dtl und wird 1906 SPD-Mitglied. Mit ihrem Mann Ludwig ▶ R. geht sie 1914 in die Schweiz. Sie lernt W. I. Lenin kennen, dessen Werke sie ins Dt. übersetzt. 1918 ist R. Mitbegründerin der KPD, 1920–22 Redakteurin der *Roten Fahne* in Wien, danach Korrespondentin in Moskau. 1924 kommt R. nach Berlin, wo sie als Redakteurin arbeitet, Parteiarbeit für die KPD leistet und kulturpolitische Seminare gibt. 1930 geht sie erneut nach Moskau und arbeitet in der Politischen Hauptverwaltung der Roten Armee. Unter Pseud. veröffentlicht R. 1943 *Wer ist Hitler? Ein Lebenslauf*, 1944 *Hitlers Worte*

und Hitlers Taten. 1946 kehrt sie nach Dtl zurück, lehrt als Dozentin an der Parteihochschule *Karl Marx* in Kleinmachnow bei Berlin und arbeitet als Übersetzerin und Publizistin.
Einst unglaubliche Berichte, 1987. ht

Rubiner, Ludwig, Schriftsteller, Publizist. 12.7.1881 Berlin – 27.2.1920 Berlin. R. studiert erst Medizin, dann Musikwissenschaft, Kunstgeschichte, Germanistik und Philosophie in Berlin. 1906–14 veröffentlicht R. in Zeitschriften wie *Die Gegenwart, Pan* und *Der Demokrat.* Mitarbeiter der *Aktion.* Gehört zu den frühen expressionistischen Dichtern, ist in den Anthologien *Der Kondor* (1912, NA 1989) und *Menschheitsdämmerung* (1919, NA 2003) vertreten. 1912 veröffentlicht er das programmatische Manifest *Der Dichter greift in die Politik.* Als Kriegsgegner emigriert R. 1914–18 in die Schweiz. Anfang 1919 Rückkehr, Eintritt in die KPD und Lektor im Verlag Kiepenheuer. Hg. u.a. der Anthologie *Kameraden der Menschheit. Dichtungen zur Weltrevolution* (1919, NA 1979). Im Herbst 1919 Mitbegründer des *Bundes für proletarische Kultur.*
Der Dichter greift in die Politik, AW 1908–19, 1976.
Petersen, K.: L. R. Eine Einführung, 1980. ht

Rubo, Ernst Traugott, Jurist. 8.7.1834 Berlin – 18.3.1895 Berlin. Sohn von Julius ► R. Studium in Heidelberg. Schriftführer der Bundesratskommission zur Ausarbeitung eines Strafgesetzbuches. PD und Stadtrichter in Berlin. 1876 Prof. Ab 1879 Amtsgerichtsrat. Veröffentlichungen u.a. im *Gerichtssaal* und im *Archiv für Strafrecht.*
Kommentar über das Strafgesetzbuch für das Deutsche Reich, 1870. cm

Rubo, Julius, Jurist. 19.6.1794 Halberstadt – 1866 Berlin. Vater von Ernst T. ► R. 1813–15 Kriegsfreiwilliger. Studium in Göttingen und Berlin, Abschluß 1817 in Halle als vermutlich erster promovierter jüd. Jurist Preußens, was eine Diskussion u.a. in den *Jahrbüchern für die preußische Gesetzgebung* auslöst. R. bemüht sich vergeblich um das Niederlassungsrecht als RA. 1820 Ernennung als erster jüd. Jurist Preußens zum PD an der Univ. Halle, wo er bis zum *Edikt über das Verbot der Lehrtätigkeit von Juden* 1822 tätig ist. Ab 1824 Syndikus der JGB. Mitglied der *Gesellschaft der Freunde* und im VWJ (E. ► Gans, L. ► Zunz).
Die Rechtsverhältnisse der Jüdischen Gemeinden, 1844. cm

Rüdenberg, Reinhold, Ingenieur, Elektrotechniker. 4.2.1883 Hannover – 25.12.1961 Boston/USA. Seit 1908 arbeitet R. als Ingenieur bei den Siemens-Schuckert-Werken in Berlin (1911 Abteilungsleiter, 1923 Chefelektriker und Leiter der wissenschaftlichen Abteilung). 1913 Habilitation an der TH, ab 1927 Honorarprof. für Starkstrom- und Hochspannungstechnik. 1935 Entlassung, Emigration nach Großbritannien, 1938 Ruf an die Havard Univ. in den USA. 1957 Verleihung des Großen Bundesverdienstkreuzes. R. ist der Erfinder des Elektronenmikroskops. ko

Rüst, Edela (d.i. Emma Reichel), Schriftstellerin. 18.10.1857 Königsberg – 16.4.1931 Berlin. R. nimmt Schauspielunterricht in Berlin und lebt dann für mehrere Jahre in London, wo sie als Korrespondentin für englische und dt. Zeitschriften arbeitet. 1896 kehrt sie nach Berlin zurück und schreibt u.a. für den *Berliner Lokal-Anzeiger.* Sie verfasst neben Novellen und Erzählungen Lustspiele von denen das Stück *Die beiden Doktoren* (1896) im Berliner Residenz-Theater aufgeführt wird. Ab 1902 veröffentlicht sie eine Reihe von Romanen, u.a. *Die Atlas Töchter. Roman aus dem Berliner Kleinleben* (1904).
Baronsche, 1902; Narrenspiegel, 1913; Zwischen zwei Frauen, 1924. ht

Ruschin, Steffi ► Spira, Steffi.

S

Saalschütz, Joseph Levin, Pädagoge, Prediger, Archäologe. 15.3.1801 Königsberg – 23.8.1863 Königsberg. Studium der Archäologie in Königsberg, dort promoviert S. 1824 als erster Jude. Anschließend ist er Lehrer der israelischen Gemeindeschule Berlin. Nach einem Aufenthalt als Prediger und Religionslehrer in Wien (1833 *Gotteslehre*), kehrt er 1835 nach Königsberg zurück. Dort habilitiert sich S. für hebräische Archäologie und wird 1853 a.o. Prof.

Von der Form der hebräischen Poesie, 1825; Das mosaische Recht, 1846–48 [1974]; Archäologie der Hebräer, 1855–56 [1986]. jvs

Sachs, Curt, Musikwissenschaftler. 29.6.1881 Berlin – 5.2.1959 New York. S. studiert in Berlin Kunst- und Musikgeschichte. 1908 verfasst er eine *Musikgeschichte der Stadt Berlin bis zum Jahre 1800* (NA 1980). Ab 1920 ist er a.o. Prof. der Instrumentenkunde an der Staatlichen Hochschule für Musik und leitet die dortige Instrumentensammlung. 1928 erhält er eine o. Prof. an der Univ. Berlin. Nach seiner Entlassung emigriert er über Paris 1937 in die USA.

Reallexikon der Musikinstrumente, 1913 [1979]; Handbuch der Musikinstrumentenkunde, 1920 [1990]; Eine Weltgeschichte des Tanzes, 1933 [1992]. jl

Sachs, Michael, Rabbiner, Übersetzer. 3.9.1808 Glogau – 31.1.1864 Berlin. Nach dem Studium der Altertumskunde, Geschichte und Philosophie an der Univ. Berlin geht S. nach Prag und ist dort als Religionslehrer und Prediger tätig, wobei er seine rabbinische Bildung vervollständigt und 1836 die Autorisierung zum Rabbineramt erhält. Ab 1844 bis zu seinem Tod ist er Mitglied des Berliner Rabbinats. Er verfolgt eine Reform des Gottesdienstes und ist maßgeblich an der Schaffung eines modernen Gemeindeschulwesens in Berlin beteiligt. S. gilt als bedeutender Prediger, Gelehrter und Übersetzer und ist an der von L. ▸ Zunz geleiteten Bibelübersetzung (15 Bde) beteiligt. Er übersetzt das Gebetbuch (*Siddur* und *Machsor*) sowie religiöse Poesie der Juden in Spanien, die H. ▸ Heine zu seinen *Hebräischen Melodien* inspiriert. Großen Zuspruch erhält er auch als Kanzelredner, es kommt jedoch zu Auseinandersetzungen zwischen ihm und der Mehrheit der JGB über Fragen der Reform des Gottesdienstes. So lehnt S. den Einbau einer Orgel in der geplanten Neuen Synagoge in der Oranienburger Straße ab.

Beiträge zur Sprach- und Altertumsforschung aus jüdischen Quellen, 1852–54; Stimmen vom Jordan und Euphrat, 1853; Die religiöse Poesie der Juden in Spanien, 1845 [1980].

Lucas, F. D./Frank, H.: M. S. Der konservative Mittelweg, 1992. dr/sp

Nelly Sachs

Sachs, Nelly, Lyrikerin. 10.12.1891 Berlin – 12.5.1970 Stockholm. S. stammt aus einer Fabrikantenfamilie. Mit 17 verfasst sie ihre ersten Gedichte, 1921 erscheinen die *Legenden und Erzählungen*, die sie Selma Lagerlöf widmet. Durch deren Hilfe gelingt S. mit ihrer Mutter 1940 die Flucht nach Stockholm. Bis dahin hat sie fast 50 Jahre in Berlin gelebt. Im Exil, das zur Erfahrung von Einsamkeit, Sprachverlust und Verzweiflung wird, verdient S. den Lebensunterhalt durch Übersetzungen schwedischer Literatur ins Deutsche. Im Zentrum ihres dichterischen Werkes steht die Tragödie der Shoa: Die Ermordung von Familienmitgliedern und Freunden verarbeitet S. in einer metaphernreichen Lyrik. In einem eigenen Zeichen- und Codierungssystem

manifestiert sich ihre individuelle Religiosität aus Elementen der jüd. Religion. Ihre Produktivität wird immer wieder von längeren Aufenthalten in Kliniken und Sanatorien unterbrochen. Die Gründung des Staates Israel 1948 ist für S. gleichbedeutend mit einer neuen Heimat für das jüd. Volk, ihr Heimatbegriff ist allerdings mit Dtl verbunden. Ihr erster Lyrikband *In den Wohnungen des Todes* erscheint 1947 in der SBZ. S. erhält eine Reihe von Auszeichnungen, u.a. den Lyrikpreis des Schwedischen Schriftstellerverbandes (1958), den Friedenspreis des Deutschen Buchhandels (1965), den Nobelpreis für Literatur zusammen mit Samuel J. Agnon (1966). 1967 wird sie Ehrenbürgerin von Berlin.
Sternverdunkelung, 1949; Fahrt ins Staublose, 1961; Späte Gedichte, 1965.
Fritsch-Viviè, G.: N. S., 1993; Bahr, E.: N. S., 1980; Berendsohn, W.: N. S. Einführung in das Werk der Dichterin jüdischen Schicksals, 1974. us

Sachs, Salomon, Architekt. 22.(24.)12.1772 Berlin – 14.5.1855 Berlin. Nach der Ausbildung zum Pracht- und Straßenbaumeister wird S. 1799 Bauinspektor und Lehrer an der Bauakademie sowie Vorsitzender der Baupolizei. 1812 veröffentlicht er einen *Wohnungsanzeiger für die Stadt Berlin*. Ab 1816 ist S. als Regierungsbauinspektor v.a. im Kirchenbau tätig. Bis 1830 arbeitet er dann als Stadtbaubeamter in Potsdam. Schriftstellerisch beschäftigt sich S. mit Fragen der Astronomie, Mathematik und Politik. 1842 erscheint seine Schrift *Sind Juden zum Staatsdienst geeignet*.
Vorschläge zur Verbesserung der Weichseldämme, 1829; Über das Bau-Recht in seinem ganzen Umfange oder Grundlage einer vollständigen und zeitgemäß verbesserten Bau-Ordnung, 1831. bz/nv

Saenger, Samuel, Lehrer, Publizist, Diplomat. 17.2.1864 Saagar/Litauen – 6.5.1944 Los Angeles. Nach dem Abitur in Berlin Studium der Philosophie, Sprachen und Geschichte in Heidelberg und Freiburg. 1888 Promotion in Halle, danach Gymnasiallehrer in Berlin. Zahlreiche Veröffentlichungen und Mitarbeit bei verschiedenen Zeitschriften. 1919–23 Tätigkeit im Auswärtigen Dienst (u.a. in Prag). 1939 Emigration nach Paris, 1941 in die USA.
Die wirtschaftlichen Aussichten des britischen Imperialismus, 1906. bz

Sahl, Hans (Pseud. Peter Munk, Frans Floris Salpeter), Schriftsteller, Publizist. 20.5.1902 Dresden – 27.4.1993 Tübingen. S. studiert Literatur- und Kunstgeschichte in Breslau. Nach der Promotion 1924 kehrt er nach Berlin zurück und arbeitet als Film- und Theaterkritiker (1927–33) u.a. für den *Berliner Börsen-Courier*. Nach der Machtübernahme der Nationalsozialisten emigriert er über Prag und Zürich nach Paris. Dort arbeitet er für Exilzeitschriften wie *Die neue Weltbühne*. Nach einer Internierung im französischen Lager Le Ruchard (1939/40) emigriert S. 1941 in die USA. Dort veröffentlicht der New Yorker *Aufbau* S.s Hörspiel *Urlaub vom Tod*. 1947–53 lebt und arbeitet S. in Europa. Ab 1958 ist er als Kulturkorrespondent für die *Süddeutsche Zeitung* und *Die Welt* in New York tätig und damit ein bedeutender Vermittler amerikanischer Kultur in Dtl.
Memoiren eines Moralisten, 1983; Das Exil im Exil, 1990; H. S. Bibliographie seiner Schriften, 1995.
Dräxler, C.: H. S., 1993; Skwara, E. W.: H. S. Leben und Werk, 1986. jl

Salinger, Lothar, Arbeiter, Widerstandskämpfer. 8.5.1919 Berlin – 4.3.1943 Berlin. S. nimmt 1935 am Umschulungslager der RVdJ in Paderborn teil. 1935–36 ist er Mitglied des zionistischen Jugendbundes *Habonim*. Dort lernt er H. ► Birnbaum und über ihn H. ► Baum kennen. Ab 1939 arbeitet S. als Garten-, Straßen- und Transportarbeiter, danach Zwangsarbeiter in der Draht- und Kabelfabrik Vogel, Köpenick. Am 15.7.1942 wird S. verhaftet und in Plötzensee hingerichtet. Am 20.7.1942 Deportation seiner Eltern nach Theresienstadt. br

Salingré, Hermann, Bühnenautor, Journalist. 17.5.1833 Berlin – 4.2.1879 Berlin. Als Verfasser von über 100 Bühnenwerken werden S.s Stücke in Berlin am Königstädtischen, Meyselschen und Wallner Theater erfolgreich aufgeführt. Sein derber Witz und seine Kolportagen klassischer Vorlagen, u.a. *Jettchen Liebe und Kabale*, *Die Reise durch Berlin in 80 Stunden*, machen ihn zum bekanntesten Berliner Possendichter. Im dt.-französischen Krieg ist S. Kriegsberichterstatter im kgl. Hauptquartier in Paris. Als Verleger und Chefredakteur der *Neuen freien Zeitung* ist er wenig erfolgreich, so dass er sein gesamtes Vermögen verliert und verarmt, erblindet und gelähmt mit 45 Jahren stirbt. evk

Salomon, Albert, Arzt. 26.1.1883 Röbel/Mecklenburg – 7.5.1976 Amsterdam. Ab 1900 studiert S. Medizin in Berlin, Heidelberg, München und Würzburg. Nach der Promotion 1905 ist er als Assistenzarzt und als Leiter des Chirurgischen

Vereinslazaretts in Berlin tätig. 1916 heiratet er Franziska Grunwald und wird zum Kriegsdienst eingezogen. 1917 wird die Tochter Ch. ▶ Salomon geboren. Seit 1921 ist S. PD am Universitätsklinikum, 1927 beginnt er seine Lehrtätigkeit an der Univ. Berlin und wird zum Prof. ernannt. 1930 heiratet S. die Sängerin Paula ▶ S.-L. 1933 wird er aus seinen Ämtern entlassen und übernimmt die Chirurgische Abteilung des Jüd. Krankenhauses in Berlin. 1938 wird er in das KZ Sachsenhausen verbracht, mit gefälschten Papieren gelingt es seiner Frau ihn freizubekommen. Beide fliehen 1939 nach Amsterdam, eine Weiterreise in die USA misslingt. 1943 wird das Paar im KZ Westernbork interniert, kann fliehen und überlebt im Untergrund. 1945 kehren sie nach Amsterdam zurück, wo sich S. als Arzt niederlässt. ht

Salomon, Alice, Sozialarbeiterin, Frauenrechtlerin. 19.4.1872 Berlin – 30.8.1948 New York. Aus einer assimilierten Familie kommend konvertiert S. 1914 zum ev.-luth. Glauben. Sie ist die Begründerin des sozialen Frauenberufs in Dtl. Ab 1893 Mitglied in den *Mädchen- und Frauengruppen für soziale Hilfsarbeit* in Berlin. Sechs Jahre später übernimmt sie deren Vorsitz und leitet den ersten Ausbildungskurs für berufliche Sozialarbeit. Nach dem Studium der Nationalökonomie in Berlin promoviert sie 1906 über *Die Ursachen der ungleichen Entlohnung von Männer- und Frauenarbeit.* Seit 1908 leitet sie die von ihr gegründete reichsweit erste interkonfessionelle *Soziale Frauenschule* in Berlin und eröffnet 1925 die *Deutsche Akademie für soziale und pädagogische Frauenarbeit*, in der Führungs- und Lehrkräfte ausgebildet werden. Seit 1929 ist sie Vorsitzende des von ihr mitgegründeten *Internationalen Komitees Sozialer Schulen.* S. organisiert mehrere internationale Sozialarbeitskongresse. Seit 1900 ist sie lange Zeit jüngstes Mitglied im Vorstand des BDF. Trotz ihrer Verdienste verwehrt man ihr den Vorsitz im BDF wegen ihrer jüd. Herkunft. Auch im Internationalen Frauenbund, deren Schriftführerin sie seit 1909 ist, lehnt die dt. Vertretung ihre Kandidatur für den Vorsitz ab. S. publiziert über 300 Aufsätze und mehrere Bücher, in denen sie u.a. Theorie- und Methodenansätze in der Sozialarbeit entwirft. Für ihr Engagement erhält S. 1932 die silberne Staatsmedaille, die Ehrendoktorwürde der Medizin der Univ. Berlin. und die Soziale Frauenschule erhält ihren Namen. S. verliert 1933 ihre öffentlichen Ämter, bleibt aber zunächst in Dtl, um Kolleginnen zur Emigration zu verhelfen. 1937 muss sie in die USA fliehen. Zwei Jahre später verliert sie die dt. Staatsbürgerschaft und die Doktorwürde. 1944 wird sie amerikanische Staatsbürgerin. Seit 1992 ist die Fachhochschule für Sozialarbeit und Sozialpädagogik in Berlin-Hellersdorf nach ihr benannt.
📖 Soziale Diagnose, 1926; Charakter ist Schicksal, Lebenserinnerungen, 1983; AS, 3 Bde, 1997–2000.
📄 Kuhlmann, C.: A. S., 2000; Berger, M.: A. S., 1998; A. S., 1958. ul

Alice Salomon

Salomon ben Josua ▶ Maimon, Salomon.

Salomon, Berthold Jacob ▶ Jacob, Berthold.

Salomon, Charlotte, Malerin. 16.4.1917 Berlin – 12.10.1943 KZ Auschwitz. S., die Tochter von Albert ▶ Salomon, verbringt ihre Kindheit in Berlin und besucht dort bis 1933 die Schule. Danach erhält sie privaten Zeichenunterricht. 1935–38 Studium an der HdK Berlin. 1939 wird sie zu den Großeltern nach Südfrankreich geschickt, 1940 in Nizza verhaftet und zusammen mir dem Großvater in ein KZ in den Pyrenäen deportiert. Nach einigen Monaten kommen sie jedoch wieder frei. S. zieht sich zurück und malt, u.a. entsteht bis 1942 ein autobiografischer Zyklus auf Temperablättern, der in 1 300 Bildern ihr Leben, ihre Kindheit und auch den für sie so traumatischen Suizid der Mutter zum Thema hat. Darüber hinaus illustriert sie in ihrer Bildserie

nicht nur den NS sondern auch Tabuthemen wie unglückliche Ehen und sexuelle Affären. Am 21.9.1943 werden sie und ihr Mann, Alexander Nagler, verhaftet und über das Sammellager Drancy und das KZ Sachsenhausen nach Auschwitz deportiert.
C. S. Leben? Oder Theater?, 2004; Schmetterling, A.: C. S., 2001. nv

Erich Salomon

Salomon, Erich, Fotograf, Fotohistoriker, Jurist. 28.4.1886 Berlin – 7.7.1944 KZ Auschwitz. S., der sich früh für Fotografie interessiert, arbeitet nach dem Jurastudium seit 1923 in der Werbeabteilung des *Ullstein*-Verlags. Ab 1928 ist er selbständiger Fotojournalist, 1929/30 in Großbritannien tätig. S. zählt zu den bedeutendsten Fotografen der Weimarer Republik, seine Aufnahmen dokumentieren das nationale und internationale politische und gesellschaftliche Geschehen. Er verwendet Kleinbildkameras mit lichtstarken Objektiven, die kurze Belichtungszeiten möglich machen und avanciert so zum ‚Spezialfotografen' für die politischen ‚Geheimtreffen'. 1933 emigriert er in die Niederlande, 1943 wird er von dort mit seiner Familie über Theresienstadt nach Auschwitz deportiert.
Dr. E. S. aus dem Leben eines Fotografen, 1981; E. S. Leica Fotografie 1930–39, 1986; Berühmte Zeitgenossen in unbewachten Augenblicken, 1931.
E. S. Retrospektive, 2004. kq

Salomon, Hermann, Arzt, Kommunalpolitiker. 4.12.1888 Gotha – 14.5.1970 Paris. S. ist Mitglied der SPD und der Synagogengemeinde in Luckenwalde, dort wird er 1930 zum Ersten Bürgermeister für die Dauer von 12 Jahren gewählt. 1932 kommt es zu schweren Zusammenstößen zwischen der SA und deren politischen Gegnern. S. werden Führungsfehler beim Polizeieinsatz vorgeworfen, am 22.3.1933 legt er sein Amt nieder. Bereits 1932 siedelt er nach Berlin über, um dort wieder als praktischer Arzt zu arbeiten. Am 30.6.1933 wird er verhaftet und nach Luckenwalde gebracht, von wo aus er am 5.7.1933 in das KZ Oranienburg eingeliefert wird. Von dort kommt er am 7.9.1933 nach Papenburg, später in das KZ Lichtenburg, aus dem er im Dez. 1933 entlassen wird. Im Sep. 1936 wird er in Berlin wegen Vergehens gegen das *Gesetz zum Schutze des deutschen Blutes und der deutschen Ehre* zu einem Jahr Gefängnis verurteilt. Er emigriert Ende 1937 nach Jugoslawien, dann nach Italien, Frankreich und zur Elfenbeinküste. id

Salomon, Jakob ▶ Bartholdy, Jakob Salomon.

Salomon-Lindberg, Paula, geb. Levi, Sängerin. 21.12.1897 Frankenthal bei Mannheim – 19.4.2000 Amsterdam. Ab 1918 Studium der Mathematik in Heidelberg, daneben nimmt S.-L. Schauspielunterricht in Mannheim. Nach dem Tod des Vaters, eines Rabbiners, widmet sie sich ganz der Schauspiel- und Gesangsausbildung, die sie 1926 an der *Staatlichen Akademischen Hochschule in Berlin* fortsetzt. Im selben Jahr beginnt sie als Konzert- und Oratoriensängerin aufzutreten. Wegen antisemitischer Anfeindungen ändert sie ihren Namen in Lindberg. 1930 heiratet sie Albert ▶ Salomon. 1939 flieht das Paar nach Amsterdam, 1943 werden sie im KZ Westerbork interniert, aus dem sie fliehen können. Sie überleben im Untergrund und kehren 1945 nach Amsterdam zurück. S.-L. unterrichtet zunächst am *Muzieklyceum* und 1950–81 am *Mozarteum* in Salzburg. 1987 stiftet sie den Paula Lindberg-Salomon-Preis für dt.sprachigen Liedgesang an der HdK in Berlin, 1993 erhält sie das Bundesverdienstkreuz.
Mein C'est-la-vie-Leben, 1992. ht

Salomonsohn, Arthur, Bankier. 3.4.1859 Hohensalza – 15.6.1930 Berlin. Nach dem Jurastudium arbeitet S. als Gerichtsassessor. 1888 Eintritt in die *Disconto-Gesellschaft*, dort 1895–1929 im Vorstand. Ab 1901 stellv. Vorsitzender des *Centralverbands des deutschen Bank- und Bankiergewerbes*. Nach dem I. WK Tätigkeit in der Montan- und Kaliindustrie.

1929 fusionieren die *Disconto-Gesellschaft* und die *Deutsche Bank*; S. wird zusammen mit M. ▶ Steinthal AR-Vorsitzender. bz

Salpeter, Frans Floris ▶ Sahl, Hans.

Salten, Felix (d.i. Siegmund Salzmann), Schriftsteller, Publizist. 6.9.1869 Budapest – 8.10.1945 Zürich. S. wächst in Wien auf. Er arbeitet in einer Versicherungsanstalt und schreibt nebenher unter Pseud. Kurzgeschichten und Zeitungsartikel. 1891 Mitarbeiter verschiedener Wiener Zeitungen. S. gehört zum Kreis des *Jung-Wien*; gründet 1901 das erste Wiener Kabarett *Jung-Wiener Theater zum Lieben Augustin*. Ab 1906 arbeitet er als Chefredakteur der *Berliner Morgenpost*, kehrt jedoch 1910 nach Wien zurück. Bis zu seiner Emigration ist er Theaterkritiker der Wiener *Neuen Freien Presse*. S. gilt als der Verfasser des erotischen Romans *Josefine Mutzenbacher* (1906); er schreibt historische und gesellschaftkritische Romane, Novellen, Dramen, Essays und Tiergeschichten, deren erfolgreichste, *Bambi* (1923), 1942 von W. Disney verfilmt wird. Jüd. Themen berührt S. in seiner Novelle *Simson* (1928) und der Essaysammlung *Neue Menschen auf alter Erde* (1925) nach einem Palästina-Besuch. 1927–33 ist S. Präsident des öster. P.E.N.-Clubs. Nach dem ‚Anschluss' Österreichs flieht S. 1938 in die Schweiz.
📖 GW in Einzelausgaben, 1928–32.
📄 F. S. Wurstelprater. Ein Schlüsseltext zur Wiener Moderne, 2004. sb

Samosch, Gertrude ▶ Gert, Valeska.

Samuel, Marion. 27.7.1931 Arnswalde/Brandenburg – 4.3.1943 KZ Auschwitz. Tochter einer Kaufmannsfamilie, die nach dem erzwungenen Verkauf des Hauses und der Schließung des Geschäftes 1935 nach Berlin zieht, wo der Vater im Prenzlauer Berg ein Zigarettengeschäft eröffnet. S. wird 1937 eingeschult. Vermutlich im selben Jahr muss der Vater die Selbständigkeit aufgeben und arbeitet noch bis 1938 als kaufmännischer Angestellter. Im Mai 1938 muss S. die öffentliche Schule verlassen und besucht von da an verschiedene jüd. Schulen. Ab dem Sommer 1942 wird ihr, wie allen jüd. Kindern, der Schulbesuch untersagt. Die Eltern müssen ab 1941 Zwangsarbeit leisten. Verhaftung der Familie S. am 27.2.1943, die Mutter Cilly wird am 1.3.1943 deportiert, S. und ihr Vater Ernst am 3.3.1943. Seit 1999 verleiht die *Stiftung Erinnerung* den *Marion-Samuel-Preis*. Mit S. als Namensgeberin soll an die unzähligen ermordeten jüd. Kinder erinnert werden. Der Historiker Götz Aly, Preisträger 2003, rekonstruiert in *Der Tunnel* (2004) das kurze Leben von S. ht

Samuel, Sigismund, Bankier, Kunstsammler. 1841 Eberswalde – 2.2.1907 Berlin. Der Sohn einer Kaufmannsfamilie geht nach Berlin, um Bankier zu werden. Er wird dort Mitinhaber der Bankfirma *Jaquir und Securius*. Soldat im französisch-preußischen Krieg. Große Bedeutung erlangt seine Bildergalerie und einzigartige Sammlung alter Porzellane. In seinem Testament vermacht er die Porzellansammlung dem Kaiser-Friedrich-Museum, 500 000 Reichsmark erhält die Stadt Berlin zur konfessionsübergreifenden Armenpflege. hg

Sanden, Hans, Schauspieler, Regisseur. 13.7.1891 Berlin – 12.3.1967 Berlin/West. 1919–34 ist S. als Schauspieler an verschiedenen Berliner Theatern tätig. Nach Abschluss einer von ihm geleiteten Operetten-Tournee durch Dtl, emigriert er 1934 nach Wien und von dort 1938 nach Frankreich. Nach der Internierung in französischen Lagern (1939–42), gelingt S. 1942 die Flucht aus dem Deportationszug, der ihn nach Auschwitz bringen soll. Er gelangt in die Schweiz und ist 1943–45 Schauspieler in den Lagern Bout du Monde, Genf und Büren. 1951 kehrt S. nach Berlin zurück und ist Schauspieler, Dramaturg und Direktor an der *Komödie* und dem *Theater am Kurfürstendamm*. jl

Sandler, Aron, Arzt. 17.1.1879 Inowrazlaw/Polen – 24.11.1954 Tel Aviv. 1897–1902 Studium in Königsberg, Würzburg und Berlin. 1902–06 ist S. Assistenzarzt im jüd. Krankenhaus in Berlin, danach betreibt er bis 1934 eine Privatpraxis. 1903 ist S. Delegierter auf dem Zionisten-Kongreß; 1903–05 Präsident der *Zionistischen Organisation Breslau*; 1913 Mitinitiator der Gründung der Hebrew Univ.; 1914 fördert er die Bildung des *Internationalen Instituts für Hygiene* in Jerusalem. Zudem ist er 1920–34 im Vorstand der JGB, 1922–34 im Rat des PLV und 1930 Redakteur des *Jüd. Lexikons*. Nach der Emigration 1934 arbeitet S. als Arzt in Palästina.
📖 Anthropologie und Zionismus, 1904. mhu

Saphir, Moritz Gottlieb (d.i. Gottlieb Moses), Publizist, Schriftsteller. 8.2.1795 Lovas-Berény bei Pest – 5.9.1858 Baden bei Wien. Aus orthodoxer Familie kommend, besucht S. 1806–14 die Prager Talmudschule. Als Theaterkritiker arbeitet er zunächst in Wien und kommt 1825 nach Berlin, wo

er zahlreiche Zeitschriften u.a. *Berliner Schnellpost* und *Courier* (1826–30) sowie die literarische Vereinigung *Tunnel über der Spree* gründet. S. veröffentlicht u.a. den *Berliner Theater-Almanach auf das Jahr 1828, ein Neujahr-Geschenk für Damen.* 1829 übersiedelt er nach München und kehrt 1834 nach Wien zurück, wo er die satirische Zeitschrift *Der Humorist* gründet und bis 1855 leitet.
Schriften, GA, 1887–89. ht

Moritz Gottlieb Saphir

Satanow, Isaak, Schriftsteller, Aufklärer. 1731 Satanow/Podolien – 25.12.1804 Berlin. S. kommt 1770 nach Berlin und gehört zum Kreis um M. ▶ Mendelssohn. Er avanciert zum bedeutendsten jüd. Buchdrucker und veröffentlicht wissenschaftliche und poetische Schriften, darunter hebräische Werke, Gebetbücher und Traditionsliteratur. S. schreibt für *HaMe'assef* und unternimmt Reisen nach Osteuropa. Er versucht Kabbala und Haskala zu vereinen und druckt erstmalig das Hauptwerk der lurianischen Kabbala, das im aufgeklärten jüd. Berlin Verbreitung findet.
Buch der Ethik, 1784.
Bersohn, N. R.: I. S. The man and his work, 1975; Pelli, M.: I. S., 1973. alm

Schach, Fabius, Journalist. 1868 Wekschne bei Riga/Lettland – 1930 Berlin. S. lebt 1893–1900 in Köln, wo er 1895 die *Nationaljüdische Vereinigung* (Vorläuferin der ZVfD) mitgründet und bis 1899 als deren Sekretär fungiert. 1910–14 ist er Geschäftsführer der *Freien jüdischen Vereinigung* in Berlin, sowie als freier Schriftsteller und Journalist u.a. für die *Jüdische Volksstimme* und das *Israelitische Familienblatt* tätig.
Eine auferstandene Sprache, 1891; Volk oder Salonjudentum, 1893. mhu

Schäfer, Moritz, Altphilologe, Historiker, Pädagoge. 21.5.1857 Loslau/Oberschlesien – 23.11.1930 Berlin. Zunächst neun Jahre als Hilfslehrer arbeitend, wird S. zum Oberlehrer an das Dorotheenstädtische Realgymnasium Berlin berufen, wo er zuletzt als Oberstudienrat tätig ist. Er engagiert sich als Mitglied des Schulvorstandes der JGB, als Verwalter des Fürsorgedezernates des *Deutsch–Israelitischen Gemeindebundes* sowie im CV und im *Hilfsverein für jüdische Studierende.* mhu

Schaul, Hans, Jurist. 13.12.1905 Inowrazlaw/Polen – 10.5.1988 Berlin/Ost. 1929 Heirat mit der Kinderbuchautorin R. G. ▶ Rewald. 1933 Berufsverbot und Emigration nach Paris. Ab 1936 aktive Teilnahme am Spanischen Bürgerkrieg und Redakteur der Zeitungen *Tschapajew* und *Der kämpfende Antifaschist.* Seit 1937 KPD-Mitglied. 1939 Internierung u.a. in Djelfa/Nordafrika. 1944 in der UdSSR Lehrer an Antifaschulen. 1948 Rückkehr nach Dtl. 1951–56 Prof. für Ökonomie an der Hochschule für Ökonomie in Berlin-Karlshorst. Danach bis 1972 Chefredakteur der SED-Parteizeitung *Einheit* in Berlin. mhu

Schaul, Ruth ▶ Rewald, Ruth Gustave.

Scherek, Jakob, Journalist. 31.12.1870 Schrimm/Posen – 27.7.1927 Hagö/Finnland. 1898–1906 Mitarbeiter der *Breslauer Zeitung*, ab 1910 bei der *Königsberger Hartungschen Zeitung.* Später in Berlin ist er anfangs beim *Berliner Börsen-Courier* sowie 1917/18 bei der CV-Zeitschrift *Im deutschen Reich* journalistisch tätig. 1922 Ernennung zum Regierungsrat. In der Funktion als stellv. Oberregierungsrat ist S. ab 1926 auch Pressechef der preußischen Staatsregierung. mhu

Scheurenberg, Klaus, Kaufmann. 20.9.1925 Berlin – 14.6.1990 Berlin. Der Vater Paul ist Angestellter der JGB, er selbst muß während des NS Zwangsarbeit leisten. Im Mai 1943 wird die Familie nach Theresienstadt deportiert, von wo aus S. 1944 nach Wulkow, in ein Außenlager des KZ Sachsenhausen, verschleppt wird. Die Eltern überleben das Ghetto Theresienstadt, der Bruder in Palästina. Die

Schwester und der Schwager werden in Auschwitz ermordet. Nach der Befreiung kehrt S. mit seinen Eltern nach Berlin zurück und ist zunächst als Textilkaufmann, ab 1965 in der Versicherungsbranche tätig. Ein späteres betriebswirtschaftliches Studium schließt er 1985 mit der Promotion über den *Holocaust als Wirtschaftsfaktor* ab. Er initiiert die Städtepartnerschaft Berlin-Tempelhof – Nahariya, die 1970 bundesweit als erste dt.-israelische Partnerschaft geschlossen wird. 1972 wird er hierfür mit dem Bundesverdienstkreuz ausgezeichnet. S. engagiert sich im Vorstand der JGB, 1981–90 auch im Vorstand der *Gesellschaft für christlich-jüd. Zusammenarbeit.*
Ich will leben, 1982; ÜBER LEBEN, 1990.
Im Gespräch, 1999. cm

Schiffer, Eugen, Jurist, Politiker. 14.2.1860 Breslau/Schlesien – 5.9.1954 Berlin. Nach Studium und Taufe (1896) wird S. 1900 Landrichter in Magdeburg. 1917 geht er nach Berlin und wird Unterstaatssekretär, ein Jahr später Staatssekretär im Reichsschatzamt. 1903–18 ist S. Mitglied im Preußischen Abgeordnetenhaus, 1912–17 auch Mitglied im Reichstag. In der Weimarer Republik ist S. Mitglied der Nationalversammlung des Preußischen Landtags (1921–24) sowie des ersten Reichstages, jeweils für die DDP. Im Kabinett von Scheidemann ist S. Vize-Kanzler und Reichsfinanzminister, später Reichsjustizminister. Nach dem Niedergang der DDP ist S. 1925 maßgeblich an der Gründung der Liberalen Vereinigung beteiligt, die die DDP mit der Deutschen Volkspartei zusammenführen soll.
Die deutsche Justiz, 1928.
Ramm, J.: E. S. und die Reform der deutschen Justiz, 1987. pj

Schiratzki, Selma, Lehrerin. 29.5.1890 Frankfurt/Main – 1980 Jerusalem. Nach Abschluss des Städtischen Lehrerinnenseminars (1911) ist S. bis 1924 als Volksschullehrerin in Frankfurt tätig. Sie übersiedelt nach Berlin und arbeitet zunächst in der Schule der JGB in der Fasanenstraße. 1926 wird sie Leiterin der *Ryke-Schule* im Prenzlauer Berg. 1938 übernimmt S. die Leitung der jüd. Schule in der Choriner Straße. Sie engagiert sich für die Jugendalijah. 1939 Auswanderung nach Schweden. 1945 Übersiedlung nach Palästina, wo S. weiterhin pädagogisch tätig ist. ko

Schlegel, Dorothea, geb. Brendel Mendelssohn, verh. Veit, Salonnière, Schriftstellerin. 24.10.1764 Berlin – 3.8.1839 Frankfurt/M. Die älteste Tochter von M. ▸ Mendelssohn wird 19-jährig mit dem jüd. Geschäftsmann Simon ▸ Veit verheiratet. Aus dieser Verbindung gehen zwei Söhne hervor, doch die Ehe verläuft unglücklich. Die literarisch interessierte S. veranstaltet in ihrem Haus wöchentliche Lesungen in kleinem Kreis. S. ist häufiger Gast im Salon der H. ▸ Herz, wo sie 1797 den Dichter und Literaturkritiker Friedrich S. kennen lernt. Mit ihm geht sie, nach ihrer Scheidung 1799, nach Jena. Sie hilft ihm, übersetzt und schreibt selbst Romane, Artikel und Novellen, die allerdings teilweise unter dem Namen ihres Mannes publiziert werden. 1802 geht das Paar nach Paris, wo es 1804, nach S.s Konversion zum Protestantismus, heiratet. 1808 konvertieren beide zum Katholizismus, Umzug nach Wien.
Florentin, 1801 [1993].
Stern, C.: Ich möchte mir Flügel wünschen, 1990; Frank, H.: „... die Disharmonie, die mit mir geboren ward, und die mich nie verlassen wird ..", 1988. nms

Schlesinger, Georg, Ingenieur. 17.1.1874 Berlin – 6.10.1949 London. Betriebsleiter der Berliner Firma *Ludwig Loewe AG.* 1904–34 Prof. für Werkzeugmaschinen und Fabrikbetrieb an der TH Berlin; gründet das Institut *Versuchsfeld für Werkzeugmaschinen.* 1934 wegen angeblichen Hochverrats und Spionageverdachts für sieben Monate inhaftiert, danach Emigration in die Schweiz. Bis 1935 Forschung und Lehre in Zürich. Lebt ab 1939 in Großbritannien.
Testing Machine Tools, 1938.
G. S. und die Wissenschaft vom Fabrikbetrieb, 2000. mhu

Schlesinger, Helene ▸ Herrmann, Helene.

Schlesinger, Hedwig ▸ Dohm, Hedwig.

Schlesinger, Nachmann, Lehrer. 24.2.1883 Hamburg – 1942 unbekannt. 1909 Auswanderung nach Palästina, dort Lehrer an der Tachkemoni-Schule in Jaffa. Eine Krankheit bewegt S. 1911 zur Rückkehr nach Dtl. 1915–21 Leitung der Jüd. Schule Kowno, anschließend Aufbau des Schulwerkes der *Adass Jisroel*-Gemeinde in Berlin. 1930–42 Direktor an der dortigen Oberschule. 1942 Deportation in den Osten. js

Schlesinger, Paul Felix (Pseud. Sling), Journalist. 11.5.1878 Berlin – 22.5.1928 Berlin. Lehre im Wollwarenhandel, die S. nicht beendet. 1901–14 Engagement am Münchner Kabarett *Elf Scharfrichter.* S. arbeitet als Korrespondent in München, Bern und

Paris. Als die Inflation den Verlag zu Einsparungen zwingt, wird er 1916 nach Berlin beordert, dort schreibt er feuilletonistische Episoden aus dem Berliner Alltagsleben u.a. für die *Schaubühne* und den *Simplicissimus*. Berühmtheit erlangt S. als Gerichtsberichterstatter der *Vossischen Zeitung*.
Das Sling-Buch, 1924; Richter und Gerichtete, 1929. ht

Schlesinger, Walter ▶ Walter, Bruno.

Schliesser, Elli (Deckname: Hanna Herfurth), Schauspielerin. 19.12.1911 Berlin – 2.5.1947 Dresden. Bereits 16-jährig ist S. Mitglied von Maxim Vallentins Agitprop-Theatergruppe *Das Rote Sprachrohr* in Berlin. Sie engagiert sich in der dt. sowie internationalen revolutionären Arbeitertheaterbewegung und wird 1932 Präsidiums-Mitglied des *Internationaen Revolutionären Theater-Bundes*. 1933 emigriert sie nach Prag, wo sie im *Hans-Otto-Klub* tätig ist, der aus politisch engagierten Mitgliedern des *Deutschen Theaters Prag* und Emigranten besteht. 1937 Emigration nach Paris, dort wird sie 1940 von der Gestapo verhaftet. Es folgen Internierungen in verschiedenen KZs (u.a. Auschwitz). Anfang 1945 gelingt die Flucht aus dem KZ Ravensbrück. S. beendet ihr Leben zwei Jahre nach Kriegsende durch Selbstmord. uw

Schmidt, Joseph, Sänger. 6.3.1904 Dawideny/Bukowina – 16.11.1942 Gyrenbad bei Zürich. S. singt bereits als Kind im Synagogenchor. 1925/26 studiert er Musik in Berlin. Nach einem Auftritt im Berliner Rundfunk (April 1929) wird er schlagartig bekannt. Dem nur knapp 1,60 m großen Sänger bleibt jedoch eine Bühnenkarriere versagt. Stattdessen brilliert S. als Konzertsänger sowie in Rundfunk und Tonfilm. Lieder wie *Heut ist der schönste Tag in meinem Leben* oder *Ein Lied geht um die Welt* werden Evergreens. Nachdem S. 1933 mit Aufführungsverbot belegt wird, unternimmt er erfolgreiche Tourneen durch Europa und Amerika. 1938 emigiriert S. über Brüssel nach Frankreich, flieht von dort in die Schweiz, wo er in einem Internierungslager aufgrund unterlassener Hilfeleistung stirbt.
Ney-Nowotny, K.: J. S., 1963. jl

Schmincke, Richard, Arzt. 17.10.1875 Altenritte – 19.8.1939 Berlin. Nach dem Studium ist S. in Berlin als Arzt tätig und 1925–30 im *Verein sozialistische Ärzte*. Das KPD-Mitglied ist seit 1927 Stadtrat und Gesundheitsdezernent in Neukölln. S. setzt sich für die Entwicklung einer sozial gleichberechtigten medizinischen Betreuung ein und schießt sich 1928 dem Komitee zur Geburtenregelung an. 1930 eröffnet er die erste Sexual- und Eheberatungsstelle dieses Komitees in Neukölln. 1933 wird S. aus allen Ämtern entlassen, in der Nacht des Reichstagsbrandes verhaftet und mehrere Monate inhaftiert. 1934 eröffnet er eine Praxis in Wilmersdorf, später am Kurfürstendamm. S. fechtet die Aberkennung seiner Approbation an. Einen Monat nach der endgültigen Bestätigung des Berufsverbots begeht er Selbstmord.
Die Wirkung von Mineralquellen von Bad Elster, 1913. mh

Schnabel, Arthur, Pianist, Komponist. 17.4.1882 Lipnik/Galizien – 16.8.1951 Axenstein/Schweiz. S. studiert 1894–96 Komposition und Musiktheorie in Wien. Seit 1900 lebt er in Berlin und ist als Konzertpianist erfolgreich. S. arbeitet u.a. mit Ernst Krenek und A. ▶ Schönberg zusammen. 1929–33 leitet er die Klaviermeisterklasse an der Staatlichen Hochschule in Berlin. 1933 emigriert S. nach Italien und gelangt 1939 in die USA.
Reflections on Music, 1933; My life and music, 1961.
Grünzweig, W.: A. S., 2001. jl

Schneider, Julius, Pädagoge. 14.12.1861 Liegnitz/Schlesien – 26.11.1942 Ghetto Theresienstadt. S. unterrichtet 1884–1926 als Studienrat am Falk-Realgymnasium in Berlin. Er setzt sich für die Förderung des jüd. Religionsunterrichts an Höheren Schulen ein. S. gehört dem CV als Hauptvorstandsmitglied an. Im Nov. 1942 wird er nach Theresienstadt deportiert. uw

Schneider-Kainer, Lene, Malerin. 16.5.1885 Wien – 15.6.1971 Cochamba/Bolivien. S.-K. studiert in München, vermutlich auch an der Wiener Kunstakademie. Sie heiratet 1910 den Maler, Graphiker und Bühnenbildner Ludwig K., mit dem sie ab 1912 in Berlin lebt. Ihre Berliner Wohnung ist Treffpunkt vieler Künstler und Schriftsteller wie Franz Werfel und E. ▶ Lasker-Schüler, die von S.-K portraitiert wird. Im Dez. 1926 schließt sie sich einer zweijährigen Expedition nach Asien unter der Leitung des Schriftstellers B. Kellermann an. S.-K. stellt ihre Ölbilder, Aquarelle und Zeichnungen aus Asien in den folgenden Jahren u.a. in Berlin, London, Rom, Palma de Mallorca, Kopenhagen und New York aus. 1931 Verleihung des Rom-Preises der Villa Massimo. 1938 Emigration nach New York. 1957 Übersiedlung nach Cochamba in Bolivien, um dort zusammen mit ihrem Sohn eine Stofffabrik zu gründen.

Dahmen, S.: Leben und Werk der jüd. Künstlerin L. S.-K. im Berlin der zwanziger Jahre, 1999. js

Schocken, Salman, Warenhausbesitzer, Verleger. 30.10.1877 Margonin/Posen – 6.8.1959 Pontresina/Schweiz. S. gründet in Zwickau zusammen mit seinen Brüdern Julius und Simon den Warenhauskonzern, der 1933 über ein weit verzweigtes Filialnetz mit über 30 Geschäften verfügt. Er ist Gründer des gleichnamigen Verlages, des ebenso nach der Familie benannten Forschungsinstituts sowie einer Bibliothek in Jerusalem mit über 50 000 Bdn. S. lebt seit 1933 in Palästina und in den USA.

Dahm, V.: Das jüd. Buch im Dritten Reich, Teil 2: S. Schocken und sein Verlag, 1982; Fuchs, K.: Ein Konzern aus Sachsen. Das Kaufhaus Schocken 1901–53, 1990. js

Schönberg, Arnold, Komponist. 13.9.1874 Wien – 13.7.1951 Los Angeles. S. bildet sich autodidaktisch zum Komponisten aus und geht 1901 nach Berlin, wo er als Dirigent in E. v. Wolzogens literarischen Kabarett *Überbrettl* sowie als Lehrer am *Stern'schen Konservatorium* arbeitet. 1911 entwickelt S., seit 1903 wieder in Wien lebend, seine *Harmonielehre*. 1915–18 leistet er Kriegsdienst und gründet anschließend den *Verein für musikalische Privataufführungen* in Wien. Dort vollendet S. seine Zwölftontechnik. Ab 1925 lehrt er Komposition an der PAdK in Berlin. In dem alttestamentlichen Oratorium *Die Jakobsleiter* (1917) und der Oper *Moses und Aron* (1932, beide unvollendet) orientiert sich S. auch an jüd. Themen. 1933 rekonvertiert S. zum jüd. Glauben und emigriert in die USA.

Stil und Gedanken, 1976; Briefwechsel der Wiener Schule, 1995.

Ringer, A. L.: A. S., 2002; Frisch, W.: The early works of A. S. 1893–1908, 1993; Hansen, M.: A. S., 1993. jl

Schönfeld, Julius, Jurist. 18.6.1894 Posen – 23.10.1942 Berlin. RA mit Kanzlei in der Krausen Straße. Ab 1933 leitende Funktion im Palästina-Amt, später Verwaltungsdirektor im Jüd. Krankenhaus. Gemeinsam mit seiner Frau wählt S. den Freitod, vermutlich weil er 1942 aufgefordert wird, Mitarbeiter zur Deportation auszuwählen. cm

Schönflies, Benedix ▸ Walter, Benjamin.

Schoeps, Hans-Joachim, Historiker. 30.1.1909 Berlin – 8.7.1980 Erlangen. Gründer des *Vortrupp. Gefolgschaft deutscher Juden* (1933–35), vertritt 1934 (*Wir deutschen Juden*) gegenüber J. ▸ Prinz eine dezidiert antizionistische Position. 1938–46 Emigration in Schweden, Rückkehr nach Dtl und Habilitation in Marburg. 1947–80 bekleidet S. den Lehrstuhl für *Religions- und Geistesgeschichte* an der Univ. Erlangen. 1948 Gründer der *Zeitschrift für Religions- und Geistesgeschichte* (ZRGG), 1956–78 Vorsitzender der *Gesellschaft für Geistesgeschichte.*

GS, 16 Bde, 1990ff.

Töpner, K.: Wider die Ächtung der Geschichte, 1969. js

Hans-Joachim Schoeps

Schoeps, Julius, Arzt. 5.1.1864 Neuenburg/Westpreußen – 27.12.1942 Ghetto Theresienstadt. Gymnasium in Graudenz, 1884–90 Studium in Berlin, Würzburg, München und Leipzig. Nach Militärdienstzeit als Einjährig-Freiwilliger lässt sich S. im Berliner Süden als Arzt nieder. Als einziger Jude ist S. Mitglied des 2. Gardedragonerregiment Kaiserin Alexandras von Russland. 1920 Oberstabsarzt der Reserve. 1938 Entzug des Arzttitels, Zulassung als ‚Heilbehandler für Nichtarier'. Juni 1942 Deportation. 1987 wird die Kaserne des Sanitätsbataillons 1 in Hildesheim in *Oberstabsarzt Dr. Julius Schoeps-Kaserne* benannt.

Dauerheilung der Prolaps-Operationen in der Leipziger Klinik, 1890. js

Scholem, Arthur, Buchdrucker. 5.3.1863 Berlin – 4.2.1925 Berlin. Vater von Gershom ▶ S. und Werner ▶ S., verheiratet mit Betty ▶ S. Nach Lehre und Gesellenzeit in Berlin arbeitet S. Anfang der 1880er Jahre als Setzer in London. 1892 gründet er eine Druckerei, die um 1900 mit der Herstellung von Etiketten für Grammophonplatten und während des I. WK mit der Produktion von Behördenformularen erfolgreich ist. S. engagiert sich in der Krankenkasse des grafischen Gewerbes und ist Mitglied im CV. nr

Scholem, Betty, geb. Hirsch. 30.11.1866 Berlin – 5.5.1942 Australien. Die Mutter von Gershom ▶ S. und Werner ▶ S., arbeitet in der Druckerei ihres Mannes Arthur ▶ S., den sie am 2.11.1890 heiratet. Nach dem Tod ihres Mannes reist sie mehrfach nach Palästina (1926, 1931 und 1936). 1931 zieht sie zu ihrem Sohn Erich, der seit 1919 gemeinsam mit seinem Bruder Rheinhold die väterlichen Druckerei leitet. 1938 emigrieren Erich und Rheinhold nach Australien, 1939 folgt ihnen S. Auf Bitten ihres Sohnes Gershom schreibt S. autobiogr. Skizzen über ihre Berliner Jahre. In etwa 600 Briefen an ihn beschreibt S. das Berliner Judentum der 1920er Jahre und die zunehmenden Repressalien gegen Juden in den 1930er Jahren.
▯ Mutter und Sohn im Briefwechsel. 1917–46, 1989. ht

Scholem, Gershom (Gerhard), Religionshistoriker, Philosoph. 5.12.1897 Berlin – 20.2.1982 Jerusalem. Studium in Berlin, Jena, Bern und München, 1922 Promotion, Hinwendung zum Zionismus und Auswanderung nach Palästina, 1925 Dozent später Prof. für jüd. Mystik und Kabbala an der Hebrew Univ. in Jerusalem, 1968–74 Präsident der Israelischen AdW. S. ist der Verfasser bedeutender Untersuchungen über die Ursprünge und Anfänge der Kabbala und über Sabbatai Zwi und die sabbatianische Bewegung (*Sabbatai Zwi. Der mystische Messias*, 1992). Seine Freundschaft mit W. ▶ Benjamin ist dokumentiert in *Walter Benjamin. Die Geschichte einer Freundschaft* (1975).
▯ Die jüdische Mystik, 1957; Judaica, 5 Bde, 1977 ff.; Von Berlin nach Jerusalem, 1977.
▤ Weidner, D.: G. S., 2003; Hamacher, E.: G. S., 2003; Mysticism an Religion. Resented to G. S. on his Seventieth Birthday, 1967. js

Scholem, Siegfried (Scholem Scholem), Buchdrucker. 16.6.1833 Berlin – 12.9.1901 Berlin. Großvater von Gershom ▶ S. und Werner ▶ S., Vater von Arthur ▶ S. Nach seiner Buchdruckerlehre in Berlin wird S. 1858 Geselle. Seine 1861 gegründete Buchdruckerei führen seine Söhne Max und Theobald weiter. nr

Scholem, Werner, Politiker. 29.12.1895 Berlin – 17.7.1940 KZ Buchenwald. Bruder von Gershom ▶ S. Im Gegensatz zu seinem antizionistisch eingestellten Elternhaus, interessiert ihn bereits als Jugendlicher der politische Zionismus. Ab 1911 ist S. als Redakteur tätig. Er schliesst sich der sozialistischen Arbeiterjugend an und wird während des I. WK wegen Antikriegsdemonstrationen inhaftiert. Zunächst Mitglied der SPD (1913), kommt er über die USPD zur KPD (ab 1920), für die er Mitglied im Preußischen Landtag (1921–24) und Mitglied des Reichstages (1924–28) ist, wo er 1922 vehement die ‚Ostjuden' gegen Angriffe deutschnationaler Abgeordneter verteidigt. S. ist ein Vertreter der ‚Ultralinken' in der KPD, 1926 wird er deswegen ausgeschlossen. 1933 Deportation in das KZ Dachau, 1940 im KZ Buchenwald ermordet. pj

Schottlaender, Rudolf, Philologe, Philosoph. 5.8.1900 Berlin – 1.4.1988 Berlin/Ost. Studium in Berlin, Marburg, Freiburg und Heidelberg, 1923 Promotion, bis 1933 Publizist. Überlebt die NS-Zeit durch die Ehe mit seiner nichtjüd. Frau. 1947 wird er als Prof. für Philosophie an die TU Dresden berufen, 1949 jedoch aus politischen Gründen entlassen. Er siedelt nach Berlin/W. über und arbeitet als Gymnasiallehrer. Wegen seines Eintretens für die Friedensbewegung und gegen die Wiederaufrüstung wird S. 1959 aus dem Schuldienst entlassen und geht 1960 in den Ostteil, wo er an der HU Berlin eine o. Prof. für klassische Philologie erhält. 1965 erfolgt die Emeritierung. S. äußert sich kritisch zu den Verhältnissen in der DDR und tritt für Robert Havemann und Rudolf Bahro ein.
▯ Trotz allem ein Deutscher. Mein Lebensweg seit Jahrhundertbeginn. Autobiogr., 1986; Verfolgte Wissenschaft, 1988. id

Schoyer, Adolf, Unternehmer. 28.8.1872 Berlin – 15.6.1961 Bad Kissingen. Kaufmännische Ausbildung in der väterlichen Metallhandelsfirma in Berlin, deren Mitinhaber S. wird. Er ist Vorsitzender des *Vereins Deutscher Metallhändler* und des Börsenvorstandes der Metallbörse. Seit 1931 orthodoxer Vertreter im Vorstand der JGB. 1933–38 Leiter des Kulturdezernats und Mitglied der RJD. 1938 Emigration nach London. Dort als Kaufmann tätig und Mitbegründer des CJG. 1946 Rückkehr nach Berlin/W. uw

Schragenheim, Arthur Abraham, Architekt. 5.7.1893 Berlin – 29.4.1981 Tel Aviv. Eröffnet nach seinem Studium an der TH Berlin mit Walter Kretschmer ein Architekturbüro. Ihre Projekte umfassen private und öffentliche Bauten, Siedlungsplanungen, Synagogenbauten und Inneneinrichtungen. Da S. Gemeindemitglied von *Adass Jisroel* ist, gestaltet er auch Grabsteine für deren Friedhof. 1933 emigriert S. nach Tel Aviv und realisiert zahlreiche Projekte, u.a. den Bau der Bar-Ilan-Univ. nv

Schreiber-Krieger, Adele, Frauenrechtlerin, Schriftstellerin, Politikerin. 29.4.1872 Wien – 20.2.1957 Herrliberg/Zürich. Die katholisch erzogene S.-K. besucht die Londoner School of economics und studiert Volkswirtschaftslehre in Berlin. Sie betätigt sich als Journalistin und Schriftstellerin. Dem radikalen Flügel der bürgerlichen Frauenbewegung angehörig, setzt sie sich für den Mutter- und Kinderschutz und für eine Erziehungs- und Sexualreform ein. Sie ist u.a. 1904–33 Vizepräsidentin des von ihr mitbegründeten *Weltbundes für Frauenstimmrecht* und 1905–09 Mitarbeiterin im *Bund für Mutterschutz und Sexualreform.* 1910 übernimmt sie die Redaktion der Zeitschrift *Die Staatsbürgerin* und schreibt das Drehbuch für den Film *Die im Schatten leben* (1917). 1920–24 und 1928–32 ist S.-K. MdR für die SPD. 1933 emigriert sie in die Schweiz und 1939 nach Großbritannien. Dort gibt sie Kurse zur demokratischen Erziehung für dt. Kriegsgefangene. Seit 1946 lebt S.-K. vorwiegend in der Schweiz.
📖 Kinderwelt und Prostitution, 1900; Mutterschaft, 1921; Das Recht des Kindes, 1931. ul

Schreiber, Wolf ▶ Wolf, Joseph.

Schreker, Franz, Komponist. 23.3.1878 Monaco – 21.3.1934 Berlin. S. stammt aus ärmlichen Verhältnissen und trägt durch Orgelspiel zum Unterhalt der Familie bei. 1892–1900 ist er Stipendiat am Wiener Konservatorium, sein Kompositionslehrer ist Robert Fuchs. Nach ersten Lied- und Instrumentalkompositionen, widmet er sich zunehmend der Komposition von Bühnenwerken (Ballett, Oper). 1908–20 Leitung des *Philharmonischen Chors Wien*, 1912 Lehrstuhl für Komposition an der Wiener Akademie. 1920 Direktor und Kompositionslehrer an der Berliner Musikhochschule. S. wird 1932 seiner Leitungs- und 1933 seiner Lehrtätigkeit enthoben und erliegt nach Verfolgung und Hetze 1934 einem Herzanfall. Das Oeuvre von S. spiegelt den Epochenwandel vom Impressionismus zum Expressionismus und zur Neuen Sachlichkeit wider.
📄 Kienzle, U.: Das Trauma hinter dem Traum, 1998; Hailey, C.: F. S. a cultural biography, 1993; Schreker-Bures, H.: F. S., 1970. mk

Franz Schreker

Schück, Franz, Chirurg. 24.10.1888 Breslau – 1958 New York. Seit 1913 Assistent (später Oberarzt) an der Chirurgischen Universitätsklinik der Charité. Ab 1921 a.o. Prof. für Chirurgie an der Univ. Berlin. 1923–33 Direktor des städtischen *Urban-Krankenhauses* Berlin. Sein Arbeitsgebiet ist die Neurochirurgie. Noch 1934 erscheint *Diagnostik und Indikation in der Neurochirurgie mit therapeutischen Hinweisen*, obwohl er seit 1933 bereits entlassen ist. 1934 Emigration in die USA. Seit 1935 führt S. eine Privatpraxis in New York. ko

Schüfftan, Eugen (Pseud. Eugène Schuftan, Eugen Shuftan), Kameramann, Regisseur. 21.7.1893 Breslau – 6.9.1977 New York. Nach dem Besuch der Breslauer Kunstakademie betätigt sich S. zunächst als Maler und ist zeitweilig Mitglied der *Berliner Secession* unter M. ▶ Liebermann. Bevor er 1920 zum Film wechselt, arbeitet S. als Architekt und Dekorationsmaler. 1923 entwickelt er gemeinsam mit dem Techniker Ernst Kunstmann das nach ihm benannte Einspiegelungsverfahren. Dieses Schüfftan-Verfahren erlangt durch die Anwendung in *Metropolis* (1926) weite Verbreitung. S. arbeitet u.a. für R. ▶ Siodmaks *Menschen am Sonntag* (1930) und ist fortan international als Kameramann und Regisseur erfolgreich. 1933 geht er nach Frankreich ins Exil, 1940 in die USA. 1961 erhält S. den Oscar für die Kamera in *The Hustler*, 1964 den Deutschen Filmpreis. kq

Schulhoff, Esther ▶ Liebmann, Esther.

Schur, Issai, Mathematiker. 10.1.1875 Mogiljow/Rußland – 10.1.1941 Tel Aviv. 1901 Promotion. 1910 Habilitation, dann PD an der FWU. 1913–16 a.o. Prof. in Bonn. 1916–19 a.o. Prof. in Berlin. 1919 erhält S. eine o. Prof. an der Univ. Berlin, bis er 1936 als letzter jüd. Prof. aus dem Amt entlassen wird. 1939 Emigration nach Palästina. S. beschäftigt sich v.a. mit der Gruppentheorie, Algebra und Zahlentheorie.
📖 Ges. Abhandlungen, 1973; Die Zürcher Vorlesung von I. S. über Darstellungstheorie, 2004. mh

Schuster, Ilse ▶ Ploog, Ilse.

Schwabach, Paul Hermann von, Bankier. 6.5.1867 Berlin – 1938 Berlin. S. studiert Geschichte, tritt dann wie sein Vater in das Bankhaus S. ▶ Bleichröder ein und übernimmt ab 1898 eine Leitungsposition. 1912 wird er Alleininhaber des Bankhauses. S. ist Mitglied des Zentralausschusses der Reichsbank. Im gesellschaftlichen und diplomatischen Leben Berlins spielt S. eine bedeutende Rolle. Er ist Berater des Auswärtigen Amtes und 1898–1914 britischer Generalkonsul in Berlin. S. wird 1913 geadelt.
📖 Aus meinen Akten, 1927. uw

Schwarcz, Eva, geb. Baruch (Pseud. E. Schwar[t]z), Schauspielerin, Dramaturgin, Regisseurin. 20.2.1929 Berlin – 25.4.1966 Freiburg. 1935–37 Besuch der Theaterschule von Ilka Grüning in Berlin. 1937/38 ist S. in verschiedenen Rollen am Theater des JKB Berlin zu sehen, bevor sie 1938 zusammen mit ihrer Mutter nach Shanghai emigriert. Dort tritt sie bis 1942 am dt. Emigrantentheater auf. Gleichzeitig arbeitet S. als Übersetzerin und Radiosprecherin. 1947 kehrt sie mit ihrer Mutter nach Berlin/O. zurück. Bis 1951 ist S. als Dramaturgin und Regieassistentin am *Sowjetischen Haus der Kultur* (dem späteren *Maxim Gorki Theater*) und als Sprecherin und freie Mitarbeiterin beim Rundfunk tätig. Aus der SED wird sie nach kritischen Äußerungen ausgeschlossen. 1954/55 ist S. an den Theatern in Wittenberg und Stassfurt sowie beim Film tätig. Im März 1951 siedelt S. zusammen mit ihrem zweiten Mann nach Köln über, wo sie als Übersetzerin und Lektorin sowie als Sprecherin für *Deutsche Welle* und *Deutschlandfunk* arbeitet. mr

Schwarz, Josef, Pianist, Musikpädagoge. 1.5.1883 Odessa – 15.7.1945 New York. Studium in Odessa, St. Petersburg und Wien. 1910–20 Klavierlehrer am *Stern'schen Konservatorium* in Berlin, danach als Privatpädagoge tätig. S. unternimmt weltweite Konzertreisen, u.a. mit seinem Sohn, dem Geiger Boris S. 1933–36 wirkt er im JKB mit. 1937 Emigration in die USA. Dort arbeitet S. an verschiedenen Musikakademien in Philadelphia als Lehrer. uw

Schwarz, Josef (Joseph), Sänger. 10.10.1881 Riga – 10.11.1926 Berlin. Der Sohn einer Schneiderfamilie singt schon als Kind im Rigaer Synagogenchor. Eine Gesangsausbildung erhält er am *Stern'schen Konservatorium* Berlin und am Wiener Konservatorium. Danach wird S. an der Volksoper und Hofoper Wien und seit 1915 an der Berliner Hofoper engagiert. Weltweite Gastspiele führen ihn u.a. nach Amerika, wo er auch an der Met in New York singt. Er gilt als einer der bedeutendsten Baritone seiner Zeit. uw

Schwarz, Julius, Bankier. 26.4.1881 Bonn – 24.11.1934 Berlin. S. arbeitet seit 1905 bei der Berliner Bankfirma *Alexander Löwenherz Nachfahren*. Gemeinsam mit Jacob ▶ Goldschmidt gründet er 1910 das Bankhaus *Schwarz, Goldschmidt & Co.* Er ist Vorsitzender des Gesamtbörsenvorstandes, Präsident der *Interessengemeinschaft der Berliner Privatbanken* sowie Mitglied der IHK. Zudem engagiert er sich im CV und ist Vorsitzender der *Sammlung Jüd. Not* der *Zentralwohlfahrtsstelle der dt. Juden*. uw

Schwarz, Karl Israel, Kunsthistoriker, Museumsdirektor. 22.4.1885 München – 22.10.1962 Tel Aviv. Studium der Philosophie und Kunstgeschichte in Berlin, München und Heidelberg (1915 Promotion), dann Autor, Lektor und Hg. in Berlin. 1926/27 Kurator, 1933 Direktor des Berliner Jüd. Museums (zuvor 1929 Jüd. Museumsverein, 1930 Kustos der Kunstsammlung der JGB). 1933 Emigration nach Tel Aviv, bis 1947 Leiter des Kunstmuseums.
📖 Die Juden in der Kunst, 1928; Modern Jewish Art in Palestine, 1941; Jüdische Kunst – jüdische Künstler. Erinnerungen des ersten Direktor des Berliner Jüdischen Museums, 2001. jvs

Schwarz, Minna, geb. Rosenau, Sozialarbeiterin. 25.11.1859 Pommern – 27.12.1936 Berlin. 1913 gründet S. das Mütter- und Säuglingsheim in der

Weddinger Brunnenstraße 41. Dort richtet sie auch erste Mütterberatungsstellen ein und gründet eine Säuglingspflegerinnenschule, die die staatliche Anerkennung erhält und an der Schülerinnen eine Ausbildung mit Staatsexamen ablegen können. Sie unterstützt die jüd. Frauenarbeit, tritt für die Rechte der jüd. Frau ein, arbeitet u.a. im Vorstand des JFB und des CV. S. ist Gründerin und langjährige Leiterin des Frauenvereins der Berliner Bnai-Brith-Logen. Im Altersheim der JGB, das ihren Namen trägt, und in welches das Mütter- und Säuglingsheim umgewandelt wird, lebt sie selbst bis zu ihrem Lebensende. uw

Karl Schwarzschild

Schwarzschild, Karl, Astronom, Mathematiker. 9.10.1873 Frankfurt/Main – 11.5.1916 Potsdam. S. studiert 1891–96 Astronomie in Straßburg und München. 1899 Habilitation in München. 1901 Prof. an der Univ. Göttingen und Direktor der dortigen Sternwarte. 1909 wird er Prof. an der Univ. Berlin und Direktor des *Astrophysikalischen Observatoriums Potsdam.* Ihm sind bahnbrechende Untersuchungen auf dem Gebiet der fotografischen Fotometrie der Gestirne zu verdanken. Grundlegend sind u.a. seine Arbeiten über so genannte *Schwarze Löcher*, weshalb einige ihrer Eigenschaften nach ihm benannt sind: die *Schwarzschild-Metrik* und der *Schwarzschildradius.* Der Kern eines schwarzen Loches wird *Schwarzschild-Singularität* genannt. Aus dem I. WK kehrt S. invalidisiert zurück und stirbt kurze Zeit später.

🕮 Untersuchungen zur geometrischen Optik, 1905 [1971]; Über die Eigenbewegung der Fixsterne, 1908; GW, 3 Bde, 1992. ht/uw

Schwarzschild, Leopold, Wirtschaftspolitiker, Publizist. 7.12.1891 Frankfurt/Main – 2.10.1950 Santa Margherita/Italien. Ab 1919 arbeitet S. für das Reichsfinanzministerium und ist Redakteur für den *Frankfurter Generalanzeiger.* Er lässt sich 1920 in Berlin nieder. Zusammen mit S. Grossmann gibt er *Das Tage-Buch* heraus, ab 1927 ist er dessen alleiniger Hg. Daneben ist S. Mitgründer der Zeitung *Montag Morgen* (1923) und des *Magazins der Wirtschaft.* 1933 emigriert er nach Wien, dann nach Paris. Dort gibt er zwischen Juli 1933 und Mai 1940 *Das Neue Tage-Buch* heraus, eine der ersten und einflussreichsten Exilzeitschriften und ist dort 1938 u.a. neben A. ▶ Döblin, J. ▶ Roth und H. ▶ Sahl Mitbegründer des *Bundes Freier Presse und Literatur.* 1940 emigriert S. in die USA und wird Redakteur der *New York Times.*

🕮 Der rote Preuße. Leben und Legende von Karl Marx, 1954; Chronik eines Untergangs. Deutschland 1924–39, 2003.

🗎 Behmer, M.: Von der Schwierigkeit gegen Illusionen zu kämpfen. Der Publizist L. S., 1997; Gallrein, H.: Ein streitbarer Demokrat. L. S., 1992. alm/ht

Schwatlo, Carl, Architekt. 19.6.1831 Hermsdorf/Ostpreußen – 24.12.1884 Berlin. Studium in Königsberg und Berlin. S. leitet bereits ab 1855 das Berliner Architekturbüro von G. F. H. ▶ Hitzig. Neben Schlossbauten entwirft S. das Geschäftshaus ▶ Oppenheim sowie das jüd. Altersheim. 1865 geht er in den Staatsdienst und ist als Regierungs- und Baurat tätig. S. scheidet 1877 aus dem Staatsdienst aus und wird Prof. für Architektur an der Bauakademie.

🗎 Nitschke, R.: „dauerhaft und würdig". C. S.s Berliner Post- und Telegraphenbauten, 2003. nv

Schwerdt, Anna ▶ Plothow, Anna.

Schweitzer, Recha ▶ Freier, Recha.

Schwerin, Jeanette, geb. Aberbanell, Sozialarbeiterin. 21.11.1852 Berlin – 14.7.1899 Berlin. S. stammt väterlicherseits aus einer spanisch-jüd. Gelehrtenfamilie. Durch die sozial engagierte Mutter lernt sie die Wohltätigkeitsvereine des Bürgertums kennen, die sie als dilettantisch ablehnt. 1892 beteiligt sie sich mit ihrem Mann an der Gründung der DGEK und wird 1896 zweite Vorsitzende. Ziel dieser Gesellschaft ist die Verbreitung ethischer Werte, die von Menschen jeglicher Konfession in praktischer oder theoretischer Arbeit geleistet werden soll. Als Mitglied und ab 1897 als Leiterin der neugegründeten *Mädchen- und Frauengruppen für soziale Hilfsarbeit* hat sie großen Einfluss auf die Professionalisierung ehrenamtlicher Sozialarbeit. Zudem setzt sich S. als Vorsitzende der Kommission für Gewerbeinspektion des BDF für den Schutz der Arbeiterinnen ein. Sie publiziert mehrere Artikel und gibt 1899 die ersten Hefte des *Centralblattes* des BDF heraus. ul

Segal, Arthur, Maler. 13.7.1875 Jassy/Bukowina – 23.6.1944 London. Studium in Berlin und München, später in Paris. S. malt im neoimpressionistischen Stil, wobei deutliche Einflüsse von Matisse und van Gogh sichtbar werden. 1910 ist er Mitbegründer der *Neuen Secession* in Berlin. Unterbrochen von einem Ascona-Aufenthalt (1914–20) lebt S. bis 1933 in Berlin. Dort leitet er ab 1923 eine eigene Malschule. Er ist Mitarbeiter der *Aktion*, Mitglied der *Novembergruppe* und der *Abstrakten/Zeitgemäßen*. 1933 emigriert S. nach Mallorca.
A. S., 1987. nv

Segall, Fritz, Journalist. 27.8.1901 Neudamm/Mark Brandenburg – 2.8.1973 London. Seit 1925 ist S. Mitarbeiter in der Partei- und Gewerkschaftspresseberichterstattung (u.a. beim *Vorwärts*) und Vorstandsmitglied des *Arbeiter-Radio-Bundes Deutschland*. Er arbeitet als Verbindungsmann zwischen sozialdemokratischer Landtagsfraktion und dem preußischem Kultusministerium in Rundfunkfragen, sowie in verschiedenen Funktionen direkt beim Berliner Rundfunk. Dort wird er 1933 entlassen und wenig später inhaftiert. Ab 1935 in der RVdJ und für die jüd. Künstlerhilfe tätig. 1939 Emigration nach Großbritannien, dort aktiv in der AJR und der SPD-Ortsgruppe London. sah

Segall, Jacob, Statistiker, Arzt. 30.8.1883 Czempin/Posen – 1959 Tel Aviv. S. studiert zunächst Rechts- und Staatswissenschaften, 1908 Promotion. 1909–33 Leiter des Büros für Statistik der Juden in Berlin. S. ist seit 1911 zudem wissenschaftlicher Mitarbeiter im CV. 1915–20 Medizinstudium, 1921 Promotion. Daneben ist S. 1917–21 Geschäftsführer des Ausschusses für Kriegsstatistik und übernimmt 1917 die Leitung zur Gründung der *Zentralwohlfahrtsstelle der dt. Juden*, bis 1926 ist er deren Geschäftsführer. Ab 1922 ist S. als Kassenarzt tätig. 1923–25 ist er Mithg. der *Bleter far Yiddishe Demografye, Shtatistik un Ekonomik*, später wirkt S. als Redakteur der *Zeitschrift für Demographie und Statistik der Juden*. 1933 emigriert er nach Palästina.
Die dt. Juden als Soldaten im Kriege 1914–18, 1922; Die beruflichen und sozialen Verhältnisse der Juden in Dtl, 1912. sah

Segall, Judith ▸ Stolzer-Segall, Judith.

Seghers, Anna (d.i. Netty Radványi), geb. Reiling, Schriftstellerin. 19.11.1900 Mainz – 1.6.1983 Berlin/Ost. Die Tochter eines Antiquitäten- und Kunsthändlers studiert Sinologie, Kunstgeschichte und Geschichte in Heidelberg und Köln. 1924 Dissertation *(Jude und Judentum im Werke Rembrandts)* im selben Jahr die erste literarische Veröffentlichung *Die Toten auf der Insel Djal*. S. heiratet 1925 den Philosophen L. Radványi. Übersiedlung nach Berlin, Austritt aus der Israelitischen Religionsgemeinschaft. Geburt der Kinder Peter und Ruth. 1928 Mitglied der KPD und Auszeichnung mit dem Kleist-Preis für die Novellen *Grubetsch* (1927) und *Aufstand der Fischer von St. Barbara* (1928). 1933 Emigration nach Paris. Mitarbeit in *Neue Deutsche Blätter* und *Das Wort*, Mitglied im Ausschuss zur Vorbereitung einer dt. Volksfront. 1941 Flucht nach Mexiko-Stadt, dort gründet sie u.a. mit A. ▸ Abusch die Zeitschrift *Freies Deutschland*. Den NS und die KZ thematisiert sie in dem Roman *Das siebente Kreuz* (1942), der sie weltberühmt macht und der 1944 von F. Zinnemann in Hollywood verfilmt wird. Die Werke *Transit* (1944) und *Der Ausflug der toten Mädchen* (1943/44) enthalten autobiogr. Spuren. Der Roman *Die Toten bleiben jung* (1949) wird zur Bilanz der dt. Entwicklung von 1914–45. 1947 kehrt S. nach Europa zurück, 1950 wählt sie Berlin/O. als festen Wohnsitz. Sie übernimmt zahlreiche Ämter, u.a. ist sie Vorsitzende des Schriftstellerverbandes (1952–78). Die Erzählungen *Der gerechte Richter* (Entstehung 1957, postum Veröffentlichung 1990), *Überfahrt* (1971) lassen die Auseinandersetzung mit dem politischen System der DDR erahnen. Ihre Wohnung in Berlin-Adlershof, in der sie 30 Jahre lebte, ist heute Gedenkstätte.
Die Gefährten, 1932; Das Vertrauen, 1968; Sämtliche Erzählungen 1924–80, 6 Bde, 1994.
Schrade, A.: A. S., 1993; Über A. S. Almanach zum 75. Geburtstag, 1975. us

Seligmann, Erich, Arzt. 2.11.1880 Berlin – 1954 New York. Ab 1904 am Robert-Koch-Institut, 1907–18 am Hauptgesundheitsamt der Stadt Berlin tätig, wo er sich v.a. im Bemühen um sanitäre Einrichtungen (Desinfektionswesen) verdient macht. 1918–33 Direktor des Bakteriologisch-Hygienischen Instituts, ab 1920 zugleich Dozent an der *Akademie für Soziale*

Fragen. S. leitet seit 1933 die Gesundheitsverwaltung der JGB. 1939 emigriert er in die USA.
📖 Seuchenbekämpfung, 1928; Beitrag zur Statistik des Magen-Darm-Ulcus, 1934. jg

Seligsohn, Arnold, Jurist. 13.9.1854 Samotschin/Posen – 3.2.1939 Berlin. Seit 1882 in Berlin als RA und Notar tätig. 1892 Veröffentlichung des ersten wissenschaftlichen Kommentars zum Patentrecht (*Patentgesetz und Gesetz betreffend den Schutz von Gebrauchsmustern*). Ehrendoktor der Juristischen Fakultät der Berliner Univ., Vorsitzender des Kuratoriums der HWdJ, Hg. der *Zeitschrift für das gesamte Handels- und Konkursrecht*.
📖 Gesetz zum Schutz der Warenbezeichnungen, 1894. jg

Seligsohn, Julius Ludwig, Jurist. 7.5.1890 Berlin – 28.2.1942 KZ Sachsenhausen. Der Sohn von Arnold ▶ S. studiert in Berlin, München und Freiburg Jura. Im I. WK erhält er das Eiserne Kreuz erster Klasse. S. arbeitet als RA, ist Mitglied im Vorstand der JGB und Präsident des *Hilfsvereins der Deutschen Juden*, ab 1933 Präsidiumsmitglied der RVdJ, in der er sich v.a. mit Fragen der Auswanderung beschäftigt. 1940 Deportation.
📖 Die Einwanderung nach USA, 1940. jg

Selver, Heinrich (Henry, d.i. Hersch Laib Zelwer), Lehrer. 27.12.1901 Blaszki/Polen – 21.9.1957 Paris. 1907 Übersiedlung der Familie nach Chemnitz. S. studiert 1923–31 Germanistik, Geschichte und Geographie in Leipzig und Berlin. Ab April 1932 ist er Direktor der *Privaten Waldschule Kaliski*. 1938 Emigration in die USA, wo er auf dem Gebiet der Sozialarbeit und Sozialpädagogik tätig ist. Nach seiner Rückkehr nach Europa ist er ab 1948 Leiter der *Paul Bearwald School of Social Work* in Versailles.
📖 Die Auffassung des Bürgers im deutschen bürgerlichen Drama des 18. Jahrhunderts, 1931. ko

Senator, Hermann, Arzt. 6.12.1834 Gnesen/Posen – 14.7.1911 Berlin. Nach dem Studium eröffnet S. 1857 eine Praxis in Berlin. Er forscht über Bauchspeicheldrüse und Niere, speziell über die Zuckerkrankheit. 1875 wird S. a.o. Prof. in der Inneren Abt. des Augusta-Hospitals, seit 1881 ist er Leitender Arzt an der Charité. 1907 übernimmt er die Präsidentschaft der Medizinischen Gesellschaft.
📖 Krankheiten und Ehe, 1908.
📄 Lucas-Langenohl, H.: H. S. wissenschaftliches Werk und klinische Tätigkeit, 1993; Seewald, G.: Leben und Werk von H. S., 1989. evk

Sering, Max, Nationalökonom. 18.1.1857 Barby/Preußen – 12.11.1939 Berlin. Seit 1897 ist S. o. Prof. für Staatswissenschaft an der Landwirtschaftlichen Hochschule Berlin. 1922 Gründung des *Deutschen Forschungsinstituts für Agrar- und Siedlungswesen*. 1914 wird er o. Mitglied der PAdW, am 5.12.1938 erfolgt zwangsweise der Austritt.
📖 Die preussischen Eisenzölle 1818–33 mit einer historischen Einleitung, 1881; Das Friedensdiktat von Versailles und Deutschlands wirtschaftliche Lage, 1920; Deutschland unter dem Dawes-Plan, 1928. ko

Sering, Paul ▶ Löwenthal, Richard.

Shaffer, Ernest Nathan (d.i. Ernst Schäffer, Pseud. A. E. Ronaut), Journalist, Schriftsteller. 17.11.1892 Breslau – 13.08.1978 Neuwied bei Bonn. 1909–14 Ausbildung zum Kaufmann. Erhält im I. WK das Eiserne Kreuz erster Klasse. 1919–33 im *Ullstein*-Verlag Berlin bei der *Vossischen Zeitung* und der *BZ am Mittag*. Zeitgleich Generalsekretär des RjF, Mithg. von *Der Schild*. 1933 Emigration nach Bombay. Dort Korrespondent und Fotograf für den *Ullstein*-Verlag sowie für die *Oxford University Press Bombay*. 1938 Annahme der britischen Staatsbürgerschaft. 1954–60 Indienkorrespondent verschiedener europäischer und südamerikanischer Zeitungen. 1960 Rückkehr in die Bundesrepublik. Dort Korrespondent der *Hindustan Times* und Leiter der Südasien-Abteilung der *Deutschen Welle* in Köln. S. schreibt für das *Handelsblatt* und den *Aufbau*. 1967 Erhalt des Bundesverdienstkreuzes Erster Klasse.
📖 Glück ab! Bahnbrecher der Lüfte, 1931; Ein Emigrant entdeckt Indien, 1973. jg

Sichel, Nathanael, Maler. 8.1.1843 Mainz – 5.12.1907 Berlin. Der gelernte Lithograph studiert 1859–62 an der Berliner AdK. Er wird Meisterschüler bei Julius Schrader und erhält 1863 den Rompreis der Akademie. 1866–68 Studium in Rom. Dort entsteht u.a. das Historienbild *Don Carlos von Philipp II. gefangengenommen*. Nach seiner Rückkehr arbeitet S. zunächst bis 1874 als Porträtmaler in Frankfurt/M., Mannheim und Mainz. Zwischen 1874 und 1899 entstehen, wieder in Berlin wohnend, v.a. Gemälde idealisierter orientalischer Mädchen- und Frauengestalten, wie *Tanzende Orientalin* und *Die Bettlerin vom Pont des Arts*. ce

Silbergleit, Arthur, Schriftsteller. 26.5.1886 Gleiwitz/Oberschlesien – unbekannt KZ Auschwitz. S. siedelt 1907 nach Berlin über, wo er zunächst im

Pressebüro der Zeitschrift *Ost und West*, dann als freier Schriftsteller arbeitet. Allerdings kann er Zeit seines Lebens nur gelegentlich Gedichte und kurze Prosatexte in Kleinstverlagen veröffentlichen. S. ist Freiwilliger im I. WK, seine patriotische Einstellung spiegelt sich in dem Gedichtband *Flandern* (1915) wider. Die Begegnung mit dem ‚Ostjudentum' verarbeitet S. in *Die Balaleika* (1921). Aus der zunächst pathetischen Hinwendung zur Religion wird im Zuge der nationalsozialistischen Verfolgung eine Identifikation mit dem Judentum. Trotz intensiver Bemühungen gelingt S. die Ausreise nicht. Am 3.3.1943 wird er verhaftet und zwei Tage später nach Auschwitz deportiert. Ein literarisches Denkmal setzt ihm Horst Bienek in dem Roman *Septemberlicht* (1977).
Der ewige Tag. Gedichte, 1935 [1978]. ht

Silbergleit, Heinrich, Statistiker. 2.7.1858 Gleiwitz/Oberschlesien – 15.3.1939 Berlin. Mathematikstudium in Breslau, Leipzig und Berlin, Staatswissenschaften in Gießen. 1890–1903 Direktor des Statistischen Amts der Stadt Magdeburg, danach in gleicher Funktion in Schöneberg tätig. 1906–23 Direktor des Statistischen Amts der Stadt Berlin. Mitglied des CV. Führend beteiligt an der statistischen Untersuchung *Die deutschen Juden als Soldaten im Kriege 1914–18* (1922). S. beschäftigt sich v.a. mit der Frage des Berufslebens der Juden in Dtl, hierzu veröffentlicht er die Schrift *Die Bevölkerungs- und Berufsverhältnisse der Juden im Deutschen Reich, Erster Teil: Freistaat Preussen* (1930).
Preussens Städte, 1908. jg

Silbermann, Peter Adalbert (Pseud. Peter Olman), Pädagoge. 8.12.1878 Görlitz – 1944 USA. 1907–13 Oberlehrer in Berlin. 1913–20 arbeitet S. als Lehrer bzw. Schriftleiter im diplomatischen Dienst des Auswärtigen Amtes in der Türkei. Zurück in Dtl beginnt er neben leitender Tätigkeit im Preußischen Kultusministerium mit gezielter Erwachsenenbildung. 1927 gründet und leitet er das *Berliner Abendgymnasium* für Berufstätige, 1930 erarbeitet S. Pläne für die Durchführung einer *Abenduniv. für Berufstätige*. 1933 fristlose Entlassung und Emigration nach Rom, 1938 in die USA. uw

Simmel, Ernst, Psychoanalytiker. 4.4.1882 Breslau – 11.11.1947 Los Angeles. Studium der Pharmazie und Medizin in Berlin und Rostock, 1908–14 Armenarzt in Berlin, im I. WK Armeearzt, spezialisiert auf Kriegsneurosen. Erhält 1918 den Freud-Preis. 1920 Mitgründer des *Berliner Psychoanalytischen Instituts*, 1926–30 Präsident der *Berliner Psychoanalytischen Gesellschaft* sowie 1926–31 Gründer und Direktor des ersten psychoanalytischen Sanatoriums Schloß Tegel bei Berlin und Präsident des *Vereins Sozialistischer Ärzte*. 1933 Emigration nach Großbritannien, 1934 in die USA. Begründer und Präsident verschiedener psychoanalytischer Gesellschaften und Institute.
Kriegs-Neurosen und psychisches Trauma, 1918; Anti-semitism. A social disease, 1946. mk

Simmel, Georg, Philosoph, Soziologe. 1.3.1858 Berlin – 26.9.1918 Straßburg. S. studiert seit 1876 Philosophie und Geschichte in Berlin. Nach anfänglichen Schwierigkeiten findet er mit seinem eigenwilligen und neuen Wissenschaftsstil Anerkennung über die Grenzen Dtls hinaus. S.s Vorlesungen avancieren in Berlin zum gesellschaftlichen Ereignis. Die akademische Karriere des Begründers der modernen Begrifflichkeit der Soziologie wird jedoch durch Kritik am Fach Soziologie und durch antisemitische Propaganda verhindert. S. widmet sich besonders den Beziehungen zwischen Individuen, z.B. der Über- bzw. Unterordung, der Konkurrenz, der Arbeitsteilung, der Parteiung und der Repräsentation. Trotz seiner großen wissenschaftlichen Bedeutung erhält S. in Berlin keine o. Prof. und folgt schließlich einem Ruf nach Straßburg.
GA, 24 Bde, 1989ff.
Adolf, H.: Erkenntnistheorie auf dem Weg zur Metaphysik, 2002; Moebius, S.: Simmel lesen, 2002; Helle, H. J.: G. S. Einführung in seine Theorie und Methode, 2001. mh

Simon, Else Ernestine ► Yva.

Simon, Ernst Akiba, Pädagoge, Religionsphilosoph. 15.3.1899 Berlin – 18.8.1988 Jerusalem. Aus akkulturiertem Berliner Elternhaus stammend, findet S. als Kriegsfreiwilliger zum Zionismus. 1919–23 Studium der Geschichte und Philosophie in Berlin und Heidelberg (1923 Promotion zu *Ranke und Hegel*), ab 1920 auch in Frankfurt/M. bei N. A. Nobel und am Freien Jüd. Lehrhaus bei F. Rosenzweig und M. ► Buber. 1923–28 Journalist (u.a. für Bubers *Der Jude*) und Lehrer in Frankfurt/M. 1928 Auswanderung nach Palästina, 1934 nochmals in Frankfurt/M. Seit 1935 Angehöriger der HU Jerusalem, 1939 Dozent, 1950 a.o. und 1955 o. Prof. für Pädagogik (1967 Israel-Preis und Emeritierung). Zeitlebens setzt sich S. als „Brückenbauer" (Buber) im jüd.-arab., christl.-jüd. und dt.-israel. Verhältnis ein. Zahlreiche Publikationen wie *Das Werturteil im*

Geschichtsunterricht (1931) und *Aufbau im Untergang* (1959). Nachlassbibliothek am MMZ Potsdam.
Chaim Nachman Bialik, 1935; Brücken, 1965; Sechzig Jahre gegen den Strom, 1998. jvs

Simon, Franz Eugen (Sir Francis Eugene), Physiker. 2.7.1893 Berlin – 31.10.1956 Oxford. Ab 1922 ist S. Assistent im Laboratorium für physikalische Chemie der Univ. Berlin, seit 1927 a.o. Prof. 1931–33 o. Prof. und Direktor des Laboratoriums für physikalische Chemie in Breslau. 1933 Emigration nach GB. S. befasst sich vor allem mit Thermodynamik und ist während des II. WKs maßgeblich am britischen Atombombenprojekt beteiligt.
Low Temperature Physics, 1952.
Arms, N.: A Prophet in Two Countries, 1966. mh

Simon, Gerson, Unternehmer. 31.5.1858 Lechenich/Rheinland – 6.2.1931 Berlin. Inhaber der Weißwarengroßhandlung *Jacob und Richter Berlin*. Gründer und Vorstand des Reichsbanners des dt. Groß- und Überseehandels. Mitglied der RV der JGB. Seit 1927 im Vorstand der JGB sowie im Vorstand der Synagogengemeinde Lindenstraße. S. engagiert sich im Wohlfahrtswesen der Gemeinde. sah

Simon, Helene (Henriette), Sozialpolitikerin, Nationalökonomin. 16.9.1862 Düsseldorf – 8.12.1947 London. S. studiert ab 1896 Nationalökonomie und Sozialpolitik in London und Berlin. Sie publiziert Biografien über *Robert Owen* (1905), *William Godwin und Mary Wollstonecraft* (1909). Ihr Hauptarbeitsgebiet ist die Beschäftigung mit sozialen Fragen, besonders zum Kinder- und Frauenschutz. Ihre Studie *Schule und Brot* (1905) initiiert die Kinderspeisung an dt. Schulen mit. Während des I. WK ist sie im Nationalen Frauendienst tätig und an der sozialen Ausgestaltung der Kriegshinterbliebenenfürsorge beteiligt. S. leistet für die Gründung der Arbeiterwohlfahrt 1919 die theoretische Basisarbeit. Für ihr sozialpolitisches Engagement erhält sie 1922 die Ehrendoktorwürde der Philosophischen Fakultät an der Univ. Heidelberg. 1938 emigriert S. nach London.
Klöhn, S.: H. S., 1982. ul

Simon, Hugo, Bankier, Politiker. 1.9.1880 Usch/Posen – 4.7.1950 São Paulo/Brasilien. Mitinhaber des Berliner Bankhauses *Carsch, Simon & Co.*, SPD-Mitglied. 1918/19 Unterstaatssekretär im Preußischen Finanzministerium, dann bis 1919 kurzfristig Finanzminister (USPD). Aufsichtsratmitglied des *S. Fischer Verlags* und weiterer Unternehmen. 1933 emigriert S. über die Schweiz nach Frankreich und ist dort u.a. im Komitee für dt. Flüchtlinge tätig. 1940 geht er nach Brasilien, wo er auf einem Gut nahe Rio de Janero lebt. as

Hugo Simon

Simon, James, Industrieller, Mäzen. 17.9.1851 Berlin – 23.5.1932 Berlin. S. steigt nach dem Abitur in das väterliche Unternehmen ein und wird 1876 Juniorpartner von *Gebrüder Simon Leinwand-Niederlage und Baumwollwaren-Fabrik*, eines der führenden Unternehmen im Baumwollhandel Europas. 1879 heiratet er Agnes Reichenheim, Tochter des Textilunternehmers Leonor ▶ R. Ab den 1890er Jahren investiert S. einen großen Teil seines freien Vermögens in soziale Belange. Unter dem Einfluss von Wilhelm von Bode baut er sich eine einmalige Kunstsammlung auf. Sein Schwerpunkt liegt auf italienischen Werken des 15.–17. Jahrhunderts. 1900 schenkt er seine Sammlung den Berliner Museen. S. ist der maßgebliche Initiator zur Gründung der *Deutschen Orient Gesellschaft* 1898. Auf sein Wirken geht die Mitgliedschaft Kaiser Wilhelm II. in diesem Verein zurück. S. unterstützt nicht nur die Ausgrabungen in Babylon und Assur, sondern auch in Palästina und Tell el-Amarna. Der bekannteste Fund von Tell el-Amarna ist die von S. gestiftete Nophretete-Büste. Für seine zahlreichen Schenkungen an Berliner Museen, sein soziales Engagement und die Förderung der Altertumswissenschaften erhält er diverse Auszeichnungen sowie Ehrendoktor-

würden. Zum 80. Geburtstag wird sein Engagement durch eine Inschrift am Eingang des Amarna-Saals des Neuen Museums gewürdigt. Diese und andere Hinweise auf S. Stiftungen werden 1933 entfernt. Wegen seiner Kontakte zum Kaiser wird er als ‚Kaiserjude' diffamiert. Bis 1929 ist S. Mitglied der *Jewish Colonization Association*, er engagiert sich in der jüd. Wohlfahrtspflege und ist Mitbegründer des *Hilfsvereins der dt. Juden*.
Schuster, P. K.: J. S. Sammler und Mäzen für die Staatlichen Museen zu Berlin, 2001; Matthes, O.: J. S. Mäzen im Wilhelminischen Zeitalter, 2000. hg

Simon, Marie, geb. Jalowicz, Philosophin. 4.4.1922 Berlin – 16.9.1998 Berlin. Die Tochter des RA Dr. Hermann legt 1939 ihr Abitur an der Oberschule der JGB ab. Die Emigration gelingt nicht. S. muss 1940–42 Zwangsarbeit bei *Siemens* leisten, sie kann untertauchen und gelangt mit falschen Papieren nach Bulgarien, wo sie im Widerstand tätig ist. Durch Denunziation fällt S. in die Hände der Gestapo, kann aber aus der Gestapohaft fliehen und kehrt nach Berlin zurück. Sie überlebt hier durch die Hilfe dt. Antifaschisten. Ab 1946 studiert S. an der HU Berlin, zunächst Slawistik, später Philosophie und Soziologie. 1951 promoviert sie in diesen beiden Fächern. Mit einer Arbeit zur antiken Philosophie habilitiert sie sich 1969 und arbeitet seither als Dozentin, ab 1973 als Prof. für Antike Literatur- und Kulturgeschichte an der HU Berlin. 1982 wird S. emeritiert, führt aber die Lehrtätigkeit bis kurz vor ihrem Tod fort. 1984 erscheint das Werk *Die Geschichte der Jüdischen Philosophie*, das sie mit ihrem Mann Heinrich S. herausgibt.
Der Naturbegriff in der Physik und Logik der alten Stoa, 1951. hs

Simoni, Margarete (Grete) Else Wilhelmine, geb. Schattke, verw. Künkel, Fürsorgerin. 12.3.1921 Berlin – 13.9.1993 Berlin. S. versteckt zusammen mit ihren Eltern ab 1942 die jüd. Familie Simoni in Schöneiche, Neukölln, im Prenzlauer Berg und dann in Pankow. Sally S. (1905–89) wird Anfang 1945 aufgespürt und nach Theresienstadt deportiert. Sein Vater stirbt im Versteck, die Mutter wird entdeckt und umgebracht. Sally überlebt und heiratet Grete, die zum jüd. Glauben übertritt. Sie leitet 1962–81 das Altenheim der Jüd. Gemeinde in Niederschönhausen. ul

Simson, Ernst von, Jurist. 7.4.1876 Berlin – 7.12.1941 Oxford. Evangelisch getauft, Enkel des ersten Reichsgerichtspräsidenten Eduard v. S. Arbeitet 1904–18 im Reichsjustizamt. 1911/12 Generalsekretär der Kaiser-Wilhelm-Gesellschaft. Ab 1918 im Reichswirtschaftsministerium tätig, danach Leiter der Rechtsabteilung im Auswärtigen Amt, 1921/22 Staatssekretär unter W. ▶ Rathenau. Mitglied der *Gesellschaft der Freunde*. AR-Mitglied der *Agfa* (seit 1922), Mitglied des Aufsichts- und des Verwaltungsrates der *IG Farben* (seit 1926) Präsidialmitglied des Reichsverbandes der dt. Industrie. 1937 zwangsweise Niederlegung aller Mandate. 1938 Emigration nach Großbritannien. sah/sp

Sinasohn, Max Mordechai, Lehrer. 21.10.1887 Schönlanke/Posen – 1979 Jerusalem. 1905–07 Lehrerbildungsanstalt der JGB. 1919–39 Direktor der *Adass-Jisroel-Volksschule*. 1939–41 Leiter der *Ryke-Schule*. Danach Lehrer am Waisenhaus Pankow. 1942 Emigration nach Belgien; lebt dort während des II. WK im Untergrund. 1945–47 Lehrer in Antwerpen. 1947 Auswanderung nach Palästina.
Adass Jisroel Berlin: Entstehung, Entfaltung, Entwurzelung 1869–1939, 1966; Die Berliner Privatsynagogen und ihre Rabbiner, 1971. ko

Singalowsky, Aron (Aaron Syngalowsky, Singalovsky, Aron Czenstochower, Czenstochover, Czestochower), Politiker, Rechtsanwalt, Jiddischist. 25.1.1889 nahe Baranowitsch/Weißrussland – 7.10.1956 Pers. Früh Zionist, ab 1905/06 zionistisch-sozialistisch orientiert. 1919 Hg. der jiddischen Wochenzeitung *Fraytag* in Berlin. Ab 1921 Generalsekretär des ORT. Vertritt dort im Gegensatz zu den dt. ORT-Leitern W. Graetz und W. Kleemann eine prosowjetische Position. Emigration 1933 nach Paris, 1943 nach Genf. Die A.-S. ORT-Schule befindet sich heute in Tel Aviv.
Geschichte und Aufgaben von der Gesellschaft „Ort", 1921; Aufbau und Umbau, 1928.
Shapiro, L.: The History of the ORT, 1980. ge

Singer, Kurt, Musiker, Komponist, Neurologe. 11.10.1885 Berent/Westpreußen – 7.2.1944 Ghetto Theresienstadt. Der Sohn eines Rabbiners praktiziert als Nervenarzt und verfasst Musikkritiken für den *Vorwärts*. An der Berliner Musikhochschule hält er 1923–33 Vorlesungen über Musikerkrankheiten. Als Mitbegründer und Vorsitzender des JKB in Berlin übernimmt er 1935 die Leitung des *Reichsverbandes der Jüdischen Kulturbünde* in Dtl. 1939 Emigration in die Niederlande. 1940 wird S. nach der dt. Invasion inhaftiert, 1943 nach Theresienstadt deportiert. 2002 wird an der UdK das *K.-Singer-Institut für Musikergesundheit* gegründet.

Bruckners Chormusik, 1924; Die Berufskrankheiten der Musiker, 1926 [1960]; Musik und Charakter, 1929. jl

Singer, Paul, Unternehmer, Politiker. 16.1.1844 Berlin – 31.1.1911 Berlin. Nach einer Lehre als Kaufmann ist S. zunächst in einer Konfektionsfirma tätig. 1869 ist er Mitbegründer der Damenmäntelfabrik *Gebrüder Singer*. Politisch früh aktiv, ist S. in Eisenach 1869 Mitbegründer der SDAP und Redakteur der Partei-Zeitung *Berliner Volksblatt*. Von 1883 bis zu seinem Tod ist S. für die SPD Stadtverordneter in Berlin und dort Fraktionsvorsitzender, ab 1884 Mitglied des Reichstages. Besonders als Stadtverordneter muss er antisemitische Hetze über sich ergehen lassen. Auch wenn er sich in der SPD nicht an der Antisemitismus-Debatte beteiligt, engagiert sich S. immer wieder gegen judenfeindliche Agitationen. Er zählt neben August Bebel zu den bedeutendsten Sozialdemokraten des Kaiserreiches. S. ist in der JGB aktiv und seit 1875 im Vorstand des *Berliner Asylvereins für Obdachlose*. pj

Singer, Rudolf (Pseud. Rudi Welsch), Journalist, Parteifunktionär. 10.7.1915 Hamburg – 1.11.1980 Berlin/Ost. 1931–33 Lehre als Exportkaufmann. 1932 Mitglied im Kommunistischen Jugendverband (KJVD); 1933 KPD. 1933/34 Inhaftierung im KZ Fuhlsbüttel; 1935 erneute Verhaftung und zu zweieinhalb Jahren Zuchthaus verurteilt; Aug. 1938 Emigration in die Schweiz, dort bis 1944 interniert, ab 1942 in Gordola/Tessin. Mitarbeit in der Widerstandsgruppe *Freies Deutschland*. Sep. 1945 Rückkehr nach Dtl; zweiter Sekretär der KPD-Landesleitung Nordbayern, Chefredakteur beim *Nordbayerischen Volksecho*. 1950 Chefredakteur des KPD-Zentralorgans *Freies Volk* in Düsseldorf. 1951 Übersiedlung in die DDR, 1952–55 stellv. und 1955–63 Chefredakteur der *Freiheit* in Halle, wo er 1956–63 auch Mitglied der SED-Bezirksleitung ist, ab Feb. 1963 Abteilungsleiter für Agitation im ZK der SED und stellv. Vorsitzender der Agitationskommission des Politbüros; 1966–71 Chefredakteur des *Neuen Deutschland* und damit Nachfolger von H. ▶ Axen. Ab 1967 Mitglied des ZK der SED; 1971 Vorsitzender des Staatlichen Rundfunkkomitees beim Ministerrat, ab Okt. 1971 Abgeordneter der Volkskammer. mr

Siodmak, Robert, Regisseur, Drehbuchautor, Schauspieler. 8.8.1900 Dresden – 10.3.1973 Locarno/Italien. Nach Schauspielunterricht und kleineren Rollen am Staatlichen Schauspielhaus in Dresden kommt S. 1925 mit dem Film in Berührung. Zunächst als Übersetzer von Zwischentiteln, als Cutter und Regieassistent tätig, verwirklicht er 1930 gemeinsam mit Edgar G. Ulmer seine erste eigene Regiearbeit: *Menschen am Sonntag*. Daraus resultiert ein Vertrag mit der Ufa und weitere Filmproduktionen, bevor er 1933 nach Paris emigriert, wo S. seine Regiearbeit fortsetzt und zahlreiche Filme dreht. 1939 geht S. in die USA, wo der Film *The Killers* (1946) seinen beruflichen Höhepunkt besiegelt. 1951 kehrt er nach Europa zurück, zunächst nach Frankreich und Großbritannien, später nach Dtl.
Zwischen Berlin und Hollywood, 1980.
Alpi, D. L.: R. S., 1998. kq

Sklarek, Wilhelm, Arzt, Naturforscher. 22.9.1836 Raschkow/Posen – 10.10.1915 Berlin. S. studiert Medizin in Berlin und arbeitet im Physiologischen Institut von Emil Heinrich du Bois-Reymond. Er heiratet Fanny Bernstein, eine Tochter von A. ▶ Bernstein und nach deren Tod deren Schwester Hulda (18.6.1845 – 26.5.1923). S. lässt sich in Crossen und Eichenhagen als Arzt nieder und verfasst populär-naturwissenschaftliche Abhandlungen. Er begründet die Wochenschrift *Der Naturforscher* und leitet bis 1912 die *Naturwissenschaftliche Rundschau*. 1899 bekommt S. den Professorentitel verliehen. js

Sling ▶ Schlesinger, Paul Felix.

Sobernheim, Curt Joseph, Bankier. 10.1.1871 Berlin – 1940 Paris. Bruder von Moritz ▶ S. und Walter ▶ S. Nach einer Banklehre bei der Dt. Genossenschaftsbank ist S. bei verschiedenen Privatbanken in Paris und London tätig. 1902 wird er stellv. Direktor der *Nationalbank für Dtl* in Berlin, 1911 o. Vorstandsmitglied der *Commerz- und Privatbank AG Berlin*. Nach der Machtübernahme der Nazis flieht er nach Frankreich. Dort kommt S. nach der dt. Besetzung vermutlich 1940 in Gestapohaft um. jwe

Sobernheim, Moritz Sebastian, Orientalist. 13.8.1872 Berlin – 5.1.1933 Berlin. S. ist Prof. und Fachmann für semitische Epigraphie und unternimmt u.a. als Mitglied der Baalbek-Kommission der preußischen Regierung und im Auftrag des *Instituts Français d'archéologie orientale* mehrere Forschungsreisen nach Palästina und Syrien. Er ist Vorstand im *Pro Palästina Komitee*, ferner Vizepräsident des Dt.-Israelischen Gemeindebundes und Vorsitzender der GWJ. 1918–33 arbeitet er im Auswärtigen Amt für jüd. Angelegenheiten.
Baalbek in isalmischer Zeit, 1922. nr

Sobernheim, Walter, Industrieller. 24.4.1869 Berlin–15.6.1945 New York. Der ältere Bruder von Joseph Curt ▶ S. und Moritz ▶ S. studiert Rechtswissenschaften und tritt anschließend als Volontär in die *Nationalbank für Dtl* in Berlin ein und absolviert ein weiteres Volontariat in einer Londoner Bank. Danach wird er Juniorpartner im Bankhaus *Jakob Landau Nachf.* in Breslau. 1901 schließt S. ein Wirtschaftsstudium in den USA an und kehrt 1903 nach Berlin zurück, wo er als Direktor in die *Aktien-Brauerei-Friedrichshöhe,* vormals *Patzenhofer,* eintritt. 1907 steigt er dort zum Generaldirektor auf. 1920 übernimmt er die Generaldirektion der *Vereinigten Schultheiß-Patzenhofer Brauerei AG Berlin.* Er hat darüber hinaus verschiede AR- und Vorstandsmandate in Industrieunternehmen inne. S. emigriert nach der Machtübernahme der Nationalsozialisten über Frankreich und Südamerika in die USA. evk

Solomon, Rebecca ▶ Friedländer, Rebecca.

Solon, Eva ▶ Jones, Eva.

Sonnenfeld, Hugo, Jurist. 2.10.1863 Cosel/Oberschlesien – 1.3.1927 Berlin. 1900 Verteidiger im so genannten ‚Konitzer Ritualmordprozeß'. Berliner Stadtverordneter für die Fortschrittspartei, Syndikus der *Hirsch-Duncker'schen Gewerkschaftsvereine.* Aktiv in jüd. Wohlfahrtsorganisationen, Vorstandsmitglied im CV. Als Liberaler in der RV der JGB, 1920 erster Landesversammlungspräsidenten des PLV.
📖 Gesetzsammlung, betreffend den Handel mit Drogen und Giften, 1900. cm

Spanier, Arthur, Bibliothekar, Bibelforscher. 17.11.1889 Magdeburg – 30.3.1945 KZ Bergen-Belsen. Der Sohn von Meier ▶ S. studiert an der Berliner Univ. und der HWdJ. S. ist Soldat im I. WK, arbeitet ab 1919 als Lehrer an der AWdJ in Berlin. Ab 1921 ist er an der Preußischen Staatsbibliothek in Berlin angestellt, 1926–35 als Bibliotheksrat und Leiter der Judaica- und Hebraica-Abteilung. 1935 Berufsverbot. Bis zu seiner Internierung im KZ Sachsenhausen 1938 ist er Dozent für biblische Schriften an der HWdJ. 1939 Emigration in die Niederlande, von dort 1942 Deportation nach Bergen-Belsen.
📖 Das Berliner Baraita Fragment, 1931. jwe

Spanier, Meier, Lehrer, Schriftsteller, Germanist. 1.11.1864 Wunstorf/Hannover – 27.9.1942 Berlin. 1900/11 Leiter des Jüd. Lehrerseminars Münster, danach Rektor der Jüd. Mädchenmittelschule in Berlin. 1942 nimmt S. sich vor der drohenden Deportation gemeinsam mit seiner Frau Charlotte das Leben. Er ist der Vater von Arthur ▶ S.
📖 Vom alten und modernen Sturm und Drang, 1896; Zur Kunst, 1905; Nemt frouwe disen kranz, 1911. jwe

Spencer, Hugo ▶ Neumann-Hofer, Annie.

Sperber, Manès, Schriftsteller, Psychologe. 12.12.1905 Zablotow bei Kolomea/Galizien – 5.2.1984 Paris. Das „Unglück einer glücklichen Kindheit" im Schtetl wird durch den I. WK unterbrochen, die Familie zieht 1916 nach Wien. Seit 1917 ist S. Mitglied im Haschomer Hazair, 1920 religiöser Bruch mit dem Vater, 1921 Begegnung mit dem Individualpsychologen Alfred Adler (*Alfred Adler. Der Mensch und seine Lehre,* 1926). 1927 Mitgliedschaft in der KP und Umzug nach Berlin, wo S. als Individualpsychologe, als Experte für die *Zentrale für Wohlfahrtspflege* und als Lehrer in der Marxistischen Arbeiterschule sowie an der Dt. Hochschule für Politik arbeitet. S. wird 1933 Zeuge der NS-Demonstrationen zur Machtübernahme. Im März 1933 wird er in ‚Schutzhaft' genommen, auf Intervention des polnischen Botschafters fünf Wochen später wieder freigelassen. Danach emigriert S. über Prag, Wien und Zagreb nach Paris. 1934–36 arbeitet S. im Auftrag der KP für das Institut zum Studium des Faschismus und für den Weltjugendkongreß gegen Krieg und Faschismus. Im April 1936 tritt S. in den Verlag *Calman-Lévy* ein, wo er 44 Jahre lang arbeiten wird. Unter dem Eindruck der Moskauer Schauprozesse verlässt er 1937 die KP. Im Dez. 1939 wird S. in die französische Fremdenlegion eingezogen. 1940 beginnt er die Arbeit an *Der verbrannte Dornbusch.* 1942 flieht S. in die Schweiz, 1945 Rückkehr nach Paris. 1949 entsteht *Et le Buisson devint Cendre,* 1952 *La baie perdue (Die verlorene Bucht,* später der dritte Teil des Romans *Wie eine Träne im Ozean*). 1960 nimmt S. wie andere ‚Renegaten' am ‚Kongreß für die Freiheit der Kultur' in Berlin teil. 1972 beginnt er mit seinen autobiografischen Aufzeichnungen (Trilogie *All das Vergangene: Die Wasserträger Gottes, Die vergebliche Warnung, Bis man mir Scherben auf die Augen legt).* 1978 erscheint *Individuum und Gemeinschaft,* 1979 *Churban oder die unfaßbare Gewißheit.* 1983 Träger des Friedenspreises des dt. Buchhandels.
📄 Stancic, M.: M. S. Leben und Werk, 2003; M. S. als Europäer. Eine Ethik des Widerstands, 1996. jos

Spiero, Heinrich, Literatur-, Kulturhistoriker. 24.3.1876 Königsberg – 8.3.1947 Berlin. S. stammt aus einer Kaufmannsfamilie. Der promovierte Jurist ist 1911–14 Dozent an der Hamburger Landeskunstschule. Danach arbeitet er als freier Schriftsteller und Publizist in Berlin. S. konvertiert 1894 zum Protestantismus. In der Weimarer Republik ist er ein anerkannter Literaturwissenschaftler. In der Zeit des NS mit Publikationsverbot belegt, lehnt er einen Ruf an die Univ. Ankara ab, weil er Dtl nicht verlassen will. 1935 bis zum Verbot 1937 ist er Vorsitzender des von ihm gegründeten *Reichsverbandes der nicht-arischen Christen*, später *Paulusbund*. Der Deportation entgeht er 1943 knapp und kann sich später in die Illegalität retten. S. biografische Beiträge über die Literatur des 19. und frühen 20. Jh.s sind noch heute von Bedeutung. S. hat ein Ehrengrab des Berliner Senats auf dem Zwölf-Apostel-Friedhof.
📖 Raabe-Lexikon, 1927; Geschichte des deutschen Romans, 1950. sb

Heinrich Spiero

Spira, Camilla, verh. Eisner, Theater-, Filmschauspielerin. 1.3.1906 Hamburg – 25.8.1997 Berlin. Tochter des Schauspielerehepaares Lotte Spira-Andersen (1883–1943) und Fritz ▶ S. Verheiratet mit H. ▶ Eisner. Ausbildung u.a. bei M. ▶ Reinhardt. Erste Theaterrollen in Wien und Berlin. Mitte der 1920er Jahre Filmdebüt, der Durchbruch gelingt ihr mit *Das Testament des Dr. Mabuse* (1933). Nach dem Berufsverbot arbeitet sie im JKB. 1938 Emigration nach Amsterdam. 1943 Deportation ins KZ Westerbork. Durch eine Falschaussage der Mutter, die die Vaterschaft von Fritz S. leugnet, kommt S. wieder frei. 1947 Rückkehr nach Berlin, wo sie erneut Theater- und Filmrollen erhält. Für ihre Rolle in *Die Buntkarierten* (DEFA, 1949) erhält sie den Nationalpreis der DDR. Danach arbeitet sie v.a. in der Bundesrepublik, wo sie das Bundesverdienstkreuz erhält. Sie spielt in über 50 Filmen mit u.a. in *Des Teufels General* (1955) und in *Rosen für den Staatsanwalt* (1959). kq

Spira, Fritz (d.i. Jacob S.), Schauspieler, Theaterdirektor. 1.8.1881 Wien – 1943 KZ Ruma. S. spielt seit 1896 Theater. 1901 nimmt er ein Engagement am Residenztheater in Berlin an und tritt in der Folgezeit auch an anderen Berliner Bühnen auf. 1903/04 gehört er zum Ensemble von M. ▶ Reinhardt. 1905/06 spielt er am Deutschen Schauspielhaus in Hamburg und heiratet die Schauspielerin Lotte Andresen, mit der er die Töchter Camilla ▶ S. und Steffi ▶ S. bekommt, die ebenfalls Schauspielerinnen werden. 1910–33 ist S. wieder an Berliner Bühnen verpflichtet (u.a. 1911/12 Lustspielhaus, 1922/23 Komische Oper). Ab 1925 spielt S. ausschließlich in Berlin u.a. am Metropol-Theater. Daneben wirkt er in zahlreichen Filmen mit, so in Frederic Zelniks *Kaiserwalzer* (1933). 1934/35 ist S. Oberspielleiter am Stadttheater in Bielitz/Polen. Er überredet seine nichtjüd. Ehefrau sich von ihm scheiden zu lassen und lebt ab Mitte Mai 1935 in Wien, wo er zunächst noch kleinere Rollen bekommt, bald jedoch beschäftigungslos wird. Der Versuch einer späteren Emigration scheitert. Auf der Flucht nach Jugoslawien wird er entdeckt und in das KZ Ruma deportiert. ht

Spira, Steffi, verh. Ruschin, Schauspielerin. 2.6.1908 Wien – 10.5.1995 Berlin. Der Spross einer Schauspielerfamilie (Vater Fritz ▶ S., Schwester Camilla ▶ S.) wächst in Berlin auf. Nach der Schauspielschule wird S. ab 1926 an Berliner Bühnen engagiert. 1929 Eintritt in die KPD. 1931 heiratet sie Günter Ruschin. 1933 Emigration nach Frankreich, wo S. mit anderen Exilanten das Kabarett *Die Laterne* gründet. 1939–41 wird sie interniert und emigriert danach nach Mexiko. Dort arbeitet S. in verschiedenen Berufen und inszeniert u.a. F. ▶ Bruckners

Denn seine Zeit ist kurz (UA 1944). 1947 Rückkehr nach Berlin/O., wo sie unter Wolfgang Langhoff am DT, am Theater am Schiffbauerdamm und bis 1990 an der Volksbühne spielt. Die Dokumentation *So wie es ist, bleibt es nicht* (1991) zeichnet die Biografien der Schwestern S. nach.
Trab der Schaukelpferde. Autobiogr., 1984 [1991]; Rote Fahne mit Trauerflor. Tagebuch-Notizen, 1990. th

Mischa Spoliansky

Spoliansky, Mischa (Pseud. Arno Billing, Toni Galento), Sänger, Komponist. 28.12.1898 Bialystok/Russland – 28.6.1985 London. Klavier- und Kompositionsstudium in Russland. K. emigriert mit seiner Familie 1914 nach Berlin und setzt sein Musikstudium am *Stern'schen Konservatorium* fort. Zunächst ist er als Pianist in Caféhäusern und 1918 als Orchesterleiter eines russischen Emigrantenkabaretts tätig. Seit 1919 arbeitet er für M. ▶ Reinhardt bei *Schall und Rauch*, dann u.a. an der *Wilden Bühne* und im *tütü*. S. komponiert die Musik zu den Kabarettrevuen *Es liegt was in der Luft* (1928) und *Wie werde ich reich und glücklich?* (1930). Bereits 1932 stören Nazis die Premiere einer seiner Revuen. Er flieht 1933 über Österreich nach London. Der leidenschaftliche Bühnenkomponist schreibt nun vorrangig Filmmusiken, u.a. *Hitler – The Last Ten Days* (1973). 1941–45 arbeitet er beim deutschsprachigen Dienst der BBC und vertont dafür u.a. B. Brechts *Lied vom Weib des Nazisoldaten*. jl

Springer, Ferdinand, Verleger. 21.7.1846 Berlin – 27.12.1906 Berlin. Nach dem Tod seines Vaters Julius I. ▶ S. übernimmt S. den Verlag. Er richtet sein Augenmerk auf wissenschaftliche Zeitschriften, während sein Bruder Fritz, ein Ingenieur, der 1880 in das Unternehmen eintritt, eine technikorientierte Sparte aufbaut und damit den bedeutendsten Technikverlag Dlt.s gründet. evk

Springer, Julius I., Verleger. 10.5.1817 Berlin – 17.4.1877 Berlin. 1842 Gründer einer Buchhandlung und des Verlages. S. publiziert politische Streitschriften, beteiligt sich 1848 an der Revolution. 1848–51 und 1869–77 Mitglied des Berliner Stadtrates. 1867–73 erster Vorsitzender des *Börsenvereins dt. Buchhändler* und Wegbereiter des Urheberrechts. 1858 Verkauf der Buchhandlung, um sich ganz dem Verlag zu widmen.
Springer, M.: J. S., 1990; Der Springer-Verlag, Bd. I: 1842–1945, 1992. ah

Springer, Julius II., Verleger. 25.4.1880 Berlin – 20.11.1968 Berlin. 1904 Eintritt in den Technikverlag seines Vaters Fritz und Onkels Ferdinand ▶ S. und seit 1906 dessen Teilhaber. 1935 erzwungener Rückzug aus dem Verlag, der ‚arisiert' wird. 1938 kurze Haft im KZ Oranienburg, doch keine weitere Verfolgung. 1947 Wiederaufnahme seiner Tätigkeit in Berlin, Leitung des Wiederaufbaus des Technikverlags.
Der Springer-Verlag. Stationen seiner Geschichte, 2 Bde, 1992–94. ah

Stahl, Friedrich Julius (d.i. Julius Jolson), Staatsrechtler. 16.1.1802 München – 10.8.1861 Bad Brückenau. Der aus einem strengreligiösen Elternhaus stammende Kaufmannssohn, konvertiert 1819 zum Protestantismus und nennt sich fortan F. J. S. Eine strengreligiöse Haltung bestimmt auch weiterhin sein Denken. Entgegen der aufklärerischen Haltung der menschlichen Ratio bildet für den promovierten Rechtswissenschaftler die christlich offenbarte Religion die einzige staatsrechtliche Grundlage. Damit zählt S. zu den maßgeblichen Ideologen der dt. Konservativen. 1840 übernimmt er in der Nachfolge Hegels den Lehrstuhl an der Philosophischen Fakultät in Berlin. Von 1849 bis zu seinem Tod ist S. Mitglied des Preußischen Abgeordnetenhauses.
Die Philosophie des Rechts, 1837; Was ist die Revolution?, 1852; Über christliche Toleranz, 1855.
Füßle, W.: Professor in der Politik, F. J. S., 1988; Wiegand, H. J.: Das Vermächtnis F. J. S.s, 1980; Masur, G.: F. J. S., 1930. evk

Stahl, Fritz (d.i. Siegfried Lilienthal), Schriftsteller, Redakteur. 10.12.1864 Rosenberg/Westpreußen – 8.8.1928 Berlin. S. arbeitet als Redakteur beim *Berliner Tageblatt* und verfasst eine Vielzahl von Städtemonografien (*Paris. Die Stadt als Kunstwerk*, 1928; *Rom. Das Gesicht der ewigen Stadt*, 1929), architekturgeschichtliche und biogr. Werke (u.a. *Wie sah Goethe aus?*, 1904).
Weg zur Kunst. Einführung in Kunst und Kunstgeschichte, 1927; Potsdam, 1929. mra

Stahl, Heinrich, Versicherungsdirektor. 13.4.1868 Berlin – 4.11.1942 Ghetto Theresienstadt. Als selbständiger Unternehmer innerhalb der Victoria-Versicherungsgesellschaft gründet S. zahlreiche Versicherungsagenturen in nahezu allen europäischen Ländern, deren Oberhoheit in seinen Händen liegt. Er ist ein erfahrener Kunstsammler und Bibliophile. 1933 übernimmt er den Vorsitz der JGB und ist Präsidialmitglied der RVdJ. evk

Stampfer, Friedrich, Journalist, Politiker. 8.9.1874 Brünn/Mähren – 1.12.1957 Kronberg/Taunus. S. studiert Volkswirtschaft und Staatswissenschaften in Wien. Er arbeitet als Redakteur der *Leipziger Volkszeitung*; anschließend beim SPD-Zentralorgan *Vorwärts*. 1903–16 Hg. der vielbeachteten *Stampfer-Korrespondenz*. Seit 1916 bis zu dessen Verbot 1933 leitet er als Chefredakteur den *Vorwärts*. S. gilt als Vertreter des pragmatisch-revisionistischen Flügels der SPD. 1920–33 MdR, Fraktions-, seit 1925 auch Parteivorstand. Mitverfasser der vom SPD-Vorsitzenden O. Wels 1933 im Reichstag gehaltenen Rede gegen das ‚Ermächtigungsgesetz'. Emigration nach Prag (1933–40, Exil-Parteivorstand, *Neuer Vorwärts*), Paris (1938–40, Parteivorstand), New York (1940–47). Politisches Engagement in Exil-Organisationen und als Journalist. 1948 folgt S. einem Ruf an die Akademie der Arbeit in Frankfurt/M. Seit 1950 gibt er die Pressekorrespondenz *Stampfer-Dienst* heraus.
Grundbegriffe der Politik, 1910; Die ersten 14 Jahre der Deutschen Republik, 1936; Erfahrungen und Erkenntnisse, 1957. mra

Stargardt, Joseph A., Antiquar, Autographenhändler. 17.6.1822 Märkisch-Friedland – 30.4.1885 Berlin. Ausbildung und Anstellung in Berliner Buchhandlungen, Weiterbildung in Paris, 1847 Übernahme der Buch- und Antiquariatshandlung, die seit 1849 den Namen *Joseph A. Stargardt* trägt. Unter seiner Leitung erlangt diese bedeutende Ausmaße und einen hervorragenden Ruf, besonders im Autographenhandel. Die Firma, die seit 1991 wieder in Berlin ihren Sitz hat, trägt bis heute seinen Namen. mra

Stein-Blumenthal, Erna, Kunsthistorikerin. 1903 – 4.6.1983 Kfar Jedidia/Israel. Studium in Breslau, dort erhält S.-B. den Universitätspreis für ihre Arbeit über Barocksäulen. Seit 1930 im *Jüdischen Museum* in Berlin angestellt, übernimmt sie 1933 die Nachfolge von K. ▶ Schwarz als Direktorin. Sie leitet das Museum bis Anfang 1935 und folgt K. Schwarz im Mai 1935 nach Palästina. Ihr Nachfolger wird F. ▶ Landsberger. evk

Steinhardt, Jakob, Maler, Graphiker. 23.5.1887 Zerkow/Posen – 11.2.1968 Nahariya bei Haifa. Nach der Ausbildung bei Lovis Corinth, H. ▶ Struck und H. Matisse an der Kunstgewerbeschule Berlin, gründet S. gemeinsam mit L. ▶ Meidner und Richard Janthur 1912 die Gruppe *Die Pathetiker*. Er stellt 1913 im *Ersten dt. Herbstsalon* in Berlin aus. Als Soldat im I. WK lernt S. in Litauen das osteuropäische Judentum kennen, das ihn nachhaltig beeinflußt. Zeit seines Lebens zeichnet er Porträts von Nachbarn, Verwandten und Freunden; doch die von Krieg und jüd. Schicksal beeinflussten Themen dominieren seine Werke. 1933 emigriert S. nach Palästina, wo er 1949–57 an der Bezalel-Schule in Jerusalem arbeitet. Neue Inspiration erfährt er durch die historischen Stätten des Judentums und die arabische Umwelt.
Nadel, A.: J. S., 1920. nv

Steinitz, Clara, geb. Klausner (Pseud. Hans Eurdach), Schriftstellerin, Übersetzerin. 16.4.1844 Kobylin/Posen – 1931 vermutlich Berlin. S. wächst in Halle auf; sie heiratet 1873 den Publizisten Heinrich S., mit dem sie nach Berlin zieht. S. wird mit ihrem ersten Erzählband *Des Volkes Tochter* (2 Bde, 1878) bekannt und veröffentlicht danach den dreiteiligen Roman *Die Hässliche* (1904). Nach dem Tod ihres Mannes (1904) schreibt sie auch Theaterstücke, wie *Thamar* (1906) und das Lustspiel *Der Allerletzte* (1909). Zudem übersetzt sie aus dem Englischen, Französischen, Italienischen und Norwegischen.
Im Priesterhaus, 1890; Irrlicht, 1895. kt

Steinitz, Wolfgang, Sprachwissenschaftler, Ethnologe. 28.2.1905 Breslau – 21.4.1967 Berlin/Ost. 1923–28 Studium der finnisch-ugrischen Sprachen und Völkerkunde in Berlin und Breslau. Ab 1926 Tätigkeit als wissenschaftlicher Assistent an der

Univ. Berlin. 1927 KPD-Eintritt; 1933 Entlassung aus dem Hochschuldienst. Engagement im Widerstand; 1934 Flucht nach Estland. 1934–37 Prof. in Leningrad, 1938–45 in Stockholm. 1946 Rückkehr nach Berlin/O., dort zum Prof. an die HU Berlin berufen; 1949 Direktor des Finnisch-Ugrischen Instituts; 1950 Dekan der Philosophischen Fakultät; 1951 Mitglied der AdW, ab 1952 Direktor des Instituts für Dt. Volkskunde und Abteilungsleiter am Institut für Dt. Sprache und Literatur. 1954–58 Mitglied des ZK der SED; 1954–63 Vizepräsident der *Deutschen Akademie der Wissenschaften* (DAW). Er ist Hg. der *Neuen Russischen Bibliothek* (50 Bde, 1946–53).

Geschichte des finno-ugrischen Vokalismus, 1944; Geschichte des wogulischen Vokalismus, 1955.

Leo, A.: Leben als Balance-Akt. W. S. Kommunist, Jude, Wissenschaftler, 2005; Lang, E.: Parallelismus und Etymologie, 1987. mr

Steinschneider, Moritz, Orientalist, Bibliograf. 30.3.1816 Proßnitz/Mähren – 24.1.1907 Berlin. Das Studium der orientalischen Sprachen und der hebräischen Literatur in Prag (1833–36) und Wien (1836–38) setzt S. wegen der österreichischen Judengesetze in Leipzig und Berlin fort. Nach einem erneuten Pragaufenthalt (1842–45) verleiht ihm die Univ. Leipzig den Doktortitel (1850). Seit 1859 unterrichtet er an der *Veitel-Heine-Ephraimischen-Lehranstalt* in Berlin. 1869–90 ist er Direktor der Jüd. Mädchenschule. Die wissenschaftlichen Arbeiten umfassen nahezu alle Bereiche der jüd. Literatur und Kultur im Mittelalter und der Neuzeit. Wegen seiner Detailkenntnisse und seiner zahlreichen grundlegenden Werken wird er als der ‚Vater der jüd. Bibliografie' bezeichnet. Er gibt Kataloge von den in Bibliotheken verzeichneten hebräischen Drucken und Handschriften heraus, ediert Literatur zur jüd. Kultur im arabischen Sprachraum unter Berücksichtigung naturwissenschaftlicher Erkenntnisse und leitet die Zeitschrift *Hamaskir* (1858–82).

Die arabische Literatur der Juden, 1902 [1964].

Elbogen, I.: M. S. der Vater der hebr. Bibliographie, 1926. nr

Steinthal, Heymann (auch Chajm), Sprachphilosoph. 16.5.1823 Gröbzig/Anhalt – 14.3.1899 Berlin. S. gilt zusammen mit seinem späteren Schwager M. ▸ Lazarus als der Begründer der Völkerpsychologie. Er studiert in Berlin Sprachwissenschaft, Philosophie und Botanik. Im Jahre 1847 promoviert er in Tübingen. Zwei Jahre später habilitiert er sich in Berlin. Anschließend ist S. als PD tätig und lehrt u.a. über die Klassifikation der Sprachen und die Sprachgeschichte. 1952–56 studiert er in Paris afrikanische Sprachen und Chinesisch. Zurück in Berlin, lehrt er Allgemeine Sprachwissenschaft. 1862 wird er a.o. Prof. und heiratet im selben Jahr Jeanette Lazarus, mit der er drei Kinder hat. 1872 wird er Dozent für Bibelwissenschaft und Religionsphilosophie an der neu errichteten HWdJ. Neben vielen Mitgliedschaften in akademischen Vereinigungen ist er Mithg. der *Zeitschrift für Völkerpsychologie*. S. gilt als einer der Pioniere und Wegbereiter der modernen Sprachwissenschaft und eigentlicher Repräsentant der Hegelschen Philosophie, der es versteht, Sprachphilosophie und Psychologie zu verbinden. Des weiteren ist er ein Kenner der sprachwissenschaftlichen Schriften Wilhelm v. Humboldts und macht sich mit seinen Studien zum Verhältnis von Mythos, Religion und allgemeiner Ethik verdient.

Der Ursprung der Sprache, im Zusammenhange mit den letzten Fragen alles Wissens, 1851 [1978]; Grammatik, Logik und Psychologie, 1855 [1968]; Über Juden und Judentum, 1906 [1995].

C. H. S. Ein Sprachwissenschaftler und Philosoph im 19. Jahrhundert, 2002; Bickmann, R.: Logik und Grammatik, 1980; Bumann, W.: Die Sprachtheorie H. S.s, 1964. dn

Hermann Steinthal

Steinthal, Martin, Mediziner. 22.10.1798 Stendal – 1.10.1892 Berlin. Nach dem Studium unternimmt S. wissenschaftliche Reisen durch Dtl und Groß-

britannien. 1823 wird er Arzt in Berlin, 1849 erhält er als erster Jude in Preußen den Titel eines Sanitätsrats, später den eines Geheimen Sanitätsrats. Seit 1830 Mitglied, 1851–88 Vorstandsmitglied des jüd. Wohltätigkeitsvereins *Gesellschaft der Freunde*. Mitglied der RV der JGB, Vorstandsmitglied der Reformgemeinde, 1878 Ehrenpräsident der *Hufelandschen Gesellschaft*.
▯ Medizinische Anakleten, 1843. bz/sp

Steinthal, Max, Bankdirektor. 24.12.1850 Berlin – 8.12.1940 Berlin. S. ist Mitbegründer der *Deutschen Bank*, er arbeitet 1873–1905 im Vorstand, 1906–33 im AR (1923–32 als AR-Vorsitzender). Er ist wesentlich an der Finanzierung großindustrieller Projekte, wie z.B. dem Bau der Berliner Hoch- und Untergrundbahn, der Erschließung deutscher Afrika-Kolonien, der südafrikanischen Goldproduktion und verschiedenen Berliner Terrain-Gesellschaften, beteiligt. Zudem zählt er zu den Mitbegründern der *Mannesmann AG*. 1933 wird er zum Rücktritt von allen Ämtern gezwungen. nr/sp

Steinthal, Walter, Publizist, Theaterkritiker. 27.11.1887 Dessau – 27.3.1951 San Francisco. Studium der Rechtswissenschaften, Philosophie und Biologie in Berlin, München und Halle. Gründer und Hg. verschiedener Zeitschriften, u.a. *Der Waechter*. Ab 1922 bei der *Neuen Berliner Zeitung* tätig, 1924 Übernahme der Anteilsmehrheit. Tätigkeit als Theaterkritiker und -direktor. 1933 Flucht über Paris nach Basel und von dort in die USA. 1940–47 Lektor an der Univ. Stanford.
▯ Bürgerrevolution, 1919. bz

Stephanus, Paulus ▶ Cassel, Selig.

Stern, Ernst Julian, Kostüm-, Bühnenbildner. 1.4.1876 Bukarest – 28.8.1954 London. S. studiert seit 1894 Bildende Kunst in München und ist Illustrator der Zeitschriften *Jugend* und *Simplicissimus*. Er lebt ab 1905 in Berlin. 1906–21 ist S. Bühnenbildner bei M. ▶ Reinhardt und 1921–23 bei E. ▶ Lubitsch. Mitglied der *Berliner Secession*, es entsteht eine Reihe grafischer Zyklen. Nach einem Aufenthalt in Paris 1933 kehrt er nicht mehr nach Dtl zurück. S. geht 1934 nach Hollywood, 1935 nach Großbritannien.
▯ My life, my stages, 1951; Bühnenbilder bei Max Reinhardt, 1955. jl/nv

Stern, Ern(e)st H., Bankier, Publizist. 1892 unbekannt – 19.2.1963 London. Ab 1919 Referent im Reichsernährungsministerium, später im Reichswirtschaftsministerium und im Statistischen Reichsamt tätig, ab 1924 Leiter der Wirtschaftspolitischen Abteilung der Reichskreditgesellschaft. 1933 Emigration nach Großbritannien, 1936/37 Berater W. Churchills bei der Rüstungsfinanzierung und Wirtschaftsberater von Industrieunternehmen. js

Stern, Grete, Fotografin. 9.5.1904 Elberfeld/Wuppertal – 24.12.1999 Buenos Aires. Nach dem Grafikstudium in Stuttgart, geht S. 1927 nach Berlin und absolviert eine fotografische Ausbildung bei Walter Peterhans. Als dieser eine Berufung an das Dessauer Bauhaus erhält, erwirbt sie 1930 seine Ausrüstung und eröffnet zusammen mit Ellen ▶ Auerbach das Fotostudio *Ringl & Pit* in Berlin. Sie spezialisieren sich auf Werbefotografie, die den Einfluss des Lehrers und der Neuen Sachlichkeit zeigen. 1930–33 studiert S. zeitweilig am Dessauer Bauhaus. S. emigriert 1933 nach Großbritannien und siedelt 1936 nach Argentinien über, wo sie mit ihrem Mann ein Fotostudio eröffnet. Es entstehen u.a. zahlreiche Porträtaufnahmen von Künstlern und Schriftstellern. 1956 wird sie an das Nationalmuseum für Bildende Künste in Buenos Aires berufen, wo sie bis 1970 arbeitet. ul

Stern, Heinemann, Pädagoge. 21.12.1878 Nordeck/Hessen – 22.12.1957 Rio de Janeiro. S. ist von 1906–22 Lehrer an Schulen in Oberschlesien. Er kommt dann an die jüd. Knabenschule in Berlin, deren Direktion er zusammen mit der Mädchenschule der JGB 1932 übernimmt. Seit 1925 ist er im Vorstand des CV. Lange Zeit hat S. auch den Vorsitz des Verbandes jüd. Lehrervereine inne. Nach seinem Ausscheiden aus der Schule 1938, verbleibt er bis zu seiner Emigration nach Brasilien (1939) in der Schulverwaltung der JGB. Seine Memoiren *Warum hassen sie uns eigentlich?-Jüdisches Leben zwischen den Kriegen* erscheinen 1970. ul

Stern, Heinrich, Jurist. 1.11.1883 Berlin – 8.2.1951 London. Seit 1910 RA mit Kanzlei in der Potsdamer Straße. Vorsitzender bzw. Vorstandsmitglied mehrerer Organisationen, so ab 1917 der VflJ, ab 1930 der RV der JGB und des CV. Mitwirkung an der ersten Tagung der WUPJ 1928 in Berlin. 1938 Emigration nach Großbritannien, dort als Kaufmann tätig. Weiterhin Engagement in jüd. Verbänden, u.a. im *Bnai Brith*. cm

Stern, Julius, Dirigent, Musikpädagoge. 8.8.1820 Breslau – 27.2.1883 Berlin. S. studiert in Berlin, Dresden und Paris. 1846 scheitert eine Bewerbung als Leiter der Berliner Singakademie. Daraufhin gründet er 1847 den *Stern'schen Gesangverein,* mit dem er im gleichen Jahr das *Elias*-Oratorium von F. ▶ Mendelssohn-Bartholdy aufführt und der sich zu einer beachtlichen Konkurrenz der Singakademie entwickelt. Bis 1874 ist er Leiter des Vereins. S. eröffnet 1850 mit T. ▶ Kullak und A. B. ▶ Marx eine Musikschule für Gesang, Klavier und Komposition, die als *Stern'sches Konservatorium* bekannt wird. S. ist bis 1856 dessen Direktor. 1869 dirigiert er das Berliner Symphonieorchester. 1873–75 leitet er die Konzerte in der Reichshalle. S. komponiert Stücke für Gesang, Klavier und Streicher. jl/nms

Julius Stern (1820–83)

Stern, Julius Esriel, Pädagoge. 2.10.1904 Frankenberg a.d. Eder/Hessen-Nassau – 1976 Jerusalem. 1924 Lehrerseminar Berlin. 1925–38 stellv. Schulleiter der *Ryke-Schule* in Berlin. Gleichzeitig stellv. Leiter der Schulabteilung der Gemeinde. Hg. von Leseheften für die jüd. Schulen, aktiv im Lehrerschulungsunterricht und beteiligt an der Erstellung neuer Lehrbücher. Mitarbeiter der *Jüdischen Rundschau.* 1938 Emigration nach Palästina, wo S. weiterhin pädagogisch tätig ist.
Das Jüdische Jahr, 1935. ko

Stern, Moritz, Rabbiner, Archivar. 6.7.1864 Steinbach, Kreis Hünfeld/Hessen – 13.2.1939 Berlin. 1891–98 Rabbiner in Kiel, 1899 in Fürth, bis 1905 in Berlin. 1905–32 mit dem Titel Oberbibliothekar Direktor der Bibliothek der JGB. In den Jahren 1926–34 veröffentlicht S. *Beiträge zur Geschichte der jüdischen Gemeinde in Berlin.*
Urkundliche Beiträge über die Stellung der Päpste zu den Juden, 1893–95; Grundriss zur Geschichte der Juden und ihrer Literatur, 1908. js

Stern, Selma ▶ Stern-Täubler, Selma.

Stern, Sigismund, Pädagoge. 2.7.1812 Karge/Posen – 9.5.1867 Frankfurt/Main. S. studiert Philosophie und Pädagogik in Berlin und promoviert über die *Grundlegung zur Sprachphilosophie* (1834). Er übernimmt 1835 die Leitung der *Berliner Höheren Schul- und Pensionsanstalt für Knaben* von Isaak Markus ▶ Jost. S. beteiligt sich an der Gründung der jüd. Reformgemeinde und nimmt 1845 als Sprecher der JGB an der Zweiten Rabbinerkonferenz in Frankfurt/M. teil und gehört zu den Unterzeichnern des am 2.4.1845 veröffentlichten Gründungsaufrufes für eine *Genossenschaft für Reform im Judentum.* 1855 wird er zum Leiter des Philantropins in Frankfurt/M. berufen.
Geschichte des Judentums von Mendelssohn bis auf die neuere Zeit, 1867.
Galliner, A.: S. Stern. Der Reformator und Pädagoge, 1930. js

Sternberg, Erich Walter, Komponist. 31.5.1891 Berlin – 15.12.1974 Tel Aviv. Nach einer Laufbahn als Jurist wendet sich S. 1918 der Musik zu und studiert Komposition und Klavier in Berlin. Seit 1925 hält er sich regelmäßig in Palästina auf, wohin er 1931 auswandert. S. bereitet die Gründung des *Palestine Philharmonic Orchestra* vor und ist 1938–54 Vorsitzender der *Sektion Palästina Israel* der IGNM. In seinen Werken verwendet er u.a. hebräische Melodien und entwickelt in den 1950er Jahren den so genannten Östlichen Mittelmeerstil. jl

Sternberg, Gertrud ▶ Isolani, Gertrud.

Stern-Täubler, Selma, Historikerin. 24.7.1890 Kippenheim/Baden – 17.8.1981 Riehen bei Basel/Schweiz. Nach dem Studium der Geschichte, Literatur, Philosophie, Kunstgeschichte und Sprachen in Heidelberg und München promoviert S.-T. als eine der wenigen Frauen im Fach Geschichte über den dt. Jakobiner Anacharsis Cloots. 1920 beginnt sie im Rahmen ihrer Anstellung am Forschungsinstitut der AWdJ auf Anregung von E. ▶ Täubler (seit 1927 ihr Mann) mit ihrer großen Arbeit *Der preußische*

Staat und die Juden (der 1. Bd erscheint 1925, der 2. wird 1938 nicht mehr ausgeliefert). Das Ehepaar emigriert 1941 in die USA, wo S.-T. am HUC in Cincinnati/Ohio 1947–55 als Archivarin arbeitet und dessen Ehrendoktorwürde sie 1956 erhält. 1960 siedelt S.-T. in die Schweiz über und arbeitet hier an der Beendigung ihres Werkes *Der preußische Staat und die Juden* (1962–71).

Jud Süß, 1929 [1973]; Die Hofjuden, 1950 [2001]; Josel von Rosheim, 1959 [1973].

Sassenberg, M.: Das Eigene in der Geschichte. Selbstentwürfe und Geschichtsentwürfe der deutsch-jüdischen Historikerin S. Stern, 2004. id

Stettenheim, Julius, Schriftsteller. 2.11.1831 Hamburg – 30.10.1916 Berlin. Sohn eines Kunsthändlers, kaufmännische Lehre, studiert nach dem Tod des Vaters 1857– 60 Literatur, Geschichte und Philosophie in Berlin. Schon als Student schreibt S. Humoresken, Possen und Singspiele. 1860 Rückkehr nach Hamburg, wo er das humoristisch-satirische Blatt *Die Wespen* gründet, das ab 1868 *Berliner Wespen*, ab 1891 *Deutsche Wespen* heißt. Seit 1867 in Berlin ansässig, dort Mitarbeiter des *Kladderadatsch*, seit 1893 Redakteur des *Wippchen*, einer Beilage zum *Kleinen Journal*. S. ist Mitbegründer der *Freien Bühne*. Im I. WK brilliert S. mit seinem *Redakteur Wippchen*, der aus dem idyllischen Bernau Kriegsberichte von den jeweiligen realen Kriegereignissen liefert.

Lies und Lach. Wippchens lustige Auslese, 1924. js

Julius Stettenheim

Stolzer, Eugen, Architekt. 12.5.1886 Györ/Österreich-Ungarn – 22.12.1958 Rom. Studium an der TH München. Sammelt erste Erfahrungen im Theaterbaubüro von Max Littmann. Seit 1910 fester Wohnsitz in Berlin, arbeitet jedoch auch in München und Paris als Theaterbaumeister. Zu seinen Bauherren gehören M. ▶ Reinhardt, L. ▶ Jessner, F. ▶ Bruckner, sein Partner bei diesen Bauvorhaben ist O. ▶ Kaufmann. 1933 emigriert S. nach Palästina aus, lässt sich in Jerusalem nieder und arbeitet als freier Architekt. Ehemann von Judith ▶ S. nv

Stolzer-Segall, Judith, Architektin. 20.5.1904 Prischib/Russland – 1.12.1990 München. Im Jahr ihrer Geburt zieht die Familie nach Dtl, zunächst nach Gießen, später nach Berlin. Als 1914 der Krieg ausbricht, müssen die Segalls, wie alle russischen Emigranten, Dtl verlassen. St.-S. studiert 1924–29 in Danzig, kehrt dann nach Berlin zurück, wo sie zunächst bei L. ▶ Nachtlicht, später im Bauamt der JGB arbeitet. 1932 macht sie sich selbständig. Als Kommunistin wird St.-S. 1933 kurzzeitig inhaftiert, danach emigriert sie, trotz ihrer antizionistischen Überzeugung, über Danzig nach Palästina, wo sie 1934 den Architekten Eugen ▶ S. kennen lernt, den sie 1941 heiratet. Beruflich etabliert sich St.-S. 1935 durch den ersten Preis für die Zentral-Synagoge in Hadera und einen ersten Preis 1937 für eine experimentelle Wohnsiedlung in Tel Aviv, die sowohl von den Bewohnern wie von der Fachpresse für ihre städtebauliche und architektonische Konzeption gelobt wird. 1957 verlässt St.-S. Israel und zieht 1959, nach dem Tod ihres Mannes, nach München. Nach einem Unfall pflegebedürftig, kann sie ihren Beruf nicht mehr ausüben. ht

Strassmann, Ferdinand, Mediziner. 24.2.1838 Rawitsch/Posen – 19.4.1931 Berlin. Studium an die FWU bei Virchow, Mitscherlich, Langenbeck, Martin und Baerensprung. Ab 1863 läßt sich S. als praktischer Arzt in Berlin nieder. 1889 Wahl zum unbesoldeten Stadtrat, in dieser Funktion ist er auf dem Gebiet der öffentlichen Gesundheitspflege tätig. In Anerkennung seiner Verdienste wird S. 1915 die Ehrenbürgerschaft verliehen. Als er stirbt, würdigt das *Israelitische Familienblatt* ausdrücklich seine Verdienste um die Stadt Berlin. js

Strauch, Hertha ▶ Thomas, Adrienne.

Straus, Oscar Nathan (auch: Strauss), Komponist, Dirigent. 6.3.1870 Wien – 11.1.1954 Bad Ischl/Oberösterreich. Studium u.a. bei Adolf Prosniz und Max Bruch. Ab 1901 Hauskomponist an E. v. Wolzogens *Überbrettl* in Berlin. Neben drei Opern komponiert S. erfolgreiche Operetten, u.a. *Ein Walzertraum* (1907), *Der letzte Walzer* (1920), *Eine Frau, die weiß, was sie will* (1932) und Filmmusiken (u.a.. zu M. ▶ Ophüls' *Reigen* 1950). Seit 1927 Kapellmeister in Wien. Emigriert 1938 über Paris in die USA. 1948 Rückkehr nach Österreich. evk

Strausberg, Baruch Hirsch ▶ Strousberg, Bethel Henry.

Strauss, Bruno, Pädagoge, Historiker. 14.1.1889 Hannoversch Münden – 22.5.1969 Shreveport/USA. Bevor S. 1937 die Leitung der Oberschule der JGB übernimmt und Dozent an der Jüd. Lehrerbildungsanstalt wird, ist er ab 1918 Studienrat am Leibniz-Gymnasium. Nach der Entlassung aus dem Staatsdienst 1933 ist er an Privatschulen, so am Realgymnasium der *Adass Jisroel* tätig. 1939 Emigration in die USA, wo S. bis 1964 in Shreveport/Louisiana dt. Literatur und Philosophie lehrt.
Moses Mendelssohn in Potsdam, 1994. ul

Strauss, Leo, Philosoph, Politikwissenschaftler. 20.9.1899 Kirchhain/Hessen – 18.10.1973 Annapolis/USA. 1925–32 Lehrtätigkeit an der HWdJ, Mitarbeit an der AWdJ, Mithg. von Moses ▶ Mendelssohns GS. 1934 Emigration über Großbritannien in die USA (1938), dort an der New School for Social Research tätig, ab 1949 Prof. an der University Chicago. S.s Spezialgebiet ist die politische Philosophie, er veröffentlicht 15 Bücher zu diesem Thema, und u.a. über Spinoza und Maimonides. S. gilt als Vordenker einer verzweigten Schule (*Neocons*), deren Einfluss in die inneren Machtzirkel Washingtons reicht.
Hobbes, 1936; Naturrecht und Geschichte, 1956; GS, 6 Bde, 1997–2006.
Das theologisch-politische Problem. Zum Thema von L. S., 2003; Meier, H.: Carl Schmitt, L. S. und der Begriff des Politischen, 1998. js

Strousberg, Bethel Henry (d.i. Baruch Hirsch Strausberg), Eisenbahnmagnat, Spekulant, Journalist. 20.11.1823 Neidenburg/Ostpreußen – 31.5.1884 Berlin. Nach dem Tod seines Vaters geht S. 1835 nach London, wo er sich zum Wirtschaftsfachmann entwickelt. Er anglisiert seinen Namen und konvertiert zum Christentum. Nachdem S. bereits erfolgreicher Geschäftsmann und Hg. zweier Zeitschriften ist, kehrt er 1855 nach Berlin zurück. Dort engagiert er sich im Eisenbahnbau und baut die Bahnlinien Insterburg–Tilsit, die Ostpreußische Südbahn sowie die Strecke zwischen Berlin und Görlitz. In Berlin ist er am Bau des Görlitzer Bahnhofs sowie an der Errichtung des Schlachthaus- und Viehmarktkomplexes im Wedding beteiligt. 1866 erscheint unter seiner Herausgeberschaft die Tageszeitung *Die Post.* Als Unternehmer im Lokomotivbau, mit angeschlossenen Walzwerken und Hochöfen ist S. als Arbeitgeber überaus sozial eingestellt. Er reduziert die tägliche Arbeitszeit in seinen Betrieben von 12 auf 10 Stunden ohne Lohnabzug, baut Werkswohnungen, errichtet Kantinen und Betriebskindergärten. Trotz seiner arbeitnehmerfreundlichen Haltung steht S. unter politischem Beschuss, kritischster Wortführer ist dabei Eduard ▶ Lasker, der die Finanzpraktiken des ‚Eisenbahnkönigs' anprangert. Im Zuge des ‚Gründerkrachs' gerät S. in Finanzschwierigkeiten und sein einmaliges Wirtschaftsimperium gerät in Konkurs. 1880 zieht er mit seiner Familie nach London und lebt dort von den bescheidenen Einkünften als Journalist. Nach dem Tod seiner Frau kehrt er 1884 nach Berlin zurück, wo er wenig später stirbt.
Berlin ein Stapelplatz des Welthandels durch den Nord-Ostsee-Kanal, 1878; Catalog der Strousbergschen Bibliothek, 1876; Dr. Strousberg und sein Wirken, 1876.
Ohlsen, M: Der Eisenbahnkönig B. H. S., 1987; Bratisch, L.: Dr. S. und seine Ingenieure Rauschning, Victor, Busse, Wächter, von Brand, 1872. evk

Struck, Hermann, Maler, Grafiker. 6.3.1876 Berlin – 11.1.1944 Haifa. Ausbildung als Maler und Grafiker in Berlin. S. konzentriert sich früh auf die Kunst des Porträtzeichnens. Kriegsbildberichterstatter im I. WK. Das ‚Ostjudentum' beeinflusst sein Werk nachhaltig. 1920 entsteht gemeinsam mit A. ▶ Zweig *Das ostjüdische Antlitz*, das 52 Lithografien S.s enthält. S. wandert 1923 nach Palästina aus.
Die Kunst des Radierens, 1912.
Rusel, J.: H. S. Das Leben und das graphische Werk eines jüdischen Künstlers, 1997. nv

Sturmhoefel, Anna Maria ▶ Lazarus, Nahida Ruth.

Susman, Margarete, verh. von Bendemann, Schriftstellerin. 14.10.1872 Hamburg – 16.1.1966 Zürich. Nach der Schulzeit in Zürich, Studium der Malerei in Düsseldorf, wo S. ihren späteren Ehemann, den Maler und Kunsthistoriker E. von ▶ Bendemann kennen lernt, anschließend Studium der Kunst und Philosophie in Paris, München und Berlin. 1910–12 lebt S. in Berlin, dann in Frankfurt/M., bis sie 1933 über Großbritannien und die Niederlande in die Schweiz emigriert, wo sie in Zürich dem Kreis um den religiösen Sozialisten Leonard Ragaz angehört. 1907–32 Mitarbeiterin der *Frankfurter Zeitung*, 1926–35 der Monatschrift *Der Morgen*. Mit ihren Gedichtsammlungen (*Gedichte*, 1892; *Mein Land*, 1901; *Neue Gedichte*, 1907; *Die Lebenden*, 1917; *Lieder von Tod und Erlösung*, 1923) hat S. sich, beeinflusst u.a. von Karl Wolfskehl, als Lyrikerin einen Namen gemacht.

Frauen in der Romantik, 1929 [1996]; Das Buch Hiob und das Schicksal des jüd. Volkes, 1946 [1996]; Ich habe viele Leben gelebt, 1964.

Steer, M.: „... und da zeigte sich: der Mann hatte ihr keine Welt mehr anzubieten", 2001; Ueckert, C.: M. S. und Else Lasker-Schüler, 2000; Auf gespaltenem Pfad. Festschrift zu M. S. 90. Geburtstag, 1964. js

Sussmann-Hellborn, Louis, Bildhauer. 20.3.1828 Berlin – 15.8.1908 Berlin. S.-H. verdankt seinen Doppelnamen der Heirat mit der einzigen Tochter des Kaufmanns Philipp Hellborn. Er ist an der Gründung und Verwaltung des Deutschen Gewerbemuseums (Kunstgewerbemuseum) in Berlin beteiligt. 1882–86 ist er Künstlerischer Direktor der Berliner Porzellanmanufaktur und Mitglied der AdK. js

Swarsensky, Manfred Erich, Rabbiner. 22.10.1906 Marienfließ/Pommern – 1981 Madison/USA. Studium in Würzburg und an der HWdJ in Berlin, Promotion in Würzburg (1929). 1932–39 amtiert S. als liberaler Rabbiner in Berlin, arbeitet von 1936–38 im Vorstand des CV und nimmt 1937 als Delegierter an der Konferenz der WUPJ teil. Im Nov. 1938 ist er im KZ Sachsenhausen inhaftiert. Nach seiner Entlassung emigriert S. in die USA. 1939–76 wirkt er als Rabbiner am Beit El Tempel in Madison, seit 1976 ist er Prof. für Jewish Life and Thought am Edgewood College in Madison/Wisconsin. nr

Sylvester, Peregrinus ▶ Lublinski, Samuel.

Syngalowsky, Aaron ▶ Singalowsky, Aron.

Szalit-Marcus, Rahel, Malerin, Grafikerin. 3.7.1896(1894) Ischgenty/Litauen – unbekannt S.-M. beginnt ihre künstlerische Ausbildung in Lodz und studiert später in München und Berlin. Dort wird sie Mitglied der *Novembergruppe*. S.-M. zeichnet vorwiegend Lithografien aber auch Ölgemälde. Später folgen expressionistische Illustrationen russischer und jüd.Literatur, u.a. für die Bücher von Dickens, Alejchem, Sforim, Zangwill, Tolstoi und Dostojewski. S.-M. flüchtet vor dem NS-Regime nach Frankreich und wird vermutlich 1942 nach Auschwitz deportiert. nv

Szilard, Leo, Kern-, Biophysiker. 11.2.1898 Budapest – 30.5.1964 San Diego/USA. 1916–19 Studium der Elektrotechnik in Budapest. Ab 1920 Physikstudium in Berlin. Seit 1927 PD für Physik an der Univ. Berlin. 1933 Emigration nach Großbritannien, 1938 in die USA. S. ist an der Entwicklung der Atombombe beteiligt. Er veröffentlicht zahlreiche Schriften zur Bio- und Kernphysik. ko

T

Tau, Max, Publizist, Autor. 19.1.1897 Beuthen/Oberschlesien – 13.3.1976 Oslo. Literaturdirektor im Verlag B. ▶ Cassirers und Rezensent u.a. für die *Frankfurter Zeitung*. 1938 Emigration nach Norwegen, 1942 Flucht nach Schweden. Nach dem II. WK Verlagstätigkeit in Norwegen, 1950 erhält er den Friedenspreis des dt. Buchhandels. T. schreibt zahlreiche Novellen und autobiogr. Werke, die sich mit den Themen seiner jüd. Herkunft, dem dt. Kulturleben, seiner Integration in Norwegen und T.s Humanitätsglauben beschäftigen.
Das Land, das ich verlassen musste, 1961; Das Leben lieben. M. T. in Briefen und Dokumenten, 1988.
„Ein symbolisches Leben", 2000; Stiehm, L.: M. T., 1968. nms

Max Tau

Taubes, Jacob, Religionsphilosoph. 25.2.1923 Wien – 21.3.1987 Berlin. Aufgrund der Berufung des Vaters zum Oberrabbiner siedelt die Familie 1936 nach Zürich über. Dort absolviert T. die Rabbinerausbildungund und wird 1943 ordiniert. Anschließend Studium der Philosophie und Geschichte, 1947 Promotion. Seine Dissertation *Abendländische Eschatologie* (NA 1991) bleibt, in stark gekürzter Fassung, die einzige Monographie zu Lebzeiten. 1949 Dozent für Religionsphilosophie am JTS in New York. Lehrtätigkeit in Jerusalem und Princeton. 1956 Prof. an der Columbia Univ. New York. 1963 erhält er einen Ruf an die FU Berlin. Im Zuge der Berufungsverhandlungen wird dort das Institut für Judaistik gegründet, das T. 1966–79 leitet. Gleichzeitig ist er Direktor des dortigen Instituts für Hermeneutik. 1979 gibt er diese Doppelfunktion zugunsten der Hermeneutik auf und übernimmt eine ständige Gastdozentur am Maison des Siences de l' Homme in Paris. T.s Forschungen zur Religions- und Geistesgeschichte beschäftigen sich gleichermaßen mit dem Christentum wie mit dem Judentum und fußen v.a. auf Auseinandersetzungen mit Carl Schmitt, der Gnosis und der *Politischen Theologie des Paulus,* wie er eine Vorlesungsreihe wenige Wochen vor seinem Tod betitelt (posthum erschienen 1993).
Vom Kult zur Kultur, 1996. ht

Täubler, Eugen, Historiker, Altphilologe. 16.10.1879 Gostyn/Posen – 13.8.1953 Cincinnati/USA. Mann von S. ▶ Stern-Täubler. Studium der Altphilologie und Geschichte in Berlin (1903 Promotion, 1919 Habilitation). 1906–19 Leiter des GDJ (ab 1908 Hg. der *Mitteilungen*), 1910–16 Dozent an der HWdJ. 1919 Leiter der AWdJ in Berlin, 1922 a.o. Prof. in Zürich, 1924 o. Prof. für Alte Geschichte in Heidelberg. 1933 Rückkehr an die HWdJ. 1941 Emigration in die USA, Prof. am HUC Cincinnati/Ohio.
Imperium Romanum, 1913. jvs

Tergit, Gabriele, geb. Hirschmann (d.i. Elise Reifenberg, Pseud. Christian Thomasius), Journalistin, Schriftstellerin. 4.3.1894 Berlin – 25.7.1982 London. Studium der Geschichte in München, Heidelberg, Berlin und Frankfurt/M., Promotion 1924. Seit 1915 journalistische Arbeit für das *Berliner Tageblatt*, die *Vossische Zeitung*, die *Dame* und den *Berliner Börsen-Courier*. Bekannt wird sie als Gerichtsreporterin des *Berliner Tageblatts,* für das sie seit 1925 auch als Redakteurin arbeitet. 1931 erscheint ihr Roman *Käsebier erobert den Kurfürstendamm*. 1933 geht sie mit ihrem Mann, dem

Architekten Heinrich (Heinz) Reifenberg, über die Tschechoslowakei nach Palästina, 1938 nach Großbritannien. Sie arbeitet dort lange Jahre als Sekretärin des P.E.N.-Zentrums deutschsprachiger Autoren im Ausland, besucht Berlin aber regelmäßig inkognito. Im Exil beendet sie den noch in Berlin begonnenen Roman *Effingers*, der 1951 erscheint. T. publiziert kleinere Werke (*Das Büchlein vom Bett*, 1954; *Kaiserkron und Päonien Rot. Kleine Kulturgeschichte der Blumen*, 1958; *Das Tulpenbüchlein*, 1965; *Etwas Seltenes überhaupt. Erinnerungen*, 1983), aber viele ihrer Texte werden erst nach ihrem Tod publiziert. Darunter sind die Palästina-Reportagen *(Im Schnellzug nach Haifa*, 1996) und ein Roman über das Dtl der ersten Nachkriegszeit (*Der erste Zug nach Berlin*, 2000).
Larsen, E.: Die Welt der G. T., 1987. jos

Terwiel, Maria, Widerstandskämpferin. 7.6.1870 Boppard – 5.8.1943 Berlin. Tochter eines katholischen Sozialdemokraten, studiert Jura in Freiburg. Muss wegen ihrer jüd. Mutter ihr Studium aufgeben, arbeitet in Berlin. 1937 Verlobung mit dem Zahnarzt Helmut Himpel, über einen seinen Patienten bekommt sie Kontakt zur *Roten Kapelle*. Mitarbeit bei verschiedenen Widerstandsaktionen, u.a. Verbreitung der Predigten des Bischofs von Galen gegen Euthanasie. Im Sep. 1942 wird T. verhaftet und zusammen mit ihrem Verlobten zum Tode verurteilt. Hinrichtung in Plötzensee.
Coppi, H.: Die Rote Kapelle im Widerstand gegen den Nationalsozialismus, 1994. hll

Theilhaber, Felix Aaron, Arzt, Schriftsteller. 5.9.1884 Bamberg – 26.1.1956 Tel Aviv. Aktiver Zionist. 1907–10 Hg. der Zeitschrift *Palästina*. T. arbeitet 1910–35 als Dermatologe in Berlin. 1913 Mitbegründer der *Gesellschaft für Sexualforschung*. 1927–30 Mithg. des *Jüd. Lexikons* und Mitarbeiter der *Jüd. Rundschau*. 1935 Emigration nach Palästina.
Das sterile Berlin. Eine volkswirtschaftliche Studie, 1913; Der Untergang der deutschen Juden, 1921; Goethe, Sexus und Eros, 1929. kk

Thoene, Peter ▶ Bihalji-Merin, Oto.

Thomas, Adrienne, verh. Deutsch (d.i. Hertha Strauch), Schriftstellerin. 24.6.1897 St. Avold/Lothringen – 7.11.1980 Wien. T. wächst in Metz auf. 1919 zieht die Familie nach Berlin. Ihre Erfahrungen als Rotkreuzhelferin im I. WK verarbeitet T. in ihrem ersten Roman *Die Katrin wird Soldat* (1930, NA 1988), der ein Sensationserfolg wird. 1932 zieht sie in die Schweiz, 1934 nach Paris, 1935 nach Wien, von wo sie im März 1938 nach Straßburg flieht. 1940 Internierung in Gurs. Gemeinsam mit Toni Kesten, der Frau von Hermann ▶ K. gelingt ihr dank gefälschter Papiere die Flucht über Spanien und Portugal in die USA, die sie literarisch in ihrem Roman *Reisen Sie ab, Mademoiselle* (1944, NA 1988) verarbeitet. In New York betätigt sie sich als Journalistin und heiratet 1941 den österreichischen Exilanten Julius Deutsch. Das Exil in den USA thematisiert sie in *Ein Fenster am East River* (1945). Ab 1947 lebt das Ehepaar in Wien. 1973 wird T. zur Prof. h.c. ernannt.
Katrin, die Welt brennt!, 1936; Andrea, 1937 [1976]; Aufzeichnungen aus dem Ersten Weltkrieg. Ein Tagebuch, 2004.
Frauendarstellungen bei A. T. und Lili Körber, 2003; Sinnhuber, K.: A. T., 1990. ht

Thomasius, Christian ▶ Tergit, Gabriele.

Tieck, Polly, verh. Falkenfeld, verh. Aufrichtig (d.i. Ilse Ehrenfeld, Pseud. Katta Launisch), Autorin. 30.3.1893 Berlin – 1975 vermutlich Chile. In den 1920er Jahren arbeitet T. als Schnittmusterzeichnerin für den *Ullstein*-Verlag. Sie veröffentlicht v.a. Essays, Kurzgeschichten und Gedichte, u.a. in *BZ am Mittag, Ulk, Das Tage-Buch* und *Münchner Jugend*. T. heiratet 1931 in zweiter Ehe den Leiter des ZVfD, Ortsgruppe Wilmersdorf, Juan (Hans) Aufrichtig. In den 1930er Jahren emigriert sie nach Chile. In Valparaiso gründet sie eine Kleiderfirma. Sie schreibt in dieser Zeit u.a. für den New Yorker *Aufbau*. ht

Tietz, Hermann, Warenhausbesitzer. 29.4.1837 Birnbaum/Posen – 3.5.1907 Berlin. T., Kaufmann im Textileinzelhandel, lernt während eines mehrjährigen Aufenthalts in Amerika moderne Geschäftsmethoden kennen. Unterstützt 1882 seinen Neffen Oscar ▶ T. bei der Etablierung des Weißwarengeschäfts *Hermann Tietz* in Gera/Thüringen, dessen weitere Entwicklung er tatkräftig fördert. 1886 kommt eine Filiale in Weimar hinzu. 1889 entsteht das erste Warenhaus in München, weitere Filialen werden deutschlandweit unter dem Namen *Hertie* eröffnet. 1900 erfolgt die Verlegung des Hauptsitzes nach Berlin. as

Tietz, Oscar, Warenhausbesitzer. 19.4.1858 Birnbaum/Posen – 17.1.1923 Klosters/Schweiz. Zusammen mit seinem Onkel Hermann ▶ T. gründet T.

1882 in Gera ein Weißwarengeschäft. 1889 folgt die Eröffnung des ersten Kaufhauses in München, weitere Filialen v.a. in Süddeutschland folgen. 1900 Bau des ersten Berliner Warenhauses. In seinen Häusern führt T. technische und kaufmännische Innovationen ein, z.B. das Kino, die *Weiße Woche* und den Dieselmotor. T. gehört zeitweise der RV der JGB an. 1918 ist er einer der Mitbegründer der DDP in Berlin. 1903 gründet er den *Verein deutscher Waren- und Kaufhäuser* und ist Mitbegründer des *Hilfsvereins der deutschen Juden*. T. stirbt auf einer Reise in der Schweiz. as

Tiger, Theobald ▶ Tucholsky, Kurt.

Torczyner, Harry (d.i. Naftali Herz Tur-Sinai), Semitist, Bibelwissenschaftler. 13.11.1886 Lemberg – 17.10.1973 Jerusalem. Nach Besuch der Israelitisch-Theologischen Lehranstalt und Studium der Philologie in Wien (1905–09) promoviert er und habilitiert sich mit der Arbeit *Zur Bedeutung von Akzent und Vokal im Semitischen* (1910). 1910–12 unterrichtet er am Hebr. Gymnasium in Jerusalem, macht hier die Bekanntschaft mit Elieser Ben-Jehuda und wird Mitglied im Komitee für die hebr. Sprache. 1913–19 lehrt T. als Dozent an der Univ. Wien, danach bis zu seiner Emigration 1933 nach Palästina an der HWdJ in Berlin. Bereits 1934 wird T. Prof. für Hebräisch an der Hebrew Univ. Jerusalem. Als Mitarbeiter an Wörterbüchern, Mitglied in Philologenverbänden und erster Präsident der *Akademie für Hebräische Sprache* ist er wesentlich an der Gestaltung des modernen Hebräisch beteiligt. Er gilt als einer der besten Kenner des Hebräischen und macht mit maßgeblichen Arbeiten zur Bibel auf sich aufmerksam. nr

Traube, Ludwig, Mediziner. 12.1.1818 Ratibor/Schlesien – 11.4.1876 Berlin. Bruder von Moritz ▶ T. Studium in Breslau und Berlin (Schüler von J. L. Schoenlein). 1840 Promotion. Ab 1843 Armenarzt in Berlin. 1848 Habilitation; 1857 a.o. Prof. und Leiter der Propädeutischen Klinik; 1862 o. Prof. des Militärärztlichen Instituts; 1872 o. Prof. der Berliner Univ. T. lehrt Perkussion und Auskultation *(Traube-Doppelton bei Aortenklappeninsuffizienz)* und führt regelmäßige Temperaturmessungen ein. Tierversuche zur Pathologie (u.a. Wirkung der Vagusdurchschneidung auf Lungenfunktion). Beschreibung des Zusammenhangs zwischen Herz- und Nierenkrankheiten.

📖 Gesammelte Beiträge zur Pathologie und Physiologie, 1871. fwk

Traube, Ludwig, Philologe, Paläograph. 9.6.1861 Berlin – 19.5.1907 München. Sohn des Arztes Ludwig ▶ T. Studiert klassische und mittelalterliche Philologie in München und Greifswald. 1883 Promotion, 1888 Habilitation, 1902 o. Prof. für lateinische Philologie des Mittelalters in München. Arbeiten über Paläographie, Texteditionen.

📖 Quellen und Untersuchungen zur lateinischen Philologie des Mittelalters, 1966ff.; Einleitung in die lateinische Philologie des Mittelalters, 1911 [1965]; Rückblick auf meine Lehrthätigkeit, 1901 [1988]. fwk

Traube, Moritz, Chemiker. 12.2.1826 Ratibor/Schlesien – 28.6.1894 Berlin. Bruder von Ludwig ▶ T. Chemiestudium in Gießen, Breslau, Berlin. Promotion 1847. Ein anschließendes Medizinstudium muss T. abbrechen, um in der Weinhandlung seines Vaters zu helfen. Daneben Arbeit im Privatlabor. 1866 Umzug nach Breslau. 1885 Mitglied der *Leopoldina*, 1886 der PAdW. 1886 Aufgabe der Weinhandlung. 1891 Umzug nach Berlin. Arbeiten über Diabetes mellitus, organische Oxydation, Fermente, Alkoholgärung. Entwickelt die *Traubesche Zelle* für Untersuchungen der Osmose.

📖 Gesammelte Abhandlungen, 1899.

📄 Franke, H.: M. T. Vom Weinkaufmann zum Akademiemitglied. Der außergewöhnliche Weg des jüd. Privatgelehrten und Pioniers der physiologischen Chemie, 1998. fwk

Kurt Tucholsky

Tucholsky, Kurt (Pseud. Kaspar Hauser, Peter Panter, Theobald Tiger, Ignaz Wrobel), Publizist. 9.1.1890 Berlin – 21.12.1935 Hindas/Göteborg. Seit 1913 ist T. nach einem Jurastudium, der Teilnahme am I. WK und einem kurzen Bankvolontariat Mitarbeiter von S. ▶ Jacobsons *Schaubühne*, 1918 umbenannt in *Weltbühne*, dem wichtigsten gesellschaftskritischen Organ in der Zeit der Weimarer Republik. 1918–20 Chefredakteur des *Ulk*, danach freier Publizist, 1924–26 Korrespondent der *Weltbühne* in Paris, ab 1929 ständig in Schweden, von wo aus er zahlreiche Reisen unternimmt. 1933 werden T.s Werke von den Nationalsozialisten verbrannt, er selbst aus Dtl ausgebürgert und verfemt. Krank und deprimiert von den politischen Verhältnissen in Dtl nimmt er sich das Leben. T., ein brillianter Satiriker mit einer Vorliebe für Kleinformen der Prosa, setzt sich mit Nationalismus, Militarismus, Korruption in der Justiz und im Pressewesen sowie dem aufkommenden NS auseinander. In den Briefen und Notizen der *Q-Tagebücher* fasst T. seit 1933 seinen Zorn und seine Verzweiflung über die dt. Juden in Worte, die als Äußerungen ‚jüdischen Selbsthasses' verstanden werden können. Er schreibt neben sarkastischen und ironischen Werken die erfolgreichen heiteren Romane *Rheinsberg. Ein Bilderbuch für Verliebte* (1912) und *Schloß Gripsholm: Eine Sommergeschichte* (1931).

GW, 10 Bde, 1989.

Schulz, K.-P.: K.T., 1992; Hepp, M.: K.T., 1993. js

Turnowski-Pinner, Margarete, Sozialarbeiterin, Publizistin. 27.2.1894 Kosten/Posen – 1982 Tel Aviv. T. studiert Soziologie und promoviert in Berlin. Ab 1919 ist sie Angestellte im Jüd. Arbeitsamt des ZVfD und übernimmt später die Leitung. 1925–27 lebt sie in Jerusalem. Zurückgekehrt engagiert sich T. 1928–30 im Kulturverband jüd. Frauen für Palästina und leitet bis 1933 den Wohlfahrts- und Stipendienfonds von S. ▶ Schocken. 1933 emigriert T. nach Palästina, wo sie als Publizistin und Fürsorgerin zum Aufbau des Landes beiträgt.

Die zweite Generation mitteleuropäischer Siedler in Israel, 1962. ul

Tur-Sinai, Naftali Herz ▶ Torczyner, Harry.

U

Ulff, Levi, Unternehmer. Um 1656 Frankfurt/Main–6.5.1737 Berlin. U. führt die Bandmühlen, die das Textilgewerbe revolutionieren, in die mittleren Provinzen Brandenburg-Preußens ein. Er kommt um 1690 nach Wesel/Herzogtum Cleve und errichtet dort bzw. in Emmerich gemeinsam mit seinem Schwiegervater Jakob Gumpert, dem Sohn Elias ▶ Gumperts, eine Seidenbandmanufaktur. 1714 gründet U. in Charlottenburg eine Bandmanufaktur, die von seinem Sohn Moses am 2.8.1720 übernommen wird. Aufgrund hoher Schulden kommt es zu langen Prozessauseinandersetzungen, in deren Folge er mehrere Jahre inhaftiert wird. id

Ullstein, Franz, Verleger. 16.1.1868 Berlin – 11.(13.)11.1945 New York. Dritter Sohn von Leopold ▶ U. Nach einem Jurastudium in Berlin, Heidelberg und Freiburg tritt U. 1894 in den Verlag ein, wird 1897 Mitinhaber bei *Ullstein & Co.* und Verwaltungschef des Zeitungsverlags; 1921–34 ist er dessen Vorstandsvorsitzender. Nach dem Zwangsverkauf des Verlags 1933/34 lebt er zurückgezogen in Berlin. U. emigriert 1938 in die USA und unterstützt dort die politische Arbeit von Hubertus Prinz von Löwenstein. js

Ullstein, Frederick (Friedrich), Verleger. 2.2.1909 Grunewald/Kreis Teltow – 11.12.1988 London. Sohn von Hermann ▶ U. 1927–30 Vorstandssekretär der *Reemtsma AG,* 1930–33 Junior-Partner von *Ullstein & Co.*, nach dem Zwangsverkauf des Verlags 1933–36 Verwaltung des Familienbesitzes in Warnsdorf/Prignitz. Emigration nach Großbritannien, dort landwirtschaftliche Ausbildung und bis 1956 Pächter in Barnardiston/Suffolk. 1940–46 im Dienst der Britischen Armee. Nach der Rückerstattung des Familienbesitzes ab 1952 Vorstandsmitglied des *Ullstein*-Verlags. 1956 Rückkehr nach Berlin, gemeinsam mit den Brüdern Karl und Rudolf ▶ U. Dirketor des *Ullstein*-Druckhauses Tempelhof. Nach dem Verkauf des Unternehmens an Axel Springer, 1960 Tätigkeit in leitender Stellung bei *Aldus Books*, London. Seit 1973 Berater der *Axel Springer Verlags AG.* js

Ullstein, Hans, Verleger. 18.1.1859 Berlin – 14.5.1935 Berlin. Der älteste Sohn von Leopold ▶ U. studiert Jura und arbeitet seit 1889 als Justiziar im väterlichen Unternehmen. 1894–1919 ist er für die *Fortschrittliche Volkspartei* als Berliner Stadtverordneter tätig. Wie seine Brüder Louis ▶ U. und Hermann ▶ U. residiert er seit 1903 im Grunewalder Villenviertel. Als Rentier erlebt er die Enteignung des Familienunternehmens; er wohnt jedoch bis zu seinem Tode in seinem Haus in der Bettinastraße 9, das seit den 1960er Jahren als Krankenhaus des DRK genutzt wird. Eine Gedenktafel erinnert an den ehemaligen Besitzer. evk

Ullstein, Hermann, Verleger. 6.7.1875 Berlin – 23.(25.)11.1945 New York. Jüngster Sohn von Leopold ▶ U. Kaufmännische Ausbildung in der *Getreidehandlung M. Neufeldt* Berlin, 1902 Eintritt als Teilhaber in den *Ullstein*-Verlag, zuständig für Zeitschriften und Werbung. 1934 erzwungener Rückzug aus dem Verlag; 1939 Emigration über Großbritannien in die USA.
▯ Wirb und Werde, 1937; The Rise and Fall of the House of Ullstein, 1942. js

Ullstein, Leopold, Kaufmann, Papierhändler. 6.9.1826 Fürth – 4.12.1899 Berlin. 19-jährig wird U. 1848 von seinem Vater nach Berlin geschickt, um dort eine Niederlassung der Papiergroßhandlung aufzubauen – er wird zum Begründer des Zeitungs- und Buchverlags *Ullstein.* 1871–76 ist er Mitglied der Berliner Stadtverordnetenversammlung. In den Kämpfen um Freihandel und Schutzzoll schlägt sich U. auf die Seite der Bismarckschen Schutzzollpolitik. 1877 gründet er die *Berliner Zeitung* und 1887 die *Berliner Abendpost.* 1894 kauft er die *Berliner Illustrierte Zeitung*, in der Fortsetzungsromane, Fotoreportagen, aber auch Gesellschaftsplaudereien erscheinen. In den 1890er Jahren liefert sich U. mit seinen Konkurrenten R. ▶ Mosse und August Scherl einen regelrechten ‚Zeitungskrieg'. Am 20.9.1898 erscheint die erste Ausgabe der *Berliner Morgenpost*, einem populären Massenblatt, das der Sozialdemokratie nahe steht. Das Blatt entwickelt sich zur tragenden Säule des Verlags. Als U. stirbt, beschäftigt das Unternehmen 1600 Mitarbeiter und verbraucht jährlich 4528 Tonnen Papier. Seine fünf Söhne führen das Unternehmen fort (Hans ▶ U., Louis ▶ U. und Franz ▶ U. aus erster Ehe mit Matilda Berend; Rudolf ▶ U. und Hermann ▶ U. aus zweiter Ehe mit Elise Pintus).

Hundert Jahre Ullstein 1877–1977, 4 Bde. 1977; Das Buch – 100 Jahre Berliner Morgenpost, 1998; Nadolny, S.: Ullsteinroman, 2003. js

Leopold Ullstein

Ullstein, Louis, Verleger. 11.11.1863 Berlin – 20.3.1933 Berlin. Als Zweitältester Sohn von Leopold ▶ U. tritt er in das väterliche Unternehmen ein und arbeitet sehr eng mit seinem Vater zusammen. Nach dessen Tod wird U. Chef des Verlags und 1921 stellvertretender Aufsichtsratsvorsitzender des Konzerns. 1933 unterzieht sich U. einer Gallenoperation, die sein Freund E. Sauerbruch vornimmt; er stirbt kurz darauf im Krankenhaus an Herzversagen. evk

Ullstein, Rudolf, Verleger. 26.2.1874 Berlin – 2.2.1964 Berlin. Der zweitjüngste Sohn von Leopold ▶ U. absolviert zunächst eine Druckerlehre und tritt 1901 in das Familienunternehmen ein. Bis 1933 ist er technischer Betriebsleiter des Verlags. Unter seiner Mitverantwortung wird in Tempelhof eine der modernsten und größten Druckereien Europas erbaut. 1921–33 ist er Mitglied im AR des *Ullstein*-Konzerns. 1939 emigriert U. nach Großbritannien, wo er zunächst als Fabrikarbeiter tätig ist. 1945 geht er nach New York und kehrt vier Jahre später nach Berlin zurück. 1952 führt U. die Rückerstattungsverhandlungen mit dem Berliner Senat. Er steigt wieder in den Konzern ein und ist bis 1960 Direktor der Tempelhofer *Ullstein*-Druckerei. evk

Ungar, Hermann, Schriftsteller. 20.4.1893 Boskowitz/Mähren – 28.10.1929 Prag. U. studiert in Berlin, München und Prag Jura und Nationalökonomie, ab 1921 ist er Attaché der tschechoslowakischen Botschaft in Berlin. Erste literarische Arbeiten erscheinen 1919 im *Prager Tagblatt*. Enthusiastische Besprechungen seines Novellenbandes *Knaben und Mörder* (1920) durch Th. Mann und Stefan Zweig machen ihn bekannt. Seine Romane *Die Verstümmelten* (1923) und *Die Klasse* (1927/29) stoßen aufgrund der dargestellten Grausamkeit und eines dem Autoren unterstellten ‚jüd. Selbsthasses' auf geteiltes Interesse. Das Schauspiel *Der rote General* wird im Sommer 1928 mit großem Erfolg in Berlin von F. ▶ Kortner uraufgeführt. U. wird 1927 nach Prag versetzt, wo er sich, an Depressionen leidend, vom gesellschaftlichen Leben zurückzieht.
SW, 2001/02.
Sudhoff, D.: H. U. Leben-Werk-Wirkung, 1990. ht

Unger, Ernst, Chirurg. 2.4.1875 Berlin – 13.9.1938 Prenzlau. Nach einer Ausbildung am Urban-Krankenhaus sowie an der Universitätsklinik eröffnet der Sohn eines Berliner Kaufmanns 1905 eine Privatklinik für Chirurgie in der Derfflingerstraße in Tiergarten, die während des I. WK als Lazarett dient. 1918 gelingt U. die Transplantation konservierter Nerven. 1919 wird er zum Prof. und 1920 zum dirigierenden Arzt der II. Chirurgischen Abteilung am Virchow-Krankenhaus ernannt. Nach 1933 verliert U. sein Amt im Krankenhaus und muss auch seine Privatklinik aufgeben. Auf dem Weg zu seinem Landgut in Pommern, auf das er sich zurückziehen will, verunglückt er tödlich. evk

Unger, Richard, Kommerzienrat, Handelsrichter. 6.7.1866 Erfurt – 1947 USA. Nach dem Besuch des Realgymnasiums in Erfurt macht U. eine Lehre im *Berliner Bankhaus Veit Simon*. Er kehrt zunächst nach Erfurt zurück. Einige Jahre später lässt er sich in Berlin nieder und lernt B. ▶ Kempinski kennen, dessen Tochter Frieda er 1900 heiratet. Im gleichen Jahr wird U. Gesellschafter von Kempinskis Firma und erhält Generalvollmacht; 1931 hält er 25,5% der Anteile. Unter seiner Führung entwickelt sich die Firma erfolgreich und expandiert. U. ist u.a. Mitglied der Berliner Industrie- und Handelskammer und führt den Vorsitz im Fachausschuss Weinhandel, in dem alle renommierten Berliner

Weinhandlungen vertreten sind. Im April 1939 kann er mit Frau und Tochter nach Großbritannien emigrieren. Ihr Vermögen müssen sie zurücklassen. Später übersiedeln sie in die USA.
Pracht, E.: M. Kempinski & Co., 1994. id

Unger, Walter, Bankier. 21.8.1894 Erfurt – 1944 KZ Auschwitz. Bruder von Richard ▸ U. studiert Mathematik in Berlin, Grenoble und Freiburg und promoviert 1921. Er wird Leiter des Erfurter Bankhauses *F. Unger.* 1924 tritt U. als Gesellschafter in die Firma *M. Kempinski & Co.* ein; sein Anteil an der Firma beträgt 15%. Er ist der einzige Gesellschafter des Unternehmens, der nicht emigriert. Am 29.1.1943 wird U. unter der Nr. 014387 in das Ghetto Theresienstadt deportiert, von dort im Okt. 1944 in das KZ Auschwitz verschleppt und ermordet.
Pracht, E.: M. Kempinski & Co., 1994. id

Ury, Else, Schriftstellerin. 1.11.1877 Berlin – 12.1.1943 KZ Auschwitz. U. wächst in einer wohlhabenden Familie auf. Um 1900 erscheinen erste Feuilletonbeiträge von ihr in der *Vossischen Zeitung.* 1905 erscheint mit *Was das Sonntagskind erlauscht* ihr literarisches Erstlingswerk. Bereits 1906 gelingt ihr mit *Studierte Mädel,* worin sie das Recht junger Frauen auf Studium und Beruf fordert, ein erster Erfolg. Um 1913 beginnt sie mit den Arbeiten zu *Nesthäkchen,* einer zehnbändigen Reihe, die 1918–25 erscheint. Außerdem veröffentlicht U. den Kriegsroman *Lieb Heimatland.* Sie beteiligt sich an der Kriegsfürsorge des Nationalen Frauendienstes. 1933 schreibt sie mit *Jugend voraus!* ihren letzten Roman, in dem sie – die Gefahren, die ihr als Jüdin drohen, nicht reflektierend – den NS als politische Hoffnung darstellt. Am 6.3.1935 wird sie aus dem *Verband Deutscher Schriftsteller* ausgeschlossen und erhält somit Berufsverbot. Da sie sich führ die Pflege ihrer Mutter verantwortlich fühlt, bleibt sie dennoch in Dtl. Am 6.1.1943 wird U. in das Sammellager Große Hamburger Straße gebracht und von dort am 12.1.1943 nach Auschwitz deportiert. Ihr Bruder Hans begeht Selbstmord, ihre Schwester Käthe wird von Amsterdam aus nach Auschwitz verschleppt, wo sie, ebenso wie U. selbst, ermordet wird.
Brentzel, M.: Nesthäkchen kommt ins KZ, 1992. mr/nms

Ury, Lesser, Maler. 7.11.1861 Birnbaum/Posen – 18.10.1931 Berlin. Studiert in Düsseldorf und Brüssel Malerei. Nach Studienaufenthalten in Paris und München immatrikuliert sich U. 1886 an der AdBK in Berlin. 1887 lässt er sich ganz in Berlin nieder und unterhält engen Kontakt zu M. ▸ Liebermann. 1889 hat U. seine erste eigene Ausstellung in der Galerie von Fritz Gurlitt. 1893 wird er Mitglied der *Münchner Secession* und arbeitet für *Das Narrenschiff.* 1901 kehrt er nach Berlin zurück. Motive seiner Malerei sind Stillleben, Blumen, Landschaften, Kaffeehaus- und Straßenszenen in Öl und Pastell. U. kann erfolgreich bei P. ▸ Cassirer und in der *Berliner Secession* ausstellen, deren Ehrenmitglied er 1921 wird. 1928 verschlechtert sich sein Gesundheitszustand zusehend. Drei Wochen bevor U. durch die Nationalgalerie und die *Secession* für sein Lebenswerk geehrt werden soll, verstirbt er in seinem Atelier in Berlin. Im ersten Jüd. Museum (1933–38) werden sein *Jeremia* und der *Moses* ausgestellt, ebenso ein *Selbstbild.*
L. U. Das druckgraphische Werk, 2002.
Schütz, C.: L. U. Bilder der Bibel, 2002. nv

Lesser Ury

V

Valetti, Rosa (d.i. Rosa Vallentin), Kabarettistin, Schauspielerin. 17.3.1878 Berlin – 10.12.1937 Wien. V. sammelt erste Erfahrungen mit Chansons in Paris und spielt ab 1898 an verschiedenen Bühnen in Berlin. Nach Kriegsende tritt sie in M. ▶ Reinhardts *Schall und Rauch* (1919) und in der *Rakete* (1920) auf. Mit der Eröffnung ihres eigenen *Cabaret Größenwahn* (1920) wird V. zum Mittelpunkt der Kabarettszene Berlins. Sie arbeitet mit F. ▶ Hollaender, W. ▶ Mehring und Ernst Busch zusammen. V. gründet und leitet *Die Rampe* (1922/23) und beteiligt sich am *Larifari* (1928). Später wendet sie sich dem Theater und dem Film zu: Sie spielt in der Uraufführung von B. Brechts *Dreigroschenoper* (1928) die *Mrs. Peachum* und in J. v. ▶ Sternbergs *Der blaue Engel* (1930) die *Guste*. V. emigriert 1933 nach Wien. Sie gastiert u.a. in Prag und Palästina (1936), wo sie hebräischen Lieder darbietet. jl

Rosa Valetti

Varnhagen, Rahel (Antonie Friederike Varnhagen von Ense, geb. Levin) Salonnière, Autorin. 19.5.1771 Berlin – 7.3.1833 Berlin. Die Tochter von Marcus Levin führt ab ca. 1790 im Elternhaus einen Salon, in dem Adlige und Bürgerliche, Diplomaten, Schauspieler, Gelehrte, Schriftsteller und jüd. Bekannte verkehren. V. ist als Goethekennerin bekannt. Nach 1806 in ihrer Geselligkeit eingeschränkt, flieht V. 1813 nach Prag. 1814 konvertiert sie und heiratet den Diplomaten Karl A. Varnhagen v. Ense. Das Paar geht nach Karlsruhe. 1819 kehren sie zurück und V. eröffnet einen zweiten Salon. Gäste sind u.a. H. ▶ Heine, F. C. v. Savigny, E. ▶ Gans.
📖 R. L. V., 1997; GW, 10 Bde, 1983.
📄 Thomann Tewarson, H: R. L. V., 1988. nms

Veit, David, Bankier. 24.4.1753 Berlin – 28.1.1835 Berlin. V. wird in einer Rabbiner- und Kaufmannsfamilie geboren. Sein Vater ist der Wollwarenhändler Juda ▶ V., der 1738 nach Berlin kommt. 1780 gründet V. mit seinen Brüdern Simon und Salomon ▶ V. das Bankhaus *Gebrüder Veit*, das auf Börsenhandel und Zinsgeschäfte spezialisiert ist. Das Geschäft bleibt über 150 Jahre in Familienbesitz und wird erst 1931 liquidiert. V. ist Mitglied der Börsen-, später auch der Kaufmannschaftskorporation. dn

Veit, Dorothea ▶ Schlegel, Dorothea.

Veit, Juda(h), Kaufmann. 1719 Witzenhausen – 8.1.1786 Berlin. V. kommt 1738 als Sohn des Rabbiners Veit Singer nach Berlin und widmet sich dem Textilgeschäft. 1740 heiratet er Beylle David, die Tochter von H. ▶ David. 1783 erhält V. das Generalprivileg. Seine Söhne gründen das Bankhaus *Gebrüder Veit.* mra

Veit, Moritz, Verleger, Politiker. 12.9.1808 Berlin – 5.2.1863 Berlin. Nach dem Studium der Philosophie und Geschichte arbeitet V. zunächst als Hg. des *Berliner Musenalmanachs* (1830). 1834 gründet er die Verlagsbuchhandlung *Veit & Co.* Er veröffentlicht zahlreiche philosophische Schriften; als Journalist wendet er sich immer wieder gegen die antijüd. Gesetzgebung. V. ist Mitglied des Parlaments der Frankfurter Paulskirche, des Preußischen Abgeordnetenhauses sowie Vorsteher der JGB (1839–48).
📖 Briefwechsel. Michael Sachs – M. V., 1897; Der Entwurf einer Verordnung über die Verhältnisse der Juden und das Edikt vom 11. März 1812, 1874. pj

Veit, Salomon, Bankier. 6.11.1751 Berlin – 24.4.1827 Berlin. V. gründet 1789 mit seinen Brüdern Simon (1754–1819) und David ▶ V. das Berliner Bankhaus *Gebrüder Veit.* V. ist Ältester der JGB und 1809–22 das erste jüd. Mitglied der Stadtverordnetenversammlung. as

W

Wachenheim, Hedwig, Sozialarbeiterin, Politikerin. 27.8.1891 Mannheim – 8.10.1969 Hannover. Zunächst Angestellte bei verschiedenen Behörden, arbeitet W. als Regierungsrätin bei der Reichsfilmprüfstelle (1922–33). 1913 tritt sie in die SPD ein und ist Mitbegründerin der AWO. W. engagiert sich für die sozialen Belange von Frauen und leitet ab 1929 die Sozialschule der AWO in Berlin. 1928–33 ist sie Mitglied des Preußischen Landtages. 1933 emigriert W. in die USA. 1946–51 hält sie sich in Dtl auf und ist für US-Behörden tätig. Nach 1955 erhält sie einen Forschungsauftrag für die Geschichte der dt. Arbeiterbewegung an der Univ. in Berkeley/USA. W. stirbt während einer Besuchsreise in Dtl.
Frauen und Politik, 1926; Die deutsche Arbeiterbewegung 1844 bis 1914, 1967; Vom Großbürgertum zur Sozialdemokratie. Memoiren, 1973. pj

Wachsmann, Konrad, Architekt. 16.5.1901 Frankfurt/Oder – 26.11.1980 Los Angeles. W. studiert 1922/23 nach einer Tischler- und Zimmermannslehre an der Kunstgewerbeschule Berlin. 1924–26 ist er Meisterschüler bei Hans Poelzig. Danach arbeitet er 1926–29 als Chefarchitekt der Holzhausfirma *Christoph & Unmack* in Niesky/Niederschlesien. Berühmtestes Ergebnis aus dieser Zeit ist das Sommerhaus Albert ▶ Einsteins in Caputh bei Potsdam. 1933 emigriert W. nach Spanien, 1934–38 entwirft und realisiert er in Italien verschiedene Großprojekte. Ab 1939 ist W. Freiwilliger in der französischen Armee, 1941 emigriert er in die USA. Nach dem II. WK ist er weltweit auch als Dozent gefragt. W. ist in Frankfurt/O. beigesetzt.
Vom Sinn des Details, 1988; Wendepunkt im Bauen, 1959 [2001]; Holzhausbau. Technik und Gestaltung, 1930.
K. W. und Einsteins Sommerhaus in Caputh, 2001; Grüning, M.: Der Wachsmann-Report, 1985. nv/mr

Waghalter, Igna(t)z, Komponist, Dirigent. 15.3.1882 Warschau – 7.4.1949 New York. 13-jährig schreibt W. seine ersten Kompositionen. 1897 wandert er illegal nach Dtl ein, um in Berlin Klavier und Komposition zu studieren; er gewinnt 1902 mit einer Sonate für Klavier und Violine den Mendelssohn-Preis. 1907–10 ist er Dirigent der Komischen Oper und 1912–23 GMD am Deutschen Opernhaus Berlin. 1933 arbeitet W. in Riga und Prag, 1934 in Wien. 1937 emigriert er in die USA. Zu W.s Opus zählt u.a. das Bühnenwerk *Mandragola* (1914). Häufig verwendet er jiddische Texte und Arrangements osteuropäischer Lieder. jl

Walden, Herwarth (d.i. Georg Levin, Pseud. Georg Sturm), Musiker, Kunstkritiker, Schriftsteller. 16.9.1878 Berlin – 31.10.1941 Saratow/UdSSR. W., der in erster Ehe (1901–11) mit E. ▶ Lasker-Schüler verheiratet ist, gründet 1904 den *Verein für Kunst*, 1910 die Zeitschrift *Der Sturm* (1910–32) und schreibt neben expressionistischen Dramen und Romanen Abhandlungen zur expressionistischen Kunst. W. ist auch bedeutender Kunstförderer. 1912–21 organisiert er Ausstellungen expressionistischer, futuristischer und kubistischer Künstler, von denen *Der blaue Reiter* (März 1912) und der *Herbstsalon* (1913) die herausragenden sind. 1932 wandert W. in die UdSSR aus und stirbt in sowjetischer Haft. Posthum wird er nach dem Krieg rehabilitiert.
Der Sturm. Ein Gedenkbuch an H. W. und die Künstler des Sturmkreises, 1954. js

Herwarth Walden

Waldmüller, Ilse ▶ Ploog, Ilse.

Wallburg, Otto (d.i. Otto Maximilian Wasserzug; auch Wasserzieher), Schauspieler. 21.2.1889 Berlin – 29./30.10.1944 KZ Auschwitz. 1905 besteht W. die Aufnahmeprüfung an der neu gegründeten Schauspielschule M. ▶ Reinhardts. Im I. WK wird er in Russland schwer verwundet und mit dem Eisernen Kreuz ausgezeichnet. Zuerst in Frankfurt/M., ab 1925 auch in Berlin, spielt W. vorwiegend komödiantische Rollen. Mit überragendem Erfolg tritt er in Inszenierungen von M. Reinhardt, Berthold Viertel und Erich Engel auf, zugleich ist er an verschiedenen Kabaretts und ab 1926 *(Die keusche Susanne)* beim Film engagiert. Kritiker wie K. ▶ Tucholsky sind von seinem komischen Talent begeistert. Durch den Tonfilm gelingt ihm endgültig der Durchbruch zum Publikumsliebling. In nur fünf Jahren spielt er in über fünfzig Filmen den ‚liebenswerten Dicken', wie z.B. in E. ▶ Charells *Der Kongress tanzt* (1931) oder in *Bomben auf Monte Carlo* (1931). 1934 wird W. die Spielerlaubnis entzogen. Er emigriert nach Österreich, wo er in unabhängigen Filmproduktionen, u.a. von Hermann Kosterlitz mitwirken kann. 1937 emigriert er in die Niederlande und arbeitet u.a. mit K. ▶ Gerron und S. ▶ Arno. Im Sommer 1938 wird ihm die dt. Staatsbürgerschaft entzogen. Die dt. Besetzung der Niederlande 1940 vereitelt die Fluchtpläne nach Amerika. Bis er im Feb. 1944 denunziert und in das KZ Westerbork verbracht wird, kann er mit seiner Geliebten im Untergrund leben. Über Theresienstadt wird W. nach Auschwitz deportiert. mr

Wallenberg, Hans, Journalist. 17.11.1907 Berlin – 13.4.1977 Berlin. W. studiert Jura in Berlin und ist ab 1926, u.a. bei der *Vossischen Zeitung* journalistisch tätig. 1937 emigriert er über Prag in die USA. 1945 gründet W. in Berlin die *Allgemeine Zeitung*, 1946/47 und 1949–53 ist er Chefredakteur der *Neuen Zeitung*, 1962 Generalbevollmächtigter Axel Springers für die *Ullstein GmbH*, 1953–64 Geschäftsführender Redakteur der *Welt*, 1964–67 Direktoriumsvorsitzender der Buchverlage *Ullstein* und *Propyläen*, später persönlicher Berater Axel Springers. Ab 1969 ist W. Vorsitzender des *Neuen Berliner Kunstvereins* und 1976 Mitbegründer der *Gesellschaft für ein Jüdisches Museum in Berlin*.
Hundert Jahre Ullstein 1877–1977, 4 Bde, 1977. js

Wallich, Hermann, Bankier. 28.12.1833 Bonn – 30.4.1928 Berlin. Nach der Lehre tritt W. 1854 in die Bank seines Onkels, *Cahen d'Anvers*, in Paris ein. Ab 1862 beim *Comptoir d'Escompte* tätig, arbeitet er in Übersee und wird zum Direktor ernannt. 1868 baut er eine Niederlassung in Yokohama auf. 1870 wird W. in die Direktion der neugegründeten *Deutschen Bank* in Berlin berufen, von 1894 an ist er in deren AR. W. ist der Vater von Paul ▶ W.
Zwei Generationen im deutschen Bankwesen. Aus meinem Leben, 1978. mra

Wallich, Paul, Bankier. 10.8.1882 Potsdam – 11.11.1938 Köln. Sohn von Hermann ▶ W., Studium der Nationalökonomie in München. Ab 1905 Ausbildung in Hamburg, Paris, New York. 1910 beteiligt er sich an der BHG unter C. ▶ Fürstenberg, ab 1913 ist W. deren Geschäftsinhaber. 1919 Aufbau der Berliner Niederlassung der Firma *J. Dreyfus & Co.* Nach 1933 kann sich W. nicht zur Emigration entschließen und beendet angesichts der drohenden Verhaftung selbst sein Leben.
Berliner Großkaufleute und Industrielle, 1934; Zwei Generationen im deutschen Bankwesen, 1978. mra

Walter, Bruno (d.i. Bruno Walter Schlesinger), Dirigent. 15.9.1876 Berlin – 17.2.1962 Berverly Hills/USA. W. besucht das *Stern'sche Konservatorium* in Berlin, debütiert 1894 in Köln und wird Assistent Gustav Mahlers in Hamburg. 1896 ist er u.a. in Breslau als Operndirigent tätig, 1900/01 in Berlin, danach Erster Kapellmeister an der Wiener Hofoper. 1913–22 ist W. GMD am Münchner Nationaltheater, seit 1925 an der Städtischen Oper Berlin. 1929 wird er Gewandhauskapellmeister in Leipzig und 1936 Direktor der Wiener Staatsoper. Er emigriert 1939 in die USA. W. widmet sich insbesondere der Interpretation der Werke Brahms' und Mozarts, Mahlers und Bruckners. Ihn verbindet eine langjährige Freundschaft mit Thomas Mann.
Gustav Mahler, 1936; Von der Musik und vom Musizieren, 1957; Thema und Variationen. Autobiogr., 1947. jl

Warburg, Emil Gabriel, Physiker. 9.3.1846 Altona – 28.7.1931 Grunau/Bayreuth. Vater von Otto Heinrich ▶ W. Studium in Heidelberg und Berlin. 1867 Promotion, Assistent bei H. G. ▶ Magnus. 1870 Habilitation. 1872 a.o. Prof. in Straßburg. 1876 o. Prof. in Freiburg, 1895 in Berlin. 1905–22 Präsident der Physikalisch-Technischen Reichsanstalt. Befreundet mit Albert ▶ Einstein und Lehrer von J. ▶ Franck. Mitglied der PAdW. Arbeiten über die kinetische Energie der Gase (mit Kundt), die Hysterese ferromagnetischer Substanzen und die

Leitung der Elektrizität bei unterschiedlichen Bedingungen.

📖 Lehrbuch der Experimentalphysik, 1893 [1933]; Über die kinetische Energie der Gase, 1901; Handbuch der Physik, Bd. 14, 1927.

📄 Kant, H.: E. W. und die Physik in Berlin, 1995. fwk

Warburg, Otto Heinrich, Chemiker, Mediziner, Zellphysiologe. 8.10.1883 Freiburg – 1.8.1970 Berlin. Sohn von Emil ► W. Chemiestudium in Freiburg und Berlin; 1906 Promotion. Medizinstudium in Heidelberg; 1911 Promotion. 1913 Habilitation. W.s wichtigste Lehrer sind neben seinem Vater der Chemiker Emil Fischer, die Mediziner Ludolf v. Krehl, P. ► Ehrlich, der Physiker Walther H. Nernst. Kriegsfreiwilliger im I. WK. 1916 Prof. und Leitung der Abt. für Physiologie des Kaiser-Wilhelm-Instituts für Biologie. Dienstantritt ist jedoch erst 1918. Er hält zahlreiche Vorträge in den USA. Aus Mitteln der Rockefeller-Stiftung wird der Bau des Instituts für Zellphysiologie in Dahlem 1930/31 ermöglicht; dessen Leitung er bis zum Tod inne hat. Obwohl W. als ‚jüd. Mischling' gilt, gibt es während des NS keine wesentliche Beeinträchtigung der Arbeit. Auslagerung des Instituts wegen der Bombenangriffe 1943 nach Liebenberg. 1950 Neueröffnung des Max-Planck-Instituts für Zellphysiologie in Dahlem. W. ist über 65 Jahre wissenschaftlich tätig. Durch neuartige Methoden erlangt er wesentliche Erkenntnisse zur Zellphysiologie, insbesondere der Oxydation und Reduktion (Rolle der Schwermetalle, Warburgs Atmungsfermente, Flavine) und zu den Besonderheiten des Stoffwechsels von Krebszellen. Seine Theorien zur Krebsentstehung und -therapie sind heute umstritten. 1931 erhält W. den Nobelpreis für Physiologie und Medizin.

📖 Über den Stoffwechsel der Tumoren, 1926; Das Sauerstoffübertragende Ferment der Atmung. Nobelvortrag, 1931; Wasserstoffübertragendes Fermente, 1949.

📄 Werner, P.: Ein Genie irrt seltener..., 1991; Höxtermann, E.: O. H. W. Ein „Architekt" der Naturwissenschaften, 1984; Krebs, H./Schmid, R.: O. W., 1979. fwk

Wassermann, Max von, Bankier. 25.4.1863 Bamberg – 11.10.1934 Berlin. W. leitet zusammen mit seinem Bruder Oskar ► W. ab 1889 die Berliner Filiale des Bankhauses *Wassermann,* dessen Stammsitz in Bamberg liegt. 1909 erhält er den Titel Kommerzienrat, der 1918 um den Vorsatz ‚Geheimer' erweitert wird. 1910 wird sein Vater Angelo in den erblichen Adelsstand erhoben. hg

Wassermann, Oskar von, Bankier. 4.4.1869 Bamberg – 8.9.1934 Garmisch. W. leitet mit seinem Bruder Max ► W. ab 1889 die Berliner Filiale des Bankhauses *Wassermann.* 1912 wechselt er in den Vorstand der *Deutschen Bank.* 1922 wird W. zum Präsidenten des Keren Ha-Jessod in Dtl gewählt. 1927/28 gehört er der *Joint Palestine Survey Commission* an. In Berlin unterstützt er die HWdJ und wird deren Vizepräsident. 1929 gelingt durch seine Gespräche mit F. Urbig die Fusion der *Deutschen Bank* mit der *Disconto-Gesellschaft.* 1933 ruft W. den Vorsitzenden der Fuldaer Bischofskonferenz, Kardinal Bertram, zum Protest gegen die antijüd. Maßnahmen der NS-Regierung auf. hg

Waterstradt, Berta, Schriftstellerin. 9.8.1907 Kattowitz/Schlesien – 7.5.1990 Berlin. W. absolviert eine Ausbildung zur Stenotypistin und lebt seit 1925 in Berlin. Ab 1930 ist sie Mitglied im BPRS, seit 1931 in der KPD. Ihre Gedichte, Satiren und Kurzgeschichten veröffentlicht sie u.a. in der *Roten Fahne,* der *Roten Post,* der *Linkskurve* und in *Berlin am Morgen.* 1933 wird sie in ‚Schutzhaft' genommen und emigriert nach Großbritannien, kehrt im März 1934 nach Berlin zurück, um illegal politische Arbeit zu leisten. W. wird erneut verhaftet und 1936 zu zweieinhalb Jahren Zuchthaus verurteilt. Nach der Entlassung ist sie erneut im Untergrund aktiv. Ab 1945 arbeitet W. als Dramaturgin für das *Künstlerische Wort, Unterabteilung Literatur* beim Berliner Rundfunk. Sie schreibt Gedichte und Erzählungen, erfolgreich sind v.a. ihre Hörspiele, wie *Während der Stromsperre* (1946), das als Vorlage für den Film *Die Buntkarierten* (1949) dient. Seit 1953 lebt W. als freie Schriftstellerin in Berlin/O. Ihre autobiogr. Erinnerungen veröffentlicht sie 1985 in *Blick zurück und wundere dich.* ht

Wedding, Alex (d.i. Margarete Bernheim), verh. Grete Weiskopf, Kinderbuchautorin, Journalistin. 11.5.1905 Salzburg – 15.3.1966 Berlin/Ost. W. kommt 1925 nach Berlin. Sie ist Mitglied der KPD und arbeitet als Bankangestellte, Stenotypistin, Buchhändlerin und Journalistin. 1928 heiratet sie F. C. Weiskopf. Ihr erstes Jugendbuch *Ede und Unku* erscheint 1931, wird von den Nazis verboten, erreicht in der DDR mehr als 20 Aufl. und wird 1982 verfilmt. 1933 emigriert W. nach Prag und arbeitet mit ihrem Mann an der *Arbeiter-Illustrierten Zeitung.* 1939 flüchten beide in die USA. 1949 kehren sie zurück und leben dann, da ihr Mann zum Gesandten der CSR ernannt wird, in Stockholm und Peking. Dort arbeitet W. als Korrespondentin für

die Prager Jugendzeitung *Mladé Fronta*. Ab 1953 lebt W. als freie Schriftstellerin in Berlin/O. Sie erhält in der DDR zahlreiche Auszeichnungen.
Das Eismeer ruft, 1936; Söldner ohne Sold, 1948; Das eiserne Büffelchen, 1952.
A. W. Aus vier Jahrzehnten. Erinnerungen, Aufsätze und Fragmente, 1975. ht

Wegner, Lola ▶ Landau, Lola.

Helene Weigel

Weigel, Helene (d.i. H. Weigl), Schauspielerin, Intendantin. 12.5.1900 Wien – 6.5.1971 Berlin/Ost. 1919–21 Schauspielerin im Neuen Theater in Frankfurt, 1921/22 am Frankfurter Schauspielhaus, 1922/23 mit L. ▶ Jessner am Preußischen Staatstheater in Berlin, anschließend bis 1925 unter M. ▶ Reinhardt am *Deutschen Theater.* Bis zu ihrer Emigration 1933 ist W. an verschiedenen Theatern in Berlin engagiert, nach ihrer Heirat mit Bertolt Brecht 1928, tritt sie v.a. in Inszenierungen seiner Stücke auf. Desweiteren arbeitet sie für den Rundfunk und für den Film. So wirkt sie in F. ▶ Langs *Metropolis* (1927) mit und ist die Sprecherin in Slatan Dudiows Film *Kuhle Wampe* (1928). Stationen des Exils sind Moskau, Paris, Schweden, Finnland und schließlich die USA. Aus Hollywood kehrt W. 1948 mit Brecht nach Berlin/O. zurück und gründet dort 1949 zusammen mit ihm das *Berliner Ensemble,* das sie bis zu ihrem Tod als Intendantin leitet. Als Schauspielerin erlangt sie durch ihre Interpretation Brechtscher Frauenfiguren Weltruhm. W. ist Mitbegründerin und Mitglied der AdK der DDR.
Herold, Ch.: Mutter des Ensembles, 2001; Kebir, S.: Abstieg zum Ruhm, 2000; Tenschert, V.: Die Weigel, 1981. js

Weil, Bruno, Jurist, Publizist, Politiker. 4.4.1883 Saarlouis – 11.11.1961 New York. Nach dem Studium arbeitet W. zunächst als RA in Straßburg. 1915–18 als Soldat im I. WK, wird er wegen eines Artikels in der *Frankfurter Zeitung* vor ein Kriegsgericht gestellt und an die Ostfront geschickt. 1919–35 ist W. als RA in Berlin tätig. Er übernimmt häufig Mandate in Prozessen gegen Antisemiten. Ab 1927 ist W. stellv. Vorsitzender des CV. Noch 1932 kandidiert er für ein DSP-Reichstagsmandat. 1935 emigriert er nach Argentinien, wo er sich für jüd. Flüchtlinge engagiert. 1939 wird er auf einer Reise nach Paris verhaftet und in Frankreich interniert. 1940 flieht W. in die USA und ist Mitbegründer und Präsident der *Jewish Axis Victims League.*
Die jüdische Internationale, 1924; Der Prozeß des Hauptmanns Dreyfus, 1930 [1960]; Der Weg der deutschen Juden, 1934. pj

Weil, Gotthold (Eliakim), Orientalist. 13.5.1882 Berlin – 25.4.1960 Jerusalem. Studium an der Univ. und der HWdJ in Berlin, seit 1906 Bibliotheksdienst an der Berliner Staatsbibliothek, wird nach seiner Habilitation (1912) Direktor der Orientalischen Abteilung der Staatsbibliothek (1918–31). 1920 erhält er eine Honorarprof. für jüd. Geschichte und Literatur. 1931–33 ist W. Prof. für Semitologie an der Univ. Frankfurt. Er emigriert 1935 nach Jerusalem, ist dort bis 1936 Direktor der jüd. National- und Univ.-Bibliothek und bis 1952 Prof. für Türkische Studien an der Hebr. Univ. nr

Weill, Kurt Julian, Komponist. 2.3.1900 Dessau – 3.4.1950 New York. W. kommt als Sohn eines Kantors im jüd. Viertel von Dessau auf die Welt. Nach einer musikalischen Grundausbildung bei Albert Bing in Dessau, studiert er ab 1918 u.a. bei A. Humperdinck an der Berliner Hochschule für Musik und ist ab 1920 Schüler in der Berliner Meisterklasse von F. Busoni. Seine bescheidenen Lebensverhältnisse zwingen ihn, in Cafés Klavier zu spielen und Privatunterricht zu erteilen. Als Mitglied der Musikabteilung der *Novembergruppe*

(1923–26) positioniert sich W. unter den führenden Komponisten der Berliner Avantgarde der 1920er Jahre. Durch die 1925 begonnene Mitarbeit an der Zeitschrift *Der Deutsche Rundfunk* steigt er zum bedeutenden Radiokritiker und -theoretiker seiner Zeit auf. Im selben Jahr heiratet er die Schauspielerin L. Lenya. Kurz nach dem Examen wendet er sich dem zeitkritischen Musiktheater zu. Es entsteht in Kooperation mit Georg Kaiser u.a. *Der Protagonist* (1924/25). Die mit B. Brecht komponierte *Dreigroschenoper* (1927) und *Mahagonny* (1927) begründen W.s Ruhm. Die 1931 durch einen Streit beendete Zusammenarbeit mit Brecht lebt nur im Exil kurzweilig wieder auf. Während eines Aufenthalts in Paris schließt W. den Kreis seiner europäischen Werke mit den *Sieben Todsünden der Kleinbürger* (1933). Das Projekt *The Eternal Road* gestattet ihm 1935 die Emigration in die USA. Dort feiert er mit dem Antikriegsmusical *Johnny Johnson* (1936) einen ersten Theatererfolg. Nach ersten Erfahrungen im Genre der Filmmusik entscheidet er sich bewusst für das Musiktheater und revolutioniert in den 1940er Jahren das Broadway-Musical. W. verkörpert wie kaum ein anderer den Geist der musikalischen Moderne. Er bekennt sich zu Judentum und Pazifismus, Israel und Amerika.
GS, 1990; Der Briefwechsel K. W. und Lotte Lenya, 1998.
Kuhnt, C.: K. W. und das Judentum, 2001; A stranger here myself. K. W. Studien, 1993; Sanders, R.: K. W., 1980. jl

Kurt Weill

Weinberg, Siegfried, Jurist. 3.12.1880 Berlin – 1932 Berlin. Ab 1909 RA in Berlin, spezialisiert auf Arbeits- und Strafrecht. Im Dez. 1918 Nachfolger K. ▶ Rosenfelds als Volksbeauftrager. Stadtverordneter für Bildungs- und Kunstfragen. Seit 1921 Mitglied im Preußischen Staatsrat. 1923 Zulassung als Notar.
Alkohol, Strafrecht und Strafrechtsreform, 1912; Das Verteidigungsrecht und die Gewerkschaften, 1912. cm

Weinberger, Adolf, Lebensmittelgroßhändler. 10.4.1892 Gorlice – 12.12.1967 New York. Gemeinsam mit seinen Brüdern Hermann, Salomon und Israel gründet W. die Firma *Gebrüder Weinberger*, die im Verbund mit mehreren Tochterfirmen zum größten Privatunternehmen auf dem Gebiet der Butter- und Fettbranche in Berlin avanciert. Zum Konzern, der nahezu 1 000 Mitarbeiter beschäftigt, gehören ca. 100 Lebensmittel-Detailgeschäfte der *Otto-Thürmann GmbH.* Unmittelbar nach der Machtübernahme der Nationalsozialisten 1933 beginnt die systematische Zerschlagung des Konzerns durch Drosselung der Warenlieferung und groß angelegte Hetzkampagnen in der NS-Presse. 1935 Zwangsverkauf der Thürmann-Filialen an die Firma *Reichelt,* März 1936 Verbot jeglicher Handelstätigkeit durch den Polizeipräsidenten in Berlin. W. und zwei seiner Brüder werden verhaftet, 1937 gelingt ihnen die Emigration in die USA. evk

Weinstein, Moritz ▶ Wisten, Fritz.

Weisel, Naphtali Hirz ▶ Wessely, Naphtali Hartwig.

Weiskopf, Grete ▶ Wedding, Alex.

Weiß, Bernhard, Jurist, Polizeivizepräsident. 30.7.1880 Berlin – 29.7.1951 London. 1918 Assessor im Preußischen Innenministerium, SPD-Mitglied. 1920–24 Leiter der politischen Polizei, danach Leiter der Kriminalpolizei, 1927–32 Polizeivizepräsident in Berlin. Über die historische Entwicklung der Berliner Polizei veröffentlicht W. 1928 das Buch *Polizei und Politik.* Nach dem so genannten ‚Preußenschlag' wird W. 1932 entlassen. Er zieht sich den Hass Joseph Goebbels zu, der ihn bei jeder sich bietenden Gelegenheit ‚Isidor' nennt, um seine jüd. Herkunft herauszustellen. Um ihn zu verunglimpfen erscheint in der nationalsozialistischen Presse die Karitaturensammlung *Das Buch Isidor.* W. wird kurzfristig interniert, flieht in die CSR, später nach

Großbritannien, wo er ein Papierwarengeschäft führt. Bereits im Aug. 1933 wird ihm die dt. Staatsbürgerschaft entzogen.
Bering, D.: Kampf um Namen. B. W. gegen Joseph Goebbels, 1991. js

Weiß, Ernst, Schriftsteller, Arzt. 28.8.1882 Brünn – 15.6.1940 Paris. Zunächst Arzt in Wien und Prag. Seit 1921 freier Schriftsteller in Berlin. 1933 Flucht nach Prag. 1934 Exil in Paris, lebt dort isoliert und in finanzieller Not. Beim Einmarsch der dt. Truppen nimmt er sich das Leben. Beeinflusst von S. Freud, gilt er als Meister des psychologischen Romans. Seit dem Erstlingswerk *Die Galeere* (1913) sind seine Protagonisten häufig Ärzte. Eine weitere autobiogr. Komponente ist die Thematisierung einer schwierigen Vater-Sohn-Beziehung. Aus seinem Nachlass wird 1963 der politische Entwicklungsroman *Ich - Der Augenzeuge* veröffentlicht. W. schreibt 15 Romane, zwei Dramen sowie Erzählungen, Gedichte und Essays.
GW, 16 Bde, 1982.
Lübbig, A.: Die Psychiatrie in den Exilromanen von E. W., 1998; Steinke, A.: Ontologie der Lieblosigkeit, 1994; Pazi, M.: E. W. Schicksal und Werk eines jüd. mitteleuropäischen Autors, 1993. ht

Weiss, Ilse ▶ Blumenthal-Weiss, Ilse.

Weiss, Ludwig ▶ Barnay, Ludwig.

Welsch, Rudi ▶ Singer, Rudolf.

Weltlinger, Siegmund, Finanzangestellter, Politiker. 29.3.1886 Hamburg – 18.5.1974 Hamburg. Nach einer Banklehre arbeitet W. während des I. WK als Finanzfachmann in Belgien. 1908 übersiedelt er nach Berlin. 1914–19 besitzt er die Zeitschrift *Börsenarchiv*. Seit 1919 als Prokurist des Bankhauses *Julius I. Mayer* in Berlin tätig, später macht er sich an der Börse selbständig. Ab Nov. 1938 ist er kurzzeitig im KZ Sachsenhausen inhaftiert. Lebt 1943–45 im Untergrund. Ab 1945 Referent für jüd. Angelegenheiten im Magistrat von Berlin, Gründungsmitglied der GCJZ (1949) und bis 1970 deren Vorsitzender. 1957–69 ist er für die CDU Mitglied des Abgeordnetenhauses. Ehrengrab auf dem Friedhof der JGB in der Heerstraße. pj

Weltsch, Robert, Journalist. 20.6.1891 Prag – 22.12.1982 Jerusalem. W. gehört dem Prager Kreis um Max Brod und F. ▶ Kafka an, wird Zionist und leitet 1919–38 die *Jüdische Rundschau*. 1925 warnt er vor einem zionistischen Chauvinismus. 1933 erscheint sein Artikel *Tragt ihn mit Stolz, den gelben Fleck!* 1938 emigriert er nach Palästina und wird Mitglied des auf Ausgleich mit den Arabern bedachten *Brith Schalom*. W. findet Anstellung bei der Tageszeitung *HaAretz*, 1946 wird er deren Korrespondent in London. 1955 begründet er das LBI mit und wird dessen Direktor und Hg. der LBI-Jahrbücher.
An der Wende des modernen Judentums, 1972; Die deutsche Judenfrage, 1981. mv

Werner, Ruth (d.i. Ursula Kuczynski, Pseud. Ursula Beurton), Schriftstellerin. 15.5.1907 Berlin – 7.7.2000 Berlin. Die gelernte Buchhändlerin, Tochter von R. R. ▶ Kuczynski und Schwester von J. ▶ Kuczynski, tritt 1924 dem KJVD, 1926 der KPD bei. W. arbeitet in einer Leihbibliothek (1926/27), für den *Ullstein*-Verl. (1927/28) und leitet 1929/30 die *Marxistische Arbeiter-Bibliothek* in Berlin. 1930–35 lebt sie vorwiegend in China. Ab 1933 arbeitet W. für den sowjetischen Nachrichtendienst unter dem Decknamen ‚Sonja'. Ihre Erlebnisse als Agentin verarbeitet sie 1977 in *Sonjas Rapport*. Nach Aufenthalten in der UdSSR, Polen und der Schweiz lebt sie ab 1941 in Großbritannien. 1950 kehrt sie nach Berlin/O. zurück und arbeitet bis 1953 im *Amt für Information* als verantwortliche Abteilungsleiterin für Auslandsinformationen. Danach ist W. in der Kammer für Außenhandel tätig und veröffentlicht parallel Reportagebroschüren und Erzählungen. Ab 1956 lebt sie als freie Schriftstellerin in Berlin. Mit ihrem biogr. Roman über die Widerstandskämpferin O. ▶ Benario (1958) gewinnt W. ein großes Lesepublikum.
Ein ungewöhnliches Mädchen, 1958; Der Gong des Porzellanhändlers, 1977; Gedanken auf dem Fahrrad, 1980. kt

Wertheim, Abraham (Adolf), Unternehmer. 18.11.1819 Anklam – 3.7.1891 Seelisberg/Schweiz. W. wird gemeinsam mit seinem Bruder Theodor vom Vater 1841–51 nach England geschickt. Nach der Rückkehr gründen die Brüder 1852 ein Bekleidungsgeschäft in Stralsund. 1855 heiratet W. Ida Wolff (1830–1918). Er eröffnet 1875 ein weiteres Geschäft in Stralsund. Die eigentliche Expansion des Unternehmens beginnt erst mit der Übernahme durch seine Söhne Georg ▶ W. und Franz ▶ W. 1883. 1888 zieht W. mit seiner Frau nach Berlin und schließt sich der Jüd. Reformgemeinde an. W. stirbt auf einer Reise und ist auf dem Weißenseer Friedhof beerdigt.

Fischer, E./Ladewig-Winters, S.: Die Wertheims, 2004; Ladewig-Winters, S.: Wertheim. Geschichte eines Warenhauses, 1997. as

Wertheim, Franz, Unternehmer. 17.6.1863 Stralsund – 20.8.1933 Berlin. W. ist zusammen mit seinen Brüdern Georg ▶ W. und Wilhelm W. Inhaber der 1875 von seinem Vater Abraham ▶ W. in Stralsund gegründeten *A. Wertheim GmbH.* 1885 eröffnet er zusammen mit seinem Bruder Georg die erste Filiale in Berlin, deren zahlreiche weitere folgen. Das von dem Architekten A. ▶ Messel am Leipziger Platz (1897–1904) gebaute Haus ist seinerzeit eines der modernsten Kaufhäuser in Berlin. as

Wertheim, Georg, Unternehmer. 11.2.1857 Stralsund – 31.12.1939 Berlin. Sohn von Abraham ▶ W. W. beginnt 1872 eine kaufmännische Lehre bei seinem Onkel W. L. Wolff in Berlin. Nach Übernahme des väterlichen Geschäfts in Stralsund gründet er 1883 eine Filiale in Rostock, 1885 eine Filiale in der Rosenthaler Straße in Berlin, der 1890 eine zweite in der Oranienstraße folgt, die zunehmend Warenhauscharakter annimmt. W. sichert die rasche Expansion des Familienunternehmens durch das Prinzip der geringen Festpreise durch Engroseinkauf 1892 wird das *A. Wertheim,* ein mehretagiges Geschäft in der Leipziger Straße eröffnet, 1893/94 der erste Warenhaus-Neubau, entworfen von A. ▶ Messel, in der Oranienburger Straße errichtet. 1897 folgt ein, ebenfalls von Messel entworfener Bau in der Leipziger Straße. 1906 lässt sich W. taufen und heiratet Ursula Gilka. Die Häuser werden nach 1933 ‚arisiert' und in *Allgemeine Warenhaus AG* umbenannt. W. muss 1937 aus dem Konzern ausscheiden. as

Wessely, Aaron, Tapeten-, Seidenfabrikant. Um 1740 Kopenhagen – 13.5.1812 Berlin. W. führt ein offenes, angesehenes Haus in Berlin, das ein Zentrum des intellektuellen Austauschs ist. Er unterstützt aktiv die Aufklärung und setzt sich nachdrücklich für die Ausbildung der jüd. Jugend und für die Gründung des *Philanthropins* in Dessau (1774) durch Johann Bernhard Basedow und Johann Heinrich Campe ein. Außerdem verfasst er einen Aufruf an die Juden, das Projekt zu unterstützen und führt Geldsammlungen durch. mk

Wessely, Hartwig ▶ Wessely, Naphtali Hartwig.

Wessely, Karl Bernhard, Musiker. 22.8.1766 Berlin – 11.7.1826 Potsdam. Früh wird W.s Talent für die Musik offenbar; er spielt Klavier, Violine und beginnt zu komponieren. 1788 wird er Musikdirektor am Königstädtischen Theater in Berlin. 1796 beruft ihn Prinz Heinrich von Preußen zum Kapellmeister nach Rheinsberg. W. lässt sich taufen, tritt einer Freimaurerloge bei und führt das Leben eines aufgeklärten und modernen Mannes. Er komponiert u.a. Trauerkantaten zu Ehren des Prinzen Heinrich und M. ▶ Mendelssohns sowie zahlreiche Freimaurerlieder und schreibt Artikel für das *Archiv der Zeit* und die *Allgemeine Musik-Zeitung.* Noch vor seiner Taufe wirkt er 1786 bei der ersten Aufführung von Händels *Messias* in der Nikolaikirche als zweiter Violinist mit. Nach dem Tod des Prinzen Heinrich ist W. als Beamter der Kurmärkischen Kammer in Berlin, später in Potsdam tätig. Hier gründet er 1814 einen Verein für klassische Musik. mk

Wessely, Moses, Großkaufmann. 15.3.1737 Kopenhagen – 29.2.1792 Hamburg. Erhält neben einer traditionell jüd. auch eine moderne säkulare Ausbildung. Bereits mit 16 Jahren ist er Lieferant der französischen Armee, insbesondere im Siebenjährigen Krieg; später im Geschäft von Moses Ries in Hamburg engagiert. Als Freund M. ▶ Mendelssohns und G. E. Lessings unterstützt W. finanziell die Publikation von *Nathan der Weise* und verfasst Briefe über Lessings *Emilia Galotti.* Er setzt sich aktiv für die Aufklärung und die Emanzipation der Juden ein und publiziert 1782 einen Aufsatz zu C. W. Dohms Schrift *Über die bürgerliche Verbesserung der Juden* (1781). mk

Wessely, Naphtali Hartwig (d.i. Naphtali Hirz Weisel), Schriftsteller, Dichter, Aufklärer. 29.11.1726 Hamburg – 8.2.1805 Hamburg. W. ist einer der herausragenden Protagonisten der Haskala und einer der wichtigsten jüd. Dichter und Denker des 18. Jhs. Er erhält neben der traditionellen Ausbildung im Cheder und in der Jeschiwa auch Unterricht bei Privatlehrern in weltlichen Fächern und ist Schüler von zwei der bedeutendsten Gelehrten seiner Zeit, Jonathan Eybeschütz und Salomon Hanau. Lebensstationen sind nach Hamburg und Kopenhagen, Amsterdam und Berlin. Dort gehört er zum Kreis der Maskilim um M. ▶ Mendelssohn. Er führt das Leben eines modernen Privatgelehrten, hält Vorträge und unterrichtet. W. verfasst zunächst traditionelle und sprachwissenschaftliche Schriften (*Levanon*, 1765/66; *Masechet Avot*, 1775; *Chochmat Schlomo*, 1780), schließt sich dann aber in den 1770er Jahren der jüd. Aufklärungsbewegung an. Daraus erwachsen seine beiden wichtigsten Projekte: seine Mitwirkung am Thoraprojekt M. Mendelssohns

(Kommentar zum Leviticus, 1783) und sein Konzept zur Reform des jüd. Schulwesens. Er verfasst vier Sendschreiben *(Divrei schalom we-emet,* 1782–85), die für die jungen Maskilim zur ‚Bibel' werden und die ihren Verfasser zum Vorkämpfer für die aufklärerischen Ideale machen. Nach einem mehrjährigen Konflikt mit den Vertretern der Orthodoxie wendet sich W. der Moralliteratur *(Sefer ha-Middot)* und der Lyrik zu. Sein poetisches Alterswerk wird die *Moseide* (1789), ein Heldenepos über das Leben Moses', das oft mit dem *Messias* von Klopstock verglichen wird. W. publiziert fast ausschließlich auf Hebräisch und wird durch seinen Rückgriff auf das biblische und mischnäische Hebräisch zum Wegbereiter des modernen Hebräisch. In dieser Eigenschaft wird W. zum Schirmherr und Mitarbeiter der Zeitschrift *Ha Me'assef* (1783–1812), in der er verschiedene Aufsätze über theologische und historische Themen sowie zahlreiche Gelegenheitsgedichte veröffentlicht. mk

Weyl, Meyer Simon (Meïr Simchah Weyl), Rabbiner. 1744 Lissa – 14.2.1826 Berlin. Rabbinatsassessor 1771 in Lissa, ab 1784 in Berlin; 1800 Oberrabbiner in Berlin, 1809 Vize-Oberlandesrabbiner in Berlin und Brandenburg. Verfasser zahlreicher Gutachten zu Fragen des jüd. Rechts. Gegner der Reformer um I. ▶ Jacobson und J. H. ▶ Beer im Streit um die Neugestaltung des jüdischen Gottesdienstes in Berlin 1814–23. W. befürwortet die Einrichtung von Seminaren zur fundierten Ausbildung von Rabbinern und Lehrern. sp

Wieland, Deba, geb. Raschkess, Journalistin. 25.3.1916 Moskau – 16.12.1992 Berlin. W. wächst in Riga auf und tritt dort 1932 dem illegalen kommunistischen Jugendverband bei. Nach dem Abitur tritt sie in die ebenfalls illegale KP Lettlands ein bei und beginnt ein Studium der Gebrauchsgraphik in Straßburg und Brüssel. Als KPD-Mitglied kämpft sie gemeinsam mit ihrem Mann (der dort fällt) im Spanischen Bürgerkrieg; 1939 emigriert W. in die UdSSR. 1946 geht sie in die SBZ. Dort ist sie bis 1949 Redakteurin des sowjetischen Nachrichtenbüros, 1949–52 stellv. Leiterin des *Amtes für Information* und 1952–77 Direktorin, später Generaldirektorin, der *Allgemeinen Deutschen Nachrichtenagentur.* Sie hat verschiedene Ehrenämter inne. mr

Wieland, Gerhard ▶ Lask, Berta.

Wiener, Max, Rabbiner, Philosoph, Historiker. 22.4.1882 Oppeln/Oberschlesien – 30.6.1950 New York. Nach dem Studium an der Univ. Berlin und der HWdJ amtiert W. ab 1909 in Düsseldorf und ab 1912 als Rabbiner in Stettin. 1926 wird W. Nachfolger von L. ▶ Baeck in Berlin. Mit F. ▶ Bamberger tritt er die Nachfolge von J. ▶ Guttmann an der HWdJ an und unterrichtet 1936–39 jüd. Religionsphilosophie und Ehtik. Unter dem Einfluss des Zionismus vertritt er die Auffassung der geschichtlichen Verankerung des Judentums in der Gesetzesreligion und der Tradition des ‚Glaubensvolkes'. W. ist Mithg. des *Jüdischen Lexikons* (1927–30) und verfasst verschiedene Aufsätze, wie *Aufriss einer Jüdischen Theologie* (1943/44). W emigriert 1939 in die USA und setzt dort seine theologische Arbeit fort. Bis 1941 ist er als Dozent am Hebrew Union College in Cincinnati/Ohio, danach als Rabbiner in Fairmont/USA und New York tätig.

📖 Die Religion der Propheten von der Sittlichkeit, 1909; Die Religion der Propheten, 1912; Jüd. Religion im Zeitalter der Emanzipation, 1933. eg/dr

Wieruszowski, Kurt, Philologe, Bibliothekar. 11.7.1877 Görlitz/Schlesien – unbekannt. Evangelisch getauft. Nach dem Abitur in Elberfeld, Studium der neueren Philologie in Lausanne, Lyon, Leipzig und Bonn. Seit 1908 Bibliothekar in Marburg und ab 1921 an der Staatsbibliothek in Berlin. W. wird 1935 aus dem Staatsdienst entlassen, ist seitdem ohne feste Tätigkeit. Am 19.10.1942 Deportation nach Riga. ws

Wiesner, Anna ▶ Gmeyner, Anna.

Wigner, Eugene Paul, Physiker. 17.11.1902 Budapest – 1.1.1995 Princeton/USA. W. studiert an den TH Budapest und Berlin und wird 1928 PD und 1930 Prof. für Physik an der TH Berlin. Ab 1931 pendelt er zwischen Princeton und Berlin. Da er ab 1933 nicht mehr in Berlin lehren darf, zieht er endgültig in die USA, wo er 1938–71 Prof. für Mathematische Physik an der Univ. Princeton wird. W. erhält 1963 den Physik-Nobelpreis für seine Forschungen auf dem Gebiet der Quantenphysik.

📖 Gruppentheorie und ihre Anwendung auf die Quantenmechanik der Atomspektren, 1931; Einführung in die Kernphysik, 1958. sn

Wilde, Richard, Bühnenschriftsteller, Feuilletonist. 30.5.1872 Berlin – 29.11.1938 KZ Sachsenhausen. In Berlin studiert W. Kunst- und Literaturgeschichte. Er schreibt mehr als 30 Theaterstücke, Filmtexte und Hörspiele. W. arbeitet u.a. als Redakteur bei den Zeitungen *Deutsche Werke, Berliner Börsen-Courier, Acht-Uhr-Abendblatt* und *Volks-Zeitung.* Er ist

außerdem Chefredakteur von *Der Autor.* W. ist Mitglied der Deutschen Schriftsteller-Genossenschaft und des Arbeitsausschusses des Schauspielhauses am Gendarmenmarkt.
📖 III. Seebataillon 2. Compagnie, 1901; A. G. Lustspiel, 1911; Panne des Herzens, 1930. dn

Wilder, Billy (Samuel Wilder), Filmregisseur, Drehbuchautor, Produzent. 22.6.1906 Sucha/Galizien – 27.3.2002 Los Angeles. Nach Kindheit in Krakau und Wien und kurzzeitigem Jurastudium (1924), wendet sich W. der Journalistenausbildung zu. 1926 gelangt er nach Berlin. Durch die Bekanntschaft mit den Brüdern C. und R. ▶ Siodmak sowie dem Drehbuchautor C. ▶ Mayer kommt er zum Film. Ersten Drehbüchern als Ghostwriter folgt sein Durchbruch mit dem Drehbuch zu *Menschen am Sonntag* (1930). 1933 flieht er zunächst nach Paris, 1934 in die USA. Dort hat er sowohl als Drehbuchautor mit Filmen wie *Ninotchka* (1939), als auch als Regisseur mit *Zeugin der Anklage* (1957) großen Erfolg. 1945 kommt er nach Dtl und arbeitet am Dokumentarfilm *Die Todesmühlen* über die Befreiung der KZs mit. Als Meister aller Genres entstehen mit Marlene Dietrich, Humphrey Bogart, Marilyn Monroe, Jack Lemmon und Shirley MacLaine Klassiker wie *Sunset Boulevard* (1950), *Das verflixte siebente Jahr* (1954/55), *Manche mögens heiß* (1958/59) und *Das Apartment* (1959/60). Mitte der 1980er wird W. Berater der United Artists. Aus zahlreichen Oscar-Nominierungen gehen drei Oscars hervor.
📖 Der Prinz von Wales geht auf Urlaub. Berliner Reportagen, Feuilletons und Kritiken der zwanziger Jahre, 2000.
📄 Hanisch, M.: B. W., 2004; Hopp, G.: B. W., 2003; Crowe, C.: Hat es Spaß gemacht, Mr. Wilder?; 2000. kq

Willstätter, Richard, Chemiker. 13.8.1872 Karlsruhe – 3.8.1942 Locarno/Schweiz. Studium in München, u.a. bei A. v. Baeyer. 1894 Promotion. 1896 Habilitation. 1902 a.o. Prof., 1905 o. Prof. ETH Zürich. 1912 Direktor des Kaiser-Wilhelm-Instituts für organische Chemie in Berlin. 1916 o. Prof. für organische Chemie in München. 1924 Aufgabe des Lehrstuhls als Protest gegen den aufkeimenden Antisemitismus innerhalb der Univ. Er betreibt jedoch weitere Forschung. 1939 Emigration in die Schweiz. Untersuchungen über Kokain und verwandte Substanzen (gemeinsam mit Max Einhorn), über Chinone, 1905–14 über Chlorophyll, Anthocyane, Photosynthese, schließlich über Fermente. 1915 Nobelpreis für Chemie.
📖 (mit A. Stoll) Untersuchungen über Chlorophyll, 1913; (mit A. Stoll) Untersuchungen über die Assimilation der Kohlensäure, 1918; Aus meinem Leben, 1948. fwk

Winkler, Paula (Pseud. Georg Munk), verh. Buber, Schriftstellerin. 14.6.1877 München – 11.8.1958 Venedig. W. studiert Germanistik in Zürich. 1899 begegnet sie M. ▶ Buber auf dem Zionistenkongresses in Basel, im selben Jahr heiraten beide. W. konvertiert zum Judentum. 1900 und 1901 werden die Kinder Rafael und Eva geboren. 1901 Veröffentlichung der Aufsätze *Betrachtungen einer Philozionistin, Die jüdische Frau* in der zionistischen Zeitschrift *Die Welt.* Bis 1906 lebt die Familie in Berlin. Mitarbeit an den *Geschichten des Rabbi Nachman* (1906) und der *Legenden des Baal Schem* (1908). Ab 1912 veröffentlicht W. unter Pseudonym. 1916 lassen sich B.s in Heppenheim nieder. 1938 Emigration nach Jerusalem. 1953 erscheint der Roman *Muckensturm,* in dem W. die Erfahrung des NS verarbeitet.
📖 Die unechten Kinder Adams, 1912; Geister und Menschen, 1961.
📄 Schaeder, G. u.a.: Briefwechsel aus sieben Jahrzehnten, 1972–75. us

Winslow, Peter ▶ Paulick, Richard.

Winter, Moritz, Rabbiner. 9.11.1886 Magdeburg – 14.7.1971 San Francisco. 1905–08 Studium in Berlin und Heidelberg; Promotion. Zugleich Ausbildung an der HWdJ, 1913 Rabbinerexamen. 1912 Tätigkeit als Rabbiner in Leipzig, 1913–21 in Königsberg. Im I. WK Feldrabbiner; 1922–39 Rabbiner und Religionslehrer in Friedenau und Steglitz. Im April 1939 Emigration mit Ehefrau und Sohn nach Shanghai, im Okt. in die USA. 1939/40 Hilfsrabbiner in San Francisco, dann Religionslehrer und Bibliothekar bei der *Jewish Welfare Federation* in Oakland/Kalifornien.
📖 Die Koch- und Tafelgeräte in Palästina zur Zeit der Mischnah, 1910. mr

Winterfeld, Max ▶ Gilbert, Jean.

Winterfeld, Robert David ▶ Gilbert, Robert.

Winternitz, Josef (Pseud. Josef Lenz; Sommer, Winter, Kraus) Sozialwissenschaftler, Parteifunktionär. 18.2.1896 Oxford – 22.3.1952 London. Sohn eines Universitätsprof., Gymnasialbesuch und Philosophiestudium in Prag; 1918 Mitglied in der SAP in der CSR; 1920 der KP. 1923 Übersiedlung nach

Dtl; Chefredakteur der *Internationalen;* führender Vertreter des linken Flügels der KPD; 1929–31 ZK-Mitglied; 1934 Emigration in die CSR, dort Redakteur der *Roten Fahne;* 1939 Flucht nach Großbritannien. 1948 Rückkehr in die SBZ. 1949 Prof., später Dekan der wirtschaftswissenschaftlichen Fakultät der HU Berlin. Leiter des Marx-Engels-Instituts der SED. Im März 1950 Verlust sämtlicher Funktionen wegen ‚ideologischer Abweichung', 1951 erneute Flucht nach Großbritannien.
(als Lenz, Josef) Die II. Internationale und ihr Erbe 1889–1929, 1930. mr

Wischnitzer, Mark, Historiker. 10.5.1882 Rowno/Wolhynien – 16.10.1955 Tel Aviv. 1902–06 besucht W. Gymnasium und Jeschiwa in Brody/Galizien und studiert danach in Wien und Berlin. Er redigiert die historische Abteilung der *Jewrejskaja Enziklopedija* (1908–13) und gibt 1914–16 die Zeitung *Istorija jewreskaja naroda*, 1922–24 *Milgroim* heraus. In Berlin ist er seit 1922 Generalsekretär des *Hilfsvereins,* seit 1925 Mitarbeiter an der *Encyclopaedia Judaica* und Gastdozent am Institutum Judaicum der Univ. Berlin und der HWdJ. Über Frankreich (1938) und Spanien (1940) emigriert er in die USA. Dort Prof. für jüd. Geschichte und Soziologie an der Yeshiva Univ./New York und Mitarbeit an der jiddischsprachigen Zeitschrift *Lite* zur Geschichte der litauischen Juden.
Die Juden in der Welt, 1935; To dwell in safety. The story of Jewish migration since 1800, 1948. nr

Wischnitzer, Ra(c)hel, geb. Bernstein, Architektin, Kunsthistorikerin. 1885 Minsk – 1989 unbekannt. Zusammen mit ihrem Mann Mark ▶ W., den sie 1912 heiratet, gibt W. 1922–24 die Kunstzeitschriften *Milgroim* und *Rimon* heraus. 1931 ist sie Mitarbeiterin in der Arbeitsgemeinschaft für Sammlungen jüd. Kunst und Altertümer. 1934–38 ist sie wissenschaftliche Beraterin im Jüd. Museum in Berlin, emigriert 1938 über Frankreich in die USA (1940), dort ist sie ab 1956 Prof. für Synagogenarchitektur und jüd. Okonographie am *Stern College* der Yeschiva Univ./New York tätig.
Symbole und Gestalten der Jüd. Kunst, 1935. nr

Wisten, Fritz (d.i. Moritz Weinstein), Schauspieler, Regisseur. 26.3.1890 Wien – 12.12.1962 Berlin/Ost. W. studiert 1909–12 an der *Akademie für Musik und Darstellende Kunst* in Wien. Ab 1921 ist er am Württembergischen Landestheater in Stuttgart tätig. 1928 wird er zum Staatsschauspieler ernannt und ist Gründungsmitglied des *Süddeutschen Rundfunks.* Nach seiner Entlassung 1933 engagiert ihn J. ▶ Bab als Schauspieler am Theater des JKB in Berlin. Dort spielt er u.a. den Derwisch in G. E. Lessings *Nathan der Weise* (1933) und Kreon in Sophokles' *Antigone* (1936). Später führt er vorrangig Regie und übernimmt die Funktion des Oberspielleiters. 1941–45 muss er Zwangsarbeit leisten und wird im KZ Sachsenhausen inhaftiert. 1946–54 leitet er u.a. das Theater am Schiffbauerdamm. 1954–62 ist W. Intendant der Volksbühne.
Gronius, J. W.: F. W., 1990; Goertz, H.: Komödiantisches Theater, 1957. jl

Witkowski, Felix Ernst ▶ Harden, Maximilian.

Wittelshoefer, Friedrich Josef (Fritz J.), Jurist. 20.6.1888 Berlin –5.5.1958 London. Seit 1917 im Justizdienst, ab 1922 im Preußischen Ministerium für Volkswohlfahrt tätig, u.a. ist er Delegierter in Reichsrat und Reichsversicherungsamt. W. ist Dozent an der Verwaltungsakademie, Mitglied der Arbeiterwohlfahrt und der SPD und Mitgründer des *Republikanischen Richterbundes.* 1933 Entlassung, danach Mitarbeit in der *Zentralwohlfahrtsstelle der Juden in Dtl.* 1939 Emigration nach Großbritannien. Dort ist W. Büroangestellter und in der *Vereinigung deutscher Sozialdemokraten in Großbritannien* aktiv.
Wohlfahrtsrechtsprechung, 1930; Sozial- und Wirtschaftsrecht, ausgewählt für die Bedürfnisse der Juden in Deutschland, 1936. cm

Wittkower, Werner Josef, Architekt. 12.5.1903 Berlin – unbekannt. W. studiert zunächst Kunstgeschichte und Archäologie in Berlin und Heidelberg. Er ist in der Jugendbewegung, u.a. als Mitglied von *Wandervogel* und *Blau-Weiss,* aktiv. 1927–31 studiert W. Architektur an der TH Stuttgart. Er sammelt erste Erfahrungen im Stuttgarter Architekturbüro von Richard Döcker. 1931 übersiedelt W. nach Berlin und entwirft vorrangig Villen und Innenarchitektur. 1933 emigriert er nach Palästina, wo er als Chefarchitekt der Univ. Tel Aviv arbeitet. Als freier Architekt plant W. neben Hotels auch Wohnsiedlungen, Schulen und Sportanlagen. nv

Wittkowski, Margarete, Funktionärin. 18.8.1910 Posen – 20.10.1974 Singen/Hohentwiel. Tochter eines Kaufmanns; 1929–33 Studium der Volkswirtschaft in Berlin. Engagement in der zionistischen Bewegung, ab 1932 KPD-Mitglied. 1933/34 Univ. Basel; Promotion. 1935 Mitarbeit bei der RGO-Zeitung *Der Gewerkschaftler* in Berlin, dann Emigration in die Schweiz. Dez. 1938 Verhaftung wegen politischer Tätigkeit und Ausweisung aus der Schweiz. April 1939 Emigration über Italien nach Großbritannien, dort Organisationsleiterin der KPD-Landesgruppe. 1945 Rückkehr in die SBZ, ab 1946 SED-Mitglied. Zusammen mit J. ▶ Kuczynski Gründung der Wochenzeitung *Die Wirtschaft.* 1946/47 Wirtschaftsredakteurin beim *Neuen Deutschland.* 1952–58 und 1963–67 Volkskammerabgeordnete; 1954–58 Mitglied des ZK der SED. 1958 des ‚Managertums' bezichtigt; Rückstufung bei Staats- und Parteiämtern. 1961–67 stellv. Vorsitzende des Ministerrates für die Bereiche Handel, Versorgung und Landwirtschaft. 1963–74 wieder ZK-Mitglied; seit Juli 1967 Präsidentin der Dt. Notenbank bzw. Staatsbank; 1972–74 Mitglied des Ministerrates. April 1974 Rücktritt von allen Ämtern aus gesundheitlichen Gründen. W. verstirbt während einer Reise.

📖 Großbanken und Industrie in Deutschland 1924–31, 1973. mr

Wittner, Doris, geb. Levy, Schriftstellerin. 25.3.1880 Berlin – 12.3.1937 Berlin. Ab 1898 schreibt W. für die *Vossische Zeitung*, deren Frauenbeilage sie 1911–14 redigiert. 1922–25 ist sie Redakteurin der Zeitschrift *Der Roland von Berlin.* 1931 Mithg. der *Freien Jüdischen Presse* und Mitarbeiterin zahlreicher weiterer in- und ausländischer Zeitungen und Zeitschriften. Zudem schreibt sie drei Romane. Ab 1933 wendet sich W. dem Zionismus zu, 1935 nimmt sie als Sonderberichterstatterin für das *Hamburger Israelitsche Familienblatt* an einer Palästinareise teil, kehrt jedoch nach Berlin zurück, wo sie nach langer Krankheit stirbt.

📖 Aus sterbenden Zeiten, 1911; Drei Frauen, 1913; Die Geschichte der kleinen Fliege, 1915. ht

Wohlbrück, Olga, verh. Bern, verh. Hirschfeld, verh. Wendland, Schauspielerin, Schriftstellerin. 5.7.1867 Gainfarn/Wien – 21.7.1933 Berlin. W. wächst in Kiew auf und erhält Schauspielunterricht und erste Theaterengagements in Paris. 1887 heiratet sie den Schriftsteller Maximilian Bern, mit dem sie 1888 nach Berlin zieht. Sie ist Rezitatorin an der Kleinstkunstbühne *Überbrettl* und gastiert als Schauspielerin an der *Freien Bühne,* am *Kgl. Schauspielhaus*, am *Residenztheater* in Berlin und an vielen anderen Bühnen in Dtl. Gleichzeitig ist sie Theaterleiterin und Regisseurin der Kleinkunstbühne *Figaro* in Berlin, wo sie u.a. Claire Waldorff entdeckt. 1890 veröffentlicht W. ihr erstes Buch *Aus drei Ländern*, eine Novellensammlung. 1894 wird ihr erstes Schauspiel *Das Recht auf Glück* in Berlin uraufgeführt. Sie selbst spielt die Hauptrolle. Ab 1899 schreibt sie Reisereportagen für *Das literarische Echo* und die *Westermann Monatshefte.* Es folgen Romane, mit denen sie sehr erfolgreich ist; u.a. acht Berlin-Romane, wie *Du sollst ein Mann sein!* (1908) und *Athleten* (1921).

📖 Carriere, 1892 [1999]; Das goldene Bett, 1910; Die Primadonna, 1919. ht

Friedrich Wolf

Wolf, Friedrich, Schriftsteller, Arzt. 23.12.1888 Neuwied – 5.10.1953 Lehnitz bei Oranienburg. 1907–12 studiert W. zunächst Malerei in München, dann Medizin, Philosophie und Kunstgeschichte in Tübingen, Bonn und Berlin. Erste Gedichte und Kurzgeschichten im *Simplicissimus* (1912). 1913 Promotion. Soldat im I. WK. Mitglied der USPD. Erste Erfolge mit vom Expressionismus beeinflussten Dramen, wie *Das bist Du* (1917, UA 1919), *Der arme Konrad* (UA 1923). 1920 Stadtarzt in Remscheid, 1921–28 Kassenarzt in Hechingen am Bodensee, 1928–33 in Stuttgart. 1928 Mitglied der KPD, des BPRS und im ATBD. Zunehmende Politisierung seiner Dramen, wie *Cyankali* (UA 1929, Berlin), *Die Matrosen von Cattaro* (1930, UA 1931), *Tai Yang*

erwacht (1930, UA 1931, Berlin). 1931 Verhaftung wegen Verstoßes gegen §218, Freilassung aufgrund von Massenprotesten. Ab 1933 Exil in Frankreich, USA und SU. Das Drama *Prof. Mamlock* (1933) gehört zu den meistgespielten Exilstücken. 1945 Rückkehr nach Berlin/O. Arbeit im Kulturbund. 1946 Mitbegründer der DEFA.
AW, 14 Bde, 1952–60.
Neitzert, L.: Verzeiht, dass ich ein Mensch bin, 1998; Hohmann, L.: F. W., 1988. ht

Wolf, Joseph (Wolf Dessau ben Joseph), Pädagoge, Prediger, Schriftsteller. 1762 Dessau – 16.3.1826 Dessau. Früh verwaist, um 1775 Besuch der Gemeindeschule in Berlin; Talmudstudien in Sandersleben und Berlin, dazu literarische Bildung, Schüler N. H. ▶ Wesselys. 1780 Lehrer in Freienwalde/Oder, 1782 Wriezen, 1789 Sandersleben. Ab 1796 Lehrer der jüd. Freischule Dessau, 1802 Sekretär der jüd. Gemeinde. 1806 Begründer der *Sulamith* mit D. ▶ Fraenkel. W.s erste öffentliche Predigt in dt. Sprache 1808 findet rasch Nachahmung. jvs

Wolf, Konrad, Filmregisseur. 20.10.1925 Hechingen – 7.3.1982 Berlin/Ost. Sohn von Friedrich ▶ W., Bruder von Markus W. 1933 folgt die Familie dem Vater ins Exil, zunächst in die Schweiz und nach Frankreich, später in die UdSSR (1934). 1936 erhält W. die sowjetische Staatsbürgerschaft. W. meldet sich 1942 freiwillig zur Roten Armee und kommt als Leutnant 1945 nach Berlin. Bevor er nach Kriegsende zur *Berliner Zeitung* geht, ist er sowjetischer Stadtkommandant von Bernau. 1946 wird er Kulturreferent der SMAD in Sachsen-Anhalt. Nach der Entlassung aus der Roten Armee (Ende 1946) ist er bis 1948 Mitarbeiter des *Hauses für Kultur der Sowjetunion* in Berlin. Später wird W. seine Kriegserfahrungen in *Ich war neunzehn* (1968) verarbeiten. Im Anschluss an das nachgeholte Abitur studiert er 1949–54 Regie an der Filmhochschule in Moskau. Nach Regieassistenz bei Joris Ivens, Herbert Ballmann und Kurt Maetzig liefert er 1955 sein Regiedebüt mit dem DEFA-Film *Einmal ist keinmal*. Mit *Sterne* (1959) und *Der geteilte Himmel* (1964) stellt sich W. bewusst in die Linie des DEFA-Films der Nachkriegsjahre. In den 1970ern wechselt er seine Thematik: er wendet sich der DDR-Gegenwart zu (*Sonnensucher*, 1972; *Solo Sunny*, 1980). W. ist Mitglied im Zentralrat der FDJ (1956–60), erster Vorsitzender der Gewerkschaft Kunst (1959–66), ab 1965 Präsident der AdK der DDR sowie Gründungs- und Vorstandsmitglied des *Verbandes der Film- und Fernsehschaffenden der DDR* (1967). 1981 wird er Mitglied des ZK der SED. 1985 wird die *Hochschule für Film und Fernsehen* (HFF) in Potsdam nach ihm benannt.
Direkt in Kopf und Herz. 1989.
K. W. Neue Sicht auf seine Filme, 1990. sq

Wolfenstein, Alfred, Schriftsteller. 28.12.1883 Halle – 22.1.1945 Paris. W. lebt ab 1901 in Berlin, ab 1916 in München; 1916–30 ist er mit H. ▶ Hardenberg verheiratet. 1924 kehrt er nach Berlin zurück. W. ist expressionistischer Lyriker (*Die gottlosen Jahre*, 1914), Dramatiker (*Symphonie von eines Mannes Tod*, 1920) und Romancier (*Frank*, postum 1984). Seine Essays thematisieren u.a. *Jüd. Wesen und neue Dichtung* (1922). 1933 emigriert er in die Tschechoslowakei, 1938 nach Paris. 1940 wird er für drei Monate von der Gestapo inhaftiert, in der Zeit entsteht der Gedichtzyklus *Der Gefangene* (1972). W. ist jahrelang auf der Flucht durch Südfrankreich, kehrt illegal nach Paris zurück, erlebt schwerkrank die Befreiung, begeht aufgrund schwerer Depressionen Selbstmord.
Werke, 5 Bde, 1982–93.
Fischer, P.: A. W., 1968. ht

Alfred Wolfenstein

Wolfenstein, Moses, Kaufmann. 1838 Obersitzko/Posen – 8.4.1907 Steglitz. Als einer der ersten in Steglitz zugelassenen Juden eröffnet W. das Konfektionsgeschäft *Bazar* in der heutigen Düppelstraße. Nach seiner Rückkehr aus dem Dt.-Französischen Krieg 1870/71 gründet er 1878 den *Religiösen Verein Jüdischer Glaubensgenossen in Steglitz* und lässt 1897 auf seinem Grundstück eine Privatsynagoge erbauen. Die zu Ehren ihres Stifters benannte *Wolfenstein-Synagoge* wird zwar in der Reichspogromnacht geplündert aber nicht zerstört. Nach einer langjährigen Fremdnutzung und drohendem Abriss in den 1980er Jahren wird das Gebäude dank einer Bürgerinitiative in den 1990er Jahren restauriert. evk

Wolff, Charlotte, Ärztin, Autorin. 30.9.1897 Riesenburg/Westpreußen – 12.9.1986 London. Trotz ihrer Begeisterung für Literatur studiert W. Medizin, um sich finanziell absichern zu können. F. ▶ Hessel veröffentlicht in den 1920er Jahren einige ihrer Gedichte in der Monatszeitschrift *Vers und Prosa*. 1928 promoviert sie in Berlin. Danach arbeitet W. für die *Allgemeinen Krankenkassen Berlins* in der Schwangerenfürsorge. Nach ihrer Entlassung 1933 und einer kurzzeitigen Festnahme durch die Gestapo emigriert sie nach Frankreich. Dort macht sie sich mit der Chirologie vertraut, die sie nach ihrer Emigration nach Großbritannien wissenschaftlich zu untermauern versucht. Sie veröffentlicht zahlreiche Bücher zu diesem Thema, die ihr hohe Anerkennung und die Approbation in Großbritannien einbringen. 1947 wird sie britische Staatsbürgerin. Mit Arbeiten über lesbische Liebe und Bisexualität beeinflusst sie nachhaltig die Frauenbewegung. 1977 erscheint ihr autobiogr. Roman *Flickwerk*.
📖 Die Hand des Menschen, 1970; Psychologie der lesbischen Liebe, 1973; Bisexualität, 1979. mk/ht

Wolff, Edith, Widerstandskämpferin. 13.4.1904 Berlin – 1994 Haifa. W. stammt aus einem christlich-jüd. Elternhaus, ist evangelisch getauft und konvertiert 1934 aus Protest gegen die NS-Rassenpolitik zum Judentum. Sie organisiert für Verfolgte des NS-Regimes Fluchtmöglichkeiten und Verstecke. W. gründet 1943 zusammen mit ihrem Lebensgefährten Jizchak Schwersenz die Gruppe *Chug Chaluzi* (Kreis der Pioniere) und wird im selben Jahr verhaftet und wegen ‚Judenbegünstigung' verurteilt; Zuchthaus Cottbus und KZ Ravensbrück. 1945 aus der Haft befreit, siedelt sie 1953 nach Israel über und setzt sich dort für die Verständigung mit den Arabern ein. Anlässlich ihres 100. Geburtstages wird an ihrem früheren Wohnhaus in der Bundesallee 79 eine Gedenktafel angebracht.
📖 Lebensbericht – Untergrundarbeit bis 1943, 1959; Jüdische Jugend im Untergrund, 1969. nv

Wolff, Emmy, Lehrerin, Sozialpädagogin. 25.12.1890 Bernburg/Anhalt – September 1969 Hindhead/Großbritannien. Nach ihrer Promotion 1924 unterrichtet W. ab 1925 im *Verein Jugendheim* in Charlottenburg. Zudem gibt sie Kurse für die theoretische Ausbildung von Jugendleiterinnen und an der *Dt. Akademie für soziale und pädagogische Frauenarbeit*. Sie ist Redaktionsmitglied der Zeitschrift *Die Frau* und seit 1927 Geschäftsführerin des BDF. 1935 emigriert W. nach Großbritannien, wo sie bis 1956 Lehrerin für dt. Sprache und Literatur ist. ul

Wolff, Georg Valentin, Polizist. 1928 Berlin – 12.2.1993 Berlin. W. wächst in Schöneberg auf; ab 1931 ist er Halbwaise. 1939 schickt seine Mutter ihn mit einem Kindertransport nach England. Sie selbst kann nach Palästina auswandern, wohin ihr W. im Mai 1946 folgt. Er geht in einen Kibbuz. Nach dem Unabhängigkeitskrieg entscheidet er sich für den Kibbuz Kissufim nahe des Gazastreifens, wo er als Bauer und Verteidigungsbeauftragter arbeitet. Ab 1953 ist er Berufsoffizier, von 1956–59 Grenzpolizist. Nach einem Besuch bei seiner nach Berlin zurückgekehrten Mutter, entscheidet er sich mit seiner Familie ebenfalls dorthin umzuziehen. Er tritt im Jan. 1961 als erster jüd. Nachkriegspolizist Berlins seinen Dienst an. Er, der viersprachig ist, wird u.a. am Bahnhof Zoo und an der Grenzkontrolle nach Schönefeld eingesetzt. Seit 1979 ist er auf dem Flughafen Tegel tätig, bis er 1986 aus gesundheitlichen Gründen aus dem Dienst ausscheiden muss. cm

Wolff, Jeanette, geb. Cohen, verh. Fuldauer, Erzieherin, Politikerin. 22.6.1888 Bocholt/Westfalen – 19.5.1976 Berlin. Ausbildung und Tätigkeit als Kindergärtnerin in Brüssel, 1905 Eintritt in die Sozialistische Jugend und Arbeit bei der Zeitung *Le Peuple*. W. heiratet 1908 den Niederländer Philip Fuldauer und macht 1909 das Notabitur; im selben Jahr stirbt ihr Mann. 1911 heiratet sie den Kaufmann Hermann Wolff. 1933 wird sie als Jüdin und Sozialdemokratin über zwei Jahre in Hamborn/Rheinland inhaftiert, danach steht sie unter Aufsicht der Gestapo. Da das Unternehmen der Familie konfisziert wird, verarmt sie. In der Pogromnacht wird die Wohnung in Dortmund verwüstet und ihr Mann bis 1939 in das KZ Sachsenhausen verschleppt. Die Familie muss in eine ‚Judenwohnung' übersiedeln. 1942 Deportation in das Rigaer Ghetto, danach in verschiedenen Lagern inhaftiert. Außer ihrer Tochter Edith wird ihre gesamte Familie ermordet. 1945 wird sie aus dem Gefängnis Koronowo/Bromberg befreit; W. geht nach Berlin. Als Gegnerin der Vereinigung

von SPD und KPD, gehört sie dem neu gegründeten SPD-Vorstand an. Ab 1946 ist sie Stadtverordnete in Berlin und setzt sich für den Wiederaufbau der JGB, insbesondere des Jüd. Frauenbundes ein. 1949–70 Gründungs- und Kuratoriumsmitglied der *Gesellschaft für Christlich-Jüd. Zusammenarbeit* in Berlin, 1970–76 deren jüd. Vorsitzende; 1951–61 Mitglied des Dt. Bundestages. 1965 stellv. Vorsitzende des Zentralrats der Juden in Dtl. Am 12.12.1967 wird sie zur Stadtältesten von Berlin ernannt.
Sadismus oder Wahnsinn. Erlebnisse in den dt. Konzentrationslagern im Osten, 1947; Mit Bibel und Bebel, 1980.
„Habt Mut zu menschlichem Tun". Die Jüdin und Demokratin J. W. in ihrer Zeit, 2002; Seemann, B.: J. W. Politikerin und engagierte Demokratin, 2000; Lange, G.: J. W. Eine Biografie, 1988. mr

Wolff, Julius, Chirurg, Orthopäde. 21.3.1836 Märkisch-Friedland/Westpreußen – 18.2.1902 Berlin. Studium in Berlin, dort ab 1861 praktischer Arzt. 1868 Habilitation, ab 1869 als PD Vorlesungstätigkeit an der Univ.; 1884 a.o. Prof. an der Charité. W. entdeckt, noch vor der Röntgendiagnostik, dass sich der Knochenbau veränderten Beanspruchungen (durch Unfall oder Krankheit) anpasst. Sein 1892 publiziertes Werk das *Gesetz der Transformation der Knochen* (NA 1991) gilt noch heute als Standardwerk; W. begründet damit die selbständige Orthopädie. Aus seiner Privatklinik wird 1889 die universitäre *Poliklinik für orthopädische Chirurgie* an der Charité. evk

Wolff, Louis, Tapeziermeister, Verbandsfunktionär. 1.3.1876 unbekannt – 23.3.1958 Rio de Janeiro. W. ist als selbständiger Polsterer, Tapezierer und Dekorateur in Berlin tätig. Ab 1909 ist er stellv. Vorsitzender des *Zentralverbands jüd. Handwerker Dtls,* ab 1910 Vorsitzender des *Vereins jüd Handwerks- und Handlungsgehilfen Groß-Berlin*. 1920 wird W. Mitglied der RV der JGB; seit 1923 ist er im Preußischen Landesverbandes der jüd. Gemeinden und im Hauptvorstand des CV, später Vorsitzender der dt. Abteilung von ORT; ab 1933 auch Vorsitzender des *Reichsverbandes des jüd. Mittelstandes*. 1933–39 wirkt W. als Mitglied der Handwerker-Kommission und der Altreu-Kommission der RVdJ. W. ist 1938 dafür verantwortlich, dass die ORT-Schule von Berlin-Siemensstadt erfolgreich nach Leeds/Großbritannien überführt werden kann. Ein Jahr später emigriert W. nach Brasilien, wo er wieder als Handwerker tätig ist.
Handwerk im Judentum, 1935. dn

Wolff, Martin, Jurist. 26.9.1872 Berlin – 20.7.1953 London. Nach dem Studium in Berlin, u.a. bei Otto von Gierke und Ernst Eck, erhält W. 1903 ein Extraordinariat. Erste Veröffentlichungen zum Urheber-, Handels- und Sachenrecht erscheinen. 1910 publiziert er sein *Lehrbuch zum Sachenrecht*, ein Standardwerk, das bis 1932 in neun Bearbeitungen erscheint. 1914 wechselt er nach Marburg, fünf Jahre später nach Bonn, um dann 1921 als Lehrstuhlinhaber für Bürgerliches Recht, Handelsrecht und Internationales Recht an die Berliner Univ. zurückzukehren. Neben seiner Lehrtätigkeit ist er wissenschaftlicher Berater am 1926 gegründeten Kaiser-Wilhelm-Institut für ausländisches und internationales Privatrecht. Nach 1933 aus seinen Funktionen entlassen, emigriert W. im Aug. 1938 nach Großbritannien, der Heimat seiner Frau. Als Fellow am All Souls College beschäftigt er sich vor allem mit dem internationalen Privatrecht. 1952 erhält W. die Ehrendoktorwürde der Univ. Oxford.
Lehrbuch zum Familienrecht, 1912–31; Lehrbuch zum internationalen Privatrecht, 1933; Private International Law, 1945.
Festschrift für M. W., 1952. cm

Theodor Wolff

Wolff, Theodor, Journalist, Schriftsteller, Politiker. 2.8.1868 Berlin – 29.9.1943 Berlin. Seit 1887 beim *Berliner Tagblatt* zunächst als Redakteur tä-

tig, 1894–1906 Korrespondent in Paris, 1906–33 Chefredakteur. 1918 Mitbegründer der DDP, 1926 Austritt. Politischer Berater G. Stresemanns und H. Brünings. Mitbegründer der *Freien Bühne.* 1933 Emigration über die Schweiz nach Nizza, gründet das *Pariser Tageblatt.* 1943 Verhaftung und Internierung im KZ Sachsenhausen. W. stirbt an den Folgen der Haft im Jüd. Krankenhaus.
T. W., 3 Bde, 1993–97.
Fabisch, D.: Der Publizist T. W., 2004; Goldbach, C.: Distanzierte Beobachtung. T. W. und das Judentum, 2002; Sösemann, B.: T. W. Ein Leben für die Zeitung, 2000. ht

Wolff, Ulla ▶ Frank, Ulrich.

Wolff-Richter, Annemarie, Pädagogin. 27.7.1900 Breslau – 1945 KZ Jasenovac. Der Reformpädagogik und der Individualpsychologie zugetan, eröffnet die Tochter einer Breslauer Kaufmannsfamilie 1927 ein Kinderheim in der Oranienburger Chaussee (heute Roedernallee). Nach der Machtübernahme der NS wird das Kinderheim geschlossen. Im Nov. 1936 wird W.-R. verhaftet, sie kann jedoch entkommen und flieht mit ihrer Tochter und 12 weiteren Kindern über Prag nach Zagreb. Dort gründet sie 1937 ein neues Heim, das mit Mitteln des Roten Kreuzes und der Jüd. Gemeinde Zagreb finanziert wird. Nach dem dt. Einmarsch in Kroatien wird W.-R. 1944 in das KZ Jasenovac deportiert und dort im Frühjahr 1945 ermordet. Ihre Tochter Ursula überlebt in einem Unterschlupf in Zagreb. evk

Wolffenstein, Richard, Architekt. 17.9.1846 Berlin – 13.4.1919 Berlin. W. besucht zunächst die Friedrichwerdersche Gewerbeschule und absolviert ab 1864 eine vierjährige Maurerlehre. 1868–71 Studium an der Kgl. Bauakademie Berlin, danach Tätigkeit in verschiedenen Architekturbüros. 1882 zweiter Preis für den zusammen mit Wilhelm Cremer eingereichten Entwurf eines Reichstagsgebäudes, daraufhin Gründung der Firma *Cremer & Wolffenstein.* Ihre Aufträge umfassen Wohn- und Geschäftsbauten. So entstehen die Zentralverwaltung der AEG (1888–90), das Mosse-Verlagshaus (1900), der Hochbahnhof Nollendorfplatz (1904), die Handelshochschule (1904–06), das Hermann Tietz-Warenhaus am Alexanderplatz (1904–11) sowie Villen für M. ▶ Steinthal (1893/94) und Georg Fromberg (1895/96). Daneben macht sich W. als Sakralbaumeister einen Namen. In Berlin entstehen nach seinen Plänen die Synagogen in der Linden- (1889–91) und in der Lützowstraße (1896). Auch in Madgeburg, Posen, Glogau, Dessau und Königsberg werden Synagogalbauten nach seinen Plänen errichtet. Für die katholische St. Hedwigsgemeinde entwirft er die Probstei (1892). Ab 1912 ist W. überdies als Baurat tätig. nv

Wolffheim, Nelly (Eleonore), Pädagogin. 29.3.1879 Berlin – 2.4.1965 London. Aufgrund verschiedener Krankheiten besucht W. nur kurze Zeit öffentliche Schulen und wird privat unterrichtet. Am Pestalozzi-Fröbel-Haus absolviert sie eine Ausbildung zur Kindergärtnerin, muss ihren Beruf aber aus gesundheitlichen Gründen vorerst aufgeben. 1914 eröffnet sie in Berlin-Halensee einen Privatkindergarten, in dem sie F. W. A. Fröbels Konzept der Erziehung anwendet. Durch eine Behandlung bei K. ▶ Abraham wird sie von der Psychoanalyse überzeugt, die sie nun erstmalig in Dtl auf einen Kindergarten überträgt. In *Psychoanalyse und Kindergarten* (1930) kritisiert sie die fehlende Beachtung der Sexualität in der Pädagogik. 1930 löst sie ihren Kindergarten auf, nach der nationalsozialistischen Machtübernahme kann sie nicht mehr publizieren. 1934–39 leitet W. das Kindergärtnerinnenseminar der JGB. 1939 emigriert sie nach Großbritannien. Nach dem II. WK publiziert sie wieder und schreibt u.a. über Kinder in Konzentrationslagern.
Zur Geschichte der Prügelstrafe in Schule und Haus, 1906; Für große Schwestern und junge Tanten, 1916; Psychoanalyse und Kindergarten und andere Arbeiten zur Kinderpsychologie, 1966.
Kerl-Wienecke, A.: N. W. Leben und Werk, 2000; Biermann, G.: N. W. und die Psychoanalytische Pädagogik, 1997; Berger, M.: N. W. Eine Wegbereiterin der modernen Erlebnispädagogik, 1996. mr

Wolfsberg, Oscar ▶ Aviad, Yeshayahu.

Wolfso(h)n, Manfred, Politologe. 31.9.1923 Berlin – 1987 unbekannt. 1939 Emigration in die USA, seit 1943 deren Staatsbürger. Nach dem Studium und Recherchetätigkeit für das Nürnberger Kriegsverbrechertribunal, forscht W. über Retter von Juden im NS und hält sich zu diesem Zweck in Dtl auf. Er versucht v.a. die Motive der Menschen, die Juden unterstützten, zu ergründen. Aufgrund unzureichender Forschungsbedingungen kann er die Untersuchungen nicht abschließen. W. stirbt an den Folgen eines Verkehrsunfalls. Erst 2003 erscheint *Verbotene Hilfe. Deutsche Retterinnen und Retter während des Holocaust,* das zum Großteil auf seinen Forschungsergebnissen aufbaut. ah

Wolfthorn, Julie (d.i. Julie Wolff) Malerin. 8.1.1864 Thorn/Westpreußen – 29.12.1944 Ghetto Theresienstadt. Ab 1890 Studium der Malerei und Graphik in Berlin. 1898 Gründungsmitglied der *Berliner Secession*. Gemeinsam mit Käthe Kollwitz gründet W. 1906 die Ausstellungsgemeinschaft *Verbindung Bildender Künstlerinnen*, 1912 wird sie in den Vorstand und die Jury der *Secession* gewählt. Nach ihrem Ausschluss 1933 arbeitet sie im JKB. Am 28.10.1942 erfolgt die Deportation. Bekannt ist W. vor allem als Porträtmalerin Berliner Künstler und Politiker wie Richard und I. ▶ Dehmel, H. ▶ Lachmann, G. ▶ Landauer, T. ▶ Durieux. Der Großteil ihrer Werke gilt als verschollen. ht

Wollheim, Caesar, Unternehmer. 21.4.1814 Breslau – 28.5.1882 Berlin. W. kommt um 1840 aus Oberschlesien nach Berlin und lässt sich dort als Händler für Getreide, Textilien und Eisen nieder; er ist zudem in der Manufakturwarenbranche (Leinen- und Baumwollwaren) tätig. W. erkennt die wirtschaftliche Bedeutung der schlesischen Kohle und wird ab 1856 Kohlegroßhändler. Er organisiert den Transport der Kohle über Oder und Spree und beliefert u.a. Gaswerke in Berlin und Potsdam sowie große Maschinenfabriken. W. besitzt überdies eine eigene Reederei und Schiffswerft in Breslau. Er baut mit seinem Prokuristen, späteren Teilhaber und Nachfolger E. ▶ Arnhold sein Unternehmen zu einem der größten Kohlelieferanten in Berlin, mit einem Marktanteil von mehr als 30% aus. Seit 1881 ist er Kommerzienrat. Ferner wirkt er in der *Gesellschaft der Freunde*. W. ist seit 1854 mit Caroline Pollack verheiratet, mit der er zwei Töchter hat.
Treue, W.: 100 Jahre C. W., 1961. dn

Wolpe, Stefan (Stephan), Komponist. 25.8.1902 Berlin – 4.4.1972 New York. W. wird 1917–24 u.a. von Paul Juon, aber auch Ferruccio Busoni in Kompositionslehre unterrichtet. Zudem ist er stark durch Dada-Bewegung, Bauhaus und Neue Sachlichkeit geprägt. In den 1920er Jahren komponiert W., der seit 1925 KPD-Mitglied ist, neben avantgardistischen Klavierwerken auch ‚Gebrauchsmusik' für kommunistische Theatergruppen und ist Mitglied der Musiksektion der „Novembergruppe". 1923–25 schafft er dreizehn *Bearbeitungen Östjüdischer Volkslieder*. Zu seinen Bühnenwerken zählen *Zeus und Elida* (1926), *Passion eines Menschen* (1930) und *Der Mann aus Midian* (1940) sowie Schauspielmusiken. 1933 emigriert er nach Wien, wo er Unterricht bei Anton Webern nimmt; 1934 übersiedelt er nach Palästina. Dort wird er durch arabische Volksmusik und die hebräische Sprache inspiriert (*Ten Songs from the Hebrew*, 1936–39). Im Dez. 1938 geht W. nach New York, wo er die *Contemporary Music School* gründet und so die nächste Generation avantgardistischer Komponisten aber auch Jazz-Musiker beeinflusst. 1956 kommt V. als Gastdozent nach Berlin, wo der Direktor der Hochschule für Musik, Boris Blacher, eine Vertragsverlängerung W.s ablehnt.
Das Ganze überdenken, 2002.
Voigt, R.: Identitätsrettung durch Rückzug in die Komposition. S. W. und sein Exil in Palästina und den USA 1934–53, 2003; On the music of S. W., 2003. jl/mr

Woolf, Moshe, Psychoanalytiker. 5.10.1878 Odessa – 1971 Israel. Medizinstudium in Berlin, Assistent an der Charité, Weiterbildung auf dem Gebiet der Psychoanalyse, 1908 Assistent bei Otto Juliusburger in Lankwitz. 1911 Rückkehr nach Russland, dort erster Psychoanalytiker, Arbeit in einem psychoanalytisch orientierten Kinderheim. 1927–30 am psychoanalytischem Sanatorium bei E. ▶ Simmel in Berlin tätig. 1933 Emigration nach Palästina, dort Mitbegründer der Psychoanalytischen Gesellschaft, deren Präsident er 1934–44 in Nachfolge von M. ▶ Eitingon wird. 1934–71 private Praxis für Psychoanalyse und Dozent an der Univ. Tel Aviv. mk

Woyda, Bruno, Ingenieur, Journalist, Verbandsfunktionär. 23.3.1900 Berlin – 23.12.1968 London. Bereits als Student in der jüd.-liberalen Bewegung aktiv. Studienabschluss als Dipl.-Ing. an der TH Berlin. 1921–29 Chefredakteur der *Jüd.-liberalen Zeitung*, ab 1929 Geschäftsführer der Jüd. Reformgemeinde Berlin, ab 1925 Abgeordneter im *Preußischen Landesverband jüd. Gemeinden*, ab 1930 liberales Mitglied der RV der JGB. 1933–38 Leiter der Abteilung Jüd. Wirtschaftshilfe. 1939 Emigration nach London, dort Ingenieur, dann Briefmarkenhändler. Ehrenämter bei der WUPJ. vs

Wrobel, Ignatz ▶ Tucholsky, Kurt.

Wronsky, Siddy (Sidonie Wronsky), Sozialarbeiterin, Lehrerin. 20.7.1883 Berlin – 8.12.1947 Jerusalem. Lehrerexamen und Studium der Heilpädagogik. Ab 1908 Archivleitung der Wohlfahrtspflege bei der Zentrale für private Fürsorge. Seit 1917 Lehrtätigkeit an der Sozialen Frauenschule in Berlin, später an der *Dt. Akademie für soziale und pädagogische Frauenarbeit*. Seit 1920 im Hauptausschuss des Dt. Vereins für öffentliche und private Fürsorge tätig; Vorstandsmitglied der Zentralwohlfahrtsstelle der Juden in Dtl. Nach dem I. WK nimmt W. die Arbeit im Jüd. Volksheim in Berlin und in der *Poale Zion* auf. 1920–23 ist sie Vorsitzende des *Bundes zionistischer Frauen Dtls.* 1933 flüchtet W. nach Palästina, beteiligt sich dort an der Aufbauarbeit und gründet die Sozialschule des *Va'ad Leumi.* kq

Wulf, Josef, Historiker. 22.12.1912 Chemnitz – 10.10.1974 Berlin/West. W. studiert Judaistik und Landwirtschaft und lebt dann als freier Schriftsteller in Krakau. 1939 veröffentlicht er sein erstes, in jiddischer Sprache geschriebenes Buch. 1941 wird er Mitglied einer jüd. Widerstandsgruppe in Polen. 1943 wird er von der Gestapo verhaftet und nach Auschwitz deportiert. 1945–47 ist er Mitbegründer und Exekutivmitglied der *Zentralen Jüd. Historischen Kommission* in Polen, aus der das *Jüd. Historische Institut* hervorgeht. 1948 geht er nach Paris und arbeitet im *Centre pour l'histoire de Juifs*. Seit den frühen 1950er Jahren lebt er in Berlin. In seinen Büchern, wie *Presse und Funk im dritten Reich* und *Die bildenden Künste im dritten Reich* (beide 1963, NA 1989) veröffentlicht er als einer der ersten Wissenschaftler Dokumente über den NS. 1965 fordert er die Errichtung eines Dokumentationszentrums im Haus der Wannsee-Konferenz, was der Berliner Senat zunächst ablehnt. 1970 erhält W. die Ehrendoktorwürde der FU Berlin. In fachhistorischen Kreisen wird er jedoch als ‚unbequemer Außenseiter' geschnitten, was dazu beiträgt, dass er seinem Leben ein Ende setzt. W. ist in Holon in der Nähe von Tel Aviv beerdigt. 1992 wird die *Gedenk- und Bildungsstätte der Wannsee Konferenz* eröffnet; die dortige Bibliothek ist nach ihm benannt.
📖 Theater und Film im drittten Reich, 1963; TLiteratur und Dichtung im dritten Reich, 1963; Musik im dritten Reich; 1963. js

Wulff, Liepmann Meyer, Geschäftsmann. 1.9.1745 Berlin – 16.8.1812 Berlin. W. entstammt einer aus Wien eingewanderten Familie. Unternehmer im Postfuhrwesen und Generalpächter der preußischen Lotterie. Einer der erfolgreichsten Geschäftsleute im ausgehenden 18. Jahrhundert. 1803 wird er zum Gemeindeältesten ernannt. Als Anhänger der Haskala, setzt er sich mit D. ▶ Itzig und D. ▶ Friedländer für Reformen der Gesetzgebung die Juden betreffend ein, was u.a. 1787 zur Abschaffung der Zwangsabnahme des ‚Judenporzellans' sowie des Leibzolls für preußische Juden führt. nms

Wurm, Mathilde, geb. Adler, Politikerin, Journalistin, Fürsorgerin. 30.9.1874 Frankfurt/Main – 30.3./1.4.1935 London. W. lebt seit 1896 in Berlin, wo sie sich in der Lehrstellenvermittlung für Mädchen engagiert. 1919–21 ist sie Stadtverordnete in Berlin. Sie übernimmt 1919 die Redaktion der USPD-Frauenzeitung *Die Kämpferin* und 1922 die Redaktion der *Gleichheit*. 1928–30 gibt sie die *Sozialdemokratische Pressekorrespondenz* mit heraus. 1920–33 Mitglied des Reichstages (bis 1922 für die USPD, dann SPD). W. macht die Ausschreitungen gegen ‚Ostjuden' im Internierungslager Stargard (1921) publik und tritt für die Rechte der ‚Ostjuden' in Dtl ein. 1933 erfolgt die Emigration nach Großbritannien, wo sie Selbstmord begeht. ul

Y Z

Yva (d.i. Else Ernestine Simon), geb. Neuländer, Fotografin. 26.11.1900 Berlin – 1942 KZ Majdanek. 1925 gründet sie ein Fotoatelier für Mode und Portrait unter dem Namen *Yva*, zuerst in der Friedrich Wilhelm-Straße 17, dann in der Bleibtreustr. 17, zuletzt in der Schlüterstr. 45. Verschiedene fototechnische Experimente und zahlreiche Veröffentlichungen, u.a. in den Zeitschriften *Die schöne Frau* (1926), *Die Dame* (1927) und im *Uhu* (1929). 1934 heiratet sie Alfred Hermann Simon, der die kaufmännische Leitung des Ateliers übernimmt. Das Atelier gilt als eines der innovativsten und prominentesten im Berlin der frühen 1930er Jahre. 1933 beteiligt sie sich an der Ausstellung *The Modern Spirit in Photographie* in London. 1936–38 ist H. ▶ Newton ihr Assistent, 1936 übergibt sie das Atelier fiktiv an eine Freundin. 1938 Berufsverbot und Schließung der Firma. Zwangsweise im jüd. Krankenhaus als Röntgenassistentin tätig. Am 1.6.1942 wird Y. zusammen mit ihrem Mann durch die Gestapo verhaftet, am 13.6.1942 in das KZ Majdanek verschleppt und dort ermordet. Am 21.12.1944 wird sie für tot erklärt.
📖 Photographien 1925–38, 2001. mr

Zell, Peter ▶ Bihalji-Merin, Oto.

Zewi Hirsch Levin ▶ Lewin, Hirschel.

Zielenziger, Kurt, Journalist, Wirtschaftspublizist, Wirtschaftshistoriker. 21.2.1890 Potsdam – 19.7.1944 KZ Bergen-Belsen. Z. studiert in München, Berlin und Freiburg Sozialwissenschaften. Er ist an u.a. bei Handelskammern sowie in der Industrie tätig und arbeitet wissenschaftlich wie journalistisch. Ab 1926 ist er politischer Redakteur der *Vossischen Zeitung*. Bis 1933 ist Z. stellv. Leiter des Nachrichtenamts in Berlin. 1934 emigriert er in die Niederlande und arbeitet 1935–39 im *Jewish Central Information Office* in Amsterdam. Über Westerbork wird er 1943 nach Bergen-Belsen deportiert.
📖 Die alten deutschen Kameralisten, 1914; Gerhard von Schulze Gaevernitz, 1926; Juden in der deutschen Wirtschaft, 1930. dn

Zlocisti, Theodor, Zionist, Physiker, Arzt. 17.2.1874 Borchestowo/bei Danzig – 25.12.1943 Haifa. Während seiner Studienzeit in Berlin ist Z. 1898 Mitbegründer des *Bar Kochba Berlin.* Er ist ebenfalls Mitglied in anderen zionistischen Vereinen und hat engen Kontakt zu Th. Herzl. 1895 ist Z. Teilnehmer des 1. Zionistischen Kongresses in Basel. Ab 1900 praktiziert er als Arzt in Berlin. 1903 ist er einer der Mitbegründer des *Schlemiel,* in späteren Ausgaben ist Z. redaktioneller Mitarbeiter, u.a. mit S. ▶ Gronemann und Emil Simonson. Seit 1921 als Arzt in Tel Aviv und Haifa tätig, gründet Z. *Tipat Halav,* sowie 1932 u.a. zusammen mit Ernst Levy *Hitachduth Olej Germania.*
📖 Am Tor des Abends, 1912; Moses Hess, 1921; Klimatologie und Pathologie Palästinas, 1937. hg

Zolling, Theophil ▶ Harden, Maximilian.

Zondek, Bernhard, Gynäkologe. 29.9.1891 Wronke/Posen – 15.11.1966 New York. Bruder von Hermann ▶ Z. und Samuel ▶ Z. Ab 1911 Studium an der Univ. Berlin, 1919 Promotion. Bis 1923 Assistent an der Berliner Charité in der Abt. für Geburtshilfe und Gynäkologie, 1926 a.o. Prof. an der Univ. Berlin. 1927 entwickelt er mit S. ▶ Aschheim einen Schwangerschaftstest, mit dem die Hormonkonzentration im Urin gemessen werden kann. 1929–33 Leiter der Gynäkologischen Abteilung am Städtischen Klinikum Spandau. 1933 Emigration nach Stockholm, 1934 nach Palästina, Prof. an der Hebrew Univ. Jerusalem und Leiter eines Hormonforschungslabors. Z. arbeitet sein Leben lang als Klinikarzt, darüber hinaus unternimmt er wissenschaftliche Forschungen über weibliche Hormone und deren Auswirkungen auf Frauenkrankheiten. Mehrere Publikationen, u.a. *Die Hormone des Ovariums und des Hypophysenvorderlappens* (1931). Z., der mit mehreren internationalen Preisen ausgezeichnet ist, stirbt auf einer Reise. nms

Zondek, Hermann, Internist. 4.9.1887 Wronke/Posen – 11.7.1979 Jerusalem. Bruder von Bernhard und Samuel ▶ Z. 1914–26 Arzt an der Berliner Charité, 1918 Habilitation, PD, 1922 a.o. Prof. Seit 1926 Ärztlicher Direktor und Leiter der I. Inneren Abteilung des Städtischen Krankenhauses am Urban. Forschungsgebiete: Herz-, Nieren- und Stoffwechselkrankheiten, insbesondere Schilddrüsenkrankheiten. 1933 Entlassung und Emigration über Großbritannien nach Palästina, Arzt am Bik-

kur Cholim Krankenhaus, Prof. für Endokrinologie an der Hebrew Univ. Eine Gedenktafel am Urban-Krankenhaus erinnert an ihn.
🕮 Die Krankheiten der endokrinen Drüse, 1923; Auf festem Fuße, 1973. nms

Zondek, Max Marcus, Chirurg, Urologe. 30.3.1868 Wronke/Posen – 15.9.1933 Berlin. Der Onkel von Hermann ▶ Z., Bernhard ▶ Z. und Samuel G. ▶ Z. wird 1913 zum Titularprof. in Berlin ernannt. Z. ist Spezialist für die Erforschung und Behandlung von Nierenerkrankungen sowie auf dem Gebiet der Chirurgie des Harnapparats. Dazu verfasst er zahlreiche wissenschaftliche Abhandlungen.
🕮 Die Topographie der Niere und ihre Bedeutung für die Nieren-Chirurgie, 1903; Zur Chirurgie der Ureten, 1905. nms

Zondek, Samuel Georg, Internist. 25.10.1894 Wronke/Posen – 15.1.1970 Tel Aviv. Der Bruder von Bernhard ▶ Z. und Hermann ▶ Z. wird 1926 a.o. Prof. an der Univ. Berlin. 1935 Emigration nach Palästina, Leiter der Abteilung für Innere Medizin am Hadassa Hospital in Tel Aviv. Z.s Spezialgebiet sind Herzkrankheiten; daneben forscht er über Elektrolyte, da er zwischen ihnen und dem autonomen Nervensystem einen Zusammenhang sieht. Z. erkennt als einer der ersten die Bedeutung von Kalium für das Zellenwachstum. nms

Zucker, Paul, Architekt. 14.8.1888 Berlin – 14.2.1971 New York. Z. studiert in Berlin und München. 1913–17 arbeitet er als Assistent am Schinkel-Museum in Berlin und ist ab 1917 als freier Architekt in der Hauptstadt tätig. 1923 entsteht nach seinen Plänen die Villa Michael Israelskis in Berlin-Westend. An der Lessing-Akademie doziert er über die zeitgenössische Architektur sowie zur Bau- und Kunstgeschichte. 1920–23 ist Z. als Redakteur für die *Zeitschrift für Geschichte und Ästhetik der Architektur* tätig. Darüber hinaus publiziert er in weiteren Zeitschriften und verfasst mehrere Bücher. Nach seiner Emigration 1937 in die USA setzt er seine Tätigkeit als Architekturschriftsteller erfolgreich fort. Er unterrichtet u.a. an der *New School for Social Research* in New York.
🕮 Die Brücke. Typologie und Geschichte ihrer künstlerischen Gestaltung, 1921; Theater und Lichtspieltheater, 1926. nv

Zuckermann, Leo, Jurist. 12.6.1908 Lublin – 14.12.1983 Mexiko-Stadt. 1924 wird Z. KPD-Mitglied. 1927–30 studiert er Rechtswissenschaften in Bonn und Berlin und promoviert 1932. 1933 emigriert er nach Frankreich, 1941 nach Mexiko und ist dort von 1943–47 als Anwalt tätig. 1947 kehrt nach Berlin/O. zurück, wird SED-Mitglied und tritt in die Jüd. Gemeinde ein. 1949 wird er Staatssekretär, Chef der Präsidialkanzlei von Wilhelm Pieck. Im Dez. 1952 beschuldigt man Z. der ‚zionistischen Abweichung' in der Emigration und ‚Helfershelfer' von Paul Merker zu sein. Z flieht in die Bundesrepublik. Es erfolgt erneut die Übersiedlung nach Mexiko, wo er wieder als RA arbeitet.
🗎 Kießling, W.: Rudolf und L. Z. Leben zwischen nazistischer Verfolgung, Emigration und stalinistischer Maßregelung, 1999. id

Zülz, Pessel ▶ Cohen, Philippine.

Zuntz, Nathan, Physiologe. 7.10.1847 Bonn – 23.3.1920 Berlin. Studium der Medizin, Chemie und Physik in Bonn. Seit 1870 Assistent am Physiologischen Institut. Nach der Habilitation erhält Z. 1874 eine a.o. Prof. am Anatomischen Institut. 1880 wird er auf den Lehrstuhl für Tierphysiologie an der *Landwirtschaftlichen Hochschule* in Berlin berufen. Seit 1884 Mitglied der *Dt. Akademie der Naturforscher Leopoldina*.
🕮 Beiträge zur Physiologie des Blutes, 1868; Lehrbuch der Physiologie des Menschen, 1909. evk

Leopold Zunz

Zunz, Leopold, Literatur-, Religionshistoriker. 10.8.1794 Detmold – 17.3.1886 Berlin. Z. besucht die Samsonsche Freischule in Wolfenbüttel und kommt 1815 zum Studium nach Berlin. In seiner Erstlingsschrift *Etwas über die rabbinische Literatur* (1818) skizziert er die Aufgaben einer Wissenschaft des Judentums. 1819 ist er Mitbegründer des *Vereins für Kultur und Wissenschaft der Juden.* In der Zeitschrift des Vereins veröffentlicht er die erste wissenschaftliche Biografie der jüd. Literatur *(Lebensbeschreibung Salomon ben Isaks, genannt Raschi,* 1822*)*. Sein Zugang zur rabbinischen Literatur und zum Talmud ist kein religiöser mehr. Das Interesse gilt der Erforschung der „ganzen Litteratur der Juden" mittels Philologie und Geschichtswissenschaft. Kurzzeitig ist er als Synagogenprediger tätig. 1823–31 ist er Redakteur der *Haude- und Spenerschen Zeitung.* 1840–50 wirkt er als Direktor des jüd. Lehrerseminars in Berlin. 1848 nimmt Z. an den Barrikadenkämpfen der März-Revolution in Berlin teil. Für die Juden fordert er „nicht Rechte, sondern Recht, nicht Freiheiten, sondern Freiheit." Z. gilt als Begründer der WdJ.

▯ Die gottesdienstlichen Vorträge der Juden, 1832; Zur Geschichte und Literatur, 1845; GS, 1874.

▯ Glatzer, N. N.: L. Z. Jude, Deutscher, Europäer, 1964. am

Zweig, Arnold, Schriftsteller. 10.11.1887 Glogau/Schlesien – 16.11.1968 Berlin. Z.s Studium der Germanistik, Kunstgeschichte, Modernen Sprachen, Philosophie und Psychologie in Breslau, Göttingen und Berlin bleibt ohne Abschluss. 1912 erscheinen die *Novellen um Claudia*, 1913 das Drama *Abigal und Nabal.* Für *Ritualmord in Ungarn* erhält Z. 1915 den Kleist-Preis. Er meldet sich freiwillig im I. WK und arbeitet u.a. zusammen mit S. ▸ Gronemann in der Presseabteilung des Oberbefehlshabers Ost. Die Erzählungen des Bands *Die Bestie* (1914) sind noch von Kriegsbegeisterung geprägt, bald wird er aber entschiedener Kriegsgegner. Aus der Begegnung mit dem ‚Ostjudentum' entsteht, gemeinsam mit H. ▸ Struck, das Buch *Das ostjüdische Antlitz* (1920). Z. steht dem Kulturzionismus und M. ▸ Buber nahe, seine Vision einer Zukunft der Juden legt er in *Das neue Kanaan* (1925) nieder. 1927 erscheint *Der Streit um den Sergeanten Grischa* als Vorabdruck in der *Frankfurter Zeitung*, im gleichen Jahr *Juden auf der deutschen Bühne* und *Caliban oder Politik und Leidenschaft* als Auseinandersetzung mit dem Antisemitismus. 1932 wird der Roman *De Vriendt kehrt heim* veröffentlicht, ein in der zionistischen Bewegung umstrittenes Buch. 1933 arbeitet Z. die Situation der Juden in Dtl auf: *Bilanz der deutschen Judenheit* erscheint 1934, als er mit seiner Frau Beatrice ▸ Z. bereits in Haifa lebt. Dort verfasst er den Roman *Das Beil von Wandsbek*, der erst nach dem Krieg erscheinen kann. Korrespondenz unterhält er u.a. mit seinem Mentor Sigmund Freud, an den er seine Absage an den Zionismus richtet. Z. kehrt 1948 über Prag nach Berlin zurück. Nach der Gründung der DDR ist er 1949–67 Abgeordneter der Volkskammer und 1950–53 Präsident der AdK Berlin/O.

▯ Berliner Ausgabe, 1996ff.

▯ Deutscher - Jude - Europäer in diesem Jahrhundert. A. Z. und das Judentum, 2003. jos

Arnold Zweig

Zweig, Beatrice, Malerin. 27.5.1892 Berlin – 14.10.1971 Berlin. Schülerin des Margareten-Lyzeums, Studium der Philosophie bei E. ▸ Cassirer und Moritz Geiger, der Malerei bei L. ▸ Meidner, Abschluss an der Bauhausschule bei Johannes Itten. Cousine und seit 1916 Ehefrau des Schriftstellers Arnold ▸ Z., zwei Söhne. Emigration 1933 über die Schweiz und Frankreich nach Palästina, 1948 Rückkehr nach Berlin/O. Ausstellungen in Tel Aviv, Haifa, Jerusalem, Amsterdam, München und Berlin. Nachlass in der Stiftung Archiv der AdK zu Berlin. jos

Abkürzungsverzeichnis

a.o. außerordenlicher [Professor]
ADAV Allgemeiner Deutscher Arbeiter Verein
AdBK Akademie der Bildenden Künste
ADF Allgemeiner Deutscher Frauenbund
AdK Akademie der Künste
AdW Akademie der Wissenschaften
AEG Allgemeine Elekricitäts-Gesellschaft
AGFA Actien Gesellschaft für Anilin-Fabrikation Berlin
AIU Alliance Israelite Universelle
AJC American Jewish Committee
AJR Association of Jewish Refugees
Anth. Anthologie
AR Aufsichtsrat
AS Ausgewählte Schriften
AT Altes Testament
ATBD Arbeitertheaterbund Deutschlands
Autobiogr. Autobiographie
autobiogr. autobiografisch
AW ausgewählte Werke
AWO Arbeiterwohlfahrt
AWdJ Akademie für die Wissenschaft des Judentums
AZJ Allgemeine Zeitung des Judentums

BDA Bund Deutscher Architekten
Bde Bände
BDF Bund Deutscher Frauenvereine
BDJJ Bund deutsch-jüdischer Jugend
BHG Berliner Handelsgesellschaft
Bibliogr. Bibliografie
Biogr. Biografie
bT babylonischer Talmud
BPRS Bund Proletarisch-Revolutionärer Schriftsteller
BZV Berliner Zionistische Vereinigung

CDG Council for a Democratic Germany
CSR Tschechoslowakische Republik (1918–39, 1945–48)
CJG Council of Jews from Germany
CV Centralverein deutscher Staatsbürger jüdischen Glaubens

DANAT Darmstädter- und Nationalbank
DBA Deutsche Bauakademie
DDP Deutsche Demokratische Partei
DDR Deutsche Demokratische Republik
DEFA Deutsche Film-AG
DGEK Deutsche Gesellschaft für Ethische Kultur
d.i. das ist
DIGB Deutsch-Israelitischer Gemeindebund
DJJG Deutsch-Jüdische Jugendgemeinschaft
DNVP Deutschnationale Volkspartei
DRK Deutsches Rotes Kreuz
DSP Deutsche Staatspartei
DT Deutsches Theater (Berlin, wenn keine andere Stadt genannt ist)
Dtl Deutschland
dt. deutsch/er/es

Ed. Edition
EKKI Exekutivkomitee der Kommunistischen Internationale
EM Europameisterschaft
erw. erweitert[e]

FDJ Freie Deutsche Jugend
FU Freie Universität Berlin
FWU Friedrich-Wilhelms-Universität Berlin

GA Gesamtausgabe
GD Gesammelte Dichtungen
GDJ Gesamtarchiv der deutschen Juden
ges. gesammelt[e]
GMD Generalmusikdirektor
GS gesammelte Schriften
GW gesammelte Werke
GWJ Gesellschaft für die Wissenschaft des Judentums

HFF Hochschule für Film und Fernsehen Potsdam
Hg. Herausgeber[in]
hg. herausgegeben
HIAS Hebrew Sheltering and Immigrant Aid Society
H.O.G. Hitachdut Olje Germania (Vereinigung deutscher Immigranten in Palästina)
HU Humboldt Universität zu Berlin
HUC Hebrew Union College
HWdJ Hochschule für die Wissenschaft des Judentums (ebenso LWdJ Lehranstalt für die Wissenschaft des Judentums)

IFFF Internationale Frauenliga für Frieden und Freiheit
IG Interessengemeinschaft
IGNM Internationale Gesellschaft für Neue Musik
IHK Industrie- und Handelskammer
I.O.M.E. Irgun Olje Merkas Europa (Dachorga-

	nisation der Vereinigung europäischer Immigranten in Palästina)
ISK	Internationaler Sozialistischer Kampfbund
JA	Jewish Agency for Palestine
JAFK	Jüdisches Antifaschistisches Komitee
JCA	Jewish Colonisation Association
JFB	Jüdischer Frauenbund
JGB	Jüdische Gemeinde zu Berlin
Jh.	Jahrhundert
JKB	Jüdischer Kulturbund
JNF	Jüdischer Nationalfons / Jewish National Fund
JPSC	Joint Palestine Survey Commission
JTS	Jüdisch-Theologisches Seminar / Jewish-Theological Seminary
jidd.	jiddisch(es)
jüd.	jüdisch(es)
KC	Kartell Convent der Verbindungen deutscher Studenten jüdischen Glaubens
kgl.	königlich
KH	Keren Ha-Jessod (Stiftungsfond zur Finanzierung jüdischer Einwanderung und landwirtschaftlicher Siedungen in Palästina)
KJI	Kommunistische Jugend Internationale
KJVD	Kommunistischer Jugendverband Dtlds
KKL	Keren Kejemeth Lejisrael (Jüdische Nationalstiftung)
KZ	Konzentrationslager
KJV	Kartell Jüdischer Verbindungen
LBI	Leo Baeck Institut
LBIYB	Leo Baeck Institute Year Book
LDPD	Liberal Demokratische Partei Deutschlands
LWdJ	Lehranstalt für die Wissenschaft des Judentums (siehe auch HWdJ)
M.A.	Magister Artium
MdR	Mitglied des Reichstags
Met	Metropolitan Opera (in New York)
M-G-M	Metro Goldwyn Mayer
MGWJ	Monatsschrift für die Wissenschaft des Judentums
M.I.T.	Massachusetts Institute of Technology
NA	Neuauflage
NKWD	Narodny kommissariat wnutrennych del (Volkskommissariat für Innere Angelegenheiten der UdSSR [ab 1946 MWD])
NS	Nationalsozialismus
NT	Neues Testament
o. J.	ohne Jahresangabe
o. O.	ohne Ortsangabe
o. [Prof.]	ordentliche[r] [Professor(in)]
ORT	Obschtschestwo Rasprostranenija Truda sredi Jewrejew w Rossiji (Gesellschaft zur Förderung des Handwerks, der Industrie und der Landwirtschaft unter den Juden)
OSS	Office of Strategic Services(USA)
OWI	Office of War Information
PAdK	Preußische Akademie der Künste
PAdW	Preußische Akademie der Wissenschaften
PD	Privatdozent
P.E.N.	(engl.: poets, essayists, novelists) internationale Schriftstellervereinigung
PLV	Preußischer Landesverband jüdischer Gemeinden
Prof.	Professor/in
Pseud.	Pseudonym
RA	Rechtsanwalt
RFK	Reichsfilmkammer
RGO	Revolutionäre Gewerkschaftsopposition
RIAS	Rundfunk im amerikanischen Sektor
RjF	Reichsbund jüdischer Frontsoldaten
RM	Reichsmark
RV	Repräsentantenversammlung
RVdJ	Reichsvertretung der deutschen Juden [bis 1939] / Reichsvereinigung der Juden in Deutschland (RVJD) [ab 1939]
SAP	Sozialistische Arbeiterpartei Deutschlands
SBZ	Sowjetische Besatzungszone
SC	Sportclub
SDAP	Sozialdemokratische Arbeiterpartei
SDS	Schutzverband deutscher Schriftsteller
SED	Sozialistische Einheitspartei Deutschlands
SFB	Sender Freies Berlin
SMAD	Sowjetische Militäradministration
SU	Sowjetunion
SW	sämtliche Werke
TH	Technische Hochschule
TU	Technische Universität
UA	Uraufführung
UdSSR	Union der sozialistischen Sowjetrepubliken

Ufa	Universum Film-AG
UN(O)	United Nations Organisation
UNESCO	United Nations Educational, Scientific and Cultural Organization
Univ.	Universität
URO	United Restitution Organization
USPD	Unabhängige Sozialdemokratische Partei Deutschlands
VBK	Verband Bildender Künstler
VdJ	Verband deutscher Juden
verh.	verheiratet
verw.	verwitwet
VflJ	Vereinigung für das liberale Judentum
VHS	Volkshochschule
VJJD	Verband der Jüdischen Jugendvereine Deutschlands
VlRD	Vereinigung der liberalen Rabbiner Deutschlands
VVN	Vereinigung der Verfolgten des Naziregimes
VWJ	Verein für die Wissenschaft des Judentums
VWL	Volkswirtschaftslehre
WA	Werkausgabe
WdJ	Wissenschaft des Judentums
WIZO	Women International Zionist Organisation
WJC	World Jewish Congress
WK	Weltkrieg
WUPJ	World Union for Progressive Judaism
WZJT	Wissenschaftliche Zeitschrift für jüdische Theologie
WZO	World Zionist Congress (Zionistischer Weltkongress)
YIVO	Yidisher Visenshaftlikher Institut (Institut for Jewish Research)
ZAHA	Zentralausschuss für Hilfe und Aufbau
ZVE	Zentralvereinigung der dt. Emiranten
ZfGJ/ ZGJD	Zeitschrift für die Geschichte der Juden (in Deutschland)
ZK	Zentralkomitee
ZVfD	Zionistische Vereinigung für Deutschland

Glossar

Adass Jisroel [hebr. Gemeinde Israel] Vereinigung gesetzestreuer Juden, sie sich 1869 in Berlin gründete, nachdem deren Mitglieder aus „religiösen Bedenken“ aus der Jüdischen Gemeinde Berlin ausgetreten waren.

Alijah [pl. Alijot, hebr. Aufstieg] Immigration von Juden nach Palästina.

Bet-Din [hebr. Haus des Gerichtes] Jüdischer Gerichtshof, mit eigener (religiöser) Gerichtsbarkeit. Das kleinste Schiedsgericht (Zivil- und Personenstandsrecht) besteht aus mindestens drei rabbinischen Richtern (siehe *Dajan*).

Blau-Weiss Jüdischer Wanderbund (gegründet 1913), der zionistisch ausgerichtet war.

Cheder Religiöse Elementarschule.

Chewra Kadischa Beerdigungsbrüderschaft.

Dajan [pl. Dajanim] rabbinischer Richter (siehe *Bet-Din*).

Esra [hebr. Hilfe] jüdischer Jugendbund; Jugendorganisation des Agudat Israel [hebr. Verband Israels; jüdisch-orthodoxe Organisation, 1912 in Deutschland gegründet].

Gesellschaft der Freunde 1791 in Berlin gegründete Vereinigung, zur gegenseitigen Unterstützung im Fall von Not, Krankheit und Tod. Sie wandte sich gegen die in religiösen Belangen vorherrschende Orthodoxie und setzte sich für eine Verständigung zwischen Christen und Juden ein.

Hachschara Vorbereitung der Auswanderung nach Palästina, die eine Ausbildung in einem landwirtschaftlichen Beruf, Unterweisungen in der Kultur und Geschichte des Judentums sowie dem Erlernen der hebräischen Sprache umfasste.

Hachschara-Güter Die Ausbildung fand auf Lehrhöfen oder -gütern statt. In Deutschland bestanden nach 1933 noch ca. 30 solcher Stätten, davon allein 10 im weiteren Umkreis Berlins.

Halacha [hebr. Gehen, Wandeln] verbindliche religionsgesetzliche Überlieferung; das jüdische Religionsgesetz.

HaMe'assef [hebr. Sammler] hebräischsprachige Zeitschrift, 1784 von Isaac ▶ Euchel gegründet.

Haskala [hebr. Aufklärung] Innerjüdische Bewegung, die im 18. Jahrhunderts für eine religiöse, kulturelle und soziale Emanzipation eintrat.

Hechaluz [hebr. Pioniere] Ende 1922 gründete sich in Berlin der deutsche Landesverband des Hechaluz zum Zwecke der Vorbereitung auf ein Leben in Palästina. Mitglied konnte werden, wer einen handwerklichen oder landwirtschaftlichen Beruf hatte (oder diesen erlernen wollte) und gewillt war künftig ein Leben als Arbeiter in Palästina zu führen.

Hofjuden/Hoffaktoren Jüdische Unternehmer, zu deren Funktion die Kreditvermittlung, die Warenbeschaffung, aber auch politische und diplomatische Dienste an Fürsten- und Königshöfen gehörten. Sie besaßen auf Grund ihrer Tätigkeit das Vertrauen der Fürsten und Könige, waren jedoch in gleichem Maße von ihnen abhängig und wurden oftmals von der Bevölkerung angefeindet.

Hilfsverein der deutschen Juden Neutralen und philanthropischen Zwecken dienende, 1901 in Berlin gegründete Organisation. Neben Erziehungsanstalten in Rumänien, der Türkei und Palästina finanzierte er russische Juden, die in die USA auswandern wollten. Bis zum I. WK unterstützte der Verein 200 000 Auswanderer. Während des Nationalsozialismus' wuchs seine Bedeutung. 1933–39 verhalf er über 90 000 Emigranten zur Ausreise. Im Juli 1939 erfolgte die Zwangseingliederung in die Reichsvereinigung der Juden in Deutschland (RVjD). Vorsitzende waren u.a. James ▶ Simon (1901–32) und Eugen ▶ Landau (1932–34); Generalsekretär u.a. Mark ▶ Wischnitzer (1922–38/39).

Jeschiwa [pl. Jeschiwot] weiterführende religiöse Schule bzw. theologische Hochschule.

Keren Ha-Jessod Stiftungsfond zur Finanzierung jüdischer Einwanderung und landwirtschaftlicher Siedungen in Palästina.

Magine Reim jüdischer Verein, 1804 in Berlin gegründet.

Maskil [pl. Maskilim; hebr. Verständiger, Unterweiser] jüdischer Aufklärer (siehe *Haskala*).

Mischna [hebr. Lernen, Wiederholen] Sammlung von Lehrsätzen der mündlichen Tora.

Misrachi [hebr. Abkürzung für Merkas Ruchani, „geistiges Zentrum"] Religiös-zionistische Bewegung, 1902 in Wilna gegründet.

Moshav [pl. Moshavim, hebr. Siedlung] Genossenschaftssiedlungen in Palästina/Israel, deren Prinzip auf Nationaleigentum des Bodens, Pflicht zur Eigenarbeit und Verpflichtung gegenseitiger Hilfe beruht.

ORT [russ. Obschtschestwo Rasprostranenija Truda sredi Jewrejew w Rossiji] Gesellschaft zur Förderung des Handwerks, der Industrie und der Landwirtschaft unter den Juden, 1880 in St. Petersburg gegründet. 1921 wurde ORT ein internationaler Verband und unterstützte russische Juden, die nach Westeuropa, Israel und Übersee emigrierten, bei der Umschulung und der Gründung neuer landwirtschaftlicher Siedlungen und Kolonien.

Poale Zion [hebr. Arbeiter Zions] 1906 in Osteuropa gegründete sozialistisch-zionistische Partei, die seit 1907 weltweit agierte.

Rabbinatsverweser Angestellter einer Synagogengemeinde.

Reichsvereinigung der Juden in Deutschland (RVJD) Zusammenschluss jüdischer Vereine zu einer Gesamtvertretung des deutschen Judentums. Bis Juli 1939 firmierte die Organisation unter dem Namen *Reichsvertretung der deutschen Juden* (RVdJ). Aus dem freiwilligen Zusammenschluss ordneten die Nationalsozialisten eine Zwangsvereinigung an, wodurch rund 1 500 jüdische Organisationen und 1 600 Einzelgemeinden ihre Selbständigkeit verloren. Im Juni 1943 wurde die Geschäftsstelle von der Gestapo geschlossen und die noch tätigen Mitarbeiter deportiert. Aus der Leitungsebene überlebten lediglich Leo ▶ Baeck und Moritz ▶ Henschel.

Schechina In der rabbinischen Literatur die Bezeichnung für die Gegenwart Gottes in der Welt.

Schwarzer Haufen (SH), links-sozialistische Gruppierung innerhalb des deutsch-jüdischen Wanderbundes *Kameraden.*

Zionismus Nach dem Tempelberg Zion in Jerusalem benannte, Ende des 19. Jahrhunderts in Mittel- und Osteuropa entstandene moderne jüdische Nationalbewegung mit dem Ziel, einen nationalen Staat für die Juden in Palästina zu schaffen.

Strassenverzeichnis

Die Straßen sind alphabethisch nach den Familiennamen sortiert. Mit einem * versehene Straßen existieren heute nicht mehr unter diesem Namen.

Straße	**Stadtteil**	**seit**	**benannt nach/Umbenennung**
Alexander-Abusch-Straße*	Hellersdorf	1986	[seit 1992 Peter-Huchel-Straße]
Archenholdstraße	Friedrichsfelde	1951	
Rudi-Arndt-Straße	Prenzlauer Berg	1974	
Aronsstraße	Neukölln	1926	[nach Leo A.; [zwischen 1926 und 1934 Leo-Arons-Straße; 1934 Sackführerdamm; 1973 Rückbenennung]]
Aronsweg*	Britzum	1913	[1935 Name gelöscht]
Auerbacher Straße	Grunewald	1898	[ursprünglich Auerbachstraße, nach Bertold A.; 1938 Auerbacher Straße]
Siegfried-Aufhäuser-Platz	Neukölln	1984	
Leo-Baeck-Straße	Zehlendorf	1961	
Barnayweg*	Wilmersdorf	1932	[nach Ludwig B.; ab 1940 Steinrückweg]
Ludwig-Barnay-Platz	Wilmersdorf	1963	
Herbert-Baum-Straße	Weißensee	1951	
Beckmannstraße	Lichtenrade	1967	[nach Max B.]
Max-Beckmann-Platz	Hermsdorf	1987	
Max-Beer-Straße	Mitte	1951	[nach Max B. (1864–1943)]
Olga-Benario-Prestes-Straße	Prenzlauer Berg	1974	
Georg-Benjamin-Straße	Buch	1974	
Walter-Benjamin-Platz	Charlottenburg	2000	
Alice-Berend-Straße	Moabit	1999	
Eduard-Bernstein-Weg	Staaken	1966	
Blaschkoallee	Britz	1932	[nach Alfred B; 1934 Boewedamm; seit 1947 wieder Blaschkoallee]
Leo-Blech-Platz	Grunewald	1959	
Blochplatz	Gesundbrunnen	1910	[nach Markus Elieser B.]
Blochstraße*	Gesundbrunnen	1910	[nach Markus Elieser B.; 1938 Böttgerstraße]
Blumenthalstraße*	Lichtenrade	vor 1922	[nach Oskar B.; 1949 Gallunerstraße]
Max-Born-Straße	Adlershof	1998	
Börnestraße	Weißensee	1951	[nach Ludwig B.]
Otto-Brahm-Straße	Weißensee	1962	
Martin-Buber-Straße	Zehlendorf	1966	
Buschallee	Weißensee	1915	[nach Felix B.]
Cohnstraße	Prenzlauer Berg	1952	[nach Lothar C.]
Dernburgstraße	Charlottenburg	1905	[nach Heinrich D.; bis 1936 Dernburgplatz, dann in Gustloffplatz; seit 1947 Dernburgstraße]
Paul-Dessau-Straße	Marzahn	1980	
Alfred-Döblin-Platz	Kreuzberg	1978	
Alfred-Döblin-Straße	Marzahn	1980	
Peter-Edel-Straße	Hellersdorf	1986	
Ehrlichstraße	Karlshorst	1951	[nach Paul E.]
Albert-Einstein-Straße	Adlershof	1998	
Einsteinstraße	Prenzlauer Berg	1964	[nach Albert E.]
Einsteinufer	Charlottenburg	1955	[nach Albert E.]
Hanns-Eisler-Straße	Prenzlauer Berg	1976	
Eisnerstraße	Lichtenrade	1949	[nach Kurt E.]
Fritz-Elsas-Straße	Schöneberg	1954	

Fechnerstraße	Wilmersdorf	1947	[nach Hanns F.]
Lyonel-Feininger-Straße	Hellersdorf	1996	
Feuchtwangerweg	Gropiusstadt	1969	[nach Lion F.]
Lion-Feuchtwanger-Straße	Kaulsdorf	1980	
Lion-Feuchtwanger-Weg	Kaulsdorf	2000	
Flatowallee	Charlottenburg	1997	[nach Alfred F. und Gustav Felix F.]
James-Franck-Straße	Adlershof	2002	
Käthe-Frankenthal-Weg	Rudow	1996	
Walter-Friedländer-Straße	Prenzlauer Berg	2000	
Futranplatz	Köpenick	1947	[nach Alexander F.]
Heinz-Galinski-Straße	Gesundbrunnen	1998	
Garbátyplatz	Pankow	2001	[nach Josef G.-Rosenthal]
Therese-Giehse-Straße	Haselhorst	1997	
Gierkeplatz	Charlottenburg	1950	[nach Anna G.]
Gierkezeile	Charlottenburg	1950	[nach Anna G.]
Clara-Grunwald-Straße	Rummelsburg	2003	
Haberstraße	Neukölln	1958	[nach Fritz H.]
Haberlandweg	Staaken	1965	[nach Salomon H.]
Auguste-Hauschner-Straße	Tiergarten	1999	
John-Heartfield-Straße	Hellersdorf	1986	
Heilmannring	Charlottenburg	1957	[nach Ernst H.]
Hugo-Heimann-Straße	Gropiusstadt	1969	
Heinrich-Heine-Platz*	Biesdorfvor	1920	[1937 Platzbezeichnung gelöscht]
Heinrich-Heine-Platz	Mitte	1951	
Heinrich-Heine-Platz*	Bohnsdorf	um 1920	[um 1930 überbaut]
Heinrich-Heine-Straße*	Kaulsdorf	um 1920	[ab 1938 Tolkmittstraße]
Heinrich-Heine-Straße*	Mahlsdorf	1920	[ab 1938 Bergedorfer Straße]
Heinrich-Heine-Straße	Mitte	1960	
Heinrich-Heine-Straße	Bohnsdorf	um 1920	
Wolfgang-Heinz-Straße	Buch	1985	
Lilli-Henoch-Straße	Prenzlauer Berg	1993	
Fanny-Hensel-Weg	Kreuzberg	1991	
Max-Herrmann-Straße	Marzahn	1984	
Henriette-Herz-Platz	Mitte	1999	
Alice-und-Hella-Hirsch-Ring	Rummelsburg	2003	
Hitzigallee	Tiergarten	1947	[nach Georg Friedrich Heinrich H.]
Hitzigstraße*	Tiergarten	1867	[nach Georg Friedrich Heinrich H.; ab 1938 Stülerstraße]
Mathilde-Jacob-Platz	Moabit	1997	
Jacobystraße	Mitte	1948	[nach Johann J.]
Hildegard-Jadamowitz-Straße	Friedrichshain	1957	
Jafféstraße*	Charlottenburg	1920	[nach Benno J.; nach 1925 überbaut (Messegelände)]
Jafféstraße	Charlottenburg	1958	[nach Benno J.]
Jacobsohnstraße	Weißensee	1951	[nach Siegfried J.]
Jessnerstraße	Friedrichshain	1951	[nach Leopold J.]
Joseph-Joachim-Platz	Grunewald	1967	
Joseph-Joachim-Straße*	Grunewald	1909	[ab 1939 Oberhaardter Weg; seit 1983 heißt ein Teilstück Gottfried-von-Cramm-Straße]
Kafkastraße	Kladow	1966	[nach Franz K.]
Kainzstraße	Kaulsdorfum	1920	[nach Josef K.]
Mascha-Kaléko-Weg	Kladow	1995	
Hannah-Karminski-Straße	Charlottenburg	2002	
Karsenzeile	Gropiusstadt	1968	[nach Fritz K. (eigtl. Krakauer)]
Kaskelstraße	Rummelsburg	1947	[nach Walter K.]
Robert-W.-Kempner-Straße	Zehlendorf	2003	
Kerrweg	Staaken	1959	[nach Alfred K.]
Egon-Erwin-Kisch-Straße	Neu-Hohenschönhausen	1985	

Gertrud-Kolmar-Straße	Mitte	2001	
Karl-Kunger-Straße	Alt-Treptow	1962	
Erich-Kuttner-Straße	Fennpfuhl	1962	
Fritz-Lang-Platz	Hellersdorf	1995	
Fritz-Lang-Straße	Hellersdorf	1995	
Langhoffstraße	Marzahn	1978	[nach Wolfgang L.]
Laskerstraße	Friedrichshain	1910	[nach Eduard L.; 1938 Bassewitzstraße; seit 1947 wieder Laskerstraße]
Lassallestraße	Kaulsdorf	1926	[nach Ferdinand L.; 1933 umbenannt; seit 1947 wieder Lassallestraße]
Lassallestraße	Rahnsdorf	1951	[nach Ferdinand L.]
Else-Lasker-Schüler-Straße	Schöneberg	1998	
Rudolf-Leonhard-Straße	Marzahn	1981	
Lesser-Ury-Weg	Moabit	1979	
Toni-Lessler-Straße	Grunewald	2003	
Paul-Levi-Platz	Hellersdorf	2000	
Lewaldstraße	Prenzlauer Berg	1913	[nach Fanny L.]
Lewaldstraße*	Staaken	1916	[nach Theodor L.: ab 1931 Am Heide berg]
Louis-Lewin-Straße	Hellersdorf	1992	
Liebermannstraße*	Mahlsdorf	1920	[nach Max L.; 1938 Schongauerstraße]
Liebermannstraße	Weißensee	1951	[nach Max L.]
Littenstraße	Mitte	1951	[nach Hans L.]
Löwensteinring	Gropiusstadt	1966	[nach Kurt.]
Rosa-Luxemburg-Platz	Mitte	1947	[von 1947-1969 nur Luxemburgplatz]
Rosa-Luxemburg-Straße	Mitte	1969	
Magnusstraße	Adlershof	1998	[nach Heinrich Gustav M.]
Karl-Marx-Allee	Friedrichshain	1961	
Karl-Marx-Platz	Neukölln	1950	
Karl-Marx-Straße	Neukölln	1947	
Fritzi-Massary-Straße	Neukölln	1977	
Joe-May-Platz	Weißensee	1999	
Lise-Meitner-Straße	Charlottenburg	1970	
Mendelssohnstraße	Mitte, Prenzlauer Berg	1887	[nach Felix M.-Bartholdy; nach 1938 Rombergstraße; seit 1950 wieder Mendelssohnstraße]
Mendelssohnstraße*	Mahlsdorfum	1920	[nach Felix M.-Bartholdy ab 1938 Landvogtstraße]
Messelstraße	Schmargendorf	1910	[nach Alfred M.; 1938 Ruhlandallee; seit 1947 wieder Messelstraße]
Meyerbeerstraße*	Mahlsdorf	1920	[nach Giacomo M.; ab 1938 Friesacker Straße]
Meyerbeerstraße*	Prenzlauer Berg	1887	[nach Giacomo M.; nach 1938 Rom bergstraße; seit 1950 Mendelssohnstraße]
Meyerbeerstraße	Weißensee1951		[nach Giacomo M.]
Meyerbeerstraße*	Lichtenradevor	1887	[nach Giacomo M.; ab 1938 Egsdorfer Weg)]
Lina-Morgenstern-Straße	Rummelsburg	2003	
Rudolf-Mosse-Straße	Wilmersdorf	1892	[bis 1938 Mossestraße; nach 1938 Homburger Straße; seit 1972 Rudolf-Mosse-Straße]
Rudolf-Mosse-Platz	Wilmersdorf	1958	
Rudolf-Mosse-Straße	Wilmersdorf	1972	
Rudolf-Mosse-Straße*	Prenzlauer Berg	1920	[1935 Rückbenennung in Sonnenburger Straße; seit 1951 überbaut (Jahn-Sportpark)]
Mühsamstraße	Friedrichshain	1951	[nach Erich M.]
Erich-Nehlhans-Straße	Prenzlauer Berg	2001	

Albert-Norden-Straße*	Biesdorf, Hellersdorf	1984	[1992 Cecilienstraße]
Max-Pallenberg-Pfad	Gropiusstadt	1969	
Ludwig-Pick-Straße	Friedrichshain	2000	
Rathenauallee*	Grunewald	1925	[nach Walther R.; 1933 Taubertstraße]
Rathenauplatz	Grunewald	1957	[nach Walther R.]
Rathenaustraße	Oberschöneweideum	1900	[nach Emil R.; 1934 Irmhildstraße; seit 1948 wieder Rathenaustraße
Reichenheimstraße*	Lichterfelde	vor 1893	[nach Leonor R.; 1901 Gerichtsstraße, 1961Walter-Linse-Straße]
Reinhardtstraße	Mitte	1947	[nach Max R.]
Martin-Riesenburger-Straße	Hellersdorf	1987	
Rodenbergstraße	Prenzlauer Berg	1902	[nach Iwan Julius R.; 1938 Langbehn straße; seit 1947 wieder Rodenbergstr.]
Hans-Rosenthal-Platz	Wilmersdorf	1993	
Ruben-Wolf-Straße	Altglienicke	1997	
Nelly-Sachs-Straße	Hellersdorf	1995	
Alice-Salomon-Platz	Hellersdorf	1995	
Schlesingerstraße	Wilmersdorf	1986	[nach Georg S.]
Joseph-Schmidt-Straße	Neukölln	1977	
Arnold-Schönberg-Platz	Weißensee	1998	
Schönbergweg	Rudow	1975	[nach Arnold S.]
Schwarzschildstraße	Adlershof	1998	[nach Karl S.]
Schwatlostraße	Lichterfelde	vor 1878	[nach Carl S.]
Anna-Seghers-Straße	Adlershof	1984	
Simmelstraße	Reinickendorf	1932	[nach Georg S.]
Singerstraße	Friedrichshain	1926	[bis 1933 Paul-Singer-Straße; 1933 Brauner Weg; 1947 Singerstraße]
Heinrich-Stahl-Weg	Dahlem	1993	
Friedrich-Stampfer-Straße	Kreuzberg	1971	
Sternstraße*	Grunewald	1906	[nach Julius S.; 1938 Klindworthsteig]
Sternstraße*	Lichterfeldevor	1893	[nach Julius S.; 1935 Kadettenweg]
Gabriele-Tergit-Promenade	Tiergarten	1998	
Terwielsteig	Charlottenburg	1962	[nach Maria T.]
Tucholskystraße	Mitte	1951	[nach Kurt T.]
Ullsteinstraße	Mariendorf	1927	[nach Leopold U.; 1935 Zastrowstraße; 1949 Rückbenennung in Ullsteinstraße]
Rosa-Valetti-Straße	Mahlsdorf	1995	
Rahel-Varnhagen-Promenade	Kreuzberg1	1998	
Bruno-Walter-Straße	Lankwitz, Lichterfelde	1966	
Warburgstraße*	Charlottenburg	1925	[nach Emil W.; 1938 Arrheniusweg; seit 1983 ohne Bezeichnung]
Warburgzeile	Charlottenburg	1947	[nach Emil W.]
Berta-Waterstradt-Straße	Adlershof	1995	
Helene-Weigel-Platz	Marzahn	1978	
Kurt-Weill-Gasse	Marzahn	1995	
Kurt-Weill-Platz	Marzahn	1995	
Richard-Willstätter-Straße	Adlershof	1998	
Willstätterstraße	Neukölln	1987	[nach Richard W.]
Friedrich-Wolf-Straße	Grünau	1964	
Konrad-Wolf-Straße	Alt-Hohenschönhausen	1985	
Wolfensteindamm	Steglitz	1966	[nach Moses W.]
Jeanette-Wolff-Straße	Rudow	1996	
Arnold-Zweig-Straße	Pankow	1978	

ae

Auswahlbibliografie

Allgemeine Nachschlagewerke

Encyclopaedia Judaica. The Most Comprehensive Authoritative Source on the Jewish World. CD-ROM Edition, Jerusalem 1997.

Encyclopaedia Judaica. Das Judentum in Geschichte und Gegenwart, hg. von Jakob Klatzkin und Ismar Elbogen, 10 Bde (A–Lyra) [mehr nicht erschienen], Berlin 1928–34.

The Jewish Encyclopedia. A Descriptive Record of the History, Religion, Literature, and Customs of the Jewish People from the Earliest Times to the Present Day, hg. von Isidore Singer, 12 Bde, New York u.a. 1901–06 [ND: New York 1964].

Jüdisches Lexikon. Ein enzyklopädisches Handbuch des jüdischen Wissens in vier Bänden, begr. von Georg Herlitz und Bruno Kirschner, 4 Bde, Berlin 1927–30 [ND: Königstein/Ts. 1987].

Lexikon des Judentums, hg. von John F. Oppenheimer, 2. Aufl., Gütersloh u.a. 1971.

Lexikon sozialistischer Literatur. Ihre Geschichte in Deutschland bis 1945, hg. von Simone Barck u.a, Stuttgart u.a. 1994.

Neues Lexikon des Judentums, hg. von Julius H. Schoeps, überarb. Aufl., Gütersloh u.a. 2000.

Philo-Lexikon. Handbuch des jüdischen Wissens, hg. von Emanuel Bin-Gorion u.a., 3. Aufl., Berlin 1936 [ND: Königstein/Ts. 1982].

The Universal Jewish Encyclopedia. An Authoritative and Popular Presentation of Jews and Judaism Since the Earliest Times, hg. by Isaak Landman, 10 Bde, New York 1939–43/48. Reading Guide and Index, comp. by Simon Cohen, New York 1944/48. [ND: New York 1969].

Biografische Nachschlagewerke

1945: Jetzt wohin? Exil und Rückkehr, hg. vom Verein Aktives Museum Faschismus und Widerstand in Berlin, Berlin 1995.

Albrecht, Günter u.a.: Lexikon deutschsprachiger Schriftsteller von den Anfängen bis zur Gegenwart, 2., überarb. Aufl., 2 Bde, Leipzig 1974.

Allgemeine Deutsche Biographie, hg. durch die Historische Commission bei der Königlichen Academie der Wissenschaften, 56 Bde, Leipzig 1875–1912 [ND: Berlin 1967–71].

Allgemeines Lexikon der bildenden Künstler von der Antike bis zur Gegenwart, begr. von Ulrich Thieme und Felix Becker, hg. von Hans Vollmer, 39 Bde, Leipzig 1907–50 [ND: Leipzig 1999].

Benz, Wolfgang/Graml, Hermann (Hg.): Biographisches Lexikon zur Weimarer Republik, München 1988.

Bergemann, Hans/Ladwig-Winters, Simone: Richter und Staatsanwälte jüdischer Herkunft in Preußen im Nationalsozialismus. Eine rechtstatsächliche Untersuchung. Eine Dokumentation, Bonn 2004.

Bibliographia Judaica. Verzeichnis jüdischer Autoren deutscher Sprache, bearb. von Renate Heuer, 4 Bde, Frankfurt/M. u.a. 1982–96.

Biographisches Handbuch der deutschsprachigen Emigration nach 1933, hg. vom Institut für Zeitgeschichte München u.a., 3 Bde, München u.a. 1980–83.

Biographisches Lexikon der hervorragenden Ärzte der letzten fünfzig Jahre, hg. von Isidor Fischer, 4 Bde, Hildesheim 2002 ff. [Bd. 1-2 =Reprint der Ausg. Berlin 1932/33].

Bock, Petra/Koblitz, Katja (Hg.): Neue Frauen zwischen den Zeiten, Berlin 1995.

Brocke, Michael/Carlebach, Julius (Hg.): Biographisches Handbuch der Rabbiner, 4 Bde, München 2004 ff.

Buchka, Maximilian u.a. (Hg.): Lebensbilder bedeutender Heilpädagoginnen und Heilpädagogen im 20. Jahrhundert, 2., durchges. Aufl. München 2002.

Budke, Petra/Schulze, Jutta: Schriftstellerinnen in Berlin 1871 bis 1945. Ein Lexikon zu Leben und Werk, Berlin 1995.

Deutsche Biographische Enzyklopädie (DBE), hg. von Walther Killy, Rudolf Vierhaus, 13 Bde, München u.a. 1995–2003.

Deutsches Biographisches Archiv (DBA). Mikrofiche-Edition, hg. von Bernhard Fabian, München 1982–85, Nachtrag 1986.

Deutsches Literatur-Lexikon. Biographisches und bibliographisches Handbuch, begr. von Wilhelm Kosch, 3., völlig neu bearb. Aufl., 23 Bde (Aal-Trystedt), München 1968–2003 ff.

Dick, Jutta/Sassenberg, Marina (Hg.): Jüdische Frauen im 19. und 20. Jahrhundert. Lexikon zu Leben und Werk, Reinbek bei Hamburg 1993.

Fassmann, Irmgard M.: Jüdinnen in der deutschen Frauenbewegung 1865–1919, Hildesheim u.a. 1996.

Grab, Walter (Hg.): Juden in der deutschen Wissenschaft, Tel Aviv 1986.

Hagemann, Harald/Krohn, Claus-Dieter (Hg.): Biographisches Handbuch der deutschsprachigen wirtschaftswissenschaftlichen Emigration, 2 Bde, München u.a. 1999.

Heppner, Ernst: Juden als Erfinder und Entdecker, Berlin 1919.

Jüdischer Biographischer Index/Jewish Biographical Index (JBI), bearb. von Hilmar Schmuck, 4 Bde, München 1998, CD-ROM-Ausg., München 2000.

Jüdisches Biographisches Archiv/Jewish Biographical Archive (JBA). Eine alphabetische Kumulation von biographischen Einträgen aus 102 biographischen Nachschlagewerken und Enzyklopädien von der zweiten Hälfte des 18. Jahrhunderts bis zur Gründung des Staates Israel, bearb. von Hilmar Schmuck, Mikrofiche-Edition, München 1994–96, Supplement: München 1998.

Kaelble, Hartmut: Berliner Unternehmer während der frühen Industrialisierung. Herkunft, sozialer Status und politischer Einfluß, Berlin u.a. 1972.

Kilcher, Andreas B. (Hg.): Metzler Lexikon der deutsch-jüdischen Literatur. Jüdische Autorinnen und Autoren deutscher Sprache von der Aufklärung bis zur Gegenwart, Stuttgart u.a. 2000.

Kilcher, Andreas B. (Hg.): Metzler Lexikon jüdischer Philosophen. Philosophisches Denken des Judentums von der Antike bis zur Gegenwart, Stuttgart u.a. 2003.

Kohut, Adolph: Berühmte israelitische Männer und Frauen in der Kulturgeschichte der Menschheit. Lebens- und Charakterbilder aus Vergangenheit und Gegenwart, 2 Bde, Leipzig 1910.

Lexikon deutsch-jüdischer Autoren. Archiv Bibliographia Judaica, red. Leitung: Renate Heuer, 11 Bde (A–Hirs), München u.a., 1992–2002 ff.

Lexikon deutschsprachiger Schriftsteller von den Anfängen bis zur Gegenwart, 2., überarb. Aufl., 2 Bde, Leipzig 1972–74.

Lowenthal, Ernst G.: Juden in Preußen. Biographisches Verzeichnis. Ein repräsentativer Querschnitt, hg. vom Bildarchiv Preußischer Kulturbesitz, 2. Aufl., Berlin 1982.

Meyer, Bernhard/Mende Hans- Jürgen (Hg.).: Berliner jüdische Ärzte in der Weimarer Republik, Berlin 1996.

Müller-Enbergs, Helmut/Willgohs, Jan (Hg.): Wer war wer in der DDR. Ein biographisches Lexikon, Bonn 2000.

Neue Deutsche Biographie, hg. von der Historischen Kommission bei der Bayerischen Akademie der Wissenschaften, 21 Bde (Aachen–Rohlfs), Berlin 1953–2003 ff.

Pusch, Luise F./Gretter, Susanne (Hg.): Berühmte Frauen. 300 Porträts, Frankfurt/M. 2002.

Söllner, Alfons: Deutsche Politikwissenschaftler in der Emigration. Studien zu ihrer Akkulturation und Wirkungsgeschichte, Opladen 1996.

Spiess, Volker (Hg.): Berliner biographisches Lexikon, 2., überarb. u. erw. Aufl., Berlin 1993.

Stolleis, Michael (Hg.): Juristen. Ein biographisches Lexikon. Von der Antike bis zum 20. Jahrhundert, München 1995.

Tetzlaff, Walter: 2 000 Kurzbiographien bedeutender deutscher Juden des 20. Jahrhunderts, Lindhorst 1982.

Trapp, Frithjof u.a. (Hg.): Handbuch des deutschsprachigen Exiltheaters, 2 Bde, München 1999.

Warhaftig, Myra: Sie legten den Grundstein. Leben und Wirken deutschsprachiger jüd. Architekten in Palästina 1918–48, Tübingen u.a. 1996.

Walk, Joseph: Kurzbiographien zur Geschichte der Juden 1918–45, hg. vom Leo Baeck Institute, Jerusalem, München u.a. 1988.

Wall, Renate: Lexikon deutschsprachiger Schriftstellerinnen im Exil 1933–45, 2 Bde, Freiburg i. Br. 1995.

Weissweiler, Eva: Ausgemerzt! Das Lexikon der Juden in der Musik und seine mörderischen Folgen. Köln 1999.

Wendland, Ulrike: Biographisches Handbuch deutschsprachiger Kunsthistoriker im Exil. Leben und Werk der unter dem Nationalsozialismus verfolgten und vertriebenen Wissenschaftler, 2 Bde, München 1999.

Wininger, Salomon: Große jüdische National-Biographie mit mehr als 8 000 Lebensbeschreibungen namhafter jüd. Männer und Frauen aller Zeiten und Länder. Ein Nachschlagewerk für das jüd. Volk und dessen Freunde, 7 Bde, Czernowitz 1925–36 [ND: Nendeln/Liechtenstein 1979].

Wrede, Richard/Reinfels, Hans von (Hg): Das geistige Berlin. Eine Enzyklopädie des geistigen Lebens Berlins, 2 Bde, Berlin 1897–98 [ND: Leipzig 1975].

Gesamtdarstellungen zur Geschichte der Juden

Battenberg, Friedrich: Das europäische Zeitalter der Juden. Zur Entwicklung einer Minderheit in der nichtjüdischen Umwelt Europas, 2 Bde, Darmstadt 1990.

Hartewig, Karin: Zurückgekehrt. Die Geschichte der jüd. Kommunisten in der DDR, Köln u.a. 2000.

Kaplan, Marion: Geschichte des jüdischen Alltags in Deutschland. Vom 17. Jahrhundert bis 1945, München 2003.

Kaznelson, Siegmund (Hg.): Juden im deutschen

Kulturbereich. Ein Sammelwerk, Berlin 1959.
Keßler, Mario: Die SED und die Juden – zwischen Repräsentation und Toleranz. Politische Entwicklungen bis 1967, Berlin 1996.
Mertens, Lothar: Davidstern unter Hammer und Zirkel. Die jüdischen Gemeinden in der SBZ/DDR und ihre Behandlung durch Partei und Staat. 1945–90, Hildesheim u.a. 1997.
Meyer, Michael A. (Hg.): Deutsch-jüd. Geschichte in der Neuzeit, 4 Bde, München 1996/97.
Mosse, Werner E. (Hg.): Deutsches Judentum in Krieg und Revolution 1916–23, Tübingen 1971.
Mosse, Werner E.: The German-Jewish Economic Élite 1820–1935. A Socio-cultural Profile, Oxford 1989.
Mosse, Werner E.: Juden im Wilhelminischen Deutschland, 2., erg. Aufl., Tübingen 1998.
Richarz, Monika (Hg.): Jüdisches Leben in Deutschland, 3 Bde, Stuttgart 1976–82.
Schoeps, Julius H.: „Du Doppelgänger, Du bleicher Geselle". Deutsch-jüdische Erfahrungen durch drei Jahrhunderte 1700–2000, Berlin 2004.
Timm, Angelika: Hammer, Zirkel, Davidstern. Das gestörte Verhältnis der DDR zur Zionismus und Staat Israel, Bonn 1997.
Zielenziger, Kurt: Juden in der deutschen Wirtschaft, Berlin 1930.
Zuckermann, Moshe (Hg.): Zwischen Politik und Kultur – Juden in der DDR, Göttingen 2002.
Zweig, Arnold: Juden auf der dt. Bühne, Berlin 1927.

JUDEN IN BERLIN

Am Wedding haben sie gelebt. Lebenswege jüdischer Bürgerinnen und Bürger, hg. von der Berliner Geschichtswerkstatt, Berlin 1998.
Becker, Monika/Friedmann, Ronald/Schindler, Anja: Juden in Treptow. Sie haben geheißen wie ihr heißt, hg. vom Kulturbund e.V. Berlin-Treptow, Berlin 1993.
Bruer, Albert A.: Geschichte der Juden in Preußen 1750–1820, Frankfurt/M. 1991.
Busemann, Hertha L.: Insel der Geborgenheit. Die private Waldschule Kaliski, Berlin 1932 bis 1939, Stuttgart 1992.
Fehrs, Jörg H.: Von der Heidereutergasse zum Roseneck. Jüdische Schulen in Berlin 1712–1942, hg. von der Arbeitsgruppe Pädagogisches Museum e.V., Berlin 1993.
Freund, Ismar: Die Emanzipation der Juden in Preußen, Berlin 1912.
Gedenkstätten für die Opfer des Nationalsozialismus. Bd. 2: Bundesländer Berlin, Brandenburg, Mecklenburg-Vorpommern, Sachsen-Anhalt, Sachsen, Thüringen, Bonn 1999.
Geiger, Ludwig: Geschichte der Juden in Berlin, 2 Bde, Berlin 1871 [ND: Berlin 1988].
Helas, Horst: Juden in Berlin-Mitte. Biographien, Orte, Begegnungen, hg. vom Verein zur Vorbereitung einer Stiftung Scheunenviertel Berlin e.V., Berlin 2000.
Herzfeld, Erika: Juden in Brandenburg-Preussen. Beiträge zu ihrer Geschichte im 17. und 18. Jahrhundert, hg. von Irene Diekmann und Hermann Simon, Teetz 2001.
„Hier ist kein Bleiben länger". Jüdische Schulgründerinnen in Wilmersdorf. Anna Pelteson, Toni Lessler, Lotte Kaliski, Dr. Vera Lachmann, Dr. Leonore Goldschmidt, Berlin 1992.
Hirschfeld, Etty: Die Altersheime und das Hospital der Jüdischen Gemeinde, Berlin 1935.
Holzer, Willi: Jüdische Schulen in Berlin. Am Beispiel der privaten Volksschule der jüdischen Gemeinde Rykestraße, Berlin 1992.
Holzmann, Michael: Geschichte der jüdischen Lehrer-Bildungsanstalt in Berlin. Eine Festschrift zur Feier des fünfzigjährigen Bestehens der Anstalt am 8. November 1909, Berlin 1909.
Hoss, Christiane/Schönfeld, Martin: Gedenktafeln in Berlin. Orte der Erinnerung an Verfolgte des Nationalsozialismus 1991–2001, hg. vom Verein Aktives Museum Faschismus und Widerstand, Berlin 2002.
Jacobsohn, Jacob: Jüdische Trauungen in Berlin 1759–1813. Mit Ergänzungen für die Jahre 1723–59, Berlin 1968.
Jersch-Wenzel, Steffi: Jüdische Bürger und kommunale Selbstverwaltung in preußischen Städten 1808–48, Berlin 1967.
Juden in Berlin, hg. von Andreas Nachama, Julius H. Schoeps und Hermann Simon, Berlin 2001.
Juden in Berlin 1671–1945. Ein Lesebuch, Red.: Carolin Hilker-Siebenhaar, Berlin 1983.
Juden in Weißensee, hg. vom Bezirksamt Weißensee von Berlin, Berlin 1994.
Die jüdischen Friedhöfe in Berlin, Alfred Etzold u.a., 4., verb. u. erw. Aufl., Berlin 1991.
Jüdisches Leben in Pankow. Eine zeitgeschichtliche Dokumentation, hg. vom Bund der Antifaschisten Berlin-Pankow e.V., Berlin 1993.
Kaulen, Alois/Pohl, Joachim: Juden in Spandau vom Mittelalter bis 1945, hg. vom Bezirksamt Spandau von Berlin, Berlin 1988.
Knobloch, Heinz: Berliner Grabsteine, 4., erw. Aufl., Berlin 1991.
Köhler, Rosemarie/Kratz-Whan, Ulrich: Der jüdi-

sche Friedhof Schönhauser Allee, Berlin 1992.
Kolland, Dorothea (Hg.): Zehn Brüder waren wir gewesen... Spuren jüdischen Lebens in Berlin-Neukölln, Berlin 1988.
Ladwig-Winters, Simone/Galliner, Peter (Hg.): Freiheit und Bindung. Zur Geschichte der Jüdischen Reformgemeinde zu Berlin von den Anfängen bis zu ihrem Ende 1939, Teetz 2004.
Leben mit der Erinnerung. Jüdische Geschichte in Prenzlauer Berg, hg. vom Kulturamt Prenzlauer Berg, Prenzlauer Berg Museum für Heimatgeschichte und Stadtkultur, Berlin 1997.
Melcher, Peter: Weissensee. Ein Friedhof als Spiegel jüdischer Geschichte in Berlin, Berlin 1986.
Offenberg, Mario (Hg.): Adass Jisroel. Die Jüdische Gemeinde in Berlin (1869–1942). Vernichtet und vergessen, Berlin 1986.
Oschilewski, Walther G.: Zeitungen in Berlin im Spiegel der Jahrhunderte, Berlin 1975.
Riss, Heidelore: Ansätze zu einer Geschichte des jüdischen Theaters in Berlin 1889–1936, Frankfurt/M. 2003.
Schönfeld, Martin: Gedenktafeln in Ost-Berlin. Orte der Erinnerung an die Zeit des Nationalsozialismus, hg. vom Aktiven Museum Faschismus und Widerstand in Berlin, Berlin 1991.
Schönfeld, Martin: Gedenktafeln in West-Berlin, hg. vom Aktiven Museum Faschismus und Widerstand in Berlin, Berlin 1993.
Sellenthin, Hans Gerd: Geschichte der Juden in Berlin und des Gebäudes Fasanenstraße 79/80. Festschrift anläßlich der Einweihung des jüdischen Gemeindehauses, Berlin 1959.
Simon, Hermann: Das Berliner Jüdische Museum in der Oranienburger Straße. Geschichte einer zerstörten Kulturstätte, Berlin 1988.
Simon, Hermann/Boberg, Jochen (Hg.): „Tuet auf die Pforten". Die Neue Synagoge 1866–1995, Berlin 1995.
Sprengel, Peter: Populäres jüdisches Theater in Berlin von 1877 bis 1933, Berlin 1997.
Sprengel, Peter: Scheunenviertel-Theater. Jüdische Schauspielgruppen und jiddische Dramatik in Berlin (1900–18), Berlin 1995.
Stern, Selma: Der preußische Staat und die Juden, hg. von Max Kreutzberger, 4 Bde, Tübingen 1971.
Synagogen in Berlin. Zur Geschichte einer zerstörten Architektur, 2 Bde, Berlin 1983.
Wegweiser durch das jüdische Berlin. Geschichte und Gegenwart, Berlin 1987.
Westphal, Uwe: Berliner Konfektion und Mode. Die Zerstörung einer Tradition 1836–1939, 2., erw. Aufl., Berlin 1992.

Einzelaspekte

Berger, Manfred: Frauen in der Geschichte des Kindergartens. Ein Handbuch, Frankfurt/M. 1995.
Bierganz, Manfred/Kreutz, Annelie: Juden in Aachen, hg. von der Gesellschaft für christlich-jüdische Zusammenarbeit Aachen e.V., Aachen 1988.
Carlebach, Julius (Hg.): Zur Geschichte der jüdischen Frau in Deutschland, Berlin 1993.
Diehl, Katrin: Die jüdische Presse im Dritten Reich. Zwischen Selbstbehauptung und Fremdbestimmung, Tübingen 1997.
Ellger-Rüttgardt, Sieglind (Hg.): Verloren und Un-Vergessen. Jüdische Heilpädagogik in Deutschland, Weinheim 1996.
Fölling, Werner: Zwischen deutscher und jüdischer Identität. Deutsch-jüdische Familien und die Erziehung ihrer Kinder an einer jüdischen Reformschule im „Dritten Reich", Opladen 1995.
Freeden, Herbert: Jüdisches Theater in Nazideutschland, Tübingen 1964.
Girardet, Cella-Margarete: Jüdische Mäzene für die Preußischen Museen zu Berlin. Eine Studie zum Mäzenatentum im Deutschen Kaiserreich und in der Weimarer Republik, Engelsbach 1997.
Klemmer, Klemens: Jüdische Baumeister in Deutschland. Architektur vor der Shoah, Stuttgart 1998.
Landau, Richard: Geschichte der jüd. Ärzte. Ein Beitrag zur Geschichte der Medicin, Berlin 1895.
Lowenthal, Ernst Gottfried (Hg.): Bewährung im Untergang. Ein Gedenkbuch, Stuttgart 1965.
Niers, Gert: Frauen schreiben im Exil. Zum Werk der nach Amerika emigrierten Lyrikerinnen Margarete Kolisch, Ilse Blumenthal-Weiss, Vera Lachmann, Frankfurt/M. 1988.
Schütz, Hans J.: Eure Sprache ist auch meine. Eine deutsch-jüdische Literaturgeschichte, Zürich 2000.
Silbergleit, Heinrich: Die Bevölkerungs- und Berufsverhältnisse der Juden im Deutschen Reich – Freistaat Preußen, Berlin 1930.
Stephan, Inge: Das Schicksal der begabten Frau. Im Schatten berühmter Männer, 3. Aufl., Stuttgart 1989.
Stern, Selma: Der Hofjude im Zeitalter des Absolutismus, Tübingen 2001.
Stratenwerth, Irene/Simon, Hermann (Hg.): Pioniere in Celluloid. Juden in der frühen Filmwelt, Berlin 2004.

uwa